Grundzüge
der Volkswirtschaftslehre

**Unser Online-Tipp
für noch mehr Wissen ...**

... aktuelles Fachwissen rund um die Uhr – zum Probelesen, Downloaden oder auch auf Papier.

www.InformIT.de

Peter Bofinger

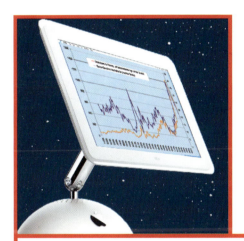

Grundzüge der Volkswirtschaftslehre

ein Imprint der Pearson Education Deutschland GmbH

Bibliografische Information Der Deutschen Bibliothek
Die Deutsche Bibliothek verzeichnet diese Publikation in der
Deutschen Nationalbibliografie; detaillierte bibliografische Daten
sind im Internet über http://dnb.ddb.de abrufbar.

Die Informationen in diesem Produkt werden ohne Rücksicht auf einen eventuellen
Patentschutz veröffentlicht. Warennamen werden ohne Gewährleistung der freien
Verwendbarkeit benutzt. Bei der Zusammenstellung von Texten und Abbildungen
wurde mit größter Sorgfalt vorgegangen. Trotzdem können Fehler nicht vollständig
ausgeschlossen werden. Verlag, Herausgeber und Autoren können für fehlerhafte
Angaben und deren Folgen weder eine juristische Verantwortung noch irgendeine
Haftung übernehmen. Für Verbesserungsvorschläge und Hinweise auf Fehler sind
Verlag und Herausgeber dankbar.

Alle Rechte vorbehalten, auch die der fotomechanischen Wiedergabe und der
Speicherung in elektronischen Medien. Die gewerbliche Nutzung der in diesem
Produkt gezeigten Modelle und Arbeiten ist nicht zulässig.

Fast alle Hardware- und Software-Bezeichnungen, die in diesem Buch erwähnt
werden, sind gleichzeitig auch eingetragene Warenzeichen oder sollten als solche
betrachtet werden.

Umwelthinweis:
Dieses Buch wurde auf chlorfrei gebleichtem Papier gedruckt.

10 9 8 7 6 5 4 3

06   05   04

ISBN 3-8273-7076-0

© 2003 by Pearson Studium,
ein Imprint der Pearson Education Deutschland GmbH.
Martin-Kollar-Straße 10–12, D–81829 München/Germany
Alle Rechte vorbehalten
www.pearson-studium.de
Lektorat: Dennis Brunotte, dbrunotte@pearson.de
Korrektorat: Barbara Decker, München
Herstellung: Claudia Bäurle, cbaeurle@pearson.de
Satz: Ulrich Borstelmann, Dortmund
Druck und Verarbeitung: Kösel, Krugzell (www.koeselbuch.de)
Printed in Germany

Inhaltsverzeichnis

Fünf erste Pfade durch die Volkswirtschaftslehre — 13

   A. Der Fast-Track — 14
   B. Die Normal-Route — 14
   C. Spezialpfad „Mikroökonomie und Ordnungspolitik" — 16
   D. Spezialpfad „Makroökonomie" — 16
   E. VWL-Marathon — 17
   Dankeschön — 18

Kapitel 1:
Volkswirtschaftslehre zeigt, wie Märkte funktionieren — 19

   Volkswirtschaftslehre – ein weithin unbekanntes, aber äußerst
   interessantes Wesen — 21
   Die VWL verdeutlicht wie leistungsfähig Märkte sind, sie zeigt aber
   auch deren Grenzen auf — 23
   Die VWL befasst sich mit ganz unterschiedlichen Märkten und ist in
   zwei große Hauptgebiete unterteilt — 26
   Der Medizinmann: François Quesnay — 28

Kapitel 2:
Die „unsichtbare Hand" des Marktes: Wie kommt
der Aktienkurs für die Hyper-Tec AG zustande? — 31

   Die Koordinationsfunktion des Marktes — 33
   Wir ermitteln den Aktienkurs für die
   Hyper-Tec AG — 33
   Unsere ersten Einsichten in den Marktprozess — 36
   Zur Vertiefung: Warum schwanken die Aktienkurse so stark? — 38
   Der Revolutionär: John Maynard Keynes — 41

Kapitel 3:
Die Arbeitsteilung ist die Mutter unseres Wohlstandes — 45

   Märkte sind heute so wichtig, weil die Arbeitsteilung weltweit sehr
   hoch ist — 47
   Adam Smith und die Nadelproduktion — 48
   Die Theorie der Arbeitsteilung und das Prinzip der komparativen
   Kosten — 50

Zur Vertiefung: Wie können sich Länder mit geringerem wirtschaftlichen Entwicklungsstand in der weltwirtschaftlichen Arbeitsteilung behaupten? 58
Der praktische Theoretiker: David Ricardo 60

Kapitel 4:
Wie kann man eine arbeitsteilige Wirtschaft am effizientesten organisieren? **65**

Die Informations- und Koordinationsprobleme einer arbeitsteiligen Wirtschaft 67
Die grundlegenden Lösungsansätze: „Markt" oder „Hierarchie" 68
Vor- und Nachteile der beiden Verfahren 70
Zur Vertiefung: Warum die Planwirtschaften gescheitert sind 73
Der radikale Gentleman: Friedrich August von Hayek 77

Kapitel 5:
Der Markt in Aktion **79**

Die Koordinationsfunktion des Marktes 81
Wir ermitteln die Nachfrage- und die Angebotskurve für Bier 81
Das Prinzip der Konsumentensouveränität: Die Produktion wird durch die Nachfrage gesteuert 84
Wie die Verbraucher über Veränderungen auf der Angebotsseite informiert werden 87
Was gerne verwechselt wird, was wir aber nicht verwechseln dürfen 89
Konsumenten- und Produzentenrente zeigen, wie die Vorteile des Marktes auf Nachfrager und Anbieter aufgeteilt werden 90
Der Pädagoge: Alfred Marshall 92

Kapitel 6:
Wie alle Informationen über die Nachfrageseite in der Nachfragekurve verdichtet werden **95**

Ein schwieriges Entscheidungsproblem: Wie oft soll man ins Kino gehen und wie viele Gläser Bier in der Stammkneipe trinken? 98
Die Budgetrestriktion zeigt, was wir uns leisten können 99
Die Nutzenfunktion zeigt, was uns bestimmte Güter wert sind 101
Für Leserinnen und Leser, die es genauer wissen möchten 106
Die optimale Konsumentscheidung von Heike, Xaver, Benjamin und Jens 107
Bier wird teurer 110
Die gesamte Nachfrage nach Bier 111
In der Nachfragekurve sind alle relevanten Informationen enthalten 113

Kapitel 7:
Wie alle Informationen über die Angebotsseite in der Angebotskurve zusammengefasst werden   115

Die Personalplanung im Brauereikeller   117
Wie viel Bier soll der Wirt anbieten und macht er dabei einen Gewinn?   120
Von der individuellen Angebotskurve zur Angebotskurve für den Biermarkt in der kleinen Universitätsstadt   126
Der Markt für Bier in der Universitätsstadt   126
Die langfristige Angebotskurve   127

Kapitel 8:
Anbieter sind am Wettbewerb nicht sehr interessiert: Die Welt von Monopolen, Kartellen und Oligopolen   131

Bei vollständigem Wettbewerb ist der Preis kein Handlungsparameter eines Unternehmens   133
Durch ein Oligopol (Kartell) oder ein Monopol können die Gäste im Bierlokal geschröpft werden   134
Bei der Wettbewerbspolitik ist der Staat gefragt   147
Der Mathematiker: Antoine Augustin Cournot   148

Kapitel 9:
Auch auf dem Arbeitsmarkt gelten die Prinzipien von Angebot und Nachfrage, ...   151

... aber es kann dort zu gravierenden Ungleichgewichten kommen   153
Die Nachfrage nach Arbeit geht von den Unternehmen aus   154
Wie lange soll Heike in der Bierkneipe jobben?   156
Der Arbeitsmarkt für Aushilfskräfte   162
Wie es durch zu hohe Löhne zu Arbeitslosigkeit kommen kann   164
Exkurs: Wozu braucht man eigentlich Gewerkschaften?   165

Kapitel 10:
Trotz der hohen Effizienz des Marktes geht es nicht ohne den Staat   171

Das Pareto-Kriterium zeigt, ob mikroökonomisch effiziente Lösungen vorliegen, interessiert sich aber nicht für die Verteilung   173
Weshalb Ökonomen vor Markteingriffen durch Politiker eher abraten   174
Warum es aber ohne den Staat nicht geht   175
Eine kurze Übersicht über die wichtigsten Staatsaufgaben   176
Von der Marktwirtschaft zur Sozialen Marktwirtschaft   178
Der Vater des Wirtschaftswunders: Ludwig Erhard   179

Kapitel 11:
Die Distributionsfunktion des Staates sorgt für den „sozialen Ausgleich" in einer Marktwirtschaft — 181

Für den Markt zählt die Leistungsfähigkeit und die Nachfrage
nach dem mit der Arbeit erstellten Endprodukt — 183
Ohne die Distributionsfunktion würden viele Menschen überhaupt
kein Einkommen erzielen — 184
Wie soll der Staat die Umverteilung vornehmen? — 187
Vor direkten Eingriffen in den Preismechanismus ist dringend
abzuraten — 188
Ein konkretes Anwendungsbeispiel für Eingriffe in den
Preismechanismus: Der Europäische Agrarmarkt — 191
Eine Umverteilung durch Steuern ist sinnvoller, aber auch nicht
ohne Nebenwirkungen — 193

Kapitel 12:
Sozialversicherungssysteme und die Allokationsfunktion des Staates — 201

Überblick — 203
Wozu braucht man Versicherungen? — 204
Die gesetzliche Rentenversicherung — 204
Die gesetzliche Krankenversicherung — 209
Die Arbeitslosenversicherung — 212

Kapitel 13:
Umweltpolitik und die Allokationsfunktion des Staates — 215

Öffentliche Güter — 217
Warum haben manche Güter keinen Preis? — 217
Negative und positive externe Effekte — 218
Umweltpolitik — 221
Der frühe Grüne: Pigou — 226

Kapitel 14:
Ziele der Makroökonomie: Magische Vierecke und Dreiecke, Zielscheiben und Ziellinien — 229

Von der Mikroökonomie zur Makroökonomie — 231
Das magische Viereck — 231
Die Akteure in der Makroökonomie — 247
Zur Vertiefung: Die Geschichte der Mark als Währung für
Deutschland (1871-2001) — 247
Der Interventionist: Karl Schiller — 251

Kapitel 15:
Volkswirtschaftliche Daten und Rechenwerke — 255

   Überblick — 257
   Die Volkswirtschaftliche Gesamtrechnung — 257
   Die gesamtwirtschaftliche Finanzierungsrechnung — 264
   Die Zahlungsbilanz — 271
   Einige Besonderheiten bei der Analyse volkswirtschaftlicher Zeitreihen — 274
   Der Wirtschaftswissenschaftler: Wolfgang Stützel — 279

Kapitel 16:
Wie kommen das gesamtwirtschaftliche Angebot und die gesamtwirtschaftliche Nachfrage ins Gleichgewicht? — 283

   Überblick — 285
   Die gesamtwirtschaftlichen Angebotspläne — 286
   Die gesamtwirtschaftlichen Nachfragepläne — 291
   Wir leiten das gesamtwirtschaftliche Gleichgewicht her — 295
   Was eine negative Output-Lücke für den Arbeitsmarkt bedeutet — 304
   Zur Vertiefung: Die Kaufkrafttheorie der Löhne — 307
   Der Optimist: Jean Baptiste Say — 310

Kapitel 17:
Die Stabilisierungsaufgabe des Staates — 313

   Die Selbstheilungskräfte des Marktes können unzureichend sein — 315
   Wie man mit Staatsausgaben für Vollbeschäftigung sorgen kann — 316
   Auch mit Steuersenkungen kann man die Wirtschaft beleben — 318
   Antizyklische Fiskalpolitik und ihre Probleme — 320
   Die automatischen Stabilisatoren — 325
   Der Vertrag von Maastricht und der Stabilitäts- und Wachstumspakt — 328

Kapitel 18:
Wie der Wirtschaftsprozess durch die Notenbank stabilisiert werden kann — 335

   Überblick — 337
   Das Zinsniveau ist eine wichtige Determinante der gesamtwirtschaftlichen Nachfrage — 338
   Die Notenbank kann die gesamtwirtschaftliche Nachfrage mit ihrer Zinspolitik steuern — 347
   Die Praxis der Geldpolitik ist sehr viel komplexer als unser Modell — 350
   Ergänzend: Der Zinsmechanismus in der Welt der klassischen Ökonomen — 352
   Der Makroökonom: James Tobin — 355

Kapitel 19:
Das makroökonomische Zusammenspiel zwischen Geld- und Fiskalpolitik   357

    Extreme Verläufe der gesamtwirtschaftlichen Nachfrage-Kurve   360
    Institutionelle und polit-ökonomische Faktoren   362
    Fallstudie: Makroökonomische Politik in den Vereinigten Staaten   365
    Der Monetarist: Milton Friedman   367

Kapitel 20:
Wie die Zinsen in einer Volkswirtschaft durch die Notenbank gesteuert werden   371

    Einleitung   373
    Die Geldnachfrage   373
    Das Kreditangebot einer einzelnen Bank   375
    Der Bedarf des Bankensystems an Zentralbankgeld   378
    Die Kontrolle über die Geldbasis ist eine entscheidende Voraussetzung für eine effiziente Geldpolitik   381
    Wie die Notenbank die Kredite an die Geschäftsbanken steuert   384
    Wie die Notenbank die Zinsen am Geldmarkt steuert und damit die Zinsen für Bankkredite beeinflussen kann   386

Kapitel 21:
Wie es zu Inflation kommt und was die Notenbank dagegen tun kann   391

    Überblick   393
    Der Realzins wird nun zur entscheidenden Größe für die Notenbank und die Investitionsnachfrage   394
    Die Phillips-Kurve   398
    Wie die Notenbank die Inflationsrate steuern kann   403
    Die Rolle der Geldpolitik   405
    Angebotsschocks machen der Notenbank das Leben schwer   408
    Der Vielseitige: Irving Fisher   412

Kapitel 22:
Wirtschaftspolitik in der offenen Volkswirtschaft   415

    Einleitung   417
    Der internationale Nachfrageverbund   418
    Der internationale Preisverbund   424
    Der internationale Zinsverbund   429
    Makroökonomische Politik in der offenen Volkswirtschaft   432

Kapitel 23:
Wirtschaftswachstum und Wohlstand   **437**

   Überblick   439
   Die wichtigsten Determinanten des Wirtschaftswachstums:
   Arbeitsvolumen und Arbeitsproduktivität   442
   Die Determinanten der Arbeitsproduktivität   443
   Der Moralist: Adam Smith   452

Glossarium   **455**

Literatur   **475**

Stichwortverzeichnis   **477**

Fünf erste Pfade durch die Volkswirtschaftslehre

Liebe Leserin, lieber Leser,

dieses Buch ist als ein Führer durch das weite und nicht immer ganz übersichtliche Gebiet der Volkswirtschaftslehre konzipiert. Sie sollen dabei – mit einem gegebenen Zeitbudget – möglichst viele Einsichten in diese spannende Wissenschaft gewinnen. Gleichzeitig soll Ihnen diese Tour aber auch etwas Spaß machen. Deshalb ist das Buch nicht immer todernst gehalten und der Verlag hat beim Layout mit Farben und Bildern nicht gespart. Damit Ihnen das Lernen leichter fällt, ist das Buch als eine „Volkswirtschaftslehre zum Anfassen" konzipiert. Sie werden also nicht wie in einem Bus nur durch die Landschaft gefahren, sondern sie haben immer auch die Möglichkeit selbst aktiv zu werden:

- Sie werden viele *Fallstudien* aus dem Alltagsleben finden und es wird dabei soweit wie möglich mit *Zahlenbeispielen* gearbeitet.
- Sie können die meisten theoretischen Modelle mit der beigefügten CD-ROM nachspielen und dabei anhand von *Simulationen* ganz einfach nachvollziehen, wie Märkte im Kleinen und im Großen funktionieren.
- Sie werden bei dieser Tour die wichtigsten *Pioniere* der Ökonomie kennenlernen, d.h. jene Wissenschaftler, die in den letzten Jahrhunderten die Fundamente für die heutige Volkswirtschaftslehre gelegt haben. Und Sie werden auch mit interessanten *lebenden Volkswirten* in Kontakt kommen.
- Schaubilder und Tabellen mit *informativen Daten* über die deutsche Wirtschaft und die wirtschaftliche Situation in anderen Ländern sollen Ihnen neben den theoretischen Grundlagen auch das nötige Faktenwissen vermitteln. Bisweilen finden Sie auch *historische Rückblicke*.
- Auf der *CD-ROM* gibt es neben den Simulationsmodellen auch noch die Dateien aller im Buch verwendeten Schaubilder. Sie können diese also jederzeit nach ihren Bedürfnissen umgestalten.
- Auf der *Companion Website* ist ein kompletter *Powerpoint* Folien-Satz für eine 2-stündige Einführungsvorlesung auf der Basis dieses Buchs enthalten. Außerdem finden Sie zusätzlich viele interessante Links zu Daten, wichtigen Originalquellen, Institutionen und interessanten Volkswirten aus der ganzen Welt. Wir haben dort auch die Lösungen für die Übungsaufgaben plaziert sowie eine fortlaufend aktualisierte Liste, in der alle – leider unvermeidlichen – Druckfehler aufgeführt sind.

Ein wichtiges Merkmal des Buches ist sein *modularer Aufbau*. Je nach Ihren Interessen und zeitlichen Möglichkeiten können Sie so Ihren ersten Weg durch die Volkswirtschaftslehre auf fünf unterschiedlichen Routen vornehmen.

- Fast-Track
- Normal-Route

- Spezialpfad „Mikroökonomie und Ordnungspolitik"
- Spezialpfad „Makroökonomie"
- VWL-Mararathon

A. Der Fast-Track

Wenn Sie einfach mal in die VWL reinschnuppern möchten, um einen ersten Überblick über diese Wissenschaft zu bekommen, ist das der richtige Weg. Lesen Sie dazu folgende Teile des Buches:

- Kapitel 1: „Volkswirtschaftslehre zeigt, wie Märkte funktionieren",
- Kapitel 5: „Der Markt in Aktion",
- Kapitel 10: „Die Rolle des Staates in der Marktwirtschaft",
- Kapitel 14: „Ziele der Makroökonomie" und
- Kapitel 23: „Wirtschaftswachstum und Wohlstand".

Wenn Sie das Buch dann nicht gleich gebraucht weiterverkaufen, können Sie eine der vier folgenden Routen einschlagen.

B. Die Normal-Route

Deutlich mehr Zeit benötigen Sie für diese Route, die sich am besten für eine Erstbesteigung der einfacheren Gipfel der Volkswirtschaftslehre eignet. Sie umfasst in ctwa den Stoff, der in einer 2-stündigen Einführungsvorlesung in einem Semester behandelt werden kann:

- Starten Sie wiederum bei Kapitel 1, das Ihnen einen ersten Einblick in die *Tätigkeiten* eines Volkswirts oder einer Volkswirtin gibt.
- Lernen Sie dann in Kapitel 2 den *Aktienmarkt* kennen und erfahren Sie dabei bereits die wichtigsten Prinzipien der *Preisbildung* auf Märkten.
- In Kapitel 3 können Sie sich mit den Grundprinzipien der *Arbeitsteilung* vertraut machen, die für die Aufgabenverteilung in einer Wohngemeinschaft ebenso hilfreich sind wie für das Verständnis der Globalisierung.
- Da eine arbeitsteilig organisierte Wirtschaft nicht ohne Märkte und Handel auskommt, erleben Sie die *Funktionsweise des Marktes* in Kapitel 5 am Beispiel des Marktes für Bier in Kneipen. Die rein intuitiv hergeleiteten Zusammenhänge können Sie anhand der CD-ROM mit konkreten Zahlenbeispielen nachrechnen.
- In Kapitel 8 werden Sie mit den Problemen von Kartellen und Monopolen konfrontiert. Was passiert, wenn es zu einem Kartell der Bierwirte kommt?
- Kapitel 9 befasst sich mit dem *Arbeitsmarkt* und es bietet eine erste wichtige Erklärung für *Arbeitslosigkeit*. Hier wird auch die Rolle der *Gewerkschaften* diskutiert. Auf

die komplizierteren Herleitungen in 9.2.2 und 9.3.2 können Sie bei diesem Durchgang verzichten. Auch hier helfen die Simulationen mit der CD-ROM.

- In Kapitel 10 erreichen wir einen wichtigen Grenzübergang. Von jetzt an geht es vor allem darum, welche Rolle der *Staat in einer Sozialen Marktwirtschaft* wahrnehmen soll.

- Kapitel 11 befasst sich mit der *Umverteilung* der Einkommen von wirtschaftlich stärkeren zu weniger leistungsfähigen Menschen. Aus ökonomischer Sicht ist es dabei von großer Bedeutung, dass dafür Verfahren gewählt werden, die den Marktprozess so wenig wie möglich beeinträchtigen.

- In Kapitel 13 erfahren Sie, warum eine Marktwirtschaft nicht in der Lage ist, für eine gute *Umweltqualität* zu sorgen und was der Staat dagegen tun kann.

- In Kapitel 14 verlassen wir das Gebiet der *Mikroökonomie*, d.h. das Teilgebiet der VWL, das sich überwiegend mit der Funktionsweise einzelner Märkte befasst. Wir treten ein in die Region der *Makroökonomie*. Hier wird das wirtschaftliche Geschehen zu einem großen Gesamtmarkt zusammengefasst, um auf diese Weise die wichtigen gesamtwirtschaftlichen Ziele des Wirtschaftswachstums, der Arbeitslosigkeit und der Preisstabilität analysieren zu können. Die Geschichte der Mark von 1871 bis 2001 (Abschnitt 14.4.) ist zwar spannend, bei wenig Zeit kann man sie aber links liegen lassen.

- In Kapitel 16 werden wir mit einer zweiten wichtigen Ursache von Arbeitslosigkeit konfrontiert. Anhand eines einfachen Grundmodells können Sie erkennen, wie es in der Makroökonomie zu einem *Gleichgewicht bei Unterbeschäftigung* kommen kann, bei dem auch Lohnsenkungen nicht mehr zu Vollbeschäftigung führen. Den Abschnitt 16.6 können Sie sich bei diesem Durchgang sparen. Hier und in den folgenden Kapiteln werden Sie wiederum durch Modellsimulationen unterstützt, die Sie auf der CD-ROM finden.

- Weiter geht es in Kapitel 17. Hier lernen Sie mit der *Fiskalpolitik* ein wichtiges Instrument zur Stabilisierung der Konjunktur kennen. Überspringen Sie die Abschnitte 17.3 bis 17.5. Auch auf die Box 17.1 können Sie bei diesem Durchgang verzichten.

- In Kapitel 18 begegnen Sie der *Notenbank*, dem zweiten zentralen Akteur in der Makroökonomie. Ihr Handlungsparameter ist der Zins, mit dem sie die Investitionsentscheidungen und die Ertragslage der Unternehmen beeinflussen kann.

- Zum Abschluss sollten Sie sich noch kurz mit den *außenwirtschaftlichen Verflechtungen* in der Makroökonomie befassen. Dazu werden Sie in Kapitel 22 mit wichtigen wirtschaftlichen Verbindungskanälen zwischen dem Inland und dem Rest der Welt vertraut gemacht.

C. Spezialpfad „Mikroökonomie und Ordnungspolitik"

Wenn Sie genau wissen wollen, wie einzelne Märkte funktionieren, wie die Anbieter ihre Produktionsentscheidungen und wie die Nachfrager ihre Konsumentscheidungen treffen, können Sie sich ganz auf die Kapitel 1 bis 13 konzentrieren. Sie erhalten dann außerdem einen besseren Einblick in die ordnungspolitischen Aufgaben des Staates im Bereich der Sozialen Sicherungssysteme. Diese Kombination eignet sich besonders für eine stark mikroökonomisch ausgerichtete 2-stündige Einführung in die Volkswirtschaftslehre. Im einzelnen bietet dieser Weg im Vergleich zur Normalroute folgende *zusätzlichen* Einblicke:

- In Kapitel 4 werden die zentralen *Organisationsprobleme* einer arbeitsteiligen Wirtschaft dargestellt: Warum gibt es überhaupt Unternehmen und warum werden diese nicht zwangsläufig immer größer. Erklärt wird auch, warum die *Planwirtschaften* in Osteuropa und der ehemaligen Sowjetunion scheitern mussten.

- In Kapitel 6 werden Sie in Entscheidungsprozesse von fünf Studentinnen und Studenten einbezogen. Wie soll das knappe Freizeitbudget optimal auf Kinobesuche und Kneipenaufenthalte aufgeteilt werden? Anhand dieser Fallstudien können Sie die *Nachfragefunktion* theoretisch herleiten. Wiederum lässt sich das alles auch in der CD-ROM simulieren.

- In Kapitel 7 schauen Sie einem Kneipenwirt über die Schulter, der mit der Aufgabe konfrontiert ist, sein Angebot richtig zu kalkulieren. Mit diesem Beispiel tasten wir uns an die theoretische Ableitung der *Angebotsfunktion* heran. Auch das lässt sich in der CD-ROM nachprüfen.

- Bei der Lektüre von Kapitel 9 sollten Sie Arbeitsangebot und –nachfrage jetzt auch formal herleiten.

- In Kapitel 12 geht es um die großen *Sozialen Sicherungssysteme*, deren Reform derzeit besonders intensiv diskutiert wird.

- Ganz am Ende dieses Weges sollte man auch noch einen Blick in das Kapitel 23 werfen, in dem die Ursachen von *Wirtschaftswachstum und Wohlstand* skizziert werden.

D. Spezialpfad „Makroökonomie"

Wenn Sie bereits über Grundkenntnisse in Mikroökonomie verfügen und vor allem eine innovative Einführung in die Makroökonomie suchen, können Sie sich nach der Einführung in Kapitel 1 auch ganz auf die Kapitel 14 bis 23 konzentrieren. Diese können – mit einer Ausnahme[1] – ohne vorherige Lektüre der Kapitel 2 bis 13 gelesen werden. Sie decken den Stoff einer 2-stündigen Einführung in die Makroökonomie ab. Neben den in der

---

1 Für das Verständnis von Kapitel 16 sollten Sie die Abschnitte 9.1 bis 9.4 gelesen haben, jedoch ohne die formalen Herleitungen in 9.2.2 und 9.3.2

Normalroute dargestellten makroökonomischen Themen kommen dann noch folgende Schwerpunkte hinzu:

- In Kapitel 15 geht es etwas trocken zu. Aber ohne Grundkenntnisse über die *Volkswirtschaftliche Gesamtrechnung*, die *Geldvermögensrechnung* und die *Zahlungsbilanz* sowie über einige einfache Verfahren der *Zeitreihenanalyse* wird man kein guter Makroökonom.
- Beim Lesen von Kapitel 16 sollten Sie sich jetzt auch mit der *Kaufkrafttheorie des Lohnes* befassen. Die Frage, ob es durch Lohnerhöhungen zu mehr Beschäftigung kommt, wird immer wieder kontrovers diskutiert.
- Kapitel 17 sollten Sie jetzt vollständig behandeln. Dabei geht es vor allem um die Steuern als Instrument der Fiskalpolitik und um die automatischen Stabilisatoren.
- Das nicht immer einfache *Zusammenspiel von Geld- und Fiskalpolitik*, insbesondere unter den Verhältnissen der Europäischen Währungsunion ist Gegenstand von Kapitel 19.
- Zu einem besseren Verständnis der Geldpolitik der Europäischen Zentralbank macht Sie Kapitel 20 mit den Mechanismen der *Schaffung* von *Geld* und *Kredit* sowie mit dem *geldpolitischen Instrumentarium* der EZB vertraut.
- In Kapitel 21 wird dann gezeigt, wie eine Notenbank gleichzeitig *Inflation* und Output kontrollieren kann, auch wenn die Wirtschaft von *Angebots- und Nachfrageschocks* beeinträchtigt wird.
- Kapitel 22 führt Sie in die *außenwirtschaftlichen Zusammenhänge* der Makroökonomie ein. Es vermittelt Ihnen mit dem internationalen Nachfrageverbund, der Zins- und der Kaufkraftparitätentheorie drei grundlegende Theoriebausteine. Außerdem werden mit festen und flexiblen Kursen die wichtigsten Optionen der Währungspolitik präsentiert.
- Zum Abschluss gibt Kapitel 23 einen ersten Überblick über die Determinanten von *Wirtschaftswachstum und Wohlstand*.

E. VWL-Marathon

Wenn Sie über eine gute Kondition und Ausdauer verfügen, können Sie natürlich auch das ganze Buch von vorne bis hinten am Stück durcharbeiten. Sie werden dabei – hoffentlich – sehen, dass die Kapitel einem klaren roten Faden folgen. Sie verfügen am Ende dieser Tour über ein gutes Grundverständnis der Volkswirtschaftslehre, das für eine Studentin und einen Studenten der Betriebswirtschaftslehre eigentlich schon ausreichend ist, um im späteren Berufsleben einigermaßen kompetent mit volkswirtschaftlichen Fragestellungen umgehen zu können. [2]

---

[2] Ich weiß, dass dies von vielen meiner Fachkollegen massiv bestritten würde. Ich weiß aber auch, wie wenig viele Diplom-Kaufleute heute in ihrem Studium von der VWL mitbekommen.

Dankeschön

Man wird nur ein guter Reiseführer, wenn man sehr oft in den Regionen gewesen ist, durch die man seine Kunden führen möchte und wenn man die Touren schon häufig unternommen hat. Ich danke deshalb allen Studentinnen und Studenten, die mir in den letzten zwölf Jahren stets geduldig und nicht selten auch interessiert in meinen Vorlesungen zugehört und mir dabei viele Anregungen für Verbesserungen gegeben haben. Manchmal habe ich sie dabei auch in die Irre geführt, aber das ist bei Expeditionen nie ganz zu vermeiden.

Ein ganz besonderer Dank gilt meinem Lehrer Wolfgang Stützel (1926-1987), der mir gezeigt hat, dass die Volkswirtschaftslehre nicht nur aus ausgedörrten Gleichungs-Steppen, sondern auch aus sehr reizvollen und fruchtbaren Landschaften besteht.

Schließlich möchte ich ganz herzlich auch meinen derzeitigen und früheren Mitarbeiterinnen und Mitarbeitern danken, die mir alle sehr tatkräftig geholfen haben, dieses Buch zu erstellen: Michael Flämig, André Geis, Robert Hillmann, Oliver Hülsewig, Eric Mayer, Marc Oeffner, Petra Ruoss, Robert Schmidt, Hubert Stadler und Timo Wollmershäuser. Natürlich bin ich für den Inhalt und alle Fehler allein verantwortlich.

Kapitel 1

Volkswirtschaftslehre zeigt, wie Märkte funktionieren

Volkswirtschaftslehre – ein weithin unbekanntes, aber äußerst interessantes Wesen	**21**
Die VWL verdeutlicht wie leistungsfähig Märkte sind, sie zeigt aber auch deren Grenzen auf	**23**
Die VWL befasst sich mit ganz unterschiedlichen Märkten und ist in zwei große Hauptgebiete unterteilt	**26**

Kapitel 1

Volkswirtschaftslehre zeigt, wie Märkte funktionieren

LERNZIELE

- Volkswirtschaftslehre ist eine enorm spannende Wissenschaft, da sie sich mit Dingen befasst, mit denen Sie täglich zu tun haben.

- Die Volkswirtschaftslehre ist die Wissenschaft des Marktes. Sie zeigt, dass Märkte sehr effizient sind, weil sie den Egoismus des Einzelnen so transformieren können, dass sich für die Gesellschaft insgesamt ein positiver Effekt ergibt. Zugleich kann der Markt dabei eine Vielzahl von Informationen in optimaler Weise verarbeiten.

- Die Volkswirtschaftslehre befasst sich aber auch mit den Schattenseiten des Marktes. So wie Ärzte sich mit den Erkrankungen des menschlichen Organismus befassen, ist es die Aufgabe der Volkswirte, die Schwachpunkte des Marktes zu diagnostizieren und dafür erfolgreiche Therapien zu entwickeln. Konkret zeigen Volkswirte wo und wie der Staat in Märkte eingreifen soll. Sie arbeiten aber auch klar heraus wo sich die Politik aus dem Wirtschaftsprozess heraushalten soll und wie die Rahmenbedingungen beschaffen sein müssen, dass eine Volkswirtschaft möglichst „fit" bleibt.

- Die Mikroökonomie befasst sich mit einzelnen Märkten, zum Beispiel dem Markt für Bananen oder Wohnungen. Die Makroökonomie behandelt das wirtschaftliche Geschehen als einen riesigen Gesamtmarkt, wobei sie sich vor allem mit der Frage auseinandersetzt, ob dabei wichtige Ziele (Wachstum, Vollbeschäftigung, stabiles Preisniveau) erreicht werden und inwieweit der Staat dabei stabilisierend eingreifen muss.

- Häufig trifft man in der Volkswirtschaftslehre auf Rationalitätenfallen: Sie bestehen darin, dass sich die einzelwirtschaftliche Rationalität nicht mit der gesamtwirtschaftlichen Rationalität deckt.

1.1 Volkswirtschaftslehre – ein weithin unbekanntes, aber äußerst interessantes Wesen

„Nichts Gescheites" pflegte meine Tochter Jenny zu sagen, wenn sie als Kind gefragt wurde, was denn ihr Vater arbeite. Irgendwann merkte ich das und fragte sie, warum sie denn nicht meinen Beruf nennen könne. „Na ja", sagte sie, „wie soll ich denn jemandem erklären, was ein Volkswirt macht".

In der Tat, die Volkswirtschaftslehre ist für die meisten Menschen ein Buch mit sieben Siegeln. Anders als mit Metzgern, Ärzten oder Lehrern hat man privat oder beruflich nur selten Kontakt mit einem professionellen Volkswirt. In den Medien wird die Volkswirtschaftslehre meist nur durch – mehr oder weniger falsche – Prognosen in das Bewusstsein einer breiteren Öffentlichkeit gerückt. Als Schüler hat man vielleicht die Gelegenheit, einen Grund- oder Leistungskurs im Bereich Wirtschaft zu belegen. Da jedoch im Lehrplan nicht viel Zeit für VWL vorgesehen ist und die Lehrbücher oft völlig überaltert sind, erfahren die wenigsten, worum es in dieser Wissenschaft wirklich geht.

Daran ändert sich für viele Studenten der Wirtschaftswissenschaft nur wenig. Wer von einer Karriere im Management träumt, dem kommen die üblichen Einführungen in die VWL ziemlich weltfremd vor. Abstrakte Modelle, viele Kurven und Gleichungen, aber was hat das alles mit der Realität zu tun? Das fragen sich oft auch jene Studenten, die sich für die Politik interessieren und geglaubt haben, ein VWL-Studium biete dafür eine gute Ausgangsposition. Und so werden volkswirtschaftliche Vorlesungen häufig nicht nur von den zukünftigen Betriebswirten als bloße Pflichtübung empfunden, die man so schnell wie möglich hinter sich bringen will. Natürlich ist das auch ein guter Nährboden für Witze über den Nutzen der Volkswirtschaftslehre. Ein typisches Beispiel hierfür finden Sie in der Box 1.1

BOX 1.1 EIN BELIEBTER WITZ ÜBER VOLKSWIRTE

Ein Mann sitzt im Heißluftballon und hat wegen des starken Windes völlig die Orientierung verloren. Er schwebt in fünf Metern Höhe über einem Acker und sieht einen Mann unter sich. „Entschuldigung, können Sie mir sagen wo ich bin?", ruft er hinunter.

Der Mann auf dem Acker antwortet: „Sie sind in einem roten Heißluftballon, fünf Meter über der Erdoberfläche."

Da sagt der Ballonfahrer: „Sie müssen ein Volkswirt sein"

„Stimmt.", erwidert der Mann auf dem Acker. „Woher wissen Sie denn das?"

„Ist doch offensichtlich – Ihre Antwort ist zwar technisch absolut korrekt, aber trotzdem völlig wertlos."

„Dann müssen Sie Top-Manager sein.", ruft der Mann auf dem Acker.

„Richtig." antwortet der Ballonfahrer. „Wie haben Sie das denn herausbekommen?"

> „Das war auch nicht besonders schwierig. Von Ihrer Position haben Sie eigentlich einen hervorragenden Ausblick, doch Sie wissen trotzdem nicht, wo Sie sind und wo es hingeht. Außerdem hat sich an Ihrer Lage nichts geändert, seit wir uns getroffen haben. Aber jetzt bin ich plötzlich für Ihr Problem verantwortlich."

Doch die Volkswirtschaftslehre ist viel besser als ihr Image. Sie ist eine der spannendsten, vielleicht sogar DIE interessanteste Sozialwissenschaft. Genau dies zu vermitteln, ist das Ziel dieses Buches. Es will deutlich machen, dass ein gutes volkswirtschaftliches Denken für Manager in Unternehmen und Banken genauso wichtig ist wie für Volkswirte in der Politikberatung oder in Verbänden. Nebenbei bemerkt, wenn es der deutschen Wirtschaft seit Jahren so schlecht geht, dann hat das auch damit zu tun, dass in den einschlägigen Ministerien vor allem Juristen und Lehrer die Verantwortung tragen.

Worum geht es in der Volkswirtschaftslehre? Vereinfacht gesprochen befasst sich diese Wissenschaft damit, wie Märkte funktionieren. Insofern hat sie einen Forschungsgegenstand, mit dem wir tagtäglich konfrontiert sind:

- Schon früh am Morgen nehmen wir am *Gütermarkt* teil, wenn wir unsere Brötchen beim Bäcker holen.
- Den größten Teil des Tages verbringen wir dann als Akteur am *Arbeitsmarkt*.
- Je nach unserer Funktion sind wir dabei auf dem *Dienstleistungsmarkt* (z.B. als Arzt) oder auf dem *Gütermarkt* (z.B. als Schreiner) tätig.
- Wenn wir dann abends unser Wertpapier-Depot disponieren, sind wir ein Teil des *Finanzmarktes*.
- Als Mieter einer Wohnung sind wir auch noch in den *Immobilienmarkt* einbezogen.

Wir haben alle unsere eigenen Erfahrungen mit diesen und anderen Märkten gesammelt. Wir haben bei unseren Einkäufen manches „Schnäppchen" gemacht, sind aber immer wieder auch auf Sonderangebote hereingefallen. Wir kennen Menschen, die ihren Arbeitsplatz verloren, und andere, die beeindruckende Karrieren gemacht haben. Wir haben uns über schlechte Ärzte geärgert, aber es auch mit sehr engagierten Medizinern zu tun gehabt. Wir haben Höhen und Tiefen am Aktienmarkt erlebt, einen schwachen und einen starken Euro. Und als Student sammelt man natürlich auch seine ganz speziellen Eindrücke mit den Vermietern von Zimmern und Apartments.

Die Volkswirtschaftslehre untersucht die Gesetze, die hinter diesen Marktphänomenen liegen. Sie fragt dabei insbesondere danach,

- warum die Preise *einzelner* Güter oft stark schwanken,
- warum manchmal *alle* Produkte gleichzeitig sehr viel teurer werden,
- warum in bestimmten Phasen sehr viele Menschen keinen Arbeitsplatz finden,
- warum es Regionen mit zu vielen freien Wohnungen und gleichzeitig Gebiete mit großer Wohnungsnot gibt,
- warum einige Länder sehr schnell wachsen, während andere ihrer Armut nicht entkommen können.

Eines sollte dabei schon deutlich geworden sein: Die Bezeichnung „Volkswirtschaftslehre" ist denkbar unglücklich gewählt, um zu verdeutlichen, dass es in dieser Wissenschaft vor allem um Märkte geht. Anfang des 19. Jahrhunderts, als der Würzburger Staatswissenschaftler Hufeland den Begriff „Volkswirtschaftslehre" prägte, waren die Märkte sehr viel weniger entwickelt als heute und es mag damals auch noch sinnvoll gewesen sein, sich auf die Wirtschaft des eigenen Volkes zu konzentrieren. Leider hat sich diese Bezeichnung mittlerweile so stark etabliert, dass sie auch als Titel für dieses Buch gewählt werden musste. Allerdings soll mit dem Untertitel „Eine Einführung in die Wissenschaft der Märkte" von Anfang an deutlich werden, was der wirkliche Gegenstand dieser Wissenschaft ist.

Eine so verstandene Volkswirtschaftslehre sollte dann auch für Studenten der Betriebswirtschaftslehre ihren Schrecken verlieren. Wer später als Entscheidungsträger in einem Unternehmen tätig sein will, muss wissen wie Märkte funktionieren – nur so kann er sie für sich nutzbar machen. Dieses Wissen wird nur teilweise in der Betriebswirtschaftslehre vermittelt und wenn es gelehrt wird, dann ist es häufig der Volkswirtschaftslehre entlehnt. Zu einer guten betriebswirtschaftlichen Ausbildung gehört daher beides:

- Umfassende Kenntnisse über die Unternehmensführung, wie sie in der Betriebswirtschaftslehre vermittelt werden,
- ein profundes Wissen über Marktprozesse, wie es vorrangig von der Volkswirtschaftslehre gelehrt wird.

1.2 Die VWL verdeutlicht wie leistungsfähig Märkte sind, sie zeigt aber auch deren Grenzen auf

Als Wissenschaft vom Markt zeigt die Volkswirtschaftslehre vor allem, was für eine faszinierende Einrichtung Märkte sind:

- Sie sorgen dafür, dass wir uns in der Regel jederzeit eine Vielzahl von Gütern beschaffen können, obwohl die Anbieter über unsere individuellen Kaufwünsche zuvor nicht informiert waren.
- Sie setzen für die Produzenten starke Anreize, immer bessere Güter und Dienstleistungen für die Konsumenten zu entwickeln.
- Sie begrenzen wirtschaftliche Macht und tragen so auch dazu bei, dass Verkäufer freundlich und zuvorkommend mit ihren Kunden umgehen, obwohl es sicherlich zahlreiche Ausnahmen gibt, die diese Regel bestätigen.
- Sie zwingen die Unternehmen, in der Güterproduktion sparsam („ökonomisch") mit den vorhandenen Produktionsmitteln zu wirtschaften.
- Sie bewirken, dass Güter vorrangig von den Konsumenten erworben werden, die ihnen den höchsten Wert beimessen.

Da wir diese Koordinations- und Informationsfunktionen der Märkte in der Regel nicht bewusst wahrnehmen, spricht man häufig auch von der „*unsichtbaren Hand*" des Marktes, ein Begriff der von Adam Smith (1723-1790), einem Urvater der VWL, bereits in seinem Hauptwerk „Der Wohlstand der Nationen" im Jahr 1776 geprägt wurde.[1] Besonders faszinierend daran ist, dass wir durch diese unsichtbare Hand veranlasst werden, Dinge zu tun, die wir so gar nicht beabsichtigt haben. Adam Smith sah darin die wichtigste ethische Begründung der Marktwirtschaft:

> „*Nicht vom Wohlwollen des Metzgers, Brauers und Bäckers erwarten wir das, was wir zum Essen brauchen, sondern davon, dass sie ihre eigenen Interessen wahrnehmen. Wir wenden uns nicht an ihre Menschen- sondern an ihre Eigenliebe, und wir erwähnen nicht die eigenen Bedürfnisse, sondern sprechen von ihrem Vorteil.*"[2]

Die hohe *Leistungsfähigkeit* einer durch Märkte gesteuerten Wirtschaft zeigte sich besonders deutlich am Ende der achtziger Jahre des letzten Jahrhunderts. Viele Länder in Ost- und Mitteleuropa, die damalige Sowjetunion und China hatten bis dahin das Konzept einer weitgehend staatlich organisierten Wirtschaftsplanung verfolgt. Mit dieser „zentralen Planwirtschaft" waren sie jedoch im Lauf von Jahrzehnten massiv gegenüber den marktwirtschaftlich ausgerichteten Ländern in den Rückstand geraten. Es blieb ihnen so Anfang der neunziger Jahre nichts anderes übrig als eine grundlegende Umgestaltung ihrer Wirtschaftsordnung durchzuführen. Als Ergebnis dieser „Wirtschaftstransformation" ist heute die Planwirtschaft – mit der Ausnahme von Nordkorea – völlig von der Bildfläche verschwunden. Wir werden die Unterschiede zwischen der Plan- und der Marktwirtschaft in *Kapitel 4* noch intensiver diskutieren.

Bei aller Begeisterung für die Leistungsfähigkeit der Märkte befasst sich die Volkswirtschaft aber immer auch sehr intensiv mit deren *Schwachstellen*. Diese sind teilweise schon für den Laien offenkundig:

- Im Marktprozess werden Einkommen immer nur nach der Leistung und nie nach Bedürftigkeit vergeben. Für Menschen mit einer geringen Leistungsfähigkeit besteht dabei die Gefahr, dass sie nicht einmal genug verdienen, um ihr Existenzminimum abzudecken. Dies gilt auch für ganze Regionen und Länder. So lag das durchschnittliche Pro-Kopf-Einkommen in den Ländern südlich der Sahara im Jahr 2000 bei nur 1.600 $ – in Sierra Leone waren es sogar nur 480 $, während es in den Mitgliedsländern der Europäischen Währungsunion 23.600 $ betrug.

- Der Marktmechanismus versagt, wenn man es mit Gütern zu tun hat, für die es keine Preise und damit auch keine Märkte gibt. Das beste Beispiel hierfür ist die Umwelt. Die extrem schlechte Umweltqualität in vielen Entwicklungsländern zeigt, wie gefährlich es ist hier allein auf den Markt zu vertrauen.

- Unternehmer haben immer ein starkes Interesse daran, sich durch Absprachen und Fusionen dem Wettbewerbsdruck des Marktes zu entziehen.

---

[1] Adam Smith (1974). Wir werden auf die Ideen dieses berühmten Ökonomen in *Kapitel 3* noch ausführlicher eingehen. Eine Kurzbiographie finden Sie am Ende von *Kapitel 23*.

[2] Adam Smith (1974, S.17).

1.2 Die VWL verdeutlicht wie leistungsfähig Märkte sind

- Die wirtschaftliche Entwicklung weist ausgeprägte zyklische Schwankungen auf. Diese können zu Inflation oder Arbeitslosigkeit und teilweise auch zu beidem gleichzeitig führen. Bisweilen geraten diese Prozesse so sehr aus dem Gleichgewicht, dass es – wie in Deutschland in den Jahren 1920-23 – zu einem völligen Wertverlust des Geldes kommt oder aber zu einer Massenarbeitslosigkeit, wie sie in der Weltwirtschaftskrise von 1929-33 beobachtet werden konnte.

In gewisser Hinsicht befinden sich Volkswirte dabei in einer ähnlichen Rolle wie Ärzte. Sie wissen, dass der Wirtschaftsprozess grundsätzlich über sehr gute Selbstheilungskräfte verfügt, sie sind sich aber auch der Tatsache bewusst, dass es zu Störungen kommen kann, in denen das System eine Hilfestellung von außen benötigt. Von wem kann diese Stabilisierung kommen? Letztlich ist es immer der Staat, der mit seiner Wirtschaftspolitik dafür zu sorgen hat, dass die Marktwirtschaft wieder ins Gleichgewicht kommt. Und wie in der Medizin kommt es dabei natürlich auf die richtige Dosierung an. Ein Zuviel an Staat kann den Patienten genauso schwächen wie eine halbherzige Intervention im Fall einer schweren Erkrankung. Die Analogie zur Medizin lässt sich noch beliebig fortsetzen. So wie man immer zwei Ärzte mit unterschiedlichen Diagnosen für einen Patienten finden kann, gibt es auch zu jeder Situation stets zwei konträre volkswirtschaftliche Therapievorschläge. Die Nähe zur Medizin zeigt sich auch daran, dass François Quesnay (1694-1774), einer der Urväter der Volkswirtschaftslehre, seine Laufbahn als königlicher Chirurg und Leibarzt von Madame Pompadour begonnen hatte. Eine Kurzbiographie von Quesnay finden Sie am Ende dieses Kapitels.

In Deutschland gibt es heute zahlreiche Volkswirte, die direkt oder indirekt in der *Politikberatung* tätig sind und dabei Diagnosen und Therapien für volkswirtschaftliche Probleme entwickeln. Zu den wichtigsten Beratungsinstitutionen zählen:

- Der *Sachverständigenrat* zur Begutachtung der gesamtwirtschaftlichen Entwicklung mit Sitz in Wiesbaden. Er setzt sich aus fünf Wissenschaftlern („fünf Weise") zusammen, die von der Bundesregierung ausgewählt werden. Der Rat ist von der Politik unabhängig. Er erstellt einmal jährlich ein umfassendes Gutachten zur gesamtwirtschaftlichen Situation in Deutschland, das jeweils am 15. November veröffentlicht wird.

- Die sechs großen *Wirtschaftsforschungsinstitute*: Deutsches Institut für Wirtschaftsforschung (DIW), Berlin; Hamburgisches Welt-Wirtschafts-Archiv (HWWA); ifo-Institut für Wirtschaftsforschung, München; Institut für Weltwirtschaft an der Universität Kiel; Institut für Wirtschaftsforschung, Halle; Rheinisch-Westfälisches Institut für Wirtschaftsforschung, Essen. Diese Institute erstellen eine große Zahl von Analysen zu ausgewählten Fragen der Wirtschaftspolitik. Im Frühjahr und Herbst präsentieren sie jedes Jahr die „*Gemeinschaftsdiagnose*" mit einer umfassenden Diagnose und Prognose der wirtschaftlichen Entwicklung.

- Sehr interessante wirtschaftswissenschaftliche Studien werden auch vom Zentrum für Europäische Wirtschaftsforschung, Mannheim (ZEW), und der Volkswirtschaftlichen Abteilung der Deutschen Bundesbank, Frankfurt am Main, erstellt.

Neben diesen nationalen Forschungs- und Beratungseinrichtungen gibt es auch wichtige *internationale* Institutionen, die sich mit volkswirtschaftlichen Fragen befassen. Dazu zählen

- der *Internationale Währungsfonds* (International Monetary Fund) mit Sitz in Washington. Er ist vor allem für makroökonomische Probleme zuständig;
- die ebenfalls in Washington ansässige *Weltbank* (World Bank) befasst sich demgegenüber mit strukturellen, d.h. primär mikroökonomischen Entwicklungen;
- die *Organisation for International Co-Operation and Development (OECD)* mit Sitz in Paris erstellt Analysen zu einer Vielzahl volkswirtschaftlicher Themen;
- die *Bank für Internationalen Zahlungsausgleich (BIZ)*, die in Basel residiert, beschäftigt sich schwerpunktmäßig mit der Stabilität der internationalen Finanzmärkte;
- die *Europäische Kommission* in Brüssel und die *Europäische Zentralbank* in Frankfurt am Main erstellen eine Vielzahl von Studien für den Bereich der Europäischen Union bzw. von Euroland, d.h. den Währungsraum der 12 Mitgliedsländer der Europäischen Währungsunion.

Alle diese Institutionen bieten reichhaltige Informationsmaterialien auf ihren Webseiten an. Bei der Bundesbank finden Sie eine sehr umfassende Datenbank für Deutschland, bei der EZB kann man viele Datenreihen für Euroland herunterladen.

1.3 Die VWL befasst sich mit ganz unterschiedlichen Märkten und ist in zwei große Hauptgebiete unterteilt

Es gibt in einer Wirtschaft zahllose Märkte, die zudem sehr unterschiedlich organisiert sind. An der Tankstelle ändern sich die Preise fast täglich, aber es ist kaum möglich, mit dem Tankwart über den Preis zu verhandeln. In vielen Bekleidungsgeschäften sind die Preise über einige Wochen konstant, werden dann aber durch „Sonderangebote" oft drastisch reduziert. Wer eine Wohnung mietet, vereinbart die Miete in der Regel für mehrere Jahre im Voraus. Auf dem Arbeitsmarkt werden die Löhne für ein bis zwei Jahre in Tarifverhandlungen vereinbart, wofür es genau festgelegte Regeln gibt. Auf Finanzmärkten, wie dem Aktien- oder dem Devisenmarkt, können sich die Kurse von Minute zu Minute verändern – wobei es zu durchaus drastischen Kursanstiegen und -einbrüchen kommen kann. Auch eine Auktion bei Sotheby's stellt eine Form des Marktes dar; hier werden die Preise durch eine offene Versteigerung ermittelt.

Es hat sich eingebürgert, dass man die Volkswirtschaftslehre in zwei große Teilbereiche untergliedert: die *Mikroökonomie* und die *Makroökonomie*, wobei die Grenzen oft fließend sind. Für die Mikroökonomie steht die Analyse individueller Märkte im Vordergrund. Sie untersucht also beispielsweise die Entwicklung der Preise für Bier, Rohöl oder Urlaubsreisen. Die Affinität zur Betriebswirtschaftslehre ist hier besonders ausgeprägt. Die Makroökonomie hat eine stark gesamtwirtschaftliche Ausrichtung. Sie interessiert sich vor allem dafür, wie das Wirtschaftswachstum insgesamt ausfällt, wie hoch die Arbeitslosenrate sein wird und wie sich das Preisniveau, also die Gesamtheit aller Einzelpreise, entwickelt. Was die Makroökonomie von der Mikroökonomie wesentlich unterscheidet, ist die Tatsache, dass einzelwirtschaftliche Entscheidungen häufig zu gesamtwirtschaftlichen Ergebnissen führen, die diesen zuwiderlaufen.

Das Paradebeispiel für eine solche *Rationalitätenfalle* ist die Situation einer Theateraufführung: Ein einzelner Besucher kann seine Sicht verbessern, wenn er aufsteht. Um sich nicht zu verschlechtern, müssen dann aber auch die dahinter sitzenden Besucher aufstehen. Am Ende eines solchen Prozesses steht der ganze Saal und keiner sieht mehr als wenn alle wieder säßen. Das Bestreben des Einzelnen, seine Lage zu verbessern, führt somit dazu, dass sich alle Beteiligten am Ende verschlechtern. Diese logische Grundstruktur, die von dem äußerst innovativen deutschen Ökonom Wolfgang Stützel (1926-87) als „*Konkurrenzparadoxon*"[3] bezeichnet wird, findet man recht häufig im Wirtschaftsgeschehen:

- Für jeden Ladeninhaber ist es vorteilhaft, seine Öffnungszeit zu verlängern, um so seinen Umsatz zu erhöhen. Ohne *Ladenschlussgesetze* bleibt den anderen Anbietern in der Regel nichts anderes übrig, als nachzuziehen. Da die Verbrauchsausgaben der Konsumenten jedoch begrenzt sind, arbeiten alle am Ende länger, ohne dabei mehr abzusetzen. Die oft gähnend leeren Einkaufszentren in den USA, die teilweise 24 Stunden pro Tag geöffnet haben, sind hierfür ein deutliches Beispiel.

- Aus der Sicht eines einzelnen Unternehmens wäre es stets vorteilhaft, wenn es die *Löhne* seiner Arbeitnehmer senken könnte, da es so seine Produkte zu geringeren Kosten anbieten könnte. Für die gesamte Volkswirtschaft kann eine generelle Lohnsenkung jedoch mit einem Ausfall an gesamtwirtschaftlicher Nachfrage einhergehen, die sich nachteilig auf alle Unternehmen auswirken kann.

- Für jeden einzelnen Haushalt kann es sinnvoll sein, zu *sparen* und damit sein Vermögen zu erhöhen. Wenn jedoch alle Haushalte sparen, indem sie ihre Ausgaben reduzieren, vermindern sie die Einnahmen der Unternehmen. Kommt es dadurch zu Entlassungen, kann es sein, dass die Haushalte am Ende über ein geringeres Vermögen verfügen als in der Ausgangssituation. Man spricht hierbei auch vom *Spar-Paradoxon*. Besonders problematisch ist diese Rationalitätenfalle, wenn der Staat in einer Rezessionsphase versucht, seinen Haushalt durch eine „Konsolidierungspolitik" zu sanieren. In Deutschland hat Reichskanzler Brüning mit einer solchen Politik Anfang der Dreißiger Jahre des letzten Jahrhunderts den Zusammenbruch der „Weimarer Republik" herbeigeführt und damit den Nationalsozialisten den Weg bereitet.

Wir werden uns im Folgenden an dieser Zweiteilung orientieren. Der erste Teil des Buches ist mikroökonomischen Themen gewidmet, in den *Kapiteln 14-23* wird die Makroökonomie präsentiert.

---

3 Wolfgang Stützel (1958). Eine Kurzbiografie von Wolfgang Stützel finden Sie am Ende von Kapitel 15.

Der Medizinmann

François Quesnay wurde am 4. Juni 1694 als achtes von 13 Kindern einer Händler- und Bauernfamilie in Méré geboren. Er starb am 16. Dezember 1774 in Versailles. Quesnay begann seine Laufbahn als Arzt. Ein wichtiges Sprungbett war dabei der Aufstieg zum Leibarzt von Madame de Pompadour im Jahr 1749. Da diese Quesnay zu einem ihrer engsten Vertrauten machte, konnte er seinen Einfluss am französischen Hof steigern und wurde schnell offizieller Leibarzt des französischen Königs Ludwig XV. und medizinischer Berater am Hof in Versailles. 1752 wurde er vom Monarchen geadelt.

1694 – 1774

Neben seiner Tätigkeit als Arzt beschäftigte er sich zunehmend mit Ökonomie. Im Alter von 64 Jahren schrieb Quesnay sein Hauptwerk „Tableau Economique". Darin entwickelte er als erster ein – nicht einfaches – Modell, in dem die Interdependenz des Wirtschaftsprozesses abgebildet wird. Das Denken von Quesnay war geprägt von der Vorstellung, dass allein in der Landwirtschaft eine Wertschöpfung erbracht würde, während er die Industrie als „steril" ansah. Quesnay vertraute stark auf die stabilisierenden Kräfte des Marktes und kritisierte daher den zu seiner Zeit stark ausgeprägten Staatsinterventionismus der Merkantilisten. Die von ihm begründete Schule der „Physiokraten" (die griechischen Ausdrücke „physis" und „kratos" stehen für Natur und Kraft) setzte sich daher für freien Wettbewerb im nationalen wie im internationalen Rahmen ein.

Zitat:

„Arme Bauern, armes Königreich"

Quelle: Maximes générales du gouvernement économique d'un royaume agricole, maxime XX note

Ausbildung und Beruf

In seiner Jugend versuchte er sich autodidaktisch zu bilden. Später begann er eine Lehre als Wundarzt. Bevor er das Studium der Chirurgie erfolgreich beendete, absolvierte er eine weitere Ausbildung zum Graveur. 1718 erlangte er den Titel eines Chirurgen. Sein Studium finanzierte er mit dem Stechen anatomischer Tafeln.

Werke

1756 Evidence. Fermiers. Grains. In: Encyclopédie, ou Dicctionaire raisonné des sciences, des arts et des métiers. Vols. 6 und 7. aris

1758 Tableau Economique, 1. Auflage, (*www.taieb.net/auteurs/Quesnay/t1758.html*)

1765 Hommes. Impôts. In: Encyclopédie, Vol. 8

SCHLAGWÖRTER

Konkurrenzparadoxon (S. 27), Makroökonomie (S. 26), Markt (S. 23), Mikroökonomie (S. 26), Rationalitätenfalle (S. 20), Spar-Paradoxon (S. 27), unsichtbare Hand (S. 24)

AUFGABEN

1. In manchen Klausuren wird nach dem Prinzip des „open book" vorgegangen, d.h. die Studenten können ihre Lehrbücher mit in die Klausur nehmen. Student Hubert findet das eine tolle Sache. Er kann es überhaupt nicht verstehen, dass seine Kommilitonin Sarah es lieber hätte, wenn die Bücher zu Hause gelassen werden müssten. Wer hat Recht?

2. Mikro- und Makroökonomie sind die beiden zentralen Teilgebiete der VWL. Ordnen Sie die folgenden Fragestellungen in das entsprechende Teilgebiet ein:

    - Ist das Zinsniveau in Euroland derzeit zu hoch?
    - Sollte die Deutsche Post wieder vom Staat betrieben werden?
    - Soll sich die Bundesregierung bemühen, wieder einen ausgeglichenen Haushalt vorzulegen?
    - Ist es richtig, dass die Europäische Union die Landwirtschaft subventioniert?
    - Sollte die Leiharbeit in Deutschland ausgeweitet werden?
    - Sollte für Studentenwohnungen ein Höchstpreis eingeführt werden?
    - Welche Auswirkungen hat ein Kurseinbruch an den Aktienmärkten?
    - Soll die Ökosteuer noch weiter erhöht werden?
    - Kommt es im nächsten Jahr zu einem kräftigen Wirtschaftswachstum in Deutschland?
    - Soll der Zahnersatz von den Gesetzlichen Krankenkassen weiter bezahlt werden?

3. Laden Sie sich aus dem Internet (*www.diw.de*) die aktuellste Fassung der Gemeinschaftsdiagnose der sechs Wirtschaftsforschungsinstitute herunter und finden Sie heraus, welche Schwachpunkte diese „Ärzte" am „Patienten Deutschland" besonders problematisch finden und welche Therapie sie vorschlagen.

4. Gehen Sie die Internet-Seite Ihrer Fakultät durch und versuchen Sie – soweit wie möglich – die Lehrstühle den Gebieten Mikro- und Makroökonomie zuzurechnen.

Kapitel 2

Die „unsichtbare Hand" des Marktes: Wie kommt der Aktienkurs für die Hyper-Tec AG zustande?

Die Koordinationsfunktion des Marktes	33
Wir ermitteln den Aktienkurs für die Hyper-Tec AG	33
Unsere ersten Einsichten in den Marktprozess	36
Zur Vertiefung: Warum schwanken die Aktienkurse so stark?	38

Kapitel

2

Die „unsichtbare Hand" des Marktes: Wie kommt der Aktienkurs für die Hyper-Tec AG zustande?

LERNZIELE

- Märkte bringen Anbieter und Nachfrager mit sehr geringen Informations- und Transaktionskosten zusammen.

- Märkte führen dabei zu einem „Gleichgewicht" von Angebot und Nachfrage, d.h. die Pläne von Anbietern und Nachfragern passen in optimaler Weise zusammen.

- In der Regel ist der Austausch über den Markt für Anbieter *und* Nachfrager mit Vorteilen verbunden. Handel ist eine WinWin-Situation

- In der Volkswirtschaftslehre gibt es nur einen subjektiven Wertbegriff. Handel lebt davon, dass die individuellen Wertschätzungen divergieren. Die einzige objektive Größe ist der Marktpreis.

- Die starken Schwankungen von Börsenkursen sind darauf zurückzuführen, dass das Marktgeschehen von „Spekulanten" bestimmt wird, d.h. Menschen, die ein Gut nur erwerben um es früher oder später weiterzuverkaufen.

2.1 Die Koordinationsfunktion des Marktes

Um zu verstehen, wie ein Markt funktioniert, ist es am besten, wenn wir uns einmal einen Markt ansehen, der oft als das Symbol der Marktwirtschaft angesehen wird: den Aktienmarkt. Jeden Abend können wir in den Nachrichten beobachten, wie sich die Kurse an den wichtigsten Börsen der Welt verändert haben. Und so stehen wir mit Kursindizes wie dem DAX (für die wichtigsten Titel an der Frankfurter Börse) oder dem Dow Jones (dem Index für die als „Wall Street" bezeichnete New Yorker Börse) eigentlich schon auf „Du und Du".

Am Beispiel des Aktienmarktes wollen wir eine der wichtigsten Funktionen eines Marktes verdeutlichen: die Koordination zwischen den Anbietern und Nachfragern eines Gutes.

- Ganz allgemein ist ein Markt dadurch gekennzeichnet, dass er die Anbieter und Nachfrager eines bestimmten Gutes zusammenführt. Bestes Beispiel hierfür ist der Wochenmarkt.
- Konkret besteht die Funktion eines Marktes darin, dass er die Verkaufspläne der Anbieter und die Kaufpläne der Nachfrager eines Gutes möglichst weitgehend zur Deckung bringt. Wie ist dies möglich? Das Geheimnis der „unsichtbaren Hand" ist der Preismechanismus, den wir am besten verstehen können, wenn wir ihn anhand eines konkreten Beispiels untersuchen.

2.2 Wir ermitteln den Aktienkurs für die Hyper-Tec AG

Für eine solche Fallstudie eignet sich der Aktienmarkt besonders gut. Kennzeichnend für diesen Markt ist, dass die einzelnen Anleger ganz unterschiedliche Einschätzungen über die Entwicklung der Kurse haben. Es gibt also immer eine Reihe von Investoren, die zum vorherrschenden Kurs zusätzliche Aktien von einer Gesellschaft erwerben wollen, während sich andere Anleger von diesen Aktien trennen möchten. Die Funktion des Aktienmarktes besteht nun darin, es beiden Marktseiten zu ermöglichen, ihre Pläne so weit wie möglich zu verwirklichen.

Wir wollen dies nun anhand eines einfachen Beispiels verdeutlichen, bei dem wir den Aktienkurs für eine hypothetische Gesellschaft, die „Hyper-Tec AG", ermitteln wollen. Die Gesellschaft sei an der Frankfurter Wertpapierbörse notiert. In deren elektronischen Xetra-Handelssystem werden viermal am Tag *Auktionen* für Aktien durchgeführt, bei denen dann der Marktpreis, in diesem Fall natürlich der Börsenkurs, ermittelt wird. Zwischen diesen Auktionen findet auch noch ein „fortlaufender Handel" statt, auf den wir hier aber nicht weiter eingehen wollen.[1] Diese Auktion ist ein besonders gutes Beispiel für einen Markt. Zunächst werden alle vorliegenden Verkaufs- und Kaufaufträge („Orders") in ei-

---

1 Wer sich dafür interessiert, findet mehr Informationen unter *http://www.xetra.de/INTERNET/XETRA/index.htm*.

nem Orderbuch zusammengestellt. Wir unterstellen, dass für die Aktien der Hyper-Tec AG folgende Orders bestehen:

Kurse	Kauforders	Verkaufsorders
Bestens		26
120	15	2
121	5	6
122	3	16
123	16	4
124	6	7
125	3	10
126	4	
Billigst	25	

Tabelle 2.1: **Zahl der Kauf- und Verkaufsorders für die Hyper-Tec AG**

Wenn man an der Börse Aktien kaufen oder verkaufen will, kann man dies in der Form tun, dass man limitierte Aufträge gibt („*Limit-Orders*"). Liegt bei einem Kaufauftrag das Limit z.B. bei 121, dann wird der Kauf nur ausgeführt, wenn der Kurs nicht höher als 121 ist. Bei einem Verkaufsauftrag bedeutet ein Limit von 124, dass der Verkauf nur vorgenommen werden soll, wenn der Kurs nicht weniger als 124 beträgt. Daneben ist es auch möglich, Orders ohne ein Limit abzugeben („*Market-Orders*"), d.h. man möchte eine Aktie möglichst billig („*billigst*") erwerben bzw. möglichst teuer („*bestens*") verkaufen.

Aus den vorliegenden Orders für die Hyper-Tec AG können wir nun für jedes Kursniveau ermitteln, wie hoch jeweils die angebotene bzw. die nachgefragte Menge an Aktien ist. Dabei muss man so vorgehen, dass man bei den Verkaufsorders vom niedrigsten Kurs aufsteigend addiert, während man bei den Kauforders genau umgekehrt verfährt. Konkret würde bei einem Kurs von 122 die *angebotene Menge* 50 Stück betragen: 26 Aktien sind bestens zu verkaufen, dazu kommen die Limit-Orders bei den Kursniveaus 120 (2), 121 (6) und 122 (16) (=2+6+16). Die *nachgefragte Menge* würde sich auf 57 belaufen: 25 Aktien sind billigst zu erwerben, beim Kursniveau 126 werden 4 Stück nachgefragt, bei 125 sind es 3 usw. Auf diese Weise lässt sich nun für jedes Kursniveau jeweils die angebotene und die nachgefragte Menge ermitteln (*Tabelle 2.2*).

Grafisch lässt sich dies in einem einfachen Diagramm abbilden (Schaubild 2.1). Es ordnet jedem Kursniveau die angebotene und die nachgefragte Menge an Aktien zu. Die ansteigende Linie beschreibt die *Angebotskurve* für Aktien der Hyper-Tec AG, die fallende Kurve die *Nachfragekurve*.

2.2 Wir ermitteln den Aktienkurs für die Hyper-Tec AG

Kurs	Nachgefragte Menge	Angebotene Menge	Umsatz
Unter 120	77	26	26
120	77	28	28
121	62	34	34
122	57	50	50
123	54	54	54
124	38	61	38
125	32	71	32
126	29	71	29
Über 126	25	71	25

Tabelle 2.2: Das Orderbuch für die Hyper-Tec AG

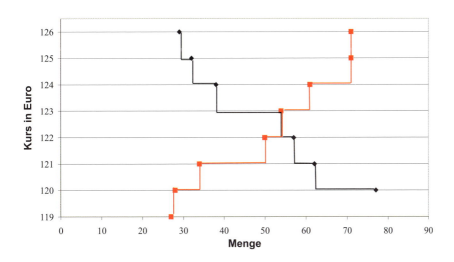

Schaubild 2.1: Angebot und Nachfrage nach Hyper-Tec-Aktien

Welcher Kurs wird nun gewählt? Wie schon erwähnt, besteht die zentrale Aufgabe eines Marktes darin, Anbieter und Nachfrager zusammenzuführen und ihre Pläne möglichst weitgehend zur Deckung zu bringen. Wir können leicht erkennen, dass dies bei einem Kurs von 123 der Fall ist. Tabelle 2.2 zeigt, dass dann 54 Aktien umgesetzt werden können. Bei einem höheren Kurs, z.B. 124, wäre zwar eine höhere angebotene Menge vorhanden (61 Stück),

dem stünde aber nur eine nachgefragte Menge von 38 Stück gegenüber. Damit könnte nur ein Umsatz von 38 erreicht werden. Gleiches gilt für einen niedrigeren Kurs, z.B. 122. Hier wäre die nachgefragte Menge mit 57 höher, in diesem Fall stünde aber nur eine angebotene Menge von 50 zur Verfügung. Wiederum würde der Umsatz durch die „kürzere" Marktseite bestimmt werden. Er würde sich also auf nur 50 Stück belaufen.

Da sich die angebotene und nachgefragte Menge nur bei einem Kurs von 123 entsprechen, bezeichnet man diesen auch als *den „markträumenden Preis"*. Zu diesem Kurs ist es für alle Anbieter und Nachfrager möglich, ihre Verkaufs- und Kaufpläne zu realisieren. Man spricht deshalb auch vom *„Gleichgewichtspreis"*, da er dafür sorgt, dass die unabhängig voneinander gebildeten Kauf- und Verkaufspläne einander entsprechen.

2.3 Unsere ersten Einsichten in den Marktprozess

Mit einem Diagramm wie dem *Schaubild 2.1* wird man als Student der Volkswirtschaftslehre ständig konfrontiert. Es steht dabei fast immer ein *Preis* (z.B. Preis eines Gutes, Preisniveau, Lohn, Zinssatz, Wechselkurs oder Inflationsrate) auf der y-Achse und eine *Mengengröße* auf der x-Achse (z.B. Menge eines Gutes, Bruttoinlandsprodukt, Beschäftigung, Devisen, Output-Lücke), und man hat es eigentlich immer mit einer ansteigenden Angebots- und einer fallenden Nachfragekurve zu tun (*Schaubild 2.2*). Man spricht für diese beiden Kurven zur Vereinfachung oft nur von der *Nachfrage* oder dem *Angebot*.

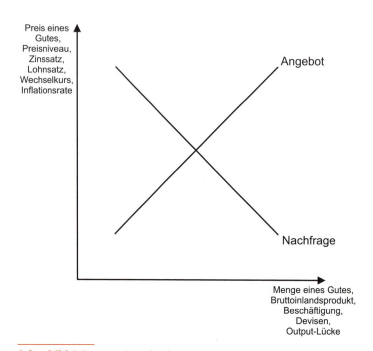

Schaubild 2.2: **Das Standard-Diagramm der Volkswirtschaftslehre**

2.3 Unsere ersten Einsichten in den Marktprozess

Wir werden in diesem Buch für unterschiedliche Märkte Angebots- und Nachfragekurven herleiten, vor allem für einzelne Gütermärkte, für den Arbeitsmarkt, aber auch für eine Volkswirtschaft insgesamt. Das Schöne an unserem einfachen Beispiel für den Aktienmarkt ist, dass wir daraus bereits sehr wichtige Einsichten in den Marktprozess gewinnen können.

1. Der Preismechanismus sorgt dafür, dass sich ein Markt im *Gleichgewicht* befindet. Unter „*Gleichgewicht*" wird dabei in der Volkswirtschaftslehre immer eine Situation verstanden, in der die unabhängig gebildeten *Pläne* von Anbietern und Nachfragern zueinander passen.

2. Der Markt ermöglicht *Handel* und sorgt dafür, dass sich Käufer und Verkäufer besser stellen können als in einer Situation ohne einen Markt. Schauen wir dazu einen *Verkäufer* an, der eine Verkaufsorder zum Kurs von 120 € abgegeben hat. Da er die Aktie bei einem Kurs von 119 € noch behalten hätte, bringt er damit zum Ausdruck, dass er einer Aktie der Hyper-Tec AG einen *Wert* von *maximal* 119 € beimisst.[2] Da er die Aktie zu einem Kurs von 123 verkaufen kann, erzielt er einen *Handelsgewinn* von 4 €. Mit umgekehrtem Vorzeichen gilt das auch für einen *Käufer*. Wer eine Kauforder für 126 € abgibt, bringt damit zum Ausdruck, dass er der Aktie einen Wert von *mindestens* 126 € beimisst. Wenn er die Aktie dann zu 123 € erhält, erzielt er einen Handelsvorteil von 3 €.

3. Entscheidend für Marktprozesse ist daher, dass Käufer und Verkäufer den *Wert* eines Gutes unterschiedlich einschätzen. Konkret zeigt das Orderbuch, dass Anbieter und Nachfrager den Wert der Aktien der Hyper-Tec AG unterschiedlich beurteilen. Dies ist darauf zurückzuführen, dass Anleger in der Regel ganz unterschiedliche Einschätzungen darüber haben, wie sich die Geschäftslage eines Unternehmens entwickeln wird. Ganz allgemein gibt es daher in der Volkswirtschaftslehre (wie auch in der Betriebswirtschaftslehre) keinen *objektiven* Wertbegriff (dazu ausführlicher Stützel 1975). Der Wert eines Gutes oder einer Aktie wird immer durch die individuelle Situation eines Anbieter oder eines Nachfragers bestimmt. In unserem Marktmodell bildet die Angebotskurve daher die Wertschätzung der Anbieter und die Nachfragekurve die der Nachfrager ab. Im Fall einer Aktie wie der Hyper-Tec AG ist die höhere Wertschätzung der Nachfrager, die mit ihren Orders zum Zuge gekommen sind, darauf zurückzuführen, dass sie die Entwicklung des Unternehmens deutlich optimistischer einschätzen als diejenigen Anbieter, die ihre Aktien verkaufen wollten und es auch konnten.

---

2 Zur Vereinfachung gehen wir hier nur von ganzzahligen Werten aus. Die Möglichkeit, dass der Verkäufer von einem Wert von 119,50 € ausgeht, lassen wir also unberücksichtigt.

2.4 Zur Vertiefung: Warum schwanken die Aktienkurse so stark?

Wir haben unsere Einführung mit einer Beschreibung des Aktienmarktes begonnen, weil sich dort die Angebots- und Nachfragekurven einfach herleiten lassen und weil die Auktion an einer Börse besonders gut die Funktionsweise eines Marktes verdeutlicht. Im Vergleich zu den meisten Märkten einer Volkswirtschaft zeichnet sich der Aktienmarkt durch eine besonders große Instabilität der Kurse aus. *Schaubild 2.3* zeigt dies für Deutschland in der Phase von 1959 bis heute. Nach einer jahrzehntelangen Stagnation hat der deutsche Aktienmarkt in den neunziger Jahren enorm an Dynamik gewonnen. Die Kursgewinne gingen dabei weit über den Anstieg des nominellen Bruttoinlandsprodukts hinaus[3]. Vom Frühjahr 2000 an hat er dann aber wieder einen großen Teil seiner Gewinne eingebüßt.

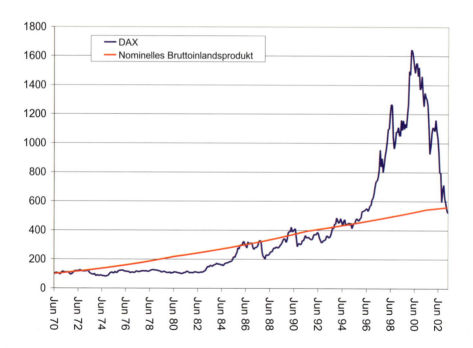

Schaubild 2.3: **What goes up, must come down" (DAX-Index von 1959 bis 2003; Jahresende 1987 = 100)**
Quelle: Deutsche Bundesbank, Zeitreihen-Datenbank

Schaubild 2.4 bildet den amerikanischen Aktienmarkt anhand des „Standard & Poor's Index" für den Zeitraum von 1871 bis heute ab. Zur besseren Vergleichbarkeit wurden die Kurse um die allgemeine Preisentwicklung bereinigt. Man spricht dann von „realen"

---

3   Eine ausführliche Definition des Bruttoinlandsprodukts finden Sie in Kapitel 15.

2.4 Zur Vertiefung: Warum schwanken die Aktienkurse so stark?

Werten. Es wird dort auch das *Kurs-Gewinn-Verhältnis* dargestellt. Diese Kenngröße setzt den Kurs ins Verhältnis zum Unternehmensgewinn, die damit einen gewissen Anhaltspunkt für eine Über- oder Unterbewertung gibt. Man erkennt daran, dass es in den Vereinigten Staaten bei einem extrem hohen Kurs-Gewinn-Verhältnis in der Regel zu einem deutlichen Kurseinbruch kam (insbesondere in den Jahren nach 1929 und 2000).[4]

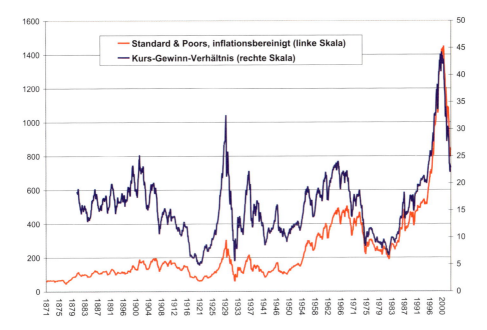

Schaubild 2.4: **Aktienkurse und Kurs-Gewinn-Verhältnis in den Vereinigten Staaten (preisbereinigter Standard & Poor's Index von 1871 bis 2003)**
Quelle: Datenbank von Robert Shiller (http://aida.econ.yale.edu/~shiller/data.htm)

Allerdings ist dabei immer zu berücksichtigen, dass es in der Wirtschaftswissenschaft keinen objektiven Wertbegriff gibt. So stellt sich z.B. beim Indikator des Kurs-Gewinn-Verhältnisses das Problem, dass Finanzmärkte sehr stark zukunftsorientiert sind, wobei es sehr schwierig ist, die zukünftigen Unternehmensgewinne zu prognostizieren. Dazu kommt, dass Aktien häufig deshalb gekauft werden, um sie nach einer relativ kurzen Zeit wieder – zu einem hoffentlich höheren Kurs – zu verkaufen. Solche Transaktionen bezeichnet man als „*Spekulation*". Ein Spekulant muss sich beim Erwerb einer Aktie also vor allem darüber Gedanken machen, wie diese in der Zukunft von den anderen Marktteilnehmern beurteilt wird. Der individuelle Wert einer Aktie wird dann also allein von Erwartungen über die zukünftigen Kurse bestimmt. Auf diese Weise kann es am Aktien-

---

[4] Die Daten findet man auf der Internet-Seite des amerikanischen Ökonomen Robert Shiller, der ein faszinierendes Buch über die Psychologie des Aktienmarktes geschrieben hat (Shiller, 2000).

markt zeitweilig zu *„spekulativen Blasen"* kommen, bei denen Aktien nur deshalb gekauft werden, weil die Marktteilnehmer darauf vertrauen, dass der Kursanstieg sich fortsetzt. Wie das Beispiel des *Neuen Marktes* in Deutschland in den Jahren 1998 bis 2002 besonders plastisch zeigt, platzen solche Blasen früher oder später, wenn allgemein deutlich wird, dass sich die Kurse meilenweit von einer einigermaßen realistischen Bewertung eines Unternehmens entfernt haben. Diese Grundstruktur eines spekulativen Marktes hat niemand so gut beschrieben wie der berühmte englische Nationalökonom *John Maynard Keynes* (1883-1946)[5]. Er vergleicht die Spekulation mit einem „Schönheitswettbewerb", wie er wohl früher in Zeitschriften üblich gewesen ist. Dabei sollte man aus 100 Bildern die sechs schönsten Gesichter heraussuchen. Um zu gewinnen, muss die eigene Auswahl zu den Bildern gehören, die insgesamt am meisten genannt werden. Wer sich also an einem solchen Wettbewerb beteiligt, darf sich dann nicht von seinen eigenen Schönheitsvorstellungen leiten lassen. Vielmehr muss er sich fragen, wie wohl die Schönheitsvorstellungen der anderen Teilnehmer sind. Für alle anderen Teilnehmer gilt jedoch dasselbe. In den Worten von Keynes:

> *„Es geht nicht darum, diejenigen auszuwählen, die nach dem eigenen Urteil wirklich die hübschesten sind oder jene, welche nach der durchschnittlichen Meinung die hübschesten sind. Wir haben einen dritten Grad erreicht, wo wir unsere Intelligenz dafür einsetzen, das vorherzusehen, von dem die durchschnittliche Meinung erwartet, dass es die durchschnittliche Meinung ist." (Eigene Übersetzung nach Keynes 1936, S. 156).*

Das Problem bei solchen spekulativen Prozessen besteht darin, dass es so kollektiv zu Bewertungen von Gütern oder Aktien kommen kann, die der einzelne Marktteilnehmer als völlig unrealistisch ansieht. Die bereits erwähnte Kursentwicklung am Neuen Markt ist ein gutes Beispiel für eine solche *„spekulative Blase"* d.h. eine Situation, in der sich die kollektive Bewertung weit von einer realistischen individuellen Bewertung entfernt. Eine Übersicht über spekulative Blasen in der Wirtschaftsgeschichte vermittelt das Buch von Peter Garber (2001).

Wenn sich die Preise für die Güter und Dienstleistungen unseres täglichen Bedarfs in der Regel sehr viel stabiler entwickeln als die Aktienkurse, dann ist das darauf zurückzuführen, dass wir diese Produkte für uns selbst erwerben und nicht für den Weiterkauf. Wir werden dann nicht bereit sein, für ein Kilo Nudeln mehr zu bezahlen als es uns wert ist. Und da unsere Wertschätzung für Nudeln relativ konstant ist, kommt es insofern auch zu einer einigermaßen gleichmäßigen Entwicklung des Preises für ein solches Gut. Aber natürlich gibt es, wie *Schaubild 2.5* verdeutlicht, auch bei Lebensmitteln und anderen Verbrauchsgütern ein ständiges Auf und Ab der Preise. Zur besseren Übersichtlichkeit haben wir alle Preise für 1981 gleich 100 gesetzt. Während manche Güter besonders teuer geworden sind (Tageszeitungen und Kabeljau), kann man Zucker und Kaffee heute sehr viel billiger bekommen als im Jahr 1981. Erstaunlich instabil ist der Preis für Kartoffeln, was darauf zurückzuführen ist, dass sich bei landwirtschaftlichen Produkten die stets variab-

---

[5] Eine Kurzbiographie von John Maynard Keynes finden Sie am Ende dieses Kapitels.

2.4 Zur Vertiefung: Warum schwanken die Aktienkurse so stark?

len Wetterverhältnisse stark auf den Preis auswirken. Wir werden in *Kapitel 5* ausführlicher diskutieren, worauf Preisveränderungen einzelner Güter zurückzuführen sind

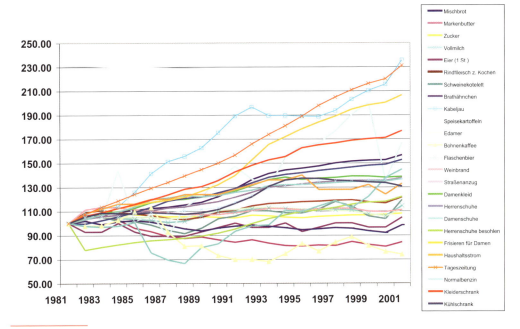

Schaubild 2.5: **Preisschwankungen einzelner Güter in Deutschland (1981-2001)**
Quelle: Institut der Deutschen Wirtschaft (2002)

Der Revolutionär

Der britische Nationalökonom John Maynard Keynes wurde am 5.6. 1883 in Cambridge geboren, er starb am 21. 4. 1946 in Tilton Firle, Sussex. Keynes, der schon zu Lebzeiten weltberühmt wurde, zeichnete sich durch einen bunten, non-konformistischen Lebenswandel aus. Kennzeichnend für seinen Forschungsstil ist eine enge Verzahnung von Theorie und Praxis. So arbeitete er für das britische Finanzministerium als Chefunterhändler für die Friedensverhandlungen in Versailles (1919), war als Versicherungs- und Investmentmanager erfolgreich und lehrte an der Universität von Cambridge. In den vierziger Jahren nahm er für Großbritannien an den Verhandlungen über die Schaffung des Systems von Bretton Woods (Kapitel 14) teil. Vor dem Hintergrund der Arbeitslosigkeit in den zwanziger und dreißiger Jahren forderte Keynes staatliche Eingriffe,

1883 - 1946
Quelle: dpa

da sich die Selbstheilungskräfte des Marktes als unzureichend erwiesen. Für Keynes liegt der Hauptgrund der Arbeitslosigkeit in kumulativen Prozessen, die nur durch eine staatliche Nachfragepolitik gestoppt werden können.

Mit seinem Hauptwerk, die „Allgemeine Theorie der Beschäftigung, des Zinses und des Geldes" (1936) – einem leider schwer verständlichen Buch – begründete Keynes die makroökonomische Theorie, indem er das Denken in gesamtwirtschaftlichen Kategorien einführte, die den Umgang mit aggregierten Größen (Investitionen, Konsum, Einkommen und Produktion) ermöglichten. Die „keynesianische Revolution" stellte den größten Paradigmenwechsel in der Geschichte der Volkswirtschaftslehre dar. Die in den Kapiteln 16 bis 22 dargestellte Makroökonomie basiert im Wesentlichen auf der Theorie von Keynes.

Bis heute werden seine Thesen, die u.a. Eingang in die Wirtschaftspolitik von US-Präsident Franklin D. Roosevelt fanden, diskutiert und weiterentwickelt. Während die Vorstellungen von Keynes bei manchen Ökonomen als überholt gelten, spielen sie in der amerikanischen Wirtschaftspolitik der letzten Jahre eine zentrale Rolle (Kapitel 19.3).

Zitat:

„In the long run we are all dead. Economists set themselves too easy, too useless a task if in tempestuous seasons they can only tell us that when the storm is long past the ocean is flat again."

Quelle: Tract on Monetary Reform, 1923

Ausbildung und Beruf

1902 Nach Besuch des Eliteinternats Eton beginnt Keynes das Studiums der Mathematik in Cambridge

1905 Wirtschaftsvorlesungen bei Marshall und Pigou in Cambridge

1908 Dozent für Volkswirtschaftslehre an der Universität Cambridge

1914-1919 Tätigkeit im Schatzamt

1942 Keynes wird zum Direktor der Bank of England ernannt

Werke

1923 A Tract on Monetary Reform, Collected Writings, Vol. IV, London

1930 A Treatise on Money, Vol. I, The Pure Theory of Money, Collected Writings, Vol. V, London

1930 A Treatise on Money, Vol. II, The Applied Theory of Money, Collected Writings, Vol. VI, London

1936 The General Theory of Employment, Interest and Money, Collected Writings, Vol. VII, London

2.4 Zur Vertiefung: Warum schwanken die Aktienkurse so stark?

SCHLAGWÖRTER

Gleichgewicht (S. 32), Wert (S. 37), Preis (S. 36), markträumender Preis (S. 36), Orderbuch (S. 34), Angebot (S. 36), Nachfrage (S. 36), Spekulation (S. 39), Kurs-Gewinn-Verhältnis (S. 39), spekulative Blase (S. 40), angebotene Menge (S. 34), nachgefragte Menge (S. 34).

AUFGABEN

1. Ermitteln Sie aus der Wochenendausgabe einer großen Tageszeitung die Angebotskurve für einen gebrauchten VW Golf des Jahrgangs 2000. Sehen Sie dabei von Qualitätsunterschieden ab. Ermitteln Sie dieselbe Kurve für Fahrzeuge mit der Erstzulassung im Jahr 1999. Versuchen Sie daraus in etwa den Wert abzuschätzen, der von den Anbietern einem Jahr weniger Nutzung beigemessen wird.

2. Zu einem der vier Auktionszeitpunkte im Xetra-Handel liegen für die Aktie der Bubble-Tech folgende Orders vor:

	Kauforder Stück/Kurs	Verkaufsorder Stück/Kurs
Herr Meier	100 billigst	
Herr Müller		30 zu 6
Frau Schmidt	90 zu 4	
Herr Reibach		80 zu 7
Herr Hinterhuber		75 bestens
Frau Klein	80 zu 5	
Frau Himmeltreu	50 zu 6	
Herr Gehlen		70 zu 5
Frau Becker	40 zu 7	
Herr Frey		30 zu 4

   a) Erstellen Sie auf der Grundlage der obigen Aufträge ein Orderbuch!

   b) Bestimmen Sie die angebotene und die nachgefragte Menge bei unterschiedlichen Kursniveaus!

c) Ermitteln Sie die zu den einzelnen Kursniveaus gehandelten Stückzahlen, sowie die sich jeweils hieraus ergebenden Nachfrage- und Angebotsüberhänge! Wo liegt der markträumende Preis?

d) Stellen Sie die Angebots- und die Nachfragekurve grafisch dar und überprüfen Sie das in c) ermittelte Ergebnis

e) Berechnen Sie den „Handelsgewinn", den jeder einzelne Marktteilnehmer für sich verbuchen kann! Gehen Sie davon aus, dass der Wert immer um eine Einheit unter dem Verkaufspreis bzw. über dem Kaufpreis liegt. Für Gebote mit billigst oder bestens kann der Gewinn nicht ermittelt werden.

Kapitel 3

Die Arbeitsteilung ist die Mutter unseres Wohlstandes

Märkte sind heute so wichtig, weil die Arbeitsteilung weltweit sehr hoch ist	**47**
Adam Smith und die Nadelproduktion	**48**
Die Theorie der Arbeitsteilung und das Prinzip der komparativen Kosten	**50**
Zur Vertiefung: Wie können sich Länder mit geringerem wirtschaftlichen Entwicklungsstand in der weltwirtschaftlichen Arbeitsteilung behaupten?	**58**

Kapitel 3

Die Arbeitsteilung ist die Mutter unseres Wohlstandes

> ### LERNZIELE
>
> - Arbeitsteilung ist die wichtigste Ursache für den Wohlstand, weil sie es allen Beteiligten erlaubt, Vorteile aus der Spezialisierung zu nutzen. Je höher die Arbeitsteilung ausfällt, desto mehr werden Märkte für den Güteraustausch benötigt.
>
> - Arbeitsteilung kann zwischen einzelnen Menschen in einem Unternehmen praktiziert werden, zwischen den Regionen eines Landes und zwischen autonomen Staaten. Das Schlagwort der Globalisierung steht für die heute sehr hoch entwickelte internationale Arbeitsteilung.
>
> - Die Vorteile der Arbeitsteilung können zum einen darauf beruhen, dass Lerneffekte realisiert werden und Transaktionskosten eingespart werden. Hiervon ist vor allem der Handel zwischen Industrieländern („intra-industry trade") geprägt.
>
> - Arbeitsteilung ist aber auch deshalb vorteilhaft, weil sie es den Beteiligten (Menschen oder ganzen Ländern) erlaubt, sich auf die Produkte zu spezialisieren, die sie aufgrund ihrer individuellen Fähigkeiten mit den *relativ* geringsten Kosten herstellen können. Im internationalen Bereich kann man mit diesem Prinzip der „komparativen Kosten" den Handel zwischen Industrie- und Entwicklungsländern erklären.
>
> - Arbeitsteilung ist also auch zwischen Menschen oder Nationen mit insgesamt unterschiedlicher Leistungsfähigkeit möglich. Entscheidend sind nicht die darin zum Ausdruck kommenden „absoluten Kostenvorteile", sondern die komparativen Kostenvorteile.
>
> - Eine wichtige Nebenbedingung besteht dabei allerdings darin, dass die Unterschiede in der Leistungsfähigkeit durch entsprechende Unterschiede in den Lohnniveaus kompensiert werden.

Der Nobelpreisträger: Prof. Dr. Reinhard Selten

Prof. Dr. Reinhard Selten ist bisher der einzige deutsche Ökonom, der mit dem Nobelpreis geehrt wurde. Er erhielt diese Auszeichnung im Jahr 1994 zusammen mit John Harsanyi und John Nash, der durch den Film „A Beautiful Mind" auch einer breiteren Öffentlichkeit bekannt wurde. Selten lehrt seit 1984 an der Universität Bonn, zuvor war er Professor an der Universität Bielefeld. Das wissenschaftliche Interesse von Selten gilt der Außenwirtschaftstheorie und der Spieltheorie. Selten wurde am 5. Oktober 1930 geboren. Er studierte Mathematik an der Universität Frankfurt. Dort promovierte und habilitierte er sich auch. Mehr über Reinhard Selten finden Sie unter:
www.nobel.se/economics/laureates/1994/selten-autobio.html

3.1 Märkte sind heute so wichtig, weil die Arbeitsteilung weltweit sehr hoch ist

Woran liegt es, dass Märkte heute eine so große – und bisweilen auch dominante – Rolle in unserem Leben spielen? Dieser ganz offensichtliche Befund ist darauf zurückzuführen, dass unsere Wirtschaft durch ein enormes Maß an *Arbeitsteilung* geprägt ist.[1] Arbeitsteilung bedeutet, dass wir sehr viele Güter konsumieren, die andere für uns produziert haben. Das Gegenstück dazu ist der Zustand der Selbstversorgung oder Autarkie, wie man ihn heute vielleicht noch bei einigen Aussteigern findet, die auf dem Land leben und auf ihrem Bauernhof möglichst viel für sich selbst produzieren. Menschen, die so leben, brauchen Märkte nur selten. Das Schlagwort der *Globalisierung* steht dafür, dass die Arbeitsteilung in der Regel auch weit über die Grenzen eines einzelnen Staates hinausgeht.

Das Beispiel der Selbstversorgung zeigt unmittelbar, warum sich die Arbeitsteilung in den letzten Jahrhunderten so stark durchgesetzt hat. Sie bietet Menschen, Unternehmen, Regionen und Nationen die Möglichkeit, sich auf solche Tätigkeiten zu *spezialisieren*, für die sie – relativ zu anderen Aufgaben – am besten qualifiziert sind. Durch die Arbeitsteilung kommt es also zu einer erheblichen Steigerung der Produktivität und damit auch des

---

1 Eine Arbeitsteilung ist im Prinzip auch ohne eine Marktsteuerung möglich. Das Modell der *Zentralverwaltungswirtschaft* versuchte, die Marktsteuerung durch zentrale Pläne und behördliche Anweisungen zu ersetzen. Wir werden in *Kapitel 4* erklären, warum dieses Steuerungsverfahren in allen Ländern gescheitert ist.

Wohlstands der Nationen. So gesehen ist die Globalisierung sicherlich positiv zu bewerten, da sie eine intensivere Arbeitsteilung ermöglicht als dies im nationalen Rahmen möglich wäre. Wie viele positive Dinge hat sie jedoch ebenfalls ihre Schattenseiten. Wir werden diese am Ende des Kapitels ansprechen.

3.2 Adam Smith und die Nadelproduktion

Wie wichtig die Arbeitsteilung für den Wohlstand eines Landes ist, wurde erstmals von *Adam Smith* entdeckt, dessen Bekanntschaft wir schon in Kapitel 1 gemacht haben. Er hat die Vorteile der Arbeitsteilung am Beispiel der Nadelproduktion so plastisch dargestellt, dass man sie auch heute noch am besten in seinem (ins Deutsche übersetzten) Orginaltext (Smith 1974, S.9) darstellt:

> „Ein Arbeiter, der noch niemals Stecknadeln gemacht hat und auch nicht dazu angelernt ist (...), so dass er auch mit den dazu eingesetzten Maschinen nicht vertraut ist (...), könnte, selbst wenn er fleißig ist, täglich höchstens eine, sicherlich aber keine zwanzig Nadeln herstellen. Aber so, wie die Herstellung von Stecknadeln heute betrieben wird, ist sie nicht nur als Ganzes ein selbständiges Gewerbe. Sie zerfällt vielmehr in eine Reihe getrennter Arbeitsgänge, die zumeist zur fachlichen Spezialisierung geführt haben. Der eine Arbeiter zieht Draht, der andere streckt ihn, ein dritter schneidet ihn, ein vierter spitzt ihn zu, ein fünfter schleift das obere Ende, damit der Kopf aufgesetzt werden kann. Auch die Herstellung des Kopfes erfordert zwei oder drei getrennte Arbeitsgänge.
>
> Das Ansetzen des Kopfes ist eine eigene Tätigkeit, ebenso das Weißglühen der Nadel, ja, selbst das Verpacken der Nadeln ist eine Arbeit für sich. Um eine Stecknadel anzufertigen, sind somit etwa 18 verschiedene Arbeitsgänge notwendig, die in einigen Fabriken jeweils verschiedene Arbeiter besorgen, während in anderen ein einzelner zwei oder drei davon ausführt. Ich selbst habe eine kleine Manufaktur dieser Art gesehen, in der nur 10 Leute beschäftigt waren, so dass einige von ihnen zwei oder drei dieser Arbeiten übernehmen mussten. Obwohl sie nun sehr arm und nur recht und schlecht mit dem nötigen Werkzeug ausgerüstet waren, konnten sie zusammen am Tage doch etwa 12 Pfund Stecknadeln anfertigen, wenn sie sich einigermaßen anstrengten. Rechnet man für ein Pfund über 4000 Stecknadeln mittlerer Größe, so waren die 10 Arbeiter imstande, täglich etwa 48000 Nadeln herzustellen, jeder also ungefähr 4800 Stück. Hätten sie indes alle einzeln und unabhängig voneinander gearbeitet, noch dazu ohne besondere Ausbildung, so hätte der einzelne gewiss nicht einmal 20, vielleicht sogar keine einzige Nadel am Tag zustande gebracht. Mit anderen Worten, sie hätten mit Sicherheit nicht den zweihundertvierzigsten, vielleicht nicht einmal den vierhundertachtzigsten Teil von dem produziert, was sie nunmehr infolge einer sinnvollen Teilung und Verknüpfung der einzelnen Arbeitsgänge zu erzeugen imstande waren."

3.2 Adam Smith und die Nadelproduktion

Adam Smith (1974, S.12) fasst dies wie folgt zusammen:

„Die enorme Steigerung der Arbeit, die die gleiche Anzahl Menschen infolge der Arbeitsteilung zu leisten vermag, hängt von drei verschiedenen Faktoren ab:

der größeren Geschicklichkeit jedes einzelnen Arbeiters,

der Ersparnis der Zeit, die gewöhnlich beim Wechsel von einer Tätigkeit zur anderen verloren geht und

der Erfindung einer Reihe von Maschinen, welche die Arbeit erleichtern, die Arbeitszeit verkürzen und den einzelnen in den Stand versetzen, die Arbeit vieler zu leisten."

Dem ist – auch 200 Jahre nach seiner Publikation – kaum etwas hinzuzufügen. In heutiger Terminologie würde man von steigenden „Skalenerträgen" („economies of scale") sprechen, die durch die Arbeitsteilung ermöglicht werden. Steigende Skalenerträge liegen immer dann vor, wenn eine Verdopplung aller Inputs zu einer Erhöhung des Output um mehr als 100 % führt.

Wie von Adam Smith erwähnt, kommt dabei „Lerneffekten" eine wichtige Rolle zu. Je häufiger man eine bestimmte Tätigkeit *wiederholt*, desto geringer wird der Zeitaufwand. Jeder, der einmal Möbel bei IKEA gekauft hat, wird dieses Prinzip unmittelbar einsehen können. Beim ersten Regal benötigt man noch eine Stunde, beim zweiten hat man sich schon mit der oft nur schwer verständlichen Aufbauanleitung vertraut gemacht, so dass nur noch 25 Minuten benötigt werden, beim dritten geht es noch schneller.

Die von Adam Smith genannten Effekte sind heute eine wichtige Ursache für die Arbeitsteilung zwischen *Industrieländern*, die über vergleichbare Technologien verfügen. So werden beispielsweise Automobile in Frankreich und Deutschland nicht wesentlich anders produziert. Trotzdem importiert Deutschland französische Automobile und Frankreich deutsche. Das Ausnutzen von „economies of scale" liegt dabei darin begründet, dass sich Frankreich auf Autos spezialisiert, die in den Augen der Konsumenten andere Eigenschaften aufweisen als die deutschen. Ohne Außenhandel müsste die deutsche Automobilindustrie versuchen, ein breiteres Produktspektrum zu produzieren, wobei dann von jedem einzelnen Modell nur geringere Stückzahlen hergestellt würden, was mit höheren Kosten verbunden wäre. Diese Form des Außenhandels, die als *„Intra-industrieller Handel"* („intra-industry trade") bezeichnet wird, macht heute den größten Teil des Außenhandels zwischen Industrieländern aus. Für den Handel zwischen Industrieländern *mit Schwellen- und Entwicklungsländern* eignet sich das im nächsten *Abschnitt 3.3* dargestellte Modell der *komparativen Kosten*, da es unterschiedliche Produktionstechnologien unterstellt.

Lerneffekte bedeuten nichts anderes als eine Erhöhung der *Arbeitsproduktivität*, d.h. pro Arbeitsstunde erzielten Output. Dieser Effekt wurde in der industriellen Fertigung dazu genutzt, Arbeitsabläufe in immer kleinere Einheiten zu zerlegen, um damit die Produktivität der Arbeiter auf ein Maximum zu steigern („Taylorismus"[2]). Dabei zeigen sich je-

---

[2] Diese Bezeichnung geht auf Frederik Taylor (1856-1915) zurück, einen amerikanischen Ingenieur, der die Effizienzsteigerung durch Arbeitsteilung systematisch erforschte.

doch auch Grenzen dieses Vorgehens: Die Reduzierung der Arbeit auf sich stets wiederholende, einförmige Tätigkeiten führt zu einer Abstumpfung der Arbeitnehmer, die wiederum produktivitätsmindernd wirken kann. Aus diesem Grunde wird die industrielle Fertigung verstärkt in Teams organisiert, bei denen größere Arbeitsabläufe gemeinsam verrichtet werden; für eine solche teambezogene Fertigung wird häufig der japanische Ausdruck KAIZEN verwendet. Gegen diese nachteiligen Auswirkungen der Arbeitsteilung richtete sich auch die Kritik von Karl Marx an der industriellen Produktionsweise. Er verwendete hierfür den Begriff der „*Entfremdung*":

> *„Alle Mittel zur Entwicklung der Produktion schlagen um in Beherrschungs- und Exploitationsmittel des Produzenten, verstümmeln den Arbeiter in einen Teilmenschen, entwürdigen ihn zum Anhängsel der Maschine, vernichten mit der Qual seiner Arbeit ihren Inhalt, entfremden ihm die geistigen Potenzen des Arbeitsprozesses im selben Maße, worin letzterem die Wissenschaft als selbständige Potenz einverleibt wird." (Marx 1972, S. 674)*[3]

Auch heute ist diese Kritik noch zu hören und sie ist in gewisser Weise berechtigt. Allerdings ist es durch den technischen Fortschritt dazu gekommen, dass viele der besonders stumpfsinnigen Tätigkeiten nicht mehr von Menschen, sondern von Maschinen übernommen werden. Ein weitgehender Verzicht auf Arbeitsteilung (z.B. in Form sich selbst versorgender Kollektive) wäre jedoch nur mit einem erheblichen Verzicht an materiellem Wohlstand zu erreichen. Dies gilt wiederum nicht nur für die Arbeitsteilung innerhalb eines einzelnen Landes, sondern auch für die Arbeitsteilung in der Weltwirtschaft, die über die Ländergrenzen hinausgeht.

3.3 Die Theorie der Arbeitsteilung und das Prinzip der komparativen Kosten

Adam Smith hat also die Vorteile der Arbeitsteilung klar herausgearbeitet. Er hat es jedoch offengelassen, wie man dabei die einzelnen Funktionen in einem Betrieb auf die einzelnen Arbeiter verteilt und wie man die Arbeitsteilung zwischen verschiedenen Ländern am besten organisiert. Die hierzu notwendige Theorie der Arbeitsteilung wurde im Jahr 1817 von *David Ricardo* (1772 - 1823), entwickelt, einem weiteren berühmten britischen Ökonomen. Seine Kurzbiographie finden Sie am Ende dieses Kapitels. In seinem Buch „On the Principles of Political Economy and Taxation" machte er sich für den Freihandel stark. Dazu zeigte er am Beispiel des Außenhandels zwischen Portugal und England, wieso es für England vorteilhaft war, sich auf die Produktion von Tuch zu spezialisieren und Tuch gegen Wein aus Portugal zu importieren, während Portugal sich auf die Weinproduktion verlegte und britisches Tuch gegen Wein importierte.

---

3   Siehe dazu auch schon Smith (1974, S. 664)

Da die Prinzipien der Arbeitsteilung unabhängig davon sind, ob man damit die Arbeitsteilung zwischen Nationen, Unternehmen oder Menschen beschreibt, wollen wir die Vorstellung von Ricardo anhand eines sehr einfachen Modells betrachten.

> ### BOX 3.1: MODELLE SIND DIE LANDKARTEN DER VOLKSWIRTSCHAFTSLEHRE
>
> Modelle spielen in der Volkswirtschaftslehre eine wichtige Rolle. Vereinfacht gesprochen handelt es sich dabei um *Landkarten*, die es uns ermöglichen, uns in einer sehr komplexen Realität zurechtzufinden. Und ähnlich wie für Landkarten gilt auch für Modelle, dass keines für alle Bedürfnisse gleichermaßen geeignet ist. So ist es für eine Autoreise von Frankfurt nach Hamburg am besten, wenn man eine gute Autobahnkarte mit einem großen Maßstab hat. Will man aber dieselbe Strecke mit dem Fahrrad bewältigen, ist man mit einer Wanderkarte mit kleinem Maßstab sehr viel besser bedient. Ob ein Modell gut oder schlecht ist, hängt also vor allem davon ab, ob es dem Anwender eine Einsicht in ökonomische Zusammenhänge vermitteln kann. Dazu ist es unumgänglich, dass Modelle immer nur ein vereinfachtes Abbild der Realität darstellen. In diesem Sinn ist ein Modell dann auch identisch mit einer Theorie. Eine mangelnde Realitätsnähe ist dabei nicht von vornherein als ein Nachteil eines Modells oder einer Theorie anzusehen. Albert Einstein soll gesagt haben: „Mach deine Theorie so einfach wie möglich – aber nicht einfacher". Problematisch wird es erst, wenn manche Ökonomen Landkarten von Regionen entwickeln, die nur noch in ihren Köpfen existieren und dabei den Anspruch erheben, eine Orientierungshilfe für die reale Welt zu bieten.

3.3.1 Robinson als Einsiedler

Unsere Modellwelt ist eine einsame Insel im Pazifik. Der einzige Bewohner ist Robinson, ein schottischer Seemann, der sich dorthin nach dem Untergang seines Schiffes retten konnte.[4] Damit das Ganze überschaubar bleibt, soll Robinson mit seiner Hände Arbeit nun entweder Fische fangen oder aber Kokosnüsse sammeln können. Wie viele Nüsse und wie viele Fische wird Robinson dann konsumieren können? Wir nehmen an, dass er nur wenige Stunden pro Tag arbeitet und so in der Woche maximal entweder 20 Fische fangen oder 40 Nüsse sammeln kann.

Natürlich kann er dann auch Güterkombinationen zwischen diesen beiden Ecklösungen verwirklichen. Er kann zum Beispiel die halbe Woche 10 Fische fangen und die andere Hälfte 20 Nüsse sammeln. Die für Robinson realisierbaren Produktionsmöglichkeiten lassen sich graphisch einfach herleiten. Wir nehmen dazu ein Diagramm, das auf der y-Achse die Menge der Nüsse und auf der x-Achse die Menge der Fische abbildet. In Punkt A hat Robinson nur Fische gefangen, in Punkt B nur Nüsse gesammelt. Durch die Verbindung der beiden Punkte erhalten wir alle für Robinson realisierbaren Kombinatio-

---

4 Das Beispiel orientiert sich sehr frei an dem bekannten Roman von Daniel Defoe (1659-1731)

nen von Fischen und Nüssen. In der Volkswirtschaftslehre bezeichnet man eine solche Kurve als *Transformationskurve* oder *Produktionsmöglichkeitenkurve* (Schaubild 3.1).

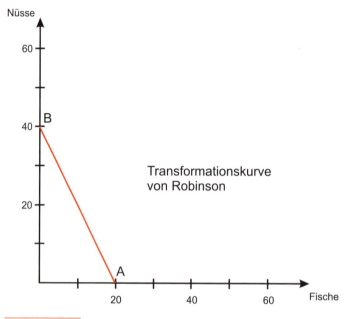

Schaubild 3.1: **Transformationskurve von Robinson**

Sie gibt allgemein an, wie viele Endprodukte (Fische oder Nüsse) bei einem gegebenen Bestand an Inputs (die Arbeitszeit von Robinson) erzeugt werden können. Wer sich für eine formale Herleitung interessiert, findet diese in der *Box 3.2*.

BOX 3.2: FORMALE HERLEITUNG DER TRANSFORMATIONSKURVE

Die Transformationskurve für Robinson lässt sich formal wie folgt ableiten. Das Verhältnis zwischen dem Output z.B. an Fisch (Gut x_1) und dem dafür erforderlichen Arbeitseinsatz (A_1) wird durch eine sogenannte *Produktionsfunktion* abgebildet. In unserem Beispiel lautet diese:

$$(3.1) \quad x_1 = \frac{A_1}{a_1}$$

Bei a_1 handelt es sich um einen *Verbrauchskoeffizienten*. Er gibt an, wieviel Arbeitszeit benötigt wird, um eine Outputeinheit herzustellen. Beim Fisch ist das 1/20 Woche. Der bei einem gegebenem Output von x_1 maximal mögliche Output an Nüssen (Gut x_2) lässt sich dann errechnen als Quotient aus dem noch vorhandenen Arbeitszeitinput ($\overline{A} - A_1$) durch den Verbrauchskoeffizienten von a_2:

$$(3.2) \quad x_2 = \frac{(\overline{A} - A_1)}{a_2}$$

Durch Umformung der Gleichung (3.1) erhält man für A_1:

$$(3.3) \quad A_1 = x_1 a_1$$

Durch Einsetzen von (3.3) in (3.2) erhält man:

$$(3.4) \quad x_2 = \frac{(\overline{A} - x_1 a_1)}{a_2}$$

Dies lässt sich umformen zu:

$$(3.5) \quad x_2 = \frac{\overline{A}}{a_2} - \frac{a_1}{a_2} x_1$$

Die Transformationskurve ist also eine Gerade mit dem x_2-Achsenabschnitt $(\overline{A}/a_2)$ und der Steigung $-(a_1/a_2)$ (siehe Schaubild 3.1). Die Steigung wird von der Relation der Verbrauchskoeffizienten bestimmt. Sie besagt somit, dass Robinson, wenn er eine Einheit von x_1 zusätzlich produzieren will, er einen Verzicht von (a_1/a_2) Einheiten x_2 in Kauf nehmen muss. Die Steigung der Transformationskurve zeigt also die *Opportunitätskosten* der Produktion des Gutes x_1 in Einheiten des Gutes x_2 an. Im konkreten Robinson-Beispiel betragen diese Opportunitätskosten der Herstellung von x_2 dann :

$$(3.6) \quad \frac{a_1}{a_2} = \frac{\left(\frac{1}{20}\right)}{\left(\frac{1}{40}\right)} = 2$$

Um zwei zusätzliche Kokosnüsse zu erhalten, muss Robinson also auf einen Fisch verzichten.

Es steht Robinson nun frei, jede auf dieser Kurve liegende Kombination der beiden Güter zu produzieren und dann auch zu konsumieren. Wie er sich dabei konkret entscheidet, hängt von seinen *Präferenzen* für Fische und Nüsse ab. In der Theorie der Konsumentscheidungen der privaten Haushalte („*Haushaltstheorie*") spielen diese eine zentrale Rolle. Wir werden uns in *Kapitel 6* noch ausführlich damit auseinandersetzen. Wir nehmen jetzt einmal an, dass Robinson eine Kombination von 10 Fischen und 20 Nüssen wählt.

3.3.2 Freitag kommt auf Robinsons Insel

Eines Tages landet nun Freitag, ein Eingeborener, auf der Insel. Robinsons Leben wird dadurch – zumindest aus ökonomischer Sicht – sehr viel interessanter, aber es wird auch komplizierter. Freitag kann nun ebenfalls Nüsse sammeln und Fische fangen. Da er geschickter und kräftiger als Robinson ist, kann er sich pro Woche mehr Fische und mehr Nüsse beschaffen. Konkret bringt er es maximal entweder auf 60 Fische oder 60 Nüsse. Freitag hat also eine andere Produktionsfunktion als Robinson. Seine Produktivität ist bei beiden Produkten höher. Man spricht bei einer solchen Situation davon, dass Freitag bei beiden Gütern *absolute Kostenvorteile* gegenüber Robinson aufweist. Dies erkennt man auch daran, wenn man die Transformationskurve von Freitag abbildet (*Schaubild 3.2*).

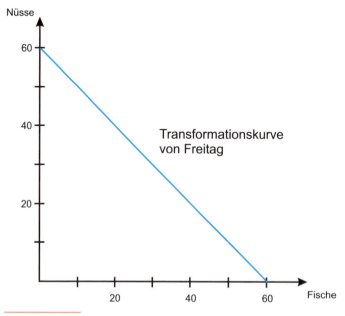

Schaubild 3.2: **Transformationskurve von Freitag**

Diese verläuft weiter vom Ursprung entfernt als die Kurve von Robinson und bringt damit die höhere Produktivität von Freitag bei der Produktion beider Güter zum Ausdruck.

Natürlich könnte jetzt Freitag ganz für sich allein produzieren und sich dann auch auf seiner Transformationskurve einen für ihn optimalen Punkt aussuchen. Die spannende Frage ist jedoch, ob es nicht besser ist, wenn Robinson und Freitag Arbeitsteilung betreiben und sich auf die Herstellung jeweils eines der Güter *spezialisieren*. Doch wer soll was produzieren? Die Antwort findet man bei David Ricardo. Er entdeckte, dass man hierfür das Prinzip der *komparativen Kostenvorteile* verwenden muss. Es besagt, dass jeder das Gut herstellen soll, dass er *relativ* am billigsten produzieren kann. Wie sind nun die komparativen Kosten bei Robinson und Freitag? Beginnen wir mit den Kosten des Fischfangs. Um – bei gegebener Gesamtarbeitszeit – einen Fisch mehr zu fangen, muss

- Robinson auf zwei Nüsse verzichten,
- Freitag aber auf nur auf eine Nuss.

Freitag hat also einen komparativen Kostenvorteil beim Fischfang. Umgekehrt belaufen sich die komparativen Kosten für eine zusätzliche Nuss

- bei Robinson auf einen halben Fisch,
- bei Freitag wiederum auf einen Fisch.

Hier besteht also ein komparativer Kostenvorteil für Robinson (*Tabelle 3.1*).

	Robinson	Freitag
für eine zusätzliche Nuss	1/2 Fisch	1 Fisch
für einen zusätzlichen Fisch	2 Nüsse	1 Nuss

Tabelle 3.1: **Komparative Kosten von Robinson und Freitag**

Eng verbunden mit dem Prinzip der komparativen Kosten ist das Konzept der *Opportunitätskosten*, das in der Volkswirtschaftslehre eine zentrale Rolle spielt (*Box 3.3*)

BOX 3.3: OPPORTUNITÄTSKOSTEN

Das Konzept der Opportunitätskosten basiert auf der Vorstellung, dass die Kosten einer bestimmten Entscheidung immer durch die entgangenen Erträge der nächstbesten Alternative bestimmt werden. Konkret: Für Robinson ergeben sich die Kosten eines zusätzlichen Fischs durch die Zahl der ihm durch den Fischfang entgangenen Nüsse. Die Logik dieses Konzepts lässt sich an einem einfachen Beispiel verdeutlichen: Herr Müller hat im Urlaub eine teure Flasche Wein gekauft. Zu Hause macht er sie auf und stellt fest, dass sie ziemlich verkorkt ist. Soll er den Wein nun trinken oder nicht? Wenn er nicht ökonomisch denkt, wird er daran denken, wieviel Geld der Wein „gekostet" hat und sich dann doch nicht überwinden, ihn wegzuschütten. Bei einer ökonomischen Denkweise, wird er sich fragen, was die nächstbeste Alternative zum Wegschütten ist. Diese besteht darin, einen schlechten Wein zu trinken und sich vielleicht einen dicken Kopf einzuhandeln. Entscheidend ist bei diesem Konzept, dass die Kosten des Weinkaufens nicht mehr entscheidungsrelevant sind. Man spricht daher auch von „*sunk costs*" oder „versunkenen Kosten".

Für die Arbeitsteilung zwischen Robinson und Freitag lautet die Maxime also: Robinson soll möglichst viele Nüsse sammeln, Freitag möglichst viele Fische fangen. Zu klären ist nun noch, wie viele Nüsse und Fische konkret von den beiden Inselbewohnern gesammelt werden sollen. Nehmen wir an, Freitag hat 30 Fische und 30 Kokosnüsse konsumiert, bevor er auf Robinsons Insel kam. Zusammen mit Robinsons Konsum von 10 Fischen und 20 Nüssen würden die beiden also *ohne* Arbeitsteilung 40 Fische und 50 Nüsse beschaffen und dann auch verzehren können (*Tabelle 3.2*).

	Robinson	Freitag	Summe
Nüsse	20	30	50
Fische	10	30	40

Tabelle 3.2: Konsum und Produktion von Robinson und Freitag ohne Arbeitsteilung

Wir unterstellen nun, dass sie bei Arbeitsteilung dieses Konsumniveau der beiden Güter auf jeden Fall erreichen wollen. Wenn sie sich nun nach dem Prinzip der *komparativen Kostenvorteile* spezialisieren, werden sie so vorgehen, dass Freitag sich auf den Fischfang konzentriert, es werden also alle 40 Fische von ihm gefangen. Er hat dafür aber erst zwei Drittel seiner Wochenarbeitszeit benötigt und deshalb noch Zeit, 20 Nüsse zu sammeln. Robinson spezialisiert sich ganz auf das Sammeln von Nüssen und kommt so auf 40 Nüsse. Insgesamt haben die beiden durch die Arbeitsteilung also 10 Nüsse mehr als bisher (*Tabelle 3.3*). Denkbar wäre natürlich auch, dass die beiden die mit der Arbeitsteilung erzielte Produktivitätssteigerung dazu einsetzen, mehr Nüsse *und* mehr Fisch zu konsumieren. Dies würde erfordern, dass Freitag z.B. 50 Fische fängt und dann noch 10 Nüsse sammelt.

	Robinson	Freitag	Summe
Nüsse	40	20	60
Fische	0	40	40

Tabelle 3.3: Produktion von Robinson und Freitag bei Arbeitsteilung

Wie dieser Gewinn aus der Arbeitsteilung zwischen den beiden aufgeteilt wird, ist eine offene Frage. Nehmen wir an, es wird fair geteilt. Beide haben dann 5 Nüsse zusätzlich und können so mehr konsumieren als ohne Arbeitsteilung (*Tabelle 3.4*).

	Robinson	Freitag	Summe
Nüsse	25	35	60
Fische	10	30	40

Tabelle 3.4: Konsum von Robinson und Freitag bei Arbeitsteilung

Am Ende können wir jetzt auch den mit der Arbeitsteilung verbundenen Handel zwischen Robinson und Freitag darstellen. Er ergibt sich als Differenz zwischen den produzierten und den konsumierten Gütermengen. Robinson „exportiert" 15 Nüsse an Freitag und „importiert" dafür 10 Fische (*Tabelle 3.5*). Bei Freitag ist das natürlich genau umgekehrt.

3.3 Die Theorie der Arbeitsteilung und das Prinzip der komparativen Kosten

	Robinson	Freitag
Nüsse	exportiert 15	importiert 15
Fische	importiert 10	exportiert 10

Tabelle 3.5: Handel zwischen Robinson und Freitag bei Arbeitsteilung

Die Effizienzvorteile durch die Arbeitsteilung werden durch Schaubild 3.3 abschließend verdeutlicht. Es bildet eine Transformationskurve für die Mini-Volkswirtschaft von Robinson und Freitag ab.

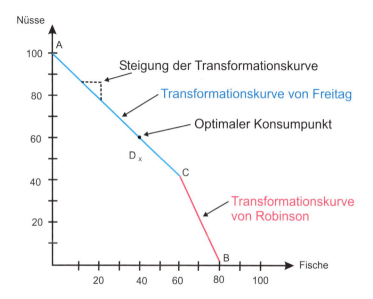

Schaubild 3.3: Transformationskurve bei Arbeitsteilung zwischen Robinson und Freitag

Die Eckpunkte ergeben sich, wenn man eine vollständige Spezialisierung von Robinson und Freitag auf jeweils nur ein Gut unterstellen würde. In diesem Fall hätten die beiden einen maximalen Output von 100 Nüssen (Punkt A) oder 80 Fischen (Punkt B). Wenn sich die „Volkswirtschaft" in Punkt A befände, würde das bedeuten, dass Robinson und Freitag nur Nüsse, aber keine Fische konsumieren wollten. Für einen Fischkonsum zwischen 0 und 60 Fischen würde die gesamte „Produktion" durch Freitag geleistet. Bei genau 60 Fischen könnten dann noch 40 Nüsse durch Robinson gesammelt werden (Punkt C). Bei einem Konsum von mehr als 60 Fischen würde auch Robinson im Fischfang eingesetzt werden. Die Steigung der Kurve zwischen A und C gibt die komparativen Kosten der Fischproduktion von Freitag an (-1), die zwischen C und B die komparativen Kosten von Robinson (-2). Interessant ist auch noch die Güterkombination, die Robinson und Freitag vor der Arbeitsteilung produziert und konsumiert haben. Mit 50 Nüssen und 40 Fischen liegt der Punkt D unterhalb der Transformationskurve. Er ist also nicht effizient.

Wenn Sie Lust haben, können Sie einmal eine Transformationskurve herleiten, bei denen sich Robinson und Freitag entgegen ihrer komparativen Kostenvorteile spezialisieren. Die Eckpunkte sind dabei identisch, aber die Kurve verläuft sonst durchweg unter der für die optimale Arbeitsteilung konstruierten Transformationskurve.

3.3.3 Grundprinzipien der Arbeitsteilung

Im ganzen können wir an unserem einfachen Insel-Modell eine Reihe wichtiger ökonomischer *Grundprinzipien* erkennen:

- Arbeitsteilung zwischen Menschen, Unternehmen oder Ländern ist immer möglich, wenn *komparative Kostenvorteile* bestehen. Wie in *Kapitel 3.2* dargestellt, kann es aufgrund von „economies of scale" aber auch bei identischen Produktionstechnologien, d.h. ohne komparative Kostenvorteile, sinnvoll sein, Arbeitsteilung zu betreiben.

- Durch die Arbeitsteilung können Menschen, Unternehmen und Länder ihren Wohlstand gegenüber einer Autarkiesituation verbessern. Arbeitsteilung ist also eine *WinWin-Situation*.

- *Absolute Kostenvorteile* spielen keine Rolle für die Arbeitsteilung. Auch absolut weniger leistungsfähige Produzenten profitieren davon, wenn sie sich auf die Produktion solcher Güter spezialisieren, die sie mit den geringsten komparativen Kosten herstellen können. Das gilt für einzelne Menschen ebenso wie für ganze Volkswirtschaften. Arbeitsteilung bringt also auch den Entwicklungsländern Vorteile.

- Arbeitsteilung führt dazu, dass das, was ein Mensch (oder Land) konsumiert, nicht mehr identisch ist mit dem, was von ihm produziert wird. Ein hohes Maß an Arbeitsteilung setzt also eine effiziente *Koordination* der Konsum und Produktionspläne voraus. Wir werden im Folgenden sehen, dass Märkte hierfür besonders gut geeignet sind.

3.4 Zur Vertiefung: Wie können sich Länder mit geringerem wirtschaftlichen Entwicklungsstand in der weltwirtschaftlichen Arbeitsteilung behaupten?

Das hier beschriebene Theorem der komparativen Kosten bietet eine wichtige Erklärung für den Warenaustausch zwischen Ländern mit unterschiedlichem wirtschaftlichen Entwicklungsstand. So bezieht Deutschland rund ein Viertel seiner Importe aus Entwicklungs- und Reformländern, d.h. ehemals sozialistischen Staaten in Mittel- und Osteuropa sowie der früheren Sowjetunion. Umgekehrt werden dort auch rund 25 % aller deutschen Exporte abgesetzt (*Tabelle 3.6*).

Wie am Beispiel von Robinson und Freitag verdeutlicht, kommt es dabei nicht auf absolute Kostenvorteile an. Entscheidend sind allein die relativen Kostenvorteile. Länder mit geringerem Entwicklungsstand spezialisieren sich also auf diejenigen Güter, die sie relativ am billigsten herstellen können. Dabei handelt es sich vor allem um Güter, zu deren

Herstellung relativ wenig Kapital und dafür vor allem weniger qualifizierte Arbeitskräfte eingesetzt werden. Eine wichtige Voraussetzung für den Außenhandel mit weniger entwickelten Ländern darf dabei jedoch nicht unberücksichtigt gelassen werden. Bei der im ganzen geringeren Produktivität müssen die Löhne in den weniger produktiven Ländern deutlich geringer sein als in den entwickelten Ländern.

	Ausfuhr	Einfuhr
EU-Länder	351	287
Andere europäische Länder	40	39
Außereuropäische Industrieländer	90	73
Reformländer	83	89
Entwicklungsländer	71	60
Insgesamt	635	548

Tabelle 3.6: **Außenhandel Deutschlands (2001) in Mrd. Euro**
Quelle: Deutsche Bundesbank

Tabelle 3.7 zeigt, wie groß die Unterschiede in den Lohnniveaus derzeit sind. Bemerkenswert ist der noch immer deutliche Unterschied in den Lohnkosten zwischen West- und Ostdeutschland. Dieser ist darauf zurückzuführen, dass Ostdeutschland noch immer eine deutlich geringere Produktivität aufweist als Westdeutschland.

Land	Arbeitskosten
Deutschland (West)	25,81
Deutschland (Ost)	16,44
Vereinigte Staaten	21,81
Frankreich	18,26
Irland	14,51
Spanien	14,03
Portugal	6,60
Polen	3,40
Tschechische Republik	2,95
Ungarn	2,80

Tabelle 3.7: **Arbeitskosten je Stunde in Euro in ausgewählten Ländern (im Jahr 2000)**
Quelle: Institut der deutschen Wirtschaft (2002)

Die starken Unterschiede in den Lohnniveaus lassen dann die Probleme erkennen, die mit der Globalisierung verbunden sind. Es ist naheliegend, dass sich Niedriglohn-Länder auf die Produktion von Gütern spezialisieren, für die relativ viel unqualifizierte Arbeit eingesetzt wird. Indem sie diese Produkte dann in Hochlohn-Länder exportieren, üben sie einen massiven Druck auf die Löhne der dort beschäftigten gering-qualifizierten Arbeitnehmer aus. Das Theorem von *Heckscher und Ohlin*[5] besagt sogar, dass der Import von solchen Gütern denselben Effekt auf die Löhne hat, wie die direkte Wanderung der Arbeitnehmer aus Niedriglohn-Ländern in ein Hochlohn-Land. Wenn wir in Deutschland derzeit also eine besonders hohe Arbeitslosigkeit bei Menschen mit geringer beruflicher Qualifikation haben, ist dies zumindest teilweise auf solche Einflüsse zurückzuführen. Eigentlich hätten die Löhne für diese Beschäftigten stark sinken müssen. Da eine solche Anpassung von den Gewerkschaften verhindert wurde (*siehe Kapitel 9*), stellt sich für diese Personengruppe jetzt das Problem der Arbeitslosigkeit.

Der praktische Theoretiker

Es gibt nur wenige Ökonomen, die in Lage sind, ganz abstrakt zu forschen, und dabei gleichzeitig auch wirtschaftlich sehr erfolgreich zu sein. Zu den Ausnahmen zählt David Ricardo. Er wurde am 19. April 1772 als drittes von 17 Kindern in London geboren und starb am 11. September 1823. Der Sohn eines Börsenmaklers begann bereits mit 14 Jahren unter der Führung seines Vaters die berufliche Karriere an der Börse in London. Nach dem Bruch mit seiner Familie – durch seine Heirat 1793 ausgelöst – war er auf sich allein gestellt. Als unabhängiger Broker gelang es ihm innerhalb kurzer Zeit von namhaften Finanzkonsortien große finanzielle Unterstützung zu mobilisieren, die er an der Londoner Börse anlegte. In nur wenigen Jahren hatte er ein Millionenvermögen erworben, so dass er sich 1815 zur Ruhe setzen konnte. Er begann – seinem langjährigen Wunsch entsprechend – Mathematik, Chemie und Mineralogie zu studieren und verbrachte viel Zeit damit, Bücher über verschiedene Themen zu lesen.

1772 – 1823

Zur Ökonomie kam er eher zufällig. Er stieß auf Adam Smiths „Wohlstand der Nationen" in einer Leihbücherei in Bath. Ricardo war nur 14 Jahre als Wirtschaftswissenschaftler tätig, dabei aber sehr produktiv und vielseitig. Im Mittelpunkt seiner Forschung stand das Verteilungsproblem, d.h. die Frage, wie die Nichtarbeitseinkommen auf die Besitzer des Bodens („Grundrente") und des Kapitals („Profit") aufgeteilt würden. Für die Arbeiter gab es nicht mehr als ein „natürliches Lohnniveau", das gerade ausreichte, um ihre Subsistenz zu sichern. Da der Boden den einzigen knappen Faktor darstellte und bei der Nahrungsmittelproduktion das Gesetz des abnehmenden Grenzertrags gilt, bildeten die Kosten für die Ernährung der Arbeiter eine natürliche Grenze

---

5 Dieses Theorem ist ausgesprochen schwierig herzuleiten. Siehe dazu beispielsweise die Darstellung bei Rose und Sauernheimer (1999).

für die Gewinne in der Industrie. Bei steigender Kapitalbildung würde es dabei sogar zu einer fallenden Profitrate kommen. Diese Ideen, die auf einer Arbeitswertlehre basieren, haben später die Arbeiten von Karl Marx stark beeinflusst.

Aus heutiger Sicht ist Ricardo vor allem wegen seiner Außenhandelstheorie (Kapitel 3) und seiner finanzwissenschaftlichen Gedanken von Bedeutung. Die Theorie der „ricardianischen Äquivalenz" besagt, dass von einer Staatsverschuldung keine belebenden Impulse ausgehen könne. Dies liege daran, dass die Privaten dann mehr sparen würden, da sie damit rechnen würden, die Schulden später über höhere Steuern zurückzahlen zu müssen.

Zitat:

„The value of a commodity, or the quantity of any other commodity for which it will exchange, depends on the relative quantity of labour which is necessary for its production, and not on the greater or less compensation which is paid for that labour."

On the Principles of Political Economy and Taxation; Kapitel 1. (www.econlib.org/library/Ricardo/ricP.html)

Ausbildung und Beruf

Ricardo hatte Privatunterricht und verbrachte drei Jahre an einer berühmten jüdischen Privatschule in Amsterdam.

1786-1793 Tätigkeit im Geschäft des Vaters

1793-1815 Unabhängiger Börsenmakler

1797 Studien in Mathematik, Chemie und Mineralogie

Werke

1817 Principles of Political Economy and Taxation (deutsch: Frankfurt am Main 1971)

SCHLAGWÖRTER

absolute Kostenvorteile (S. 54), Arbeitsproduktivität (S. 49), Intra-industrieller Handel (S. 49), komparative Kostenvorteile, Modell (S. 58), Opportunitätskosten (S. 53), Produktionsfunktion (S. 52), Skalenerträge (S. 49), Spezialisierung (S. 48), Transformationskurve (S. 52), versunkene Kosten (S. 55)

AUFGABEN

1. Deutsche Vereinigung von 1990

Durch die deutsche Vereinigung im Jahr 1990 kam es in Ostdeutschland zu einem enormen Zusammenbruch der Industrie, die sich überhaupt nicht gegen die Konkurrenz aus dem Westen behaupten konnte. Demgegenüber konnten sich andere ehemalige sozialistische Länder wie z.B. Polen, Tschechien und Ungarn recht gut auf dem Weltmarkt durchsetzen. Da die ehemalige DDR eine ähnlich geringe Produktivität aufwies wie ihre sozialistischen Nachbarländer ist diese Entwicklung zumindest für den Laien etwas überraschend. Versuchen Sie zunächst zu erklären, wieso Polen, Tschechien und Ungarn in den neunziger Jahren relativ erfolgreich gewesen sind. Suchen Sie dann nach einem Grund (oder auch mehreren Gründen), der für die Probleme der Unternehmen in Ostdeutschland verantwortlich zu machen ist.

2. Internationale Arbeitsteilung

In A-Land werden Handys und Hemden produziert. Zur Herstellung eines Handy wird eine Arbeitszeit von 30 Minuten benötigt, für ein Hemd sind es 20 Minuten. In B-Land werden diese beiden Produkte ebenfalls hergestellt. Hier liegt die Arbeitszeit für ein Hemd und ein Handy bei jeweils 15 Minuten.

a) Erläutern Sie anhand des Beispiels das Konzept der absoluten und der komparativen Kostenvorteile!

b) Welche Effekte ergeben sich für die beiden Länder, wenn sie miteinander Außenhandel betreiben?

c) Nehmen Sie zur Vereinfachung an, die insgesamt verfügbare Arbeitszeit liege in beiden Ländern bei jeweils 100 Stunden. Zeichnen Sie die individuellen Transformationskurven und die Transformationskurve bei effizienter Arbeitsteilung!

3. Schreinerei Hartholz

Meister Hartholz hat zwei Gesellen, den Willi und den Franz. Die Schreinerei hat sich darauf spezialisiert, Fenster und Türen herzustellen. Meister Hartholz steht nun vor der Frage, wie er seine beiden Gesellen in der Herstellung dieser beiden Produkte einsetzen soll. Er hat ermittelt, dass Willi in einer Woche maximal 60 Türen oder aber 100 Fenster herstellen kann. Franz ist bei weitem nicht so geschickt und bringt es nur auf 50 Türen oder 50 Fenster (Tabelle 3.9). Wie es sich für ein Modell gehört, nehmen wir jetzt einfach an, dass es nicht möglich ist, eine Tür oder ein Fenster von Willi und Franz in Gemeinschaftsarbeit herzustellen.

	Türen	Fenster
Willi	60	100
Franz	50	50

Tabelle 3.8: Wöchentlicher Output von Franz und Willi

3.4 Wie können sich Länder mit geringerem wirtschaftlichen Entwicklungsstand behaupten?

Nun habe Meister Hartholz einen Auftrag über 55 Türen und 80 Fenster, der in einer Woche erledigt werden muss. Er hat dazu zunächst einmal drei Optionen durchgerechnet.

A. Willi produziert nur Türen, Franz nur Fenster.

B. Willi stellt die Hälfte der Woche Türen her, die andere Fenster. Franz macht das genauso

C. Willi konzentriert sich auf Fenster, Franz auf Türen.

In seinem Notizbuch hat der Meister dann folgende Tabelle:

	Türen	Fenster
Option A	60	50
Option B	55	75
Option C	50	100

Tabelle 3.9: Auftragsbuch vom Meister Hartholz

Er kommt so zu dem unschönen Ergebnis, dass er mit keiner der Optionen in der Lage ist, den Auftrag fristgerecht zu erfüllen. Sein Sohn, der in der nahegelegenen Universitätsstadt Volkswirtschaftslehre studiert, schlägt ihm jedoch eine Lösung nach dem Prinzip der komparativen Kosten vor, mit der er alles fristgerecht erledigen kann. Wie muss Herr Hartholz dann vorgehen?

Kapitel 4

Wie kann man eine arbeitsteilige Wirtschaft am effizientesten organisieren?

Die Informations- und Koordinationsprobleme einer arbeitsteiligen Wirtschaft	67
Die grundlegenden Lösungsansätze: „Markt" oder „Hierarchie"	68
Vor- und Nachteile der beiden Verfahren	70
Zur Vertiefung: Warum die Planwirtschaften gescheitert sind	73

Kapitel 4

Wie kann man eine arbeitsteilige Wirtschaft am effizientesten organisieren?

LERNZIELE

- Die Arbeitsteilung kann grundsätzlich in der Form von kurzfristigen Kaufverträgen (*„Markt"*) oder von längerfristigen Arbeitsverträgen (*„Hierarchie"* oder *„Unternehmen"*) organisiert werden. Natürlich sind auch Mischformen denkbar.

- Welche der beiden Grundformen gewählt wird, hängt von den Transaktions- und Informationskosten dieser alternativen Vertragstypen ab.

- Die bis Anfang 1990 in vielen Ländern praktizierte zentrale *Planwirtschaft* stellte eine sehr ineffiziente Extremform der hierarchischen Organisation dar, da die gesamte Produktion gleichsam im Rahmen eines einzigen Großkonzerns organisiert war.

- Der Übergang von der Planwirtschaft zur Marktwirtschaft („Wirtschaftstransformation") war mit großen Problemen verbunden, da es nicht einfach war, die bisher im Staatsbesitz befindlichen Eigentumsrechte an den Unternehmen neu zu gestalten.

4.1 Die Informations- und Koordinationsprobleme einer arbeitsteiligen Wirtschaft

In der Inselwelt von Robinson und Freitag ist es wahrscheinlich nicht sehr schwierig, sich darauf zu verständigen, wer die Fische fängt und wer die Nüsse sammelt und wieviel von den beiden Gütern insgesamt verfügbar sein soll. In einer Volkswirtschaft wie Deutschland mit fast 3 Millionen Unternehmen und 35 Millionen privaten Haushalten ist es demgegenüber nicht selbstverständlich, dass die Arbeitsteilung gut funktioniert, zumal wir ja auch noch in einem intensiven Güteraustausch mit vielen anderen Ländern stehen. So gesehen erscheint es schon fast als ein Wunder, dass man jederzeit in ein Geschäft gehen kann und dort eine Hose bekommt, die beispielsweise in Korea produziert wurde.

Es ist leicht nachzuvollziehen, dass unter den Verhältnissen einer global angelegten Arbeitsteilung eine unglaubliche Menge an Informationen effizient verarbeitet werden muss:

- Sehr differenzierte und sich stets wandelnde *Bedürfnisse* der Verbraucher – Ökonomen sprechen hier von „Präferenzen" – und deren *Konsummöglichkeiten* müssen an die Produzenten weitergeleitet werden.

- Jeder *einzelne* Produzent muss wissen, auf welches der von den Verbrauchern gewünschten Produkte (oder Teile eines solchen Produkts) er sich mit seiner Produktions- und Investitionsplanung spezialisieren soll.

- Außerdem müssen die Produzenten Informationen darüber besitzen, mit welchen *Inputs* und mit welcher *Technologie* sie die von ihnen produzierten Güter am vorteilhaftesten erstellen sollen.

- Die produzierten Güter müssen so auf die Verbraucher verteilt werden, dass das Verteilungsergebnis von der Mehrheit der Bevölkerung akzeptiert wird.

Vereinfacht geht es bei dem Koordinationsproblem einer arbeitsteiligen Wirtschaft also um die zwei zentralen Funktionen eines Wirtschaftssystems:

- Die Steuerung der *Produktion* von Gütern: Welche Güter sollen produziert werden, durch wen und wie?

- Die Steuerung der *Zuteilung* von Gütern: Wie sollen die produzierten Güter auf die Verbraucher aufgeteilt werden?

Wir werden in *Kapitel 5* und auch in den Folgekapiteln sehen, wie diese Koordination durch den *Preismechanismus* des Marktes sehr effizient vorgenommen wird. Doch bevor wir uns damit befassen, wollen wir uns zumindest kurz mit einem alternativen Verfahren auseinandersetzen: der Koordination durch *Anordnung* im Rahmen einer Hierarchie. Im Extremfall führt dieser Mechanismus zum System der Zentralverwaltungswirtschaft, unter dem viele Länder im letzten Jahrhundert gelitten haben.

4.2 Die grundlegenden Lösungsansätze: „Markt" oder „Hierarchie"

Wenn wir uns heute in der Welt der Wirtschaft umsehen, werden wir leicht erkennen, dass es für die Koordination der Produktionsprozesse zwei unterschiedliche Ansätze gibt:

- Innerhalb eines einzelnen *Unternehmens* geben Manager durch *Anweisungen* vor, welcher Mitarbeiter welches Produkt mit welcher Produktionstechnik zu erstellen hat.
- Außerhalb des einzelnen Unternehmens wird diese Steuerung über das Netzwerk unterschiedlicher *Märkte*, d.h. durch den *Preismechanismus* vorgenommen.

Es stellt sich damit die interessante Frage, warum es überhaupt Unternehmen in einer Marktwirtschaft gibt. Es wäre ja immerhin denkbar, dass jeder Erwerbstätige seine eigene „Ich-AG" gründet, die ihre Leistungen ausschließlich im Rahmen von Marktbeziehungen abgibt. Für einen Erwerbstätigen sind im Prinzip mehrere Optionen möglich:

- Er kann sich über einen – in der Regel – längerfristigen Arbeitsvertrag dem hierarchischen System eines Unternehmens anschließen.
- Er kann als Selbstständiger aktiv werden, der die Resultate seiner Arbeit allein über Markttransaktionen anbietet.
- Denkbar ist auch, dass er ein eigenes Unternehmen gründet und seinerseits längerfristige Arbeitsverträge mit anderen Erwerbstätigen abschließt.

Für ein bereits gegründetes Unternehmen stellt sich diese Frage im Prinzip permanent in etwas modifizierter Form:

- Können Güter oder Dienstleistungen, die derzeit über Markttransaktionen beschafft werden, nicht effizienter bezogen werden, wenn diese im eigenen Unternehmen erstellt werden?
- Können Güter oder Dienstleistungen, die derzeit von eigenen Mitarbeitern erstellt werden, nicht effizienter bezogen werden, wenn sie von anderen Unternehmen, d.h. über Markttransaktionen beschafft werden? Man spricht hierbei auch von „outsourcing".

Mit anderen Worten: Ist das eigene Unternehmen derzeit schon zu groß geworden, ist es noch zu klein, oder hat es gerade die richtige Größe?

Auf der Ebene der Volkswirtschaft kann man sich dann sogar fragen, ob man überhaupt Märkte benötigt oder ob es nicht besser wäre, den gesamten Produktionsprozess im Rahmen eines einzigen, hierarchisch strukturierten Großunternehmens zu organisieren. Konkret wurde das im vergangenen Jahrhundert über viele Jahrzehnte unter dem System der Zentralen Planwirtschaft organisiert. Grafisch werden die verschiedenen Optionen in *Schaubild 4.1* dargestellt.

4.2 Die grundlegenden Lösungsansätze: „Markt" oder „Hierarchie"

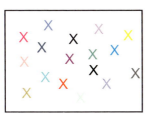
Atomistische Arbeitsteilung: 17 Produzenten, die alle ihre eigene Firma darstellen. Organisation nur durch kurzfristige Tausch- oder Werkverträge

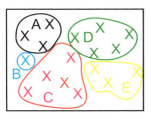
Arbeitsteilung mit größeren und kleineren Unternehmen (A-E): Innerhalb der Unternehmen Organisation durch längerfristige Arbeitsverträge. Zwischen den Unternehmen Organisation durch kurzfristige Tauschverträge.

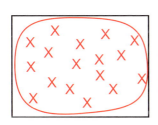
Zentralverwaltungswirtschaft: Nur ein riesiges Großunternehmen Organisation nur durch Hierachie auf der Basis von Arbeitsverträgen mit Lebensstellung

Schaubild 4.1: Unterschiedliche Organisationsformen einer arbeitsteiligen Wirtschaft

Es war Ronald Coase[1] der sich im Jahr 1937 in seiner bahnbrechenden Arbeit über „The Nature of the Firm" als erster intensiv mit diesen Fragestellungen auseinandergesetzt hat:

> „Outside the firm, price movements direct production, which is co-ordinated through a series of exchange transactions on the market. Within a firm, these market transactions are eliminated and in place of the complicated market structure with exchange transactions is substituted the entrepreneur-co-ordinator who directs production. It is clear that these are alternative methods of co-ordinating production. Yet, having regard to the fact that if production is regulated by price movements, production could be carried on without any organisation at all, well we might ask, why is there any organisation?"

Da wir diese beiden Organisationsformen in einer Marktwirtschaft nebeneinander existieren sehen, muss es für den „*Markt*" wie auch für die „*Hierarchie*" gute ökonomische Gründe geben.

---

1 *http://www.nobel.se/economics/laureates/1991/coase-autobio.html*

4.3 Vor- und Nachteile der beiden Verfahren

Zum Verständnis der alternativen Organisationsverfahren ist es hilfreich einmal den *institutionellen Rahmen* für die Steuerung durch den Markt und die Steuerung durch Hierarchien näher zu betrachten.

- Wenn man sich dafür entscheidet, als Arbeitnehmer in einem *Unternehmen* tätig zu werden und auch einen Arbeitsplatz findet, schließt man mit dem Arbeitgeber in der Regel einen *längerfristigen Arbeitsvertrag*. Dieser bildet den Rahmen dafür, dass man bereit ist, den Anordnungen seiner Vorgesetzten Folge zu leisten. Die Bezahlung erfolgt dabei vor allem nach der geleisteten Arbeitszeit, auch wenn in gewissem Rahmen erfolgsabhängige Zahlungen geleistet werden. Kennzeichnend für jede hierarchische Organisation ist eine *zentrale Entscheidungsinstanz*, in der alle Informationen zusammenlaufen und dann zu Entscheidungen für die unteren Instanzen verarbeitet werden.

- Bei der Steuerung durch den *Markt* stehen in der Regel *kurzfristig* angelegte und oft auch nur einmalig vorgenommene Kaufverträge oder Werkverträge im Vordergrund. Die Bezahlung richtet sich dabei allein nach der geschuldeten Leistung, sie ist also ausschließlich ergebnisorientiert. Anders als bei der hierarchischen Organisation dominieren hier dezentrale Entscheidungen. Das Fehlen eines zentralen Entscheidungsträgers mit einer zentralen Informationsspeicherung und -verarbeitung kann geradezu als das Kennzeichen der Marktsteuerung angesehen werden. Der Nobelpreisträger für Wirtschaft, Friedrich August von Hayek, spricht davon,

„(…), dass die Kenntnis der Umstände, von denen wir Gebrauch machen müssen, niemals zusammengefasst oder als Ganzes existiert, sondern immer nur als zerstreute Stücke unvollkommener und häufig widersprechender Kenntnisse, welche all die verschiedenen Individuen gesondert besitzen." (Hayek 1946, S. 103)

Eine Kurzbiographie von Hayek finden Sie am Ende des Kapitels. Nach dieser kurzen Charakterisierung dürfte deutlich geworden sein, dass sich die beiden Organisationsformen vor allem durch die damit jeweils einhergehenden spezifischen *Transaktionskosten* unterscheiden.

- Der größte Nachteil einer Marktorganisation, die sich auf kurzfristige Verträge stützt, sind hohe *Kosten des Vertragsschlusses*. Es müssen immer wieder neu Vertragspartner gesucht werden, Verträge müssen ausgehandelt und formuliert werden. Bei der hierarchischen Organisation stehen langfristige Arbeitsverträge im Vordergrund. Es werden dabei sehr viel seltener neue Verträge abgeschlossen, so dass die damit verbundenen Kosten erheblich geringer sind.

- Demgegenüber weist die Marktorganisation entscheidende Vorteile bei den *Kosten der Informationsverarbeitung* auf. Wollte man die Weltwirtschaft heute durch eine zentrale Planungsstelle steuern, würde dies zu völlig unlösbaren Problemen der Informationsbeschaffung und -verarbeitung führen. Wir werden dies am Beispiel der Zentralverwaltungswirtschaft ausführlicher beschreiben. Aber auch viele Großunternehmen sind in der Vergangenheit immer wieder daran gescheitert, dass sie nicht mehr in der Lage waren, alle Informationen effizient zu verarbeiten.

4.3 Vor- und Nachteile der beiden Verfahren

- Eng damit verbunden ist die Bewältigung der Anreizprobleme einer arbeitsteiligen Wirtschaft. Wir haben in Kapitel 1 bereits gezeigt, dass es für ein Marktsystem nicht entscheidend ist, ob Wirtschaftssubjekte altruistisch oder egoistisch handeln. Es reicht aus, dass Menschen an ihrem eigenen Gewinn interessiert sind. Demgegenüber stellt sich bei allen hierarchisch strukturierten Organisationen ein so genanntes „*Principal-Agent-Problem*". Dabei wird der Arbeitgeber (oder der jeweilige Vorgesetzte) als *Prinzipal* und der Arbeitnehmer (bzw. der jeweilige Untergebene) als *Agent* gesehen. Das Principal-Agent-Problem resultiert nun daraus, dass bei dieser Organisationsform die Bezahlung in der Regel von der geleisteten Arbeitszeit und nicht von deren Ergebnis bestimmt wird. Dies schafft für den Agenten einen Anreiz, seinen Arbeitseinsatz möglichst gering zu halten. Spielräume hierfür ergeben sich durch eine *asymmetrische Informationsverteilung*: Der vor Ort tätige Agent ist besser über die Gegebenheiten informiert als der ihn überwachende Principal. Es ist nahe liegend, dass das „Principal-Agent-Problem" dann besonders gravierend ist, wenn die Arbeitnehmer über sehr lange laufende Arbeitsverträge verfügen und ihre Bezahlung nicht leistungsorientiert erfolgt. Milgrom und Roberts (1992, S. 29) fassen diese Kosten der Organisation des arbeitsteiligen Wirtschaftens unter dem Begriff der „Motivation Costs" zusammen.

Im Ganzen setzen sich die Transaktionskosten (oder Organisationskosten) zusammen aus den Kosten des Vertragsschlusses, den Kosten der Informationsverarbeitung und den Motivationskosten. Die Summe dieser Kosten entscheidet dann darüber, ob für eine bestimmte Produktion eine hierarchische oder eine Markt-Lösung gewählt wird. *Tabelle 4.1* fasst die wichtigsten Aspekte noch einmal kurz zusammen.

	Markt	**Hierarchie**
Vorherrschender Vertragstyp	Kurzfristige Verträge, vor allem Kaufverträge oder Werkverträge	Langfristige Verträge, vor allem Arbeitsverträge
Zahl der Verträge und Kosten der Vertragsabschlüsse	Hoch	Deutlich geringer als bei Marktlösung
Informationsverarbeitung und -transfer	Dezentral, durch Marktpreise	Zentral, durch Anweisungen
Kosten der Informationsverarbeitung	Sehr gering	Hoch; mit Unternehmensgröße ansteigend
Vergütung der Leistung	Kaufpreis, d.h. ergebnisorientiert	Lohn, d.h. nach der geleisteten Arbeitszeit
Kosten durch „Principal-Agent-Problem" (Motivationskosten)	Sehr gering, da ergebnisorientierte Vergütung	Hoch, mit Laufzeit des Arbeitsvertrags ansteigend

Tabelle 4.1: Die wichtigsten Unterschiede zwischen „Markt" und „Hierarchie"

Ein einfaches Beispiel soll die Gesamtproblematik noch einmal verdeutlichen. Wenn ein Hausbesitzer seine Innenräume neu streichen lassen will, wird er dafür die Marktlösung wählen. Er wird ein selbstständiges Malergeschäft beauftragen, diese Arbeiten durchzuführen. Für ein Großunternehmen, das ständig Malerleistungen benötigt, kann es demgegenüber sinnvoll sein, einen oder sogar mehrere Maler als Angestellte zu beschäftigen. Gegenüber dem Hausbesitzer hat das Unternehmen dabei den Vorteil, dass es nicht für jede einzelne Leistung immer wieder neu nach einem Vertragspartner suchen, Kostenvoranschläge einholen und dann einen Vertrag aushandeln muss. Das Unternehmen spart also Vertragskosten ein. Bei einem nur einmaligen Bedarf des Hausbesitzers fällt dies nicht ins Gewicht. Gegenüber dem Unternehmen hat der Hausbesitzer den Vorteil, dass er den Vertrag so ausgestalten kann, dass er nur für die erbrachte Leistung, unabhängig von der erforderlichen Arbeitszeit, bezahlen muss. Für das Unternehmen stellt sich bei hierarchischen Lösungen zudem das Problem der Informationsverarbeitung. Je mehr Leistungen intern erstellt werden (eigene Schreinerei, Druckerei, Wäscherei etc.), desto schwerfälliger werden die internen Entscheidungsprozesse. Aus diesem Grund hat es in den letzten Jahren in vielen Unternehmen einen Prozess des „outsourcing" gegeben, bei dem bisher intern erbrachte Leistungen wieder über den Markt bezogen wurden.

BOX 4.1 NEUE INSTITUTIONENÖKONOMIE

In den achtziger Jahren des letzten Jahrhunderts entwickelte sich mit der Neuen Institutionenökonomie (NIE) ein Theorieansatz der Volkswirtschaftslehre, der heute auch in der Betriebswirtschaftslehre eine wichtige Rolle spielt. Die Besonderheit dieser Theorierichtung liegt darin, dass sie sich anders als die in den Kapiteln 5 bis 8 dargestellte Mikroökonomie nicht mit kurzfristigen Kaufverträgen („Ich bestelle ein Glas Bier"), sondern mit *längerfristigen Kontrakten* befasst („Ein Verlag bestellt eine Druckmaschine, die speziell auf seine Bedürfnisse hin entwickelt wird"). Dabei wird nun – ebenfalls im Gegensatz zur herkömmlichen Mikroökonomie – davon ausgegangen, dass die Vertragspartner nur unvollständig über die Zukunft informiert sind. Sie müssen also einen *unvollständigen Vertrag* abschließen, der nicht alle denkbaren (und undenkbaren) Entwicklungen abdecken kann. Aus der Logik des langfristigen Vertrags ergibt sich außerdem, dass einer der Vertragspartner eine *vertragsspezifische Investition* vornehmen muss. Konkret: Die Maschinenfabrik kann bei einer auf die spezifischen Bedürfnisse eines Kunden konstruierten Maschine, diese nicht einfach an einen anderen Abnehmer verkaufen. Dies gibt nun dem anderen Vertragspartner die Möglichkeit zu *opportunistischem Verhalten*. Wenn die Maschine fertig ist, kann der Verlag versuchen, den Preis zu drücken. Dies wird ihm durch die Lücken des unvollständigen Vertrags ermöglicht. So kann er z.B. behaupten, die Leistungsfähigkeit sei schlechter als vereinbart. Die NIE geht schließlich auch davon aus, dass die Schlichtung von Streitfällen durch Gerichte wenig effizient ist. Im Mittelpunkt der NIE steht daher die Frage, wie es unter den hier beschriebenen Voraussetzungen überhaupt möglich ist, dass langfristige Verträge zustande kommen. Ein Mechanismus, der in dem hier beschriebenen Beispiel eine Rolle spielt ist die *Reputation*. Der Verlag kann zwar einmal versuchen, sich opportunistisch zu verhalten, er muss dann aber damit rechnen, dass es ihm in Zukunft schwer fallen wird, einen guten Lieferanten für eine neue Maschine zu finden. Eine andere Lösung der Probleme eines langfristigen Vertrages ist die Fusion. Wenn z.B. ein Kraftwerk speziell in der Nähe einer Kohlenmine angesiedelt wird, kann es sich vor dem Opportunismus seines Lieferanten dadurch schützen, dass es ihn einfach aufkauft. Eine gute Darstellung der NIE finden Sie im Buch von Furubotn und Richter (1999).

In der Realität gibt es natürlich auch viele Zwischenformen der Koordination. So wird in vielen Betrieben die Vergütung auch ergebnisorientiert vorgenommen, es werden Zeitarbeitsverträge abgeschlossen, Arbeitskräfte von Leiharbeitsfirmen bezogen. Außerdem hat man es immer auch mit längerfristigen Kaufverträgen zu tun, beispielsweise, wenn ein Unternehmen eine komplexe Produktionsanlage bestellt. Die hierbei bestehenden spezifischen Anreizprobleme werden im Rahmen der *Neuen Institutionenökonomie* (*Box 4.1*) diskutiert. Generell muss also jedes Unternehmen versuchen, bei der Gütererstellung einen optimalen Mix aus Markt und Hierarchie zu erreichen.

4.4 Zur Vertiefung: Warum die Planwirtschaften gescheitert sind

Noch im Jahr 1980 lebten rund 1.500 Millionen Menschen unter dem System einer sehr strikten Planwirtschaft. Zum Ende der achtziger Jahre hin kam es dann in Mittel- und Osteuropa, in der ehemaligen Sowjetunion und in China zu einer fundamentalen Umwälzung des Wirtschaftssystems mit dem Ziel, eine funktionsfähige Marktwirtschaft zu etablieren. Die Hauptursache für diese „Wirtschaftstransformation" lag darin, dass die Planwirtschaft mehr und mehr damit überfordert war, Produktionspläne von Millionen von Unternehmen in einer arbeitsteiligen Wirtschaft so zu koordinieren, dass sie mit den individuellen Konsumwünschen der Verbraucher im Einklang standen.

Die *Planwirtschaft* versuchte das Koordinationsproblem einer arbeitsteiligen Wirtschaft fast ausschließlich durch den Mechanismus der Hierarchie zu lösen. Die Produktion aller Güter und Dienstleistungen wurde also gleichsam in einem einzigen gigantischen Unternehmen erstellt, an dessen Spitze die zentrale Planungsbehörde stand. Basierend auf allgemeinen politischen Zielvorgaben wurden von dieser Planungsbehörde alle volkswirtschaftlich relevanten Entscheidungen alljährlich (teilweise auch in der Form von Fünfjahres-Plänen) im zentralen Plan festgelegt. Es wurde also Jahr für Jahr bis ins kleinste Detail bestimmt,

- welche Güter für die Konsumenten verfügbar sein sollten,
- welche Unternehmen diese Güter produzieren sollten, und
- mit welchen Produktionsfaktoren dies zu erfolgen hatte.

Konkret geschah das in den ehemals sozialistischen Ländern Mittel- und Osteuropas sowie in der ehemaligen Sowjetunion, so dass diese Informationen von der zentralen Planungsbehörde an Branchenministerien weitergegeben wurden, die diese wiederum den ihnen unterstehenden Unternehmen übermittelten. Jedes einzelne Unternehmen hatte somit also eine klare Vorgabe über die von ihm zu produzierenden Güter und die dafür einzusetzenden Inputs. Auf der Unternehmensebene verblieben somit keine nennenswerten Entscheidungsbefugnisse. Zentrale betriebswirtschaftliche Fragen, wie z.B. die Produktentwicklung, die Finanzierung, Investitionsentscheidungen und Marketing, waren in der Planwirtschaft nicht auf der Unternehmensebene zu entscheiden. Die Unternehmensleiter konnten höchstens der Zentrale zurückmelden, dass sie mit den gegebenen Inputs nicht in der Lage seien, die von ihnen geforderte Outputmenge zu erstellen, um so eine Revision der Planvorgabe nach unten zu erreichen.

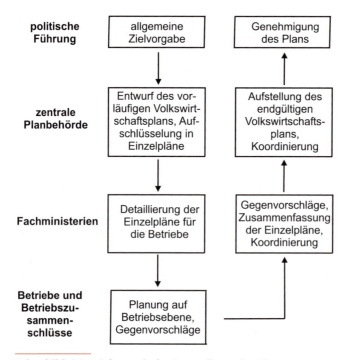

Schaubild 4.2: **Schematische Darstellung des Planungsprozesses in einer Zentralverwaltungswirtschaft**
Quelle: Siebert, H. (1992), S. 61.

Im Großunternehmen „Planwirtschaft" wurden somit alle Entscheidungen über die vertikale *Hierarchie* des Planungsprozesses getroffen. Vertragliche Beziehungen zwischen den einzelnen Unternehmen waren grundsätzlich ausgeschlossen. Eine wichtige Voraussetzung für die Planwirtschaft war daher die Abschaffung des Privateigentums an Unternehmen. Denn nur wenn der Großteil der Unternehmen in staatlichem Eigentum steht, ist es für die Planbürokratie möglich, die Volkswirtschaft insgesamt nach ihren Vorstellungen zu steuern.

Die *Verbraucher* hatten bei diesem System ebenfalls keinen direkten Einfluss auf den Produktionsprozess. Sie mussten mit den Gütern vorlieb nehmen, die die Planungsbehörde für sie bei den Unternehmen „bestellt" hatte. Der *Preis als Signalinstrument* auf der Verteilungsseite wurde dadurch ausgeschaltet, dass alle Einzelpreise durch die Planungsbehörde festgelegt waren. Da diese Preise nicht immer markträumende Preise waren, kam es häufig dazu, dass die nachgefragte Menge höher war als die angebotene Menge. Das Ergebnis waren oft sehr lange Lieferzeiten oder große Warteschlangen vor den Geschäften.

Das Scheitern der Planwirtschaft zeigt, dass die Effizienz einer rein hierarchisch strukturierten Wirtschaftsorganisation erheblich geringer ist als die eines Mischsystems aus marktwirtschaftlichen und hierarchischen Elementen, wie sie vor 1990 nur in der Wirt-

4.4 Zur Vertiefung: Warum die Planwirtschaften gescheitert sind

schaftsordnung der westlichen Länder zu finden war. Als besonders gravierend erwiesen sich die folgenden Probleme:

- Die Planungsbürokraten hatten nur sehr geringe *Anreize*, die Produktion an den Bedürfnissen der Verbraucher auszurichten. Verbunden mit einem insgesamt undemokratischen politischen System gab es für die Bürokraten keinerlei Sanktionen, wenn sie sich für den grundsätzlich bequemeren Weg des Festhaltens an den einmal festgelegten Produktionsplänen entschieden. Die Anreize, neue Produkte einzuführen oder alte Produkte technisch zu verbessern waren also äußerst gering. Zum Symbol hierfür wurde der in der ehemaligen DDR bis zum Jahr 1990 produzierte Trabant.

- Die Planungsbürokraten verfügten außerdem über unzureichende *Informationen*, um die Wirtschaft richtig zu steuern. Auch ein Planer, der stets bestrebt gewesen wäre, das Beste für die Menschen zu tun, wäre kaum in der Lage gewesen, die Wirtschaft effizient zu steuern. Dies liegt daran, dass die zentrale Planwirtschaft wegen ihrer zentralen Informationsverarbeitung einen sehr hohen Bedarf an Informationen aufweist, der in der Praxis nur schwer zu befriedigen ist. Zudem sind im marktwirtschaftlichen System bessere Informationen verfügbar als in der Planwirtschaft: Wichtige Informationen, die ein Produzent durch die Verbraucher erhält, bestehen entweder darin, dass Kunden nicht mehr kommen („*exit*"),[2] oder dass sie sich beklagen und Änderungswünsche vorbringen („*voice*"). Durch die allgemeine Güterknappheit in einer Planwirtschaft war die Abwanderungsmöglichkeit der Konsumenten sehr begrenzt und für Änderungswünsche war in der Planwirtschaft kein Rückmeldesystem im Planungsprozess vorgesehen.

- Ein weiteres Informationsproblem ergab sich aus den „Principal-Agent-Problemen" einer sehr hierarchisch strukturierten Wirtschaft mit einer im Prinzip lebenslangen Anstellung aller Arbeitnehmer. Die Planungsbehörde wusste daher nie genau, wie groß die Produktionsmöglichkeiten eines Unternehmens bei gegebenen Inputs tatsächlich waren. Sie verfügte außerdem über keine guten Informationen zu möglichen Einsparungen durch effizientere Produktionsverfahren. Auch die Qualitätsmessung war problematisch. Da die Outputziele meist nur in Tonnen oder Stückzahlen fixiert werden können, haben die Unternehmen die Möglichkeit, durch die Lieferung minderwertiger Produkte ihr Produktions-Soll mit geringerem Einsatz an Arbeit oder anderen Inputs zu erreichen. Es wird auch die Geschichte eines Unternehmens berichtet, das bei einer Produktionsvorgabe von 10.000 kg Nägeln einen einzigen Nagel mit einem Gewicht von 10.000 kg produziert haben soll. Das Principal-Agent-Problem setzte sich auch im Verhältnis zwischen der Unternehmensleitung und ihren Mitarbeitern fort. Die Sanktion der Entlassung war in der Regel ebenso unmöglich wie der Anreiz von Gehaltszulagen für besonders gute Leistungen.

Die Überlegenheit der Marktwirtschaft gegenüber der Planwirtschaft hat Anfang der neunziger Jahre fast alle früheren sozialistischen Länder veranlasst, eine tief greifende Umstrukturierung ihrer Wirtschaftssysteme in Angriff zu nehmen – mit dem Ziel, möglichst bald voll funktionsfähige Marktwirtschaften zu schaffen. Nach manch anfänglicher Euphorie hat sich gezeigt, dass dieser *Transformationsprozess* erheblich schwieriger ist,

---

2 Diese Terminologie geht auf Albert Hirschmann (1974) zurück.

als erhofft. Allgemein ist es zunächst zu einem tiefen Einbruch der Produktion gekommen (*Schaubild 4.3*).

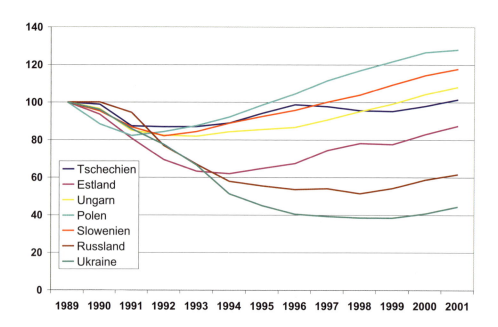

Schaubild 4.3: **Entwicklung des realen Bruttoinlandsprodukts in Transformationsländern von 1989 bis 2001 (1989 = 100).**
Quelle: EBRD, Transition Report (2002)

Einer Reihe von Ländern in Mittel- und Osteuropa ist es seither gelungen, eine recht dynamische Wirtschaftsentwicklung zu erreichen. In den Staaten der früheren Sowjetunion wie auch in einigen mittel- und osteuropäischen Ländern haben sich erst gegen Ende der neunziger Jahre positive Angebotsreaktionen der Unternehmen eingestellt. Die Hauptursache für diese Entwicklung ist darin zu sehen, dass es sich in diesen Ländern als sehr schwierig erwies, die zuvor staatseigenen großen Unternehmen in größerem Umfang zu privatisieren. Die Schwierigkeit, neue *Eigentumsrechte* (*„property rights"*) an den Unternehmen zu definieren, hatte zur Folge, dass weite Teile des Unternehmenssektors ohne jede Kontrolle waren. Während sich der Staat aus seiner Rolle als zentraler Planer zurückgezogen hat, war es nicht einfach, private Eigentümer als neue „Principals" zu installieren. Die „Agents" auf der Unternehmensebene konnten daher weitgehend ihre eigenen Interessen verfolgen. Sie versuchten dabei häufig, nicht nur möglichst wenig zu arbeiten, sondern sich zugleich auch die verwertbaren Teile des Unternehmens anzueignen („wilde Privatisierung"). Einen sehr guten Überblick über diese Thematik findet man bei Gros und Steinherr (2004).

4.4 Zur Vertiefung: Warum die Planwirtschaften gescheitert sind

Der radikale Gentleman

Friedrich August von Hayek wurde am 8. Mai 1899 in Wien geboren, wo er in einer Familie mit großer akademischer Tradition aufwuchs. Er starb am 23. Februar 1992. Hayeks wissenschaftliche Laufbahn war von Höhen und Tiefen geprägt. Während der fünfziger und sechziger Jahre waren seine Theorien weit vom Zeitgeist entfernt und dementsprechend fanden sie auch nur wenig Beachtung. Dies änderte sich mit der Verleihung des Nobelpreises im Jahr 1974 und der zunehmenden neoliberalen Orientierung in der Wirtschaftspolitik zahlreicher Länder.

Hayeks wissenschaftliches Werk ist geprägt von der Auseinandersetzung mit dem Sozialismus und der keynesianischen Konzeption der Globalsteuerung. Wie kein anderer hat Hayek die enorm effiziente Informationsverarbeitung durch Märkte herausgearbeitet, die in diesem Buch in den Kapiteln 5 bis 7 dargestellt wird.

1899 - 1992

Wettbewerb ist für ihn ein wichtiges „Entdeckungsverfahren". Dies gilt auch für gesellschaftliche Institutionen, die für Hayek das Resultat menschlicher Aktionen, nicht aber eines menschlichen Designs darstellen. Der Versuch, die Wirtschaft zentral zu steuern, stelle eine „Anmaßung von Wissen" dar, da es unmöglich sei, die lokal und persönlich weit verstreuten und ständig sich wandelnden Informationen der individuellen Akteure zentral zu erfassen. Für Hayek führt die zentrale Planwirtschaft zwangsläufig in die Despotie. Hayeks Skepsis gegenüber staatlicher Eingriffe erstreckt sich auch auf die Makroökonomie, womit er zwangsläufig zu einem Gegenspieler von Keynes wurde. Wie radikal Hayek hier dachte, wurde deutlich durch seinen Vorschlag einer „Entnationalisierung des Geldes", d.h. einer Abschaffung der staatlichen Zentralbank und einer Geldemission durch private Banken.

Zitat:

„Human reason can neither predict nor deliberately shape its own future. Its advances consist in finding out where it has been wrong."

Ausbildung und Beruf

1918-1921 Studium an der Universität Wien

1921 Dr. jur., Universität Wien

1923 Dr. rer. pol., Universität Wien, 1929 Habilitation

1927-1931 Direktor, Österreichisches Institut für Konjunkturforschung

1931-1950 Professor an der London School of Economics and Political Science

1950-1962 Professor an der University of Chicago

1962-1968 Professor an der Universität Freiburg

Werke

1929 Geldtheorie und Konjunkturtheorie, Wien (München 1976)

1944 The Road to Serfdom, London und Chicago (Bonn 1991)

1960 Die Verfassung der Freiheit (Tübingen 1977)

1976 Entnationalisierung des Geldes, Tübingen

SCHLAGWÖRTER

Planwirtschaft (S. 73), Property rights (S. 76), Eigentumsrechte (S. 76), Prinzipal (S. 71), Agen (S. 71), Principal-Agent-Problem (S. 71), asymmetrische Information (S. 71), Neue Institutionenökonomie (S. 72), Opportunismus (S. 72), unvollständige Verträge (S. 72), vertragsspezifische Investitionen (S. 72)

AUFGABEN

1. Out-Sourcing

Als Manager stehen Sie vor der Frage, ob sie die bisher in ihrem Unternehmen angesiedelte Druckerei schließen und die anfallenden Druckarbeiten extern ausführen lassen sollen. Von welchen Faktoren wird Ihre Entscheidung abhängen?

2. Scheinselbstständigkeit

Zur Finanzierung der deutschen Einheit wurde in den neunziger Jahren das System der sozialen Sicherungssysteme missbraucht. Mit den Sozialabgaben wurden also teilweise indirekt Steuern erhoben. Gleichzeitig konnte man in dieser Phase beobachten, dass die Zahl der „Scheinselbstständigen" deutlich anstieg. Dabei handelt es sich um Beschäftigte, die formal als Selbstständige Tätigkeiten wahrnehmen, die bisher in der Form eines Arbeitsvertrags organisiert waren. Erklären Sie diese Entwicklung.

3. „Small is beautiful"

Wie kann es dazu kommen, dass Großunternehmen nicht grundsätzlich sehr viel wettbewerbsfähiger sind als kleine Unternehmen?

Kapitel 5
Der Markt in Aktion

Die Koordinationsfunktion des Marktes	81
Wir ermitteln die Nachfrage- und die Angebotskurve für Bier	81
Das Prinzip der Konsumentensouveränität: Die Produktion wird durch die Nachfrage gesteuert	84
Wie die Verbraucher über Veränderungen auf der Angebotsseite informiert werden	87
Was gerne verwechselt wird, was wir aber nicht verwechseln dürfen	89
Konsumenten- und Produzentenrente zeigen, wie die Vorteile des Marktes auf Nachfrager und Anbieter aufgeteilt werden	90

Kapitel 5

Der Markt in Aktion

LERNZIELE

- Der Markt ist ein perfektes Instrument zur Verarbeitung aller relevanten Informationen für ein bestimmtes Produkt und damit zur Koordination der individuell gebildeten Nachfrage- und Angebotspläne.

- In der Nachfragekurve spiegeln sich alle marktrelevanten Informationen über die Nachfrage. In der Angebotskurve werden alle marktrelevanten Informationen über die Angebotsseite verdichtet.

- Im Schnittpunkt von Angebot und Nachfrage besteht ein *Gleichgewicht*, bei dem Pläne der Konsumenten optimal auf die Pläne der Anbieter abgestimmt sind. Man spricht hierbei auch von Plan-Kompatibilität.

- Jede Daten-Änderung auf der Nachfrageseite führt dazu, dass die Produktion entsprechend angepasst wird (Prinzip der *„Konsumenten-Souveränität"*). Über den Marktpreis werden aber die Konsumenten über neue Angebotsbedingungen informiert und müssen ihr Konsumverhalten entsprechend verändern.

- Konsumentenrente und Produzentenrente zeigen, welche Vorteile Anbieter und Nachfrager aus dem Marktprozess ziehen.

- Sie können alle in diesem Kapitel dargestellten Zusammenhänge mit dem Modell „Mikro-Gütermarktgleichgewicht" auf der CD-ROM nachspielen.

5.1 Die Koordinationsfunktion des Marktes

In diesem Kapitel wollen wir uns intensiv mit der Koordinationsfunktion des Marktes auseinandersetzen. Wir untersuchen dazu einen Markt, der vielen von uns recht gut vertraut ist: Der Markt für Bier in Studentenkneipen. Wie im vorangegangenen Kapitel dargelegt, sind dabei zwei Fragen von besonderem Interesse:

- Die Steuerung der *Produktion* von Gütern: Woher wissen die Anbieter von Bier, wieviel Bier sie an jedem Abend in ihrer Kneipe vorrätig haben und welchen Preis sie dafür verlangen sollen?
- Die Steuerung der *Zuteilung* von Gütern: Wie kann der vorhandene Bestand an Bier jeden Abend so auf die Studenten aufgeteilt werden, dass es in der Regel nie zu Problemen beim Biernachschub kommt?

In *Kapitel 2* haben wir mit dem Angebots-/Nachfrage-Diagramm bereits ein wichtiges analytisches Werkzeug der Volkswirtschaftslehre kennen gelernt. Doch während sich die Angebots- und die Nachfragekurve im Fall des Aktienmarktes ganz einfach aus dem Orderbuch ermitteln ließen, müssen wir uns etwas mehr Gedanken darüber machen, wie wir diese Kurven nun für den Biermarkt herleiten sollen.

Der Biermarkt ist für unsere Darstellung des Marktmechanismus besonders gut geeignet, da es sich dabei um einen typischen *Wettbewerbsmarkt* handelt. Ein solcher Markt ist dadurch gekennzeichnet, dass es viele Anbieter gibt (*Polypol*). Sie sind in der Regel nicht in der Lage, den Preis durch Preisabsprachen zu ihren Gunsten zu manipulieren. Dies ist anders auf Märkten mit nur wenigen Anbietern (*Oligopol*) oder nur einem einzigen Produzenten (*Monopol*). Wir werden uns mit solchen Märkten in *Kapitel 8* ausführlicher auseinander setzen.

5.2 Wir ermitteln die Nachfrage- und die Angebotskurve für Bier

Beginnen wir mit der *Nachfragekurve* für Bier. Wir wissen bereits aus *Kapitel 2*: Eine Nachfragekurve beschreibt den Zusammenhang zwischen der Menge, die von einem Gut nachgefragt wird, und dem Preis, der dafür bezahlt werden muss. Auch ohne profunde Kenntnisse der Volkswirtschaftslehre wird man leicht erkennen, dass hier in der Regel ein *negativer* Zusammenhang besteht: Je niedriger der Preis für Bier, desto mehr wird davon getrunken. Dies liegt am Gesetz des *abnehmenden Grenznutzens*, das in der Mikroökonomie eine zentrale Rolle spielt. Wenn Sie sehr durstig sind, dann stiftet ihnen das erste Glas Bier einen enormen Nutzen. Auch das zweite Glas ist nicht schlecht, aber der Nutzen, den Sie daraus ziehen, ist schon etwas geringer. Beim dritten Glas nimmt der zusätzliche Nutzen, den man in der VWL als Grenznutzen bezeichnet, noch weiter ab. Mit jedem weiteren Glas geht der Grenznutzen weiter zurück, bis er irgendwann (achtes Glas?) gleich Null oder sogar negativ wird. Nun haben wir in *Kapitel 2* schon gesehen, dass die Zahlungsbereitschaft eines Käufers wesentlich davon bestimmt wird, welchen *Wert* er einem

Gut beimisst. Es ist nahe liegend, dass die Zahlungsbereitschaft für ein Glas Bier abhängt vom Grenznutzen, den man als Konsument daraus erzielt. Je niedriger also der Bierpreis liegt, desto eher sind sie bereit, noch ein Glas mehr zu trinken. Die Nachfragekurve für Bier (und für die meisten anderen Güter) hat deshalb eine negative Steigung.[1] Eine exaktere Herleitung der Nachfragekurve finden Sie in *Kapitel 6*.

Ebenso ist recht einleuchtend, dass es auch bei Freibier eine Grenze für den Bierkonsum gibt. In der Volkswirtschaftslehre spricht man hier von der *Sättigungsmenge*. Umgekehrt gibt es auch für den überzeugtesten Biertrinker einen Preis, bei dem er überhaupt kein Bier mehr trinken würde. Man spricht hier vom *Prohibitivpreis*. Wer einmal in Skandinavien Urlaub gemacht hat, weiß, was damit gemeint ist. Im *Schaubild 5.1* haben wir eine Nachfragekurve für eine Universitätsstadt eingezeichnet, die bei einem Prohibitivpreis von 5 € beginnt und mit einer Sättigungsmenge von 20.000 Biergläsern pro Abend endet.

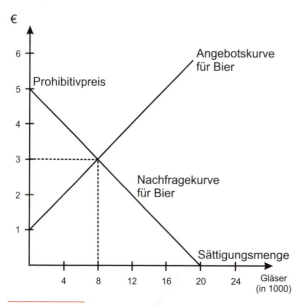

Schaubild 5.1: **Nachfragekurve und Angebotskurve für Bier (pro Tag)**

---

[1] Es kann auch Güter geben, bei denen die Nachfrage zumindest bereichsweise eine positive Steigung aufweist. Dabei handelt es sich um Luxus-Güter, wie z.B. eine Rolex-Uhr, die für manche Konsumenten umso attraktiver erscheinen, je teurer sie sind. Man bezeichnet solche Güter auch als *Veblen-Güter*, nach dem amerikanischen Soziologen Thorsten Veblen (1857-1929), der sich in seinem Buch „Theorie der feinen Leute" frühzeitig mit der Bedeutung des „demonstrativen Konsums" befasste: „Um diese flüchtigen Beschauer gebührend zu beeindrucken und um unsere Selbstsicherheit unter ihren kritischen Blicken nicht zu verlieren, muss uns unsere finanzielle Stärke auf der Stirn geschrieben stehen, und zwar in Lettern, die auch der flüchtigste Passant entziffern kann." Veblen (1986, S.95).

5.2 Wir ermitteln die Nachfrage- und die Angebotskurve für Bier

Wie sieht es mit der *Angebotskurve* für Bier aus? Sie beschreibt den Zusammenhang zwischen dem Preis, der für ein Gut bezahlt wird, und der Menge, die davon angeboten wird. Hier ist zunächst einmal offensichtlich, dass ein Kneipenwirt Bier nur dann abgibt, wenn er dafür einen Preis bekommt, der zumindest seine laufenden Kosten deckt, d.h. die Kosten, die ihm die Brauerei für das Bier in Rechnung stellt sowie die Kosten für Aushilfskräfte. Nehmen wir einmal an, diese Kosten, die wir in der Ökonomie als *variable Kosten* bezeichnen, liegen bei 1 € für einen halben Liter. Da zu diesem Preis jedoch noch keinerlei Deckungsbeitrag für die sonstigen Kosten erzielt wird, liegt die angebotene Menge noch bei Null. Sie nimmt nun aber mit steigendem Preis kontinuierlich zu: Je höher der Bierpreis ist, desto mehr Bier wird von den Kneipenwirten angeboten werden. Der dahinter stehende Zusammenhang wird durch das Gesetz des *abnehmenden Grenzertrags* bestimmt. Man geht davon aus, dass – zumindest kurzfristig – eine Ausweitung des Angebots mit einem Bedarf an Inputs und damit steigenden *zusätzlichen* Kosten verbunden ist. Je mehr in der Kneipe verkauft wird, desto mehr Aushilfskräfte müssen eingestellt werden. Diese stehen sich bei steigendem Umsatz immer mehr im Weg, ihre Produktivität nimmt also tendenziell ab. Diese Zusammenhänge werden in *Kapitel 7* ausführlich diskutiert.

Man kann also einen *positiven* Zusammenhang zwischen dem Preis und der angebotenen Menge unterstellen. Dementsprechend lässt sich also für die kleine Universitätsstadt folgende Angebotskurve zeichnen: Sie beginnt bei einem Preis von 1 € und einer angebotenen Menge von null Gläsern und steigt dann mit jedem Euro um 4.000 Einheiten.

Wenn wir beide Kurven in einem Diagramm zusammenführen, können wir – wie schon in *Kapitel 2* – einen Gleichgewichtspreis (oder „markträumenden Preis") ermitteln, bei dem die angebotene und die nachgefragte Menge genau übereinstimmt. In unserem Beispiel beträgt der Gleichgewichtspreis 3 €, die Gleichgewichtsmenge liegt bei 8.000 Biergläsern. In der Realität stellt sich nun aber das Problem, dass die Anbieter nicht über die genaue Lage dieser beiden Kurven informiert sind und es – anders als an einer Börse – auch keinen Makler gibt, der daraus den Gleichgewichtspreis ableiten würde. Die einzelnen Kneipenwirte müssen daher in einem Prozess des „trial and error" herausfinden, wo der Gleichgewichtspreis liegt.

- Ein Wirt, der den Preis *zu hoch* festlegt, z.B. bei 4 €, wird dann rasch feststellen, dass die Gäste ausbleiben. Die mangelnde Nachfrage zeigt ihm also, dass der Preis gesenkt werden muss.

- Hat ein Wirt den Preis mit z.B. 2 € *zu niedrig* festgelegt, hat er zwar jeden Abend ein volles Haus, aber es wird sich dann am Monatsende herausstellen, dass die Erlöse nicht ausreichen, um die Kosten zu decken. Als Konsequenz wird er den Preis heraufsetzen müssen.

Durch diese Anpassungsmechanismen kommt es also auf jedem Markt tendenziell dazu, dass sich ein Gleichgewichtspreis herausbildet. Dieser zeichnet sich, wie schon am Beispiel des Aktienmarktes gezeigt, dadurch aus, dass er die – unabhängig voneinander gebildeten – *Pläne* der Konsumenten und Produzenten in idealer Weise aufeinander *abstimmt*. Zum Gleichgewichtspreis wird von den Kneipenwirten genau die Menge an Bier angeboten, die an einem Abend von den Gästen nachgefragt wird. Das Problem der Koordination der Güterproduktion mit der Güterverteilung wird durch den Marktmechanismus also perfekt gelöst. Diese Art der Abbildung eines Marktes wurde von dem britischen Ökonomen Alfred Marshall entwickelt. Eine Kurzbiographie finden Sie am Ende dieses Kapitels.

5.3 Das Prinzip der Konsumentensouveränität: Die Produktion wird durch die Nachfrage gesteuert

Die Koordinationsfunktion des Marktes wird noch deutlicher, wenn wir uns ansehen, was passiert, wenn sich etwas auf der Nachfrageseite ändert. Beginnen wir mit etwas Erfreulichem. Das Kindergeld wird erhöht und alle Studenten bekommen von ihren Eltern monatlich 20 € mehr überwiesen. Wie wirkt sich das höhere *Einkommen* auf die Nachfrage nach Bier aus? Intuitiv ist die Antwort nicht schwer zu beantworten. Sie wird aller Voraussicht nach steigen. Zu jedem Preis wird also eine höhere Menge nachgefragt. Konkret nehmen wir an, dass die nachgefragte Menge jeweils um 4.000 Bier höher liegt und dass der Prohibitivpreis auf 6 € ansteigt. Die Sättigungsmenge steige auf 24.000 Gläser. Die neue und die alte Nachfragekurve sind in *Schaubild 5.2* abgebildet.

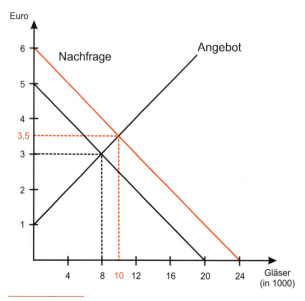

Schaubild 5.2: **Die Nachfrage für Bier steigt**

Was bedeutet das nun für den Biermarkt? Zum alten Preis von 3 € ist jetzt die nachgefragte Menge mit 12.000 Gläsern höher als die Menge, die von den Wirten angeboten würde. Es besteht ein temporärer *Nachfrageüberschuss* von 4.000 Gläsern. Der Grund dafür liegt darin, dass – wie schon erwähnt – eine Ausweitung des Angebots in der Regel mit zusätzlichen Kosten verbunden ist. Im Fall der Bierkneipe bestehen diese darin, dass man zusätzliches Personal einstellen oder Überstunden zahlen muss. Die Wirte werden also auf die Überfüllung ihrer Lokale mit einer Preisanhebung reagieren. Das Diagramm zeigt uns, dass sich ein neues Gleichgewicht bei 3,50 € ergibt. Zu diesem Preis sind die Wirte bereit 10.000 Gläser Bier anzubieten und das entspricht dann auch der von den Studenten nachgefragten Menge. Die Reaktion des Marktpreises sorgt also dafür, dass die angebotene Menge an das höhere Einkommen der Studenten angepasst wird. Es wird also ein neues *Markt-Gleichgewicht* hergestellt. Gleichzeitig signalisiert er Nachfragern, dass ein höherer Bierkonsum mit höheren Kosten verbunden ist, wodurch die nachgefragte Menge im Vergleich zum Preis von 3 € ebenfalls reduziert wird.

In ähnlicher Weise führen nun auch andere Änderungen im Nachfragebereich zu einer Veränderung des Marktpreises und einer Anpassung bei der angebotenen Menge. Beispiele für solche „*Schocks*"[2] könnten sein:

a. Wissenschaftler finden heraus, dass ein hoher Bierkonsum die Lebenserwartung um sieben Jahre verlängert. Dadurch würden viele Menschen, die bisher lieber Wein getrunken haben, zu Biertrinkern werden und die bisherigen Konsumenten würden ihre tägliche Dosis erhöhen. In der Sprache der Ökonomen handelt es sich hierbei um eine Veränderung der *Präferenzen* zugunsten von Bier. Der Effekt auf die Nachfragekurve ist identisch mit dem eines höheren Einkommens. Sie würde sich wiederum nach rechts verschieben. Unterstellt man, dass der Effekt identisch ist mit der Einkommenserhöhung, kommt es zu denselben Anpassungsprozessen wie oben.

b. Aufgrund einer starken Verbreitung der Reblaus geht die Weinernte in ganz Europa massiv zurück. Der Preis für Wein verdoppelt sich. Dies wird wiederum viele Weintrinker dazu bewegen, vermehrt Gerstensaft zu trinken. Die Nachfragekurve verlagert sich wieder nach rechts und wir haben es abermals mit denselben Anpassungsreaktionen zu tun. In der Fachsprache bezeichnet man diese Schocks als die Veränderung des Preises eines *substitutiven* Gutes, d.h. eines Gutes, das aus der Sicht des Konsumenten als ein – mehr oder weniger guter – Ersatz für das in der Nachfragekurve abgebildete Gut angesehen wird.

c. Die Nachfrage nach Bier würde sich auch verändern, wenn sich der Preis eines *komplementären* Gutes verändern würde. Hierbei handelt es sich um ein Gut, das in der Regel zusammen mit Bier konsumiert wird. Das könnte beispielsweise der Preis für Zigaretten oder Schnaps sein. Eine sinkende Tabaksteuer (wenig realistisch) oder ein Preisrückgang für einen „Klaren" würden dann einen Mehrkonsum von Bier auslösen, der wiederum die Nachfrage nach rechts verschiebt.

---

2 Ökonomen haben es sich angewöhnt, Verschiebungen der Angebots- oder der Nachfragekurve als „Schocks" zu bezeichnen, obwohl diese von den Anbietern oder Nachfragern nicht immer als solche empfunden werden.

d. Eine wichtige Rolle spielt auch die Zahl der Nachfrager. Wenn also in der Universitätsstadt eine neue Fachhochschule eröffnet würde, käme es ebenfalls zu einer (deutlichen) Rechtsverschiebung der Nachfragekurve.

Für alle entgegengesetzten Veränderungen des Nachfrageverhaltens, d.h. also für einen Rückgang des Einkommens, eine Veränderung der Präferenzen hin zu Wein oder Cocktails, einen Rückgang des Weinpreises, einen Anstieg des Schnapspreises oder sinkende Studentenzahlen, käme es natürlich zu einer Verschiebung der Nachfragekurve nach links. Nehmen wir einmal an, dass für diese Schocks der Prohibitivpreis auf 4 € sinkt und die Sättigungsmenge auf 16.000 Gläser (*Schaubild 5.3*).

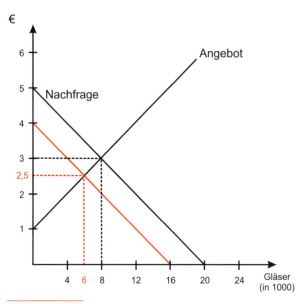

Schaubild 5.3: Die Nachfrage für Bier sinkt

Zum alten Gleichgewichtspreis von 3 € würden sich die Wirte jetzt der Situation gegenübersehen, dass sie ihre Lokale nicht mehr voll bekommen. Es besteht jetzt ein temporärer *Angebotsüberschuss* von 4.000 Gläsern. Die Wirte werden also den Preis absenken müssen und so die nachgefragte Menge wieder erhöhen. Das neue Gleichgewicht stellt sich bei 2,50 € und einem Absatz von nur noch 6.000 Gläsern ein. Der Marktpreis sorgt in diesem Fall also dafür, dass die geringere Nachfrage zu einer Preissenkung und einem Rückgang der angebotenen Menge führt.

Im Ganzen hat dieser Abschnitt ein weiteres wichtiges ökonomisches Grundprinzip verdeutlicht. In einer Marktwirtschaft wird die Produktion vorrangig über die Nachfrage gesteuert. Man spricht deshalb auch vom Prinzip der *Konsumentensouveränität*. Wenn die Verbraucher mehr als bisher von einem Gut konsumieren möchten, wird dies vom Preismechanismus über eine höhere Nachfrage und einen steigenden Preis so verarbeitet, dass durch eine höhere angebotene Menge weiterhin ein Gleichgewicht zwischen Angebots- und Nachfrageplänen möglich ist.

Wichtig ist dabei allerdings, dass sich nur die Präferenzen derjenigen Konsumenten auf dem Markt auswirken, die dafür auch über die notwendigen Mittel verfügen. In den Worten von Adam Smith (1974, S. 49):

> *„So kann man in einem gewissen Sinne sagen, ein sehr armer Mann habe eine Nachfrage nach einem Sechsspänner, da er diesen gern haben möchte, doch handelt es sich hier um keine wirksame Nachfrage (...)"*

Wenn Sie nun die bisher gewonnen Erkenntnisse vertiefen wollen, können Sie diese mit dem Modell „Mikro-Gütermarktgleichgewicht" auf der CD-ROM für unterschiedlichste Datenänderungen durchspielen und dabei deren Effekte auf den Marktpreis und die abgesetzte Menge überprüfen.

5.4 Wie die Verbraucher über Veränderungen auf der Angebotsseite informiert werden

Das Informationssystem des Preismechanismus ist aber keine Einbahnstraße. Es übermittelt nicht nur Informationen über die Nachfrageseite an die Produzenten, es signalisiert auch umgekehrt den Verbrauchern, wenn sich wesentliche Veränderungen bei der Erstellung eines Gutes ergeben haben.

Dies führt zu möglichen Schocks auf der Angebotsseite des Biermarktes. An erster Stelle ist hier an den Preis zu denken, den der Wirt für das von der Brauerei bezogene Bier zu bezahlen hat. Aus der Sicht der Volkswirtschaftslehre handelt es sich dabei um einen *Inputfaktor* für das in der Kneipe servierte Bier. Nehmen wir also an, die Hopfenernte war extrem schlecht und die Brauerei verlange jetzt 1,50 € für die in einem Bierglas enthaltene Biermenge, so dass man erst zu einem Preis von 2 € überhaupt Wirte findet, die bereit sind Bier anzubieten. Zum alten Gleichgewichtspreis von 3 € wollen die Wirte daher nur noch 4.000 Gläser anbieten. Die Nachfrager sind jedoch weiterhin an einem Konsum von 8.000 Gläsern interessiert. Wiederum hat sich ein temporärer *Nachfrageüberschuss* ergeben. Wir haben gesehen, dass die Anbieter darauf mit einer Preiserhöhung reagieren. In unserem Beispiel liegt das neue Gleichgewicht bei 3,50 € und 6.000 Gläsern (*Schaubild 5.4*).

Wir erkennen hier sehr schön die Koordination der Güterzuteilung durch den Marktmechanismus. Der Schock erfordert, dass insgesamt weniger Bier als bisher getrunken wird. Durch den Preisanstieg kommt es nun ganz automatisch dazu, dass sich die nachgefragte Menge an die neue Situation anpasst. Da wir in *Kapitel 2* schon gelernt haben, dass die Zahlungsbereitschaft ein Ausdruck der Wertschätzung für ein Gut ist, wissen wir, dass dabei zunächst jene Konsumenten verdrängt werden, denen der Bierkonsum relativ wenig wert ist. Auch hierin zeigt sich die hohe Effizienz des Marktsystems.

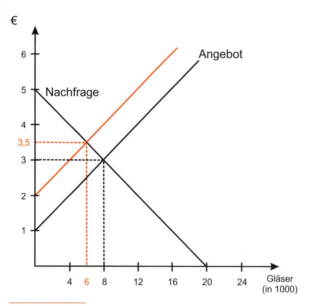

Schaubild 5.4: **Die Brauerei verlangt mehr Geld von den Wirten**

Eine zweite wichtige Determinante der Angebotskurve ist die *Produktionstechnik*. Diese spielt zwar in einer Bierkneipe keine zentrale Rolle, aber wir könnten einmal annehmen, dass ein Gesetz erlassen wird, das den Wirten besonders hygienische und damit besonders aufwändige Verfahren für das Gläserspülen vorschreibt. Dies würde zusätzliches Personal erfordern. Die Wirte wären also zum aktuellen Preis nicht mehr bereit, die bisherige Menge an Bier anzubieten. Die Angebotskurve würde sich daher nach oben verschieben. Wir sehen an diesem Beispiel, dass staatliche Regulierungen ähnliche Effekte auf den Markt haben wie Änderungen in der Produktionstechnologie.

Schließlich ist auch die Zahl der Anbieter für das Angebot auf einem Markt von Bedeutung. Wenn eine Kneipe geschlossen würde, käme es ebenfalls zu einer Verschiebung der Angebotskurve nach oben. Die Studenten müssten sich auf die dann noch verbleibenden Lokale verteilen, so dass es zu einem Preisanstieg käme.

Wie schon bei den Schocks auf der Nachfrageseite, lässt sich auch hier jeweils eine gegenteilige Veränderung darstellen. Die Angebotskurve verschiebt sich also nach unten, wenn

- der Inputpreis sinkt,
- die Produktionstechnologie sich verbessert („technischer Fortschritt"),
- staatliche Regulierungen abgebaut werden,
- die Zahl der Anbieter steigt.

In diesem Fall sinkt der Gleichgewichtspreis und die Verbraucher werden so ermuntert, die verbesserten Angebotsbedingungen für sich nutzbar zu machen.

Wiederum bietet Ihnen das Modell „Mikro-Gütermarktgleichgewicht" auf der CD-ROM die Möglichkeit, die Datenänderungen für unseren hypothetischen Markt durchzuspielen.

5.5 Was gerne verwechselt wird, was wir aber nicht verwechseln dürfen

Wir haben in diesem Kapitel ständig mit den Begriffen „Angebot", „angebotene Menge", „Angebotskurve" sowie „Nachfrage", „nachgefragte Menge" und „Nachfragekurve" operiert. Es ist enorm wichtig, dass wir genau wissen, was sich dahinter verbirgt. Beginnen wir mit dem Begriff „Angebot". Es handelt sich dabei um eine Kurzform für den Begriff „Angebotskurve", d.h. für den gesamten funktionalen Zusammenhang zwischen dem Preis und der angebotenen Menge. Und damit ist auch klar: die „angebotene Menge" ist immer nur ein *Punkt* auf einer Angebotskurve. Für die Nachfrageseite gelten natürlich die gleichen Definitionen.

Zur Verdeutlichung sehen wir uns noch einmal den *positiven Nachfrageschock* in *Schaubild 5.2* an. Er führte dazu, dass sich die Nachfragekurve (oder „die Nachfrage") nach rechts verschiebt. Bei einer unveränderten Angebotskurve verändert sich dann nur die *angebotene Menge* von 8.000 auf 10.000. Da im Gleichgewicht die angebotene Menge mit der nachgefragten Menge übereinstimmt, steigt diese in gleichem Maße an.

Ähnliches gilt für einen *positiven Angebotsschock*. Wie *Schaubild 5.4* verdeutlicht, verschiebt er die Angebotskurve nach oben. Bei einer unveränderten Nachfrage sinkt jetzt die *nachgefragte Menge* von 8.000 auf 6.000 und natürlich geht auch die angebotene Menge um denselben Betrag zurück.

Schock	nach rechts (positiver Schock)	nach links (negativer Schock)
Präferenzen	Zugunsten von Bier	Zuungunsten von Bier
Einkommen der Konsumenten	Steigt	Sinkt
Preis eines substitutiven Gutes (Wein)	Steigt	Sinkt
Zahl der Nachfrager	Steigt	Sinkt
Preis eines komplementären Gutes (Schnaps)	Sinkt	Steigt

Tabelle 5.1: **Verschiebungen der Nachfragekurve für Bier**

Wir merken uns also: Angebotsschocks verschieben die Angebotskurve, Nachfrageschocks verschieben die Nachfragekurve. Da sich dabei stets der Gleichgewichtspreis ändert, kommt es bei beiden Schocks stets zu Veränderungen der angebotenen *und* der nachgefragten Menge.

Schock	Nach rechts (positiver Schock)	nach links (negativer Schock)
Inputpreise	Sinken	Steigen
Produktionstechnik	Verbessert sich	Verschlechtert sich
Zahl der Anbieter	Steigt	Sinkt
Regulierungen	Werden abgebaut	Werden erhöht

Tabelle 5.2: **Verschiebungen der Angebotskurve für Bier**

5.6 Konsumenten- und Produzentenrente zeigen, wie die Vorteile des Marktes auf Nachfrager und Anbieter aufgeteilt werden

In *Kapitel 2* haben wir schon dargestellt, dass für die einzelnen Marktteilnehmer in der Regel der Wert und der Preis eines Gutes auseinanderfallen. Wenn es über den Markt zu einem Austausch eines Gutes kommt, liegt

- für den Nachfrager der Wert, den er einem Gut beimisst, über dem Preis, den er dafür bezahlt: er wird somit *höchstens* einen Preis zu zahlen bereit sein, der gerade seiner Wertschätzung des Gutes entspricht (=Beschaffungspreis-Obergrenze)

- für den Anbieter der Wert, den er einem Gut beimisst, unter dem Preis den er dafür fordert: er wird somit *mindestens* einen Preis fordern, der seiner Wertschätzung des Gutes entspricht (=Abgabepreis-Untergrenze).

Da die Angebots- und Nachfrage-Kurven abbilden, welchen Preis die Nachfrager zu zahlen und die Anbieter zu akzeptieren bereit sind, kann man an ihnen also auch die individuellen Wertschätzungen von Anbietern und Nachfragern ablesen.

Wenn wir nun die Nachfrage-Kurve nach Bier betrachten, stellen wir fest, dass es viele Konsumenten gibt, die einem Glas Bier einen Wert von mehr als 3 € beimessen. Für manche liegt der Wert bei 5 €, für viele bei 4 €. Sie erhalten jedoch wie alle anderen Nachfrager ihr Bier zum Gleichgewichtspreis von 3 €. Die Differenz zwischen der individuellen Wertschätzung und dem Marktpreis bezeichnet man als *Konsumentenrente*. Man kann diese als Differenz zwischen Wert und Preis für einen einzelnen Konsumenten ermitteln, man kann sie aber auch für den Markt insgesamt bestimmen. Die gesamte Konsumentenrente ist dann die Fläche zwischen der Nachfragekurve und einer durch den Gleichgewichtspreis verlaufende waagerechte Linie (*Schaubild 5.5*).

5.6 Konsumenten- und Produzentenrente

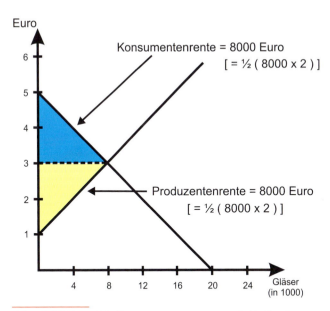

Schaubild 5.5: **Die Konsumentenrente und die Produzentenrente am Markt für Bier**

Sie beläuft sich in unserem Beispiel auf 8.000 €. Die Fläche dieses Dreiecks kann man ermitteln, indem man 8.000 Gläser mit einer Konsumentenrente von 2 € multipliziert (Rechteck) und davon die Hälfte nimmt.

Für die Angebotsseite gilt nun dasselbe Prinzip. Die individuellen Wertschätzungen der Produzenten werden durch die Angebotskurve zum Ausdruck gebracht. Wir werden in *Kapitel 7* sehen, dass hierfür die *Grenzkosten* der Produktion entscheidend sind. Wiederum können an einem Wettbewerbsmarkt alle Anbieter ihr Produkt zu einem einheitlichen Preis absetzen, auch wenn ihre individuellen Wertschätzungen unterschiedlich sind. Die Differenz zwischen dem Gleichgewichtspreis und dem Wert eines Gutes bezeichnet man als *Produzentenrente*. Auch hier kann man die den Anbietern insgesamt zufallende Produzentenrente grafisch abbilden. Sie entspricht der Fläche zwischen der Angebotskurve und wiederum einer durch den Gleichgewichtspreis verlaufenden Horizontalen. Sie beläuft sich ebenfalls auf 8.000 €.

Die Tatsache, dass nun Anbieter wie Nachfrager auf dem Markt eine Rente erhalten, spiegelt den – bereits in *Kapitel 2* angesprochen – fundamentalen Sachverhalt wider, dass der Austausch von Gütern auf einem Markt in der Regel kein Nullsummenspiel darstellt. Es handelt sich vielmehr in der Regel um eine WinWin-Situation, von der beide Marktseiten gleichermaßen profitieren. Dass gleichzeitig immer wieder Menschen auch kräftig übers Ohr gehauen werden, ist die Ausnahme, die die Regel bestätigt.

Der Pädagoge

Alfred Marshall wurde am 26. Juli 1842 in London geboren und starb am 12. Juli 1924 in Cambridge. Er ist der erfolgreichste Lehrer in der Nationalökonomie. Zwei seiner Schüler (Keynes und Pigou) wurden selbst weltberühmt. Zudem verdanken wir Marshall die analytischen Instrumente der Mikroökonomie, wie sie in Kapitel 5 bis 8 dargestellt werden, konkret also die Angebots- und Nachfragekurven sowie das Konzept der Elastizität.

Nach einem anfänglichen Interesse für die Geldtheorie wandte sich Marshall 1877 den Determinanten von Angebot und Nachfrage zu. Der Anstoß hierfür war der Auftrag ein Lehrbuch der Volkswirtschaftslehre („Industry and Trade") zu schreiben. Sein Hauptwerk, die „Principles of Economics" erschien im Jahr 1890 – Marshall hatte zwei Jahrzehnte daran gearbeitet. Dafür wurde es auch die „Bibel" für viele Ökonomen. Er verarbeitete dabei die Erkenntnisse der Grenznutzentheorie, die von Carl Menger, Leon Walras, Stanley Jevons und Hermann Gossen entwickelt worden war. Dabei wurde der objektive Wertbegriff der Arbeitswertlehre (Ricardo) durch einen subjektiven Wertbegriff abgelöst, wie ihn die Volkswirtschaftslehre auch heute noch verwendet.

1842 – 1924

Marshall engagierte sich stark für soziale Probleme und wandte sich gegen die auch heute häufig anzutreffende Vorstellung, dass Arbeitslose faul seien. „Die Suche nach Arbeit bedeutet lang anhaltende Angst."

Zitat:

„Political economy or economics is a study of mankind in the ordinary business of life; it examines that part of individual and social action which is most closely connected with the attainment and with the use of the material requisites of wellbeing."

Principles of Economics, Chapter 1, Introduction

(www.socsci.mcmaster.ca/~econ/ugcm/3ll3/marshall/prin/prinbk1)

Ausbildung und Beruf

1862-1868 Studium der Mathematik am St. John College in Cambridge (auch Studienaufenthalt in Deutschland)

1868-1877 Dozent für „Moral Science" in Cambridge

1877-1883 Direktor des University College in Bristol

1883-1885 Fellow, Universität Oxford

1885-1908 Lehrstuhl für Politische Ökonomie, Universität Cambridge

Werke

1890 Principles of Economics, Bd. 1, London, Macmillan

1919 Industry and Trade, London Macmillan

1923 Money, Credit and Commerce, London, Macmillan

SCHLAGWÖRTER

Angebot (S. 81), Angebotskurve (S. 81), angebotene Menge (S. 83), Nachfrage (S. 81), Nachfragekurve (S. 81), nachgefragte Meng (S. 84), Prohibitivpreis (S. 82), Sättigungsmenge (S. 82), substitutive Güter, (S. 85) komplementäre Güter (S. 85), Luxus-Güter (S. 82), Veblen-Güter (S. 82), Konsumentensouveränität (S. 84), Gesetz des abnehmenden Grenznutzens (S. 81), Gesetz der steigenden Grenzkosten (S. 91), Konsumentenrent (S. 90), Produzentenrente (S. 91), Polypol (S. 81), Oligopol (S. 81), Monopol (S. 81)

AUFGABEN

1. Gleichgewicht am Markt für Speiseeis

Stellen Sie sich vor, dass in einer kleinen deutschen Stadt ein harter Konkurrenzkampf auf dem Markt für italienisches Speiseeis tobt. Das Angebot der zahlreichen Eisdielen ist beschrieben durch folgende Funktion:

$$p^a(x) = 2 + 0{,}1x$$

Die Nachfrage, die vor allem durch die Studenten der Stadt entfaltet wird, ist gegeben durch:

$$p^n(x) = 12 - 0{,}1x$$

Da Sie selbst häufig Eisdielen besuchen, haben Sie sich vorgenommen diesen Markt einmal etwas genauer unter die Lupe zu nehmen:

- Berechnen Sie nun zunächst den markträumenden Preis sowie die gleichgewichtige Menge für italienisches Speiseeis.
- Wie hoch sind die Produzentenrente und die Konsumentenrente? Skizzieren Sie die Lösung!

2. Schocks am Markt für Speiseeis

Wie in jedem Jahr, so haben auch in diesem Jahr zahlreiche Ereignisse Einfluss auf den Markt für italienisches Speiseeis genommen.

- Eine neue Fachhochschule wird eröffnet.
- Der Preis für Langnese-Eis sinkt.
- Der Stundenlohn für Eisverkäufer steigt aufgrund gestiegener Krankenkassenbeiträge.
- Die Hygiene-Anforderungen werden verschärft.
- Die Bafög-Sätze werden gesenkt.

Skizzieren Sie jeweils die Effekte die hiervon auf die Angebots- und Nachfragekurve ausgehen!

Kapitel 6

Wie alle Informationen über die Nachfrageseite in der Nachfragekurve verdichtet werden

Ein schwieriges Entscheidungsproblem: Wie oft soll man ins Kino gehen und wie viele Gläser Bier in der Stammkneipe trinken?	98
Die Budgetrestriktion zeigt, was wir uns leisten können	99
Die Nutzenfunktion zeigt, was uns bestimmte Güter wert sind	101
Für Leserinnen und Leser, die es genauer wissen möchten	106
Die optimale Konsumentscheidung von Heike, Xaver, Benjamin und Jens	107
Bier wird teurer	110
Die gesamte Nachfrage nach Bier	111
In der Nachfragekurve sind alle relevanten Informationen enthalten	113

Kapitel 6

Wie alle Informationen über die Nachfrageseite in der Nachfragekurve verdichtet werden

LERNZIELE

- In diesem Kapitel leiten wir die Nachfragekurve formal her. Dazu werden wir uns mit der Theorie der individuellen Konsumentscheidung näher befassen.

- Sie basiert zum einen auf einer *Nutzenfunktion*, mit der ein Konsument ermitteln kann, welchen Nutzen ihm ein Gut stiftet. Diese Funktionen werden in der Regel vom *Gesetz des abnehmenden Grenzertrags* bestimmt. Grafisch kann man Nutzenfunktionen als 3-dimensionale Nutzengebirge abbilden. Indifferenzkurven sind die Höhenlinien eines solchen Nutzengebirges. Ihre negative Steigung (Grenzrate der Substitution) bildet die Tatsache ab, dass ein Nutzen nur dann gleich bleibt, wenn der Minderkonsum von einem Gut durch einen Mehrkonsum von einem anderen kompensiert wird.

- Das zweite Element der Konsumentscheidung ist die *Budgetgerade*, die die Konsummöglichkeiten eines Menschen bei einem gegebenen Einkommen beschreibt. Ihre negative Steigung stellt die Opportunitätskosten bei der Wahl zwischen zwei Gütern dar.

- Der *optimale Konsumplan* zeichnet sich dadurch aus, dass die Budgetgerade eine Indifferenzkurve tangiert. Die Grenzrate der Substitution entspricht dann den Opportunitätskosten.

- Steigt der Preis eines Gutes, dreht sich die Budgetgerade nach außen. In der Regel wird dann das Gut mit dem höheren Preis wenig nachgefragt (*Substitutionseffekt*). Das gesamte Nutzenniveau eines Konsumenten sinkt dabei aufgrund des negativen *Einkommenseffekts* einer Preiserhöhung.

- Wenn man den Preis eines Gutes verändert (bei Konstanz aller übrigen Determinanten der Konsumentscheidung) kann man für jeden Konsumenten eine *Nachfragefunktion* für ein Gut herleiten. Die *Marktnachfrage* erhält man durch Addition aller individuellen Nachfragefunktionen.

- Die in diesem Kapitel dargestellten Zusammenhänge können Sie mit dem Modell „Mikro-Nachfrageseite" auf der CD-ROM durchspielen.

Wir haben uns im vorhergehenden Kapitel vor allem auf unsere Intuition verlassen. Auch wenn wir damit recht gute Einsichten in den Marktprozess gewinnen konnten, wollen wir uns jetzt etwas ausführlicher mit der Logik von Angebots- und Nachfragekurven befassen. Wir wollen dabei vor allem deutlich machen, wie im Marktprozess eine Fülle von Informationen über die Angebots- und die Nachfrageseite in sehr effizienter Weise verarbeitet wird. Natürlich handelt es sich dabei wieder um eine sehr vereinfachte Beschreibung der Realität, die in der *Box 6.1* ausführlicher diskutiert wird. Wir beginnen in diesem Kapitel mit der Nachfragekurve und orientieren uns wiederum am Markt für Bier in der Kneipe. Die Angebotsseite wird in *Kapitel 7* ausführlicher beleuchtet werden.

BOX 6.1: DER „HOMO OECONOMICUS" UND DIE „BEHAVIOURAL ECONOMICS"

Wie Sie bereits gesehen haben, geht es in der Mikroökonomie vor allem darum, die wirtschaftliche Urteils- und Entscheidungskraft von Menschen zu beschreiben und damit auch zu prognostizieren. Um zu den relativ klaren Aussagen zu kommen, die Sie in den *Kapiteln 5 und 6* vorfinden, muss die Volkswirtschaftslehre relativ enge Annahmen über das menschliche Verhalten treffen. Diese bündeln sich im Konstrukt des *„homo oeconomicus"*. Dieser Idealtyp eines ökonomischen Entscheidungsträgers

- ist jederzeit umfassend über alle entscheidungsrelevanten Faktoren informiert,

- ist nur an seinem eigenen Nutzen interessiert,

- hat keine Schwierigkeiten mit der Verarbeitung auch sehr komplexer Entscheidungsprozesse und

- kann daher bei verschiedenen Handlungsalternativen immer eine konsistente Rangfolge in Bezug auf den Nutzen ermitteln.

Es ist klar, dass die VWL damit keine realistische Beschreibung aller menschlichen Entscheidungsprozesse abgeben möchte. Und Gott sei Dank sind die meisten Menschen keine reinen „homines oeconomici". Kenneth Boulding (1910-1993) hat dies einmal so formuliert:

„Niemand im Vollbesitz seiner geistigen Kräfte möchte seine Tochter mit einem „homo oeconomicus" verheiratet sehen, mit jemandem, der sämtliche Kosten nachrechnet und stets nach dem Gegenwert fragt, der nie von verrückter Großzügigkeit oder nicht berechnender Liebe heimgesucht ist, der nie aus einem Gefühl innerer Identität handelt und der in der Tat keine innere Identität besitzt, auch wenn er gelegentlich von sorgfältig kalkulierten Erwägungen über Wohlwohlen und Missgunst bewegt ist". (Boulding 1973, S.12)

Richard Thaler, einer der Begründer der „Behavioural Economics" kritisiert am Konstrukt des „homo oeconomicus" vor allem die Annahme einer perfekten Informationsverarbeitung:

> "Think of the human brain as a personal computer with a very slow processor and a memory system that is both small and unpredictable. I don't know about you, but the PC I carry between my ears has more disk failures than I care to think about."
> (Thaler 1992, S. 3)[1]

In der Tat, müssten Studenten nicht so mühsam die Modelle der Mikroökonomie lernen, wenn sie sich ständig danach ausrichten würden. Doch wie schon in *Box 3.1* gezeigt, geht es der Volkswirtschaftslehre in ihren Modellen nicht zwingend darum, die Realität umfassend darzustellen. Das Ziel besteht vielmehr darin, bestimmte Prozesse mit einer möglichst einfachen Abbildung zu veranschaulichen. Der in der Realität zu beobachtende Sachverhalt, dass Menschen sich bei ihren Konsumentscheidungen von den Preisen der einzelnen Güter leiten lassen, kann nun mit dem Modell des „homo oeconomicus", wie es in den *Kapiteln 5 und 6* präsentiert wurde, recht gut beschrieben werden. Die Frage, ob ich lieber Nudeln oder Kartoffeln zum Abendessen möchte, ist dabei auch nicht so komplex, dass sie nicht von den meisten Konsumenten recht ökonomisch, d.h. unter Berücksichtigung ihrer Präferenzen und des Preises von Nudeln und Kartoffeln, beantwortet werden könnte. Dies verhält sich anders bei schwierigeren Fragestellungen, beispielsweise der Entscheidung, ob ich meinem Aktien-Portfolio noch Aktien der Deutschen Bank hinzufügen soll, wie ich meine Altersvorsorge gestalte oder welche Berufsausbildung ich wähle. Hierbei sind sehr viele, auch in der Zukunft liegende und damit sehr unsichere, Faktoren zu berücksichtigen. Die Abweichungen vom Modell des „homo oeconomicus" sind hierbei gravierend. Die noch recht junge, aber bereits im Jahr 2002 mit dem Nobelpreis für Ökonomie bedachte Forschungsrichtung der Behavioural Economics zeigt, dass sich Menschen in solchen Situationen mit relativ einfachen Daumenregeln (*Heuristiken*) behelfen. Dies hat zur Folge, dass wir vor allem bei Anlageentscheidungen systematische Fehler („biases") begehen. Hiermit hat sich insbesondere der Nobelpreis-*Träger Daniel Kahneman*[2] befasst. Auf der anderen Seite gibt es eine Reihe sehr hilfreicher Heuristiken, die sich dadurch auszeichnen, dass man mit geringem Entscheidungsaufwand in der Regel zu guten Ergebnissen kommt. Dieser Aspekt wurde vor allem durch die Psychologen *Gerd Gigerenzer* und *Peter Todd* herausgestellt. (*www.abc.mpib-berlin.mpg.de/users/ ptodd/publications/b.htm*).

---

1. Eine ausführlichere Darstellung von Thalers Ideen findet man bei Thaler (2000) sowie auf seiner Web-Seite.
2. Mehr über Kahneman auf der Internet-Seite des Nobelpreis-Komitees (*www.nobel.se/economics/laureates/2002*)

6.1 Ein schwieriges Entscheidungsproblem: Wie oft soll man ins Kino gehen und wie viele Gläser Bier in der Stammkneipe trinken?

Unsere Modellwelt besteht aus fünf Studenten, die alle gerne Bier trinken und ins Kino gehen. Ein Bier in ihrer Stammkneipe koste 3 €, für einen Kinobesuch müssen sie 6 € bezahlen. Wir nehmen an, dass die Studenten von ihrem monatlichen Budget zunächst alle lebensnotwendigen Ausgaben abziehen, so dass sie nur noch vor der Entscheidung stehen, wie der dann noch verbleibende Betrag auf Kinobesuche und Biertrinken aufgeteilt wird.

- Christiane hat für die Freizeit 120 € pro Monat verfügbar. Sie interessiert sich für neue Filme und trifft auch gerne ihre Freundinnen und Freunde in der Kneipe. Sie möchte auf jeden Fall einmal im Monat ins Kino und auch in die Kneipe gehen. Kinobesuche stellen für sie also keinen vollständigen Ersatz für das Biertrinken dar (und umgekehrt). In der Fachterminologie spricht man dann davon, dass die beiden Güter keine *vollständigen Substitute* sind.

- Jens kann für Kino und Biertrinken ebenfalls 120 € ausgeben. Für ihn sind Kneipe und Kino ebenfalls unvollständige Substitute. Im Vergleich zu Christiane findet er es besser in die Kneipe zu gehen und Bier zu trinken als sich einen Film im Kino anzusehen. Seine Präferenzen sind also stärker für Bier ausgeprägt als die von Christiane.

- Heike kann in einem Monat einmal auch ganz auf das Kino oder den Kneipenbesuch verzichten, wenn sie dafür mehr vom jeweils anderen Freizeit-Gut konsumieren kann. Kino und Biergarten sind für sie *vollständige Substitute*. Ihr Freizeitbudget beläuft sich ebenfalls auf 120 €.

- Benjamin hat reiche Eltern und deshalb 150 € für Bier und Kino zur Verfügung. Seine Präferenzen sind identisch mit denen von Christiane.

- Xaver wohnt bei seinen Eltern auf dem Land. Er kann ebenfalls 120 € für die Freizeit ausgeben. Allerdings fährt er abends nur in die 30 km entfernte Universitätsstadt, wenn er gleichzeitig ins Kino geht und danach ein Bier trinkt (mehr geht nicht wegen der 0,5 Promille-Grenze). Bier und Kino werden von ihm also nur in einer festen 1:1-Kombination konsumiert. Man spricht dann davon, dass es sich um *komplementäre Güter* handelt.

Es ist nahe liegend, dass alle fünf Studenten möglichst viel von ihrem Geld haben wollen. Doch wie sollen sie nun konkret herausfinden, wie oft sie ins Kino gehen und wieviel Bier sie in der Kneipe trinken sollen bzw. können? Diese Fragestellung wird in der so genannten *Haushaltstheorie* der Mikroökonomie ausführlich erörtert, wobei schon zu Beginn gewarnt werden muss: Es geht dabei mehr um die Prinzipien einer solchen Wahlentscheidung als um eine konkrete Lebenshilfe. Wie oft Sie also tatsächlich ins Kino gehen und wie viele Gläser Bier sie abends trinken sollen (wenn Sie nicht selbst fahren), werden Sie auch in Zukunft nicht exakt bestimmen können.

6.2 Die Budgetrestriktion zeigt, was wir uns leisten können

Für Christiane, Heike, Jens und Xaver beträgt das monatliche Budget für Bier und Kinobesuch 120 €. Damit könnten sie pro Monat maximal 40 Gläser Bier in der Kneipe trinken oder aber 20-mal ins Kino gehen. Natürlich könnten sie auch beides kombinieren. Die für sie möglichen Kombinationen werden durch eine so genannte *Budgetgerade* abgebildet:

(6.1) $\quad 120€ = 3€ \cdot Bier + 6€ \cdot Kino$

Schaubild 6.1 stellt diese Gerade dar.

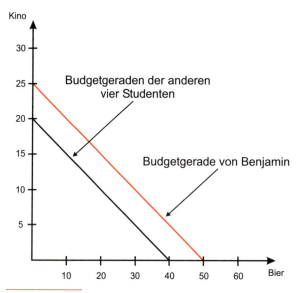

Schaubild 6.1: Die Budgetrestriktion zeigt, was wir uns leisten können

Alle Kombinationen von Kinobesuch und Bier, die auf der Gerade liegen, können realisiert werden. Kombinationen, die darüber liegen, sind nicht zu bezahlen und damit auch nicht zu verwirklichen. Die Gerade wird deshalb auch als *Budgetrestriktion* bezeichnet. Von der Möglichkeit, sich bei anderen Studenten zu verschulden oder das Konto zu überziehen, wird in der Haushaltstheorie abgesehen. Kombinationen, die unterhalb dieser Linie liegen, sind nicht effizient, da die vorhandenen Konsummöglichkeiten nicht voll ausgeschöpft werden. Natürlich könnte man dann das verbleibende Geld sparen, aber auch diese Option wird in der einfachen Mikrotheorie nicht berücksichtigt. Die Budgetgerade von Benjamin lautet:

(6.2) $\quad 150€ = 3€ \cdot Bier + 6€ \cdot Kino$

Wie *Schaubild 6.1* verdeutlicht, liegt sie rechts von den Budgetgeraden der vier anderen Studenten. Benjamin kann sich also mehr Bier und mehr Kinobesuche leisten.

Die Budgetgerade ist also der geometrische Ort der Kombination zweier Güter, der mit gleichen Konsumausgaben verbunden ist. Sie ist für eine Modellwelt mit zwei Gütern wie folgt beschrieben:

(6.3) $\quad B = p_1 x_1 + p_2 x_2$

Dabei ist B das verfügbare Einkommen, p_1 ist der Preis von Gut 1, x_1 ist die Menge von Gut 1, p_2 ist der Preis von Gut 2 und x_2 ist die Menge von Gut 2.

Nachdem sich die Studenten ihre Budgetgerade aufgestellt haben, wissen sie immerhin, was sie sich leisten können; aber wie oft sie nun konkret ins Kino gehen und wie viele Gläser Bier sie sich gönnen sollen, muss noch geklärt werden.

6.3 Die Nutzenfunktion zeigt, was uns bestimmte Güter wert sind

Schauen wir uns dazu die Entscheidungssituation von Christiane an. Wie schon erwähnt, geht sie gerne ins Kino und ist auch einem Glas Bier nicht abgeneigt, möchte aber auf keines der beiden Produkte ganz verzichten. Damit scheiden die *Ecklösungen* auf der Budgetgeraden von vornherein aus: Christiane würde dabei entweder nur ins Kino gehen (20-mal) oder nur in die Kneipe (40 Glas Bier), aber sie müsste dann einen Monat lang ganz auf die jeweils andere Freizeitbeschäftigung verzichten.

Fraglich ist aber auch, ob Christiane mit relativ eng benachbarten Lösungen gut bedient wäre, d.h. also

- einem Kinobesuch und 38 Gläsern Bier oder
- 2 Gläsern Bier und 19 Kinobesuchen.

Die intuitive Sicht, dass 19 Kinobesuche im Monat wohl doch etwas viel sind, wird in der Mikroökonomie durch das in *Kapitel 5* schon angesprochene *Gesetz vom abnehmenden Grenznutzen* zum Ausdruck gebracht. Dieses Gesetz, das auch als 1. Gossen'sches Gesetz bezeichnet wird, wurde von dem deutschen Ökonomen *Heinrich Hermann Gossen* (1810-1858) in seinem Buch „Entwicklung der Gesetze des menschlichen Verkehrs" entwickelt. Es besagt, dass es für Christiane sicher eine gute Sache ist, wenn sie einmal im Monat ins Kino geht, weil sie dann den für sie interessantesten Film ansehen kann. Beim zweiten Kinobesuch findet sie bestimmt auch noch etwas Spannendes, beim dritten, vierten, fünften oder sogar sechsten Mal dürfte es aber immer schwieriger werden. Grafisch kann man das mit einer Kurve abbilden, die den Nutzen darstellt, den Christiane aus ihren Kinobesuchen erzielt.

Schaubild 6.2 zeigt, dass der Nutzen von Christiane mit jedem Kinobesuch ansteigt, allerdings wird der zusätzliche Nutzen, d.h. also der *Grenznutzen* eines Kinobesuchs immer geringer, am Ende liegt er fast bei Null. Von der Möglichkeit, dass sich Christiane entsetzlich langweilt und sie den Kinobesuch nicht mehr nützlich, sondern nur noch als lästig empfindet, sei hier abgesehen. Genau der gleiche Zusammenhang gilt für den Bierkonsum. Im Vergleich zu der Alternative, einen Monat überhaupt nicht in die Stammkneipe zu gehen, ist der Nutzen des ersten Glases Bier in der Kneipe sehr hoch. Jeden Abend dorthin zu gehen wird jedoch ebenso langweilig, wie zu viele Kinobesuche. Somit kann man also für den Bierkonsum in der Kneipe eine Nutzen- und Grenznutzenkurve unterstellen, die denen des Kinobesuchs entsprechen.

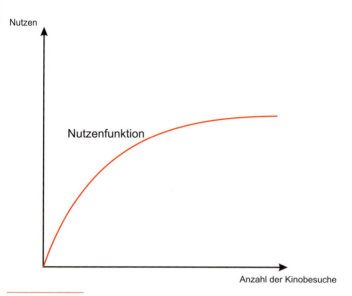

Schaubild 6.2: **Der Nutzen eines zusätzlichen Kinobesuchs nimmt ab, je häufiger man ins Kino geht**

Jetzt weiß Christiane also, dass sie sich von extremen Lösungen fernhalten sollte, aber wie findet sie dann das richtige Mischungsverhältnis? Die Budgetgerade sagt ihr, dass sie für jeden zusätzlichen Kinobesuch auf zwei Gläser Bier verzichten muss. Sie beschreibt also die *Opportunitätskosten* (siehe *Kapitel 3*) des Kinobesuchs. Ausgehend von der Ecklösung mit keinem einzigen Kinobesuch bedeutet dies, dass ihr der erste Kinobesuch mindestens so viel wert sein muss wie ein Verzicht auf zwei Gläser Bier. Wenn Christiane dies bejaht, kann sie sich fragen, ob ihr der zweite Kinobesuch ebenfalls noch einen Nutzen stiftet, der höher ist als der Nutzen von zwei Gläsern Bier. Dies wird auch noch der Fall sein, allerdings nimmt der zusätzliche Nutzen des Kinobesuchs ab, während der Verzicht auf Bierkonsum spürbarer wird. So kann sich Christiane dann auf der Budgetgeraden nach oben bewegen, bis sie zu einem Punkt kommt, bei dem ihr der Nutzenverlust von zwei Bier in etwa genauso viel wert ist wie ein zusätzlicher Kinobesuch. Die bei diesem Punkt auf der Budgetgerade liegende Kombination von Bier und Kinobesuch stellt dann den optimalen Konsumplan dar.

Die für Christiane entscheidende Frage, wieviel Bier sie bereit ist für einen zusätzlichen Kinobesuch aufzugeben, wird in der Mikroökonomie durch die so genannte *Nutzenfunktion* beschrieben. Sie geht davon aus, dass es zwischen der Menge an Gütern, die wir konsumieren, und dem Nutzen, den wir daraus ziehen, einen klar definierten, funktionalen Zusammenhang gibt. Im Fall von Christiane könnte das ganz allgemein so aussehen:

$$(6.4) \quad Nutzen = f(Bier, Kino)$$

Da der Nutzen sowohl vom Bierkonsum als auch vom Kinobesuch abhängt, kann man eine Nutzenfunktion nur im dreidimensionalen Raum in der Form eines *Nutzengebirges* abbilden. Es zeigt, dass der Nutzen zunimmt, wenn wir von einem der beiden Güter oder von beiden gleichzeitig mehr konsumieren können.

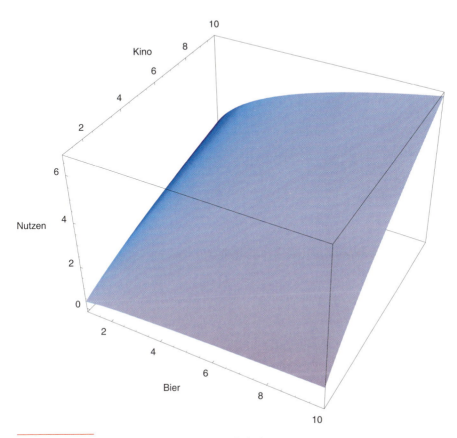

Schaubild 6.3: **Das Nutzengebirge von Christiane**

Da es schwierig ist, in drei Dimensionen zu denken, beschränkt man sich in der Regel darauf, mit den *Höhenlinien* eines solchen Gebirges zu arbeiten. Diese Linien, die als *Indifferenzkurven* bezeichnet werden, beschreiben Orte eines gleichen Nutzens, die mit unterschiedlichen Kombinationen der beiden Güter erreicht werden.

Schaubild 6.4 stellt zwei mögliche Indifferenzkurven für Bier und Kinobesuch dar:

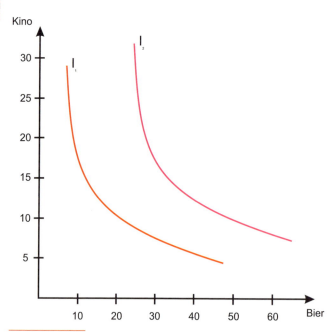

Schaubild 6.4: Verschiedene Höhenlinien ("Indifferenzkurven") von Christianes Nutzengebirge

- Ihr *konvexer Verlauf* ergibt sich aus dem Grundprinzip des abnehmenden Grenznutzens. Die negative Steigung der Indifferenzkurve zeigt, auf wie viele Kinobesuche Christiane verzichten kann, wenn sie bei *gleichem Nutzenniveau* ihren Bierkonsum erhöht. Dieses Austauschverhältnis bezeichnet man als *Grenzrate der Substitution*.

- Aus der Logik der Höhenlinien ist klar, dass sich Indifferenzkurven *nicht schneiden* dürfen. Wenn sich auf einer Wanderkarte die Höhenlinie für 500 m mit der Höhenlinie für 600 m schneidet, kann mit der Karte etwas nicht stimmen.

- Da für Christiane unterschiedliche Nutzenniveaus denkbar sind, gibt es natürlich viele Indifferenzkurven. Mit I_1 und I_2 werden eine Indifferenzkurve mit niedrigem und eine Indifferenzkurve mit hohem Nutzenniveau abgebildet. Grundsätzlich weisen Indifferenzkurven einen umso höheren Nutzen auf, je weiter sie vom Ursprung entfernt sind. Dies liegt daran, dass in der Mikroökonomie davon ausgegangen wird, dass mehr Güter immer besser sind als weniger Güter.

- Für das Verständnis von Indifferenzkurven ist es wichtig, dass die Mikroökonomie stets von einem *ordinalen*, nicht aber einem *kardinalen* Nutzenbegriff ausgeht. Eine weiter rechts liegende Indifferenzkurve bedeutet also nur, dass sie mit einem höheren Nutzen verbunden ist, sie lässt es aber offen, wie hoch die konkrete Nutzendifferenz ist. Letzteres würde einen kardinalen Nutzenbegriff voraussetzen.

- Die negative Steigung einer Indifferenzkurve wird als *Grenzrate der Substitution* bezeichnet. Sie gibt an, wieviel zusätzliches Bier man benötigt, wenn man bei einem verminderten Kinobesuch sein Nutzenniveau konstant halten will.

Konkret kann man jetzt für Christiane den optimalen Konsumplan grafisch recht einfach herleiten, indem man zunächst noch einmal ihre Budgetgerade in einem 2-Güterdiagramm abbildet. Dann zeichnet man ihre Indifferenzkurven für unterschiedliche Nutzenniveaus ein. Der Optimalpunkt wird dadurch ermittelt, dass man die höchstmögliche Indifferenzkurve sucht, die gerade noch auf der Budgetgeraden liegt. Dies ist genau dann der Fall, wenn beide die gleiche Steigung aufweisen (*Schaubild 6.5*).

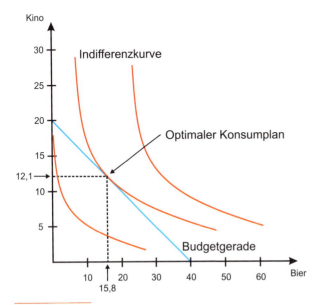

Schaubild 6.5: **Der optimale Konsumplan von Christiane**

Allgemein erhält man die Steigung der Budgetgeraden, wenn man diese nach x_2 auflöst:

$$(6.5) \quad x_2 = \frac{B}{p_2} - \frac{p_1}{p_2} x_1$$

Sie wird also durch das Verhältnis der Preise der beiden Güter bestimmt. Im Optimalpunkt, bei dem die Budgetgerade eine Indifferenzkurve tangiert, ist die Grenzrate der Substitution gleich dem negativen Preisverhältnis.

Im Modell „Mikro-Nachfrageseite", das Sie auf der CD-ROM finden, können Sie beliebige andere Preise, Einkommen und Präferenzen eingeben und dann die jeweils optimalen Konsummengen bestimmen.

6.4 Für Leserinnen und Leser, die es genauer wissen möchten

Mathematisch exakt haben wir damit das Entscheidungsproblem von *Christiane* noch nicht gelöst. Um dies konkret zu tun, müssten wir ihre genaue *Nutzenfunktion* kennen. In der Volkswirtschaftslehre wird meist von Funktionen ausgegangen, bei denen sich der Nutzen aus der Multiplikation der beiden Güter ergibt: [1]

(6.6) $\quad U = B^\alpha K^{(1-\alpha)}$

Der Grenznutzen für Bier ist dann die erste Ableitung dieser Funktion:

(6.7) $\quad \dfrac{\delta U}{\delta B} = \alpha B^{(\alpha-1)} K^{(1-\alpha)}$

Entsprechend gilt für den Grenznutzen für Kinobesuche:

(6.8) $\quad \dfrac{\delta U}{\delta K} = (1-\alpha) K^{-\alpha} B^\alpha$

Die Grenzrate der Substitution (dB/dK) kann man als das totale Differential der Nutzenfunktion bestimmen:

(6.9) $\quad dU = dB \dfrac{\delta U}{\delta B} + dK \dfrac{\delta U}{\delta K}$

Da eine Indifferenzkurve als Ort gleichen Nutzens definiert ist, gilt dort dU = 0. Damit ergibt sich die Grenzrate der Substitution:

(6.10) $\quad \dfrac{dK}{dB} = -\dfrac{\left(\dfrac{\delta U}{\delta B}\right)}{\left(\dfrac{\delta U}{\delta K}\right)}$

---

[1] Man bezeichnet solche Funktionen als „Cobb-Douglas-Funktion" – nach den amerikanischen Ökonomen Charles Cobb und Paul Douglas. Dieser Funktionstyp wird auch für Produktionsfunktionen verwendet (*siehe Kapitel 7*). Er zeichnet sich dadurch aus, dass konstante Skalenerträge bei der Produktion bestehen, d.h. eine Verdopplung aller Inputs führt exakt zu einer Verdopplung des Outputs. Die Funktion wurde von Cobb und Douglas entwickelt, um die in den ersten Jahrzehnten des letzten Jahrhunderts zu beobachtende Konstanz der Einkommensverteilung in den USA zu erklären. Siehe dazu Mankiw (2000, S. 85-89).

Wie oben dargestellt, ist das Konsumoptimum dadurch gekennzeichnet, dass die Grenzrate der Substitution dem negativen Preisverhältnis entspricht:

(6.11) $$\frac{p_B}{p_K} = -\frac{\left(\frac{\delta U}{\delta B}\right)}{\left(\frac{\delta U}{\delta K}\right)}$$

Leider hat diese in vielen Lehrbüchern zu findende Nutzenfunktion den großen Nachteil, dass Änderung der relativen Preise, d.h. des Bierpreises im Vergleich zum Preis für den Kinobesuch, keinen Effekt auf die nachgefragte Menge an Bier haben. Wir müssen deshalb im Folgenden und für die Simulationen in unseren Dateien für *Christiane, Jens und Benjamin* eine Nutzenfunktion verwenden, die wie folgt definiert ist:

(6.12) $$U = (B-1)^\alpha (K-1)^{1-\alpha}$$

6.5 Die optimale Konsumentscheidung von Heike, Xaver, Benjamin und Jens

Mittels der Datei „Mikro-Nachfrageseite.xls" (auf der CD-ROM) können wir nun auch für die vier anderen Studenten den optimalen Konsumplan bestimmen.

Für *Heike* stellen Bier und Kinobesuch vollständige Substitute dar. Wir können daher für sie eine ganz simple lineare Nutzenfunktion formulieren:

(6.13) $$U = \alpha B + (1-\alpha)K$$

Im 2-Güter-Diagramm wird sie damit also immer eine *Ecklösung* wählen. Sie wird ihr ganzes Budget für Bier ausgeben, da der Bierpreis ein Drittel des Kinopreises beträgt, während ihr relativer Nutzen von Bier zu Kino bei Eins liegt (*Schaubild 6.6*).

Xaver richtet sich nach einer Nutzenfunktion, bei der keinerlei Substitution zwischen den beiden Gütern möglich ist. Da er von einem 30 km entfernten Dorf in die Stadt fahren muss, lohnt sich für ihn der Aufwand nur, wenn er gleichzeitig ins Kino und danach noch in die Kneipe geht. Mehr als ein Bier pro Abend darf er nicht trinken, da die Polizei für ihre strengen Kontrollen bekannt ist. Auf seiner Nutzenfunktion sind also nur Punkte zu finden auf denen K = B gilt. Grafisch kann man die Präferenzen von Xaver in der Form einer Nutzen-Pyramide darstellen, die Höhenlinien sind dann rechteckige Indifferenzkurven (*Schaubild 6.7*).

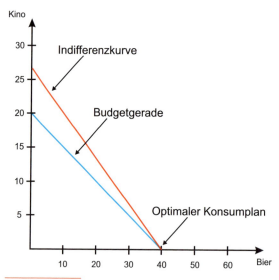

Schaubild 6.6: Der optimale Konsumplan von Heike

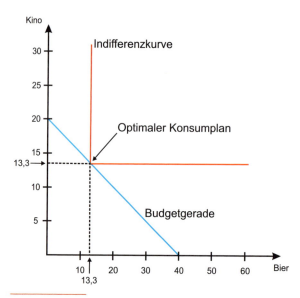

Schaubild 6.7: Der optimale Konsumplan von Xaver

Auch für *Benjamin* können wir nun sehr leicht das optimale Freizeitprogramm bestimmen. Im Vergleich zu Christiane liegt seine Budgetgerade weiter rechts, womit er über einen größeren Möglichkeitsspielraum verfügt. Wie das *Schaubild 6.8* verdeutlicht, konsumiert er im Optimum mehr Bier als Christiane und kann auch noch häufiger ins Kino gehen. Ob dies tatsächlich besser für Benjamin und seinen Studienerfolg ist, soll hier nicht weiter erörtert werden. Wir gehen einmal einfach davon aus, dass Benjamin wirklich weiß, was gut für ihn ist.

6.5 Die optimale Konsumentscheidung von Heike, Xaver, Benjamin und Jens

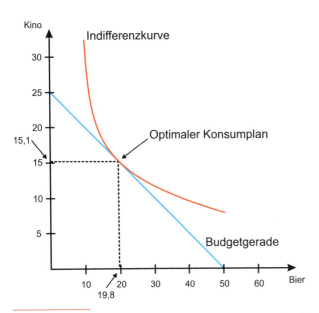

Schaubild 6.8: Der optimale Konsumplan von Benjamin

Es bleibt noch *Jens*, der sich von Christiane u.a. dadurch unterscheidet, dass er ausgeprägtere Präferenzen für Bier aufweist. Sein Freizeit-Budget ist mit dem von Heike identisch. Grafisch drückt sich dies in einer stärkeren Krümmung seiner Indifferenzkurven aus (*Schaubild 6.9*).

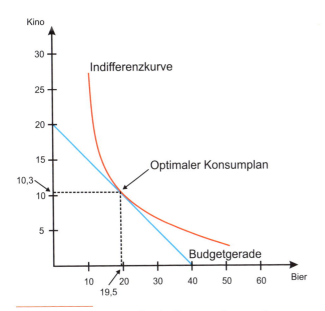

Schaubild 6.9: Der optimale Konsumplan von Jens

6.6 Bier wird teurer

Wir haben jetzt herausgefunden, wie Christiane und ihre Kommilitonen ihr Freizeit-Budget optimal auf Kinobesuche und Biertrinken aufteilen. Für ein Verständnis des Marktgeschehens ist es nun interessant zu sehen, wie die Studenten reagieren, wenn Bier teurer wird. Nehmen wir an, der Preis steigt von 3 € auf 4 €. Es ist offensichtlich, dass bei unverändertem Budget nur noch weniger Bier konsumiert werden kann. Maximal sind jetzt bei 120 € noch 30 Gläser Bier möglich. Benjamin mit seinem Budget von 150 € kann sich jetzt höchstens 37,5 Gläser leisten. An der maximal möglichen Zahl der Kinobesuche ändert sich nichts. Grafisch drückt sich das in einer Links-Drehung der Budgetgeraden aus – bei einem unveränderten y-Achsenabschnitt (*Schaubild 6.10*).

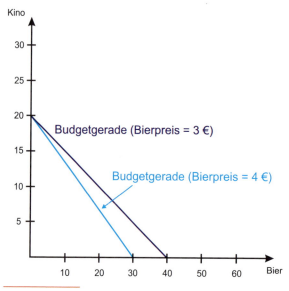

Schaubild 6.10: **Bier wird teurer**

Es ist offensichtlich, dass in der Regel die alte Optimalkombination von Bier und Kinobesuchen nicht mehr zu erreichen ist. Für alle Studenten nimmt das maximal erreichbare Nutzenniveau ab; es kann jetzt nur noch eine Indifferenzkurve unterhalb der alten Indifferenzkurve erreicht werden. Die neue Optimalkombination zeichnet sich dadurch aus, dass weniger Bier getrunken, aber auch weniger ins Kino gegangen wird als bisher. Der höhere Bierpreis hat also zwei unterschiedliche Effekte:

- *Substitutionseffekt*: Der Preisanstieg führt dazu, dass weniger von dem Gut nachgefragt wird, das teurer geworden ist.

- *Einkommenseffekt:* Der höhere Bierpreis wirkt für die Studenten aber auch so, dass sie sich insgesamt weniger leisten können. Sie reduzieren also ebenfalls ihre Kinobesuche.

6.7 Die gesamte Nachfrage nach Bier

Eine entgegengesetzte Entwicklung wäre zu beobachten, wenn der Bierpreis von 3 € auf z.B. 2 € sinken würde. Die Budgetgerade dreht sich jetzt nach außen und alle Studenten können ein höheres Nutzenniveau mit einem größeren Bierkonsum erreichen. Die konkreten Werte, die wir in der *Tabelle 6.1* für die Preise 2 €, 3 € und 4 € dargestellt haben, lassen sich mit dem Modell „Mikro-Nachfrageseite", das Sie auf der CD-ROM finden, leicht ermitteln.

Bierpreis	2 €	3 €	4 €
Christiane	23	16	12
Jens	29	19	15
Heike	60	40	15
Benjamin	29	20	15
Xaver	15	13	12
Summe	156	108	69

Tabelle 6.1: Nachgefragte Menge nach Bier in Abhängigkeit vom Bierpreis

6.7 Die gesamte Nachfrage nach Bier

Wir können nun auf diese Weise für alle möglichen Bierpreise ermitteln, wie hoch die von den Studenten jeweils nachgefragte Menge ist. Damit erhalten wir für jeden eine individuelle Nachfragekurve für Bier. Für Christiane sieht diese Kurve beispielsweise so aus (*Schaubild 6.11*):

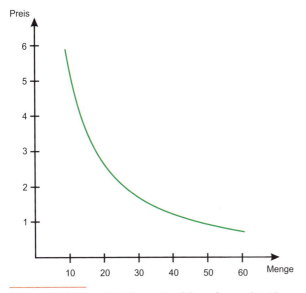

Schaubild 6.11: Christianes Nachfragekurve für Bier

Da wir diese Kurve aus der Konsumentscheidung von Christiane hergeleitet haben, wissen wir, dass sie bestimmt wird von

- ihrem Einkommen,
- ihren Präferenzen, die durch die Nutzenfunktion abgebildet werden, und
- dem Preis des substitutiven Gutes, d.h. des Kinobesuchs.

Allgemein kann man die nachgefragte Menge nach einem Gut x_i also durch folgende funktionale Beziehung beschreiben:

$$(6.14) \quad x_i^n = f(p_i, Y, p_s, p_k, \Omega)$$

Die nachgefragte Menge eines Gutes i hängt also ab vom Preis dieses Gutes (p_i), vom Budget eines Konsumenten (Y), dem Preis eines substitutiven Gutes (p_s), dem Preis eines komplementären Gutes (p_k) sowie den Präferenzen der Konsumenten (Ω). Zur Vereinfachung wird in der Mikroökonomie – wie in Schaubild 6.11 – die nachgefragte Menge eines Gutes allein in Abhängigkeit von dessen Preis abgebildet, wobei unterstellt wird, dass die übrigen Determinanten der Nachfrage konstant bleiben. Man bezeichnet dies fachwissenschaftlich auch gerne als „*ceteris paribus*"-Annahme. (Für unsere Leser ohne Latinum sei noch erwähnt: „ceteris paribus" heißt, dass alle „übrigen" („ceteris") Determinanten „gleich" („paribus") geblieben sind).

Für die vier anderen Studenten können wir nun ebenfalls eine individuelle Nachfrage für Bier ermitteln. Zu jedem Preis lässt sich jetzt die gesamte nachgefragte Biermenge errechnen, indem man die individuellen Mengen addiert. Überträgt man diese Kombinationen in ein Preis-Mengen-Diagramm, erhält man die aggregierte Bier-Nachfrage der fünf Studenten.

Um nun eine Simulation für den Gesamtmarkt vornehmen zu können, unterstellen wir, dass es sich bei Christiane und ihren Freuden um „*repräsentative Akteure*" handelt. D.h., wir nehmen an, dass es in der Stadt viele Studentinnen und Studenten gibt, die ähnliche Präferenzen und ein ähnliches Einkommen haben. Wenn wir einmal davon ausgehen, dass es 460 Gruppen à 5 Studenten gibt, die genau den hier beschriebenen Grundtypen entsprechen und wenn wir außerdem den monatlichen Konsum auf eine Tagesbasis herunterrechnen, können wir so eine aggregierte tägliche Bier-Nachfrage für die gesamte Stadt ermitteln (*Schaubild 6.12*), die der Kurve 5.1 einigermaßen nahe kommt.

Dass die aus den Zahlenbeispielen abgeleitete Kurve etwas sprunghaft verläuft, hängt an den Studentinnen vom Typ Heike, für die Kinobesuch und Biertrinken vollständige Substitute darstellen.

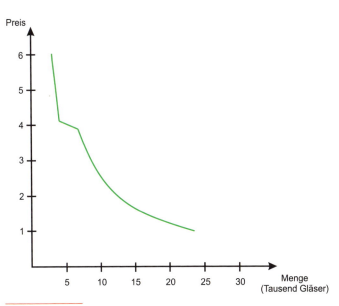

Schaubild 6.12: **Die aggregierte (Markt-)Nachfrage für Bier**

6.8 In der Nachfragekurve sind alle relevanten Informationen enthalten

Für die Funktionsweise von Märkten ist es wichtig, dass sich in der Nachfragekurve alle relevanten Informationen widerspiegeln. Wir können dies daran erkennen, dass wir die Marktnachfragekurve aus den individuellen Konsumentscheidungen und den dafür maßgeblichen individuellen Daten abgeleitet haben.

Wie schon in *Kapitel 5* dargestellt, führen Änderungen bei den Determinanten der individuellen Konsumentscheidungen (der Präferenzen und des Einkommens der Konsumenten, Preise substitutiver und/oder komplementärer Güter) dazu, dass sich die Nachfrage nach unten oder oben verschiebt. Wir können mit dem Modell „Mikro-Nachfrageseite" (CD-ROM) leicht nachprüfen, was mit dem *Schaubild 6.11* geschieht, wenn sich z.B.

- die Budgets der fünf Studenten erhöhen,
- die Präferenzen von Christiane zugunsten von Bier verändern und damit identisch sind mit denen von Jens, oder sich
- der Preis für Kinokarten verdoppelt.

Wir werden in *Kapitel 7* sehen, dass die Produzenten auf diese Weise alle relevanten Informationen über die Nachfrageseite erhalten und damit in die Lage versetzt werden, ihre Produktionspläne entsprechend auszurichten.

SCHLAGWÖRTER

Nutzenfunktion (S. 96), Budgetrestriktion (S. 99), Indifferenzkurve (S. 96), Grenzrate der Substitution (S. 104), Einkommenseffekt (S. 110), Substitutionseffekt (S. 110), Nutzengebirg (S. 102), Gesetz vom abnehmenden Grenznutzen (S. 101), 1. Gossensches Gesetz (S. 101), kardinaler Nutzenbegriff (S. 104), ordinaler Nutzenbegriff (S. 104), komplementäre Güter (S. 99), substitutive Güter (S. 112), ceteris paribus (S. 112), repräsentativer Akteur (S. 112)

AUFGABEN

1. Kartoffeln werden teurer

In A-Land steigt der Preis für Kartoffeln. Zeigen Sie grafisch, wie sich das auf die monatliche Konsumentscheidung von Frau Müller zwischen Kartoffeln und Nudeln auswirkt. Unterstellen Sie dabei, dass die beiden Produkte für Frau Müller keine vollständigen Substitute darstellen.

Gehen Sie nun einmal davon aus, dass Frau Müller vom Staat soviel zusätzliches Einkommen pro Monat erhält, dass sie nach der Preiserhöhung den gleichen Nutzen erzielt wie zuvor. Stellen Sie diese Maßnahme grafisch dar.

Leiten Sie nun den Einkommenseffekt und den Substitutionseffekt der Preiserhöhung isoliert ab.

2. Nachfragekurve

Ermitteln Sie mit Hilfe des Modells „Mikro-Nachfrageseite" (CD-ROM) die individuelle Nachfragefunktionen und die Marktnachfrage für Bier, wenn die Einkommen aller Studenten um 30 € erhöht werden.

3. Nutzenfunktionen

Sie beobachten verschiedene Familien bei ihrer Urlaubsplanung, wobei sie zuvor erfahren haben, dass die Preise in der Schweiz wieder erheblich gestiegen sind.

- Müllers, die bisher immer nur im Winter zum Skifahren nach Davos gefahren sind, entscheiden sich, nur noch zum Baden nach Mallorca zu fliegen und auf die Schweiz ganz zu verzichten.

- Schmidts, die immer genau zwei Wochen in die Schweiz und zwei Wochen in die Karibik geflogen sind, wollen jetzt diese Urlaube auf jeweils zehn Tage verkürzen.

- Maiers waren im Winter immer für eine Woche in Adelboden und im Sommer für drei Wochen in Südtirol. Jetzt wollen sie nur noch für ein verlängertes Wochenende in die Schweiz und für 17 Tage nach Meran.

- Familie von Schneider, die schon bisher 3 Wochen in der Schweiz im Winter und 3 Wochen an der Côte d'Azur verbrachte, will jetzt für vier Wochen in die Schweiz und nur noch für eine Woche an das Mittelmeer.

Was können Sie daraus über die Nutzenfunktionen dieser Familien bezüglich des Urlaubs in der Schweiz und des alternativen Urlaubsortes ableiten?

Kapitel 7

Wie alle Informationen über die Angebotsseite in der Angebotskurve zusammengefasst werden

Die Personalplanung im Brauereikeller	117
Wie viel Bier soll der Wirt anbieten und macht er dabei einen Gewinn?	120
Von der individuellen Angebotskurve zur Angebotskurve für den Biermarkt in der kleinen Universitätsstadt	126
Der Markt für Bier in der Universitätsstadt	126
Die langfristige Angebotskurve	127

Kapitel 7

Wie alle Informationen über die Angebotsseite in der Angebotskurve zusammengefasst werden

LERNZIELE

- In diesem Kapitel leiten wir die Angebotskurve formal her. Sie werden dabei erste Einblicke in die Produktions- und Kostentheorie der Volkswirtschaft bekommen, die sich weitgehend mit der betriebswirtschaftlichen Produktions- und Kostentheorie deckt.

- Die optimale Produktionsplanung erfolgt dabei nach ähnlichen Prinzipien wie die optimale Konsumentscheidung. An die Stelle der Nutzenfunktion tritt die *Produktionsfunktion*. Deren Höhenlinien bezeichnet man als *Produktionsisoquanten*. An die Stelle der Budgetgeraden tritt die *Isokostenlinie*. Sie zeigt, welche Mengen von zwei Inputfaktoren mit einer gegeben Kostensumme beschafft werden können. Ähnlich wie bei der optimalen Konsumentscheidung kann man nun eine optimale Produktionsentscheidung treffen. Sie besteht darin, dass man eine gegebene Outputmenge mit minimalen Kosten erstellt (Minimal-Kostenkombination). Auf diese Weise wird dann eine Entscheidung über die Höhe des fixen Produktionsfaktors getroffen.

- Der zweite Schritt besteht nun darin, dass der Preis für das Produkt kalkuliert wird. Dazu wird eine kurzfristige Angebotsentscheidung eines gewinnmaximierenden Anbieters unterstellt, bei der nur noch ein Produktionsfaktor variiert werden kann. Die dabei entstehenden Grenzkosten bilden die Abgabepreis-Untergrenze eines Anbieters und stellen somit seine individuelle Angebotsfunktion dar.

- Bei den langfristigen Angebotsentscheidungen wird davon ausgegangen, dass alle Produktionsfaktoren frei angepasst werden können. Deshalb verläuft die langfristige Angebotskurve flacher als die kurzfristige.

- Sie können die in diesem Kapitel dargestellten Zusammenhänge mit dem Modell „Mikro-Angebotsseite", das Sie auf der CD-ROM finden, nachvollziehen.

Wir haben gesehen, dass die Nachfragekurve alle Informationen über eine Vielzahl von Konsumenten zu einer einfachen funktionalen Beziehung zwischen Preis und nachgefragter Menge verdichtet. Genau das gleiche geschieht auf der Angebotsseite durch die Angebotsfunktion. Wir wollen nun wiederum ein einfaches theoretisches Modell präsentieren, um die in *Kapitel 5* intuitiv entwickelten Zusammenhänge korrekt herzuleiten. Um das Ganze etwas anschaulich zu gestalten, schauen wir uns die Personalplanung im „Brauereikeller" an, einem hypothetischen Lokal in der ebenfalls hypothetischen kleinen Universitätsstadt.

7.1 Die Personalplanung im Brauereikeller

Wenn das Wintersemester beginnt, steht der Wirt des Brauereikellers immer vor der schwierigen Frage, wie er seinen Bierpreis kalkulieren soll und wieviel Personal er einstellen muss, um seine Gäste bedienen zu können. Der Wirt arbeitet üblicherweise mit einigen Stammkräften und einer Reihe von Hilfskräften. Aus seiner Erfahrung weiß er, dass er zumindest eine erfahrene Bedienung benötigt, dass aber auch ein Minimum an Aushilfskräften erforderlich ist, da seine Stammkräfte bestimmte Arbeiten (z.B. Toiletten putzen) nicht gerne durchführen. Der Vorteil der erfahrenen Mitarbeiter besteht darin, dass sie deutlich mehr Gäste in einer Stunde bedienen können als die Aushilfskräfte, dafür müssen sie aber auch sehr viel besser bezahlt werden. Die Tochter des Wirts, die an der Universität Würzburg Betriebswirtschaftslehre studiert, hat in den beiden letzten Jahren die Zahl der pro Tag servierten Biergläser (B) und die Arbeitsstunden der dabei jeweils anwesenden Stammkräfte (h_S) und Aushilfskräfte (h_A) erfasst und ist dabei zu folgendem Zusammenhang gekommen:

(7.1) $\quad B = 30(h_S)^{0,7}(h_A)^{0,3}$

In allgemeiner Form handelt es sich dabei um eine *Produktionsfunktion* des Typs

(7.2) $\quad Output = f(Input_1, Input_2)$

oder

(7.3) $\quad x = \alpha v_1^{\alpha} v_2^{1-\alpha}$

Man bezeichnet eine Produktionsfunktion dieses Typs als Cobb-Douglas-Produktionsfunktion. Sie ist formal völlig identisch mit der im vorhergehenden Kapitel beschriebenen Nutzenfunktion. Damit kann man also wiederum eine dreidimensionale Darstellung vornehmen, die jetzt ein *Ertragsgebirge* abbildet (*Schaubild 7.1*).

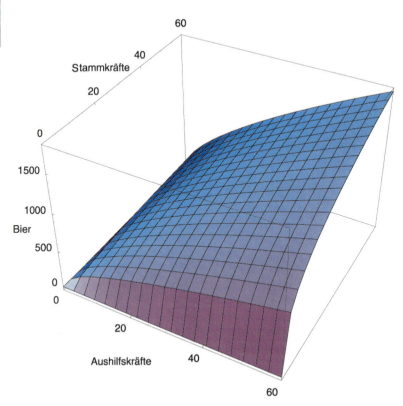

Schaubild 7.1: Das Ertragsgebirge für die Bierkneipe

Ebenso können wir das Instrument der Höhenlinien verwenden, die nun als *Isoquanten* (oder Produktions-Isoquanten) Kombinationen der beiden Inputfaktoren darstellen, die mit einem identischen Output-Niveau verbunden sind. An dem von seiner Tochter angefertigten *Schaubild 7.2* kann unser Wirt ablesen, wie viel qualifiziertes und unqualifiziertes Personal er benötigt, wenn er eine bestimmte Menge Bier verkaufen möchte.

Gehen wir einmal davon aus, dass der Wirt aus den Erfahrungen der Vergangenheit mit einem Umsatz von 800 Gläsern am Tag rechnet. Die Isoquante für den Output 800 sagt ihm nun, welcher Personaleinsatz dafür erforderlich ist, aber er weiß damit noch nicht, welche der möglichen Kombinationen für ihn optimal ist. Für den Wirt ist es am besten, wenn er eine Kombination findet, mit der er die vorgegebene Menge mit geringsten Kosten produzieren kann. Diese Information wird – ähnlich wie beim Beispiel der Konsumentscheidung – durch eine lineare *Restriktion* geliefert. Im Produktionsbereich wird diese in der Form einer *Isokostenlinie* dargestellt: Für einen gegebenen Betrag an Kosten wird ermittelt, welche Kombinationen von zwei Inputfaktoren damit realisiert werden können. Unser Wirt kann sich also beispielsweise zunächst einmal fragen, wie viele Stunden an Aushilfs- und an Stammkräften er einstellen kann, wenn er pro Tag 500 € für Personalkosten ausgibt. Dazu muss er noch die Stundenlöhne kennen. Wir nehmen einmal an, dass die Aushilfskräfte 7,50 € pro Stunde erhalten, die Stammkräfte 15 €.

7.1 Die Personalplanung im Brauereikeller

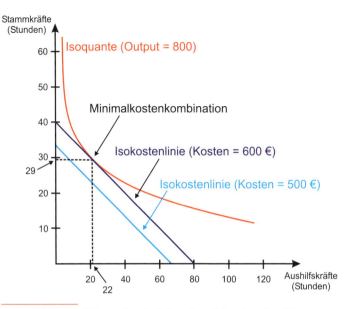

Schaubild 7.2: **Die optimale Faktorkombination des Wirts**

Der Betrag von 500 € kann dann wie folgt aufgeteilt werden:

(7.4) $\quad 500€ = 15€ h_S + 7{,}5€ h_A$

Löst man diese Gleichung nach der Stundenzahl der Stammkräfte auf, erhält man eine Isokostenlinie, die wir in *Schaubild 7.2* neben der Isoquante abgebildet haben.

(7.5) $\quad h_S = \frac{100}{3}€ - \frac{1}{2}€ h_A$

Wir sehen unmittelbar, dass es mit Personalaufwendungen von 500 € nicht möglich ist, einen Bierumsatz von 800 Gläsern zu erreichen, weil alle damit realisierbaren Kombinationen von Aushilfs- und Stammkräften bei einem Output-Niveau unterhalb der Isoquante 800 liegen. Da der Wirt seine Kosten möglichst gering halten will, wird er eine Isokostenlinie suchen, die die Isoquante von unten tangiert. *Schaubild 7.2*, das aus der Datei „Mikro-Angebotsseite" (CD-ROM) abgeleitet werden kann, zeigt, dass dies mit Kosten von knapp 600 € zu realisieren ist. Für den Wirt ist es also optimal, für 29 Stunden am Tag Stammkräfte einzustellen und für 22 Stunden Aushilfskräfte. Diese optimale Kombination zweier Produktionsfaktoren bezeichnet man als *Minimalkostenkombination*.

Wir haben damit eine wichtige Formulierung des *ökonomischen Prinzips* kennen gelernt: Ein vorgegebener Output, hier 800 Gläser Bier, wird mit den geringstmöglichen Kosten erzielt. Alternativ kann man dieses Prinzip auch für ein gegebenes Kostenniveau formulieren: Mit gegebenen Kosten (z.B. von 600 €) soll ein maximaler Output erreicht werden.

Formal kann man die Minimalkostenkombination ganz ähnlich herleiten wie das Verbrauchsoptimum eines Konsumenten. Das Optimum ist dadurch gekennzeichnet, dass die Isokostenlinie und die Isoquante die gleiche Steigung aufweisen. Aus Gleichung (7.5) können wir ablesen, dass die Steigung der Isokostenlinie vom Verhältnis der Preise der beiden Produktionsfaktoren abhängt. Die Steigung der Isoquante wird aus der Produktionsfunktion ermittelt. Dazu errechnen wir das totale Differential der Funktion (7.3):

$$(7.6) \quad dx = \left(\frac{\delta x}{\delta v_1}\right) dv_1 + \left(\frac{\delta x}{\delta v_2}\right) dv_2$$

Für eine Isoquante gilt, dass der Output konstant bleibt, d.h. dx = 0. Damit lässt sich Gleichung (7.6) auflösen nach:

$$(7.7) \quad \left(\frac{dv_2}{dv_1}\right) = \frac{\left(\frac{\delta x}{\delta v_1}\right)}{\left(\frac{\delta x}{\delta v_2}\right)}$$

Diese negative Steigung der Isoquante bezeichnet man auch als *Grenzrate der technischen Substitution* (GRTS). Sie zeigt, wie viele Einheiten des Inputs 1 – bei unverändertem Output – eingespart werden können, wenn man den Input 2 erhöht. Der optimale Faktoreinsatz ist also dadurch gekennzeichnet, dass das negative Preisverhältnis zweier Einsatzfaktoren ihrer Grenzrate der technischen Substitution entspricht:

$$(7.8) \quad \left(\frac{dv_2}{\delta v_1}\right) = \frac{p_1}{p_2}$$

Unser Wirt verfügt damit über einen wichtigen Orientierungspunkt für seine Personalplanung in der anstehenden Winter-Saison. Bei einem täglichen Bierumsatz von 800 Gläsern ist es für ihn optimal, Stammkräfte für 29 Stunden am Tag fest einzustellen. Als vorsichtiger Mensch, im letzten Winter lief das Geschäft nicht so gut, entscheidet er sich dann für 24 Stunden, d.h. drei Kräfte mit jeweils Acht-Stunden-Schichten.

7.2 Wie viel Bier soll der Wirt anbieten und macht er dabei einen Gewinn?

Nun kann der Winter kommen. Jetzt muss der Wirt sich nur noch darüber Gedanken machen, wie viel Bier er anbieten soll und ob er bei dem gegenwärtigen Marktpreis von 3 € damit auch einen Gewinn erzielen wird. Seine Tochter erklärt ihm, dass er dazu seine Kosten genauer analysieren muss.

Ein wichtiger Ausgangspunkt ist die Aufteilung der *Gesamtkosten* (K) in fixe Kosten (K_f) und variable Kosten (K_v). Es gilt also

$$(7.9) \quad K(x) = K_f + K_v(x)$$

7.2 Wie viel Bier soll der Wirt anbieten und macht er dabei einen Gewinn?

Die *fixen Kosten* zeichnen sich dadurch aus, dass sie von der Outputmenge unabhängig sind. Im Bierkeller sind das vor allem die Kosten für die laufende Pacht, die Lohnkosten für die fest angestellten Bedienungen, der Unternehmerlohn des Wirts und Abschreibungen. Es wird dabei unmittelbar deutlich, dass es fixe Kosten nur dann gibt, wenn man einen zeitlich begrenzten Planungshorizont, z.B. ein Jahr, unterstellt. Auf längere Sicht kann sich der Wirt dafür entscheiden, ein kleineres Lokal zu pachten oder etwas ganz anderes zu machen, auch die Personalkosten für die Stammkräfte sind dann frei variierbar. In unserem Beispiel bestehen die täglichen Fixkosten aus den Lohnkosten für die fest angestellten Kräfte in Höhe von 360 € (24 Stunden à 15 €) sowie aus Kosten für die Pacht, Strom etc. Wir nehmen an, dass sich die Fixkosten auf 500 € pro Tag belaufen.

Bei den *variablen Kosten* handelt es sich um Kosten, die von der Ausbringung abhängig sind. Im Beispiel der Bierkneipe handelt es sich dabei vor allem um die Kosten für die Aushilfskräfte und die Kosten für den Biereinkauf.

Eine weitere wichtige Größe für die Kalkulation sind die *Durchschnittskosten*, d.h. Kosten je produzierte Einheit. Dabei wird zwischen den gesamten Durchschnittskosten (DK), den fixen Durchschnittskosten (DFK) und den variablen Durchschnittskosten (DVK) unterschieden. Es gilt also:

$$(7.10) \quad DK(x) = \frac{K(x)}{x}$$

$$(7.11) \quad DFK = \frac{K_f}{x}$$

$$(7.12) \quad DVK = \frac{K_v(x)}{x}$$

Mit den Durchschnittskosten hat der Wirt schon einmal einige wichtige Anhaltspunkte für seine Kalkulation.

- Wenn er *auf Dauer* keine Verluste machen will, muss er einen Bierpreis erzielen, der über den *gesamten* Durchschnittskosten liegt.
- *Kurzfristig* kann es für ihn sinnvoll sein, zu einem Preis anzubieten, der über den *variablen* Durchschnittskosten liegt. Er erzielt dann immer noch einen *Deckungsbeitrag* für seine Fixkosten. Auf Dauer würde er jedoch den Betrieb einstellen, da ihm so keine vollständige Deckung der Fixkosten möglich ist.
- Wenn er das Bier zu einem Preis anbieten muss, der *unter* den *variablen* Durchschnittskosten liegt, wird er seinen Laden sofort dicht machen.

Die Tochter kann für ihren Vater noch eine genauere Kalkulation vornehmen. Die Basis hierfür ist die simple Einsicht, dass der Wirt alle Parameter in seinem Betrieb so bestimmen sollte, dass er seinen Gewinn (G) maximiert. Der Gewinn ergibt sich als Differenz aus dem Umsatz – man spricht hier auch vom Erlös (E) – und den gesamten Kosten:

$$(7.13) \quad G(x) = E(x) - K(x)$$

Der maximale Gewinn lässt sich ermitteln, wenn man diese Gleichung nach x ableitet:

(7.14) $\quad \dfrac{dG}{dx} = \dfrac{dE}{dx} - \dfrac{dK}{dx}$

Für den maximalen Gewinn (dG/dx = 0) gilt dann:

(7.15) $\quad \dfrac{dE}{dx} = \dfrac{dK}{dx}$

Der Grenzerlös (dE/dx) entspricht im Optimum den Grenzkosten (dK/dx). Da der Preis auf einem Wettbewerbsmarkt unabhängig von der Absatzmenge eines individuellen Anbieters ist, beträgt der Erlös

(7.16) $\quad E = px$,

so dass der Grenzerlös gleich dem Preis ist. Im Gewinnmaximum entsprechen dann die Grenzkosten dem Preis:

(7.17) $\quad p = \dfrac{dK}{dx}$

Das bedeutet, dass der Wirt ein *zusätzliches* Glas Bier nur dann anbieten soll, wenn er dafür einen Preis erzielt, der mindestens den Grenzkosten entspricht. Liegt der Preis darunter, ist dies nicht mehr lukrativ. Die Grenzkostenkurve gibt also an, welchen Preis der Wirt *mindestens* fordern muss, damit er sein Bier gewinnbringend verkaufen kann. Ähnlich wie bei unserem Börsen-Beispiel in *Kapitel 2* beschreibt die Grenzkostenkurve den *Wert*, den der Wirt einem *zusätzlichen* Glas Bier beimisst. Und wie ein zum Verkauf entschlossener Aktionär wird er das Bier nur dann abgeben, wenn er dafür einen Preis erzielt, der zumindest dem über die Grenzkostenkurve ermittelten Wert entspricht. Die Grenzkostenkurve stellt also die *Abgabepreis-Untergrenze* des Wirts für Bier dar.

Der Wirt muss jetzt herausfinden, wie seine Grenzkosten verlaufen, d.h. wie hoch die Kosten eines zusätzlich verkauften Biers bei unterschiedlichen Outputniveaus sind. In unserem Beispiel ergeben sich die Grenzkosten aus

- den Lohnkosten für die zusätzlich erforderlichen Aushilfskräfte und
- den Kosten für das von der Brauerei bezogene Bier.

Während bei den Grenzkosten für das Bier vereinfachend unterstellt werden kann, dass diese pro Glas Bier konstant sind, ist es bei den Grenzkosten der Aushilfskräfte etwas schwieriger. Man muss dazu errechnen, wie viele Aushilfskräfte für eine zusätzliche Einheit Bier benötigt werden. Da die Zahl der Stammkräfte für den Winter konstant ist, könnte man die Zahl der Aushilfskräfte grafisch dadurch ermitteln, dass man sich im Isoquantenschema horizontal nach rechts bewegt und für jede höhere Isoquante feststellt, wie hoch der erforderliche Arbeitseinsatz an Aushilfskräften ist. Formal muss man so vorgehen, dass man eine *Umkehrfunktion* der Produktionsfunktion *(Gleichung (7.1))* bildet, d.h. man löst sie nach der Zahl der Aushilfskräfte auf:

7.2 Wie viel Bier soll der Wirt anbieten und macht er dabei einen Gewinn?

(7.18) $\quad h_A = \left\{ \dfrac{B}{30(h_S)^{0,7}} \right\}^{\frac{10}{3}}$

Man kann dann für jedes Outputniveau die erforderliche Stundenzahl an Aushilfskräften ermitteln und durch Multiplikation mit dem Stundenlohn (w) auch die erforderlichen Lohnkosten.

Die gesamten variablen Kosten sind also die Summe der Lohnkosten und der Kosten für das Bier von der Brauerei (q)

(7.19) $\quad K_v = w h_A(x) + qx$

Die Grenzkosten, d.h. die Kosten für eine zusätzliche Einheit, ermittelt man als die erste Ableitung dieser Funktion:

(7.20) $\quad \dfrac{dK_v}{dx} = w \dfrac{dh_A}{dx} + q$

Das *Schaubild 7.3* zeigt den Verlauf der Gesamtkosten und ihrer beiden Komponenten, den gesamten variablen und den fixen Kosten. In *Schaubild 7.4* werden die durchschnittlichen variablen Kosten, die durchschnittlichen Fixkosten, die gesamten Durchschnittskosten und die Grenzkosten des Bierkellers abgebildet.

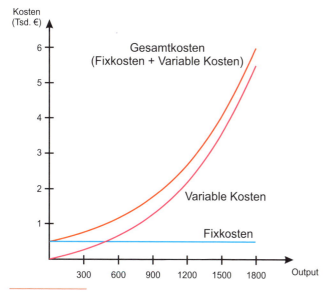

Schaubild 7.3: Die Gesamtkosten, Fixkosten und variablen Kosten für Bier

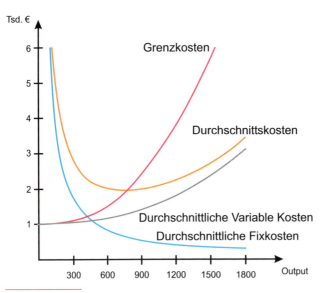

Schaubild 7.4: Die Grenz- und Durchschnittskosten für Bier

Die Gesamtkosten und die gesamten variablen Kosten weisen einen steigenden Verlauf auf. Die Grenzkostenkurve zeigt, dass die Kosten für eine zusätzliche Einheit Bier kontinuierlich steigen. Dies gilt auch für die durchschnittlichen variablen Kosten. Die Durchschnittskosten hingegen sinken bis zu einem Outputniveau von rund 770. Dieses Minimum liegt genau im Schnittpunkt mit der Grenzkostenkurve. Dies ergibt sich daraus, dass die Durchschnittskosten so lange sinken wie die Grenzkosten, d.h. also die Kosten einer zusätzlich produzierten Einheit, noch unter den Durchschnittskosten liegen.

Dieser Kostenverlauf resultiert vor allem aus der konkreten Produktionsfunktion, die wir für den Bierkeller unterstellt haben. Sie ist so konstruiert, dass die Grenzproduktivität der Aushilfskräfte, d.h. ihr zusätzlicher Output, mit jeder zusätzlichen Arbeitsstunde abnimmt. Bei einem festen Kontingent an Stammkräften von 24 Stunden lautet die Produktionsfunktion:

(7.21) $\quad B = 30 \cdot 24^{0,7} \cdot h_A^{0,3}$

Die Grenzproduktivität der Aushilfskräfte ergibt sich als Ableitung nach der Zahl der Arbeitsstunden der Aushilfskräfte:

(7.22) $\quad \dfrac{dB}{dh_A} = 30 \cdot 24^{0,7} \cdot 0,3 h_A^{-0,7}$

Schaubild 7.5 zeigt die Grenzproduktivität der Aushilfskräfte unseres Bierkellers. Ökonomisch kann man diesen abnehmenden Verlauf damit erklären, dass sich mehr und mehr Bedienungen zunehmend im Wege stehen und zu einem Durcheinander an der Kasse führen, so dass die Zahl der *zusätzlich* servierten Biergläser mit jeder zusätzlich eingestellten Kraft abnimmt.

7.2 Wie viel Bier soll der Wirt anbieten und macht er dabei einen Gewinn?

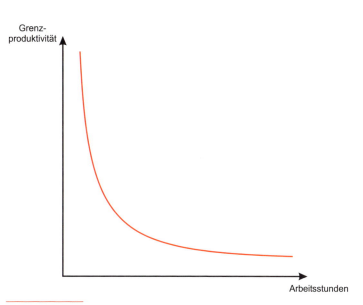

Schaubild 7.5: **Die Grenzproduktivität der Aushilfskräfte**

Damit können wir jetzt die zu Beginn dieses Abschnitts gestellten Fragen beantworten. Bei einem Marktpreis von 3 € je Bier ist es für den Wirt sinnvoll, so viel Bier anzubieten, bis seine Grenzkosten auch gerade bei 3 € liegen. Wie *Schaubild 7.6* verdeutlicht, tritt dies bei einem Absatz von 1.050 Gläsern ein. Der Gewinn beläuft sich dabei auf rund 970 €. Wiederum können Sie dieses Ergebnis auch anhand der *Simulation* in der Datei „Mikro-Angebotsseite" auf der CD-ROM selbst nachvollziehen.

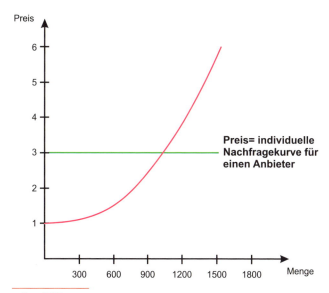

Schaubild 7.6: **Die individuelle Angebotskurve für Bier**

7.3 Von der individuellen Angebotskurve zur Angebotskurve für den Biermarkt in der kleinen Universitätsstadt

Damit können wir jetzt die *Angebotskurve* des Wirts bestimmen. Sie ist weitgehend identisch mit der Grenzkostenkurve. Da der Wirt – wie schon erwähnt – nur Bier anbietet, wenn der Preis die variablen Durchschnittskosten deckt, gehört nur der Teil der Grenzkostenkurve zur Angebotskurve, der *über* den variablen Durchschnittskosten liegt. Bei dem hier konstruierten Zahlenbeispiel ist dies durchgängig der Fall.

Die Angebotskurve beschreibt somit eine funktionale Beziehung zwischen der von einem Anbieter angebotenen Menge und dem am Markt für ein Produkt bestehenden Preis. Wir haben bisher nur die Angebotskurve für einen einzelnen Anbieter beleuchtet. Da wir im Folgenden zunächst einen *Wettbewerbsmarkt* untersuchen wollen, müssen wir noch weitere Anbieter in unser Modell einführen. Nehmen wir an, es gibt neben dem „Brauereikeller" noch sieben weitere Bierkneipen. Um das Ganze einfach zu halten, unterstellen wir, dass alle Lokale über dieselbe Kostenstruktur verfügen wie der „Brauereikeller". Dieser wird wiederum als *„repräsentativer Agent"* betrachtet. Die gesamte Angebotskurve für den Bierlokal-Markt lässt sich dann sehr einfach ermitteln, indem für jeden Preis die angebotene Menge mit dem Faktor 8 multipliziert wird. Sie deckt sich in etwa mit der in *Kapitel 5* dargestellten Kurve. Aufgrund der Produktionsfunktion ist der Verlauf hier jedoch nicht linear.

Wie schon bei der Nachfragekurve, können wir nun auch für die Angebotskurve feststellen, dass sie alle einzelwirtschaftlichen Informationen zu einer einfachen funktionalen Beziehung verdichtet:

- die Produktionstechnologie,
- die Kosten für die eingesetzten Faktoren,
- die Zahl der Anbieter.

7.4 Der Markt für Bier in der Universitätsstadt

Im nächsten Schritt können wir die so hergeleitete Angebotskurve mit der aggregierten Nachfragekurve aus *Kapitel 6* zusammenführen. Wir erhalten im Schnittpunkt der beiden Kurven den Gleichgewichtspreis und die Gleichgewichtsmenge, die mit 3 € und 8.300 Gläsern in etwa dem stilisierten Bild von *Kapitel 5* entsprechen.

7.5 Die langfristige Angebotskurve

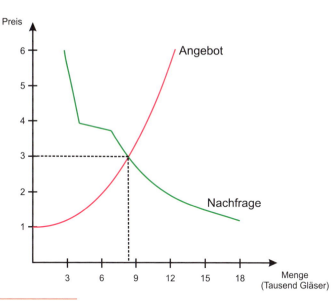

Schaubild 7.7: **Das Marktgleichgewicht für Bier**

Mit dem Modell „Mikro-Gütermarktgleichgewicht.xls" (CD-ROM) können Sie nun selbst ausprobieren, wie sich Änderungen in den individuellen Parametern auf der Angebotsseite und/oder der Nachfrageseite auf den Marktpreis und die Gleichgewichtsmenge auswirken. Sie können mit diesem Modell also mit konkreten Werten alle Datenänderungen durchspielen, die bereits *in Kapitel 5* genannt wurden.

7.5 Die langfristige Angebotskurve

Wie die Herleitung der Angebotskurve verdeutlicht, haben wir bisher nur eine *kurzfristige Angebotskurve* ermittelt, d.h. wir haben unterstellt, dass es eine Reihe von Faktoren gibt, die über die nächsten Monate unverändert bleibt (Zahl der fest eingestellten Kräfte, Größe des gepachteten Bierlokals, Entscheidung des Wirts überhaupt ein Bierlokal zu führen).

Da es auf längere Sicht überhaupt keine fixen Einsatzfaktoren und damit auch keine fixen Kosten gibt, wird ein Anbieter dementsprechend ein Produkt nur dann bereitstellen, wenn er damit einen Preis erzielt, der die *gesamten Durchschnittskosten* decken kann. Die langfristige Angebotskurve beginnt bei einem höheren Preis als das kurzfristige Angebot (*Schaubild 7.8*).

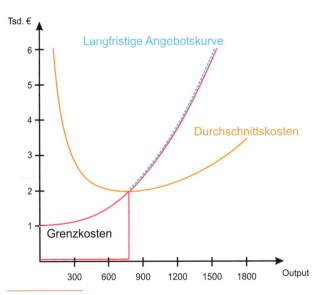

Schaubild 7.8: **Die langfristige Angebotskurve**

In unserem Beispiel ist das ein Preis von etwa 2 €, bei dem ein Wirt eine Ausbringungsmenge von 780 Einheiten anbieten wird. Außerdem erkennen wir an diesem Schaubild, dass die langfristige Angebotskurve *flacher* verläuft als die kurzfristige. Dies ist darauf zurückzuführen, dass der Wirt bei einer längerfristigen Betrachtung seine fest angestellten Kräfte ebenfalls frei variieren kann und er damit bei einer steigenden Ausbringung nicht nur mit einer steigenden Zahl von – im Vergleich zu ihrer Produktivität relativ teuren – Aushilfskräften operieren muss.

SCHLAGWÖRTER

Durchschnittskosten (S. 121), Ertragsgebirge (S. 117), fixe Kosten (S. 120), Grenzrate der technischen Substitution (S. 120), Isokosten-Linie (S. 118), Kostenfunktion (S. 123), kurzfristige Angebotsfunktion (S. 127), langfristige Angebotsfunktion (S. 127), Minimalkostenkombination (S. 119), Produktionsfunktion (S. 117), Produktions-Isoquanten (S. 118), variable Durchschnittskosten (S. 121), variable Kosten (S. 120)

7.5 Die langfristige Angebotskurve

AUFGABEN

1. Minimalkostenkombination

Die Gewerkschaft setzt eine Erhöhung des Stundenlohns für fest angestellte Bedienungen von 15 auf 20 € durch. Zeigen Sie grafisch, wie sich das auf die Produktionsplanung des Bierkellers auswirkt. Ermitteln Sie dann die genauen Werte aus dem Modell "Mikro-Angebotsseite", das Sie in der CD-ROM finden.

2. Angebotskurve

Die Grenzproduktivität der Aushilfskräfte erhöht sich merklich. Wie wirkt sich das auf die Angebotskurve aus? Überprüfen Sie das Ergebnis anhand des Modells „Mikro-Angebotsseite", unter der Annahme, dass α in Gleichung (7.1) von 0,7 auf 0,6 sinkt.

3. Der Markt für Eis

Die Eisdiele Rialto hat eine Grenzkostenkurve für eine Kugel Eis von:

$$GK_1 = \frac{2}{10} + \frac{1}{50}x_1$$

Die Eisdiele Dolomiti hat Grenzkosten von:

$$GK_{2(1)} = \frac{2}{10} + \frac{1}{100}x_2$$

Die variablen Durchschnittskosten liegen bei beiden Eisdielen unter den Grenzkosten.

Die Marktnachfrage beträgt:

$$P = 2{,}20 - \frac{1}{100}x^n$$

a) Errechnen Sie zunächst das Marktangebot.

b) Errechnen Sie den Gleichgewichtspreis und die gleichgewichtige Menge.

c) Wie viele Kugeln Eis setzt jede Eisdiele ab?

[Hinweis: Die Werte sind nicht besonders realitätsnah. Dafür kann man jedoch leichter mit ihnen rechnen]

Kapitel 8

Anbieter sind am Wettbewerb nicht sehr interessiert: Die Welt von Monopolen, Kartellen und Oligopolen

Bei vollständigem Wettbewerb ist der Preis kein Handlungsparameter eines Unternehmens	**133**
Durch ein Oligopol (Kartell) oder ein Monopol können die Gäste im Bierlokal geschröpft werden	**134**
Bei der Wettbewerbspolitik ist der Staat gefragt	**147**

Kapitel 8

Anbieter sind am Wettbewerb nicht sehr interessiert: Die Welt von Monopolen, Kartellen und Oligopolen

> **LERNZIELE**
>
> - Für die Anbieter besteht immer ein großer Anreiz, sich den Zwängen des vollständigen Wettbewerbs zu entziehen, um sich so einen Teil der Konsumentenrente aneignen zu können.
>
> - Im Fall eines *Kartells* einigen sich die Teilnehmer auf einen Preis, der über dem markträumenden Preis beim Wettbewerb liegt. Da dann die angebotene Menge über der nachgefragten Menge liegt, muss ein Kartell für seine Mitglieder Produktionsquoten festlegen und überwachen.
>
> - Im Fall des *Monopols* ergibt sich die für den Anbieter optimale Absatzmenge nach der Regel „Grenzerlös = Grenzkosten". Setzt man diese Menge in die Preis-Absatzfunktion ein, erhält man den *Cournot'schen Punkt* mit der für den Anbieter optimalen Preis-Mengen-Kombination.
>
> - Das Konzept der Preis-Elastizität der Nachfrage beschreibt den für diese Strategie wichtigen Zusammenhang zwischen Änderungen des Preises und der nachgefragten Menge und damit des Umsatzes.
>
> - Da sich durch Kartelle und Monopole ein gesellschaftlicher Wohlfahrtsverlust ergibt, existiert in allen Staaten eine staatliche Wettbewerbspolitik, die darauf abzielt, den Wettbewerb vor einem solchen Verhalten der Anbieter zu schützen.

8.1 Bei vollständigem Wettbewerb ist der Preis kein Handlungsparameter eines Unternehmens

Wir haben bisher unterstellt, dass zwischen den acht Bierwirtschaften eine „*vollständige Konkurrenz*" besteht. Von einer solchen Situation spricht man immer dann, wenn jeder Versuch eines einzelnen Anbieters, einen höheren Preis als den Gleichgewichtspreis zu verlangen, durch niedrigere Preise der übrigen Anbieter unterlaufen wird. In unserer Modellwelt ist das gut nachvollziehbar. Wollte einer der Wirte einen Preis von 3,50 € für ein Glas Bier verlangen, während die anderen bei 3 € verbleiben, würde er rasch seine Gäste verlieren. Durch Wettbewerbsdruck wäre er also gezwungen, sich wieder an den Gleichgewichtspreis anzupassen. Mit anderen Worten: Auf einem Wettbewerbsmarkt ist der Preis kein echter Handlungsparameter eines Anbieters. Man spricht daher auch davon, dass die Anbieter bei vollständigem Wettbewerb als „*Preisnehmer*" anzusehen sind. Aus der Sicht eines einzelnen Anbieters verläuft die Nachfragefunktion für sein Produkt daher als eine Horizontale (*Schaubild 8.1*).

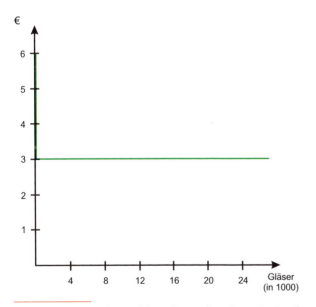

Schaubild 8.1: **Die Nachfragekurve für einen Preisnehmer**

- Zum *Gleichgewichtspreis* (und natürlich auch darunter) ist die nachgefragte Menge für den einzelnen Anbieter im Prinzip nahezu unbegrenzt, da sein Absatz im Vergleich zum Gesamtmarkt relativ klein ist.

- Zu jedem Preis *oberhalb* des Gleichgewichtspreises ist die nachgefragte Menge gleich Null. Dies ergibt sich wiederum aus den hier getroffenen Annahmen. Realistischere Fälle werden wir im Folgenden noch diskutieren.

Auf der Nachfrageseite setzt die „vollständige Konkurrenz" voraus, dass die Nachfrager

- vollständig über die Bierpreise in der Stadt informiert sind und
- ihnen ein Lokal so lieb ist wie das andere; sie haben also keine besonderen Präferenzen für eine bestimmte Kneipe.

8.2 Durch ein Oligopol (Kartell) oder ein Monopol können die Gäste im Bierlokal geschröpft werden

8.2.1 Die Wirte bilden ein Kartell

Die vollständige Konkurrenz ist für die Anbieter kein Idealzustand. Wie das *Schaubild 5.5* verdeutlicht, wird dabei die gesamte Kooperationsrente gleichmäßig auf Nachfrager und Produzenten aufgeteilt.[1] Für die Anbieter besteht dabei stets ein großer Anreiz, sich einen Teil der Konsumentenrente anzueignen. Dazu müssen sie jedoch in der Lage sein, sich den Zwängen des vollständigen Wettbewerbs zu entziehen.

Am Beispiel unseres lokalen Biermarktes könnten das die Wirte der acht Bierlokale relativ einfach erreichen, wenn sie sich untereinander absprechen und einen Preis von z.B. 4 € je Bier fixieren (*Schaubild 8.2*).

Damit würde die nachgefragte Menge von 8.000 auf 4.000 Gläser sinken und der Umsatz würde von 24.000 € auf 16.000 € zurückgehen. Die Kosten würden sich noch mehr, konkret von 16.000 auf 6.000 € vermindern.[2] Insgesamt würde die *Produzentenrente* also von 8.000 € (= 24.000 - 16.000) auf 10.000 € (= 16.000 - 6.000) steigen. Im Gegenzug würde die *Konsumentenrente* sinken. Sie belief sich vor der Absprache auf ebenfalls 8.000 €. Beim neuen Preis beträgt sie nur noch 2.000 €. Wir sehen also, dass es durch die Preisabsprache dazu kommt,

- dass die Rente der Produzenten zu Lasten der Rente der Konsumenten zunimmt,
- dass sich aber die aus dem Markt insgesamt erzielten Vorteile (gemessen als Summe aus Produzenten- und Konsumentenrente) vermindern. Man spricht daher auch davon, dass sich die „Wohlfahrt" einer Gesellschaft durch Beschränkungen des Wettbewerbs vermindert. Konkret sinkt sie hier von 16.000 auf 12.000 €. Der Wohlfahrtsverlust wird im *Diagramm 8.2* durch das orangefarbene Dreieck abgebildet.

---

[1] Wie die Aufteilung genau stattfindet hängt vom konkreten Verlauf der Angebots- und der Nachfragefunktion ab.

[2] Sie können diese Werte leicht aus den Flächen unterhalb der Angebotskurve im *Diagramm 8.2* selbst errechnen.

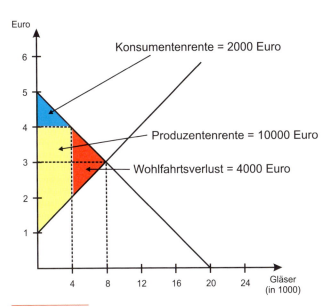

Schaubild 8.2: Ein Kartell der Bierwirte

Preisabsprachen dieser Art bezeichnet man als *Kollusion*, eine Gruppe von Unternehmen, die solche Absprachen trifft, nennt man *Kartell*. Kartelle treten häufig dann auf, wenn die Zahl der Anbieter auf einem Markt relativ gering ist. Das in der Öffentlichkeit bekannteste Kartell ist das der ölproduzierenden Staaten, die sich in der OPEC zusammengeschlossen haben (*Box 8.1*).

Bei dem hier dargestellten Beispiel erkennen wir zwei Grundprobleme eines Kartells:

■ Da die gesamte Absatzmenge geringer ist als bei vollständigem Wettbewerb, muss sich jeder einzelne Anbieter an eine individuelle *Absatzquote* halten. Diese Quoten müssen zwischen den Beteiligten einvernehmlich festgelegt werden.

■ Für jeden einzelnen Anbieter besteht dabei immer ein Anreiz, doch mehr anzubieten als seine Quote, da er damit seine individuelle Produzentenrente erhöhen kann. Ein Kartell erfordert also eine Überwachung der individuellen Absatzmengen und entsprechende Sanktionen im Übertretungsfall.

Wenn es auf einem Markt nur wenige Anbieter gibt, spricht man auch von einem *Oligopol*. Man sieht daran, dass sich unser aus Gründen der Übersichtlichkeit gewähltes Modell eines Biermarktes mit nur acht Anbietern schon im Grenzbereich zwischen einem Oligopol und einem Polypol befindet. Für die ökonomische Theorie ist das *Oligopol* eine recht komplexe Marktform. Dies gilt insbesondere dann, wenn sich die Anbieter nicht auf eine gemeinsame Preisabsprache einigen können. Sie müssen dann ihren eigenen Preis unter Berücksichtigung der Reaktion der anderen Anbieter festlegen. Da diese sich in derselben Situation befinden, ist das Ergebnis eines solchen *strategischen Spiels* nicht ganz einfach zu prognostizieren. Wir wollen daher im Rahmen dieser Einführung hierauf nicht näher eingehen.

BOX 8.1: DAS OPEC-KARTELL

Ein sehr bekanntes Beispiel für ein Kartell ist die OPEC, die „Organization of Petrol Exporting Countries"[1] mit Sitz in Wien. Dieses im Jahr 1960 von erdöl-exportierenden Staaten gegründete Kartell setzt für seine Mitglieder mindestens zweimal pro Jahr individuelle Förderquoten fest, um so den Weltmarkt-Preis für Erdöl zu stabilisieren. Derzeit hat die OPEC elf Mitgliedsstaaten: Algerien, Indonesien, Iran, Irak, Kuwait, Libyen, Nigeria, Qatar, Saudi Arabien, die Vereinigten Arabischen Emirate und Venezuela.

Den größten Coup landete dieses Kartell in den Jahren 1973/74 als es ihm gelang, den Ölpreis, der Anfang der siebziger Jahre noch bei rund 2,20 $ pro Barrel (d.h. ein Fass mit 159l) auf über 13 $ Anfang 1974 zu erhöhen (Schaubild 8.3). Ende der siebziger Jahre konnte von der OPEC erneut eine massive Verteuerung des Öls durchgesetzt werden. Heute ist der Einfluss der OPEC auf den Weltmarkt für Erdöl begrenzt, da seine Mitglieder nur etwa 40 % des Welt-Outputs ausmachen, wobei die in den OPEC-Ländern vorhandenen Ölreserven aber mehr als drei Viertel der Weltreserven betragen. Der nur noch recht eingeschränkte Preissetzungs-Spielraum der OPEC wurde vor allem im Jahr 1998 deutlich, als es zu einem Preisverfall auf bis zu 10 $ pro Barrel kam.

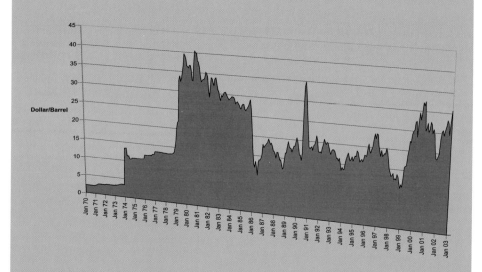

Schaubild 8.3: Der Ölpreis von 1970-2003 in US-Dollar pro Barrel

In Kapitel 21 können Sie sehen, welche großen makroökonomischen Probleme sich aus einer solchen schockartigen Verteuerung des Öls für die Weltwirtschaft ergeben.

1 Mehr über die OPEC finden Sie unter: *www.Opec.org*

8.2.2 Der Biermarkt wird zum Monopol und der Absatzpreis wird optimiert

Wir haben mit dem hier beschriebenen Kartell eine Situation dargestellt, die sich im Grunde kaum von der eines Monopols unterscheidet. Diese Marktform zeichnet sich dadurch aus, dass nur noch ein einziger Anbieter vorhanden ist. In unserer Modellwelt könnte dies dadurch geschehen, dass einer der Wirte in der Lage ist, alle anderen Lokale aufzukaufen und sie dann unter einheitlicher Führung betreibt. Gegenüber dem Kartell entfällt dabei die Notwendigkeit einer Preisabsprache und der Koordination der Absatzpolitik. Wiederum ist jedoch der Preis ein entscheidender Handlungsparameter. Wir haben in unserem Kartellbeispiel willkürlich den Preis von 4 € als Zielpreis angenommen. Im Monopol wie im Kartell stellt sich nun die interessante Frage, wie man einen aus der Sicht der Produzenten optimalen Absatzpreis ermitteln kann.

Der Zusammenhang zwischen Umsatz und Preis

Als Ausgangspunkt bietet sich der Zusammenhang zwischen dem Preis und dem Umsatz an. Am Kartellbeispiel haben wir gesehen, dass ein steigender Preis mit einem rückläufigen Umsatz einhergehen kann. Dies ist jedoch nicht zwangsläufig so. Für die in unseren Beispielen bisher verwendete, linear verlaufende Nachfrage-Kurve lässt sich dieser Zusammenhang recht einfach ermitteln (*Tabelle 8.1*)

Preis	Menge	Umsatz
5,00	0	0
4,50	2.000	9.000
4,00	4.000	16.000
3,50	6.000	21.000
3,00	8.000	24.000
2,50	10.000	25.000
2,00	12.000	24.000
1,50	14.000	21.000
1,00	16.000	16.000
0,50	18.000	9.000
0,00	20.000	0

Tabelle 8.1: **Der Zusammenhang zwischen Preis, Menge und Umsatz**

- Beim *Prohibitivpreis* von 5 € ist der Preis zwar hoch, die nachgefragte Menge ist aber Null und damit auch der Umsatz.

- Bei der *Sättigungsmenge* ist die Menge maximal, jetzt ist aber der Preis gleich Null, also hat man wiederum einen Umsatz von Null.

- Dazwischen verläuft der Umsatz in der Form einer *Parabel*. Er steigt ausgehend vom Prohibitivpreis an, erreicht sein Maximum genau bei der halben Sättigungsmenge und fällt dann wieder auf Null (*Box 8.1*).

Grafisch wird die Erlös- oder Umsatzkurve in *Schaubild 8.4* dargestellt.

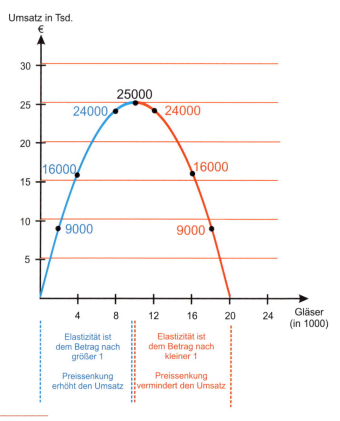

Schaubild 8.4: **Umsatzkurve**

BOX 8.2 HERLEITUNG VON ERLÖSKURVE UND GRENZERLÖS

Formal lässt sich dieser Zusammenhang wie folgt herleiten. Der Umsatz ergibt sich als das Produkt aus Menge und Preis, wobei der Preis von der nachgefragten Menge abhängt:

(8.1) $\quad U = p(x)x$

Wir unterstellen eine lineare Nachfragefunktion

(8.2) $\quad p = a - bx$

mit dem Achsenabschnitt a als Prohibitivpreis, mit x als Menge und p als Preis.

Der Umsatz ergibt sich dann durch Einsetzen von (8.2) in (8.1) als eine Parabel mit

(8.3) $\quad U = ax - bx^2$

Den maximalen Umsatz bekommen wir, wenn wir die Gleichung (8.3) nach x ableiten

(8.4) $\quad \dfrac{dU}{dx} = a - 2bx = 0$

Gleichung (8.4) beschreibt den Grenzerlös, d.h. die Veränderung des Umsatzes bei einer Veränderung der Menge. Der maximale Umsatz ergibt sich bei einem Grenzerlös von Null, d.h. also bei

(8.5) $\quad x = \dfrac{a}{2b}$

Die Sättigungsmenge ermitteln wir für p=0:

(8.6) $\quad 0 = a - bx$

Sie beträgt somit

(8.7) $\quad x = \dfrac{a}{b}$

und ist genau das Doppelte der Menge, die nach (8.5) mit einem maximalen Umsatz einhergeht. Wir können das Maximum der Umsatzkurve grafisch also immer ganz leicht feststellen, da es genau bei der Hälfte des x-Achsenabschnitts der Nachfrage-Kurve liegt.

Das Konzept der Preis-Elastizität der Nachfrage

Der hier deutlich gewordene Zusammenhang zwischen Umsatz und Preis wird von einem wichtigen ökonomischen Konzept verdeutlicht: der *Elastizität der Nachfrage*. Diese ist definiert als die prozentuale Veränderung der nachgefragten Menge zu einer prozentualen Veränderung des Preises:

$$(8.8) \quad \varepsilon_{x,p} = \left| \frac{\left(\frac{\Delta x^n}{x^n}\right)}{\left(\frac{\Delta p}{p}\right)} \right|$$

Bei einer Bewegung entlang der Nachfragekurve von oben nach unten steigt die nachgefragte Menge, während der Preis sinkt. Die Elastizität wäre damit stets negativ. Deshalb ist sie in der Regel als Betrag definiert.

Für die von uns verwendete Nachfragekurve lässt sich das wie folgt verdeutlichen. Bei einem Rückgang des Preises von 3,50 auf 3 € steigt die nachgefragte Menge von 6.000 auf 8.000 Gläser. Der prozentuale Preisrückgang beträgt also 14 %, die Zunahme der Menge beläuft sich auf 33 %. Für 33 % geteilt durch 14 % ergibt sich eine Elastizität von rund 2,3. Bei einer Reduktion des Preises von 2 auf 1,50 € (-25 %) tritt eine Zunahme der nachgefragten Menge von 12.000 auf 14.000 Gläsern (+17 %) auf. Die Elastizität beträgt jetzt nur noch 0,68.

Wenn wir uns die Umsatzkurve ansehen, erkennen wir, dass eine Bewegung vom Ursprung zum Maximum wiederum dadurch gekennzeichnet ist, dass der Preis sinkt, während die nachgefragte Menge zunimmt. Aus der Tatsache, dass der Umsatz steigt, können wir ablesen, dass der prozentuale Anstieg der nachgefragten Menge höher ist als der prozentuale Rückgang des Preises. Die Elastizität ist also im Bereich links vom Umsatzmaximum größer Eins. Rechts vom Umsatzmaximum gilt das Gegenteil. Jetzt ist der prozentuale Preisrückgang stets größer als der prozentuale Mengenanstieg, die Elastizität ist hier also kleiner Eins. Beim maximalen Umsatz ist sie genau Eins.

Das Konzept der Elastizität kann man grundsätzlich zur Beschreibung von Angebots- und Nachfragekurven verwenden. Wie wir gesehen haben, verändert sich die Elastizität bei einer Bewegung auf einer solchen Kurve. Wenn man also davon spricht, dass zum Beispiel die Nachfrage nach Benzin sehr unelastisch ist ($\varepsilon_{x,p} < 1$) und damit zum Ausdruck bringt, dass der Umsatz der Tankstellen bei einer Erhöhung des Benzinpreises steigt, gilt diese Aussage immer nur für den jeweils relevanten Bereich einer Nachfragefunktion. Bei einem Benzinpreis von 4 € pro Liter wäre die Elastizität sicherlich deutlich höher.

Der für den Monopol-Wirt optimale Bierpreis

Unser Monopol-Gastwirt ist jetzt über den Zusammenhang zwischen Preis und Umsatz informiert. Um den für ihn optimalen Absatz-Preis zu ermitteln, muss er wiederum seine Kosten kalkulieren. Hierfür können wir folgende Gleichung verwenden:

(8.9) $G(x) = p(x)x - K(x)$

Sie besagt, dass sich der Gewinn als Differenz zwischen Umsatz und Kosten ergibt. Entscheidend ist hierbei, dass der Preis nun von der abgesetzten Menge abhängig ist. Die Gewinnmaximierung ist im Monopol also grundsätzlich anders als beim vollständigen Wettbewerb, wo der Preis für den einzelnen Anbieter eine exogene Größe darstellt (vergleiche *Kapitel 7*).

Um den optimalen Gewinn zu ermitteln, nehmen wir wieder unsere einfache Nachfragefunktion aus Gleichung (*8.2*) und substituieren diese in Gleichung (*8.9*) für p(x):

(8.10) $G(x) = (a - bx)x - K(x)$

Die Ableitung von (*8.10*) nach x ergibt die Optimalitätsbedingung:

(8.11) $\dfrac{dG}{dx} = a - 2bx - \dfrac{dK}{dx} = 0$

Im Optimum entspricht dabei der Grenzerlös (= a − 2bx) den Grenzkosten. Grafisch kann man das wie folgt abbilden (*Schaubild 8.5*).

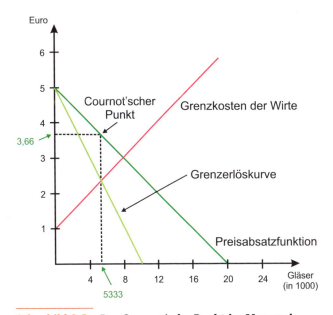

Schaubild 8.5: **Der Cournot'sche Punkt im Monopol**

Die in Gleichung (*8.8*) abgeleitete Grenzerlös-Kurve verläuft wie folgt: Sie beginnt, wie die Nachfragefunktion, beim Prohibitivpreis und schneidet die x-Achse bei der Hälfte der Sättigungsmenge, d.h. beim maximalen Umsatz. Der Schnittpunkt der Grenzerlöskurve mit der Grenzkostenkurve ergibt die gewinn-optimale Menge. In unserem Zahlenbeispiel sind das 5.333 Gläser (leider ergibt sich hier ein etwas krummer Wert). Auf der Nachfragefunktion können wir dann den dazu passenden Preis ablesen. Er beträgt 3,66 €. Wir sehen dabei, dass der Monopolist immer

- einen Preis erzielt, der über seinen Grenzkosten liegt, d.h. einen höheren Preis als bei vollständigem Wettbewerb, und
- auf einem Bereich der Nachfragefunktion anbietet, bei dem die Elastizität größer Eins ist.

Anders als beim vollständigen Wettbewerb benötigen wir im Monopolfall keine eigenständige Angebotskurve mehr. Die Nachfragekurve beschreibt hier alle relevanten Optionen des Anbieters. Man spricht deshalb auch von der *Preis-Absatzfunktion*. Die gewinnoptimale Preismengen-Kombination wird nach dem französischen Ökonomen Antoine Augustine Cournot (1801-1877) auch als *Cournot'scher Punkt* bezeichnet. Wir verdanken Cournot neben der Herleitung dieses Zusammenhangs viele weitere formale Einsichten in die Mikroökonomie. Eine Kurzbiographie finden Sie am Ende dieses Kapitels.

Die optimale Preis-Mengen-Kombination des Monopolisten kann man für unser konkretes Bierlokal-Beispiel wie folgt errechnen. Die nach dem Preis aufgelöste Nachfragefunktion lautet:

$$(8.12) \quad p = 5 - \frac{1}{4.000} x$$

Der Umsatz $(x \, p(x))$ ist also:

$$(8.13) \quad U = 5x - \frac{1}{4.000} x^2$$

und der Grenzerlös ist:

$$(8.14) \quad \frac{dU}{dx} = GE = 5 - \frac{1}{2.000} x$$

Die Grenzkosten sind identisch mit der Angebotskurve der Wirte und belaufen sich auf:

$$(8.15) \quad GK = 1 + \frac{1}{4.000} x$$

Damit ergibt sich die für den Monopolisten optimale Menge aus GE = GK oder

$$(8.16) \quad 5 - \frac{1}{2.000} x = 1 + \frac{1}{4.000} x$$

und liegt also bei

$$(8.17) \quad x = \frac{16.000}{3}$$

Wird Gleichung (*8.17*) in die nach dem Preis aufgelöste Nachfragefunktion eingesetzt, bekommt man dann einen Preis von

$$(8.18) \quad p = 5 - \frac{1}{4.000} \cdot \frac{16.000}{3} = 3\frac{2}{3}$$

Damit liegt der optimale Preis etwas unter dem Preis, den wir in *8.2.1* zunächst einmal für das Kartell unterstellt haben. Die Auswirkungen auf die Konsumenten und die Wohlfahrt der Gesellschaft aber sind im Prinzip identisch mit denen, die wir bereits am Beispiel des Kartells dargestellt haben. Da sich bei den für den Cournot'schen Punkt errechneten Preisen und Mengen „krumme" Zahlen ergeben, wollen wir auf eine genaue Berechnung verzichten.

In der Realität zeigen sich die Wohlfahrts-Effekte eines Monopols (wie auch eines Kartells) neben dem unmittelbaren Verlust an Konsumentenrente häufig daran, dass der Service oder die Qualität der Produkte schlechter sind als bei einem Wettbewerbsmarkt. Auch geht bei fehlendem Wettbewerbsdruck die unternehmerische Dynamik insgesamt verloren. Es werden keine neuen Produkte entwickelt. *Harvey Leibenstein* (1966) hat hierfür den Begriff der X-Ineffizienz eingeführt, den er wie folgt beschreibt:

> *„The best of all monopoly gains is a quiet live."*

In Deutschland konnte man das besonders drastisch bei der Liberalisierung des Telekommunikationsmarktes in den neunziger Jahren erleben. Der ehemalige Monopolist „Deutsche Bundespost" musste nicht nur die Preise für Ferngespräche drastisch senken, auch der Service wurde merklich verbessert: Wartezeiten für neue Telefonanschlüsse gingen deutlich zurück, die Mitarbeiter wurden allgemein freundlicher und kundenorientierter.

8.2.3 Durch Produktdifferenzierung und Preisdiskriminierung kann man die Nachfrager noch besser schröpfen

Im Fall des hier dargestellten Kartells (mit einem Preis von 4 €) wie auch beim Monopol (mit optimalem Preis im „Cournot'schen Punkt") verbleibt den Nachfragern noch immer eine nicht unerhebliche Konsumentenrente. Dies ist darauf zurückzuführen, dass die in der Nachfrage-Kurve zum Ausdruck kommenden Wertschätzungen der Konsumenten in der Regel erheblich divergieren. Für einen findigen Anbieter liegt es nahe, nach Möglichkeiten zu suchen, wie sich auch hiervon noch ein Stück abschneiden lässt. Die Lösung liegt in der *Produktdifferenzierung*. Bei dieser sehr beliebten Marketing-Strategie gehen Anbieter so vor, dass sie nahezu identische Produkte in einer Weise „verpacken", dass sie in den Augen zumindest einiger Nachfrager nicht mehr als vollständige Substitute angesehen werden. Dies ermöglicht es dann, für das als höherwertig herausgestellte Produkt einen Preis zu fordern, der noch über dem optimalen Monopolpreis liegt. Dieser wird weiterhin für das weniger herausgestellte Produkt gefordert.

Im Fall unseres monopolisierten Biermarktes ist es beispielsweise denkbar, dass die Hälfte der Kneipen zu Edel-Lokalen herausgeputzt werden. Das ist zwar mit etwas höheren Kosten verbunden, die Preisdifferenzierung erlaubt es jedoch, einen noch deutlich darüber hinausgehenden Zuschlag auf den Bierpreis zu erheben. Wir bleiben, der einfacheren Zahlen wegen, im Beispiel des Kartells. Wir unterstellen, dass die Konsumenten die Edel-Lokale jetzt als ein differenziertes Produkt ansehen und dass dort daher ein Bierpreis von 4,50 € verlangt werden kann. Wie das *Schaubild 8.6* verdeutlicht, verbleibt den Konsumenten nur noch eine Konsumentenrente von 1.000 €. Die Produzentenrente steigt auf 11.000 €, wovon allerdings noch die Kosten des Herausputzens der Edel-Lokale abgezogen werden müssen, die wir der Vereinfachung halber vernachlässigen.

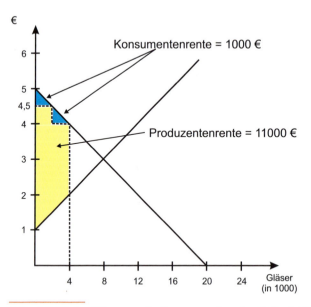

Schaubild 8.6: **Wie man die Konsumenten durch Preisdifferenzierung noch besser schröpfen kann**

Im Extremfall könnte ein Monopolist für jede zusätzlich angebotene Einheit eines Gutes einen individuellen Preis verlangen. Auf diese Weise würde er von jedem Nachfrager genau den Preis erhalten, der dessen individueller Wertschätzung und Zahlungsbereitschaft entspricht und so in den Besitz der gesamten Konsumentenrente gelangen.

8.2.4 „Just Do It" – Oder: Wie man sich mit einem Markennamen eine monopol-ähnliche Stellung verschaffen kann

Es ist offensichtlich, dass die Welt des vollständigen Wettbewerbs wenig attraktiv für die meisten Anbieter ist. Auf der anderen Seite ist es auch nicht ganz einfach, sich eine monopolistische Stellung zu verschaffen oder ein Kartell zu errichten, nicht zuletzt

■ weil die Marktmacht nationaler Anbieter durch den Europäischen Binnenmarkt und den von der Globalisierung ausgehenden weltweiten Wettbewerb in engen Grenzen gehalten wird, und

■ weil es in den meisten Ländern eine staatliche Wettbewerbspolitik gibt (siehe unten), mit der gezielt gegen Monopole und Kartelle vorgegangen wird.

Für die Unternehmen besteht die beste Lösung deshalb in der Produktdifferenzierung, die zu einer nahezu monopolistischen Stellung führen kann, ohne dass dies aus rechtlicher Sicht so gesehen wird. Nehmen wir den Markt für Oberhemden. Es gibt dafür in der Welt eine sehr große Menge an Anbietern mit vergleichsweise geringen Qualitätsunterschieden. Wenn es nach unserem Modell der vollständigen Konkurrenz ginge, hätten wir es mit einem nahezu einheitlichen Preis für Oberhemden zu tun. In der Realität ist es jedoch kein Problem, Hemden für 5 € wie auch für 150 € zu finden. Zum Teil spielen hier Qualitätsunterschiede und ein spezifisches Design eine Rolle, aber es ist schwer nachzuvollziehen, dass solch hohe Preisspannen allein darauf zurückzuführen sind.

Der Grund für die hohen Preise mancher Anbieter liegt darin, dass es ihnen gelungen ist, eine Marketing-Strategie zu verfolgen, die ihnen bei vielen Konsumenten eine monopolartige Stellung einräumt. Wer kennt nicht den Studenten (oder die Kommilitonin), der nur Hemden der Marke Ralph Lauren trägt. Entscheidend für den Marketing-Erfolg ist dabei die „Marke" und damit verbunden das „Label" oder „Logo" eines Produktes. Ein Hemd von Ralph Lauren, gekennzeichnet durch das Logo des Polospielers, ist eben nicht mehr ein homogenes Gut, sondern in der Sicht vieler Konsumenten ein Produkt, für das es kein Substitut gibt. Ein Anbieter kann sich so eine monopolähnliche Stellung verschaffen und seine Preise entsprechend gestalten. Ein großer Vorteil besteht dabei darin, dass ein auf diese Weise geschaffenes Monopol nicht gegen die Wettbewerbsregeln (siehe unten) verstößt, da der Marktanteil solcher Produzenten, d.h. beispielsweise von Ralph Lauren am gesamten Markt für Hemden, in der Regel sehr gering ist. Natürlich fällt eine solche Stellung nicht vom Himmel, sie muss vielmehr durch aufwändige Marketing-Strategien geschaffen werden. In den Worten von Scott Bedbury, Marketing-Vorstand der Kaffee-Kette Starbucks und davor bei Nike:

„Nike zum Beispiel nutzt die tiefe emotionale Bindung, die die Leute zu Sport und Fitness haben. Bei Starbucks erfährt man, wie der Kaffee sich mit Lebensmustern der Menschen verwoben hat, und da liegen die Emotionen, die wir nutzen können... Eine große Marke erhöht die Herausforderung – sie gibt einer Erfahrung größere Bedeutung, gleichgültig, ob es darum geht, in Sport oder Fitness sein Bestes zu geben, oder darum, dass die Tasse Kaffee, die man trinkt, wirklich wichtig ist."[3]

Aus der Sicht der Konsumenten bedeutet eine solche Marketing-Strategie zunächst einmal, dass sie eine geringere Konsumentenrente erhalten als bei vollständigem Wettbewerb. Trotzdem muss es für einen Nachfrager nicht grundsätzlich nachteilig sein, ein in der Regel relativ teures *Markenprodukt* zu kaufen oder zum Beispiel bei Starbucks einen Espresso zu trinken. Anders als in der von uns diskutierten Entscheidungssituation der fünf Studenten, die über alle relevanten Informationen verfügten und diese auch optimal verarbeiten konnten (*Kapitel 5*), sehen sich Konsumenten in der Realität oft sehr komplexen Entscheidungsproblemen gegenüber. Woher weiß ich beispielsweise, ob ein sehr billiges „No-Name"-Hemd tatsächlich auch nach dem achten Waschen noch eine gute Qualität aufweist? Durch den Kauf eines Markenproduktes kann ich davon ausgehen, dass der

---

3   Zitiert nach Naomi Klein (2001, S. 41).

Hersteller in der Vergangenheit sehr viel in seinen Markennamen investiert hat. Er wird es sich daher gut überlegen, plötzlich Hemden minderer Qualität auf den Markt zu werfen, da er dadurch schnell seine gesamte Reputation verlieren könnte. Wer ein Markenprodukt kauft, verwendet daher eine sehr einfache *Daumenregel* (in der Fachterminologie auch „*Heuristik*" genannt), die es ihm erlaubt, in einer komplexen Entscheidungssituation in der Regel ein qualitativ gutes Produkt zu finden.

Trotz der in der Realität häufig zu findenden „Markentreue" von Konsumenten, wachsen auch für Anbieter von Markenprodukten die Bäume nicht in den Himmel. Mit anderen Worten: Es wird wahrscheinlich nur wenige Konsumgüter geben, bei denen auf der Nachfrageseite eine perfekte Monopolsituation gegeben ist. Ein hierfür angemesseneres Modell ist das der *doppelt geknickten Preisabsatz-Funktion*, das in den sechziger Jahren von Erich *Gutenberg*, dem damaligen „Papst der deutschen Betriebswirtschaftslehre" entwickelt wurde. Es unterstellt, dass es für ein Markenprodukt einen Preisbereich gibt, in dem sich der Anbieter wie ein Monopolist verhalten kann. Innerhalb dieser Spanne kann er also den Preis erhöhen, ohne seine gesamte Nachfrage einzubüßen. Setzt er den Preis jedoch oberhalb dieses Bereichs fest, ergeht es ihm wie einem Anbieter bei vollständigem Wettbewerb: Keiner will sein Produkt mehr kaufen. Wir haben eine solche Funktion in *Schaubild 8.7* abgebildet, zusammen mit der Nachfragefunktion eines Anbieters bei vollständigem Wettbewerb und eines Monopolisten.

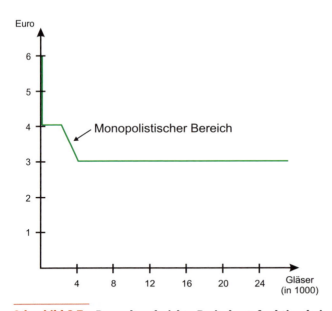

Schaubild 8.7: **Doppelt geknickte Preisabsatzfunktion bei einem Markenprodukt**

In der Literatur wird üblicherweise davon ausgegangen, dass es bei Markenprodukten – wegen einer gewissen Markentreue – auch oberhalb dieser Preisspanne nicht zu einem vollständigen Einbruch der Nachfrage kommt. Die individuelle Nachfragefunktion verläuft dann aber flacher als beim Monopol.

8.3 Bei der Wettbewerbspolitik ist der Staat gefragt

Wir haben in diesem Buch schon mehrfach darauf hingewiesen, dass wir mit dem Markt über einen enorm effizienten Mechanismus verfügen, da er in der Lage ist, eine Fülle dezentral gespeicherter Informationen in optimaler Weise zu verarbeiten. Basierend auf dieser grundlegenden Einsicht sind Volkswirte sehr zurückhaltend, wenn von Politikern oder bestimmten Interessengruppen staatliche Eingriffe in den Marktmechanismus gefordert werden. Wir werden dies in *Kapitel 10* noch ausführlicher diskutieren.

Monopole wie auch Kartelle gehören nun zu den wichtigen Ausnahmen von dieser allgemeinen Regel. Wir haben gesehen, dass es auf diese Weise zu einer Beeinträchtigung des Marktprozesses kommt, der für eine Volkswirtschaft insgesamt nachteilig ist. Die gesamtwirtschaftliche Wohlfahrt, d.h. die Summe aus Konsumenten- und Produzentenrente, ist geringer als bei vollständigem Wettbewerb und es fehlt der Wirtschaft an Dynamik. Vom Markt selbst, d.h. allein durch private Initiativen der Nachfrager, ist hier nur sehr schwer Abhilfe zu erwarten. Wirksame Gesetze gegen Monopole und Kartelle gehören deshalb zum festen Bestandteil des rechtlichen Rahmens für eine Marktwirtschaft.

In Deutschland wird dies im Gesetz gegen Wettbewerbsbeschränkungen (GWB) geregelt. § 1 dieses Gesetzes lautet wie folgt:

> *„Kartellverbot: Vereinbarungen zwischen miteinander im Wettbewerb stehenden Unternehmen, Beschlüsse von Unternehmensvereinigungen und aufeinander abgestimmte Verhaltensweisen, die eine Verhinderung, Einschränkung oder Verfälschung des Wettbewerbs bezwecken oder bewirken, sind verboten".*

Ein Bierpreis-Kartell der Wirte würde dieser Vorschrift also zuwiderlaufen. Auch ein Monopol wäre nach den Bestimmungen des GWB nicht zulässig In § 36 heißt es dazu:

> *„Grundsätze für die Beurteilung von Zusammenschlüssen: (1) Ein Zusammenschluss, von dem zu erwarten ist, dass er eine marktbeherrschende Stellung begründet oder verstärkt, ist vom Bundeskartellamt zu untersagen, es sei denn, die beteiligten Unternehmen weisen nach, dass durch den Zusammenschluss auch Verbesserungen der Wettbewerbsbedingungen eintreten und dass diese Verbesserungen die Nachteile der Marktbeherrschung überwiegen."*

Eine „*marktbeherrschende Stellung*" wird im Gesetz in § 19 (3) definiert:

> *„Es wird vermutet, dass ein Unternehmen marktbeherrschend ist, wenn es einen Marktanteil von mindestens einem Drittel hat. Eine Gesamtheit von Unternehmen gilt als marktbeherrschend, wenn sie*
>
> *1. aus drei oder weniger Unternehmen besteht, die zusammen einen Marktanteil von 50 von Hundert erreichen, oder*
>
> *2. aus fünf oder weniger Unternehmen besteht, die zusammen einen Marktanteil von zwei Dritteln erreichen."*

Bei Zusammenschlüssen, die für die Europäische Union relevant sind, greift die Wettbewerbskontrolle durch die *Europäische Kommission* (Artikel 81 bis 86 des EG-Vertrages) ein.

Der Mathematiker

Wie kein anderer hat sich Antoine Augustin Cournot um die Formalisierung der Ökonomie bemüht. Er wurde am 28. August 1801 in Gray (Haute-Saône) geboren und starb am 30. März 1877 in Paris.

Der französische Ökonom, Mathematiker und Philosoph entwickelte u. a. die Konzeption der Angebots- und Nachfragekurve und untersuchte die Preisbildung im Monopol („Cournot'scher Punkt") und im Oligopol, sowie die Wirkung von Steuern und Subventionen auf Produktion, Verteilung und Wohlstand. Er hat mit seinem Buch Alfred Marshall stark beeinflusst. In seinen philosophischen Werken beschäftigte er sich mit dem erkenntnistheoretischen Spannungsverhältnis zwischen Geschichte und Wissenschaft. Mit Hilfe von Statistik und Wahrscheinlichkeits-

1801 - 1877

rechnung sollen Gesetzmäßigkeiten, Zusammenhänge und Strukturen erkannt und von auf Zufällen beruhenden Verzerrungen bereinigt werden. Diesen Gradmesser für Wissenschaftlichkeit wandte er u. a. auf die Geschichts- und Wirtschaftswissenschaft an. Somit gilt er auch als einer der ersten Vertreter der Ökonometrie.

Zitat:

„Systems have their fanatics. But the science which succeeds to them never has them. Finally, even if the theories relating to social organization do not guide the doings of the day, they at last throw a light on the history of accomplished facts." (Principles, S. 171)

Ausbildung und Beruf

1806-1816 Schule in Grays

1816-1820 Selbststudium naturwissenschaftlicher und philosophischer Literatur neben einem Volontariat.

1821 wurde er zur naturwissenschaftlichen Abteilung der École normale in Paris zugelassen.

1823 Abschluss als Lizentiat der Naturwissenschaften

1834 Professor in Lyon

1838 Generalinspekteur der französischen Universitäten mit Sitz in Paris

1854-1862 Rektor der Académie de Grenoble

Werke

1838 Recherches sur les principes mathématiques de la théorie des richesses (Principles into the Mathematical Principles of the Theory of Wealth, New York, Macmillan 1929)

1863 Principes de la théorie des richesses; Paris Hachette.

SCHLAGWÖRTER

Cournot'scher Punkt (S. 141), Gesetz gegen Wettbewerbsbeschränkungen (S. 147), Grenzerlös (S. 139), Kartell (S. 134), marktbeherrschende Stellung (S. 147), Monopol (S. 137), Oligopol (S. 134), Preiselastizität der Nachfrage (S. 140), Preis-Absatz-Funktion (S. 142), Preisdifferenzierung (S. 143), Preisdiskriminierung (S. 143), Produktdifferenzierung (S. 143), Wettbewerbspolitik (S. 144)

AUFGABEN

1. Monopol

Die Eisdiele Rialto kauft die Eisdiele Dolomiti (siehe *Aufgabe 3 in Kapitel 7*) auf und hat sich damit eine Monopolstellung in der Stadt verschafft. Die Grenzkosten für beide Eisdielen lauten jetzt:

$$GK = \frac{2}{10} + \frac{1}{50}x$$

Die Nachfrage lautet weiterhin:

$$p = 2{,}20 - \frac{1}{1.000}x^n$$

Berechnen Sie den „Cournot'schen Punkt". Wie hat sich die Situation gegenüber der *Aufgabe 3 in Kapitel 7* verändert?

2. Preiselastizität der Nachfrage

a) Ein Kartell der Lehrbuchautoren für VWL-Einführungsbücher beschließt einen einheitlichen Preis von 100 €. Der Gesamt-Umsatz geht dadurch deutlich zurück.

b) Der Benzinpreis steigt durch die Ökosteuer. Der Umsatz steigt.

c) Der Bierpreis auf dem Oktoberfest wird wieder einmal erhöht. Am Ende stellen die Wirte fest, dass der Umsatz konstant geblieben ist.

Was lässt sich in diesen Fällen über die Preiselastizität der Nachfrage sagen. Haben die Autoren in a) einen Fehler gemacht?

3. Preisdifferenzierung

Die Deutsche Bahn bietet für Jugendliche und Senioren Fahrkarten zu einem vergünstigten Preis an. Eine von ihr beauftragte Beratungsgesellschaft schlägt vor, einen solchen „Sozialkram" abzuschaffen. Zeigen Sie grafisch, warum sich eine solche Strategie für die Bahn als vorteilhaft auswirken könnte.

Kapitel 9

Auch auf dem Arbeitsmarkt gelten die Prinzipien von Angebot und Nachfrage, ...

... aber es kann dort zu gravierenden Ungleichgewichten kommen	153
Die Nachfrage nach Arbeit geht von den Unternehmen aus	154
Wie lange soll Heike in der Bierkneipe jobben?	156
Der Arbeitsmarkt für Aushilfskräfte	162
Wie es durch zu hohe Löhne zu Arbeitslosigkeit kommen kann	164
Exkurs: Wozu braucht man eigentlich Gewerkschaften?	165

Kapitel 9

Auch auf dem Arbeitsmarkt gelten die Prinzipien von Angebot und Nachfrage, ...

LERNZIELE

- Auf dem Arbeitsmarkt gelten im Prinzip die gleichen Gesetze wie auf dem Gütermarkt.

- Die Nachfrage nach Arbeitskräften geht von den Unternehmen aus. Sie weist einen fallenden Verlauf auf. Wegen des abnehmenden Grenzertrags der Arbeit sind die Unternehmen umso eher bereit, zusätzliche Arbeitskräfte einzustellen, je niedriger ihr Lohnsatz ist.

- Das Angebot von Arbeit geht von den Arbeitnehmern aus. In der Volkswirtschaftslehre wird in der Regel ein steigender Verlauf des Arbeitsangebots unterstellt. Dahinter steht die Intuition, dass sich Menschen einem steigenden Grenzleid der Arbeit gegenüber sehen. Um sie also zu einer immer längeren Arbeitszeit zu veranlassen, muss man ihnen einen immer höheren Stundenlohn anbieten.

- Die hohe Arbeitslosigkeit zeigt, dass der Arbeitsmarkt nicht perfekt funktioniert. Eine wichtige Erklärung für Arbeitslosigkeit sind zu hohe Löhne, die durch Gewerkschaften durchgesetzt werden.

- Gewerkschaften haben aber auch positive Effekte, da sie die Verhandlungsposition des einzelnen Arbeitnehmers gegenüber der Unternehmensleitung stärken. Außerdem sorgen die Flächentarifverträge dafür, dass wir in Deutschland ein sehr hohes Maß an „sozialem Frieden" haben.

- Sie können die in diesem Kapitel dargestellten Zusammenhänge auch mit dem Modell „Mikro-Arbeitsmarktgleichgewicht" nachvollziehen. Sie finden das Modell auf der CD-ROM.

Der Arbeitsmarktexperte: Professor Dr. Wolfgang Franz

Wolfgang Franz ist Präsident des Zentrums für Europäische Wirtschaftsforschung, Mannheim (seit 1997). Zugleich ist er Inhaber eines Lehrstuhls für Volkswirtschaftschaftslehre an der Universität Mannheim. Davor lehrte er an den Universitäten Mainz, Stuttgart und Konstanz. Franz ist Mitglied des Sachverständigenrats zur Begutachtung der gesamtwirtschaftlichen Entwicklung. Dieses Amt hatte er zuvor auch schon in de Zeit von 1994 bis 1999 inne. Franz ist einer der führenden Arbeitsmarktexperten in Deutschland. Er wurde 1944 geboren und studierte an der Universität Mannheim.
Dort erlangte er auch die Promotion und die Habilitation. (*www.zew.de/de/mitarbeiter/mitarbeiter.php3?action=mita&kurz=wfr*)

9.1   ... aber es kann dort zu gravierenden Ungleichgewichten kommen

Nachdem wir nun gesehen haben, von welchen Grundprinzipien ein Markt bestimmt wird, können wir das Gelernte leicht auf andere Bereiche des Wirtschaftslebens übertragen. Ein Markt, der in der öffentlichen Diskussion besonders große Beachtung findet, ist der Arbeitsmarkt. Anhand der hohen Arbeitslosenzahlen, die jeden Monat in den Medien veröffentlicht werden, können wir unmittelbar erkennen, dass an diesem Markt etwas nicht stimmt. Bisher haben wir gelernt, dass es auf einem Markt immer dazu kommt, dass die Pläne der Nachfrager zu den Plänen der Anbieter passen. Wie ist es dann zu erklären, dass Millionen von Menschen keinen Arbeitsplatz finden können? Wie das *Schaubild 14.3* zeigt, ist die Massenarbeitslosigkeit kein neues Phänomen, vielmehr gab es in der deutschen Geschichte immer wieder längere Phasen mit hoher und – in den dreißiger Jahren des letzten Jahrhunderts – sogar extrem hoher Arbeitslosigkeit.

Wir werden sehen, dass die Diskussion über die Ursachen von Arbeitslosigkeit in der Ökonomie stets sehr kontrovers geführt wurde. Im Grunde geht es dabei vor allem um die Frage, ob Arbeitslosigkeit verursacht wird durch

- einen zu hohen Preis für Arbeit, d.h. zu hohe Löhne, und/oder zu großzügige Sozialleistungen (*mikroökonomische* Erklärung von Arbeitslosigkeit) oder

- eine zu geringe gesamtwirtschaftliche Nachfrage (*makroökonomische* Erklärung von Arbeitslosigkeit).

In diesem Teil des Buches können wir uns nur auf die mikroökonomischen Aspekte der Arbeitslosigkeit konzentrieren. Die makroökonomischen Ursachen von Unterbeschäftigung, die genauso bedeutsam sind, werden ausführlich im *Kapitel 16* erörtert.

9.2 Die Nachfrage nach Arbeit geht von den Unternehmen aus

Es mag für den Laien etwas verwirrend sein, aber in der Volkswirtschaftslehre geht man davon aus, dass die Arbeit von den Arbeitnehmern *angeboten* und von den Unternehmen *nachgefragt* wird. Wir wollen die Nachfrage und das Angebot am Arbeitsmarkt zunächst intuitiv herleiten – analog zur Herleitung für den Gütermarkt in *Kapitel 5*.

9.2.1 Intuitive Herleitung

Bei der *Nachfrage* der Unternehmen nach Arbeit ist es relativ einleuchtend, dass sie dem Vorzeichen nach ähnlich verläuft wie die Nachfrage nach Gütern. Die nachgefragte Menge nimmt also mit dem Preis, d.h. hier dem Lohnsatz, ab. Dieser fallende Verlauf der Nachfrage nach Arbeit ist wieder auf das *Gesetz des abnehmenden Grenzertrags* zurückzuführen. Für das Beispiel der Bierkneipe bedeutet das, die erste Aushilfskraft bringt eine enorme Steigerung des Umsatzes, die zweite erhöht diesen ebenfalls, aber schon nicht mehr ganz so stark. Bei der vierten, fünften oder sechsten Aushilfskraft kann die *zusätzliche* Ausweitung schon gegen Null gehen – oder sogar schon negativ sein, wenn die Bedienungen sich gegenseitig im Wege stehen oder zuviel miteinander tratschen.

Die Wirt wird sich bei seiner Personalplanung also fragen, wie hoch der *zusätzliche* Umsatz ist, den er mit einer weiteren Arbeitskraft erzielen kann, und diesen mit den Lohnkosten und den sonstigen variablen Kosten vergleichen, die er dafür zahlen muss. Es leuchtet unmittelbar ein, dass die Nachfrage nach Arbeit umso größer ist, je niedriger die Lohnkosten sind. So wird der Wirt bei sehr niedrigen Löhnen auch einen Studenten beschäftigen, der relativ unproduktiv ist. Insgesamt kann man also davon ausgehen, dass die Nachfrage der Unternehmen nach Arbeit einen negativen Verlauf aufweist

9.2.2 Formale Herleitung

Wir können diesen Zusammenhang nun auch formal herleiten, wobei wir uns auf die Nachfrage nach unqualifizierten Arbeitskräften konzentrieren. Dazu unterstellen wir jetzt wieder vollständige Konkurrenz zwischen den Wirten, wie wir das in *Kapitel 6* getan haben. Der Ausgangspunkt der Herleitung ist der Einfluss der Zahl der Arbeitsstunden unqualifizierter Arbeitskräfte (h_A) auf den Gewinn. Der Gewinn eines Wirtes ergibt sich dann als

9.2 Die Nachfrage nach Arbeit geht von den Unternehmen aus

(9.1) $\quad G(h_A) = px(h_A) - qx(h_A) - wh_A - K_f$

d.h. als Differenz zwischen dem Erlös (px), den Kosten für das Bier (q), den Kosten für die Aushilfskräfte und den fixen Kosten. Wichtig ist bei dieser Abbildung, dass jetzt die zentralen Größen, d.h. der Gewinn und der Output, davon bestimmt sind, wie viele Arbeitsstunden von den Wirten nachgefragt werden. Damit kann man die Gewinngleichung nach der Zahl der Arbeitsstunden ableiten. Konkret bedeutet das: Ein Wirt fragt sich, wie sich eine zusätzliche Arbeitsstunde einer Aushilfskraft auf seinen Gewinn auswirkt.

(9.2) $\quad \dfrac{\delta G}{\delta h} = p \dfrac{\delta x}{\delta h_A} - q \dfrac{\delta x}{\delta h_A} - w$

Der Gewinn ist maximal, wenn

(9.3) $\quad \dfrac{\delta G}{\delta h_A} = 0$

Daraus ergibt sich dann

(9.4) $\quad (p-q) \dfrac{\delta x}{\delta h_A} = w$

Das heißt also, ein Wirt wird zusätzliche Arbeitsstunden nur dann nachfragen, wenn der damit geschaffene zusätzliche Output bewertet mit dem Preis (abzüglich der Kosten für das Bier) größer ist als der Lohnsatz. Mit jeder zusätzlichen Arbeitsstunde sinkt jedoch annahmegemäß (siehe *Kapitel 7*) die *Grenzproduktivität*. Somit kommt es früher oder später zu dem Punkt, bei dem der bewertete zusätzliche Output gerade gleich dem Lohnsatz ist. Über diesen Punkt hinaus wäre es nicht mehr optimal, Arbeitskräfte nachzufragen.

Zur Vereinfachung wird in der mikroökonomischen Literatur bei der Darstellung der Arbeitsnachfrage in der Regel davon ausgegangen, dass die Arbeit der einzige variable Faktor ist; die Kosten für andere Inputs, wie hier das Bier, werden also vernachlässigt. Außerdem wird die Arbeitsnachfrage meist als eine Nachfrage nach Arbeitskräften (N) – mit einer festen täglichen Arbeitszeit – abgebildet. Dies vereinfacht Gleichung *(9.4)* zu

(9.5) $\quad p \dfrac{\delta x}{\delta N} = w$

oder

(9.6) $\quad \dfrac{w}{p} = \dfrac{\delta x}{\delta N}$

Wir erkennen daran, dass im Optimum der „Reallohn", d.h. hier der Nominallohn geteilt durch den Preis des produzierten Gutes (w/p), gleich der Grenzproduktivität der Arbeit ($\delta x / \delta N$) ist. Aus diesem Zusammenhang kann man nun relativ leicht die Arbeitsnachfrage der Unternehmen herleiten. *Schaubild 9.1*, das wir wieder aus den Daten für unsere Bierkneipe ermittelt haben, zeigt, dass die *Arbeitsnachfrage* eines Unternehmens umso größer ist, je niedriger der Lohnsatz liegt; auf die Unterscheidung zwischen Real- und Nominallohn verzichten wir bei diesen Zahlenbeispielen.

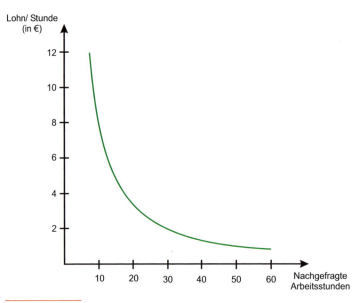

Schaubild 9.1: **Die Nachfrage eines einzelnen Wirtes nach Aushilfskräften**

Wie schon in *Kapitel 6* nehmen wir nun an, dass für alle acht Wirte dieselben Zusammenhänge gelten. Wir können daher wiederum durch einfache Addition der acht individuellen Nachfragekurven *die gesamte Nachfrage* am Markt für Aushilfskräfte errechnen. Diese wird grafisch im *Schaubild 9.7* abgebildet.

9.3 Wie lange soll Heike in der Bierkneipe jobben?

Zur Herleitung des Angebots an Aushilfskräften halten wir uns ebenfalls an ein einfaches Beispiel: Studentin Heike fragt sich, wie viele Stunden sie täglich im Biergarten arbeiten soll. Heike bekommt von ihren Eltern nicht sehr viel Geld, sie geht jedoch gerne „shoppen", sie möchte oft ans Meer, im Winter „boardet" sie in den Bergen. Aus *Kapitel 5* wissen wir, dass sie auch im Kino und im Biergarten anzutreffen ist. Es ist daher nahe liegend, dass sich Heike nach einem Nebenjob umsieht. Der Wirt des „Bierkellers" möchte sie sofort einstellen, wobei sie frei wählen kann, wie viele Stunden sie pro Tag arbeitet. Der Stundenlohn beträgt 7,50 €. Wie soll sich Heike entscheiden?

9.3.1 Intuitive Herleitung

Wiederum kann man den Entscheidungsprozess recht gut intuitiv herleiten. Es ist klar, dass Heike im Prinzip umso mehr zu arbeiten bereit ist, je mehr Geld ihr für die Stunde bezahlt wird. Dies liegt daran, dass auch für den Arbeitseinsatz das Gesetz eines zunehmenden „*Grenzleids*" gilt. Wenn Heike nur eine Stunde am Tag „jobbt", beeinträchtigt das ihr Wohlergehen nicht allzu sehr. Wenn sie sich aber fragt, ob sie zehn oder elf Stunden am Tag einem Nebenjob nachgehen soll, dann ist das Grenzleid der elften Stunde schon recht hoch und sie wird nur dann bereit sein, so viel zu arbeiten, wenn der Job sehr gut bezahlt ist (oder wenn sie ziemlich große Schulden hat). Auf dieser Grundannahme basieren die in der Volkswirtschaftslehre üblicherweise verwendeten Kurven für das Arbeitsangebot. Sie weisen einen steigenden Verlauf auf – genauso wie das Angebot an Kartoffeln oder Eisbein.

Allerdings soll nicht unerwähnt bleiben, dass man sich auch einen anderen Verlauf der Arbeitsnachfrage vorstellen kann. Nehmen wir einmal an Heike hat sehr viel Glück und findet einen Job, bei dem für eine Stunde am Tag 50 € bezahlt wird. In dieser Situation wäre es durchaus denkbar, dass sie ihr Angebot auf eine Stunde beschränkt, da dies schon weit mehr ist als das von ihr für erforderlich erachtete Zusatzeinkommen. Ein steigender Lohnsatz kann also auch zu einem Rückgang des Arbeitsangebots führen. In diesem Fall ist der Einkommenseffekt der Lohnerhöhung so stark, dass er den Substitutionseffekt (Arbeit wird im Vergleich zu Freizeit in finanzieller Hinsicht attraktiver) überwiegt.[1] Wir werden diesen Verlauf des Arbeitsangebots im Folgenden jedoch nicht weiter beachten.

9.3.2 Formale Herleitung

Wenn wir das Arbeitsangebot genauer herleiten wollen, müssen wir etwas grundsätzlicher an die Sache herangehen. Der Ausgangspunkt hierfür ist das pro Tag insgesamt verfügbare Zeitbudget. Heike muss sich also zunächst einmal fragen, wie viele Stunden pro Tag

---

[1] Max Weber (1920, S. 44) hat diesen Effekt bei der Einführung des Akkordlohns in der Landwirtschaft im 19. Jahrhundert beobachtet: „Die Heraufsetzung der Akkordsätze bewirkte auffallend oft nicht etwa, dass mehr, sondern dass weniger an Arbeitsleistung in der gleichen Zeitspanne erzielt wurde, weil die Arbeiter die Akkorderhöhung nicht mit Herauf-, sondern mit Herabsetzung der Tagesleistung beantworteten. Der Mann, der z. B. bei 1 Mark für den Morgen Getreidemähen bisher $2^1/_2$ Morgen täglich gemäht und so $2^1/_2$ Mark am Tag verdient hatte, mähte nach Erhöhung des Akkordsatzes für den Morgen um 25 Pfg. nicht wie gehofft wurde, angesichts der hohen Verdienstgelegenheit etwa 3 Morgen, um so 3,75 Mark zu verdienen – wie dies sehr wohl möglich gewesen wäre –, sondern nur noch 2 Morgen am Tag, weil er so ebenfalls $2^1/_2$ Mark, wie bisher, verdiente und damit, nach biblischem Wort, „ihm genügen" ließ. Der Mehrverdienst reizte ihn weniger als die Minderarbeit; er fragte nicht: wieviel kann ich am Tag verdienen, wenn ich das mögliche Maximum an Arbeit leiste, sondern: wieviel muss ich arbeiten, um denjenigen Betrag – $2^1/_2$ Mark – zu verdienen, den ich bisher einnahm und der meine traditionellen Bedürfnisse deckt."

sie *maximal* im Biergarten jobben kann. Nehmen wir an sie kommt dabei zu dem Ergebnis, dass sie auf jeden Fall sieben Stunden Schlaf benötigt. Für das Studium, Besorgungen, Tätigkeiten im Haushalt sind weitere fünf Stunden erforderlich. Bleiben also maximal zwölf Stunden, die sie entweder für den Job im Biergarten oder für ihre Freizeit einsetzen kann.

Damit kann sich Heike nun eine Budgetgerade herleiten (*Schaubild 9.2*). Diese ist der Budgetgeraden auf dem Gütermarkt (*Kapitel 6*) sehr ähnlich.

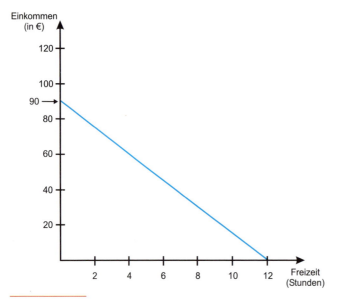

Schaubild 9.2: **Wie viele Stunden kann Heike im Bierkeller jobben und was verdient sie dabei?**

Bei einem Stundenlohn von 7,50 € zeigt ihr die Budgetgerade alle Kombinationen von Freizeit und Einkommen, die sie bei zwölf verfügbaren Stunden am Tag realisieren kann. Wenn sie zwölf Stunden jeden Tag arbeitet, erhält sie ein Tages-Einkommen von 90 €; ihre Freizeit ist gleich Null. Arbeitet sie überhaupt nicht, ist ihr Einkommen gleich Null, dafür hat sie jedoch jeden Tag zwölf Stunden Freizeit. Verbindet man beide Punkte, erhält man eine Gerade, an der Heike alle von ihr erzielbaren Kombinationen von Freizeit und Einkommen ablesen kann. Ähnlich wie bei der Konsumentscheidung, weiß sie, was für sie möglich ist. Um herauszufinden, welcher der möglichen Punkte optimal ist, benötigt Heike wieder eine Nutzenfunktion. In diesem Fall ergibt sich Heikes Nutzen aus den von ihr realisierten Kombinationen von Freizeit (h_F) und Einkommen (Y):

(9.7) $U = U(h_F, Y)$

9.3 Wie lange soll Heike in der Bierkneipe jobben?

Um die optimale Mischung aus Einkommen und Freizeit zu finden, kann Heike nun ganz ähnlich vorgehen wie bei der Wahl zwischen Bier und Kino. Wiederum möchte sie die Indifferenzkurve mit dem höchstmöglichen Nutzenniveau erreichen. Dieses wird erreicht, wenn ihre „Budgetgerade", d.h. die von ihr realisierbaren Kombinationen von Freizeit und Arbeit, die Indifferenzkurve tangiert. Das *Schaubild 9.3*, das für eine Nutzenfunktion des Typs

$$(9.8) \quad U = 2 \cdot T \cdot h_F + h_F \cdot Y - h_F^2$$

erstellt wurde[2], mit T = Zahl der maximal für die Arbeit verfügbaren Stunden, zeigt, dass für Heike bei einem Stundenlohn von 7,50 € eine tägliche Arbeitszeit von 5,3 Stunden optimal wäre. Sie würde dabei ein Einkommen von 39,75 € erzielen und hätte noch 6,7 Stunden verfügbare Zeit übrig.

Mit dem Modell „Mikro-Arbeitsmarktgleichgewicht"), das Sie auf der CD-ROM finden, können Sie diese Werte selbst errechnen und auch andere Kurvenverläufe entwickeln.

---

[2] Diese etwas komplizierte Funktion führt zu gut nachvollziehbaren Ergebnissen. Das optimale Arbeitsangebot von Heike lässt sich dabei wie folgt ableiten. Wir gehen zunächst von folgenden Zusammenhängen aus. Die Arbeitszeit ist die insgesamt verfügbare Zeit abzüglich der Freizeit

$$(9.9) \quad W = T - h_F$$

Das Einkommen ergibt sich aus der Arbeitszeit mal dem Stundenlohn:

$$(9.10) \quad Y = w \cdot W$$

Setzt man beides in die obige Nutzenfunktion erhält man:

$$(9.11) \quad U = 2 \cdot T \cdot (T - W) + (T - W) \cdot w \cdot W - (T - W)^2$$

Um nun das optimale Arbeitsangebot herzuleiten, leiten wir diese Nutzenfunktion nach der Arbeitszeit ab und setzen dies gleich Null:

$$(9.12) \quad \frac{dU}{dW} = -2T - wW + w(T - W) + 2(T - W) = 0$$

Die optimale Arbeitszeit beträgt also:

$$(9.13) \quad W = \frac{T \cdot w}{2(w + 1)}$$

Wir erkennen dabei, dass für einen Lohn (w), der gegen Unendlich geht, die Arbeitszeit gegen T/2 tendiert. Genau dies wird in *Schaubild 9.7* deutlich.

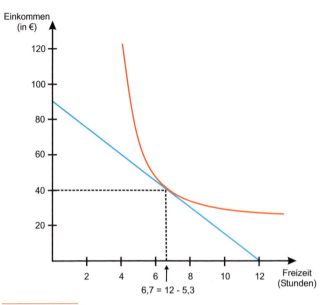

Schaubild 9.3: **Heikes optimale Kombination von Arbeit und Freizeit bei einem Stundenlohn von 7,50 €**

9.3.3 Das Arbeitsangebot für Aushilfskräfte im Biergarten

Um nun die Kurve des *Arbeitsangebotes* von Heike zu ermitteln, müssen wir herausfinden, wie sich die für Heike optimale Arbeitszeit ändert, wenn der Stundenlohn nach unten oder oben angepasst wird. Das *Schaubild 9.4*, das wiederum auf dem Modell „Mikro-Arbeitsmarktgleichgewicht" (CD-ROM) basiert, zeigt uns, dass Heike

- bei einem Stundenlohn von 10 € zu einer Arbeitszeit von 5,5 Stunden bereit wäre,
- bei einem Stundenlohn von 5 € würde sie mehr Freizeit wählen und nur noch für 5 Stunden am Tag in der Bierkneipe arbeiten.

9.3 Wie lange soll Heike in der Bierkneipe jobben?

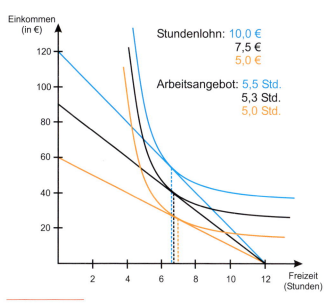

Schaubild 9.4: **Heikes optimale Kombination von Arbeit und Freizeit bei unterschiedlichen Lohnsätzen**

Wenn wir die Punkte in *Schaubild 9.5* übertragen, erhalten wir ein mit dem Lohnsatz ansteigendes Arbeitsangebot von Heike.

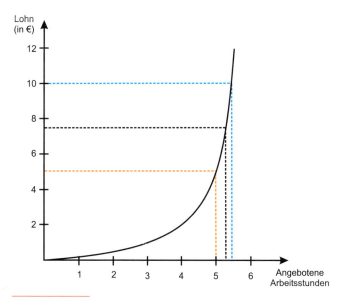

Schaubild 9.5: **Das Arbeitsangebot von Heike**

Den Unterschied zwischen dem Nominallohn und dem Reallohn können wir hier vernachlässigen. Wir unterstellen einfach, dass das Preisniveau konstant ist, so dass der Nominallohn mit dem Reallohn identisch ist.

Aus der individuellen Arbeitsangebotskurve von Heike lässt sich nun ebenfalls ganz einfach eine aggregierte Angebotskurve für Aushilfskräfte ermitteln. Wir nehmen dafür einfach an, dass Heike repräsentativ für alle Aushilfskräfte ist und dass es an diesem regionalen Arbeitsmarkt insgesamt 16 potenzielle Aushilfskräfte gibt. Die gesamte Arbeitsangebotsfunktion wird in *Schaubild 9.6* abgebildet.

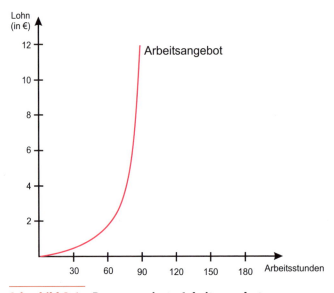

Schaubild 9.6: **Das aggregierte Arbeitsangebot**

9.4 Der Arbeitsmarkt für Aushilfskräfte

Wir haben jetzt alles, was wir benötigen, um den Arbeitsmarkt für Aushilfskräfte darzustellen: das Arbeitsangebot der Arbeitnehmer und die Arbeitsnachfrage der Bierkneipenwirte. Wie schon beim Markt für Bier fügen wir nun einfach Angebots- und Nachfragekurve in einem Diagramm zusammen (*Schaubild 9.7*).

9.4 Der Arbeitsmarkt für Aushilfskräfte

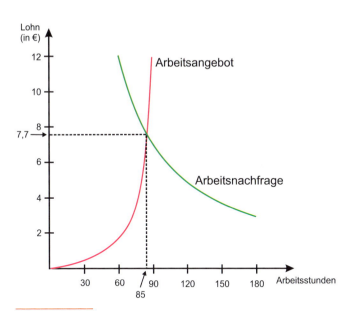

Schaubild 9.7: **Der Arbeitsmarkt für Aushilfskräfte**

Der Schnittpunkt beider Kurven gibt uns den Lohnsatz an, bei dem die von den Arbeitnehmern geplante angebotene Arbeitsmenge (in Stunden) genau der von den Unternehmern geplanten nachgefragten Arbeitsmenge entspricht. In unserem Beispiel liegt der Gleichgewichtslohn bei 7,70 €.

Ein wichtiger Unterschied zum Markt für Bier besteht darin, dass wir es jetzt mit einem Markt zu tun haben, auf dem ein Produktionsfaktor (Arbeit) gehandelt wird, der zur Erstellung des Outputs (Bier) eingesetzt wird. Man bezeichnet solche Märkte auch als *Faktormärkte*. Wiederum schlagen sich im Gleichgewichtspreis alle Informationen nieder, die für diesen Markt relevant sind:

- der Preis des Endprodukts, d.h. der Preis pro Bierglas in der Bierkneipe, abzüglich der Kosten für das Bier von der Brauerei.
- die Produktionstechnologie der Bierkneipe; in diesem einfachen Beispiel ergibt sie sich einfach aus der Zahl der Biergläser, die von einer Aushilfskraft pro Stunde serviert werden kann.
- die Präferenzen der Arbeitnehmer für Einkommen auf der einen und Freizeit auf der anderen Seite.

Da im Preis für das Endprodukt wiederum alle relevanten Daten über die Nachfrager und Anbieter von Bier enthalten sind, kommt es so zu einer Übermittlung dieser Informationen auf den Faktormarkt. So würde beispielsweise eine größere Präferenz der Studenten für Bier zu einem steigenden Bierpreis und auf diesem Wege dann auch zu einem höheren Lohnsatz für Aushilfskräfte und zu einem höheren Beschäftigungsniveau für Aushilfskräfte führen. Wir erkennen daran also die *Interdependenz* aller Märkte in einer Volkswirtschaft.

9.5 Wie es durch zu hohe Löhne zu Arbeitslosigkeit kommen kann

Wie ist es nun möglich, dass es auf dem Arbeitsmarkt zu Arbeitslosigkeit kommen kann? Offensichtlich handelt es sich dabei um eine Störung des Preismechanismus, da dieser normalerweise zu einem perfekten Ausgleich der Pläne von Anbietern und Nachfragern führt.

Eine mögliche Ursache für eine solche Störung sind Tarifverträge, in denen Löhne vereinbart werden, die höher sind als der Gleichgewichtslohn. Nehmen wir einmal an, es gäbe einen Tarifvertrag für Bierkneipen, in denen ein Stundenlohn für Aushilfskräfte von 9 € vereinbart wurde. Das *Schaubild 9.8* zeigt uns, dass die Bierlokal-Wirte zu diesem Lohn weniger Arbeitskräfte nachfragen als beim Gleichgewichtslohn.

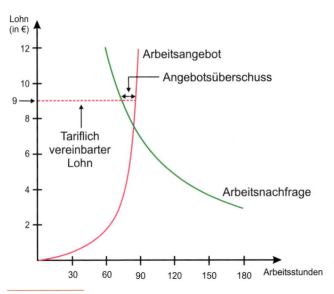

Schaubild 9.8: Zu hohe Löhne können zu Arbeitslosigkeit führen

Gleichzeitig steigt jedoch die von den Arbeitnehmern angebotene Menge an Arbeit. Zum tarifvertraglich fixierten Stundenlohn liegt so also die angebotene Menge über der nachgefragten. Es besteht ein Angebotsüberschuss an Arbeit. Dies hat zur Folge, dass jetzt nicht mehr alle potenziellen Aushilfskräfte auch eine Anstellung finden. So kann es dann beispielsweise Heike passieren, dass sie arbeitslos wird.

Für viele Ökonomen sind daher die durch Gewerkschaften in Tarifverträgen festgelegten Löhne die wichtigste Ursache von Arbeitslosigkeit. Man spricht hierbei von *„Mindestlohnarbeitslosigkeit"* oder auch von *„klassischer Arbeitslosigkeit"*. Dieser Ausdruck erklärt sich daher, dass Keynes alle vor ihm lehrenden Ökonomen als „Klassiker" bezeichnete. Er dachte dabei hauptsächlich an seinen Cambridge-Kollegen Arthur Pigou (siehe dazu die Kurzbiographie am Ende des

13. Kapitels). Wenn man die Lohnentwicklung in der Vergangenheit betrachtet, ist der Befund „zu hohe Löhne" keinesfalls offensichtlich. *Schaubild 9.9* zeigt die Entwicklung der Lohnstückkosten und des Preisindex für das Bruttoinlandsprodukt, der in etwa die Veränderung der Preise der im Inland produzierten Güter wiedergibt. Es zeigt sich dabei, dass in den meisten Jahren die Lohnstückkosten hinter der Preisentwicklung zurückgeblieben sind, so dass für die Unternehmen die Lohnkosten *real*, d.h. unter Berücksichtigung der von ihnen erzielten Preise, tendenziell gesunken sind. Wir werden in *Kapitel 16* sehen, dass Arbeitslosigkeit auch durch einen Mangel an gesamtwirtschaftlicher Nachfrage hervorgerufen werden kann. Man bezeichnet diese Arbeitslosigkeit als *keynesianische Arbeitslosigkeit*, da ihre theoretischen Grundlagen von John Maynard Keynes entwickelt wurden.

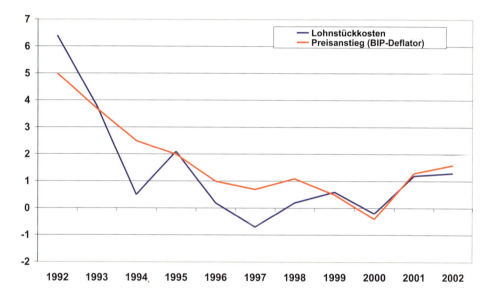

Schaubild 9.9: **Lohnstückkosten und Preisentwicklung in Deutschland (1992-2002)**
Quelle: Institut der Deutschen Wirtschaft (2002).

9.6 Exkurs: Wozu braucht man eigentlich Gewerkschaften?

Wenn es durch Gewerkschaften vor allem zu Arbeitslosigkeit kommt, könnte man sich fragen, ob es dann nicht am besten wäre, solche Institutionen ganz aufzulösen. In der Tat gibt es immer wieder Politiker, die genau das vorschlagen, um die Arbeitslosigkeit zu beseitigen. Doch ganz so einfach ist es sicher nicht. Die Funktion von Gewerkschaften lässt sich am besten verstehen, wenn wir uns an das Beispiel des Kartells am Bierlokal-Markt aus *Kapitel 8* erinnern. Das Kartell sorgte dafür, dass ein Bier-Preis durchgesetzt werden konnte, der über dem Gleichgewichtspreis liegt, der sich bei vollständiger Konkurrenz eingestellt hätte.

Ganz ähnlich funktioniert eine Gewerkschaft. Indem sie für ihre Mitglieder kollektiv die Löhne mit den Unternehmern vereinbart, ist sie in der Lage, einen höheren Lohnsatz zu realisieren, als dies bei individuellen Lohnverhandlungen der einzelnen Arbeitnehmer möglich wäre. Wie bei jedem Kartell ist es auch hier wichtig, dass es nicht durch einzelne Anbieter unterlaufen wird, die bereit sind, zu einem niedrigeren Lohn zu arbeiten.

Wie das *Schaubild 9.10* schematisch zeigt, kann so ein Teil der „Konsumentenrente" der Nachfrager nach Arbeit, d.h. der Unternehmer, in eine Produzentenrente der Anbieter von Arbeit, d.h. der Arbeitnehmer umgeleitet werden.

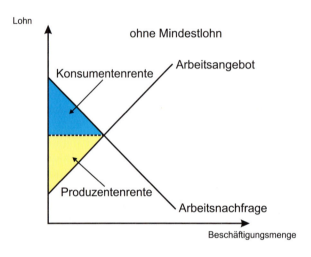

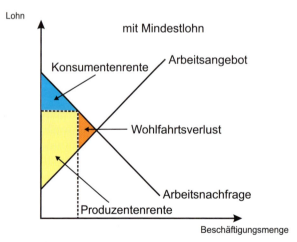

Schaubild 9.10: **Die Verteilungswirkungen von Mindestlöhnen**

Allerdings stellt sich dabei das schon erwähnte Problem der Arbeitslosigkeit für einen Teil der bisher Beschäftigten. Durch eine derartige Lohnpolitik der Gewerkschaften wird ein so genanntes *„Insider-Outsider-Problem"* geschaffen.

9.6 Exkurs: Wozu braucht man eigentlich Gewerkschaften?

- Die *Insider*, d.h. die beim höheren Lohn noch beschäftigten Arbeitnehmer, profitieren von der Lohnpolitik der Gewerkschaften, da sie so mehr verdienen als bei einem freien Wettbewerb am Arbeitsmarkt.

- Die *Outsider* zahlen die Zeche einer solchen Lohnpolitik, da sie jetzt keinen Arbeitsplatz mehr finden können.

So lange unter den Gewerkschaftsmitgliedern die Zahl der Insider deutlich höher liegt als die Zahl der Outsider, kann es für eine Gewerkschaft sinnvoll sein, eine solche Lohnpolitik zu verfolgen.

Doch wenn dies die einzige Rechtfertigung für Gewerkschaften wäre, müsste man sich – ähnlich wie bei der Wettbewerbspolitik (siehe *Kapitel 8*) – fragen, ob es dann nicht besser wäre, eine solche Institution ganz zu verbieten, da ihre Existenz stets mit einem gesamtgesellschaftlichen Wohlfahrtsverlust verbunden wäre.

Dabei würde man jedoch die wichtige Rolle der Gewerkschaften beim Prozess der Lohnfindung und der Gestaltung von Arbeitsverträgen übersehen. Wir haben bereits verstanden, dass es auf vielen Märkten gar nicht so einfach ist, den Gleichgewichtspreis zu finden. Anders als auf dem Aktienmarkt (*Kapitel 2*) sind hierfür auf den Gütermärkten nicht immer einfache „trial and error"-Prozesse erforderlich. Wenn wir uns den Arbeitsmarkt betrachten, erkennen wir, dass er von seiner Struktur her ebenfalls ein Markt ist, der keine einfache Preisbildung ermöglicht. Ohne Gewerkschaften wäre es denkbar, dass das Management eines jeden Unternehmens individuell gestaltete Arbeitsverträge mit seinen Mitarbeitern schließt. Aus der Sicht eines einzelnen Arbeitnehmers wäre dies mit hohen Informationskosten verbunden, da er sich gegenüber der Firmenleitung in einer Situation mit *„asymmetrischer Information"* befände:

- während das *Management* sehr häufig Arbeitsverträge schließt und über die Vertragsbedingungen aller anderen Arbeitnehmer gut informiert ist,

- kommt ein *Arbeitnehmer* nur relativ selten in eine Situation, in der er einen Arbeitsvertrag abschließt, wobei dann seine Informationen über die am Markt vorherrschenden Bedingungen sehr begrenzt sind.

Zudem kann es in einzelnen Regionen immer wieder dazu kommen, dass ein einzelnes Unternehmen der einzige größere Arbeitgeber ist. Als Monopolist auf der Nachfrageseite („*Monopsonist*") hätte es dann zumindest temporär[3] die Möglichkeit, die Arbeitnehmer „auszubeuten", d.h. sich einen Teil der „Produzentenrente" der Arbeitsanbieter anzueignen. Es ist daher nahe liegend, dass sich Arbeitnehmer zu Gewerkschaften zusammen-

---

[3] Arbeitnehmer haben natürlich immer die Möglichkeit, in eine andere Region abzuwandern. Da sie in der Regel jedoch durch „spezifische Investitionen" materieller Art (Hausbesitz) oder immaterieller Art (Freunde, Kinder in Schulen) eine gewisse Bindung an eine Region aufweisen, könnten sie ohne den Schutz von Gewerkschaften durch ein „opportunistisches Verhalten" von *monopsonistischen* Unternehmen, d.h. Unternehmen mit einem regionalen Monopol auf der Nachfrageseite, ausgebeutet werden Diese Zusammenhänge werden in allgemeiner Form in der „*Neuen Institutionenökonomie*" (Furubotn und Richter, 1999) diskutiert, die wir in der *Box 4.1* kurz dargestellt haben.

schließen, um über einen vergleichbaren Informationsstand wie das Management zu verfügen. In Deutschland ist diese *Koalitionsfreiheit* durch das Grundgesetz abgesichert.[4]

Dabei ist es möglich, dass für jedes Unternehmen eine eigene Gewerkschaft gegründet wird oder aber dass Gewerkschaften für bestimmte Branchen bestehen, die dann auch eine größere Region abdecken. Während das erste Modell vor allem in den Vereinigten Staaten zu finden ist, dominiert in Deutschland das zweite Modell. Allerdings gibt es in einer Reihe großer Unternehmen auch *Firmentarifverträge* (*Tabelle 9.1*).

	Flächentarifvertrag		Firmentarifvertrag		Ohne Tarifvertrag	
	West	Ost	West	Ost	West	Ost
Anteil der Betriebe	45	23	4	3	52	73
Anteil der Beschäftigten	63	46	7	10	30	45

Tabelle 9.1: Tarifbindung in Deutschland (2000)
Quelle: Institut der deutschen Wirtschaft (2002)

Da bei uns die Gewerkschaften überregional organisiert sind, ist es nahe liegend, dass sich auch die Unternehmen in überregionalen *Arbeitgeberverbänden* zusammengeschlossen haben. Damit wird es nun möglich, zwischen beiden Seiten Tarifverträge abzuschließen, die für eine gesamte Branche in einer bestimmten Region Geltung haben. Man bezeichnet solche Verträge als *Flächentarifverträge*. Aus der Sicht eines einzelnen Unternehmens hat der Flächentarifvertrag den Vorteil, dass damit eine erhebliche Einsparung von Transaktionskosten verbunden ist (Fitzenberger und Franz, 2000). Anstelle einer Vielzahl individueller Tarifverhandlungen auf Firmenebene findet nur eine zentrale Verhandlung statt. Wichtig ist auch, dass die mit Tarifauseinandersetzungen tendenziell einhergehenden Irritationen zwischen dem Management und der Belegschaft so gering wie möglich gehalten werden („*sozialer Friede*"). Der von vielen Ökonomen kritisierte Nachteil des Flächentarifvertrags liegt darin, dass er nicht den spezifischen Verhältnissen eines jeden einzelnen Unternehmens gerecht werden kann. Allerdings sind bei gravierenden wirtschaftlichen Problemen eines Unternehmens auch beim Flächentarifvertrag Abweichungen nach unten möglich.

---

4 In Art. 9 Abs. 3 Grundgesetz ist das Recht verankert, „zur Wahrung und Förderung der Arbeits- und Wirtschaftsbedingungen Vereinigungen zu bilden". Dieses Recht darf nicht eingeschränkt werden. Das Grundrecht der Koalitionsfreiheit kann sowohl die Gewerkschaft als auch der einzelne Arbeitnehmer für sich in Anspruch nehmen. Die Koalitionsfreiheit beinhaltet das Recht, zur Regelung der Arbeits- und Wirtschaftsbedingungen Tarifverträge abzuschließen.

Die zwischen Gewerkschaften und Arbeitgeberverbänden getroffenen Abmachungen gelten für alle Unternehmen, die Mitglied eines Arbeitgeberverbandes sind, und für alle Arbeitnehmer, die gewerkschaftlich organisiert sind.[5] Ein Unternehmen kann sich also dem Flächentarifvertrag dadurch entziehen, dass es aus einem Arbeitgeberverband ausscheidet. In den neuen Bundesländern gelten für rund zwei Drittel aller Unternehmen und gut ein Drittel aller Beschäftigten keine Tarifverträge. In West-Deutschland gilt dies für knapp die Hälfte der Unternehmen und für ein Viertel der Beschäftigten.

Im Ganzen lässt sich feststellen, dass die Gewerkschaften in den letzten Jahrzehnten an Bedeutung verloren haben. Dies liegt vor allem am wirtschaftlichen *Strukturwandel* (siehe dazu *Kapitel 15.2.1*), der dazu führte, dass an die Stelle der traditionell gewerkschaftsnahen Industriearbeiter immer mehr Beschäftigte im Dienstleistungssektor getreten sind. Da sie über eine höhere Qualifikation verfügen, ist das Problem der asymmetrischen Information etwas in den Hintergrund getreten.

SCHLAGWÖRTER

Arbeitsangebot (S. 157), Arbeitgeberverbände (S. 168), Arbeitsmarkt (S. 162), Arbeitsnachfrage (S. 155), Gewerkschaften (S. 164), Grenzleid (S. 157), Insider-Outsider-Problem (S. 166), keynesianische Arbeitslosigkeit (S. 165), klassische Arbeitslosigkeit (S. 164), Koalitionsfreiheit (S. 168), Mindestlohn-Arbeitslosigkeit (S. 164), Monopson (S. 167), Tarifvertrag (S. 164)

AUFGABEN

1. Hans kann während des Semesters maximal 5 Stunden am Tag jobben. Er arbeitet bei der Infotec, die ihm einen Stundenlohn von 10 € bezahlt. Er findet es optimal 3 Stunden dafür täglich zu arbeiten. Zeichnen Sie diese für ihn optimale Kombination von Konsum/Arbeit und Freizeit und bilden Sie die Präferenzen von Hans ab.

2. Der Chef von Hans möchte, dass dieser länger für die Firma arbeitet und bietet ihm einen Lohn von 15 € an. Zeichnen Sie nun das neue Entscheidungsfeld für Hans. Hans will jedoch nur noch 2 Stunden arbeiten. Wie kann man diese Entscheidung erklären? Versuchen Sie grafisch hierfür eine Rechtfertigung zu liefern.

---

[5] Wenn ein Unternehmen auch denjenigen Beschäftigten, die keiner Gewerkschaft angehören, die tariflichen Leistungen gewährt, geschieht das freiwillig. Die Unternehmen vermeiden damit, dass Gewerkschaftsmitglieder besser gestellt werden.

3. Viele Unternehmen halten die Lohnpolitik der Gewerkschaften für eine zentrale Ursache der Arbeitslosigkeit. Zeigen Sie grafisch, wie der Arbeitsmarkt beschaffen sein muss, damit diese Argumentation zutrifft. Wie ließe es sich dann erklären, dass die Gewerkschaften eine Politik betreiben, die zu Arbeitslosigkeit führt.

4. Manche Ökonomen sehen im Flächentarifvertrag ein großes Problem. Trotzdem ziehen viele Unternehmen diese Lösung einer Lohnpolitik auf der Betriebsebene vor. Welche Vorteile versprechen sie sich davon?

Kapitel 10

Trotz der hohen Effizienz des Marktes geht es nicht ohne den Staat

Das Pareto-Kriterium zeigt, ob mikroökonomisch effiziente Lösungen vorliegen, interessiert sich aber nicht für die Verteilung	173
Weshalb Ökonomen vor Markteingriffen durch Politiker eher abraten	174
Warum es aber ohne den Staat nicht geht	175
Eine kurze Übersicht über die wichtigsten Staatsaufgaben	176
Von der Marktwirtschaft zur Sozialen Marktwirtschaft	178

Kapitel 10

Trotz der hohen Effizienz des Marktes geht es nicht ohne den Staat

LERNZIELE

- Das Pareto-Kriterium ist zentral für die Markt-Effizienz. Es lässt aber die Verteilung der Güter auf die Konsumenten unberücksichtigt.

- Ökonomen sind gegenüber Staatseingriffen grundsätzlich skeptisch eingestellt. Sie begründen dies damit, dass Politiker oft dem Druck von Interessengruppen ausgesetzt sind, in der Regel sehr kurzfristig denken und oft auch mit der Lösung komplexer Probleme überfordert sind.

- Trotzdem muss der Staat in der Marktwirtschaft drei wichtige Funktionen wahrnehmen: die Distributionsfunktion (d.h. eine Umverteilung von Einkommen), die Allokationsfunktion (d.h. das Setzen von Rahmenbedingungen für den Markt und korrigierende Eingriffe bei einem Marktversagen) und die Stabilisierungsfunktion (d.h. eine makroökonomische Politik, um die Ziele des Wachstums, der Preisstabilität und eines hohen Beschäftigungsstandes zu realisieren

- Die Soziale Marktwirtschaft ist das Modell mit dem Deutschland in der Nachkriegszeit sehr erfolgreich war. Es basiert auf einer umfassenden sozialen Absicherung und bei einer hohen Leistungsbereitschaft der Arbeitnehmer. Seit der deutschen Vereinigung ist diese Konzeption jedoch erheblichen Spannungen ausgesetzt.

Der Super-Berater: Professor Dr. Dr. h.c. Bert Rürup

Bert Rürup ist seit 1976 Professor an der Universität Darmstadt. Er ist derzeit der aktivste Politikberater unter den deutschen Ökonomen. Rürup ist Mitglied des Sachverständigenrates, Vorsitzender der Kommission für die Nachhaltigkeit der Finanzierung der Sozialen Sicherungssysteme (die nach ihm benannte „Rürup-Kommission"), Vorsitzender des „Sozialbeirats für die Rentenversicherung" und der „Sachverständigenkommission zur Neuordnung der Besteuerung von Altersvorsorgeaufwendungen und Alterseinkommen". Wie diese Mitgliedschaften schon deutlich machen, liegt der wissenschaftliche Schwerpunkt von Bert Rürup auf dem Feld der Rentenreform und der Reform der Sozialen Sicherungssysteme insgesamt. Der „Super-Berater" wurde am 7. November 1943 geboren. Er studierte in Köln, wo er auch promovierte und habilitierte.

(www.bwl.tu-darmstadt.de/vwl3/welcome.htm)

10.1 Das Pareto-Kriterium zeigt, ob mikroökonomisch effiziente Lösungen vorliegen, interessiert sich aber nicht für die Verteilung

Wir haben in den vorangegangenen Kapiteln gesehen, wie leistungsfähig der Marktmechanismus ist. Weiterführende Darstellungen zur Mikroökonomie zeigen in sehr formaler, aber auch sehr überzeugender Weise, dass die in einem Wettbewerbsprozess erzielten Markt-Ergebnisse in der Regel nicht mehr verbesserungsfähig sind. Das hierfür maßgebliche Kriterium ist das „*Pareto-Kriterium*". Es ist nach dem Ökonom und Soziologen Vilfredo Pareto (1848-1923) benannt, der diesen Effizienzbeweis als erster theoretisch herleiten konnte. Dieses Kriterium wurde sowohl für die Effizienz des Tausches wie auch die Effizienz der Produktion formuliert.

Nach dem Pareto-Kriterium für den *Tausch* wird eine Situation dann als effizient angesehen, wenn es zwei Menschen durch Handel nicht mehr möglich ist ihre Lage so zu verbessern, dass keiner der beiden schlechter gestellt wird. Oder umgekehrt: Eine Situation ist noch *nicht* pareto-effizient, wenn es durch Tausch möglich ist, die Situation eines Beteiligten zu verbessern, ohne die des anderen zu verschlechtern. Wichtig ist dabei, dass es

für diese spezielle Form der Effizienz ohne jede Bedeutung ist, wie die vorhandenen Güter auf zwei oder mehr Menschen *verteilt* sind.

Wenn es in unserem Biermarkt-Beispiel einzelnen Studenten aus finanziellen Gründen überhaupt nicht möglich wäre, ins Bierlokal zu gehen, während andere jeden Abend sehr viel Bier trinken, könnte das sehr wohl mit dem Pareto-Kriterium vereinbar sein. Unterstellen wir aber nun einmal, dass Heike einen Gutschein für drei Glas Bier im Bierkeller geschenkt bekommt und Benjamin einen Gutschein für einen Kinobesuch. Wir nehmen außerdem an, dass Heike bei ihren bereits bestehenden Konsumplänen einem zusätzlichen Kinobesuch einen Wert von vier Gläsern Bier beimisst, Benjamin aber einen Wert von drei Gläsern. Bei dieser Konstellation wäre es pareto-effizient, die Gutscheine auszutauschen. Benjamin würde sich dadurch nicht verschlechtern, da er zwischen drei Glas Bier und einem Kinobesuch indifferent ist, aber Heike würde sich verbessern, da ihr der Kinobesuch vier Gläser wert ist, sie dafür aber nur drei Gläser „bezahlen" muss.

Eine zweite Ausprägung des Pareto-Kriteriums bezieht sich auf die Effizienz der *Produktion*. Sie besagt, dass wir uns bei Wettbewerb und damit einer freien Preisbildung immer *auf* einer Transformationskurve (siehe *Kapitel 3*) befinden und somit ineffiziente Lösungen, die *unterhalb* dieser Kurve liegen, verhindert werden können. Durch den Wettbewerb werden die vorhandenen Ressourcen also immer in der effizientesten Weise genutzt. Auch diese Zusammenhänge sind theoretisch nicht so ganz einfach darzustellen und gehen daher über den Rahmen unserer Einführung hinaus.

10.2 Weshalb Ökonomen vor Markteingriffen durch Politiker eher abraten

Bei der hohen Effizienz des Preissystems ist es nicht überraschend, dass Ökonomen staatlichen Eingriffen in den Wirtschaftsprozess eher skeptisch gegenüber stehen. Es stellt sich dabei immer das Problem, dass Politiker und die von ihnen geleiteten Behörden nie über die Fülle an *Informationen* verfügen können, die im Marktprozess dezentral verarbeitet werden. Wir haben diese Problematik bereits im Zusammenhang mit der Zentralverwaltungswirtschaft (*Kapitel 4*) diskutiert.

Die Erfahrung hat zudem gezeigt, dass Politiker bei Markteingriffen nicht notwendigerweise an Lösungen interessiert sind, die die gesamtwirtschaftliche Wohlfahrt verbessern. Ein Teilbereich der Volkswirtschaftslehre, die „*Politische Ökonomie*", erklärt dies damit, dass Politiker und Bürokraten keine „*wohlmeinenden Diktatoren*" sind, sondern Menschen wie Du und Ich. Sie sind also vor allem an ihrem eigenen Nutzen interessiert, der durch Machterhalt, Privilegien aller Art (Dienstwagen, Dienstwohnungen, Flugbereitschaft) und oft auch direkte Bestechungsgelder bestimmt wird. Politiker können so leicht in die Abhängigkeit von zahlungsfähigen Interessengruppen („*Lobbies*") geraten, die sich dann politische Entscheidungen beispielsweise durch großzügige Wahlkampfspenden erkaufen. Man spricht dabei auch vom „rent seeking" der Interessengruppen. Damit ist gemeint, dass diese bestrebt sind, die staatlichen Entscheidungsträger so zu beeinflussen, dass sie einer Lobby eine monopolähnliche Stellung und damit verbundene Renten einräumen.

Der berühmte deutsche Ökonom Walter Eucken (1891-1950) hat die Gesamtproblematik für das Beispiel Geldpolitik wie folgt formuliert:

> *„(...) die Erfahrung zeigt, dass eine Währungsverfassung, die den Leitern der Geldpolitik freie Hand lässt, diesen mehr zutraut, als ihnen im Allgemeinen zugetraut werden kann. Unkenntnis, Schwäche gegen Interessengruppen und der öffentlichen Meinung, falsche Theorien, all das beeinflusst diese Leiter sehr zum Schaden der ihnen anvertrauten Aufgabe."*[1]

Aufgrund des bei Politikern nahezu permanent vorhandenen Interesses an der Wiederwahl besteht bei politischen Entscheidungen zudem das Risiko eines *Kurzfristdenkens*. Es werden daher tendenziell Lösungen vorgezogen, die auf kurze Sicht Erfolge versprechen, selbst wenn damit auf längere Sicht erhebliche Nachteile verbunden sind. Die Erfahrung mit der Deutschen Bundesbank wie auch seit 1999 mit der Europäischen Zentralbank hat jedoch gezeigt, dass Eucken übertrieben pessimistisch war. Wie *Box 18.2* verdeutlicht, ist es durch eine gute *Notenbank-Verfassung* durchaus möglich, die geldpolitischen Entscheidungsträger weitgehend vor äußerer Einflussnahme abzuschirmen. Hierzu ist es erforderlich, die Notenbank-Manager unabhängig von direkten Weisungen durch gewählte Politiker zu machen und sie für relativ lange Amtszeiten (acht Jahre) zu berufen.

10.3 Warum es aber ohne den Staat nicht geht

Trotz der hier angesprochenen Probleme und der grundsätzlichen Überlegenheit des Marktes bei der Steuerung wirtschaftlicher Prozesse, ist es aber auch unstrittig, dass ein Wirtschaftssystem auf einer rein privatwirtschaftlichen Basis nicht funktionieren kann.

- So kann der Marktmechanismus ohne eine vom Staat bereitgestellte und überwachte *Rechtsordnung* nicht funktionieren: Die *Eigentumsrechte* an den im Marktprozess getauschten Gütern müssen durch den Staat definiert und verteidigt werden. Niemand würde ein Grundstück kaufen, wenn er nicht mit Sicherheit davon ausgehen kann, dass der Verkäufer tatsächlich der rechtmäßige Eigentümer ist. Und niemand würde ein Gut am Markt erwerben, wenn er es sich ungestraft durch Gewalt aneignen kann. Niemand würde ein Gut verkaufen, wenn er nicht sicher sein könnte, dass er die damit erworbene Forderung im Notfall auch gerichtlich durchsetzen kann.

- Auch das für den Gütertausch enorm hilfreiche Instrument eines allgemein anerkannten Zahlungsmittels (siehe *Kapitel 20*) wäre unter heutigen Verhältnissen ohne den Staat nicht denkbar. Die Währungsordnung gehört also ebenfalls zu den „*konstituierenden Prinzipien*" (Eucken) die vom Staat für den Wirtschaftsprozess bereitgestellt werden müssen.

---

1 Eucken (1952, S. 257).-

- Die Notwendigkeit einer wirksamen *Wettbewerbspolitik* haben wir bereits im vorangegangenen Kapitel diskutiert.

So unstrittig es unter Ökonomen ist, dass der Markt nicht ohne den Staat auskommt, so kontrovers wird dann aber im Einzelnen diskutiert, welche Funktionen der Staat konkret wahrnehmen soll. Dies verdeutlichen nicht zuletzt die in *Tabelle 10.1* dargestellten *Staatsquoten* ausgewählter Länder; diese bilden den Anteil der Staatsausgaben am Bruttoinlandsprodukt eines Landes ab. Man erkennt daran, dass sich der Staat in angelsächsischen Ländern, wie z.B. den Vereinigten Staaten, nur wenig in das Wirtschaftsgeschehen einmischt, während in kontinentaleuropäischen Ländern wie Deutschland die Staatsquote fast 50% beträgt. In Schweden liegt sie sogar bei fast 53% – nach 60% im Jahr 1980.

Land	2001	1980
Deutschland	45,7	47,9
Frankreich	50,8	46,1
Italien	45,3	41,9
Schweden	52,9	60,1
Großbritannien	38,4	43,0
Japan	36,9	32,0
USA	30,4	31,8
Kanada	37,8	38,8

Tabelle 10.1: Staatsquoten im Jahr 2001 und im Jahr 1980
Quelle: Institut der deutschen Wirtschaft

Zur Sortierung der unterschiedlichen Aufgaben, die der Staat im Wirtschaftsprozess übernehmen kann, hat sich eine von dem – in Königsberg geborenen und später in den Vereinigten Staaten lehrenden – Finanzwissenschaftler Richard Musgrave entwickelte Dreiteilung als sehr hilfreich erwiesen. Danach lassen sich die Staatsaufgaben unterteilen in

- die Distributionsfunktion,
- die Allokationsfunktion und
- die Stabilisierungsfunktion.

10.4 Eine kurze Übersicht über die wichtigsten Staatsaufgaben

Mit der *Distributionsfunktion* greift der Staat in die Verteilung der Einkommen ein. Die durch den Markt erzeugte Einkommensverteilung ist überwiegend von der Leistungsfähigkeit der Menschen bestimmt. Ohne eine staatlich organisierte Umverteilung wären so

viele Menschen nicht einmal in der Lage, ihr Existenzminimum zu sichern. Durch die Distributionsfunktion wird die Verteilung der Einkommen so verändert, dass eine Versorgung der Menschen mit Gütern und Dienstleistungen möglich wird, die den ethischen und sozialpolitischen Zielsetzungen einer Gesellschaft entspricht. Wir werden diese Aufgabe in *Kapitel 11* ausführlicher diskutieren.

Mit der *Allokationsfunktion* greift der Staat in unterschiedlicher Weise direkt in die Funktionsweise des Marktes ein:

- Er sorgt mit einer *Wettbewerbspolitik* (*Kapitel 8*) dafür, dass die Rahmenbedingungen für einen funktionsfähigen Wettbewerb nicht durch die Anbieter untergraben werden.
- Er erstellt Güter, die allein durch den Markt nicht angeboten würden, weil für sie nur schwer ein Preis zu erzielen wäre. Wichtige Beispiele für solche „*öffentliche Güter*" sind die schon erwähnte Rechtsordnung und das Geld- und Münzwesen.
- Er sorgt mit Steuern oder Produktionsauflagen dafür, dass Produzenten bei der Produktion auch die Kosten jener Güter berücksichtigen, für die es keinen Marktpreis gibt. Das wichtigste Beispiel hierfür ist die *Umweltpolitik*.
- Er zwingt die Privaten dazu, Verträge abzuschließen, die diese aufgrund eines Kurzfristdenkens oder aber der Erwartung späterer staatlicher Unterstützungen sonst nicht unbedingt abschließen würden. Hierzu gehört die *Sozialpolitik*, soweit sie nicht der Distributionsfunktion zuzurechnen ist, mit den Feldern der gesetzlichen Rentenversicherung, der gesetzlichen Krankenversicherung und der Arbeitslosenversicherung.

Wir werden diese drei Teilbereiche der Allokationspolitik in den *Kapiteln 12 und 13* diskutieren.

Die *Stabilisierungsfunktion* des Staates ergibt sich daraus, dass marktwirtschaftlich organisierte Wirtschaftssysteme zu größeren konjunkturellen Schwankungen neigen. Diese können, wie die „*Große Depression*" (1929 bis 1933) verdeutlicht hat, sehr stark ausfallen und dabei auch zu einer erheblichen politischen Instabilität führen. Zum Verständnis dieser Staatsfunktion müssen wir uns ausführlicher mit den Prozessen auf der gesamtwirtschaftlichen Ebene auseinandersetzen, da wir uns in diesem Buch bisher nur auf einzelne Teilmärkte eines Wirtschaftssystems konzentriert haben. Dies führt uns in das Feld der *Makroökonomie,* das wir sehr ausführlich in den *Kapiteln 14 bis 23* darstellen. Dabei wird deutlich werden, dass der Staat vor allem mit den Mitteln der Geld- und Fiskalpolitik in den Wirtschaftsprozess eingreifen kann. Auf diese Weise wird es möglich, unerwünschte gesamtwirtschaftliche Störungen auszugleichen, die z.B. durch einen Einbruch der Exportnachfrage ausgelöst wurden. Aufgrund der nicht unerheblichen Diagnose- und Prognose-Unsicherheit der Volkswirte sind solche Eingriffe jedoch sehr vorsichtig zu dosieren.

10.5 Von der Marktwirtschaft zur Sozialen Marktwirtschaft

In Deutschland besteht seit Jahrzehnten ein breiter politischer Konsens, dass die Marktwirtschaft nur in der Form der *„Sozialen Marktwirtschaft"* praktikabel sei. Dieser auf den Volkswirtschaftsprofessor Alfred Müller-Armack (1901-1978) und den langjährigen deutschen Wirtschaftsminister[2] und späteren Bundeskanzler Ludwig Erhard (1897-1977), der übrigens auch Professor für Volkswirtschaftslehre war, zurückgehende Begriff kann sehr unterschiedlich interpretiert werden. Für manche ist die Marktwirtschaft schon deshalb „sozial", weil sie im Vergleich zur Planwirtschaft (*Kapitel 4*) zu sehr viel mehr Effizienz führt und damit mit höherem Einkommen für alle verbunden ist. Für Müller-Armack und Erhard ging es bei der Sozialen Marktwirtschaft aber um sehr viel mehr. In den Worten Erhards:

„Der tiefe Sinn der Sozialen Marktwirtschaft liegt darin, das Prinzip der Freiheit auf dem Markt mit dem des sozialen Ausgleichs und der sittlichen Verantwortung jedes Einzelnen dem Ganzen gegenüber zu verbinden" [3]

Eine Kurzbiographie von Ludwig Erhard finden Sie am Ende dieses Kapitels.

Der „soziale Ausgleich" durch den Staat (Distributionsfunktion) stellt also einen wesentlichen Unterschied zwischen der Marktwirtschaft in Reinform und der *„Sozialen Marktwirtschaft"* dar. Sehr häufig wird die Soziale Marktwirtschaft jedoch noch umfassender verstanden. Dazu nochmals ein Beitrag von Ludwig Erhard:

„Auf der Grundlage der Wettbewerbswirtschaft erbringt die freie Entschlusskraft des Einzelnen in einem von ihm frei erwählten Betätigungsfeld eine marktwirtschaftliche Leistung; die dazu gehörende Rahmenordnung sichert diesen Wettbewerb und zugleich die Umsetzung dieser Einzelleistung in einen allen zugute kommenden gesellschaftlichen Fortschritt sowie ein vielgestaltiges System sozialen Schutzes für die wirtschaftlich schwachen Schichten." (Erhard und Müller-Armack 1972, S. 43).

Bei dieser breiten Definition tritt nun neben die Distributionsfunktion auch noch die Allokationsfunktion in Form der Wettbewerbspolitik (*Kapitel 8*). Außerdem gehört zu einem vielgestaltigen „System sozialen Schutzes" neben der reinen Umverteilung auch ein Netzwerk von staatlich organisierten Versicherungssystemen, die ebenfalls der Allokationspolitik zuzurechnen sind. Diese wichtigen Elemente einer Sozialen Marktwirtschaft werden in *Kapitel 12* erörtert werden.

Es besteht heute kein Zweifel daran, dass Deutschland in der Zeit nach der Währungsreform (1948) mit dem Modell der Sozialen Marktwirtschaft sehr erfolgreich gewesen ist. Es war die Grundlage dafür, dass es im von Krieg zerstörten Deutschland bereits in den

---

2 Es gab in Deutschland also auch schon Zeiten, in denen die Wirtschaftspolitik nicht nur von Lehrern oder Juristen betrieben wurde.
3 Zitiert nach Wünsche (2001, S. 49).

10.5 Von der Marktwirtschaft zur Sozialen Marktwirtschaft

fünfziger Jahren zu einem „Wirtschaftswunder" kommen konnte. . Die umfassende soziale Absicherung ging einher mit einer im internationalen Vergleich großen Leistungsbereitschaft der Arbeitnehmer und damit auch einem hohen Qualitätsstandard der deutschen Produkte. Seit der deutschen Wiedervereinigung von 1990 ist diese Konzeption jedoch erheblichen Spannungen ausgesetzt, die sich aus den wachsenden Problemen der Finanzierung der Sozialen Sicherungssysteme ergeben.

Der Vater des Wirtschaftswunders

Ludwig Erhard wurde am 4. Februar 1897 in Fürth geboren, am 5. Mai 1977 starb er in Bonn. Erhard gilt als Begründer der Sozialen Marktwirtschaft und des „deutschen Wirtschaftswunders".

Erhard tat sich erstmals 1944 mit einer wirtschaftspolitischen Denkschrift zur Neuordnung Deutschlands nach dem Kriege hervor. Dies führte zu seiner Ernennung als Wirtschaftsberater der amerikanischen Militärbehörden in Nürnberg. Erhard war nun für den wirtschaftlichen Wiederaufbau in Franken verantwortlich und wurde noch im Herbst 1945 als Staatsminister für Handel und Gewerbe in die bayerische Landesregierung aufgenommen. Im Jahr 1947 wurde er Leiter der „Sonderstelle Geld und Kredit", die von deutscher Seite aus für die Durchführung der Währungsreform des Jahres 1948 zuständig war. Im März 1948 wurde er Wirtschaftsdirektor der Zweizonenverwaltung („Bizone") und stand damit vor der Aufgabe, die Neuordnung des Geldwesens durch eine Reform der allgemeinen Wirtschaftsordnung zu ergänzen. Erhards besonderes Verdienst besteht darin, dass er den Mut hatte, die noch von der Kriegszeit stammende Planwirtschaft nahezu schlagartig auf eine Marktwirtschaft umzustellen. Der Erfolg gab ihm Recht. Nach Einführung der D-Mark am 20. Juni 1948 kam es in West-Deutschland zu einem überraschend starken Wirtschaftsaufschwung. In den fünfziger Jahren hat sich Erhard für eine effiziente Wettbewerbspolitik eingesetzt, die 1957 zur Verabschiedung des Gesetzes gegen Wettbewerbsbeschränkung führte. Erhard scheiterte Ende 1966 als Bundeskanzler an der ersten größeren Konjunkturschwäche der Nachkriegszeit.

1897 – 1977

Zitat:

„Wohlstand für alle."

Ausbildung und Beruf

1919-1922 Studium an der Handelshochschule Nürnberg

1922-1925 Studium der Betriebswirtschaft, Nationalökonomie und Soziologie an der Universität Frankfurt/Main und Promotion

1928-1942 Assistent und später stellvertretender Leiter des „Instituts für Wirtschaftsbeobachtung der deutschen Fertigware" in Nürnberg

1945/46 bayerischer Wirtschaftsminister

1947 Honorarprofessor in München, 1950 in Bonn

1948 Direktor der Verwaltung für Wirtschaft des Vereinigten Wirtschaftsgebiets

1949-1963 Bundeswirtschaftsminister, Vizekanzler

1963-1966 Bundeskanzler

Werke

1953 Deutschlands Rückkehr zum Weltmarkt, Düsseldorf

1957 Wohlstand für alle, Düsseldorf

1962 Deutsche Wirtschaftspolitik. Der Weg der Sozialen Marktwirtschaft, Düsseldorf, Wien, Frankfurt/M.

SCHLAGWÖRTER

Allokationsfunktion (S. 176), Distributionsfunktion (S. 176), Geldpolitik (S. 175), konstituierende Prinzipien (S. 175), Lobbies (S. 174), öffentliches Gut (S. 177), Pareto-Kriterium (S. 173), Politische Ökonomie (S. 174), Rent-Seeking (S. 174), Staatsquote (S. 176), Stabilisierungsfunktion (S. 176), Soziale Marktwirtschaft (S. 178), Sozialpolitik (S. 177), Wohlmeinender Diktator (S. 174)

AUFGABEN

1. Auf der Internet-Seite der Deutschen Bundesbank finden Sie eine Studie,[1] in der „Wege aus der Krise" aufgezeigt werden. Diskutieren Sie die dort vorgenommene Diagnose und leiten Sie deren Implikationen für die drei zentralen Funktionen des Staates in einer Marktwirtschaft ab.

2. Fritz findet, dass sein Kommilitone Tom viel zu viel Geld hat. „Wenn mir Tom jeden Monat 50 € abgeben würde, wäre das viel effizienter", argumentiert er, „denn Tom merkt das fast nicht und für mich würde es eine große Verbesserung bedeuten." Was kann man als Volkswirt dazu sagen?

---

[1]. www.bundesbank.de/vo/download/vo_wege_aus_der_krise.pdf

Kapitel 11

Die Distributionsfunktion des Staates sorgt für den "sozialen Ausgleich" in einer Marktwirtschaft

Für den Markt zählt die Leistungsfähigkeit und die Nachfrage nach dem mit der Arbeit erstellten Endprodukt	183
Ohne die Distributionsfunktion würden viele Menschen überhaupt kein Einkommen erzielen	184
Wie soll der Staat die Umverteilung vornehmen?	187
Vor direkten Eingriffen in den Preismechanismus ist dringend abzuraten	188
Ein konkretes Anwendungsbeispiel für Eingriffe in den Preismechanismus: Der Europäische Agrarmarkt	191
Eine Umverteilung durch Steuern ist sinnvoller, aber auch nicht ohne Nebenwirkungen	193

Kapitel 11

Die Distributionsfunktion des Staates sorgt für den „sozialen Ausgleich" in einer Marktwirtschaft

> ### LERNZIELE
>
> - Der Markt verteilt Einkommen allein nach dem Kriterium der Leistungsfähigkeit. Ohne eine staatliche Umverteilung wären daher viele Menschen nicht in der Lage, ihre Grundbedürfnisse zu sichern.
>
> - Die am wenigsten effiziente Form der Umverteilung sind Höchstpreise (zu Gunsten von Konsumenten) und Mindestpreise (zu Gunsten von Produzenten). Die Wohlfahrtsverluste sind bei solchen direkten Markteingriffen sehr hoch.
>
> - Die gängigen Formen der Umverteilung durch indirekte und direkte Steuern haben aber ebenfalls nachteilige Effekte auf die gesellschaftliche Wohlfahrt.
>
> - Sozialer Ausgleich ist daher stets eine schwierige Gratwanderung. Ein zu weitgehender Ausgleich reduziert die Leistungsanreize und verringert damit den insgesamt für die Verteilung vorhandenen Kuchen, ein zu geringer Ausgleich schafft große soziale Spannungen (Kriminalität).

Der Großhändler für Ideen:
Prof. Dr. Dr. h.c. Hans-Werner Sinn

Hans-Werner Sinn ist seit 1999 Präsident des ifo-Instituts, München und seit 1984 ordentlicher Professor an der Universität München. Er leitet außerdem das „Center for Economic Studies" (CES) in München. Sinn gehört zu den prominentesten deutschen Ökonomen, der sehr aktiv an der wirtschaftspolitischen Diskussion beteiligt ist. Besonders große Aufmerksamkeit fand das Buch „Kaltstart", eine sehr präzise Analyse der deutschen Vereinigung, die er zusammen mit seiner Frau veröffentlichte. Hans-Werner Sinns Forschungsspektrum ist sehr breit angelegt. Es umfasst den Arbeitsmarkt, die sozialen Sicherungssysteme, die Konjunkturpolitik sowie geld- und währungspolitische Fragen. Da Professor Sinn für seine vielfältigen Denkanstöße bekannt ist, wird er auch als „Großhändler für Ideen" bezeichnet. Hans-Werner Sinn wurde am 7. März 1948 geboren. Er studierte an der Universität Münster. Er wurde an der Universität Mannheim promoviert und habilitiert. *(www.lrz-muenchen.de/~ces/l0103.htm)*

Die Distributionsfunktion des Staates ergibt sich daraus, dass die Einkommen im Marktprozess vorrangig nach der Leistung, nicht aber nach den Bedürfnissen der Menschen verteilt werden. Ohne staatlich organisierte Umverteilung würden viele Menschen im Marktprozess überhaupt kein Einkommen erzielen oder aber ein Einkommen, das nicht einmal das Existenzminimum deckt. Wie schon erwähnt, gehört es zum Wesen einer *Sozialen Marktwirtschaft*, dass sie über staatlich organisierte Transfers für einen sozialen Ausgleich sorgt.

11.1 Für den Markt zählt die Leistungsfähigkeit und die Nachfrage nach dem mit der Arbeit erstellten Endprodukt

Einen ersten Einblick in die Grundprinzipien der Einkommensverteilung durch den Markt haben wir bereits in *Kapitel 9* erhalten. Wir haben gesehen, dass für einen Unternehmer, der einen neuen Arbeitnehmer einstellen möchte, vor allem zwei Größen zu beachten sind:

- der von dem Arbeitnehmer geforderte Lohn,

- der mit der Mehrbeschäftigung mögliche zusätzliche Erlös; dieser errechnet sich aus dem erwarteten Outputzuwachs bewertet mit dem Marktpreis des hergestellten Gutes (bei weiteren variablen Faktoren sind deren Kosten noch davon abzuziehen).

Für den Lohn, den ein Arbeitnehmer fordern kann, gilt demnach:

$$(11.1) \quad w \leq \left(\frac{\delta x}{\delta N}\right) p$$

Seine Entlohnung hängt also zum einen davon ab, wie *leistungsfähig* er ist. In der Volkswirtschaftslehre spricht man in diesem Fall von der Grenzproduktivität (δX/δN) eines Arbeiters. Das Arbeitsentgelt wird aber auch davon bestimmt, wie hoch der Preis für das Produkt ist, das mit der Arbeitskraft hergestellt wird. Trotz einer hohen Leistungsfähigkeit kann die Entlohnung eines Arbeiters gering sein, wenn er in einer Branche arbeitet, deren Produkte nicht sehr hoch in der Gunst der Konsumenten stehen. Umgekehrt können manche Fußballspieler weit überdurchschnittliche Einkommen erzielen (das Jahreseinkommen von Spielern in der Nationalmannschaft liegt nicht unter einer Million Euro), obwohl sie in der Regel nicht mehr arbeiten als die übrigen Arbeitnehmer, die in Deutschland auf ein durchschnittliches Brutto-Jahresgehalt von rund 26.000 € kommen. Ein Spitzenfußballspieler bringt jedoch seinem Verein enorm hohe Werbeeinnahmen, Eintrittsgelder und Mitgliederbeiträge, so dass der Preis, den das Unternehmen mit dem so erstellten „Gut" erzielen kann, weit über dem Preis der Güter liegt, die von einem „normalen" Arbeitnehmer produziert werden.

11.2 Ohne die Distributionsfunktion würden viele Menschen überhaupt kein Einkommen erzielen

Würde man ganz auf eine Distributionsfunktion des Staates verzichten, würden viele Menschen entweder überhaupt kein Einkommen erzielen oder aber so geringe Löhne erhalten, dass sie davon ihre Existenz nicht bestreiten könnten. Dies zeigt die *Tabelle 11.1*, die dem Armutsbericht 2001 der Bundesregierung entnommen ist. Von den insgesamt fast drei Millionen Sozialhilfeempfängern im Jahr 1998 wären rund zwei Drittel überhaupt nicht in der Lage gewesen, sich ein Einkommen im Marktprozess zu verschaffen.

11.2 Ohne die Distributionsfunktion würden viele Menschen kein Einkommen erzielen

	Männlich	Weiblich
Sozialhilfeempfänger insgesamt	1.262.000	1.617.000
./. Minderjährige	550.000	524.000
./. Personen über 60 Jahre	97.000	182.000
./. Nichterwerbstätige wegen häuslicher Bindung	4.000	270.000
./. Nichterwerbstätige wegen Krankheit, Behinderung, Arbeitsunfähigkeit	54.000	58.000
./. Erwerbstätige (Voll- und Teilzeit)	55.000	88.000
./. Nichterwerbstätige wegen Aus- und Fortbildung	21.000	27.000
./. Nichterwerbstätige aus saisonalen Gründen	99.000	171.000
Arbeitskräftepotenzial	382.000	298.000

Tabelle 11.1: Struktur der Sozialhilfeempfänger in Deutschland (1998)
Quelle: Armutsbericht 2001

Trotz der Distributionsfunktion des Staates leben in Deutschland viele Menschen in Armut. Die *Tabelle 11.2* zeigt, dass die Armut insbesondere von Familien mit Kindern in den letzten Jahrzehnten deutlich zugenommen hat. Dabei ist allerdings zu berücksichtigen, dass „Armut" immer ein relatives Konzept ist. In der Tabelle wurde – wie allgemein üblich – ein Konzept verwendet, bei dem die Armutsgrenze bei einem Einkommen von weniger als der Hälfte des Durchschnittseinkommens festgelegt wurde. Natürlich lassen sich solche „Armutsschwellen" nie in einer objektiven Weise definieren. Man muss bei der Interpretation dieser Zahlen insbesondere berücksichtigen, dass zwar die so gemessene Armut von 1973 bis 1998 zugenommen hat. Da jedoch das Realeinkommen in diesen 25 Jahren massiv gestiegen ist, geht es einem „Armen" im Jahr 1998 erheblich besser als einem „Armen" im Jahr 1973 und auch als vielen Menschen, die damals nicht als „arm" eingestuft wurden.

Haushaltstyp	1973 (in %)	1998 (in %)
Ledige Alleinstehende	20,7	22,1
Ehepaare ohne Kinder	8,4	7,0
Ehepaare mit einem Kind	1,6	9,5
Ehepaare mit zwei Kindern	3,0	6,8
Allein Erziehende mit einem Kind	12,5	29,8
Alle	6,3	10,6

Tabelle 11.2: Armutsquoten ausgewählter Haushaltstypen (1973 und 1998)
Quelle: Armutsbericht 2001

Einen Überblick über die Einkommen, die Sozialhilfeempfänger durch den Staat bekommen können, gibt *Tabelle 11.3*. Man erkennt daran auch, dass der Abstand zwischen der Sozialhilfe und dem regulären Netto-Einkommen eines Hilfsarbeiters umso geringer wird, je mehr Kinder sich in einem Haushalt befinden. Daraus kann man – wie viele Ökonomen – schließen, dass entweder die Sozialhilfe zu hoch ist oder aber, dass bei unserem Transfersystem die reguläre Förderung von Familien mit Kindern zu gering ist.

Haushaltstyp	Betrag in €	Relation zum Netto-Einkommen eines Hilfsarbeiters in % (einschließlich Kindergeld)
Allein Lebende/r	642,00	63,8
Ehepaar ohne Kind	1013,00	86,6
Ehepaar mit einem Kind	1307,00	98,7
Ehepaar mit drei Kindern	1837,00	114,8
Allein Erziehende/r mit Kind unter 7 Jahren	1048,00	85,3

Tabelle 11.3: Durchschnittliche Sozialhilfeleistungen in Westdeutschland (2003)
Quelle: Bundesministerium für Gesundheit und Soziale Sicherung; Gehalt in der Lohngruppe 1 der Metallindustrie

Dass die Umverteilung in Deutschland relativ effizient ist, kann man aus Daten über die Einkommmensverteilung ablesen. *Tabelle 11.4* zeigt, wie hoch der Anteil von jeweils 20 % der Einkommensbezieher (man spricht dabei von Quintilen) am Netto-Gesamteinkommen in West-Deutschland ist, wobei diese nach der Höhe ihres Einkommens sortiert werden. Konkret haben also im Jahr 2000 die 20 % der Einkommensbezieher mit den geringsten Einkommen 7,8 % des Gesamteinkommens bezogen. In der Gruppe der 20 % mit den höchsten Einkommen wurden dagegen 38 % des Gesamteinkommens erzielt. Im Ganzen hat sich an dieser Verteilung von 1985 bis 2000 nur wenig geändert.

	1985	2000
1. Quintil	7,5	7,8
2. Quintil	13	13
3. Quintil	17,5	17,7
4. Quintil	23,7	23,5
5. Quintil	38,4	38

Tabelle 11.4: Einkommensverteilung in West-Deutschland
Quelle: Institut der deutschen Wirtschaft, Sozio-Ökonomisches Panel

Grafisch kann man diese Daten mit einer so genannten *Lorenzkurve* (*Schaubild 11.1*) abbilden. Sie kumuliert dazu die Einkommensanteile auf. So zeigt sie z.B., dass im Jahr 2000 auf die 40 % der Einkommensbezieher mit den geringsten Einkommen 20,8 % des Gesamteinkommens entfielen. Im diesem Schaubild wird auch eine Diagonale eingezeichnet, die für den hypothetischen Fall einer völligen Gleichverteilung der Einkommen gelten würde.

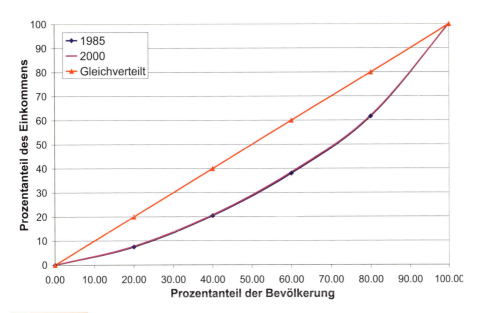

Schaubild 11.1: **Lorenzkurve für Deutschland**
Quelle: Institut der Deutschen Wirtschaft, Deutschland in Zahlen

Man kann nun die Fläche zwischen der Gleichverteilungskurve und der tatsächlichen Lorenzkurve ins Verhältnis zur gesamten Fläche unter der Gleichverteilungskurve setzen. Die so ermittelte Relation bezeichnet man als „*Gini-Koeffizient*". Dieser ist ein wichtiges Maß für Einkommens*un*gleichheit bzw. allgemein für die Ungleichheit von Verteilungen.

11.3 Wie soll der Staat die Umverteilung vornehmen?

Aus der Sicht der Ökonomie ist es nicht möglich, das für eine Gesellschaft optimale Maß der Umverteilung zu bestimmen. Wie wir schon am Pareto-Kriterium (*Kapitel 10*) gesehen haben, geht es bei der Volkswirtschaftslehre immer nur darum, ob die Güter bei einer *gegebenen* Verteilung effizient verteilt sind, d.h. sie befasst sich eigentlich nur mit der

Frage, ob es nicht noch Verbesserungsmöglichkeiten durch Tausch (oder durch eine Umstrukturierung der Produktionsverfahren) gibt. Welche Einkommensverteilung als „gerecht" oder als „fair" anzusehen ist, kann mit dem Instrumentarium der Volkswirtschaftslehre nicht bestimmt werden. Das heißt jedoch nicht, dass Volkswirte nichts zur Distributionsfunktion zu sagen hätten. Auf ihren Ratschlag sollte immer dann gehört werden, sobald die fundamentalen politischen Entscheidungen über das in einer Gesellschaft anzustrebende Maß an Umverteilung getroffen werden.

Aus volkswirtschaftlicher Sicht stellt sich bei der Umverteilung von Einkommen das grundsätzliche Problem, dass es dabei fast zwangsläufig zu einer Beeinträchtigung der Marktprozesse kommt. Gesucht sind also Formen der Distributionspolitik, bei denen diese Nebenwirkungen möglichst gering sind.

- Die Effizienzeinbußen der Umverteilungspolitik sind besonders hoch, wenn dafür *direkte Eingriffe* in den Marktprozess in Form von *Höchst- oder Mindestpreisen* für bestimmte Güter vorgenommen werden.

- Deshalb wird heute die Umverteilung vor allem mittels *direkter Transfers* durch das Steuersystem vorgenommen. Allerdings sind auch hier nachteilige Anreizeffekte unvermeidlich.

Wir werden im Folgenden beide Formen ausführlicher diskutieren. In *Kapitel 12* sehen wir außerdem, dass der Staat auch im Rahmen der Allokationspolitik verteilungspolitische Ziele verfolgt. Dies gilt insbesondere für das System der gesetzlichen Krankenversicherung, das sich dem so genannten „Solidarprinzip" verpflichtet fühlt. Da auf diese Weise das Prinzip von Leistung und Gegenleistung („Äquivalenzprinzip") verletzt wird, versuchen mehr und mehr Versicherte sich diesen Systemen zu entziehen, womit die primäre allokationspolitische Zielsetzung gefährdet wird.

11.4 Vor direkten Eingriffen in den Preismechanismus ist dringend abzuraten

Wir haben in *Kapitel 5* gesehen, dass das Budget eines Verbrauchers wesentlich dafür ist, welche Zahlungsbereitschaft er auf einem Markt entfalten kann. Wir können dies noch einmal verdeutlichen, wenn wir die Nachfragesituation von Paul, einem „armen Studenten" mit einem Freizeitbudget von 30 €, mit der von Christiane (Budget von 120 €) vergleichen, wobei wir unterstellen, dass beide dieselben Präferenzen für Bier und Kino aufweisen. Beim Marktpreis von 3 € kann sich Paul gerade 10 Bier pro Monat leisten, während Christiane auf 40 Gläser kommt.

Wenn man die Situation von Paul als ungerecht empfindet, könnte man auf die Idee kommen, ihm dadurch zu helfen, dass man einen *Höchstpreis* für Bier von beispielsweise 2 € je Glas festlegt. Paul könnte dann immerhin 15 Gläser pro Monat nachfragen; Christiane würde es dann auf 60 Gläser bringen. Die Grundidee, sozial Schwachen dadurch zu helfen, dass man für lebensnotwendige Güter staatliche Höchstpreise festlegt, war in der zweiten Hälfte des letzten Jahrhunderts weit verbreitet. Preisbindungen gab es vor allem

11.4 Vor direkten Eingriffen in den Preismechanismus ist dringend abzuraten

für Mietwohnungen, um die Mieter in der Nachkriegsphase vor überhöhten Mietforderungen zu schützen.

Sehen wir uns nun an, was eine solche Maßnahme auf dem Bier-Markt bewirken würde (*Schaubild 11.2*).

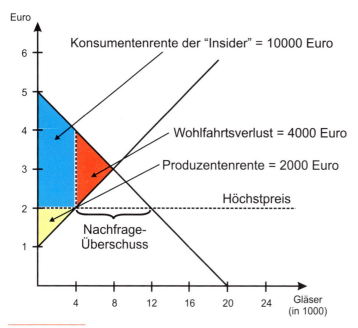

Schaubild 11.2: **Umverteilung durch Höchstpreise für Bier**

Bei einem Preis von 2 € pro Glas wäre die nachgefragte Menge mit 12.000 Gläsern natürlich recht hoch. Auf der anderen Seite können wir an der Angebotsfunktion ablesen, dass die Bierkneipen-Wirte bei diesem Preis nur noch 4000 Gläser pro Abend anzubieten bereit wären. Nur bis zu dieser Menge liegen ihre Grenzkosten unter dem Preis von 2 €. Mit der Preisbindung käme es jetzt also dazu, dass die von den Studenten geplante nachgefragte Menge deutlich höher wäre, als die von den Wirten geplante angebotene Menge. Der Biermarkt, der bisher durch ein Gleichgewicht gekennzeichnet war, kommt durch die Preisbindung also in die Situation eines *Ungleichgewichts*.

Konkret bedeutet das, dass nun jeden Abend sehr viel mehr Studenten sehr viel mehr Bier trinken möchten, als die Wirte anzubieten bereit sind. Während bisher der Preismechanismus die Zuteilung der knappen Ressource Bier auf die Nachfrager perfekt steuerte, ist das bei Preiskontrollen also nicht mehr der Fall. Damit stellt sich nun das Problem, dass andere *Zuteilungsverfahren* benötigt werden. Hierfür sind unterschiedliche Formen denkbar:

- Beim „*Windhund-Verfahren*" geht es nach dem Prinzip: „*First come, first serve*". Damit würde irgendwann im Laufe des Abends das Servieren von Bier eingestellt. Wer früh in die Bierkneipe kommt, hat gute Karten, wer länger arbeiten muss, kann dann des Öfteren auch leer ausgehen.

- Beim *„Türsteher-Verfahren"* würden sich die Wirte einen Türsteher einstellen, der sich die Gäste aussucht, die nach der Auffassung des Wirts am besten in den Biergarten passen und die ihm das höchste Bestechungsgeld zahlen.
- Denkbar wäre auch eine *Rationierung* durch den Staat: Jeder erwachsene Bürger erhält durch eine Rationierungsbehörde eine bestimmte Menge von Biermarken, die ihn zum Bezug eines Glases Bier berechtigen.

In der Zeit vor und nach dem Zweiten Weltkrieg herrschte in Deutschland eine *Planwirtschaft*, die sehr stark mit dem Instrument der Preiskontrollen operierte. In der *DDR* bestand die Planwirtschaft bis zur Einführung der D-Mark im Juli 1990. Fragen Sie Ihre Eltern und Großeltern nach diesen Zeiten und Sie werden von ihnen hören, dass dabei im Prinzip immer alle drei Zuteilungsverfahren eine Rolle gespielt haben. Das „Türsteher-Verfahren" hieß damals noch nicht so, aber das Grundprinzip, dass bei Preiskontrollen die Verkäufer in eine *Machtposition* gegenüber den Käufern kommen, galt auch schon damals. Man spricht deshalb auch davon, dass es dann zu einem *„Verkäufer-Markt"* kommt. Dieser steht in diametralem Gegensatz zum *„Käufer-Markt"* einer funktionsfähigen Marktwirtschaft. Charakteristisch für einen Käufer-Markt ist die Frage des Verkäufers „Darf es ein bisschen mehr sein?". Charakteristisch für Verkäufer-Märkte sind Warteschlangen,[1] unfreundliche Bedienungen und ein wenig ansprechendes Ambiente des Verkaufsraums. Häufig kommt es dabei auch dazu, dass die Verkäufer durch die Käufer bestochen werden.

---

1 Ein gutes Beispiel hierfür findet man in einem Bericht über die Probleme einer Autobestellung in der ehemaligen DDR:
„Mit zwölf, vierzehn, ja sechzehn Jahren musste gerechnet werden. Kinder wurden währenddessen erwachsen, Eheleute trennten sich, man gebar neues Leben oder fuhr in die Grube, ganze Weltreiche brachen zusammen – nur die Trabant-Anmeldung lief immer weiter. Auf welchem Rang man im Warte-Marathon gerade lag, ließ sich bestenfalls annäherungsweise feststellen. Über den Schaltern des IFA-Vertriebs hingen große Tafeln mit dem aktuellen „Auslieferungsstand" - eine Einrichtung, die man sich als Kreuzung der Jerusalemer Klagemauer mit der New Yorker Börse am Schwarzen Freitag vorstellen muss. Hier war zu sehen, wie dicht Euphorie und Depression doch beieinander lagen. Gelegentlich konnte es passieren, dass die angegebenen Daten unvermittelt einen Sprung nach vorn machten; häufiger jedoch blieben sie so eisern stehen, als habe jemand die Zeit angehalten. Über einen ganzen Sommer hinweg war es dann Februar, und man fragte sich unwillkürlich, ob da noch alles mit rechten Dingen zuging. Auf der Straße fuhren ja neue Trabanten; das konnte jeder am fortschreitenden Alphabet der Nummernschilder erkennen. Warum also ging es auf der Tafel nicht weiter? Das zermürbende Warten trieb manch gefestigte Persönlichkeit zur Verzweiflungstat: Eingaben an den Staatsrat wurden geschrieben oder ältere Anmeldungen für Tausende Mark aufgekauft, nur um endlich von dem verdammten Februar wegzukommen. Die positive Seite der Warterei bestand darin, dass sich der Trabant praktisch aus der Sparbüchse finanzieren ließ: Wer jeden Tag zwei Mark beiseite legte, hatte den Preis nach anderthalb Jahrzehnten mühelos beisammen."
http://www.trabi.de/sur/Buch2.htm Der Trabi von A bis Z ein nicht ganz ernst gemeintes Lexikon.

Wie die Umverteilung durch Preiskontrollen funktioniert, kann man recht gut anhand der Produzentenrente und der Konsumentenrente darstellen (*Schaubild 11.2*). Der Höchstpreis führt eindeutig dazu, dass die Wirte einen Verlust an Produzentenrente erfahren. In diesem Fall geht sie auf 2.000 € zurück. Ein Teil der Umverteilung (2.000 €) kommt den Konsumenten zugute, denen es beim Höchstpreis möglich ist, in den Genuss von Bier zu kommen. Auf der anderen Seite ergibt sich für die Konsumenten jedoch auch eine gewisse Einbuße, da die insgesamt zur Verfügung stehende Biermenge zurückgegangen ist. Ein Teil der bisherigen Biertrinker geht leer aus.

Wir sehen hier – ganz ähnlich wie auf dem Arbeitsmarkt in *Kapitel 9* – wieder ein „*Insider-Outsider-Problem*". Den Insidern geht es besser als ohne Preiskontrolle, den Outsidern schlechter. Ob sich die Konsumenten *insgesamt* verbessern, hängt davon ab, ob der Gewinn der Insider größer ist als der Verlust der Outsider. In unserem Beispiel steigt die Konsumentenrente um 2.000 €. Die Outsider „zahlen" für die Insider.

Nimmt man den Markt als Ganzes, dann erkennt man, dass die Preiskontrolle zu einer klaren Effizienzeinbuße geführt hat. Dieser Wohlfahrtsverlust wird durch das orange-farbige Dreieck abgebildet, das einem Wohlfahrtsverlust von 4.000 € entspricht. Damit ist die Geschichte jedoch nicht zu Ende. Mit unserem Marktdiagramm können wir nur die kurzfristigen Auswirkungen abbilden. Auf längere Sicht werden sich die Wirte nun überlegen, ob sie in dieser Situation überhaupt noch ein Bierlokal eröffnen oder zumindest, ob sie ihre Bierkneipen nicht kleiner dimensionieren. Auf diese Weise verschiebt sich die langfristige Angebotskurve nach links, womit in der nächsten Saison die kurzfristige Angebotskurve ebenfalls links von der bisherigen Angebotskurve verlaufen wird. Damit fallen die Wohlfahrtsverluste noch höher aus.

11.5 Ein konkretes Anwendungsbeispiel für Eingriffe in den Preismechanismus: Der Europäische Agrarmarkt

Aufgrund ihrer hohen Wohlfahrtsverluste werden direkte Preiskontrollen heute kaum noch in der Distributionspolitik eingesetzt. Der einzige Bereich, in dem dieses Instrument noch eine wichtige verteilungspolitische Rolle spielt, ist die europäische Agrarpolitik. Hierbei versucht die Europäische Gemeinschaft den Bauern ein bestimmtes Einkommen in der Weise zu sichern, dass für bestimmte Produkte staatliche *Mindestpreise* (in der Terminologie der EU auch: Interventionspreise) festgelegt werden. Da *Mindest*preise die Verteilung zugunsten der Anbieter verbessern sollen, werden sie in der Regel so festgelegt, dass sie *über* dem markträumenden Preis liegen. Wir haben schon gesehen, dass *Höchst*preise, die die Verteilung zugunsten der Nachfrager verbessern sollen, *unter* dem markträumenden Preis fixiert werden.

Zur Vereinfachung behalten wir die bisher verwendeten Diagramme bei und bilden damit jetzt den Markt für Kartoffeln ab. Der Preis sei dazu in €/kg definiert. Wir unterstellen, dass der staatlich fixierte Mindestpreis bei 4 € pro kg festgelegt wird. Grafisch können wir das in *Schaubild 11.3* nachvollziehen.

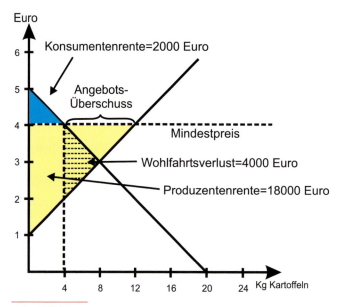

Schaubild 11.3: Umverteilung durch Mindestpreise für Kartoffeln

Wiederum ist jetzt der Preismechanismus nicht in der Lage, das Zuteilungsproblem perfekt zu lösen. Anders als im Fall des Höchstpreises besteht jetzt das Problem eines *Angebots*überschusses: Die angebotene Menge ist zum Mindestpreis mit 12.000 kg erheblich größer als die nachgefragte Menge von 4.000 kg. Das ungelöste Zuteilungsproblem kann in diesem Fall nur durch einen direkten staatlichen Eingriff gelöst werden. Damit sich der Mindestpreis auch durchsetzt, ist es jetzt erforderlich, dass eine Interventionsstelle den Angebotsüberschuss von den Produzenten abkauft. Konkret muss der Staat hier 8.000 kg Kartoffeln zum Mindestpreis von 4 € aufkaufen, wozu er Steuermittel in Höhe von 32.000 € benötigt. Als Ergebnis einer solchen Politik bilden sich große Lagerbestände der subventionierten Produkte. Diese können nicht mehr dem Markt zugeführt werden können, da ansonsten das System der Mindestpreise beeinträchtigt würde.

Wiederum entstehen durch eine solche Politik erhebliche Wohlfahrtseinbußen. Das primäre Ziel einer Unterstützung der Produzenten wird zwar erreicht. Deren Rente steigt von 8.000 € auf 18.000 € (48.000 € Umsatz – Kosten von 30.000 €). Massive Wohlfahrtsverluste ergeben sich für die Konsumenten, die durch den künstlich hoch gehaltenen Preis einen großen Teil ihrer Konsumentenrente verlieren. Von 8.000 Euro verbleiben gerade noch 2.000 €. Am gravierendsten ist die Tatsache, dass der Staat die für die Intervention erforderlichen Mittel durch Steuern bei den Konsumenten und Unternehmen aufbringen muss, wodurch deren Wohlfahrt entsprechend gemindert wird. Bei den hier gewählten Zahlen ergäbe sich sogar eine negative Gesamtwohlfahrt (20.000 € Produzenten- und Konsumentenrente abzüglich 32.000 € Steuern) durch den Kartoffelmarkt. Außerdem müssen Kosten für die Lagerhaltung und gegebenenfalls auch für die Beseitigung der Überschüsse berücksichtigt werden. Die Agrarpolitik der EU, die sich allerdings nicht nur auf das Instrument der Mindestpreise stützt, kostete im Jahr 2001 rund 44 Milliarden €, was fast 47% des Gesamthaushaltes der EU ausmacht.

Besonders problematisch ist diese Politik für viele *Entwicklungsländer*, die häufig komparative Kostenvorteile (*Kapitel 3*) bei der Produktion von Agrarprodukten aufweisen. Damit das System der Mindestpreise funktionieren kann, muss der EU-Agrarmarkt gegenüber dem Ausland durch Zölle abgeschottet werden. Diese sind jeweils so hoch, dass der Preis der ausländischen Güter nicht unter dem Mindestpreis liegt. Auf den internationalen Verhandlungen im Rahmen der Welthandelsorganisation (World Trade Organisation, WTO) wird die Europäische Union daher seit Jahren zu einer Reform ihres Agrarmarktes aufgefordert.

11.6 Eine Umverteilung durch Steuern ist sinnvoller, aber auch nicht ohne Nebenwirkungen

Aufgrund der hohen Effizienzeinbußen, die mit einer Umverteilung durch den Preismechanismus verbunden sind, findet die Distributionspolitik heute vor allem in der Form direkter Transfers statt, die durch das Steuersystem finanziert werden. Man unterscheidet dabei zwischen *direkten* Steuern, d.h. Steuern, die auf das Einkommen oder den Ertrag eines Wirtschaftssubjekts erhoben werden, und *indirekten* Steuern, d.h. Abgaben, die sich auf die Ausgaben für bestimmte Güter beziehen. Die wichtigsten Steuern in Deutschland sind die Lohnsteuer (direkte Steuer) und die Mehrwertsteuer (indirekte Steuer). *Tabelle 11.5* gibt einen Überblick über das Aufkommen der wichtigsten Steuern in Deutschland. Man sieht dabei, dass es Steuern gibt, die dem Bund und den Ländern gemeinsam zukommen (Gemeinschaftliche Steuern), ebenso wie Steuern, die nur dem Bund, nur den Ländern oder den Gemeinden zufließen. Bemerkenswert ist, dass die Kapitalgesellschaften im Jahr 2001 per Saldo keine Körperschaftsteuer zu zahlen hatten, sondern netto Geld vom Finanzamt ausgezahlt bekamen. Dieses ungewöhnliche Resultat ist auf Fehler in der Steuerreform des Jahres 2000 zurückzuführen.

Steuer	Aufkommen	Art der Steuer
Lohnsteuer	132.626	Einkommensteuer/Gemeinschaftlich
Mehrwertsteuer	104.463	Umsatzsteuer/Gemeinschaftlich
Mineralölsteuer	40.690	Reine Bundessteuer
Einfuhrumsatzsteuer	34.472	Umsatzsteuer/Gemeinschaftlich
Kapitalertragsteuer	29.845	Einkommensteuer/Gemeinschaftlich
Gewerbesteuer	24.534	Gemeindesteuer
Tabaksteuer	12.072	Reine Bundessteuer
Veranlagte Einkommensteuer	8.771	Einkommensteuer/Gemeinschaftlich
Kraftfahrzeugsteuer	8.376	Reine Ländersteuer
Körperschaftsteuer	- 426	Einkommensteuer/Gemeinschaftlich

Tabelle 11.5: Das Aufkommen wichtiger Steuern in Deutschland im Jahr 2001 in Mio. €
Quelle: Deutsche Bundesbank

Einen interessanten Befund gibt auch das *Schaubild 11.4*, das die Steuer- und Abgabenbelastung im internationalen Vergleich darstellt. Trotz vieler Klagen, vor allem aus dem Unternehmerlager, ist die Steuerbelastung, gemessen an der Steuerquote, d.h. der Steuereinnahmen bezogen auf das Bruttoinlandsprodukt, in Deutschland ausgesprochen gering. Deutlich höher ist die Belastung mit Sozialabgaben (siehe *Kapitel 12*), gleichwohl ist die gesamte Abgabenbelastung in Deutschland keinesfalls ungewöhnlich hoch.

Das Grundproblem einer Umverteilung durch Steuern besteht darin, dass im Prinzip jede Form der Besteuerung mit gesamtwirtschaftlichen Wohlfahrtseinbußen verbunden ist. Wir können diese Effekte sehr schön mit den in den *Kapiteln 7 und 9* hergeleiteten Diagrammen für den Güter- und den Arbeitsmarkt abbilden.

11.6 Eine Umverteilung durch Steuern ist sinnvoller

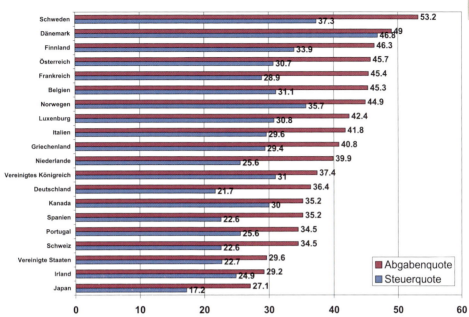

Schaubild 11.4: **Steuer- und Abgabenquoten im internationalen Vergleich**
Quelle: Bundesministerium der Finanzen

11.6.1 Die Umverteilung durch eine indirekte Steuer beeinträchtigt Konsumenten und Produzenten

Beginnen wir mit der Mehrwertsteuer als der wichtigsten indirekten Steuer. Sie beträgt in der Regel 16%; für bestimmte Güter des lebensnotwendigen Bedarfs und für bestimmte Dienstleistungen im Sozial- und Kulturbereich gilt ein ermäßigter Satz von 7%. Diese Steuer muss von dem Verkäufer an den Staat abgeführt werden. Da der Verkäufer die Mehrwertsteuer, die in den von ihm bezogenen Inputs enthalten ist, als Vorsteuer abziehen kann, wird somit nur der in seinem Betrieb erwirtschaftete „Mehrwert" (i.S. der Wertschöpfung; siehe dazu *Kapitel 15*) besteuert.

Da wir in unserer Modell-Ökonomie bisher noch nichts von Steuern gehört haben, können wir jetzt dort eine indirekte Steuer einführen. Damit alles einfach bleibt, soll es sich dabei nicht um eine Mehrwertsteuer, sondern um eine Steuer von 1 € pro Glas handeln, die von den Wirten an den Staat abgeführt werden muss. Für die Wirte bedeutet das, dass ihnen bei einem Endpreis von z.B. 3,50 € pro Glas nur 2,50 € verbleiben. Auf den Abzug einer Vorsteuer verzichten wir. Man bezeichnet eine solche Steuer als „Mengensteuer". Üblich sind heute „Wertsteuern", die eine prozentuale Besteuerung auf den Preis eines Gutes vorsehen.

In unserem Markt-Diagramm können wir den Effekt der Steuer wie folgt abbilden (*Schaubild 11.5*).

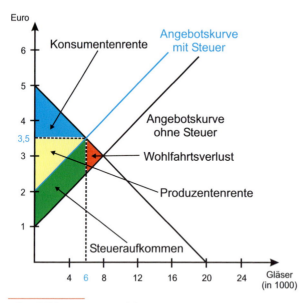

Schaubild 11.5: **Auswirkungen einer indirekten Steuer**

Bei einem Marktpreis von z.B. 3 € werden die Wirte nur noch die Menge abgeben, die sie zuvor bei einem Preis von 2 € angeboten hatten. Die Angebotskurve verschiebt sich nach links. Damit steigt der Gleichgewichtspreis auf 3,50 € und die markträumende Menge geht von 8.000 Gläsern auf 6.000 Gläser zurück. Wiederum können wir den Effizienzverlust sehr gut mit dem Instrumentarium der Konsumenten- und der Produzentenrente abbilden. Die Konsumenten verlieren einen Teil ihrer Konsumentenrente und kommen deshalb nur noch auf eine Rente von 4.500 €; davor waren es 8.000 € gewesen. Auch die Situation der Anbieter verschlechtert sich. Sie kommen nun ebenfalls auf eine Rente von 4.500 € nach bisher 8.000 €. Der Verlust an Konsumenten- und Produzentenrente beläuft sich somit auf 7.000 €. Das Steueraufkommen ergibt sich als das Produkt aus der Differenz zwischen Brutto-Preis (3,50 €) und Netto-Preis (2,50 €) und der neuen Gleichgewichtsmenge von 6.000 Gläsern. Konkret sind das 6.000 €. Wenn man unterstellt, dass die Steuereinnahmen für Ausgaben verwendet werden, die den gleichen gesellschaftlichen Nutzen stiften wie die zuvor erzielten Konsumenten- und Produzentenrenten, kann man den gesamten Wohlfahrtseffekt der Steuer ermitteln. Er beläuft sich auf die Differenz zwischen den Steuereinnahmen (6.000 €) und dem Gesamtverlust an Renten (7.000 €). Insgesamt vermindert sich die Wohlfahrt durch die Steuer um 1.000 €.

Ein wichtiges Ergebnis dieser Untersuchung besteht darin, dass die indirekte Steuer, obwohl sie von den Produzenten an den Staat abgeführt werden muss, auch zu einer Wohlfahrtseinbuße der Konsumenten geführt hat. Wie die Aufteilung konkret ausfällt, hängt vom Verlauf (genauer: der Elastizität; siehe dazu *Kapitel 8*) der Angebots- und Nachfragekurven ab. Ganz allgemein kann man sagen, dass der Nutzenverlust der Verbraucher umso stärker ausfällt, je unelastischer ihre

11.6 Eine Umverteilung durch Steuern ist sinnvoller

Nachfrage nach einem Produkt ist. Im Extremfall einer vertikal verlaufenden Nachfragekurve würden die Anbieter überhaupt keinen Verlust an Produzentenrente erfahren.

11.6.2 Auch die Umverteilung über die Einkommensteuer ist nicht ohne Probleme

Neben der Mehrwertsteuer ist die Einkommensteuer die wichtigste Einnahmequelle der öffentlichen Hand. Wie wir in *Tabelle 11.5* gesehen haben, wird die Einkommensteuer in der Form der Lohnsteuer (für unselbstständige Einkünfte), der Kapitalertragsteuer (Kapitaleinkünfte) und der veranlagten Einkommensteuer (Einkünfte der Selbstständigen) erhoben. Wir wollen uns hier mit den Auswirkungen einer Einkommensteuer auf das Arbeitsangebot befassen (*Schaubild 11.6*).

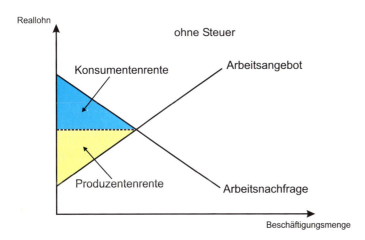

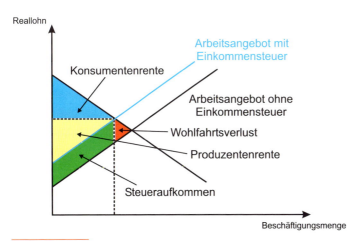

Schaubild 11.6: **Auswirkungen einer Einkommensteuer**

Wir unterstellen dazu, dass der Staat eine Einkommensteuer von 1 € je Arbeitsstunde erhebt. Damit liegt der Netto-Stundenlohn der Aushilfskraft um 1 € unter dem Bruttolohn. Mit anderen Worten: Bei einem Bruttolohn von 3 € bietet die Aushilfskraft nur noch eine Arbeitsmenge an, die einem Lohnsatz von 2 € entspricht. Damit verlagert sich also die Arbeitsangebotskurve nach oben.

Die Auswirkungen auf die gesamtwirtschaftliche Effizienz sind damit ganz ähnlich wie im Fall der Mehrwertsteuer. In diesem Beispiel wollen wir ausnahmsweise auf konkrete Zahlen verzichten. Es kommt wiederum zu einem Verlust an *„Konsumentenrente"*.

Jetzt ist das ein Verlust für die Unternehmen, die weniger Arbeitnehmer einstellen als bisher. Ebenso ergibt sich eine geringere *„Produzentenrente"*, die in diesem Beispiel dem Arbeitsanbieter, d.h. den Arbeitnehmern zufällt. Wiederum geht man davon aus, dass der Staat mit den Steuereinnahmen eine gesamtwirtschaftliche Wohlfahrt stiftet, die den gesamten Verlust an Konsumenten- und Produzentenrente jedoch nur teilweise ausgleicht. Somit ergibt sich auch bei der Einkommensteuer ein gesamtwirtschaftlicher Effizienzverlust.

Erneut erkennen wir das Grundprinzip, dass sich eine Steuer, die von einem der beiden Marktpartner gezahlt werden muss, auf beide Marktseiten gleichermaßen auswirkt.

Bei dieser Darstellung haben wir noch nicht berücksichtigt, dass eine Politik des sozialen Ausgleichs das Arbeitsangebot nicht nur über ihre Effekte auf den Lohnsatz beeinflusst, sondern auch dadurch, dass sie die *„Anreize zum Nichtstun"* erhöht. Bei den in *Tabelle 11.3* dargestellten Sozialhilfesätzen erkennt man, dass es vor allem für einen verheirateten Erwerbsfähigen mit Kindern relativ wenig *finanzielle* Anreize gibt, aus der Sozialhilfe in ein Beschäftigungsverhältnis zu wechseln. Das von ihm erzielte Bruttoeinkommen von rund 2.200 € erhöht sein Haushaltseinkommen lediglich um rund 370 €. Dies entspricht einem Steuersatz von 83 %.

Außerdem ist bei der Steuer unterstellt worden, dass sie sich auf einen festen Betrag pro Arbeitsstunde beläuft. Damit wird die *prozentuale* Steuerbelastung umso geringer, je höher das Einkommen wird. Man bezeichnet eine solche Steuer als *degressiv*. Alternativ könnte man sich eine Besteuerung des Einkommens vorstellen, bei dem ein konstanter Prozentsatz auf den Lohn gefordert wird (*proportionale* Besteuerung). Schließlich gibt es Einkommensteuern, bei denen der Steuersatz – zumindest bis zu einer bestimmten Einkommenshöhe – mit dem Einkommen steigt (*progressive* Besteuerung). Der Einkommensteuertarif in Deutschland zeichnet sich durch einen *Grundfreibetrag*, eine *Progressionszone* und eine anschließende *Proportionalzone* aus (*Schaubild 11.7*). Die Umverteilungseffekte eines Einkommensteuersystems werden durch die progressiven Tarifelemente verstärkt. Das Schaubild zeigt, dass sich im Lauf der Zeit eine Verminderung des *Grenz*steuersatzes ergibt, d.h. des Steuersatzes der auf einen *zusätzlich* verdienten Euro zu zahlen ist. Allerdings kommt es bei einer laufenden Inflationsrate von 1-2 % dazu, dass die Progression automatisch zunimmt („kalte Progression"), so dass ein Teil der bis 2005 eintretenden Entlastung nur als Ausgleich hierfür zu betrachten ist.

Vom Grenzsteuersatz muss man den *Durchschnitts*steuersatz unterscheiden, d.h. den Steuersatz, der sich ergibt, wenn man seine *gesamte* Einkommensteuer auf sein *gesamtes*

11.6 Eine Umverteilung durch Steuern ist sinnvoller

zu versteuerndes Einkommen bezieht. Bei einem progressiv angelegten Steuertarif ist der Durchschnittssteuersatz immer niedriger als der Grenzsteuersatz.

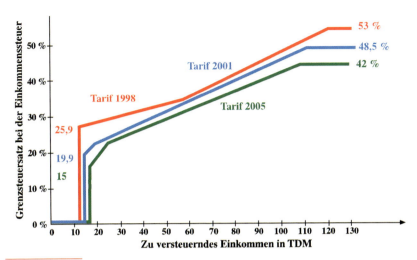

Schaubild 11.7: **Der Einkommensteuertarif in Deutschland von 1998 bis 2005**
Quelle: Bundesministerium der Finanzen

Ein wichtiger Unterschied zwischen der Einkommensteuer und der Mehrwertsteuer besteht darin, dass letztere eine *regressive* Steuer darstellt. Menschen mit höheren Einkommen zahlen also prozentual auf ihr Einkommen weniger Mehrwertsteuer als Menschen mit geringem Einkommen. Dies liegt daran, dass die Konsumquote, d.h. der Anteil des Konsums am Einkommen, mit einem zunehmenden Einkommen abnimmt. Die regressiven Wirkungen der Mehrwertsteuer werden teilweise dadurch abgemildert, dass Mieten davon ausgenommen sind und dass für Grundnahrungsmittel ein ermäßigter Steuersatz gilt.

11.6.3 Sozialer Ausgleich: eine schwierige Gratwanderung

Es ist heute in Deutschland unstrittig, dass der Staat durch Transfers von den Gut- und Besserverdienenden zu den sozial Schwächeren für einen Ausgleich zu sorgen hat. Es besteht auch Einigkeit darüber, dass diese Transfers am besten durch direkte oder durch indirekte Steuern zu finanzieren sind, nicht jedoch durch direkte Eingriffe in den Preismechanismus. Kontrovers diskutiert wird demgegenüber die Frage, ob das Verhältnis zwischen den Erwerbseinkommen und den Sozialhilfeleistungen angemessen ist. Diese Fragestellung wird häufig unter dem Schlagwort des „Abstandsgebots", d.h. der Erfordernis eines ausreichend großen Abstands zwischen dem durch Arbeit erzielten Netto-Einkommen und dem Transfer-Einkommen durch die Sozialhilfe, geführt. Dabei steht außer

Zweifel, dass die Arbeits- und Leistungsanreize in einer Volkswirtschaft umso geringer sind, je großzügiger die Sozialleistungen ausgestaltet sind. Auf der anderen Seite zeigt die Statistik der Sozialhilfeempfänger, dass der Anteil der Erwerbsfähigen vergleichsweise gering ist. Massive Kürzungen der Sozialhilfe würden also vor allem Menschen treffen, die nicht zu einer Erwerbstätigkeit in der Lage sind. Ihre soziale Situation würde sich verschlechtern, ohne dass sie dafür aus eigener Kraft einen Ausgleich leisten könnten. Die Erfahrungen der Vereinigten Staaten zeigen, dass es bei einem zu geringen sozialen Ausgleich zu erheblichen gesellschaftlichen Problemen kommen kann. So waren dort im Jahr 2001 rund 3 % aller Erwachsenen entweder im Gefängnis oder sie standen unter Bewährung. In Deutschland beträgt diese Relation nur 0,1 %.

SCHLAGWÖRTER

Armut (S. 185), Äquivalenzprinzip (S. 188), Distributionsfunktion (S. 184), Durchschnittssteuersatz (S. 199), Einkommensteuer (S. 197), Europäischer Agrarmarkt (S. 191), Gemeinschaftliche Steuern (S. 193), Grenzsteuersatz (S. 198), indirekte Steuer (S. 193), Höchstpreis (S. 188), Käufermarkt (S. 190), Mehrwertsteuer (S. 193), Mindestpreis (S. 188), Rationierung (S. 190), Solidarprinzip (S. 188), Umverteilung (S. 187), Verkäufermarkt (S. 190), Windhundverfahren (S. 189)

AUFGABEN

1. Um die Preise für Studentenappartements und -zimmer auf einem sozial verträglichen Niveau zu halten, wird vom Staat ein Höchstpreis von 5 € pro Quadratmeter für Vermietungen an Studenten fixiert.

a) Zeigen Sie grafisch, wie sich diese Maßnahme auf den Markt für Studentenzimmer auswirkt. Stellen Sie insbesondere den gesellschaftlichen Wohlfahrtsverlust dar.

b) Was verändert sich dadurch am Verhältnis zwischen Mietern und Vermietern?

c) Wie beurteilen Sie die längerfristigen Auswirkungen einer solchen Maßnahme?

2. Diskutieren Sie die Tatsache, dass in Deutschland Studienplätze kostenlos bereitgestellt werden.

3. Die in *Schaubild 11.5* abgebildete Mengensteuer soll durch eine Wertsteuer in Höhe von 25 % abgelöst werden. Zeichnen Sie dafür die Angebotskurve und leiten Sie das Marktgleichgewicht grafisch und rechnerisch her.

Kapitel 12

Sozialversicherungssysteme und die Allokationsfunktion des Staates

Überblick	**203**
Wozu braucht man Versicherungen?	**204**
Die gesetzliche Rentenversicherung	**204**
Die gesetzliche Krankenversicherung	**209**
Die Arbeitslosenversicherung	**212**

Kapitel 12

Sozialversicherungssysteme und die Allokationsfunktion des Staates

LERNZIELE

- Renten-, Kranken und Arbeitslosenversicherung stellen die drei wichtigsten sozialen Sicherungssysteme in Deutschland dar.

- Die zentrale Funktion einer Versicherung besteht in der Transformation von Risiken. Der Versicherte kann ein unsicheres Ereignis, das mit kleiner Wahrscheinlichkeit zu hohen Verlusten führt, in eine sichere und relativ geringe laufende Zahlung an die Versicherung transformieren.

- Die gesetzliche Rentenversicherung ist nach dem Umlagesystem konzipiert. Dieses beruht auf einem Generationenvertrag zwischen den Erwerbstätigen und den Rentnern sowie zwischen den Erwerbstätigen und der nachfolgenden Generation. Bei einer zunehmenden Überalterung kommt dieses System ins Ungleichgewicht und es entstehen große Probleme.

- Die gesetzliche Krankenversicherung nimmt neben ihrer Versicherungsfunktion auch eine ausgeprägte Umverteilung („Solidarprinzip") vor. Im Vergleich zur Umverteilung über das Steuersystem ist diese Distributionspolitik wenig effizient und zudem intransparent.

- Die Arbeitslosenversicherung stellt einen wichtigen „automatischen Stabilisator" dar, der dafür sorgt, dass konjunkturelle Schwankungen gedämpft werden.

Während vergleichsweise wenige Menschen mit der Sozialhilfe in Berührung kommen, spielen die drei großen sozialen Sicherungssysteme der Renten-, Kranken- und Arbeitslosenversicherung eine wichtige Rolle im Leben fast aller arbeitenden Menschen. Wir werden zunächst kurz erklären, wie diese Systeme funktionieren, um dann zu diskutieren, warum diese Leistungen überhaupt durch den Staat angeboten werden.

12.1 Überblick

Die *Tabelle 12.1* zeigt zunächst, welche hohe gesamtwirtschaftliche Bedeutung diesen drei großen sozialen Sicherungssystemen zukommt. Insgesamt belaufen sich ihre Ausgaben (wie auch die Einnahmen) auf mehr als ein Fünftel des Bruttoinlandsprodukts. Rechnet man zu den Beitragssätzen noch den Beitrag für die Pflegeversicherung von 1,7 % dazu, dann wird für ein Lohn-Einkommen unterhalb der Bemessungsgrenzen ein Beitrag für die Sozialversicherungen von über 40 % erhoben. Den meisten Erwerbstätigen wird dies nicht in bewusst, da die Sozialleistungen so abgerechnet werden, dass für das im Arbeitsvertrag vereinbarte Bruttoeinkommen die Sozialversicherungsbeiträge jeweils zur Hälfte vom Arbeitnehmer und vom Arbeitgeber zu tragen sind. Bei einem Bruttoeinkommen von 2.000 € zahlt der Arbeitnehmer also rund 400 € an Sozialversicherungsbeiträgen. Derselbe Betrag wird auch vom Arbeitgeber abgeführt. Aus ökonomischer Sicht ist die Unterteilung in Arbeitgeber- und Arbeitnehmerbeiträge jedoch wenig sinnvoll. Für den Arbeitgeber sind aus betriebswirtschaftlicher die gesamten Lohnkosten in Höhe von 2.400 € relevant, wobei es für seine Kalkulation letztlich unerheblich ist, wie sich dieser Kostenblock auf Sozialabgaben und das dann noch verbleibende Brutto-Einkommen seines Arbeitnehmers aufteilt.

Versicherung	Einnahmen in Mio. € (2001)	Ausgaben in Mio. € (2001)	Ausgaben (% des nominellen BIP) (2001)	Beitragssatz (2003)	Beitragsbemessungsgrenze (2003)
Gesetzliche Rentenversicherung	221.460	222.579	10,8	19,5	5.100 (West-Deutschland)
Gesetzliche Krankenversicherung	135.500	138.400	6,7	14,5	3.450
Arbeitslosenversicherung	50.682	52.613	2,6	6,5	5.100 (West-Deutschland)
Pflegeversicherung	16.650	16.030	0,8	1,7	3.450
Summe	424.292	429.622	20,9	42,2	

Tabelle 12.1: Überblick zu den sozialen Sicherungssystemen
Quelle: Institut der deutschen Wirtschaft. Deutschland in Zahlen (2002)

12.2 Wozu braucht man Versicherungen?

Zum Verständnis dieser zentralen Sicherungssysteme ist wichtig, dass man zunächst einmal die Funktion einer Versicherung ganz allgemein erklärt. Warum schließt man eine Krankenversicherung ab? Die Antwort ist einfach: Für den – Gott sei Dank nicht sehr wahrscheinlichen – Fall einer sehr schweren Erkrankung müsste man mit enorm hohen Kosten rechnen, die dann möglicherweise das gesamte Vermögen aufzehren. Und wenn dieses nicht vorhanden ist, könnte man lebensnotwendige Eingriffe nicht bezahlen. Als Mitglied einer Krankenversicherung erwirbt man durch einen laufenden monatlichen Beitrag einen Anspruch darauf, dass in einem solchen „worst case" alle Kosten von der Versicherung übernommen werden. Da nun viele Menschen alt werden, ohne eine schwere Erkrankung zu erfahren, können mit deren Beiträgen dann die Aufwendungen für die Menschen finanziert werden, die sehr teure medizinische Therapien benötigen.

Das Grundprinzip einer jeden Versicherung besteht also darin, dass sie eine *Risikentransformation* vornimmt:

- Für den Versicherten wird das relativ geringe Risiko eines sehr hohen Vermögensverlustes im Krankheitsfall in eine sichere Situation transformiert, die sich dadurch auszeichnet, dass er einen vergleichsweise geringeren, festen monatlichen Verlust in Höhe seiner Versicherungsbeiträge erleidet.

- Da die Versicherungsgesellschaft sehr viele Verträge abschließt, kann sie eine *Risikodiversifikation* erreichen. Für den Gesamtbestand ihrer Versicherten gilt dann das „*Gesetz der großen Zahl*", d.h. die laufenden Ausgaben der Versicherung für schwere Erkrankungen entsprechen genau dem statistischen Risiko eines Individuums, eine solche Krankheit zu erleiden, multipliziert mit dem Versichertenbestand. Wichtig ist bei der Risikodiversifikation (oder Risikostreuung), dass die individuellen Wahrscheinlichkeiten *unverbunden* sind. Das bedeutet, die Erkrankung von Herrn Müller erhöht nicht die Wahrscheinlichkeit einer Erkrankung von Frau Mayer. Eine *verbundene* Wahrscheinlichkeit würde im Fall einer Seuche vorliegen. Wenn diese zu Erkrankungen mit hohem Therapieaufwand führt, würden die Krankenversicherungen zusammenbrechen.

12.3 Die gesetzliche Rentenversicherung

Jeder Mensch wünscht sich, lange zu leben. Dabei stellt sich allerdings zwangsläufig das Problem, dass mit höherem Lebensalter die körperliche und teilweise auch die geistige Leistungsfähigkeit abnimmt. Für einen älteren Menschen wäre es daher schwierig, sich am Markt ein angemessenes Einkommen zu verschaffen. Da all dies gut vorhersehbar ist, liegt es nahe, dass man in jüngeren Jahren für das Alter vorsorgt.

In der Geschichte wurde diese Vorsorge meist in der Form betrieben, dass Menschen Kinder in die Welt setzten in der Hoffnung, von diesen im Alter dann unterstützt zu werden. Alleinstehende oder kinderlose Paare mussten stattdessen versuchen, einen Kapitalstock (Ersparnisse, Immobilien) aufzubauen, um diesen im Alter aufbrauchen zu können. Eine

12.3 Die gesetzliche Rentenversicherung

gewisse Kapitalbildung war aber auch für Eltern mit Kindern sinnvoll, da die Einkünfte der Kinder (und die von diesen zu leistenden Unterstützungszahlungen) um so höher ausfallen, je größer und je besser der ihnen zur Verfügung stehende Kapitalstock ist. So war es für einen Bauern immer sinnvoll, seinem Sohn einen gut geführten Bauernhof zu überlassen.

In vielen Entwicklungsländern ist eine Altersvorsorge auch heute noch nur in der Form möglich, dass man Kinder hat, die einen im Alter versorgen. Bei der hohen Kindersterblichkeit in diesen Ländern bleibt den Menschen dann nichts anderes übrig als möglichst viele Nachkommen in die Welt zu setzen. Das Resultat sind enorm hohe Geburtenraten und eine daraus resultierende Überbevölkerung in vielen Entwicklungsländern. So lag von 1980 bis 2000 in den Ländern mit niedrigem Einkommen die Wachstumsrate der Bevölkerung mit 2,1 % weit über der Zunahme in den Ländern der Europäischen Währungsunion, die nur 0,3 % betrug.

12.3.1 Warum nicht alle Menschen freiwillig für ihr Alter vorsorgen

Damit stellt sich unmittelbar die Frage, wieso es überhaupt einer gesetzlichen Rentenversicherung bedarf. Warum sollten die Menschen nicht von sich aus in der Lage sein, eine ausreichende Vorsorge für ihr Alter zu treffen?

Da ist zunächst einmal das Problem, dass einige Menschen in ihrer Jugend überhaupt nicht an das Alter denken. Ein solches „Kurzfristdenken" könnte dann noch gepaart sein mit der Vorstellung, dass man im Notfall immer noch in das relativ großzügig ausgestaltete Netz der Sozialhilfe (siehe *Kapitel 11*) fällt. Für ein solches Verhalten verwendet die Volkswirtschaftslehre den Ausdruck des „*moral hazard*" (moralisches Risiko). Ganz allgemein versteht man darunter Handlungen von Menschen, die besonders riskante Strategien verfolgen, weil sie damit rechnen können, dass sie die Konsequenzen im Fall des Misslingens nur teilweise oder überhaupt nicht tragen müssen. Ein Beispiel dafür wäre eine Kfz-Haftpflicht, die für alle Versicherten den gleichen Tarif fordert. Unvorsichtige Fahrer würden dann nicht durch höhere Prämien bestraft und defensives Fahren würde nicht durch Schadenfreiheitsrabatte belohnt. Man kann im Fall des „moral hazard" auch davon sprechen, dass ein *negativer externer Effekt* vorliegt. Dies ist immer dann der Fall, wenn die gesellschaftlichen Kosten einer wirtschaftlichen Aktion höher sind als die privaten:

Negativer externer Effekt = Soziale Kosten - Private Kosten

Wenn also ein junger Mensch überhaupt nicht für das Alter vorsorgt, sein ganzes Gehalt während des Arbeitslebens vollständig ausgibt und dann vom 65. Geburtstag an der Sozialhilfe auf der Tasche liegt, belaufen sich die sozialen Kosten seiner Altersvorsorge auf alle für ihn im Alter erforderlichen Zahlungen. Seine privaten Kosten sind gleich Null. Der negative externe Effekt ist dann mit den sozialen Kosten identisch.

In solchen Fällen tritt nun die Allokationsfunktion des Staates auf den Plan. Wir haben in *Kapitel 6 und 7* gesehen, dass sich die individuellen Kosten der Produzenten voll im Marktpreis eines Gutes niederschlagen. Damit wird den Nachfragern signalisiert, wie „wertvoll" das von ihnen konsumierte Gut ist. Im Fall negativer externer Effekte stellt sich das Problem, dass die Konsumenten nur einen Teil der tatsächlichen Kosten erkennen. Dies ist insbesondere bei Gütern der Fall, deren Produktion oder Distribution mit hohen Umweltschäden verbunden ist. Wir werden diese Problematik im nächsten Kapitel noch ausführlicher erörtern.

Es spricht also im Bereich der Alterssicherung vieles dafür, dass der Staat seine Bürger verpflichtet, rechtzeitig eine eigene Vorsorge zu treffen. Man spricht dann vom „*Subsidiaritätsprinzip*". Dieser aus der katholischen Soziallehre stammende Grundsatz besagt, dass der Staat nur dann in den Markt eingreifen soll, wenn die Privaten aus eigener Kraft nicht in der Lage oder bereit sind, bestimmte Leistungen zu erbringen. Der Staatseingriff unterliegt also einem Rechtfertigungszwang. Doch damit bleibt zu klären, wieso der Staat selbst als Anbieter einer „gesetzlichen Rentenversicherung" aktiv wird, anstelle es den Menschen – wie z.B. bei der Kfz-Haftpflicht – selbst zu überlassen, sich eine private Versicherungsgesellschaft zu wählen.

Interessant ist dabei auch, worin der Versicherungsfall liegt, d.h. also welches Risiko konkret mit einer Rentenversicherung abgedeckt ist. Der Sachverhalt ist hier etwas anders als bei einer Krankenversicherung. Der Versicherungsfall ist eigentlich kein Unglück, sondern das, was wir uns alle wünschen: ein möglichst hohes Lebensalter. Ohne eine Versicherung könnten wir im Fall eines sehr langen Lebens in die Situation geraten, dass wir alle unsere Ersparnisse aufgebraucht haben. Und wenn wir die Ersparnis auf eine sehr hohe Lebenserwartung ausgerichtet hätten und sehr früh sterben, hätten wir uns zu Lebzeiten vieles nicht geleistet, nur damit sich die Erben darauf freuen können.

12.3.2 Das Umlagesystem: Eine Beteiligung am Humankapital der Zukunft

Dies führt nun zur speziellen Ausgestaltung des Systems der gesetzlichen Rentenversicherung in Deutschland. Es wird – wie in vielen anderen Ländern – nach dem Prinzip eines *Umlagesystems* organisiert. Dies bedeutet, dass die jeweils Erwerbstätigen mit ihren Beiträgen zur Rentenversicherung die Zahlungen für die Rentner bestreiten. Man spricht deshalb auch vom *Generationenvertrag*. Dieser – nirgends schriftlich festgehaltene – Vertrag bedeutet, dass sich ein Erwerbstätiger mit seinen Beiträgen einen Anspruch darauf erwirbt, später als Rentner ein bestimmtes Einkommen zu erhalten. Die Höhe dieses Anspruchs wird in Deutschland durch die so genannte Rentenformel bestimmt. Sie lautet wie folgt:

$$(12.1) \quad PEP \cdot RAF \cdot AR = Monatsrente$$

PEP sind die persönlichen Entgeltpunkte eines Arbeitnehmers. Diese werden für jedes Versicherungsjahr in der Weise errechnet, dass man das jährliche individuelle Einkom-

12.3 Die gesetzliche Rentenversicherung

men (bis zur Bemessungsgrenze) durch das Durchschnittseinkommen aller Versicherten dividiert. Dieser Wert wird dann für alle Versicherungsjahre aufsummiert. Dabei werden auch beitragsfreie Zeiten, z.B. für die Berufsausbildung, berücksichtigt. Wenn eine Rente vorzeitig in Anspruch genommen wird, wird der PEP durch einen Zugangsfaktor gemindert.

RAF ist der Rentenartfaktor. Für eine normale Altersrente ist er gleich 1.

AR ist der aktuelle Rentenwert. Er wird nach folgender Formel ermittelt:

$$(12.2) \quad AR = \frac{(BAG \cdot RN)}{45}$$

Der Ausgangspunkt hierfür ist das durchschnittliche Brutto-Arbeitsentgelt (**BAG**) eines Erwerbstätigen. Von diesem wird eine durchschnittliche Rente ermittelt, und das Arbeitsentgelt mit dem Rentenniveau (**RN**) von derzeit 68,8 % multipliziert. Diese entscheidende Größe war in der Vergangenheit nahezu konstant, also gleichsam ein Bestand des Generationenvertrages. Die so errechnete Durchschnittsrente wird nun durch die Zahl 45 dividiert, was der Zahl der maximal möglichen Erwerbsjahre entspricht.

Auf diese Weise führt die Rentenformel dazu, dass ein Erwerbstätiger, der 45 Jahre lang ein durchschnittliches Einkommen erzielt (PEP = 45) am Ende auch eine durchschnittliche Rente erhält.

Bei einem aktuellen Rentenwert von derzeit 25,86 (West-Deutschland) ergibt sich eine „*Eckrente*" von 1.163,70 €. Die durchschnittliche Altersrente eines männlichen Rentners liegt jedoch nur bei 1.024 € (West-Deutschland), was darauf zurückzuführen ist, dass viele Rentner nicht immer ein Durchschnittseinkommen in der Vergangenheit erzielen konnten und dass sie oft auch nicht die vollen 45 Jahre im Erwerbsleben standen.

Bei dieser vielleicht etwas trockenen Darstellung – aber viel spannender geht es halt nicht, sorry – ist ein wichtiges Grundprinzip des Umlagesystems deutlich geworden. Wie hoch die spätere Rente sein wird, hängt vor allem davon ab, wie hoch die *Erwerbseinkommen in der Zukunft* ausfallen, da diese die Basis für die Berechnung des aktuellen Rentenwerts darstellen. Somit kann man ein Umlagesystem also als eine Form der Beteiligung am *Humankapital* (so sprechen Ökonomen von den erwerbsfähigen Menschen eines Landes; siehe dazu ausführlicher *Kapitel 23*) der Zukunft ansehen. Wenn sich eine Volkswirtschaft dynamisch entwickelt und ihre Erwerbstätigen hohe Einkommen erzielen, profitieren auch die Rentner davon. Damit wird auch deutlich, dass die jeweils im Berufsleben stehende Generation für ihre spätere Rente in der Form vorsorgen muss, dass sie in das Sach- und in das Humankapital investiert. Auf diese Weise werden in späteren Jahren qualifizierte Erwerbstätige mit einem gut ausgestatteten Kapitalstock in der Lage sein, hohe und steigende Einkommen zu erzielen.

12.3.3 Das Rentenniveau und das Problem der Überalterung

Die zweite wichtige Determinante der späteren Renten ist das Rentenniveau. Es liegt heute bei 68,8 % und soll bis zum Jahr 2030 auf 68 % abgesenkt werden. Die Rolle des Rentenniveaus kann man am besten verstehen, wenn man sich einmal die Einnahmen und die Ausgaben der Rentenversicherung ansieht. Die Einnahmen (E) ergeben sich vereinfacht als:

(12.3) $\quad E = n_A \cdot BAG \cdot BS$

Sie errechnen sich also aus der Zahl der Beitragspflichtigen (n_A) multipliziert mit dem durchschnittlichen Bruttoeinkommen und dem Beitragssatz (BS).

Unterstellen wir, dass es nur „Eckrentner" gibt, dann werden die Ausgaben (A) vereinfacht bestimmt durch:

(12.4) $\quad A = n_R \cdot BAG \cdot RN$

Da die Einnahmen und Ausgaben der Rentenversicherung im Prinzip ausgeglichen sein sollten, gilt E = A. Damit kann man die beiden Gleichungen gleichsetzen und nach RN auflösen:

(12.5) $\quad RN = \dfrac{n_A}{n_R} BS$

Man sieht daran, dass die Relation von Aktiven und Rentnern eine wichtige Rolle für das Verhältnis zwischen dem Rentenniveau und dem Beitragssatz spielt. Nun stellt sich in allen Industrieländern das große Problem einer zunehmenden *Überalterung* der Bevölkerung. Diese ungünstige demographische Entwicklung führt dazu, dass sich die Relation von jungen zu alten Menschen rapide verändert. In Deutschland wird es bis zum Jahr 2040 dazu kommen, dass die Relation n_A/n_R von derzeit 4 auf nur noch 2 abnimmt. Damit ergibt sich ein gravierendes Problem für die Rentenversicherung. Wenn sie weiterhin ihre Einnahmen und Ausgaben im Gleichgewicht halten will, muss im Prinzip nun entweder das Rentenniveau halbiert werden oder aber der Beitragssatz verdoppelt werden. Beides ist politisch und ökonomisch wenig sinnvoll:

- Zu hohe Beitragssätze mindern die Leistungsanreize (siehe *Kapitel 11.6.2*),
- Ein zu niedriges Rentenniveau führt dazu, dass viele Menschen, die ein Leben lang gearbeitet haben, nur noch eine Rente in der Nähe der Sozialhilfe beziehen.

Aus diesem Grund haben mehrere Regierungen schon frühzeitig Reformen des deutschen Rentensystems in die Wege geleitet. Mit dem Rentenreformgesetz von 1992 wurden die Anrechnungszeiten für beitragsfreie Jahre (Ausbildungszeiten) reduziert und die Altersgrenze für Frauen wurde schrittweise von 60 auf 65 Jahre erhöht. Mit der Rentenreform 2001 wurde eine allmähliche Absenkung des Rentenniveaus auf 68 % bis zum Jahr 2030 beschlossen, die wegen einer statistischen Neudefinition des Einkommensbegriffs einer faktischen Senkung auf rund 65 % gleichkommt. Ziel dieser Reform ist es insbesondere, den Beitragssatz langfristig unter 22 % zu halten.

12.3.4 Zur Zukunft der gesetzlichen Rentenversicherung

Mit der Rentenreform von 2001 wurde zudem erstmals das Prinzip der *Kapitaldeckung* in die gesetzliche Altersvorsorge einbezogen. Um die vorgesehene Minderung des Rentenniveaus zu kompensieren, wird es bis zum Jahr 2008 für alle Versicherungspflichtigen möglich sein, einen Betrag von bis zu 4 % ihres Brutto-Einkommens (bis zur Beitragsbemessungsgrenze) für die Alterssicherung insbesondere bei privaten Versicherungen oder bei Banken anzulegen, wenn daraus später Rentenzahlungen vorgenommen werden. Diese Beträge können also als Sonderausgaben bei der Einkommensteuererklärung geltend gemacht werden. Für Bezieher mit geringen Einkommen werden direkte Zulagen gezahlt.

Trotzdem wird das Umlagesystem für die nächsten Jahrzehnte das Herzstück der gesetzlichen Alterssicherung bilden. Wir haben gesehen, dass es in einem Land mit einer relativ großzügigen Sozialhilfe wichtig ist, eine allgemeine Versicherungspflicht für das Alter vorzuschreiben, da sich ansonsten zu viele Menschen auf die „soziale Hängematte" im Alter verlassen würden. Schwieriger zu beantworten ist die Frage, ob man dafür ein staatlich organisiertes Umlagesystem benötigt. Der besondere Vorzug eines solchen Systems besteht – wie erwähnt – darin, dass es eine Beteiligung am Humankapital der Zukunft bietet, wobei es durch den großen Kreis der gesetzlich Versicherten zu einem starken Diversifikationseffekt kommt. Eine solche Beteiligung kann nur der Staat anbieten, da er als einziger in der Lage ist, Ansprüche auf die Einkommen von Menschen geltend zu machen, die überhaupt noch nicht geboren sind. Ohne ein staatlich organisiertes Umlagesystem wären die Menschen ganz auf ein System der Kapitaldeckung angewiesen. Dieses kann sicherlich auch eine hohe Diversifikation anbieten (Aktienfonds, Rentenfonds). Die Erfahrung hat jedoch gezeigt, dass kapitalgedeckte Systeme bei großen wirtschaftlichen Schocks (Hyperinflation) nicht vollständig krisenfest sind und dass die Aktienmärkte zu enormen Schwankungen tendieren. Es spricht daher vieles dafür, dass ein staatliches Umlagesystem zumindest als Grundlage der Alterssicherung dient, auf die dann eine überwiegend freiwillige private Kapitaldeckung aufgebaut wird. In vielen Fällen werden diese beiden Säulen auch noch durch Formen einer betrieblichen Alterssicherung ergänzt.

12.4 Die gesetzliche Krankenversicherung

Grundsätzlich gilt für die gesetzliche Krankenversicherung das Gleiche wie für die Rentenversicherung. Wenn man es den Privaten völlig frei ließe, sie sich für den Krankheitsfall zu versichern, müsste man damit rechnen, dass es immer Menschen gäbe, die hierauf ganz verzichten, im Fall einer schweren Erkrankung dann aber doch wieder dem Staat zur Last fielen. Wiederum ist also ein externer Effekt zu erkennen, der im Rahmen der Allokationsfunktion des Staates durch eine allgemeine Versicherungspflicht aus der Welt geschaffen werden kann. Im Gegensatz zur gesetzlichen Rentenversicherung hat man es jedoch bei der Krankenversicherung mit dem erstaunlichen Phänomen zu tun, dass die Versicherungspflicht oberhalb der *Versicherungspflichtgrenze* völlig aufgehoben wird; bei der Rentenversicherung besteht diese oberhalb dieser Grenze fort, der Beitrag bleibt jedoch konstant. Implizit wird dabei also unterstellt, dass das Problem des „moral hazard" nur bei Personen mit niedrigeren Einkommen besteht.

Ähnlich wie bei der Rentenversicherung kann man sich nun fragen, ob es notwendig ist, dass für diese Versicherungspflicht auch staatlich organisierte Versicherungen angeboten werden. Immerhin gibt es ja zahlreiche private Krankenversicherungen, die im Prinzip die gleichen Leistungen anbieten. Dieser Aspekt ist besonders relevant, da es für viele Menschen deutlich günstiger ist, sich privat zu versichern als Mitglied in einer gesetzlichen Krankenversicherung zu sein. Außerdem erhält man als „Privatpatient" bessere ärztliche Leistungen als ein „Kassenpatient". So muss ein unverheirateter Mann (Alter: 35 Jahre) mit einem Bruttoeinkommen von 3.000 € im Monat rund 450 € an die gesetzliche Krankenversicherung abführen (die Hälfte davon übernimmt formal der Arbeitgeber, siehe *12.1*), während er sich bei einer privaten Versicherung für lediglich rund 200 € versichern könnte.

Umgekehrt bezahlt ein gleichaltriger verheirateter Arbeiter mit zwei Kindern und einem Bruttoeinkommen von 2.000 € rund 300 € für den gesamten Krankenversicherungsschutz seiner Familie. Bei einer privaten Versicherung müsste er hierfür mindestens 580 € (210 € für die Ehefrau und jeweils 85 € pro Kind) bezahlen. Dies ergibt sich daraus, dass in der gesetzlichen Krankenversicherung alle Familienmitglieder kostenlos mitversichert sind, während bei der privaten Versicherung für jedes Familienmitglied einzeln bezahlt werden muss.

Wir erkennen daran, dass bei der gesetzlichen Krankenversicherung neben dem Allokationsaspekt auch ausgeprägte verteilungspolitische Ziele eine Rolle spielen. Anders als bei einer privaten Versicherung geht es dabei also nicht um eine möglichst große Äquivalenz von Beitrag und Leistung, sondern immer auch darum, sozial Schwächere im Rahmen des Versicherungssystems zu begünstigen. Man spricht hierbei auch vom „*Solidarprinzip*" der Gesetzlichen Krankenversicherung. Ein solches Nebeneinander von allokations- und distributionspolitischen Zielen ist aus mehreren Gründen problematisch:

- Da sich Arbeitnehmer mit einem Einkommen oberhalb der Bemessungsgrenze ganz aus der gesetzlichen Krankenversicherung verabschieden können, ergibt sich eine Umverteilung von den mittleren auf die niedrigen Einkommen, während die hohen Einkommen ungeschoren bleiben.
- Durch die Vermengung von beiden Funktionen wird das gesamte System der sozialen Sicherung sehr *intransparent*. Es ist für Politiker wie für die Öffentlichkeit daher sehr schwer zu erkennen, ob das, was an gesellschaftlicher Umverteilung angestrebt wird, am Ende tatsächlich realisierbar ist.

Auch sonst ist das System der gesetzlichen Krankenversicherung äußerst komplex und mit marktwirtschaftlichen Prinzipien wenig kompatibel. Auf der *Angebotsseite* besteht ein Kartell der Ärzte, die in den *Kassenärztlichen Vereinigungen* organisiert sind. Dieses legt zusammen mit den gesetzlichen Krankenkassen die Preise für die einzelnen Leistungen fest. Anders als in einer funktionsfähigen Marktwirtschaft ist es also für einen einzelnen Arzt nicht möglich, bestimmte Leistungen billiger anzubieten und auf diese Weise zusätzliche Nachfrager an sich zu ziehen. Auf der *Nachfrageseite* muss man zwischen den individuellen und den kollektiven Nachfragern unterscheiden:

- Für den *Patienten*, d.h. den individuellen Nachfrager gilt, dass er ärztliche Leistungen grundsätzlich ohne eine Budgetrestriktion nachfragen kann. Der Preismechanismus kann nicht dafür sorgen, dass nur solche Leistungen nachgefragt werden, denen der Konsument einen Wert beimisst, der höher ist als ihr Preis (und damit indirekt auch die zu ihrer Erstellung erforderlichen Kosten). Erschwerend tritt hinzu, dass die Konsumenten im Gesundheitsbereich in der Regel nur unvollständig über den Wert einzelner Diagnose- und Therapieverfahren informiert sind. Damit bietet sich den Anbietern die Möglichkeit, den Nachfragern vor allem jene Verfahren anzubieten, die besonders hohe Deckungsbeiträge aufweisen.

- Die *gesetzlichen Krankenkassen* als kollektive Nachfrager sind demgegenüber mit dem Problem einer Budgetrestriktion konfrontiert, da Beitragserhöhungen politisch immer schwerer durchzusetzen sind; immerhin ist der Beitragssatz von 8,2 % im Jahr 1970 auf derzeit 15,0 % angestiegen. Sie haben daher in der Vergangenheit auf unterschiedliche Weise versucht, den Kostenanstieg in Grenzen zu halten: Zum einen wurde die Zahl der niedergelassenen Ärzte begrenzt. Zum anderen wurden für zentrale Leistungsbereiche *Budgets* vorgegeben. Für den einzelnen Arzt bedeutet das, dass er für seine Leistung einen bestimmten Punktwert erhält. Wieviel ein solcher Punktwert in Geldeinheiten wert ist, wird dann so ermittelt, dass das Budget durch die Gesamtsumme der Punktwerte dividiert wird.

BOX 12.1: BEISPIELE FÜR FEHLALLOKATIONEN IM GESUNDHEITSBEREICH

Deutschlands Patienten liegen im Schnitt 11,4 Tage im Krankenhaus. In den Niederlanden sind es nur 9,9 Tage und Frankreichs Patienten dürfen schon nach durchschnittlich 5,9 Tagen wieder nach Hause.

Schätzungen besagen, dass rund 40.000 Krankenhausbetten ohne Einschränkung für die medizinische Versorgung abgebaut werden können.

Die Zahl der Gallenblasen-Operationen ist mit der Verbreitung endoskopischer Eingriffe von 1990 bis 1996 um 150 % gestiegen.

Nach Ansicht der Deutschen Röntgengesellschaft ist etwa die Hälfte der jährlich rund 100 Millionen Röntgenuntersuchungen entbehrlich. Durch einen gezielten Einsatz können 400 Mio. Euro im Jahr eingespart werden.

Mit 9,8 Labortests pro Versichertem wurden 1996 in Deutschland im Vergleich zu den USA (3,9 Tests je Versichertem) und Frankreich (2,9 Tests je Versichertem) deutlich mehr Analysen veranlasst. Erst durch die im Jahr 2000 durchgeführte Laborreform, bei der Laborleistungen etwa durch einen Wirtschaftlichkeitsbonus anders honoriert wurden, konnte eine Senkung der überhöhten Leistungsmengen erreicht werden.

> Jährlich knapp 0,7 Mrd. Euro geben die gesetzlichen Krankenkassen für Ultraschalluntersuchungen aus. Ein Großteil dieser Untersuchungen findet ungezielt und nicht indiziert statt.
>
> *Quelle: www.g-k-v.com*

In Anbetracht dieser Abweichungen vom Idealbild eines Marktes ist es nicht überraschend, dass die wirtschaftliche Effizienz des Gesundheitswesens nicht sehr hoch ist. In seinem Gutachten 2000/2001 schreibt der Sachverständigenrat für die konzertierte Aktion im Gesundheitswesen:

„Unbeschadet aller inhaltlichen und methodischen Unvollkommenheiten und Unzulänglichkeiten internationaler Vergleiche von Gesundheitssystemen deuten die bisherigen Ergebnisse darauf hin, dass das deutsche Gesundheitssystem bei der Zielerreichung im gehobenen Mittelfeld liegt, dafür jedoch einen unverhältnismäßig hohen Mittelaufwand benötigt." (S. 20)

12.5 Die Arbeitslosenversicherung

Der dritte große Pfeiler der sozialen Sicherungssysteme ist die Arbeitslosenversicherung. Sie sorgt dafür, dass Menschen, die ihren Arbeitsplatz verlieren, nicht unvermittelt ohne Einkommen dastehen. Auch hier kann man eine allgemeine Versicherungspflicht mit dem Argument des „moral hazard" rechtfertigen. Darüber hinaus spielt die Arbeitslosenversicherung eine wichtige Rolle als *„gesamtwirtschaftlicher Stabilisator"*. Wir werden die Rolle dieses und anderer Stabilisatoren in *Kapitel 17* noch ausführlich diskutieren.

Der Beitragssatz zur Arbeitslosenversicherung beträgt 6,5 % des Brutto-Lohns, die Beitragsbemessungsgrenze liegt bei 5.100 €. Ein Arbeitsloser hat einen Anspruch auf Arbeitslosengeld, wenn er vor Eintritt des Versicherungsfalls innerhalb der letzten drei Jahre 360 Kalendertage versicherungspflichtig beschäftigt war. Das Arbeitslosengeld beläuft sich auf 60 % des zuletzt verdienten Nettoeinkommens. Arbeitslose, die mindestens ein Kind haben, erhalten einen Leistungssatz von 67 %. Das Arbeitslosengeld wird dann für mindestens 180 Kalendertage gezahlt. Ältere Arbeitslose können sogar für bis zu 960 Kalendertage Arbeitslosengeld beziehen.

Im Fall der Arbeitslosenversicherung ist es relativ offensichtlich, dass diese nur vom Staat angeboten werden kann. In *Abschnitt 12.2* haben wir gesehen, dass Risiken nur dann versichert werden können, wenn sie statistisch unverbunden sind. Bei der Arbeitslosigkeit ist diese wichtige Voraussetzung jedoch nicht gewährleistet, da die Arbeitslosenzahlen durch gesamtwirtschaftliche Rezessionen insgesamt stark nach oben getrieben werden können. Der Verlust eines Arbeitsplatzes ist, anders als beispielsweise das Risiko krank zu werden, sehr stark davon abhängig, dass auch andere Menschen ihren Arbeitsplatz verlieren. Für privatwirtschaftlich organisierte Arbeitslosenversicherungen würde das bedeuten, dass sie in Rezessionsphasen einem massiven Insolvenzrisiko ausgesetzt wären. Demgegenüber kann sich die Bundesanstalt für Arbeit darauf verlassen, dass sie bei einem gesamtwirtschaftlichen Beschäftigungseinbruch einen Zuschuss des Bundes erhält.

SCHLAGWÖRTER

Äquivalenzprinzip (S. 210), Arbeitslosenversicherung (S. 212), Beitragsbemessungsgrenze (S. 212), Eckrente (S. 207), Generationenvertrag (S. 206), Kapitaldeckung (S. 209), Krankenversicherung (S. 209), „moral hazard" (S. 205), negativer externer Effekt (S. 205), Rentenversicherung (S. 204), soziales Sicherungssystem (S. 203), Subsidiaritätsprinzip (S. 206), Umlagesystem (S. 206), Versicherungspflichtgrenze (S. 210), Versicherung (S. 204)

AUFGABEN

1. In der Diskussion über die Gesetzliche Rentenversicherung wird immer wieder der Vorschlag einer Grundrente eingebracht. Danach soll nur noch ein in etwa dem Existenzminimum entsprechender Betrag durch die gesetzliche Rentenversicherung abgedeckt werden. Diskutieren Sie diesen Vorschlag.

2. In der Diskussion über die Gesetzliche Krankenversicherung wird seit einiger Zeit darüber nachgedacht, die Versicherungsprämien unabhängig vom Einkommen zu gestalten, so dass für Frauen und Männer jeweils nur noch eine feste Prämie besteht. Diskutieren Sie diesen Vorschlag.

3. Herr Müller glaubt, dass sein monatlicher Beitrag zur Rentenversicherung zu seiner späteren Altersversorgung beiträgt. Erklären Sie ihm, warum er damit überwiegend falsch liegt und beschreiben Sie ihm, worin der Beitrag einer aktiven Generation zu ihrem Lebensstandard im Alter besteht. Erklären Sie Herrn Müller aber auch, warum er mit seiner Aussage nicht ganz falsch liegt.

Kapitel 13
Umweltpolitik und die Allokationsfunktion des Staates

Öffentliche Güter	**217**
Warum haben manche Güter keinen Preis?	**217**
Negative und positive externe Effekte	**218**
Umweltpolitik	**221**

Kapitel 13

Umweltpolitik und die Allokationsfunktion des Staates

LERNZIELE

- Der Marktmechanismus versagt bei Gütern, für die es keinen Preis gibt. Diese werden entweder zu intensiv genutzt (Umweltverschmutzung) bzw. überhaupt nicht oder in zu geringer Menge produziert.

- Wenn bestimmte Güter keinen Preis haben, liegt das daran, dass es nur mit hohen Kosten oder überhaupt nicht möglich ist, nicht-zahlende Nutzer auszuschließen. Solche Güter werden als öffentliche Güter bezeichnet.

- Bei der Erstellung bzw. Nutzung von öffentlichen Gütern kommt es zu negativen bzw. positiven externen Effekten. Die gesellschaftlichen Kosten bzw. Erträge decken sich nicht mit den privaten Kosten bzw. Erträgen.

- Diese sub-optimale Situation kann nur durch staatliche Eingriffe gelöst werden. Der Staat muss öffentliche Güter produzieren und anbieten (z.B. Landesverteidigung) und er muss über Steuern oder Auflagen dafür sorgen, dass die Umweltverschmutzung begrenzt wird.

13.1 Öffentliche Güter

Der zweite große Anwendungsbereich der Allokationsfunktion des Staates ist die Umweltpolitik. In den bisherigen Ausführungen wurde von einer Prämisse ausgegangen, die so zentral ist, dass sie nicht explizit erwähnt werden musste: Jedes Gut hat einen Preis, egal, ob es ein Endprodukt oder ein Vorprodukt für den Produktionsprozess ist. Nur unter dieser Prämisse ist es möglich, dass der Markt die von ihm wahrzunehmende Funktion ausreichend erfüllt. Bei der Umwelt stellt sich nun das Problem, dass sie keinen Preis hat. Der Autofahrer, der morgens zur Arbeit fährt und damit die Umwelt belastet, muss für diese Verschmutzung nichts bezahlen. Das Gleiche gilt für Unternehmen, die Abgase in die Luft und Abwässer in die Flüsse und Meere leiten.

Was geschieht mit Gütern, die keinen Preis haben? Die Nachfragefunktion gibt uns dazu eine klare Antwort: Der Konsum wird bis zur Sättigungsmenge ausgedehnt, er ist also auf jeden Fall höher, als wenn für das betreffende Gut ein Preis existiert. Die ökonomische Theorie bezeichnet Güter ohne Preise als „*öffentliche Güter*".

13.2 Warum haben manche Güter keinen Preis?

Worauf ist es zurückzuführen, dass das Gut „Umwelt" keinen Preis hat? Als ein typisches öffentliches Gut ist die Nutzung des Gutes „Umwelt" durch zentrale Merkmale gekennzeichnet:

- Man kann die Umwelt benutzen (oder besser: verschmutzen) ohne dass man dafür etwas bezahlen muss. Es besteht also *eine Nicht-Ausschließbarkeit* von Nachfragern, die keine Zahlungsbereitschaft dokumentieren.
- Man kann die Umwelt in gewissen Grenzen nutzen, ohne dass man dadurch den Umweltkonsum anderer Nachfrager beeinträchtigt. Es existiert also eine – zumindest bereichsweise – *grenzkostenlose Mehrnutzbarkeit* dieses Gutes. Man spricht hierbei auch von *nicht-rivalisierendem Konsum*.

Wie kommt es nun, dass beim Gut Umwelt das *Ausschlussprinzip* nicht praktiziert wird. Dieses Prinzip, das bei den meisten Gütern gilt, besagt, dass nichtzahlende Nachfrager daran gehindert werden können, ein Gut zu konsumieren. Wenn es bei öffentlichen Gütern nicht zur Anwendung kommt, liegt das an den relativ hohen Kosten, die für die Durchsetzung des Ausschlusses erforderlich wären:

- Bei öffentlichen Gütern wie einer intakten Umwelt, der Landesverteidigung, dem Seuchen-Schutz oder der inneren Sicherheit leuchtet es unmittelbar ein, dass ein Ausschluss grundsätzlich nicht zu praktizieren ist. Wenn Herr Müller nichts für die Bundeswehr bezahlen wollte, könnte man ihn schlecht von deren Dienstleistungen ausschließen.
- Daneben gibt es Güter, bei denen der Ausschluss zwar möglich, aber mit hohen Kosten verbunden ist. Lange Zeit galten das Straßennetz und insbesondere die Autobah-

nen hierfür als Musterbeispiel. Die Diskussion über Autobahnnutzungsgebühren in Deutschland und entsprechende Gebühren in anderen Ländern zeigen, dass sich die Vorstellungen über tolerierbare Ausschlusskosten im Zeitablauf durchaus wandeln können. Hierbei spielt natürlich auch der technische Fortschritt eine wichtige Rolle.

Entscheidend dafür, dass ein Gut keinen Preis hat, ist also die Tatsache, dass kein Ausschluss praktiziert wird – unabhängig davon, ob dies technisch möglich ist oder nicht.

In der Literatur wird häufig die *Nicht-Rivalität in der Nutzung von Gütern* als ein weiteres konstitutives Merkmal eines öffentlichen Gutes angesehen. Darunter versteht man, dass ein Gut von zusätzlichen Konsumenten genutzt werden kann, ohne dass damit weitere Kosten anfallen. Das Paradebeispiel hierfür ist eine Rundfunk- oder Fernsehsendung, für deren Produktionskosten es völlig irrelevant ist, wie viele Menschen ein solches Gut konsumieren. Auch bei vielen anderen Gütern ist es zumindest bereichsweise möglich, die Zahl der Konsumenten zu erhöhen, ohne damit zusätzliche Kosten hervorzurufen:

- In ein Fußballstadion oder eine Konzerthalle passen häufig mehr Zuschauer als die tatsächlich anwesenden.
- Das Telefonnetz könnte, zumindest an bestimmten Tageszeiten und in bestimmten Gebieten, von zusätzlichen Menschen benutzt werden, ohne dass die Kosten der Bereitstellung steigen würden.

Diese Beispiele zeigen jedoch, dass die Nicht-Rivalität in der Nutzung von Gütern für sich genommen kein allzu großes Problem in einer Marktwirtschaft darstellt, da für alle hier genannten Güter das Ausschlussprinzip erfolgreich angewendet wird (oder zumindest unschwer angewendet werden könnte). Es wäre grundsätzlich jederzeit möglich, nicht-zahlungsbereite Nutzer am Konsum dieser Güter zu hindern.

Während die Literatur ein „öffentliches Gut" also sowohl durch nicht-rivalisierenden Konsum als auch durch Nicht-Ausschließbarkeit definiert, sei hier ein „öffentliches Gut" nur durch das Kriterium „Nicht-Ausschließbarkeit" definiert

Es ist hinreichend und notwendig dafür, dass ein Gut keinen Preis hat. Gerade das Gut „Umwelt" zeigt, dass demgegenüber das Kriterium „nicht-rivalisierender Konsum" durchaus problematisch ist: Die Luft, die durch den Straßenverkehr verschmutzt worden ist, kann durch die Anwohner nicht in gleichem Maße „konsumiert" werden, wie das ohne „Nutzung" der Luft durch die Autoabgase der Fall wäre.

13.3 Negative und positive externe Effekte

Bei der Darstellung des Marktmechanismus sind wir davon ausgegangen,
- dass jeder Produzent für die von ihm beanspruchten Inputs einen Preis bezahlen muss und dass er für die von ihm produzierten Güter einen Preis erzielen kann,
- dass damit auch jeder Konsument für die von ihm konsumierten Güter einen Preis bezahlen muss.

Im Fall der öffentlichen Güter sind diese fundamentalen Annahmen nicht mehr erfüllt.

13.3 Negative und positive externe Effekte

Wenn wir mit dem Flugzeug von Frankfurt nach New York fliegen, werden wir nicht mit den Kosten belastet, die dadurch für die Umwelt entstehen. Die privaten Kosten des Flugs sind dann also geringer als die sozialen Kosten, d.h. die Kosten, die von der Allgemeinheit getragen werden müssen. In einem solchen Fall spricht man davon, dass *negative externe Effekte (NEE)* bestehen.

Zu *positiven externen Effekten (PEE)* kommt es, wenn private Erträge geringer sind als die sozialen Erträge. Ein Beispiel hierfür ist die innerbetriebliche Ausbildung, die kostenlos angeboten wird. Wenn ein Unternehmen seine Arbeitskräfte ausbildet, kann es diese nicht daran hindern, nach der Ausbildung zu einem anderen Arbeitgeber überzuwechseln. Das ausbildende Unternehmen kann nur teilweise oder überhaupt nicht von seinen Ausbildungskosten profitieren. Es ist ihm aber auch nicht möglich, von seinem Auszubildenden die Kosten für die Lehre zurückzufordern. Das Ausschlussprinzip versagt also. Tendenziell fällt also die Lehrausbildung geringer aus, als dies ohne diesen Effekt der Fall wäre. In Deutschland trägt man dieser Externalität zumindest insoweit Rechnung, als durch die Berufsschulen ein Teil der Ausbildung durch den Staat vorgenommen wird. Allerdings müssen die ausbildenden Unternehmen den Lehrling hierfür von der Arbeit freistellen.

Negative und positive externe Effekte beruhen also auf der Tatsache, dass für bestimmte Güter (Inputs oder Outputs) kein Preis gefordert werden kann. Sie sind allgemein wie folgt definiert:

NEE = soziale Kosten - private Kosten,

PEE = soziale Erträge - private Erträge.

„Externe Effekte" stellen somit einen fundamentalen Organisationsdefekt des Marktes dar. Dies soll am Beispiel der Produktion eines umweltbelastenden Gutes verdeutlicht werden. Das *Schaubild 13.1* zeigt, dass in diesem Fall die sozialen Grenzkosten der Produktion des Gutes höher liegen als die privaten Grenzkosten. Die Unternehmen richten ihr Angebot allein an ihren privaten Grenzkosten aus, so dass sich im Gleichgewicht die Menge x_0 und der Preis p_0 ergeben. Es entsteht somit ein negativer externer Effekt, der sich als Differenz zwischen den aggregierten sozialen Grenzkosten und dem Marktpreis ergibt. Gesamtwirtschaftlich ist dies deshalb von Nachteil, weil zum Preis von p_0 Konsumenten das Gut konsumieren, die ihm einen Wert beimessen, der viel geringer ist als seine (sozialen) Kosten.

Im Fall *positiver externer Effekte* besteht häufig das Problem, dass ein Gut überhaupt nicht hergestellt wird, weil keiner der Nachfrager bereit ist, den dafür erforderlichen Deckungsbeitrag zu leisten. Dies lässt sich am Beispiel der Landesverteidigung gut verdeutlichen. Wollte man die Bundeswehr privatisieren, ergäbe sich das Problem, die dafür erforderlichen Deckungsbeiträge von den Bürgern zu erhalten. Für jeden einzelnen Bürger wäre es dann optimal, ein möglichst geringes Interesse an der Landesverteidigung zu offenbaren („*Verhüllung der Präferenzen*"), da er davon ausgehen kann, dass er von der Bundeswehr auch dann profitieren wird, wenn er dazu keinen Deckungsbeitrag leistet. Jeder Einzelne würde also darauf hoffen, in den Genuss eines positiven externen Effekts zu kommen. Infolge der *Nicht-Ausschließbar*keit wäre es also kaum möglich, die Kosten der Bundeswehr über den Markt zu decken.

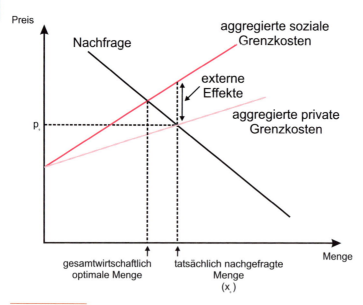

Schaubild 13.1: Externe Effekte im Marktprozess

Positive externe Effekte verleiten die Menschen also zu einem „*Trittbrettfahrer-Verhalten*": Man hofft, dass andere das Gut erstellen und dass man dann kostenlos davon profitieren kann. Ein geschickter Trittbrettfahrer zeichnet sich dadurch aus, dass er seine Präferenzen möglichst gut verhüllt. Wir kennen alle sicher einen oder mehrere Trittbrettfahrer in unserem Bekannten- oder Freundeskreis. Wenn man abends mit Freunden zusammensitzt und das Bier alle ist, wer geht dann schon gerne – vor allem im Winter – zum Bierholen in die Tankstelle. In einer solchen Situation ist es strategisch sehr wichtig, ein möglichst geringes Interesse an Bier zum Ausdruck zu bringen („Ich will morgen ganz früh in die Vorlesung"). Vielleicht hat man dann Glück und jemand anderes tritt den Weg in die Kälte an und man bekommt trotzdem noch ein Bier. Die Problematik positiver externer Effekte und des damit verbundenen Trittfahrerverhaltens ist auch gut beim Abspülen in Wohngemeinschaften beobachtbar.

Sowohl bei positiven wie bei negativen externen Effekten versagt also der Marktmechanismus. Während im Fall negativer externer Effekte ein übermäßig hoher Verbrauch öffentlicher Güter stattfindet, kommt es im Fall positiver externer Effekte dazu, dass das Angebot eines öffentlichen Gutes entweder völlig unterbleibt oder aber deutlich geringer ist, als es optimal wäre.

Externe Effekte sind somit eine wichtige Rechtfertigung dafür, dass sich der Staat auch in einer Marktwirtschaft nicht völlig aus dem Marktprozess zurückziehen kann. Er hat bei

- *positiven* externen Effekten die Aufgabe, die Produktion öffentlicher Güter sicherzustellen,

- *negativen* externen Effekten dafür zu sorgen, dass ein Raubbau mit den davon betroffenen öffentlichen Gütern verhindert wird.

Diese Terminologie geht auf den britischen Nationalökonomen Arthur Cecil Pigou zurück, dessen Kurzbiographie Sie am Ende dieses Kapitels finden.

13.4 Umweltpolitik

An den zunehmenden Umweltschäden zeigen sich die Störwirkungen eines negativen externen Effekts in besonders deutlicher Weise: Beim Umweltverbrauch werden Unternehmen und Konsumenten weder mit den Kosten belastet, die sie *unmittelbar* hervorrufen (schlechte Luft, Lärm, Stauprobleme), noch mit den Kosten, die sie für *spätere Generationen* hervorrufen (Treibhauseffekt, Ozonloch u.ä.). In der Wirtschaftswissenschaft gibt es seit längerem eine intensive Diskussion darüber, mit welchen Instrumenten die staatliche Umweltpolitik am besten zur Beseitigung dieses Marktversagens beitragen kann. Diese sollen hier in knapper Form angesprochen werden.

Für das Verständnis der ökonomischen Sichtweise zur Umweltpolitik ist es wichtig, dass es dabei nicht darum geht, die Umweltverschmutzung auf Null zu reduzieren. Ziel einer auf Vermeidung externer Effekte ausgerichteten Umweltpolitik ist es, dafür zu sorgen, dass die externen Kosten von den Verursachern übernommen werden müssen. Man bezeichnet dies als „*Internalisierung externer Effekte*". Die so gesehene „optimale" Umweltbelastung kann wie folgt ermittelt werden: Zunächst lässt sich eine Nachfrage der Unternehmen nach Umweltverschmutzung ableiten (*Schaubild 13.2*). Dabei unterstellt man, dass ein Unternehmen grundsätzlich bereit wäre, einen Preis für die Verschmutzung der Umwelt zu bezahlen. Konkret ist es für Unternehmen vorteilhaft, wenn es Schadstoffe direkt in einen benachbarten Fluss einleiten kann und nicht stattdessen eine kostspielige Entsorgung vornehmen muss.

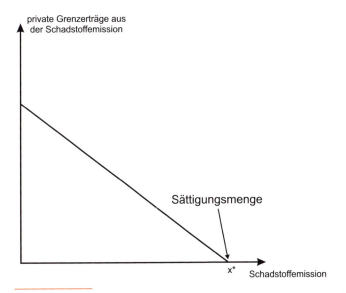

Schaubild 13.2: **Die Nachfrage der Unternehmen nach Umweltverschmutzung**

Man kann daher eine Nachfrage nach Umweltverschmutzung analog zur Nachfrage nach Produktionsfaktoren darstellen, wie sie in *Abschnitt 8.2* abgeleitet wurde. Die privaten Grenzerträge der Schadstoffemission nehmen dementsprechend mit jeder zusätzlich emittierten Einheit ab. Ohne Umweltpolitik ist der Preis der Schadstoffemission gleich Null, die Nachfrage wird bis zur Sättigungsmenge x* ausgeweitet. Ausgehend von der Sättigungsmenge entspricht eine Bewegung entlang dieser Kurve zugleich den privaten Grenzkosten der Schadstoffvermeidung.

Mit der Schadstoffemission gehen *soziale Kosten* in Form der Umweltbelastung einher, die mit der Intensität der Emission überproportional zunehmen. Die *Grenzkosten* der Schadstoffemission steigen also mit dem Niveau der Emission an. Überträgt man diesen Zusammenhang in das Diagramm, ergibt sich folgendes Bild:

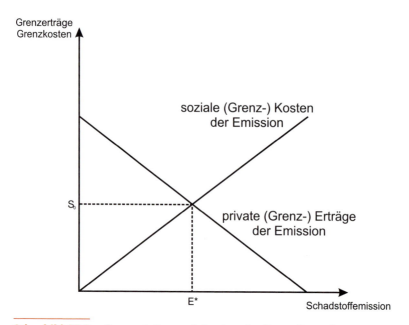

Schaubild 13.3: **Grenzerträge und -kosten der Umweltverschmutzung**

Die gesamtwirtschaftlich „optimale" Schadstoffmenge ergibt sich als Schnittpunkt der beiden Kurven: Die privaten Erträge aus der Umweltbelastung (= private Grenzkosten der Emissionsvermeidung) entsprechen dann den sozialen Grenzkosten. Rechts von E* werden zu viel Schadstoffe emittiert; links von E* sind die privaten Kosten der Schadstoffvermeidung höher als die Kosten der Emission. *Gesamtwirtschaftlich* optimal ist also ein erheblich geringeres Emissionsniveau als das *einzelwirtschaftlich* optimale, das der Sättigungsmenge entspricht.

Ziel der Umweltpolitik muss es sein, das so definierte optimale Niveau E* zu erreichen. In dem hier beschriebenen Modell bestünde die einfachste Lösung darin, die Unternehmen mit einer Schadstoffsteuer in Höhe von S_0 zu belasten. Bei den einzelwirtschaftlichen Produktionsentscheidungen würden damit automatisch nicht nur die privaten, sondern auch die externen Kosten der Produktion berücksichtigt. Diese nach ihrem Entdecker, dem britischen Ökonomen Arthur Cecil Pigou (1877-1959), als *Pigou-Steuer* bezeichnete Abgabe schafft somit einen wirksamen Ersatz für den Marktpreis der Umweltnutzung. Einen Kurzlebenslauf dieses Ökonomen finden Sie am Ende dieses Kapitels.

Eine damit identische Lösung besteht in der Versteigerung von *Umweltverschmutzungs-Zertifikaten*. Man könnte also für die Schadstoffmenge E* eine Versteigerung durchführen. Damit hätte man eine starre Angebotskurve, die von der Nachfragekurve der Unternehmen bei einem Preis geschnitten würde, der S_0 entspricht.

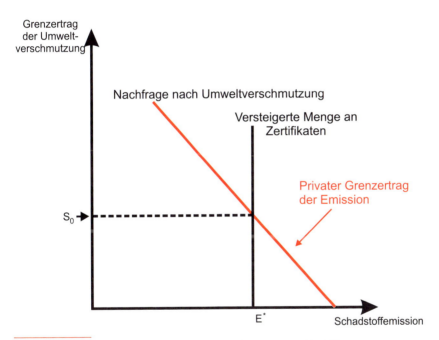

Schaubild 13.4: **Auktion von Umweltverschmutzungs-Zertifikaten**

Wenn diese Maßnahme in der Praxis bisher (mit Ausnahme der Abwasserabgabe und zum Teil der Ökosteuer) nicht genutzt wurde, so liegt das nicht zuletzt daran, dass die Politiker über keine ausreichenden Informationen bezüglich der beiden hier abgebildeten Kurven verfügen. Es besteht also die Gefahr, dass bei der Steuerlösung entweder zu viel oder zu wenig emittiert wird.

In Deutschland wird die Umweltpolitik seit der im Jahr 1999 begonnenen „Ökologischen Steuerreform" verstärkt über steuerliche Anreize betrieben (*Schaubild 13.5*).

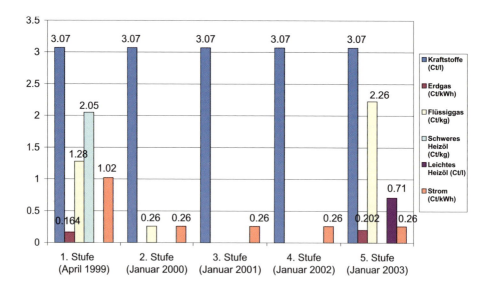

Schaubild 13.5: „Ökologische Steuerreform"
Quelle: Bundesumweltministerium

Daneben wurde und wird in der Umweltpolitik auch mit den Instrumenten der *staatlichen Auflagen* operiert:

- *Emissionsauflagen* wie zum Beispiel die TA-Luft („Technische Anleitung zur Reinhaltung der Luft") legen Grenzwerte für die maximal zulässige Menge an emittierten Schadstoffen fest; im Extremfall können bestimmte Emissionen ganz untersagt werden.

- *Produktionsauflagen* können die Produktion bestimmter umweltschädigender Güter quantitativ begrenzen oder völlig verbieten.

- *Prozessauflagen* geben qualitative Vorgaben für Produktionsverfahren, d.h. sie schreiben bestimmte Technologien oder die Verwendung bestimmter Inputfaktoren vor. Ein Beispiel für eine solche Auflage ist die „Großfeuerungsanlagen-Verordnung".

Grafisch kann man Auflagen ähnlich darstellen wie die Auktionslösung in *Schaubild 13.4*. Durch die Auflage wird dann eine maximal zulässige Emissionsmenge E_0 vorgegeben. Der Vorteil von Auflagen besteht darin, dass sie bestimmte Emissionsstandards mit großer Sicherheit gewährleisten. In der Praxis besteht dabei allerdings das Problem, dass die zuständigen Behörden Überschreitungen zulassen können oder die Anforderungen an einem (veralteten) Stand der Technik festmachen.

Aus ökonomischer Sicht besteht der Nachteil von Auflagen (wie auch einer pauschalen Steuerlösung) darin, dass jeder einzelne Produzent über spezifische Grenzkosten der Emissionsvermeidung verfügt. Ein für alle Unternehmen identisches Emissionsniveau ga-

13.4 Umweltpolitik

rantiert also nicht, dass die privaten und die sozialen Kosten übereinstimmen. Bei Auflagen stellt sich außerdem das Problem, dass für die Unternehmen kein Anreiz besteht, die Verschmutzung zu reduzieren, wenn sie neuere Produktionsverfahren einführen könnten, mit denen die Grenzkosten der Emissionsvermeidung sinken. Bei der Abgabenlösung werden sie demgegenüber bestrebt sein, die Steuerzahlung durch eine Verminderung der Emission zu reduzieren. Dies ist bei der Auflagenlösung nur gewährleistet, wenn der Staat die Auflagen ständig an den Stand des technischen Wissens anpasst.

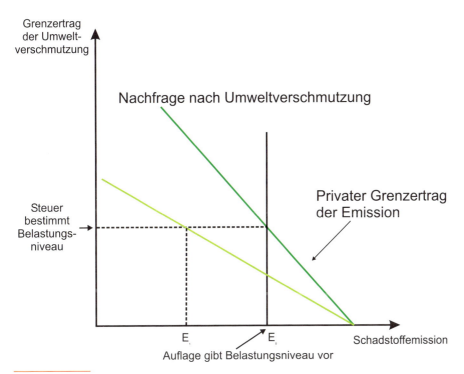

Schaubild 13.6: Vergleich von Pigou-Steuer und Auflage bei technischem Fortschritt

Das *Schaubild 13.6* unterstellt, dass es durch technischen Fortschritt zu einer Drehung der Nachfrage nach Umweltverschmutzung nach links gekommen ist. Bei der Steuerlösung sinkt die Belastung automatisch von E_0 auf E_1. Bei der Auflagenlösung bleibt die Schadstoffbelastung konstant, es sei denn der Staat erkennt die technische Entwicklung und der festgelegte Grenzwert wird von E_0 auf E_1 reduziert.

BOX 13.1: COASE-THEOREM

In diesem Kapitel wurde deutlich, dass es einer staatlichen Allokationspolitik bedarf, um die Bereitstellung des Gutes „Umwelt" in einer Marktwirtschaft zu gewährleisten. Von Ronald Coase (1960), den wir bereits in *Kapitel 4* kennen gelernt haben, wurde demgegenüber theoretisch hergeleitet, dass es auch durch rein privatwirtschaftliche Initiativen zu einer sauberen Umwelt kommen könne. Sehen wir uns dazu folgendes Beispiel an: Ein Unternehmen leitet bei seiner Produktion Schadstoffe in einen Fluss, die für Fische schädlich sind. Weiter unten am Fluss befinden sich Fischer, die dadurch einem typischen negativen externen Effekt ausgesetzt sind. Für Coase ist es nun denkbar, dass die Fischer bereit sind, dem Unternehmen Geld anzubieten, um es so zu einer umweltfreundlicheren Produktion zu veranlassen. Die Externalität würde auf diese Weise internalisiert werden. Der gleiche Effekt könnte natürlich auch erreicht werden, wenn der Staat die Unternehmen verpflichtet, die Fischer zu entschädigen. Für Coase ist allein entscheidend, dass die Verminderung der Umweltbelastung, d.h. also die Verbesserung der Allokation im Sinne des Pareto-Kriteriums (*Kapitel 10*), auch ohne den Staat erreicht werden könnte. Die beiden Lösungen unterscheiden sich allerdings erheblich in ihren Verteilungseffekten. Hier sieht man die bereits angesprochene Problematik, dass es für ökonomische Effizienz, wie sie durch das Pareto-Kriterium ausgedrückt wird, ohne Bedeutung ist, welche Einkommensverteilung damit einhergeht.

In der Realität würde sich bei der Coase-Lösung insbesondere das Problem der *Transaktionskosten* stellen. Für die Anwohner einer belebten Durchgangsstraße wäre es relativ schwierig, Verhandlungen mit allen vorbeikommenden Autofahrern aufzunehmen, um sie zu umweltfreundlichen Automobilen oder einer ökologischeren Fahrweise zu veranlassen.

Der frühe Grüne

Pigou war der Lieblingsschüler von Alfred Marshall (siehe Kurzbiographie am Ende von Kapitel 5) und bekam im Jahr 1908 auch dessen Lehrstuhl. Der britische Nationalökonom wurde am 18. November 1877 auf der Isle of Wight geboren und starb am 7. März 1959 in Cambridge. Er war ein sehr kauziger Mensch und stand Zeit seines Lebens im Schatten des weltgewandten John Maynard Keynes, der ebenfalls in Cambridge lehrte und Pigou gerne als Prototyp der aus seiner Sicht überkommenen Neoklassik darstellte. Pigous große Liebe galt dem Bergsteigen.

Die Volkswirtschaftslehre verdankt Pigou vor allem seine Erkenntnis, dass eine Marktwirtschaft nicht ohne Staatseingriffe auskommt. In seinem Werk „Wealth and Welfare" hat er die auch heute noch wichtige Unterscheidung zwischen privaten und sozialen Kosten entwickelt und die dafür angemes-

1877-1959

sene Therapie einer Steuer vorgeschlagen. Die im Jahr 1999 in Deutschland eingeführte Ökosteuer ist eine direkte Anwendung einer solchen „Pigou-Steuer".

In seiner „Theory of Unemployment" führt er die Arbeitslosigkeit vor allem auf starre Löhne und regulierte Arbeitsmärkte zurück. So modern das heute klingt, für Keynes war das geradezu symptomatisch für die theoretischen Defizite der Neoklassik. In den Kapiteln 9 und 16 dieses Buches können Sie die theoretischen Grundlagen für beide Positionen nachlesen.

Zitat:
„Die komplizierten Analysemethoden der Ökonomie sind nicht nur bloße Gymnastik. Sie sind Werkzeuge, um das Leben der Menschen zu verbessern."

Ausbildung und Beruf

1897-1901 Studium der Geschichte und Ökonomie in Cambridge

1901-1908 Lehrtätigkeit in Cambridge

1908-1943 Lehrstuhl in Cambridge

Werke

1912 Wealth and Welfare, London, Macmillan

1933 The Theory of Unemployment, London, Macmillan

1952 Essays in Economics, London, Macmillan

SCHLAGWÖRTER

Ausschlussprinzip (S. 217), Coase-Theorem (S. 226), negative externe Effekte (S. 219), nicht-rivalisierender Konsum (S. 218), ökologische Steuer (S. 223), Pigou-Steuer (S. 223), positive externe Effekte (S. 219), Präferenzverhüllung (S. 219), Trittbrettfahrer-Verhalten (S. 220), Nicht-Ausschließbarkeit (S. 217), öffentliches Gut (S. 217), Internalisierung (S. 221), Umweltpolitik (S. 221), Umweltverschmutzungszertifikate (S. 223)

AUFGABEN

1. In seiner Regierungserklärung vom 14. März 2003 stellte Bundeskanzler Gerhard Schröder fest: „Jeder, der einen Ausbildungsplatz sucht und ausbildungsfähig ist, muss einen Ausbildungsplatz bekommen! Davon können wir nicht abweichen. Ebenso wie ich die Forderung an die Tarifparteien gerichtet habe, Öffnungsklauseln zu schaffen, damit betriebliche Bündnisse entstehen können, muss ich die Forderung an die Wirtschaft richten, die gegebene Zusage einzuhalten. Wenn nicht, werden wir auch in diesem Bereich zu einer gesetzlichen Regelung kommen müssen."

    Diskutieren Sie die Notwendigkeit einer solchen Regelung. Wie würde man sie am effizientesten ausgestalten?

2. Unter Studenten ist es nicht üblich, einen Preis für das Überlassen guter Vorlesungsmitschriften zu bezahlen. Welche Probleme können daraus resultieren?

3. Die von 1999 schrittweise eingeführte Ökosteuer ist in der Öffentlichkeit stark kritisiert worden. Wie lassen sich die in *Schaubild 13.5* dargestellten deutlichen Steuererhöhungen ökonomisch rechtfertigen?

4. Die Pollution-AG produziert einen Kunststoff und gibt dabei eine hohe Menge an Schadstoffen in einen Fluss.

a) Erklären Sie anhand des Beispiels verbal, was man unter einem „negativen externen Effekt" und der „Internalisierung" eines solchen Effekts versteht.

b) Beschreiben Sie grafisch, wie es mittels einer Pigou-Steuer zu einer Internalisierung der negativen externen Effekte kommen kann.

c) Unter welchen Voraussetzungen könnte es auch ohne den Staat zu einer Internalisierung kommen?

Kapitel 14

Ziele der Makroökonomie: Magische Vierecke und Dreiecke, Zielscheiben und Ziellinien

Von der Mikroökonomie zur Makroökonomie	**231**
Das magische Viereck	**231**
Die Akteure in der Makroökonomie	**247**
Zur Vertiefung: Die Geschichte der Mark als Währung für Deutschland (1871-2001)	**247**

Kapitel 14

Ziele der Makroökonomie: Magische Vierecke und Dreiecke, Zielscheiben und Ziellinien

LERNZIELE

- Die Makroökonomie befasst sich mit vier großen Zielen: stetiges und angemessenes Wirtschaftswachstum, stabiles Preisniveau, hoher Beschäftigungsstand und außenwirtschaftliches Gleichgewicht. Das vierte Ziel spielt jedoch seit längerem keine große Rolle mehr, da der Wechselkurs der D-Mark und heute der des Euro gegenüber dem Dollar nicht mehr stabilisiert werden muss.

- Das Kapitel gibt einen umfassenden Überblick über die makroökonomische Entwicklung in Deutschland seit 1876. Es wird dabei deutlich, dass ein marktwirtschaftliches System immer wieder zu erheblichen Störungen mit sehr hoher Arbeitslosigkeit oder aber mit starker Geldentwertung – bis hin zur Hyperinflation – tendieren kann. Die Selbstheilungskräfte des Marktes können also von Zeit zu Zeit unzureichend sein, so dass dann nur noch eine staatliche Stabilisierungspolitik zur Wiederherstellung des Gleichgewichts führen kann.

- Zur Vereinfachung arbeitet die Makroökonomie häufig mit zwei-dimensionalen Zielkatalogen. Am gebräuchlichsten sind heute „Zielscheiben", auf denen die Inflationslücke und die Output-Lücke abgebildet werden, d.h. Abweichungen der Inflation und des Outputs von einem als optimal angesehenen Wert.

14.1 Von der Mikroökonomie zur Makroökonomie

Die zentrale „Message" der Mikroökonomie ist eindeutig: Der Markt ist das beste Organisationsprinzip für eine arbeitsteilige Wirtschaft. Der Preismechanismus sorgt auf den Märkten für Güter, Dienstleistungen, Arbeit und Kapital dafür, dass dezentral gebildete Pläne von Anbietern und Nachfragern in optimaler Weise aufeinander abgestimmt werden. Direkte Eingriffe des Staates in den Marktmechanismus sind äußerst problematisch, da es den Politikern in der Regel an den dafür erforderlichen Informationen fehlt und sie zudem einem hohen Druck durch Interessengruppen ausgesetzt sind.

Im Rahmen der Allokations- und Distributionsaufgabe des Staates konnten wir sehen, dass es gleichwohl wichtige Aufgaben für die Politik gibt, die sich neben der Bereitstellung eines allgemeinen rechtlichen Rahmens vor allem auf die Bereiche der sozialen Sicherung, der Wettbewerbsordnung und des Umweltschutzes erstrecken.

In der Makroökonomie geht es jetzt um die spannende Frage, ob die auf *einzelnen Märkten* zu beobachtende Effizienz des Preismechanismus auch für die *Wirtschaft im Ganzen* gilt. Vereinfacht gesprochen kann man also fragen, ob der Preismechanismus auch in der Lage ist, die Summe *aller* Angebotspläne (*gesamtwirtschaftliches Angebot*) mit der Summe *aller* Nachfragepläne (*gesamtwirtschaftliche Nachfrage*) in optimaler Weise in Übereinstimmung zu bringen. Die Antwort hierauf ist entscheidend dafür, wie man die *Stabilisierungsfunktion* des Staates in einer Marktwirtschaft definiert: Soll er für die Steuerung der gesamtwirtschaftlichen Prozesse zuständig sein und wenn ja mit welchen Instrumenten?

In diesem Kapitel geht es zunächst darum, die Ziele in der Makroökonomie zu definieren. Wir beginnen mit dem sehr umfassenden Zielkatalog des „magischen Vierecks", von dem wir dann sukzessive auf eine drei-dimensionale Zieldefinition, auf eine zweidimensionale „Zielscheibe" und am Ende eine eindimensionale „Ziellinie" übergehen. Jede dieser Zielbestimmungen hat ihre Berechtigung. Bei den sehr rudimentären „Ziellinien" geht es vor allem darum, die Makroökonomie zunächst in möglichst einfacher Form präsentieren zu können.

14.2 Das magische Viereck

Die gesamte Makroökonomie dreht sich um vier wichtige Zielgrößen, die in Deutschland durch das Stabilitäts- und Wachstumsgesetz aus dem Jahr 1967 sogar gesetzlich fixiert sind:[1]

---

[1] §1 des Gesetzes lautet wie folgt: „Bund und Länder haben bei ihren wirtschafts- und finanzpolitischen Maßnahmen die Erfordernisse des gesamtwirtschaftlichen Gleichgewichts zu beachten. Die Maßnahmen sind so zu treffen, dass sie im Rahmen der marktwirtschaftlichen Ordnung gleichzeitig zur Stabilität des Preisniveaus, zu einem hohen Beschäftigungsstand und außenwirtschaftlichem Gleichgewicht bei stetigem und angemessenem Wirtschaftswachstum beitragen."

- ein stetiges und angemessenes Wirtschaftswachstum,
- ein hoher Beschäftigungsstand,
- ein stabiles Preisniveau und
- ein außenwirtschaftliches Gleichgewicht.

Da es ziemlich schwierig und oft nahezu unmöglich ist, diese vier Ziele gleichzeitig zu erreichen, spricht man hierbei auch vom „*magischen Viereck*". Das Stabilitäts- und Wachstumsgesetz geht wesentlich auf die Initiative des früheren Wirtschafts- und Finanzministers *Karl Schiller* zurück. Sie finden eine Kurzbiographie am Ende dieses Kapitels.

Zum Einstieg in die Makroökonomie wollen wir zunächst einmal die Entwicklung dieser Zielgrößen über die Zeit hinweg ansehen. Wir werden an diesen „Fieberkurven" der Wirtschaftsentwicklung recht klar erkennen können, wie gut die Selbstheilungskräfte eines marktwirtschaftlichen Systems entwickelt sind. Dabei sind wir als Ökonomen, anders als Ärzte, in der beneidenswerten Lage, dass wir über sehr weit zurückreichende und sehr umfassende „Patientendaten" verfügen.

14.2.1 Stetiges und angemessenes Wirtschaftswachstum

Mit einem „stetigen und angemessenen Wirtschaftswachstum" werden gleich zwei fundamentale wirtschaftspolitische Ziele beschrieben:

- Durch ein *angemessenes* Wachstum soll der Wohlstand eines Landes allgemein erhöht werden. Da es sich beim Wachstum um einen exponentiellen Verlauf handelt, kann man schon mit relativ geringen Zuwachsraten starke Veränderungen erzielen: Wenn die Wirtschaft jährlich nur um 2 % wächst, verdoppelt sich der Wohlstand bereits nach 35 Jahren. Wirtschaftswachstum ist insbesondere für die weniger wohlhabenden Schichten eines Landes von Bedeutung. Es gibt ihnen die Chance, ihre Lage zu verbessern, ohne dass dadurch den „Reichen" mehr abgenommen werden muss. Die mit einer verstärkten Umverteilung einhergehenden negativen Anreizeffekte (siehe *Kapitel 11*) können so vermieden werden.
- Durch ein *stetiges* Wachstum sollen starke Ausschläge in der wirtschaftlichen Entwicklung vermieden werden. Diese sind vor allem deshalb problematisch, weil sie in der Regel mit entsprechenden Schwankungen der Beschäftigung und damit auch der Arbeitslosenzahlen einhergehen.

Als Indikator für wirtschaftliches Wachstum wird heute weltweit das *Bruttoinlandsprodukt (BIP)* verwendet. Es bildet den gesamtwirtschaftlichen Output ab, der in einer Periode von den Unternehmen produziert (= gesamtwirtschaftliches Angebot) und dann auch von den Konsumenten und Investoren nachgefragt wurde (= gesamtwirtschaftliche Nachfrage). Wir werden uns mit der genauen Definition des BIP im nächsten Kapitel noch ausführlicher auseinandersetzen. Wenn man die wirtschaftliche Entwicklung anhand des BIP betrachten will, muss man jedoch berücksichtigen, dass die Preise der Güter im Durchschnitt nicht konstant sind, sondern in der Regel ständig ansteigen. Wollen wir nun sehen, wie sich der Wohlstand eines Landes entwickelt hat, müssen wir die rein inflationsbe-

14.2 Das magische Viereck

dingte Zunahme des Wertes von Gütern und Dienstleistungen aus dem BIP herausrechnen. Diese Arbeit haben die Statistiker im Statistischen Bundesamt in Wiesbaden bereits für uns erledigt und ein *reales*, d.h. um Preissteigerungen bereinigtes, *Bruttoinlandsprodukt* errechnet.

Wenn wir uns einmal die langfristige Entwicklung des realen Bruttoinlandsprodukts in den letzten 130 Jahren ansehen, erkennen wir einen eindrucksvollen Prozess des Wirtschaftswachstums in Deutschland (*Schaubild 14.1*).

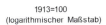

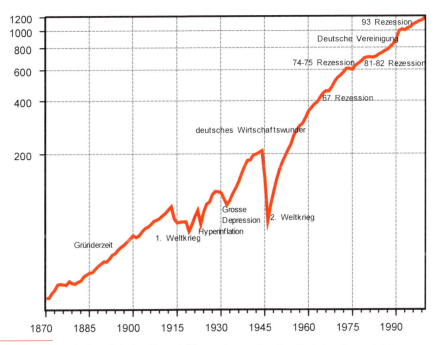

Schaubild 14.1: **Die langfristige Entwicklung des realen Bruttoinlandsprodukts**
Quelle: Daten entnommen aus: Maddison, Agnus: „Dynamic Forces in Capitalist Development",
S. 206 ff., ab 1990 eigene Berechnungen auf der Basis von Daten des Statistischen Bundesamts

Im Jahr 2000 war die Menge der in Deutschland produzierten Güter und Dienstleistungen fast vierzigmal so hoch wie im Jahr 1870. In dieser Zeit hat auch die Bevölkerung zugenommen, aber es verbleibt noch immer eine Erhöhung der realen Einkommen *pro Kopf* um einen Faktor von etwa 28. Der Wohlstand hat sich in Deutschland also enorm erhöht. Besonders dynamische Phasen waren die Jahre von 1871 bis 1913, die so genannte „Gründerzeit", und die fünfziger Jahre des letzten Jahrhunderts, die als Zeit des „*deutschen Wirtschaftswunders*" bezeichnet werden. Worauf langfristige Wachstumsprozesse zurückzuführen sind, wird in der Volkswirtschaft im Teilgebiet der *Wachstumstheorie* dis-

kutiert. Wir werden hierauf in *Kapitel 23* ausführlicher eingehen. Das Ziel des angemessenen Wachstums steht also nicht im Zentrum der Stabilisierungspolitik.

Es geht vor allem darum, wie *stetig* das Wirtschaftswachstum verläuft. Hier hat es in den 130 Jahren manche Höhen und Tiefen gegeben. Im *Schaubild 14.1* können wir in den Jahren von 1914 bis 1950 eine Reihe besonders ausgeprägter Zacken erkennen. Die Ursachen hierfür sind die beiden Weltkriege und die „*Große Depression*" (1929-33). Diese weltweite und bisher gravierendste Wirtschaftskrise war für viele Ökonomen ein klares Zeichen dafür, dass die Selbstheilungskräfte eines Marktsystems bei sehr großen Störungen völlig überfordert sein können. Es ist kein Zufall, dass der Urvater der Makroökonomie, John Maynard Keynes (1883-1946), sein Hauptwerk „*The General Theory of Employment, Interest and Money*" im Jahr 1936 veröffentlichte. Er verdeutlichte darin, dass derartige Schocks nur mit einem staatlichen Eingreifen in Form einer expansiven Geld- und Fiskalpolitik bewältigt werden können.

In der Nachkriegszeit sind auf der Wachstumskurve nur sehr geringe Dellen erkennbar. Dies könnte den Eindruck erwecken, dass wir in den letzten 50 Jahren eine weitgehend stabile wirtschaftliche Entwicklung erleben konnten. Im Vergleich zur ersten Hälfte des 20. Jahrhunderts trifft dies sicherlich zu, allerdings war die Zeit danach auch nicht ohne gesamtwirtschaftliche Probleme. Bei einer genaueren Betrachtung zeigt sich, dass es in der Phase von 1950 bis heute immerhin viermal zu einer Stagnation oder einer Rezession gekommen ist. Von einer *Rezession* spricht man, wenn das reale Bruttoinlandsprodukt über zwei Quartale hinweg zurückgeht.

- Die erste konjunkturelle Schwächephase in der deutschen Nachkriegsgeschichte fand in den Jahren *1966/67* statt. Im Rückblick erwies sich die zunächst als Rezession eingestufte Entwicklung nur noch als eine Stagnation. Nach den Wachstumserfolgen des „Wirtschaftswunders" in den fünfziger und frühen sechziger Jahren führte diese wirtschaftliche Abkühlungsphase sogar zum Rücktritt Ludwig Erhards vom Amt des Bundeskanzlers.

- Die erste richtige Rezession trat in den Jahren *1974/75* als Folge der Ölkrise von 1973/74 auf. Sie stellte zugleich auch den ersten weltweiten Konjunkturabschwung in der Nachkriegszeit dar. In Deutschland ging das reale BIP um 1,0 % zurück.

- Auch die Rezession von *1981/82* wurde von einer starken Ölverteuerung ausgelöst. Das reale BIP sank dabei um rund 0,8 %.

- Die vierte – und mit einem Rückgang von 1,1 % auch stärkste – Rezession trat im Jahr *1993* ein. Sie folgte dem sehr starken wirtschaftlichen Aufschwung, der vom Nachfrageboom der deutschen Vereinigung des Jahres 1990 ausgelöst worden war. Hierbei können wir das typische Muster eines Konjunkturverlaufs recht gut erkennen (*Schaubild 14.2*). Nach einem sehr dynamischen Wachstum wurde der Höhepunkt der Konjunktur („peak") im 1. Quartal 1992 erreicht, der Tiefpunkt („trough") wurde nach sechs Quartalen im 3. Quartal 1993 erreicht. Erst im 3. Quartal 1994 ging dann die wirtschaftliche Leistung wieder über das Niveau von 1992 hinaus.

- Die bisher letzte Rezession fand im 2. Halbjahr 2001 statt. Sie verlief vergleichsweise moderat und kurz. Wiederum waren steigende Ölpreise der Hauptauslöser gewesen. Allerdings hat sich in Deutschland seither kein nachhaltiger Aufschwung mehr entfalten können.

14.2 Das magische Viereck

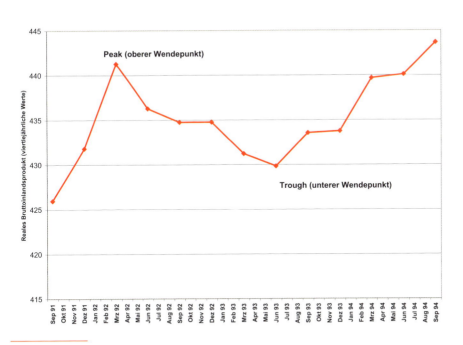

Schaubild 14.2: Konjunkturelle Wendepunkte (1991 bis 1994)
Quelle: Deutsche Bundesbank

14.2.2 Hoher Beschäftigungsstand

In der öffentlichen Diskussion wird der Arbeitslosigkeit mindestens eine ebenso hohe Bedeutung beigemessen wie dem Wirtschaftswachstum. Dies ist leicht nachzuvollziehen, da eine hohe Unterbeschäftigung sehr viele Menschen sehr unmittelbar berührt. Selbst wenn man seinen Arbeitsplatz noch nicht verloren hat, kann die Sorge, plötzlich ohne Job dazustehen, eine große persönliche Belastung darstellen.

Die Arbeitslosigkeit wird in Deutschland anhand der Statistik der Bundesanstalt für Arbeit ermittelt. Als arbeitslos wird dabei gezählt,

- wer das 15., aber noch nicht das 65. Lebensjahr vollendet hat,
- wer vorübergehend nicht in einem Beschäftigungsverhältnis steht oder nur eine kurzzeitige Beschäftigung ausübt,
- der Arbeitsvermittlung zur Verfügung steht,
- nicht arbeitsunfähig erkrankt ist,
- und ein versicherungspflichtiges, mindestens 15 Stunden wöchentlich umfassendes Beschäftigungsverhältnis mit einer Dauer von mehr als 7 Kalendertagen sucht.

Die Arbeitslosigkeit wird häufig nicht mit der tatsächlichen Zahl der Arbeitslosen abgebildet, sondern in Form der *Arbeitslosenquote*. Diese ist in Deutschland wie folgt definiert:

$$(14.1) \quad Arbeitslosenquote = \frac{Zahl\ der\ Arbeitslosen}{Zahl\ der\ zivilen\ Erwerbspersonen}$$

Das Ziel eines hohen Beschäftigungsstandes wurde nie genau quantifiziert, aber es besteht ein Konsens darüber, dass man bereits bei einer Arbeitslosenquote von etwa 4 % im Bereich der Vollbeschäftigung liegt. Dies ist damit zu erklären, dass es auch bei einer sehr guten Konjunkturlage Arbeitslosigkeit gibt, weil:

- die Beschäftigten von einem Job zum anderen wechseln und dabei nicht immer einen lückenlosen Übergang finden (*friktionelle* Arbeitslosigkeit),

- in manchen Branchen wie z.B. der Bauwirtschaft im Winter nicht gearbeitet werden kann (*saisonale* Arbeitslosigkeit) und

- es immer auch Menschen gibt, die sich arbeitslos melden, ohne wirklich an einer Beschäftigung interessiert zu sein (*freiwillige* Arbeitslosigkeit).

Noch deutlicher als bei den Schwankungen des Wirtschaftswachstums kann man bei der längerfristigen Entwicklung der Arbeitslosigkeit erkennen, dass die Selbstheilungskräfte des Marktes auf der gesamtwirtschaftlichen Ebene nur bedingt wirksam sind (*Schaubild 14.3*).

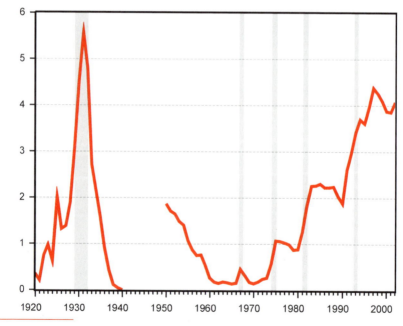

Schaubild 14.3: **Langfristige Entwicklung der Arbeitslosenzahlen in Deutschland**
Quelle: Währung und Wirtschaft Deutschland 1976-1979. Deutsche Bundesbank

Zu einem besonders drastischen Beschäftigungseinbruch kam es in der Phase der *Großen Depression* mit fast sechs Millionen Arbeitslosen, was einer Arbeitslosenrate von 14 % entsprach. Die dadurch geschaffene politische Instabilität bereitete den Boden für den Nationalsozialismus. In der Zeit *nach dem zweiten Weltkrieg* war die Arbeitslosigkeit in

Westdeutschland zunächst noch sehr hoch, da sehr viele Flüchtlinge aus dem Osten Deutschlands in den Arbeitsmarkt integriert werden mussten. Durch das *Wirtschaftswunder* konnten diese Menschen aber rasch Jobs finden. Die *sechziger Jahre* waren dann durch die „leergefegten Arbeitsmärkte" gekennzeichnet. Um die sehr hohe Nachfrage nach Arbeitnehmern decken zu können, wurden in dieser Zeit erstmals „Gastarbeiter" aus Italien und anderen Ländern angeworben. Mit den Rezessionen von 1974/75 und 1981/82 endete die Zeit der Vollbeschäftigung. Durch die deutsche Vereinigung im Jahr 1990 kamen auf einen recht hohen Sockel westdeutscher Arbeitsloser noch einmal eine Million ostdeutscher Beschäftigungssuchender hinzu, die durch die Wirtschaftstransformation (*Kapitel 4*) ihren Arbeitsplatz verloren hatten. Man sieht daran, dass schon ein relativ geringer Rückgang des realen Bruttoinlandsprodukts zu einem deutlichen Anstieg der Arbeitslosigkeit führen kann. Dies ist darauf zurückzuführen, dass die Produktivität in der Regel mit einer Rate von rund 2 % steigt. Eine Zunahme des realen BIP um diesen Betrag kann also mit einem konstanten Beschäftigungsvolumen erwirtschaftet werden. Bleibt der Anstieg des BIP unter dieser Marke, nimmt die Beschäftigung ab.

Aufgrund des seit 1993 sehr geringen Wirtschaftswachstums ist es seither der Wirtschaftspolitik nicht mehr gelungen, die Arbeitslosigkeit auch nur annähernd in den Griff zu bekommen. Die Arbeitslosigkeit stieg in den neunziger Jahren auf bis zu vier Millionen, sie ging in den Jahren 1999 bis Anfang 2001 etwas zurück. Bei einer nahezu stagnierenden Wirtschaft stieg sie seither wieder merklich an. Das Ziel des hohen Beschäftigungsstandes ist damit erheblich verletzt. Wir werden im Folgenden – neben der bereits diskutierten „Mindestlohnarbeitslosigkeit" (*Kapitel 9*) – einen makroökonomischen Erklärungsansatz für die Arbeitslosigkeit diskutieren.

14.2.3 Stabiles Preisniveau

So wie eine Unterbeschäftigung und ein geringes Wachstum (oder gar eine Rezession) mit volkswirtschaftlichen Kosten verbunden sind, ergeben sich auch aus einer hohen Inflationsrate nachteilige Effekte für eine Marktwirtschaft. Diese resultieren daraus, dass das Geld nur dann seine *Funktionen* erfüllen kann, wenn sein Wert über die Zeit hinweg stabil ist. Konkret geht es dabei um:

■ Die Funktion des *Tauschmittels*: Die Erfahrung mit der Hyperinflation von 1923 zeigt, dass Geld dann als Tauschmittel akzeptiert wird, wenn sein Wert stabil ist. Ist dies nicht mehr der Fall, dann gerät die Wirtschaft in den Zustand des Naturaltauschs, womit es sehr aufwändig wird, den Gütertausch in einer hoch arbeitsteiligen Wirtschaft zu organisieren. Der Naturaltausch setzt im Prinzip eine wechselseitige Übereinstimmung der Bedürfnisse voraus. So müsste beispielsweise ein hungriger Schneider nach einem frierenden Bäcker suchen, der gerade einen neuen Mantel benötigt. Wenn der Schneider damit erfolgreich ist, erhält er so viele Brötchen, dass er dafür noch nach weiteren Abnehmern suchen muss. Im Gegensatz zu einer Wirtschaft mit einem funktionsfähigen Geldwesen ist eine Tauschwirtschaft also mit hohen Such- und Transaktionskosten verbunden.

■ Die Funktion des *Wertspeichers*: Ohne stabiles Geld wäre es für die Menschen nicht möglich, Ersparnisse längerfristig bei einer Bank oder in Anleihen anzulegen. Es

bleibt ihnen dann nur die „Flucht ins Sachvermögen". Damit fehlen den Unternehmen die längerfristigen Finanzierungsmittel, die sie für ihre Investitionen benötigen.

- Die Funktion der *Recheneinheit*: Wir haben gesehen, dass der Preismechanismus das zentrale Signalsystem einer Marktwirtschaft darstellt. Bei einer starken Inflation ist für die Konsumenten schwer zu erkennen, ob ein Gut gegenüber anderen Produkten teurer geworden ist (man spricht hier von einer Veränderung der *relativen Preise*) oder ob das Preisniveau insgesamt schon wieder gestiegen ist. Diese Problematik stellt sich vor allem bei sehr hohen Inflationsraten, wie man sie vor allem in Lateinamerika in den achtziger Jahren des letzten Jahrhunderts immer wieder beobachten konnte. Wenn sich in einem Jahr das Preisniveau beispielsweise verdoppelt oder verdreifacht, geht es den Menschen ähnlich, wie uns im Jahr 2002 bei der Euro-Umstellung. Bei jedem einzelnen Preis muss man erst einmal nachdenken, ob ein Produkt im Vergleich zu anderen Gütern teurer oder billiger wurde oder ob es sich im Einklang mit dem allgemeinen Preisauftrieb verändert hat.

In der Regel betrachtet man bei diesem makroökonomischen Ziel nicht das absolute Preisniveau, sondern dessen Veränderung über die Zeit, die *Inflationsrate*. Diese wird üblicherweise als die Veränderung des Preisindex, z.B. im Jahr 2003 für die Lebenshaltung, gemessen (*Box 14.1*).

BOX 14.1 PREISINDEX FÜR DIE LEBENSHALTUNG

Der Preisindex für die Lebenshaltung ist als *Laspeyres-Index* wie folgt definiert:

$$(14.2) \quad Preisindex\ 2003 = \frac{\sum p_i^{2003} x_i^{2000}}{\sum p_i^{2000} x_i^{2000}}$$

Konkret definiert das Statistische Bundesamt einen Warenkorb für ein Basisjahr (derzeit ist das Basisjahr das Jahr 2000). Es bestimmt dann anhand dieser Preise, was der Warenkorb eines repräsentativen privaten Haushalts im Basisjahr gekostet hat. Um den Index für den Februar 2003 zu ermitteln, ziehen 560 Mitarbeiterinnen und Mitarbeiter des Amtes in 190 Berichtsgemeinden in die Geschäfte und erfragen für 750 Waren und Dienstleistungen deren Preise. Insgesamt werden so 350.000 Einzelpreise ermittelt. Auf diese Weise kann man nun errechnen, was die Preise für den Warenkorb 2002 betragen. Zur Vereinfachung setzt man jetzt noch den Wert des Warenkorbs für das Jahr 2000 gleich 100. Für Februar 2003 liegt der Index bei 104,5. Die Inflationsrate für den aktuellen Monat berechnet man dann im Vergleich zum Vorjahresmonat wie folgt:

$$(14.3) \quad Inflationsrate\ Februar\ 2003 = \frac{Preisindex\ Februar\ 2003}{Preisindex\ Februar\ 2002}$$

Bei einem Wert des Preisindex von 104,5 im Februar 2003 und 103,2 im Februar 2002 kommen wir auf eine Inflationsrate von 1,3 % im Vergleich zum Vorjahr.

14.2 Das magische Viereck

Bei einem längerfristigen Rückblick sieht man, welche starken Schwankungen die Inflationsrate in Deutschland aufgewiesen hat. Dies gilt zunächst schon für die bereits erwähnten Gründerjahre, d.h. die Zeit von 1871 bis 1914, die sich im Übrigen durch eine sehr hohe wirtschaftliche Dynamik auszeichnete. Im Vergleich zu heutigen Verhältnissen ist dabei bemerkenswert, dass es immer wieder auch zu einem ausgeprägten Rückgang des Preisniveaus kam. Die Preise waren in dieser Phase nach unten hin also sehr viel flexibler als heute (*Schaubild 14.4*).

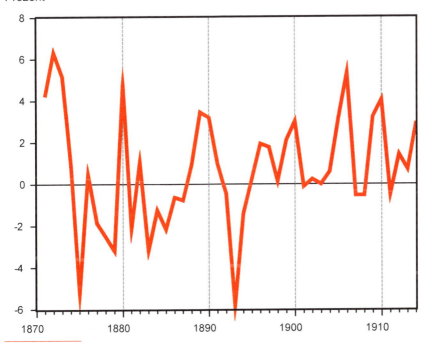

Schaubild 14.4: **Entwicklung der Inflationsrate im Deutschen Reich von 1871 bis 1914**
Quelle: Daten entnommen aus: Deutsches Geld und Bankwesen in Zahlen 1876-1975, S. 6f.

Mit dem ersten Weltkrieg hob die Preisentwicklung dann völlig ab und mündete in eine *Hyperinflation*: Eine Mark des Jahres 1919 entsprach demselben Wert wie eine Trillion Mark im Oktober 1923. Die Ursache hierfür war eine exzessive Staatsverschuldung, die über die Notenpresse finanziert wurde, wodurch die Geldmenge erheblich stärker ausgeweitet wurde als die vorhandene Gütermenge. Wir werden diese Zusammenhänge in *Kapitel 20.5* noch ausführlicher diskutieren. Die Hyperinflation konnte erst durch eine umfassende *Währungsreform* im November 1923 gestoppt werden. Viele Menschen haben dabei ihre gesamten Ersparnisse verloren. Dies wiederholte sich mit dem zweiten Weltkrieg. Wiederum war eine unkontrollierte, kriegsbedingte Staatsverschuldung die Hauptursache. Aufgrund umfassender staatlicher *Preiskontrollen* blieben dabei die Preiserhöhungen eng begrenzt. So lag die durchschnittliche Inflationsrate in den Kriegsjahren lediglich bei 2,3 %. Am Ende des Krieges war das Geld jedoch erneut nahezu wertlos. Um

den so entstandenen *Geldüberhang* abzubauen, musste am 21. Juni 1948 erneut eine *Währungsreform* vorgenommen werden. Die D-Mark wurde als Währung für die damaligen drei Westzonen eingeführt und reduzierte alle Bankguthaben im Verhältnis 100 Reichsmark : 10 D-Mark; für größere Anlagen kam es sogar zu einer Reduktion im Verhältnis 100 : 6,5.

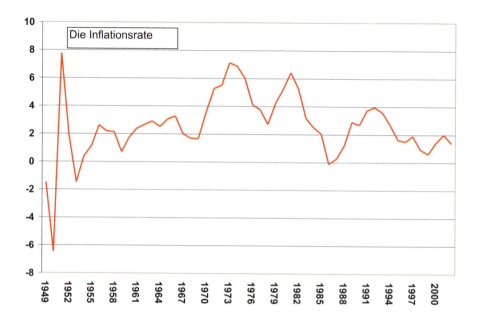

Schaubild 14.5: **Entwicklung der Inflationsrate in Deutschland von 1949 bis 2002**
Quelle: Statistisches Bundesamt

Wie das *Schaubild 14.5* verdeutlicht, blieben Deutschland in der Zeit nach 1948 derart unruhige Entwicklungen erspart. Die Preisentwicklung verlief bis Mitte der sechziger Jahre recht moderat. Sie nahm dann jedoch Fahrt auf und erreichte im Zuge der ersten Ölkrise eine Spitze von 7,8 % im Jahre 1974. Bei der zweiten Ölverteuerung erhöhte sich der Preisauftrieb auf bis zu 7,5 % im Jahre 1982. Eine dritte Inflationswelle trat mit der Wiedervereinigung in den Jahren 1991/92 ein. Bei diesen Zahlen muss man jedoch berücksichtigen, dass alle anderen westlichen Länder (mit der Ausnahme der Schweiz) in der Zeit von 1950 bis 2000 teilweise erheblich höhere Inflationsraten als Deutschland zu verzeichnen hatten. Die für die deutsche Geldpolitik bis 1998 verantwortliche Deutsche Bundesbank konnte sich deshalb weltweit einen sehr guten Ruf verschaffen. Aus diesem Grund wurde auch die Verfassung der Europäischen Zentralbank weitgehend nach dem Modell der Bundesbank gestaltet (*Kapitel 20*).

Das Erfolgsrezept der deutschen Geldpolitik lässt sich zumindest in Umrissen ganz gut erkennen. Das *Schaubild 14.6* zeigt, dass die Bundesbank mit ihrer Zinspolitik sehr rasch und massiv reagierte, wenn sich Inflationsgefahren abzeichneten; alle Phasen mit einer

14.2 Das magische Viereck

Inflationsrate von mehr als vier 4% sind in dem Schaubild grau schraffiert. Diese wichtige Rolle der Zinspolitik wird in den *Kapiteln 18 bis 21* ausführlich diskutiert. Die gesamte Geschichte der Mark als Währung für Deutschland, die sich über die Phase von 1871 bis 1998 erstreckte, finden Sie in *Abschnitt 14.4* am Ende dieses Kapitels.

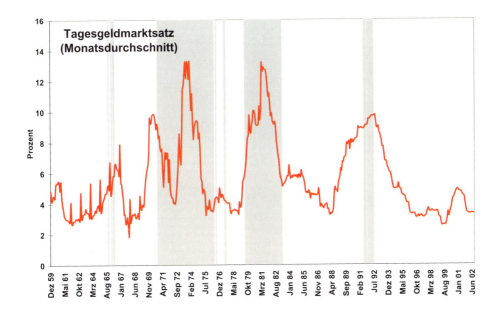

Schaubild 14.6: **Kurzfristige Zinsen in Deutschland und Phasen mit einer Inflationsrate von über 4% (von 1960 bis 2002)**
Quelle: Zeitreihendatenbank der Deutschen Bundesbank

14.2.4 Außenwirtschaftliches Gleichgewicht

Während die Bedeutung der ersten drei Eckpunkte des magischen Vierecks relativ einfach zu vermitteln ist, tut man sich bei der Einordnung des „Außenwirtschaftlichen Gleichgewichts" recht schwer. Um seine Rolle im Zielkatalog des Stabilitäts- und Wachstumsgesetzes im Jahr 1966 zu verstehen, muss man sich vor Augen halten, dass Deutschland damals in ein weltweites System fester Wechselkurse gegenüber dem US-$ eingebunden war. Nach seinem Gründungsort bezeichnet man dieses System als *Bretton-Woods-System*.

Mit dem Ziel „außenwirtschaftliches Gleichgewicht" war daher primär gemeint, dass wirtschaftliche Prozesse vermieden werden sollten, die die Teilnahme an diesem System gefährdet hätten. Wie eng die Spielräume einer Notenbank in einem System fester Wechselkurse sind, wird in *Kapitel 22.4* beschrieben.

Ausgelöst durch eine inflationäre Politik in den Vereinigten Staaten kam es Anfang der siebziger Jahre zu massiven Währungskrisen. Im März 1973 brach das System von Bretton Woods zusammen. Es folgte ein Übergang zu einem *System flexibler Wechselkurse*. Der Wechselkurs wurde weitestgehend dem freien Spiel der Märkte überlassen. Charakteristisch für flexible Wechselkurse sind die in *Schaubild 14.7* zu sehenden, langen Auf- und Abwertungstrends.

Schaubild 14.7: Devisenkurs des US-Dollar an der Frankfurter Börse in DM je US-Dollar, seit 1999 umgerechnet über den Euro. Die untere Kurve bildet den Euro-Kurs gegenüber dem Dollar ab. Werte vor 1999 wurden über die D-Mark errechnet.
Quelle: Zeitreihendatenbank der Deutschen Bundesbank

Herausragend im wahrsten Sinne des Wortes waren die Jahre 1980-1985, in denen der Dollar stetig aufwertete. Diese spekulative Blase endete bei einem Kurs von 3,47 DM für einen Dollar im Februar 1985, was einem Euro-Kurs von 0,56 Dollar je Euro entsprochen hätte. Danach ging es für den Dollar unter Schwankungen bergab. Sein Rekordtief markierte er im April 1995 mit einem Kurs von nur noch 1,35 DM (= 1,44 Dollar je Euro). Mit der Einführung des Euro im Januar 1999 gewann der Dollar massiv an Wert und erreichte im November 2000 einen Höchststand von 0,85 Dollar je Euro (dies entspricht einem Kurs von 2,30 DM für einen Dollar). Seit Anfang 2002 hat sich wiederum ein Abwertungstrend für den Dollar entwickelt.

Entscheidend ist, dass das für feste Kurse definierte Ziel des außenwirtschaftlichen Gleichgewichts nie für die Verhältnisse bei *flexiblen Wechselkursen* geklärt und neu bestimmt wurde. Darin spiegelt sich wohl vor allem die Tatsache, dass es unter einer solchen Währungsordnung deutlich an Gewicht verloren hat. Es ist also nicht unzutreffend,

wenn man heute nicht mehr von einem magischen „Viereck", sondern nur noch von einem „Dreieck" spricht.

14.2.5 Zweidimensionale Zielscheiben und eindimensionale Ziellinien

Aus Gründen der Vereinfachung verwendet man in der makroökonomischen Theorie in der Regel einen noch stärker eingeschränkten Zielkatalog, der sich auf nur zwei Ziele oder sogar nur noch ein Ziel konzentriert. Wir haben schon gesehen, dass die Entwicklung der Arbeitslosenrate relativ eng an die Schwankungen des Bruttoinlandsprodukts gekoppelt ist. Es liegt daher nahe, sich anstelle eines „Ziel-Dreiecks" auf zweidimensionale Zielkataloge zu konzentrieren:

- der „*Misery-Index*" bildet die Inflation und die Arbeitslosigkeit ab,
- *gesellschaftliche Verlustfunktionen*, die heute in der makroökonomischen Theorie eine große Rolle spielen, verwenden makroökonomische „Zielscheiben", auf denen die Output-Lücke und die Inflation dargestellt sind.

Der „Misery-Index" wird errechnet als eine einfache Addition der Inflationsrate und der Arbeitslosenrate, also der beiden „Grundübel" einer Marktwirtschaft. Ein Blick auf den Index (*Schaubild 14.8*) zeigt, dass die sechziger Jahre rückblickend als das goldene Jahrzehnt bezeichnet werden könnten, da sowohl die Arbeitslosigkeit als auch die Inflationsrate niedrig waren. Der stetige Anstieg der Sockelarbeitslosigkeit seit den siebziger Jahren führt dann zu einer schrittweisen Verschlechterung des Index.

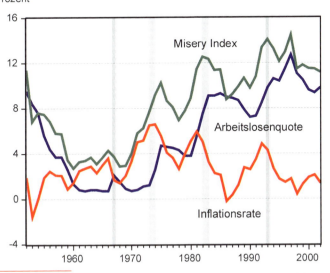

Schaubild 14.8: **Misery-Index für Deutschland von 1950 bis 2001**
Quelle: Daten entnommen aus: Deutsche Bundesbank: 50 Jahre Deutsche Mark, Monetäre Statistiken 1948-1997 auf CD-ROM, diverse Monatsberichte.

Daraus darf man nun aber nicht den Schluss ziehen, dass es den Menschen heute schlechter geht als in den sechziger Jahren. *Schaubild 14.1* zeigt, dass das absolute Outputniveau – und damit auch das allgemeine Realeinkommen – heute selbstverständlich sehr viel höher liegt als damals. Die ungünstige Veränderung dieses Index lässt allerdings erkennen, dass es für die Wirtschaftspolitik in Deutschland sehr viel schwieriger geworden ist, die gesamtwirtschaftliche Entwicklung zielgerecht zu steuern. Dabei ist insbesondere die deutsche Vereinigung von 1990 zu berücksichtigen, deren Folgen wirtschaftspolitisch bis heute noch nicht richtig bewältigt werden konnten.

Bei den gesellschaftlichen Verlustfunktionen („social loss functions") handelt es sich um *makroökonomische Zielfunktionen,* die sich auf zwei Ziele beziehen:

■ Die *Inflationslücke*, d.h. einer Abweichung der aktuellen Inflationsrate (π_t) von einem Zielwert (π^*), der üblicherweise bei etwa 2 % fixiert wird (ausführlicher in *Kapitel 21*).

■ Die *Output-Lücke*, d.h. einer Abweichung des Bruttoinlandsprodukts (Y_t) von einem bei Vollauslastung aller Kapazitäten möglichen Output, den man auch als *Produktionspotenzial* (Y^v) bezeichnet. Die Outputlücke wird dabei als prozentuale Abweichung des aktuellen realen Bruttoinlandsprodukts vom *Produktionspotenzial* definiert:

$$(14.4) \quad Outputlücke = \frac{(Y - Y^v)}{Y^v}$$

Makroökonomische Zielfunktionen werden als *Verlustfunktionen* modelliert. Sie versuchen die Kosten zu beschreiben, die der Gesellschaft durch das Nicht-Erreichen gesamtwirtschaftlicher Ziele entstehen. Üblicherweise werden solche Verlustfunktionen wie folgt formuliert:

$$(14.5) \quad L = \alpha(\pi - \pi^*)^2 + \beta\left[\frac{(Y - Y^v)}{Y^v}\right]^2$$

Durch das Quadrieren werden positive und negative Abweichungen gleich bewertet, außerdem erhalten größere Abweichungen eine stärkere Gewichtung als kleinere. Die Koeffizienten α und β erlauben eine Gewichtung der beiden Ziele. So gehen zum Beispiel viele Ökonomen davon aus, dass für die Zielfunktion einer Notenbank $\alpha = 1$ und $\beta = 0$ sein sollte, so dass die Geldpolitik ganz auf das Ziel der Geldwertstabilität verpflichtet wird.

Für identische Werte von α und β kann man diese Funktion grafisch wie eine Zielscheibe abbilden (*Schaubild 14.9*). Im Ursprung liegen eine Output-Lücke von Null und der Zielwert für die Inflationsrate (π^*). Je weiter entfernt vom Ursprung man landet, desto höher sind die Kosten für die Gesellschaft.

14.2 Das magische Viereck

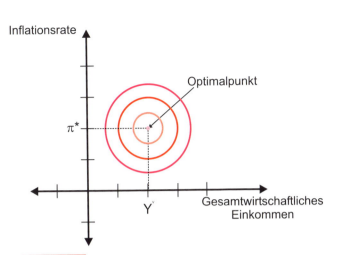

Schaubild 14.9: Makroökonomische Zielscheibe für eine Zielinflationsrate von zwei Prozent und eine identische Gewichtung der beiden Ziele. Kreise, die weiter außerhalb liegen, sind mit höheren Verlusten für eine Gesellschaft verbunden.

Bei dieser zwei-dimensionalen Zielvorgabe wird die Zielerreichung auf dem Arbeitsmarkt nicht explizit berücksichtigt. Das *Schaubild 14.10* zeigt aber, dass es in Deutschland zwischen der Output-Lücke und der Arbeitslosigkeit einen einigermaßen stabilen Zusammenhang gibt.

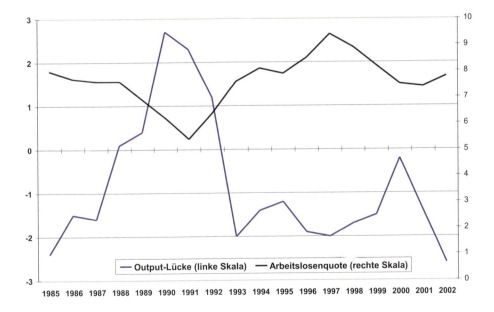

Schaubild 14.10: Der Zusammenhang zwischen Arbeitslosigkeit und Output-Lücke
Quelle: Deutsche Bundesbank

Wenn es also möglich ist, eine negative Output-Lücke zu vermeiden, wird damit auch ein wichtiger Beitrag zur Vollbeschäftigung geleistet. Allerdings spielen die Lohnpolitik (*Kapitel 9*) und die sozialen Sicherungssysteme (*Kapitel 11*) bei der Entwicklung der Arbeitslosigkeit eine nicht unwichtige Rolle, die bei dieser verkürzten Betrachtungsweise nicht mehr berücksichtigt werden kann.

In *Schaubild 14.11* werden die Werte der makroökonomischen Verlustfunktion für Deutschland und Euroland gezeigt. Es wird dabei deutlich, dass es Anfang der neunziger Jahre zu hohen Zielabweichungen gekommen war. Eine wichtige Ursache hierfür war die deutsche Wiedervereinigung, die zu einem starken inflatorischen Impuls in Deutschland und seinen Nachbarländern geführt hatte. Interessant ist auch, dass Deutschland von 1997 an ständig höhere Verluste zu verzeichnen hatte als die anderen Länder von Euroland.

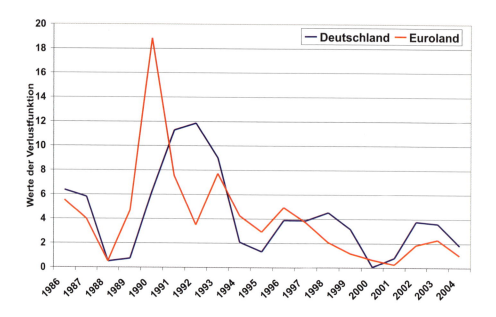

Schaubild 14.11: **Werte der makroökonomische Verlustfunktion für Deutschland und Euroland**
Quelle: OECD, Economic Outlook, December 2002.

Die einfachste Abbildung der makroökonomischen Ziele besteht darin, dass man sich nur noch auf die Output-Lücke konzentriert. Bei einer solchen „*Ziellinie*" wird also die Optimalität der makroökonomischen Politik nur noch daran gemessen, ob eine (positive oder negative) Output-Lücke vorliegt oder nicht. Die einzige Rechtfertigung für ein solch eindimensionales Vorgehen ist die Didaktik. Wenn man sich nur auf den Output konzentriert, kann man die Preisentwicklung vernachlässigen, was die Modelle erheblich vereinfacht. Wir werden uns deshalb in den *Kapiteln 16 bis 20* mit einer solchen Zielfunktion begnügen und erst in *Kapitel 21* die Inflationsrate mit ins Bild bringen. Wie wir dort sehen werden, ist dieses Vorgehen trotz seiner enormen Vereinfachung für die Diskussion von Nachfrage-Schocks völlig ausreichend.

14.3 Die Akteure in der Makroökonomie

Nachdem wir die Ziele für die Makroökonomie ermittelt haben, müssen wir uns nun fragen, wie diese erreicht werden sollen. Dazu geht man zweistufig vor. Zunächst muss man herausfinden, ob diese Ziele allein durch Marktprozesse verwirklicht werden können. Da wir hier zu einem negativen Befund kommen, ist zu überlegen, welche wirtschaftspolitischen Akteure für ein bestimmtes Ziel verantwortlich sein sollen. Diese „wirtschaftspolitische Rollenzuweisung" („assignment") ist schwieriger als man denkt, da sich hinter dem von uns bisher pauschal verwendeten Begriff „Staat" ganz unterschiedliche *Entscheidungsträger* verbergen. Grob gesprochen kann man unterscheiden zwischen:

- der *Fiskalpolitik,* für die die Gebietskörperschaften (Bund, Länder, Gemeinden und teilweise auch die Europäische Gemeinschaft) zuständig sind (Kapitel 17 und 19),
- der *Geld- und Währungspolitik,* die für die Mitgliedsländer der Europäischen Währungsunion ganz in der Verantwortung der Europäischen Zentralbank liegt (Kapitel 18 bis 22), und
- der *Lohnpolitik,* die von den nationalen Gewerkschaften und Arbeitgeberverbänden bestimmt wird (Kapitel 9).

Es wird in den folgenden Kapiteln darum gehen, für unterschiedlichste Störungen herauszufinden, wie jeweils die optimale Rollenverteilung für diese Akteure aussieht. Wir werden uns mit der Rollenverteilung zwischen der Geld- und der Fiskalpolitik vor allem in *Kapitel 19* befassen.

14.4 Zur Vertiefung: Die Geschichte der Mark als Währung für Deutschland (1871-2001)

Nach genau 130 Jahren und 27 Tagen ging in der Neujahrsnacht 2001/2002 die Ära der Mark zu Ende. In dieser Zeit hat diese Währung wohl alle Höhen und Tiefen erfahren, die einem Geldwesen zustoßen können. Nichts macht dies deutlicher als die Tatsache, dass die Mark während ihres Daseins immerhin fünf verschiedene Bezeichnungen geführt hat.

Als „Mark" und sonst nichts hat sie am 4. Dezember 1871 ihre Laufbahn begonnen. Mit dem unscheinbar klingenden „Gesetz betreffend die Ausprägung von Reichsgoldmünzen" wurde eine 10 Mark-Münze in den Umlauf gebracht, die aus reinem Gold (mit einem Gewicht von 3,6 g) bestand und vor allem dazu dienen sollte, dem im neuen Deutschen Reich bestehenden Münz-Wirrwarr ein Ende zu setzen. Verglichen mit der Einführung des € waren die Startbedingungen der Mark-Währung äußerst ungewöhnlich. Es gab damals noch keine deutsche Notenbank; die Reichsbank wurde erst 1876 gegründet. Banknoten wurden also weiterhin von zahlreichen regionalen Notenbanken emittiert. Aus heu-

tiger Sicht ist auch überraschend, dass für die neuen Mark-Münzen eine ganz ähnliche Lösung gewählt wurde, wie wir sie für die Euro-Münzen finden: Durch einen persönlichen Appell Bismarks an den Reichstag wurde dafür gesorgt, dass die Rückseite der neuen Reichsmünze individuell gestaltet werden konnte, so dass dort weiterhin die Köpfe der Landesherren und die hanseatischen Wappen vertreten waren.

Die ersten vier Jahrzehnte der Mark-Währung verliefen ausgesprochen erfolgreich. Da sich die meisten anderen Länder ebenfalls für eine auf Gold basierende Währungsordnung entschieden hatten, konnte so ein globales Währungs- und Finanzsystem etabliert werden. Dieser „Internationale Goldstandard" war eine wichtige Voraussetzung für die große wirtschaftliche Dynamik der so genannten Gründerjahre. All dies änderte sich rasch, als mit dem Kriegsausbruch im Jahr 1914 die Goldbindung der Mark aufgegeben wurde, um eine ungehemmte Kriegsfinanzierung über die Notenpresse zu ermöglichen. Es war unausweichlich, dass dieser Weg zunächst langsam aber dann immer schneller in die Katastrophe der Hyperinflation führte.

Zum Kurs von 1 Billion : 1 wurde die Mark dann am 20. November 1923 in die so genannte Rentenmark überführt. Bereits ein Jahr später wurde dieses im Prinzip durch Grund- und Bodenwerte gesicherte Geld durch eine Währung mit dem Namen „Reichsmark" ersetzt, die wiederum eine Goldeinlösung aufwies. Der zunächst hoffnungsvolle Neuanfang geriet bald in den Sog der „großen Depression", von dem die gesamte Weltwirtschaft erfasst wurde. Anfang der dreißiger Jahre zeigte sich schon sehr früh, welche Gefahren von einem System zu starrer Wechselkursbindungen ausgehen können. Von dort war es dann auch nicht mehr weit bis zum zweiten großen Debakel in der deutschen Währungsgeschichte, die Kriegsfinanzierung Hitlers. Wiederum war es also eine exzessive Notenbankfinanzierung des Staates, durch die der Geldwert fast völlig zerstört wurde. Ein letzter, dramatischer Versuch zur Rettung der Reichsmark wurde im Januar 1939 vom Reichsbank-Direktorium unternommen. In einem unter Leitung von Hjalmar Schacht verfassten Memorandum wurde Hitler klipp und klar mitgeteilt: *„Am Ende des Jahres 1938 ist die Währungs- und Finanzlage an einem Gefahrenpunkt angelangt, der es uns zur Pflicht macht, -Entschliessungen zu erbitten, die es ermöglichen der drohenden Inflationsgefahr Herr zu werden."* Insbesondere sollte die Rüstungsfinanzierung durch die Notenpresse abgestellt werden. Dass diese mutige Kritik an der – wie es in dem Memorandum hieß – „hemmungslosen Ausgabenpolitik" mit der sofortigen Entlassung der Direktoriumsmitglieder endete, ist wohl kaum überraschend.

Nach dem Ende des Zweiten Weltkrieges musste die deutsche Bevölkerung drei Jahre lang ausharren, bis sie im Westen mit der Deutschen Mark, im Osten mit der Mark der DDR wieder neues Geld erhielt. Die neue D-Mark war ein echtes Besatzungskind. Die zentralen Elemente der neuen Währungsordnung wurden von den westlichen Militärregierungen, vor allem den Amerikanern, bestimmt. Deutsche Experten wurden erst spät und unter fast abenteuerlichen Verhältnissen in die Planungen einbezogen. Ein mit undurchsichtigen Scheiben verglaster Bus brachte sie am 20. April 1948 zum Konklave nach Rothwesen, wo sie dann ihre Arbeits- und Schlafräume in einem mit Stacheldraht abgetrennten Kasernengebäude vorfanden. Aus juristischer Sicht hat die D-Mark ihren präkonstitutionellen Status immer beibehalten, da das für sie maßgebliche „Währungsgesetz" nie in ein Bundesgesetz überführt wurde.

14.4 Zur Vertiefung: Die Geschichte der Mark als Währung für Deutschland

Ein Glücksfall für die neue Währung war die mutige Entscheidung Ludwig Erhards, das neue Währungssystem mit einer marktwirtschaftlichen Ordnung zu verbinden. So konnte die D-Mark dann in den fünfziger Jahren – nach einigen Kinderkrankheiten (Devisenkrise im Winter 1950/51) – zu ihrer großen Karriere ansetzen, die sie bald zum „Weltstar" machte (so Burkhard Roeper in seinem Buch: „Vom Besatzungskind zum Weltstar"). Sicherlich nicht geschadet hat ihr dabei die sehr selbstbewusste und autonome Politik der „Bank deutscher Länder", so wurde die deutsche Notenbank bis zum Inkrafttreten des Bundesbankgesetzes im Jahr 1957 bezeichnet. Für Konrad Adenauer war es offensichtlich nicht immer leicht gewesen, die gesetzlich abgesicherte Unabhängigkeit der Geldpolitik mit seinem patriarchalischen Führungsstil zu vereinbaren. Berühmt wurde seine Gürzenich-Rede aus dem Jahr 1956, in der er eine vom Zentralbankrat unter der Ägide des Geheimrat Vocke beschlossene Zinserhöhung massiv kritisierte. In einem Schüttelreim aus dieser Zeit heißt es:

> *„Des Kanzlers Hand zum Stocke fuhr:*
>
> *,Verdammt, ist dieser Vocke stur!'*
>
> *Ganz unbeirrt hielt Vocke stand,*
>
> *der arg das mit dem Stocke fand.*
>
> *Ich lobe mir des Vockes Stil,*
>
> *der nie aufs Knie vorm Stocke fiel."*

Es ist bis heute nicht ganz klar, ob diese Sturheit der Grund dafür gewesen war, dass Vocke ein Jahr später mit der Errichtung der Bundesbank in den Ruhestand treten musste.

In der Folgezeit wurde dann immer deutlicher, dass eine international begehrte Währung auch ihre Schattenseiten haben kann. Von Anfang der sechziger Jahre bis zum definitiven Zusammenbruch des Weltwährungssystems von Bretton Woods sah sich die Bundesbank der schwierigen und oft fast unmöglichen Aufgabe gegenüber, binnenwirtschaftliche Stabilität mit einem außenwirtschaftlichen Gleichgewicht zu vereinbaren. Dies lag vor allem daran, dass die Vereinigten Staaten in dieser Phase immer weniger bereit waren, eine an ihrer globalen Leitwährungsrolle orientierte Geld- und Währungspolitik zu betreiben. In bilateralen Vereinbarungen wurde die Bundesbank im Jahr 1967 geradezu genötigt, auf die ihr zustehende Goldeinlösung ihrer Dollar-Guthaben zu verzichten, womit der letzte Stabilitätsanker dieses Währungssystems gekappt wurde. Der Versuch der deutschen Notenbank unter diesen Verhältnissen immer wieder eine binnenwirtschaftlich orientierte Zinspolitik zu fahren, musste zwangsläufig zu massiven Währungskrisen führen. Auch sehr weit reichende Kapitalverkehrskontrollen halfen wenig. Am 19. März 1973 stellte die Bundesbank koordiniert mit anderen wichtigen Notenbanken die Interventionen zugunsten des Dollar ein, jetzt war die D-Mark wirklich erwachsen geworden.

Der Bundesbank gelang es überraschend schnell, sich auf die völlig neue Situation einzustellen. Wie keine andere Notenbank in der Welt verfolgte sie im inflationären Umfeld der Jahre 1973 bis 1975 eine konsequent stabilitätsorientierte Zinspolitik. Ablesbar ist dies vor allem an der Tatsache, dass sich die kurzfristigen Realzinsen in Deutschland fast immer im positiven Bereich bewegten, während sonst beinahe überall die Inflationsraten

deutlich höher lagen als die Notenbankzinsen. Der Erfolg dieser Politik zeigte sich in einer im internationalen Vergleich beeindruckenden Kombination von relativ niedrigen Inflations- und Arbeitslosenraten. Damit wurde die Reputation der Mark noch weiter gestärkt. Zu den großen Mysterien des monetären Marketings gehört das von der Bundesbank im Jahr 1975 erstmals implementierte Geldmengenkonzept. Obwohl bis 1998 die Zielwerte in der Hälfte der Jahre nicht erreicht und sie dabei auch noch überwiegend überschritten wurden, sind nach wie vor viele Betrachter der Auffassung, dass dies eine besonders wichtige Basis für die Glaubwürdigkeit der Bundesbank dargestellt habe.

Nachdem sich die Mark lange Zeit als Satellit um den Dollar gedrehte hatte, wurde sie mit dem 1979 ins Leben gerufenen EWS selbst zum Zentrum eines Währungssystems. Die anhaltende Stabilitätsorientierung der Bundesbank sorgte im Verbund mit einem gut konzipierten Regelwerk dafür, dass die D-Mark für viele europäische Länder zum Stabilitätsanker werden konnte. Im Laufe der achtziger Jahre zeigte sich dabei aber auch, dass die Möglichkeiten der währungspolitischen Kooperation im Rahmen eines solchen Festkurssystems zwangsläufig begrenzt sind. Es war das große Verdienst von Hans-Dietrich Genscher, 1988 darauf hingewiesen zu haben, dass es nur mit einer Währungsunion möglich sein würde, einen effizienten monetären Rahmen für den europäischen Binnenmarkt zu schaffen. Ob er sich damals wohl der Tatsache bewusst gewesen war, dass er mit seinem knappen Memorandum einen Stein ins Rollen bringen würde, der 14 Jahre später in der Bargeldeinführung des Euro kulminieren würde?

Die letzte große Herausforderung für die D-Mark war die deutsche Währungsunion von 1990. Gleichsam über Nacht und ohne die Bundesbank vorher einzuweihen beschloss Helmut Kohl am 7. Februar 1990 die Einführung der D-Mark in der DDR. Für die Menschen in Ostdeutschland, die mit der Mark der DDR immer eine wenig kaufkräftige und deshalb auch sehr unbeliebte Währung besessen hatte, übte die D-Mark eine geradezu magische Anziehungskraft aus. Damals zogen die Menschen durch die Straßen und skandierten : „Entweder kommt die D-Mark zu uns, oder wir kommen zu ihr." Technisch war diese Währungsunion ein großer Erfolg, insbesondere wenn man berücksichtigt, dass sie mit einer Vorbereitungszeit von weniger als fünf Monaten realisiert werden musste. Im Rückblick werden viele der Probleme Ostdeutschlands auf den großzügigen 1:1-Umrechnungssatz für die Löhne zurückgeführt. Dabei wird jedoch übersehen, dass die eigentlichen Schwierigkeiten aus der viel zu raschen Lohnangleichung nach der Umstellung resultierten.

Sehr undramatisch verlief dann der Übergang zum Euro, dessen volkswirtschaftlich relevanten Teile bereits am 1. Januar 1999 erfolgten. Die von manchem befürchtete (oder erhoffte?) letzte große Krise blieb aus und die Europäische Zentralbank konnte nahtlos an die Tätigkeit der Bundesbank und der anderen europäischen Notenbanken anknüpfen. Dass dieser Regimewechsel so glatt verlief, liegt sicherlich an der Kompetenz der EZB und den sorgfältigen Vorbereitungsarbeiten durch ihre Vorgängerinstitution, das Europäische Währungsinstitut. Es hat aber auch sehr viel damit zu tun, dass der Euro in wesentlichen Punkten nach dem Modell der D-Mark konzipiert wurde. Der Übergang zur Währungsunion stellte also keinen Bruch mit der Vergangenheit dar. Er sorgte vielmehr dafür, dass die in Deutschland bewährten Prinzipien einer unabhängigen und dem Ziel der Geldwertstabilität verpflichteten Geldpolitik nun in den europäischen Ländern Geltung haben.

14.4 Zur Vertiefung: Die Geschichte der Mark als Währung für Deutschland

So gesehen war die lange, von Höhen und Tiefen geprägte Geschichte der Mark nicht umsonst gewesen. Mit dem Euro verfügt Europa heute über eine Währung, deren Konstrukteure die guten wie die schlechten Erfahrungen aus der Mark-Ära sehr sorgfältig bedacht haben.

Der Interventionist

Karl Schiller wurde am 24. 4.1911 in Breslau geboren und starb am 26.12.1994 in Hamburg. Der Professor für Volkswirtschaft in Hamburg war seit 1946 Mitglied der SPD, von 1965-1972 auch Mitglied des Deutschen Bundestages. Er prägte die Wirtschaftspolitik der Großen Koalition (1966-1969) und die ersten Jahre der sozialliberalen Koalition als Bundeswirtschaftsminister (seit 1966) bzw. „Super-Minister" für Wirtschaft und Finanzen (1971/72).

Aufgrund der relativ hohen Inflationsraten des Jahres 1972 und der Kritik an seinen Sparmaßnahmen trat Schiller im Jahr 1972 von seinen Ämtern zurück, zog sich wenig später auch aus dem Bundestag zurück und trat auch aus der SPD aus; 1980 schloss er sich dieser Partei wieder an.

1911-1994

Schiller hat maßgeblich zum Stabilitäts- und Wachstumsgesetz beigetragen, das im Jahr 1967 verabschiedet wurde. Das Ziel des Gesetzes bestand darin, die keynesianische Theorie in die praktischen Wirtschaftspolitik zu implementieren. Wichtige Elemente dieser „Globalsteuerung" sind die „Konzertierte Aktion" von Gewerkschaften und Arbeitgebern, Mechanismen zur schnelleren Umsetzung expansiver wie restriktiver fiskalpolitischer Maßnahmen, die mittelfristige Finanzplanung und der Jahreswirtschaftsbericht. Trotz großer Erwartungen ist die wirtschaftspolitische Bedeutung dieses Gesetzes sehr gering geblieben.

Zitat:
„So viel Wettbewerb wie möglich, so viel Planung wie nötig"

Ausbildung und Beruf

1931- 1935 Studium der Volkswirtschaft und der Rechtswissenschaften in Kiel, Frankfurt am Main, Berlin und Heidelberg. Abschluss als Diplom- Volkswirt

1935 Promotion in Heidelberg

1935-1941 Leitung einer Forschungsgruppe am Institut für Weltwirtschaft in Kiel

1939 Habilitation

1946 Gastprofessor an der Universität Kiel

1947 Ordentlicher Professor an der Universität Hamburg

1961-1965 Wirtschaftssenator in Berlin

1966-1972 Bundeswirtschaftsminister und

1971-1972 auch Bundesfinanzminister

1972 Rücktritt

Werke

1964 Der Ökonom und die Gesellschaft. Das freiheitliche und soziale Element in der modernen Wirtschaftspolitik, Stuttgart

1994 Der schwierige Weg in die offene Gesellschaft, Berlin

SCHLAGWÖRTER

Arbeitslosenquote (S. 235), außenwirtschaftliches Gleichgewicht (S. 241), Geldüberhang (S. 240), Geldfunktionen (S. 237), Gleichgewicht (S. 232), Große Depression (S. 234), Hyperinflation (S. 237), Laspeyres-Index (S. 238), Magisches Viereck (S. 231), Misery Index (S. 243), Output-Lücke (S. 243), Peak (S. 234), Rechnungseinheit (S. 238), Rezession (S. 234), System von Bretton Woods (S. 242), Trough (S. 234), Währungsreform (S. 239), Wertspeicher (S. 237), Wirtschaftswunder (S. 233), Zahlungsmittel (S. 237)

AUFGABEN

1. Zielrealisierung in der Realität

Ermitteln Sie anhand der Daten aus dem aktuellsten World Economic Outlook des International Monetary Fund (*www.imf.org*), inwieweit die großen Industrieländer die makroökonomischen Ziele Wachstum, hoher Beschäftigungsstand und stabiles Preisniveau erreichen konnten. Errechnen Sie dazu auch Misery-Indices und makroökonomische Verlustfunktionen. Versuchen Sie selbst eine Rangfolge zu erstellen.

2. Multiple Choice (bis zu vier richtige Antworten sind möglich)

a) Stabilitäts- und Wachstumsgesetz

○ Das Stabilitäts- und Wachstumsgesetz verpflichtet Bund und Länder, das gesamtwirtschaftliche Gleichgewicht zu beachten.

○ Das Stabilitäts- und Wachstumsgesetz verpflichtet Bund und Länder, ihr Defizit unter 3 % des BIP zu halten.

○ Das Stabilitäts- und Wachstumsgesetz wurde eingeführt, um die Stabilität des Euro zu sichern.

○ Das Stabilitäts- und Wachstumsgesetz definiert die Ziele der makroökonomischen Politik in Deutschland.

b) Inflation

○ In der Zeit vor dem ersten Weltkrieg gab es eine Hyperinflation.

○ In den Jahren von 1929 bis 1933 kam es in Deutschland zu einem starken Rückgang des Preisniveaus.

14.4 Zur Vertiefung: Die Geschichte der Mark als Währung für Deutschland

- Die Währungsreform von 1948 war notwendig, um die überhöhten Geldbestände anzubauen, die durch die Kriegsfinanzierung von Hitler entstanden waren.
- In der Zeit nach 1950 kam es in Deutschland immer wieder zu Inflationsraten von über 9%.

c) Ziele in der Makroökonomie

- Das Ziel des außenwirtschaftlichen Gleichgewichts hat nach 1973 zunehmend an Bedeutung gewonnen.
- Der Misery-Index stellt eine Zielkombination von Arbeitslosigkeit und Wachstum dar.
- In der gesamtwirtschaftlichen Verlustfunktion wird der Output-Lücke und der Inflations-Lücke das gleiche Gewicht beigemessen.
- Das Ziel der niedrigen Arbeitslosigkeit ist in der Regel weitgehend identisch mit dem Ziel des stetigen Wachstums.

3. Makroökonomische Verlustfunktionen

Unterstellen Sie, dass die makroökonomische Stabilisierungspolitik eines Landes durch folgende Verlustfunktion abgebildet wird:

$$L_t = \alpha(\pi_t - \pi^*)^2 + \beta\left(\frac{(Y - Y^P)}{Y^P}\right)^2$$

a) Welche makroökonomischen Zielsetzungen verfolgen dann die Träger der Wirtschaftspolitik?

b) Erläutern Sie die Quadrierung der Abweichungen von den jeweiligen Zielgrößen!

c) Was bedeutet es wenn $\alpha = 0$ ist? Wie kann man $\beta = 0$ interpretieren?

d) Vergleichen Sie diese Zielvorgabe mit der des Stabilitäts- und Wachstumsgesetzes.

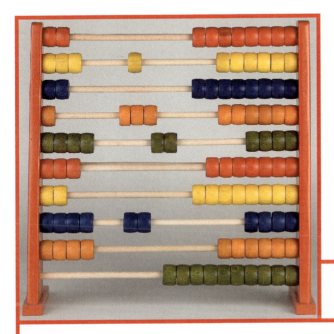

Kapitel 15

Volkswirtschaftliche Daten und Rechenwerke

Überblick	**257**
Die Volkswirtschaftliche Gesamtrechnung	**257**
Die gesamtwirtschaftliche Finanzierungsrechnung	**264**
Die Zahlungsbilanz	**271**
Einige Besonderheiten bei der Analyse volkswirtschaftlicher Zeitreihen	**274**

Kapitel 15

Volkswirtschaftliche Daten und Rechenwerke

LERNZIELE

- Das wichtigste volkswirtschaftliche Rechenwerk ist die *Volkswirtschaftliche Gesamtrechnung*. Sie ermittelt ex-post wie hoch das gesamtwirtschaftliche Angebot bzw. die gesamtwirtschaftliche Nachfrage in einer Periode war. Da ex-post Angebot und Nachfrage identisch sein müssen, kann man den Gleichgewichtswert, den man als Bruttoinlandsprodukt bezeichnet, über die Angebotsseite (Entstehungsrechnung) wie über die Nachfrageseite (Verwendungsrechnung) ermitteln. Außerdem wird über die Verteilungsrechnung gezeigt, wie das dabei entstandene Einkommen auf die Arbeitnehmer- und die Unternehmens- bzw. Vermögenseinkommen aufgeteilt wurde.

- Die *gesamtwirtschaftliche Finanzierungsrechnung* zeigt auf, wie die volkswirtschaftliche Ersparnis verwendet wird und wie die Investitionen finanziert werden. Sie bietet außerdem wichtige Denkkategorien für die Analyse betriebs- und volkswirtschaftlicher Sachverhalte.

- Die *Zahlungsbilanz* ist – trotz ihres Namens – eine Stromrechnung. Sie bildet die außenwirtschaftlichen Verflechtungen eines Landes ab. In der Leistungsbilanz werden alle Leistungstransaktionen erfasst. Die Kapitalbilanz stellt dar, wie diese finanziert wurde. Außerdem werden dort auch alle reinen Finanztransaktionen aufgeführt. Häufig werden Finanztransaktionen, bei denen die Notenbank beteiligt ist, noch einmal separat in der Devisenbilanz abgebildet.

- Mit der Saisonbereinigung, dem Hochrechnen auf Jahresraten und der logarithmischen Darstellung werden einige elementare Techniken für das Arbeiten mit volkswirtschaftlichen Zeitreihen vermittelt.

15.1 Überblick

Die Mikroökonomie hat es relativ einfach. Da sie sich mit einzelnen Märkten befasst, fällt es ihr nicht schwer, die zum Marktpreis umgesetzte Gütermenge zu bestimmen. Es genügt im Prinzip eine reine Mengenbetrachtung. Die Makroökonomie, die in der Regel die Wirtschaft insgesamt betrachtet, muss sich dagegen mit dem Problem der *Aggregation* auseinandersetzen, d.h. der Frage, wie man Äpfel, Birnen und z.B. erstellte Software-Programme addieren soll, um so für eine bestimmte Periode das gesamtwirtschaftliche Angebot und die gesamtwirtschaftliche Nachfrage zu ermitteln. Hierfür wurde das Rechenwerk der *Volkswirtschaftlichen Gesamtrechnung* entwickelt. Für eine gesamtwirtschaftliche Analyse ist es außerdem von Interesse, wie Investitionen finanziert wurden, und welche Ersparnisse in der Bevölkerung vorhanden sind. Diese Zusammenhänge werden in der *Geldvermögensrechnung* dargestellt. Schließlich spielen in Deutschland wie in vielen anderen Ländern Güter-, Dienstleistungs- und Finanztransaktionen mit dem Ausland eine immer wichtigere Rolle. Das hierfür maßgebliche Rechenwerk ist die *Zahlungsbilanz*.

Für viele wirtschaftspolitische Fragestellungen ist es zweckmäßig, die mit solchen Rechenwerken gewonnenen Daten analytisch weiter zu bearbeiten. Wir werden einige elementare Techniken, insbesondere das Verfahren der *Saisonbereinigung*, der *logarithmischen Abbildung* und des *Hochrechnens auf Jahresraten* am Ende dieses Kapitels vorstellen.

15.2 Die Volkswirtschaftliche Gesamtrechnung

Bei der Volkswirtschaftlichen Gesamtrechnung (VGR) handelt es sich (wie bei allen volkswirtschaftlichen Statistiken) um eine rückblickende Betrachtung des wirtschaftlichen Geschehens. Man spricht deshalb auch von einer *Ex-post-Betrachtung*. Sie zeichnet sich dadurch aus, dass sich z.B. auf einem Markt am Ende des Tages die angebotene und die nachgefragte Menge immer entsprechen muss. Dies ist anders bei einer *Ex-ante-Betrachtung* des Wirtschaftsprozesses, die sich damit befasst, ob die *Pläne* von Anbietern und Nachfragern zusammenpassen. Wir werden solche Analysen in den folgenden Kapiteln vornehmen. Aufgrund der Ex-post-Identität von beiden Marktseiten spricht man in der VGR nicht mehr vom gesamtwirtschaftlichen Angebot oder der gesamtwirtschaftlichen Nachfrage, sondern vom *Bruttoinlandsprodukt*. So gesehen könnte man sich darauf beschränken, entweder nur die Angebotsseite (Entstehungsseite) oder nur die Nachfrageseite (Verwendungsseite) zu berechnen und dann auf die jeweils andere Seite zu schließen. Da jedoch alle Versuche, die Gesamtwirtschaft statistisch zu erfassen, mit größeren methodischen Schwierigkeiten verbunden und nicht alle Daten vollständig verfügbar sind, versuchen die Statistiker im Statistischen Bundesamt, das die VGR für Deutschland errechnet, stets beide Seiten getrennt zu erfassen und zu berechnen. Am Ende muss bei beiden Verfahren das Gleiche herauskommen. Auftretende Divergenzen sind dann ein

Zeichen dafür, dass bei einer der Berechnungsmethoden ein Fehler aufgetreten und eine Korrektur erforderlich ist.

Das in einer Periode erstellte Angebot an Gütern führt stets in voller Höhe zu Einkommen entweder der Arbeitnehmer, der Unternehmer oder Vermögenseigentümer. Da also das Angebot mit dem Einkommen identisch ist, könnte man das gesamtwirtschaftliche Angebot im Prinzip auch über die in einer Periode erzielten Einkommen errechnen. Allerdings stellt sich dabei das Problem, dass die Unternehmensgewinne statistisch nur unvollständig erfasst werden können. Sie werden deshalb als Restgröße („*Residuum*") der VGR errechnet.

Somit gibt es drei Grundformen der Berechnung des Bruttoinlandsprodukts:

- Die *Entstehungsrechnung* ermittelt aus den verfügbaren Daten über die Produktion von Gütern und Dienstleistungen (Unternehmenserhebungen, Umsatzsteuerstatistiken, Kostenstrukturstatistiken), wie hoch das gesamtwirtschaftliche Angebot in einer Periode war.

- Die *Verwendungsrechnung* nimmt die vorhandenen Informationen über die einzelnen Nachfragekomponenten (Unternehmenserhebungen, Produktionsstatistik, Kfz-Zulassungen, Außenhandelsstatistik) und aggregiert diese zu der gesamtwirtschaftlichen Nachfrage.

- Die *Verteilungsrechnung* errechnet den Wert der produzierten Güter aus den Informationen über die bei der Produktion entstandenen Einkommen, die sich auf das Arbeitnehmerentgelt sowie die Unternehmens- und Vermögenseinkommen aufteilen.

Wie dies im Einzelnen vor sich geht, wollen wir nun für die drei Berechnungsformen etwas ausführlicher betrachten.

15.2.1 Die Berechnung des Bruttoinlandsprodukts über die Angebotsseite

Ausgangspunkt der *Entstehungsrechnung* ist der *Produktionswert* der Unternehmen. Dieser wird wie folgt errechnet:

(15.1)   Verkäufe von Waren und Dienstleistungen (aus eigener Produktion sowie von Handelsware)[1]

            +   Wert der Bestandsveränderung an Halb- und Fertigwaren aus eigener Produktion

            +   Wert der selbsterstellten Anlagen

            =   Produktionswert

---

[1] Zu den Verkäufen zählen auch die Vermietung von Wohnungen und gewerblichen Anlagen sowie der Eigenkonsum der Unternehmer.

15.2 Die Volkswirtschaftliche Gesamtrechnung

Wichtig ist dabei, dass die in den Umsätzen enthaltene Mehrwertsteuer zunächst nicht berücksichtigt wird. Da im Produktionswert eines Unternehmens auch alle für die Produktion erforderlichen Inputs an Gütern und Dienstleistungen enthalten sind, würde es zu Mehrfachzählungen führen, wenn man nun einfach diese Größe für alle Unternehmen aufaddieren wollte. Deshalb muss man nun vom Produktionswert die *Vorleistungen* abziehen, die ein Unternehmen von anderen Unternehmen in einer Periode bezogen hat. Dazu zählen u.a. Rohstoffe, Vorprodukte, Bauleistungen, Transportkosten und Mieten. Vorleistungen sind allgemein also die in einer Periode erzeugten Güter, die in derselben Periode wieder in die Produktion eingehen oder verbraucht werden. Auf diese Weise erhält man die *Bruttowertschöpfung* eines Unternehmens.[2]

(15.2)   Produktionswert

         − Vorleistungen

         = Bruttowertschöpfung

Wir können dies wieder gut am konkreten Beispiel unserer Bierwirtschaft verdeutlichen. Der Produktionswert ist der gesamte Umsatz (ohne Mehrwertsteuer), den die Bierkneipe erzielt (plus das Bier, das der Wirt selbst trinkt und dann als ehrlicher Steuerzahler auch dem Finanzamt als Eigenverbrauch angibt). Zieht man davon die Vorleistungen, also das von der Brauerei bezogene Bier, die Pacht, sowie Strom und Wasser ab, so erhält man die Bruttowertschöpfung des Biergartens, die vom Wirt und seinen Mitarbeiterinnen und Mitarbeitern erbracht wurde. Wichtig ist dabei also, dass die Lohnkosten in der Bruttowertschöpfung enthalten sind.

Jetzt müssen wir nur noch berücksichtigen, dass wir bisher alle Outputs ohne die Mehrwertsteuer, d.h. zu *Faktorkosten,* bewertet haben. Die Marktpreise hingegen enthalten diese und andere indirekte Steuern, teilweise wurden sie auch durch Subventionen künstlich gesenkt. Da jeder Anbieter nun aber auch für die von ihm bezogenen Inputs Mehrwertsteuer bezahlt hat, kann er diese von der Steuerzahlung für seine Verkäufe als „Vorsteuer" abziehen. Der verbleibende Saldo wird nun abzüglich der Subventionen auf die Bruttowertschöpfung addiert. Summiert über alle Unternehmen, erhält man das gesamtwirtschaftliche Angebot zu Marktpreisen, das in der Regel als *Bruttoinlandsprodukt* bezeichnet wird:

(15.3)   Bruttowertschöpfung

         + Gütersteuern

         − Gütersubventionen

         = Bruttoinlandsprodukt

---

2   Da Bankgebühren häufig nur indirekt berechnet werden, insbesondere in der Weise, dass für Sichtguthaben keine Zinsen vergütet werden, ziehen die Statistiker dafür von der hier definierten, „unbereinigten" Bruttowertschöpfung noch einen fiktiven Betrag ab und kommen so zur „bereinigten" Wertschöpfung. Dieser Unterschied soll hier jedoch nicht weiter berücksichtigt werden.

In der amtlichen Statistik wird die Bruttowertschöpfung nach den wichtigsten Wirtschaftsbereichen differenziert dargestellt. Dies ermöglicht es, u.a. den wirtschaftlichen *Strukturwandel* abzubilden (*Schaubild 15.1*).

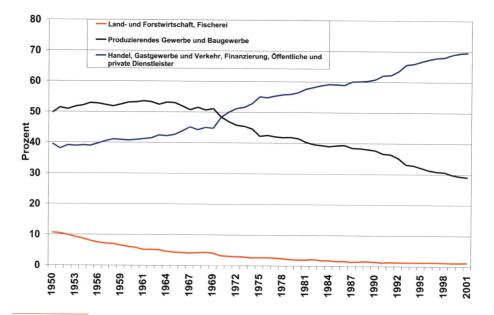

Schaubild 15.1: Strukturwandel in Deutschland (1950 - 2001)
Quelle: Statistisches Bundesamt, (www.destatis.de/allg/d/veroe/lreihenvgr.htm)

Üblicherweise unterteilt man hierzu die Gesamtwirtschaft in drei Bereiche: Den primären Sektor, d.h. die Land- und Forstwirtschaft sowie die Fischerei, den sekundären Sektor, d.h. die Industrie, und den tertiären Sektor, d.h. die Dienstleistungsbereiche.

Wie man sieht, hat in Deutschland die relative Bedeutung des Industriesektors kontinuierlich abgenommen. Sein Anteil an der Bruttowertschöpfung, der Anfang der sechziger Jahre noch bei rund 50 % lag, beläuft sich heute auf weniger als ein Drittel. Auch der primäre Sektor hat in den letzten Jahrzehnten noch weiter an Bedeutung verloren. Der Strukturwandel hat aus Deutschland also überwiegend eine Dienstleistungsgesellschaft gemacht.

15.2.2 Die Berechnung des Bruttoinlandsprodukts über die Nachfrageseite

Da bei Ex-post-Betrachtung Angebot und Nachfrage übereinstimmen müssen, können wir das BIP auch über die Nachfrageseite ermitteln. Wie schon erwähnt, ist die Berechnung des BIP einer Volkswirtschaft nicht ganz einfach, so dass es auf jeden Fall sinnvoll ist, es über alternative Berechnungsverfahren zu ermitteln, bei denen unterschiedliche Primärstatistiken genutzt werden.

Für die Berechnung des BIP über die Nachfrageseite addiert man einfach alle Komponenten der gesamtwirtschaftlichen Nachfrage auf:

a. Die *privaten Konsumausgaben*: Hierbei handelt es sich vor allem um die Konsumausgaben der privaten Haushalte. In der VGR betrachtet man auch alle Käufe von langlebigen Gütern wie Automobilen oder Möbeln als Konsum. Unter dieser Kategorie wird auch der Eigenverbrauch der Unternehmer erfasst, ebenso wie die Ausgaben von privaten Organisationen ohne Erwerbszweck (Kirchen, Gewerkschaften, Parteien). Käufe von Grundstücken und Gebäuden werden den Brutto-Anlageinvestitionen zugerechnet.

b. Die *Konsumausgaben des Staates*: Hierbei handelt es sich um den Wert der Güter, die vom Staat selbst produziert werden. Da sich der Wert staatlicher Leistungen (z.B. der Wert einer Vorlesung) nicht über Marktpreise erfassen lässt, unterstellt man, dass der Wert den „Erstellungskosten", also den dafür erforderlichen Lohnkosten und den sonstigen notwendigen Inputkosten, entspricht. Insbesondere werden auch alle laufenden Ausgaben des Staates als „Konsum" verbucht, d.h. also seine gesamten Zahlungen für Löhne und Gehälter. Dies gilt auch dann, wenn damit Professoren und Lehrer bezahlt werden, deren Leistungen (meistens) als Investitionen in das so genannte *Humankapital* (siehe *Kapitel 23*) einer Volkswirtschaft betrachtet werden können. Güter, die der Staat erstellt und an die Privaten verkauft, werden unter den anderen Nachfragekomponenten, wie etwa den Brutto-Anlageinvestitionen, erfasst.

c. Die *Brutto-Anlageinvestitionen*: Diese werden untergliedert in Ausrüstungen (Maschinen, Geräte, Fahrzeuge), Bauten (Wohnbauten, Nichtwohnbauten) und sonstige Anlagen (unter anderem Computersoftware, Urheberrechte).[3]

d. *Vorratsveränderungen*: Bei dieser Größe werden die Veränderungen der Vorratsbestände erfasst, wobei die Statistik rein preisbedingte Veränderungen des Bestandes auszuschalten versucht. Die Vorratsbestände werden deshalb mit ihren jahresdurchschnittlichen Preisen bewertet, so dass Preisanstiege oder Preisrückgänge dieser noch nicht verkauften Güter nicht zu Gewinnen oder Verlusten führen. Da bei einem Konjunktureinbruch Vorratsveränderungen auch unfreiwillig auftreten können, hat diese Größe eine gewisse Pufferfunktion.

e. Die *Exporte*: Hierzu zählen alle im Inland produzierten Waren und Dienstleistungen, die vom Ausland im Inland nachgefragt werden.

Die Summe der Komponenten a) bis d) bezeichnet man als „*letzte inländische Verwendung*", zuzüglich der Exporte kommt man dann zur „*letzten Verwendung*". Bei dieser Größe stellt sich das Problem, dass die darin enthaltenen Güter und Dienstleistungen nicht ausschließlich im Inland erstellt wurden, sondern zumindest teilweise aus dem Aus-

---

3 Bei den Käufen von Bauten oder gebrauchten Anlagen werden die Verkäufe abgezogen, so dass sich diese Positionen weitgehend saldieren.

land stammen. Um die Nachfrage nach den im Inland produzierten Gütern zu ermitteln, muss man also von der letzten Verwendung die *Importe* abziehen. Auf diese Weise gelangt man dann auch über die Verwendungsrechnung zum Bruttoinlandsprodukt. Die Verwendungsseite kann also zusammenfassend durch folgende Identität beschrieben werden:

(15.4) $\quad Y^{brutto}_{Marktpreise} = C^{Privat} + C^{Staat} + I^{Brutto} + (Ex - Im)$

15.2.3 Die Berechnung des Volkseinkommens über die Verteilungsrechnung

Die Volkswirtschaftslehre geht davon aus, dass bei jeder Produktion eines Gutes in der Regel Bruttowertschöpfung stattfindet.[4] Die Produktion ist also unmittelbar mit der Schaffung von Einkommen verbunden, die den dabei eingesetzten Produktionsfaktoren, d.h. der Arbeit und dem Kapital, zufließen. Ausgehend vom bereits ermittelten Bruttoinlandsprodukt versucht die Verteilungsrechnung zu ermitteln, wie die in einem Jahr entstandenen Einkommen auf diese beiden Faktoren verteilt wurden.

Dabei stellt sich zunächst das Problem, dass sich das BIP auf die in einem Land erwirtschaftete Wertschöpfung bezieht, ohne dabei zu berücksichtigen, welcher Anteil davon auf Ausländer entfällt. Umgekehrt können Inländer Einkommen aus einer im Ausland vorgenommenen Wertschöpfung erhalten haben. Beides wird im Saldo der Primäreinkommen mit der übrigen Welt berücksichtigt. Zieht man diesen vom BIP ab, erhält man das *Bruttonationaleinkommen:*

(15.5) Bruttoinlandsprodukt

– Saldo der Primäreinkommen

= Bruttonationaleinkommen

Für die Einkommensermittlung hat man außerdem zu berücksichtigen, dass ein Teil der in einem Jahr produzierten Güter allein dafür verwendet wurde, Maschinen zu ersetzen, die in dieser Zeit abgeschrieben wurden. Da dieser Teil der Produktion also lediglich zum Erhalt des Status quo dient, steht er nicht als Einkommen zur Verfügung. Deshalb zieht man die Abschreibungen vom Bruttonationaleinkommen ab und gelangt so zum *Nettonationaleinkommen:*

---

4 Es kann natürlich auch sein, dass bei einer Produktion überhaupt keine Wertschöpfung erfolgt, sondern eine Wertvernichtung eintritt. Dies ist dann der Fall, wenn der Wert des Endprodukts unter dem der dafür erforderlichen Inputs liegt. Bis Ende der achtziger Jahre wurde für Länder in Osteuropa und in der ehemaligen Sowjetunion immer wieder von Unternehmen berichtet, die einen „negativen" *value-added* aufwiesen.

15.2 Die Volkswirtschaftliche Gesamtrechnung

(15.6) Bruttonationaleinkommen

  − Abschreibungen

  = Nettonationaleinkommen

Jetzt kommt auch noch der Staat mit ins Spiel. Als wir bei der Entstehungsrechnung das BIP ermittelten, wurden die indirekten Steuern zur Bruttowertschöpfung addiert und die Subventionen abgezogen. Für die Verteilungsrechnung müssen wir diese nun wieder subtrahieren bzw. addieren und sind dann endlich beim *Volkseinkommen* angelangt:

(15.7) Nettonationaleinkommen

  − Produktions- und Importabgaben an den Staat

  + Subventionen vom Staat

  = Volkseinkommen

Das Volkseinkommen fließt nun den Arbeitnehmern, Unternehmern und Vermögensbesitzern zu. Da die Arbeitnehmerentgelte statistisch recht gut zu erfassen sind, zieht man diese vom Volkseinkommen ab und gelangt so zu den Unternehmens- und Vermögenseinkommen. Diese stellen also eine Residualgröße der Volkswirtschaftlichen Gesamtrechnung dar.

(15.8) Volkseinkommen

  − Arbeitnehmerentgelte

  = Unternehmens- und Vermögenseinkommen

Schaubild 15.2 zeigt, dass sich die Einkommensverteilung in den neunziger Jahren insgesamt nicht nennenswert geändert hat. Rund zwei Siebtel entfallen auf die Unternehmenseinkommen, fünf Siebtel auf die Arbeitnehmerentgelte. Dieser Befund deckt sich mit der Abbildung der Einkommensverteilung durch die *Lorenzkurve* in *Kapitel 11*. In den siebziger Jahren hatten die Arbeitnehmer ihre Verteilungsposition deutlich verbessern können. Ein Teil dieser Umverteilung ging in den Folgejahren jedoch wieder verloren.

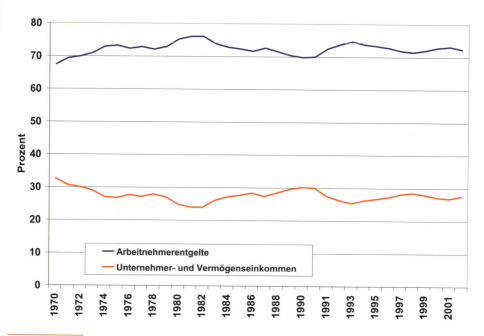

Schaubild 15.2: **Einkommensverteilung von 1970 bis 2002**
Quelle: Statistisches Bundesamt (www.destatis.de/allg/d/veroe/lreihenvgr.htm)

15.3 Die gesamtwirtschaftliche Finanzierungsrechnung

Wie wir gesehen haben, wird die VGR von einer rein güterwirtschaftlichen Betrachtungsweise bestimmt. Für viele volkswirtschaftliche Fragestellungen ist nun aber auch die *Finanzierungsseite* von Interesse: Wie wurden das gesamtwirtschaftliche Angebot und die gesamtwirtschaftliche Nachfrage finanziert? Wie hoch ist die Ersparnis und wie wurde diese auf unterschiedliche Anlageformen aufgeteilt? Antworten hierauf findet man in der gesamtwirtschaftlichen Finanzierungsrechnung, die die Deutsche Bundesbank erstellt und jährlich in ihren Monatsberichten veröffentlicht.

15.3.1 Der Zusammenhang zwischen Strom- und Bestandsrechnungen

Als Ausgangspunkt ist es hilfreich, ganz allgemein zwischen Strom- und Bestandsgrößen zu unterscheiden. Dabei gilt stets folgender Zusammenhang:

15.3 Die gesamtwirtschaftliche Finanzierungsrechnung

(15.9) Bestand zu Beginn einer Periode

+ Zustrom in einer Periode

− Abstrom in einer Periode

= Bestand am Ende einer Periode

So ist zum Beispiel der Bestand an Automobilen am Ende eines Jahres gleich dem Anfangsbestand zu Beginn des Jahres plus der Neuzulassungen während des Jahres minus der Abmeldungen während des Jahres. Wichtig ist dabei, dass Stromgrößen immer für eine *Periode* (z.B. Jahr 2003) definiert sind, während sich Bestandsgrößen immer auf einen *Zeitpunkt* (z.B. 31. Dezember 2003) beziehen. Gemäß dieser Unterscheidung kann man auch bei Rechenwerken zwischen Strom- und Bestandsrechnungen unterscheiden. So ist die Bilanz eine Bestandsrechnung, die GuV eine Stromrechnung. Die Volkswirtschaftliche Gesamtrechnung ist eine typische Stromrechnung, da sie keinerlei Bestände (z.B. den Kapitalstock oder den Bestand der verfügbaren langlebigen Konsumgüter) ermittelt.

Eine gute Übersicht über die wichtigsten wirtschaftlichen Strom- und Bestandsgrößen vermittelt das *Schaubild 15.3*. Es unterscheidet zwischen drei Bestandsgrößen, die sowohl bei einer einzelwirtschaftlichen (= betriebswirtschaftlichen) als auch bei einer gesamtwirtschaftlichen (= volkswirtschaftlichen) Betrachtungsweise eine Rolle spielen:

- dem Bestand an *Zahlungsmitteln* (als Summe aus Bargeld und Sichteinlagen),
- dem Bestand an *Geldvermögen*, d.h. der Differenz zwischen den gesamten Forderungen und den Verbindlichkeiten,
- dem Vermögensbestand insgesamt, dem *Reinvermögen*.

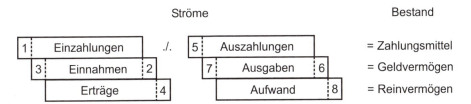

Schaubild 15.3: **Der Zusammenhang zwischen wirtschaftlichen Strömen und Beständen**

Das *Schaubild 15.4* bildet diese Bestände in einer vereinfachten Bilanz ab.

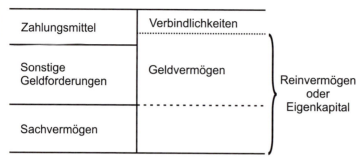

Schaubild 15.4: Vereinfachte Bilanz eines Wirtschaftssubjekts

Man kann aus dieser Bilanz folgende Zusammenhänge in Gleichungsform ableiten:

(15.10) Zahlungsmittelbestand

+ sonstige Geldforderungen

− Verbindlichkeiten

= Geldvermögen

(15.11) Geldvermögen

+ Sachvermögen

= Reinvermögen

15.3.2 Einzelwirtschaftliche Betrachtungsweise

Wir können nun anhand des *Schaubilds 15.3* für einzelne Wirtschaftssubjekte zeigen, durch welche Stromgrößen es zu Veränderungen dieser Bestandsgrößen kommen kann:

- Der *Zahlungsmittelbestand* von Herrn Maier wie auch der Siemens AG verändert sich dadurch, dass Einzahlungen oder Auszahlungen auf dem Bankkonto stattfinden oder dass Bareinzahlungen eingehen oder Barauszahlungen vorgenommen werden.
- Das *Geldvermögen* von Herrn Maier wie auch der Siemens AG verändert sich durch Einnahmen und Ausgaben. In der Regel sind das Transaktionen, die mit bestimmten wirtschaftlichen Leistungen verbunden sind (Kaufverträge, Mietverträge, Arbeitsverträge). Wichtig ist dabei, dass es keine Forderung ohne eine Verbindlichkeit gibt. Somit steht jeder Einnahme eines Wirtschaftssubjekts stets eine Ausgabe eines anderen Wirtschaftssubjekts gegenüber.
- Das *Reinvermögen* der Siemens AG verändert sich durch seine Erträge und Aufwendungen. In der Betriebswirtschaftslehre spricht man dabei nicht vom Reinvermögen,

15.3 Die gesamtwirtschaftliche Finanzierungsrechnung

sondern vom Eigenkapital. Für Herrn Maier ergibt sich die Veränderung des Reinvermögens als Differenz zwischen seinem Einkommen und seinem Konsum. Man spricht dann auch von der *Ersparnis*.

Wenn man große Konfusionen vermeiden will, ist man gut beraten, sowohl in der Betriebswirtschaftslehre wie auch in der Volkswirtschaftslehre, stets sorgfältig zwischen Einzahlungen, Einnahmen und Erträgen auf der einen und Auszahlungen, Ausgaben und Aufwendungen auf der anderen Seite zu unterscheiden. Zur Einübung in diese Kategorien ist es hilfreich, wenn Sie sich mit den *Kästen 1 bis 8 im Schaubild 15.3* auseinandersetzen:

So gibt es *Einzahlungen, die keine Einnahmen* sind (*Feld 1*): Dies ist dann der Fall, wenn einem Unternehmen von einem Lieferanten eine ausstehende Rechnung beglichen wird. Das Geldvermögen des Unternehmens bleibt unverändert, aber sein Zahlungsmittelbestand steigt. Den gleichen Effekt hätte es, wenn das Unternehmen bei seiner Bank einen Kredit aufnimmt, der ihm auf das Girokonto ausgezahlt wird. Wiederum bleibt das Geldvermögen unverändert, da dem höheren Bestand an Forderungen (Giroguthaben) auch ein höherer Bestand an Verbindlichkeiten (Bankkredit) gegenübersteht. Transaktionen, die nur die Struktur des Geldvermögens verändern, dessen Niveau aber unverändert lassen, bezeichnet man als *reine Finanztransaktionen*. Kennzeichnend für solche Transaktionen ist das Zusammentreffen von zwei Finanzströmen.

Es gibt aber auch *Einnahmen, die keine Einzahlungen* sind (*Feld 2*): Wenn ein Unternehmen ein Produkt „auf Ziel" verkauft, d.h. die Bezahlung erfolgt später, entsteht durch den Verkauf unmittelbar eine Forderung gegenüber dem Abnehmer. Der Zahlungsmittelbestand verändert sich dabei jedoch nicht. Transaktionen, die das Niveau des Geldvermögens verändern, bezeichnet man als *Leistungstransaktionen*. Sieht man einmal von einem reinen Gütertausch ab, bei dem zwei Güter- bzw. Leistungsströme einander entgegenlaufen, dann ist jede Leistungstransaktion mit einer Finanztransaktion gekoppelt. Einem Güter- oder Leistungsstrom steht ein Finanzstrom gegenüber. Im Fall der Lieferung auf Ziel besteht die Finanztransaktion in einer Kreditgewährung an das andere Unternehmen, womit sich die Struktur des Geldvermögens verändert: Relativ zum Zahlungsmittelbestand erhöhen sich die Lieferantenkredite.

Zu unterscheiden sind auch *Einnahmen*, die *keine Erträge* sind (*Feld 3*). Dabei erhöht sich das Geldvermögen eines Wirtschaftssubjekts, sein Reinvermögen bleibt unverändert. Damit muss also das Sachvermögen gesunken sein. Ein Beispiel hierfür ist der Verkauf eines im Vorjahr auf Lager produzierten und in der Bilanz aktivierten Gutes an einen Kunden.

Schließlich gibt es auch noch *Erträge*, die *keine Einnahmen* sind (*Feld 4*): Hier steigt das Reinvermögen bei einem konstanten Geldvermögen, also muss das Sachvermögen gestiegen sein. Dieses Feld ist das genaue Gegenstück von *Feld 3*. Ein Unternehmen produziert ein Gut, das im Lager landet und in der Bilanz als Ertrag aktiviert wird. Unter diese Rubrik fallen aber auch alle selbst erstellten Anlagen und alle Güter, die für den Eigenverbrauch eines Unternehmens erstellt werden.

Sie sollten nun selbst in der Lage sein, konkrete Beispiele für die Fälle 5 bis 8 zu konstruieren.

15.3.3 Gesamtwirtschaftliche Betrachtungsweise

Wir haben bisher auf einer rein *einzelwirtschaftlichen* Ebene argumentiert. Für die Volkswirtschaft *insgesamt* kann man nun ebenfalls einen Zahlungsmittelbestand, einen Geldvermögensbestand und einen Reinvermögensbestand ermitteln. Wir werden hier nicht näher auf die Veränderungen des volkswirtschaftlichen Zahlungsmittelbestands eingehen, da wir uns dazu erst ausführlicher mit dem Prozess der Kreditschöpfung auseinandersetzen müssen (*Kapitel 20*).

Für die Analyse des gesamtwirtschaftlichen Geldvermögens ist es wichtig, zwischen einer offenen und einer geschlossenen Volkswirtschaft zu unterscheiden. Man spricht von einer *„geschlossenen Volkswirtschaft"*, wenn ein Land keinerlei Wirtschaftsbeziehungen mit dem Ausland unterhält. Eine solche Wirtschaft ist heute – vielleicht mit der Ausnahme von Nord-Korea – kaum noch zu finden. Als eine Modellvorstellung ist sie jedoch hilfreich. In einem Land ohne außenwirtschaftliche Beziehungen gilt für alle Wirtschaftssubjekte:

(15.12) $\sum$ Forderungen

– $\sum$ Verbindlichkeiten

= $\sum$ Geldvermögen $^{\text{geschlossene VWS}}$ = 0

Da in der *geschlossenen Volkswirtschaft* jeder Forderung eine betragsgleiche Verbindlichkeit gegenübersteht, ist ihr gesamtwirtschaftlicher Geldvermögensbestand also gleich Null. Dabei sind dann die Zahlungsmittel als Verbindlichkeiten der Banken bzw. im Fall des Bargelds als Verbindlichkeiten des Staates als Eigentümer der Notenbank zu betrachten. Man kann diese Modellvorstellung übrigens gut auf die *Welt insgesamt* übertragen: Da diese wiederum eine geschlossene Volkswirtschaft darstellt, so lange jedenfalls keine extra-terrestrischen Handelsbeziehungen aufgenommen werden, ist das globale Geldvermögen also auch gleich Null.

Im realistischeren Fall einer *„offenen Volkswirtschaft"* kann nun das gesamtwirtschaftliche Geldvermögen größer oder kleiner als Null sein. Da sich wiederum die Forderungen und Verbindlichkeiten zwischen den Inländern wegsaldieren, entspricht das Geldvermögen des Inlands der Summe aller Forderungen gegenüber dem Ausland abzüglich aller Verbindlichkeiten gegenüber dem Ausland:

(15.13) $\sum$ Forderungen $^{\text{Inländer/Ausländer}}$

– $\sum$ Verbindlichkeiten $^{\text{Inländer/Ausländer}}$

= $\sum$ Geldvermögen $^{\text{offene VWS}}$

Zu Veränderungen des Geldvermögens einer offenen Volkswirtschaft kann es also nur dann kommen, wenn sich etwas an den Forderungen und Verbindlichkeiten gegenüber dem Ausland ändert. Wie schon bei der einzelwirtschaftlichen Betrachtung setzt dies vor-

15.3 Die gesamtwirtschaftliche Finanzierungsrechnung

aus, dass *Leistungstransaktionen mit dem Ausland* stattfinden. Diese werden in der Zahlungsbilanz (*Kapitel 15.4*) unter der Rubrik der *Leistungsbilanz* aufgeführt.

Es gilt somit in einer offenen Volkswirtschaft:

(15.14) Einnahmen aus dem Ausland

  – Ausgaben an das Ausland

  = Δ Geldvermögen

  = Saldo der Leistungsbilanz

Die Veränderung des Geldvermögens stellt eine wichtige Komponente der gesamtwirtschaftlichen Ersparnis, d.h. der *Veränderung des Reinvermögens* einer Volkswirtschaft, dar. Diese Bestandsveränderung wird auch als *Ersparnis* (S) bezeichnet.

Für ein einzelnes Wirtschaftssubjekt wie für eine Volkswirtschaft im Ganzen gilt der in *Schaubild 15.4* dargestellte Zusammenhang:

(15.15) Δ Sachvermögen

  + Δ Geldvermögen

  = Δ Reinvermögen

Die Ersparnis setzt sich also zusammen aus der Vermögensbildung in Form von Sachvermögen und in Form von Geldvermögen. Unter Berücksichtigung von Gleichung (*15.15*) kann man dies für die gesamtwirtschaftliche Ebene wie folgt formulieren:

(15.16) Δ Sachvermögen

  + Saldo der Leistungsbilanz

  = Δ Reinvermögen

Für die Modellwelt einer „geschlossenen Volkswirtschaft", bei der der Leistungsbilanzsaldo per Definition gleich Null ist, kann man daraus unmittelbar herleiten:

(15.17) Δ Reinvermögen = Δ Sachvermögen

Mit anderen Worten, wenn man von den Beziehungen zum Ausland absieht, kann eine Volkswirtschaft nur dadurch sparen, d.h. ihr Reinvermögen erhöhen oder ganz einfach „reicher" werden, indem sie zusätzliches Sachvermögen bildet. Dies kann nur über Investitionen (I) geschehen:

(15.18) $I \equiv \Delta$ Sachvermögen

Dieser Zusammenhang wird häufig auch in der Identitäts-Gleichung

(15.19) $S \equiv I$

dargestellt. Diese besagt, dass in einer geschlossenen Volkswirtschaft die Ersparnis (S) ex-post zwangsläufig identisch mit der Sachvermögensbildung, d.h. den Investitionen (I), ist.

Einen Überblick über das Geldvermögen in Deutschland im Jahr 2001 gibt die Tabelle 15.1.

	Private Haushalte	Nicht finanzielle Kapitalgesellschaften	Staat	Inländische finanzielle Sektoren	Inland insgesamt
Forderungen, Aktien und Ansprüche gegenüber Versicherungen	3.667,50	2.161,50	329,10	7.443,40	13.601,50
Verbindlichkeiten	1.517,60	3.364,60	1.247,00	7.437,30	13.567,60
(Netto-) Geldvermögen	2.149,90	-1.203,10	-917,90	6,10	34,90

Tabelle 15.1: **Das Geldvermögen in Deutschland im Jahr 2001 in Mrd. €**
Quelle: Deutsche Bundesbank

Die Tabelle verdeutlicht, dass sich die Privaten Haushalte in Deutschland in einer Netto-Gläubiger-Position gegenüber den Unternehmen (nicht-finanzielle Kapitalgesellschaften) und dem Staat befinden. Die in der Spalte „inländische finanzielle Sektoren" zusammengefassten Banken und Versicherungen haben netto ein nahezu ausgeglichenes Geldvermögen. Deutschland insgesamt hat eine leichte Netto-Gläubigerposition gegenüber dem Rest der Welt. Hierin schlagen sich die Leistungsbilanzüberschüsse der Vergangenheit nieder. An dieser Stelle soll darauf hingewiesen werden, dass die Bundesbank in ihrer Finanzierungsrechnung eine etwas andere Terminologie verwendet als dies hier geschieht. Die Bundesbank verwendet für den Ausdruck „Geldvermögen" die Bezeichnung „Netto-Geldvermögen". Sie bezeichnet die Geldforderungen, zu denen sie auch Aktien und Ansprüche gegenüber Versicherungen rechnet, als „Geldvermögen".

Die in diesem Abschnitt dargestellten „saldenmechanischen" Zusammenhänge wurden von dem deutschen Ökonomen *Wolfgang Stützel* entwickelt. Eine Kurzbiographie dieses enorm kreativen Wissenschaftlers finden Sie am Ende dieses Kapitels.

15.4 Die Zahlungsbilanz

Ein drittes wichtiges volkswirtschaftliches Rechnungswerk ist die Zahlungsbilanz. Sie zeichnet alle Leistungs- und Finanztransaktionen auf, die in einem Zeitabschnitt zwischen Inländern und dem Ausland stattgefunden haben. Da dieses Rechenwerk ausschließlich volkswirtschaftliche *Stromgrößen* abbildet, ist es eigentlich irreführend, von einer „Bilanz" zu sprechen. Bekanntlich werden in der Bilanz eines Unternehmens nur *Bestandsgrößen* aufgeführt. Allerdings werden in der Zahlungsbilanz nach dem Prinzip der doppelten Buchführung alle Transaktionen stets in zwei Teilbilanzen verbucht.

Stark vereinfacht kann man die Zahlungsbilanz, wie sie von der Bundesbank für Deutschland aufgestellt wird, in drei Teile aufgliedern:

- Die *Leistungsbilanz* führt alle *Leistungstransaktionen* auf, die zwischen dem Inland und dem Ausland in einem bestimmten Zeitraum vorgenommen wurden.

- Die *Kapitalbilanz* zeigt, wie diese *Leistungstransaktionen* finanziert wurden. Sofern die Notenbank an der Finanzierung beteiligt ist, wird dies separat ausgewiesen. Außerdem kann man in den Teilbilanzen der Kapitalbilanz auch ablesen, welche reinen *Finanztransaktionen* zwischen Inländern und Ausländern stattgefunden haben. Wiederum werden Transaktionen, an denen die inländische Notenbank beteiligt ist, gesondert abgebildet.

- Die *Devisenbilanz* (= Veränderung der Netto-Auslandsaktiva der Bundesbank) führt gesondert alle Transaktionen auf, die durch die Notenbank finanziert wurden. Dieser getrennte Ausweis hat den Vorteil, dass man daran erkennen kann, inwieweit die Notenbank durch Interventionen in die Kursbildung am Devisenmarkt eingegriffen hat.

Für das Euro-Währungsgebiet weist die Europäische Zentralbank eine Teilbilanz aus (Veränderung der Währungsreserven des Euro-Systems), bei der die Devisenbilanz vollständig in die Kapitalbilanz integriert ist.

15.4.1 Die Leistungsbilanz

Die *Leistungsbilanz* setzt sich aus fünf Teilbilanzen zusammen:

- Die *Handelsbilanz* erfasst die Ein- und Ausfuhr von Waren. Sie ist mit Abstand die größte Teilbilanz der Zahlungsbilanz. Für die „Exportnation" Deutschland weist sie traditionell einen hohen Handelsbilanzüberschuss aus.[5]

- Die *Dienstleistungsbilanz* bildet alle Leistungstransaktionen ab, die sich aus dem Reiseverkehr, Transporten, Finanzdienstleistungen sowie aus Patenten und Lizenzen ergeben. Die deutsche Dienstleistungsbilanz ist traditionell defizitär. Dies liegt im Wesentlichen an unserer großen Reiselust.

- In der Bilanz der *Erwerbs- und Vermögenseinkommen* werden vor allem Kapitalerträge (Zinszahlungen) in einer eigenständigen Unterbilanz der Leistungsbilanz aufgeführt.
- In der Bilanz der *laufenden Übertragungen* werden alle unentgeltlichen Leistungen an das Ausland (sowie vom Ausland erhaltene, unentgeltliche Leistungen) aufgeführt. Hierbei handelt es sich in Deutschland um Transfers der öffentlichen Hand an die Europäische Gemeinschaft und an andere internationale Institutionen, sowie um Überweisungen von Gastarbeitern an ihre Herkunftsländer. Bei den Übertragungen machen sich die deutschen Netto-Zahlungen an die Europäische Gemeinschaft in Höhe von fast 13 Mrd. Euro bemerkbar.
- *Einmalige Vermögensübertragungen* (Erbschaften, Schenkungen, Schuldenerlasse) werden in einer gesonderten Bilanz aufgeführt, die man im Prinzip aber noch zur Leistungsbilanz rechnen könnte, sofern es dabei zu Veränderungen des Geldvermögens gegenüber dem Ausland kommt. Hier werden auch die Käufe oder Verkäufe von immateriellen nichtproduzierten Vermögensgütern ausgewiesen.

15.4.2 Die Bilanz des Kapitalverkehrs

Die *Kapitalverkehrsbilanz* ist in folgende vier Unterbilanzen aufgeteilt:

- Die Bilanz der *Direktinvestitionen* zeigt, in welchem Umfang sich Inländer an ausländischen Unternehmen beteiligt haben (und umgekehrt).
- Die Bilanz der *Wertpapieranlagen* umfasst alle Käufe und Verkäufe von Aktien, festverzinslichen Anleihen und Geldmarktpapieren durch Inländer im Ausland und von Ausländern im Inland.
- Grenzüberschreitende Transaktionen mit *Derivaten*, also etwa Optionen sowie Finanztermingeschäfte, werden in einer dritten Teilbilanz separat ausgewiesen.
- In einer vierten Teilbilanz werden direkte *Kredite* durch Banken, den Staat sowie Unternehmen und Privatpersonen dargestellt.

15.4.3 Die doppelte Buchführung in der Zahlungsbilanz

Wie schon erwähnt, ist die Zahlungsbilanz nach dem Prinzip der doppelten Buchführung aufgebaut. Jede Transaktion muss also doppelt verbucht werden. Wir können uns das an einigen Beispielen ansehen:

- *Leistungstransaktion:* Wenn Porsche ein Fahrzeug in die Vereinigten Staaten exportiert, wird das in der Leistungsbilanz unter der Teilbilanz „Handel" als Export verbucht. Neh-

---

5 Es gelten dabei folgende Konventionen: Der Warenexport wird fob (free on board), also zum Marktwert an der Zollgrenze des exportierenden Landes, verrechnet, der Warenimport gemäß der Konvention cif (cost, insurance, freight), d.h. einschließlich der Kosten für Transport und Fracht.

men wir an, die Lieferung an den US-Importeur erfolgt auf Kredit. Damit erhöhen sich in der Kapitalbilanz unter der Position „Kredite" die (kurzfristigen) Kredite deutscher Unternehmen an das Ausland. Es kommt zu einem kurzfristigen Kapitalexport. Der zugehörige Buchungssatz lautet also: Warenexport an kurzfristige Kredite.

- *Reine Finanztransaktion I*: Ein deutsches Unternehmen finanziert den Erwerb eines ausländischen Unternehmens durch eine langfristige Kreditaufnahme bei einer amerikanischen Bank. Davon wird zum einen die Teilbilanz „Direktinvestitionen" berührt. Hier findet ein langfristiger Kapitalexport statt. Die Finanzierung läuft über die Position „Kredite". Hier wird ein langfristiger Kapitalimport ausgewiesen. Der Buchungssatz lautet: Langfristige Kredite an Direktinvestitionen.

- *Reine Finanztransaktion II*: Die Bundesbank verkauft ein Dollar-Sichtguthaben, das sie bei einer amerikanischen Bank hält, an eine deutsche Bank. Die deutsche Bank erhält dafür ein Euro-Sichtguthaben bei der Bundesbank. Bei dieser Transaktion handelt es sich um ein *Devisenhandelsgeschäft*, da es zu einem Austausch zwischen Sichtguthaben kommt, die auf unterschiedliche Währungen lauten. Wenn eine Notenbank an einem solchen Geschäft beteiligt ist, spricht man auch von einer *Intervention* am Devisenmarkt. Bei dieser Transaktion erhöhen sich die kurzfristigen Forderungen der deutschen Bank an das Ausland, die Devisenreserven der Bundesbank nehmen um den gleichen Betrag ab. Der zugehörige Buchungssatz lautet: Devisenbilanz an kurzfristige Kredite.

Wir erkennen daran auch den entscheidenden Unterschied zwischen Leistungstransaktionen und reinen Finanztransaktionen. Während bei Leistungstransaktionen immer die Leistungs- und die Kapitalbilanz berührt werden, findet die Verbuchung reiner Finanztransaktionen ausschließlich in der Kapital- oder der Devisenbilanz statt. Als gedankliche Unterstützung zum Erstellen der Buchungssätze ist es hilfreich, sich vor Augen zu halten, dass alle Transaktionen, die mit einem Zufluss von Mitteln ins Inland verbunden sind, auf der linken Seite stehen; Transaktionen, die einen Mittelabfluss bedeuten, kommen auf die rechte Seite.

Einen vereinfachten Überblick über die deutsche Zahlungsbilanz im Jahr 2001 gibt die *Tabelle 15.2*. Für Deutschland erkennt man den bereits erwähnten charakteristisch hohen Überschuss im Außenhandel und das – vor allem durch unsere Reisefreudigkeit bedingte – hohe Defizit im Dienstleistungsverkehr.

Da die Zahlungsbilanz gemäß dem Prinzip der doppelten Buchführung erstellt wird, muss sie insgesamt zwangsläufig ausgeglichen sein. Die Summe der Salden aller Teilbilanzen (Leistungsbilanz, Vermögensübertragungen, Kapitalbilanz, Devisenbilanz) muss also immer gleich Null sein. Lässt man die Vermögensübertragungen unberücksichtigt, gilt also:

(15.20)   Saldo Leistungsbilanz

   + Saldo Kapitalverkehrsbilanz

   + Saldo Devisenbilanz

   = 0

Teilbilanz	Betrag
Außenhandel	+ 94.195
Dienstleistungen	- 47.382
Erwerbs- und Vermögenseinkommen	- 12.609
Laufende Übertragungen	- 26.665
Leistungsbilanz	**+ 2.651**
Vermögensübertragungen	**- 96**
Direktinvestitionen	-12.766
Wertpapieranlagen	- 15.761
Derivate	+6.703
Kredite	-22.906
Sonstige Kapitalanlagen	-1.353
Kapitalbilanz	**-46.084**
Veränderung der Währungsreserven der Bundesbank (Zunahme: –)	+6.032
Nicht aufgliederbare Positionen	**+38.369**

Tabelle 15.2: **Vereinfachte Zahlungsbilanz der Bundesrepublik Deutschland (Mio. €) im Jahr 2001**
Quelle: Deutsche Bundesbank

Wie man der Tabelle entnehmen kann, gilt dieser Zusammenhang in der Realität nicht uneingeschränkt. Es ist für die Zahlungsbilanz charakteristisch, dass sie einen hohen Betrag als Saldo der *statistisch nicht aufgliederbaren Transaktionen* ausweist. Dies liegt daran, dass häufig Finanztransaktionen vorgenommen werden, die aus steuerlichen und anderen Gründen (Kapitalflucht) nicht gemeldet werden und deshalb von der Statistik nur unvollständig erfasst werden können.

15.5 Einige Besonderheiten bei der Analyse volkswirtschaftlicher Zeitreihen

15.5.1 Saisonbereinigung

Noch immer spielen Witterungseinflüsse eine wichtige Rolle für die Wirtschaftsentwicklung. So ist in der Bauwirtschaft die Produktion in den Wintermonaten grundsätzlich schwächer als im Frühjahr und Herbst. In den Sommermonaten wird wegen der Ferien weniger gearbeitet. Neben den Produktionsdaten und den Zahlen aus der VGR ist auch die Arbeitslosenstatistik starken saisonalen Einflüssen ausgesetzt. In der Preisentwicklung schlägt sich vor allem die Erntezeit nieder, da dann die agrarischen Produkte besonders billig sind. Im Winter werden Früchte und Gemüse aus wärmeren Regionen importiert oder sie kommen aus dem Treibhaus. Das macht sie dann vergleichsweise teuer.

Bei der Beurteilung und Analyse volkswirtschaftlicher Zeitreihen sind Saisoneinflüsse vor allem dann störend, wenn man die allerjüngste Vergangenheit diagnostizieren möchte – z.B. wenn man wissen will, ob die deutsche Wirtschaft im Herbst eines Jahres besser oder schlechter dasteht als noch im Frühjahr oder im vorhergehenden Winter. Wir können diese Problematik ganz gut am Beispiel der Arbeitslosenzahlen erkennen (*Schaubild 15.5*).

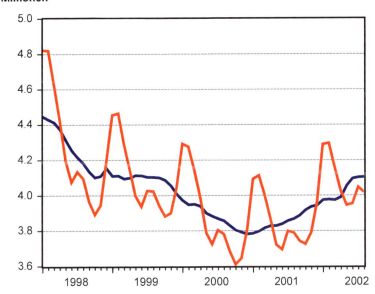

Schaubild 15.5: **Saisonbereinigte und Nichtsaisonbereinigte Arbeitslosenzahlen**
Quelle: Zeitreihendatenbank der Deutschen Bundesbank

In Deutschland weist die Arbeitslosigkeit ein sehr ausgeprägtes saisonales Muster auf. Die Arbeitslosenzahlen sind im Januar und Februar sehr hoch, im Juni, kurz vor den Sommerferien, sind sie am niedrigsten. Wenn man nur die Originalwerte betrachtet, kann es relativ schwierig sein, daraus die rein konjunkturelle Entwicklung abzulesen, da sich konjunkturelle und saisonale Faktoren überlagern.

Statistisch lässt sich nun mit Hilfe des Verfahrens der *Saisonbereinigung* eine „saisonbereinigte" Zeitreihe ermitteln. Vereinfacht gesprochen ermitteln diese Verfahren für jeden

Monat einen „Saisonfaktor", d.h. eine Größe, die angibt, um wieviel ein Monatswert im langfristigen Durchschnitt über oder unter dem Jahresdurchschnitt liegt.

Die saisonbereinigte Entwicklung der Arbeitslosigkeit in Deutschland erlaubt es nun sehr einfach, die konjunkturelle Entwicklung des Arbeitsmarktes abzulesen. Man sieht, dass die Arbeitslosigkeit bis zum Dezember 2000 kontinuierlich zurückgegangen ist und seitdem ebenso kontinuierlich wieder anstieg.

Ein einfacheres Verfahren der Saisonbereinigung haben wir in *Kapitel 14.2.3* bereits bei der Inflationsrate kennen gelernt. Es besteht darin, dass man für eine Zeitreihe immer *die Veränderung gegenüber demselben Vorjahresmonat* ermittelt. Dann fallen die saisonalen Einflüsse automatisch weg. Der Nachteil der einfacheren Handhabung besteht bei diesem Verfahren darin, dass es – wegen seines Bezugs auf die letzten zwölf Monate – nicht für eine Analyse ganz kurzfristiger Entwicklungen am „aktuellen Rand" einer Zeitreihe geeignet ist.

Während in den Vereinigten Staaten grundsätzlich alle Zahlen in saisonbereinigter Form veröffentlicht werden, werden in Deutschland in der Regel die – unbereinigten – Originalwerte publiziert. Man muss also bei neuen Zahlen, die in der Presse veröffentlicht werden, stets darauf achten, ob sie saisonbereinigt sind oder nicht.

15.5.2 Hochrechnen auf Jahresraten

Wenn man mit saisonbereinigten Daten arbeitet, kann man sich bei kurzfristigen Analysen dafür entscheiden, eine eingetretene prozentuale Veränderung auf eine Jahresrate hochzurechnen. Worum es hier geht, lässt sich am einfachsten an den saisonbereinigten Quartalsdaten für das reale Bruttoinlandsprodukt in Deutschland nachvollziehen.

Periode (Quartal)	Ursprungswert saisonbereinigt	Veränderung gegenüber Vorjahresquartal	Veränderung gegenüber Vorquartal	Veränderung gegenüber Vorquartal auf Jahresrate
IV/2000	493,82			
I/2001	496,78			
II/2001	496,67			
III/2001	495,73			
IV/2001	494,22			
I/2002	495,68	-0,22	0,30	1,19
II/2002	496,43	-0,05	0,15	0,61
III/2002	497,95	0,45	0,31	1,23
IV/2002	497,79	0,72	-0,03	-0,13

Tabelle 15.3: Berechnung von Jahresraten

Die zweite Spalte der *Tabelle 15.3* bildet die saisonbereinigten vierteljährlichen Werte des realen Bruttoinlandsprodukts ab. Die einfachste Form der Ermittlung einer Veränderung auf *Jahresrate* ist der Vergleich mit dem Wert des entsprechenden *Vorjahres*quartals. Das Ergebnis wird in der dritten Spalte ausgewiesen. Im 4. Quartal 2002 wird so eine Zunahme um 0,7 % ausgewiesen. Für eine Analyse der ganz aktuellen Entwicklung hat dieses Verfahren den Nachteil, dass es nicht nur von der Entwicklung im jeweils letzten Quartal, sondern in den drei davor liegenden Perioden bestimmt ist. Deshalb kann man auch nur die Veränderung des aktuellen Quartals gegenüber dem unmittelbar vorhergehenden Quartal ermitteln. Die Ergebnisse dieser Berechnung finden Sie in Spalte 4. Mit einem Rückgang von 0,03 % ergibt sich für das 4. Quartal 2002 so eine Stagnation. Da man sich in der wirtschaftspolitischen Diskussion jedoch üblicherweise nicht auf die Veränderung von Quartal zu Quartal, sondern auf Jahresraten konzentriert, kann man diese Zuwachsrate auf eine „*Jahresrate*" hochrechnen. Man geht dabei so vor, dass man den Zuwachsfaktor für das vierte Quartal (497,79 : 497,95 = 0,968) mit 4 potenziert, davon den Wert 1 abzieht und das Ganze mit 100 multipliziert. Man erhält dann einen Rückgang von 0,13 %.

Durch die Verwendung von Jahresraten können Entwicklungen, die in unterschiedlichen Zeiträumen beobachtet werden, kompatibel gemacht werden. Das Problem bei diesem Vorgehen besteht darin, dass eine solche Berechnung nur dann sinnvoll ist, wenn man unterstellen kann, dass sich die in einem Quartal beobachtete Veränderung auch in den Folgequartalen fortsetzen wird. Das Verfahren ist also recht anfällig für temporäre Schocks, z.B. ein extrem kalter Winter, da es diese im Prinzip für die nächsten der Quartale fortschreibt.

Wiederum wird dieses Verfahren sehr häufig in den Vereinigten Staaten angewendet. Man erkennt dies meist an der Abkürzung (s.a.a.r = seasonally adjusted annual rate). In Deutschland ist man hier sehr viel zurückhaltender. Es ist aber wichtig, diese Unterscheidung zu kennen, da man sonst leicht den Fehler begeht, eine Jahresrate des BIP in den USA mit einer tatsächlichen Entwicklung in Deutschland zu vergleichen.

15.5.3 Verwendung logarithmischer Werte

Ein weiteres ebenso einfaches wie hilfreiches Verfahren für die Analyse von Zeitreihen ist die logarithmische Darstellung, die Sie bereits in *Schaubild 14.1* kennen gelernt haben. Dieses Verfahren hat vor allem bei längerfristigen Betrachtungen den Vorteil, dass *konstante Zuwachsraten* einer Größe optisch durch eine *lineare* Entwicklung einer Zeitreihe abgebildet werden. Nehmen wir an, in einem Land steige das reale Bruttoinlandsprodukt jährlich um 10 %.

Periode	Reales BIP	ln(Reales BIP)
1	100.00	4.61
2	110.00	4.70
3	121.00	4.80
4	133.10	4.89
5	146.41	4.99
6	161.05	5.08
7	177.16	5.18
8	194.87	5.27
9	214.36	5.37
10	235.79	5.46
11	259.37	5.56
12	285.31	5.65

Tabelle 15.4: Wachstumsprozess einer Größe in nicht-logarithmischer und logarithmischer Form

Die *Tabelle 15.4* zeigt wie hoch dann in einem Zehnjahreszeitraum die konkreten Werte ausfallen würden. Bildet man dies in einem Diagramm (*Schaubild 15.6*) mit einer normalen Größenachse ab erhält man eine exponentiell verlaufende Kurve. Dies kann leicht den Eindruck vermitteln, in dem betreffenden Land sei ein sich beschleunigender Wachstumsprozess am Werk. Logarithmiert man nun die Werte in der Spalte 3 der Tabelle erhält man eine Reihe, die linear verläuft. Optisch vermittelt diese nun das zutreffende Bild eines stetigen Wachstumsprozesses.

Die *Tabelle 15.4* verdeutlicht außerdem einen weiteren Vorteil einer logarithmischen Darstellung. Wenn wir die logarithmierten Werte voneinander abziehen, entspricht die Differenz in etwa der *prozentualen* Veränderung zwischen diesen Größen. Konkret auf die Veränderung zwischen der Periode 1 und 2 bezogen, ergibt sich also: 4,70 - 4,61 = 0,09. Dies entspricht einem Wert von 9 % und deckt sich annäherungsweise mit der tatsächlichen Veränderung von 10 %.

15.5 Einige Besonderheiten bei der Analyse volkswirtschaftlicher Zeitreihen

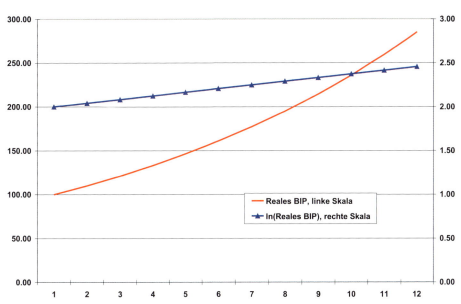

Schaubild 15.6: **Wachstumsprozess in logarithmischer und nicht-logarithmischer Darstellung**

Der Wirtschaftswissenschaftler

Wolfgang Stützel war einer der kreativsten, vielseitigsten und auch umstrittensten deutschen Ökonomen des 20. Jahrhunderts. Er wurde am 23. Januar 1926 in Aalen geboren und starb am 1. März 1987 in Saarbrücken.

Obwohl er als Volkswirt ausgebildet wurde, hat sich Stützel stets mit der ganzen Breite der Wirtschaftswissenschaft auseinandergesetzt. In der Betriebswirtschaftslehre hat er wichtige Beiträge zur Bankenaufsicht, zur Bilanztheorie, zur Körperschaftsteuer und zum Aktienrecht entwickelt. U.a. hat er sich früh für die Stückaktie und das Anrechnungsverfahren bei der Körperschaftsteuer eingesetzt. In der Volkswirtschaftslehre galt sein Interesse vor allem dem Verhältnis zwischen wirtschaftlicher Macht und der Marktorganisation (siehe dazu Kapitel 11.4), der Dynamik von „Rationalitätenfallen" (siehe Kapitel 11.3), der Geldvermögensrechnung und der dabei existierenden „Saldenmechanik" (Kapitel 15.3) sowie der Debatte über „feste versus flexible Wechselkurse".

1926 – 1987

Stützel hat sich dabei in den sechziger Jahren vehement gegen die Pläne für flexible Wechselkurse eingesetzt. Als Mitglied des Sachverständigenrats war es ihm nicht möglich, seine Vorstellungen dort durchzusetzen. Er schied 1968 vorzeitig aus dem Rat aus. Im Rückblick zeigt sich, dass Stützel mit seiner skeptischen Beurteilung der flexiblen Kurse völlig Recht hatte.

Zitat:

„Gilt es, in unserem Berufsstande der schlichten Idee mehr Ansehen zu verschaffen, dass die Hauptaufgabe eines Wirtschaftswissenschaftlers nach wie vor darin besteht, etwas von der Wirtschaft zu wissen."

(Rede anlässlich der Übergabe des Ludwig-Erhard-Preises für Wirtschaftspublizistik am 3. Februar 1978)

Ausbildung und Beruf

1947-1952 Studium in Tübingen und Freiburg und Promotion

1957 Habilitation

1958-1987 Professor für Wirtschaftswissenschaft an der Universität des Saarlandes

1966-1968 Mitglied des Sachverständigenrats zur Begutachtung der gesamtwirtschaftlichen Entwicklung

Werke

1957 Volkswirtschaftliche Saldenmechanik, 2. Auflage, Tübingen 1978

1973 Währung in weltoffener Wirtschaft, Frankfurt

1981 Marktpreis und Menschenwürde, Stuttgart

SCHLAGWÖRTER

Ausgabe (S. 261), Bruttoinlandsprodukt (S. 257), Bruttonationaleinkommen (S. 262), Bruttowertschöpfung (S. 259), Devisenbilanz (S. 271), Dienstleistungsbilanz (S. 271), Einnahme (S. 266), Entstehungsrechnung (S. 258), Ersparnis (S. 257), Geldvermögen (S. 265), geschlossene Volkswirtschaft (S. 268), Jahresrate (S. 276), Kapitalbilanz (S. 271), Leistungsbilanz (S. 269), Leistungstransaktionen (S. 267), letzte inländische Verwendung (S. 261), letzte Verwendung (S. 261), Logarithmische Darstellung (S. 277), Nettonationaleinkommen (S. 262), reine Finanztransaktion (S. 267), Reinvermögen (S. 265), Sachvermögen (S. 266), Saisonbereinigung (S. 257), Verteilungsrechnung (S. 258), Volkseinkommen (S. 262), Verwendungsrechnung (S. 258)

AUFGABEN

1. Errechnen Sie die Jahresrate des realen saisonbereinigten Bruttoinlandsprodukts anhand des aktuellsten Wertes. Sie finden die Daten in der Zeitreihendatenbank der Deutschen Bundesbank (*www.bundesbank.de/stat/zeitreihen/index.htm*) unter „Saisonbereinigte Wirtschaftszahlen" und dann unter „Konjunkturindikatoren".

2. Errechnen Sie die Inflationsrate (Verbraucherpreisindex) für den zuletzt verfügbaren Wert. Auch hier können Sie auf die Zeitreihendatenbank der Bundesbank zurückgreifen. Die Daten finden sie jetzt unter „Konjunkturlage". In der Datenbank ist der Wert bereits verfügbar, aber Sie sollten ihn einmal aus dem Index selbst berechnen.

3. Vergleichen Sie die saisonbereinigte und die nicht saisonbereinigte Entwicklung der Arbeitslosigkeit in Deutschland. Beide Zeitreihen finden Sie in der Bundesbank-Datenbank. Die erste unter den saisonbereinigten Zahlen, die zweite unter „Konjunkturlage". Sie können sich die Daten leicht in ein Excel-Sheet herunterladen. Vergleichen Sie den Informationsgehalt der beiden Charts.

4. Gehen Sie in dieser Datenbank auf „Aktiva und Passiva der Banken in Deutschland", dann auf „wichtige Aktiva und Passiva", dann auf „Aktiva", dann auf „Alle Banken", anschließend auf „Kredite an Nichtbanken". Laden Sie sich die gesamte Zeitreihe von 1948 bis heute auf ein Excel-Sheet und erstellen Sie grafisch eine Zeitreihe. Dann nehmen Sie den Logarithmus dieser Zeitreihe mit der Funktion log (...) und erstellen wiederum eine Zeitreihe. Vergleichen Sie den Informationsgehalt der beiden Charts.

5. Bilden Sie für die folgenden Transaktionen die zugehörigen Buchungssätze in der Zahlungsbilanz:

- Ein deutsches Mobilfunkunternehmen wird für 100 Mrd. € durch seinen englischen Konkurrenten TRAZOM im Rahmen einer feindlichen Übernahme übernommen. Die Transaktion wird über langfristige Kredite finanziert.

- Ein deutscher Pkw im Wert von 20.000 € wird in die USA exportiert. Die Lieferung erfolgt auf Ziel.

- Familie Becker tritt die alljährliche Mallorca-Reise an. Die „all-inclusive"-Reise kostet 2.000 €.

- Deutschland leistet Entwicklungshilfe in Form von zehn Unimog-Fahrzeugen in einem Gesamtvolumen von 1000.000 €.

6. Füllen Sie die leeren Felder in der folgenden Tabelle aus:

	Private Haushalte	Nicht finanzielle Kapitalgesellschaften	Staat	Inländische finanzielle Sektoren	Inland insgesamt
Forderungen, Aktien und Ansprüche gegenüber Versicherungen		2.100	300		13.400
Verbindlichkeiten	1.500			7.300	
(Netto-) Geldvermögen	2.100	- 1.200			100

7. Die Bundesbank weist in ihrem Monatsbericht Mai 2003 folgende Zahlen in Preisen von 1995 für das Jahr 2002 aus:

Verwendung des Inlandsprodukts	
Private Konsumausgaben	1.241,90 Mrd. €
Konsumausgaben des Staates	402,80 Mrd. €
Ausrüstungen	150,90 Mrd. €
Bauten	212,80 Mrd. €
Sonstige Anlagen	24,10 Mrd. €
Vorratsveränderungen	- 7,30 Mrd. €
Exporte	748,30 Mrd. €
Importe	665,20 Mrd. €
Verteilung des Volkseinkommens	
Unternehmens- und Vermögenseinkünfte	432,00 Mrd. €
Volkseinkommen	1.562,00 Mrd €

a) Ermitteln Sie den Außenbeitrag und das Bruttoinlandsprodukts zu Marktpreisen.

b) Für das Jahr 2002 betrug das Bruttonationaleinkommen 2.099,10 Mrd. €. Berechnen Sie den Saldo der Primäreinkommen mit der übrigen Welt. Erläutern Sie vor diesem Hintergrund das Inlands- und das Inländerkonzept.

c) Wie hoch waren die Arbeitnehmerentgelte im Jahr 2002?

Kapitel 16

Wie kommen das gesamtwirtschaftliche Angebot und die gesamtwirtschaftliche Nachfrage ins Gleichgewicht?

Überblick	**285**
Die gesamtwirtschaftlichen Angebotspläne	**286**
Die gesamtwirtschaftlichen Nachfragepläne	**291**
Wir leiten das gesamtwirtschaftliche Gleichgewicht her	**295**
Was eine negative Output-Lücke für den Arbeitsmarkt bedeutet	**304**
Zur Vertiefung: Die Kaufkrafttheorie der Löhne	**307**

Kapitel 16

Wie kommen das gesamtwirtschaftliche Angebot und die gesamtwirtschaftliche Nachfrage ins Gleichgewicht?

LERNZIELE

- Das Vollbeschäftigungsangebot wird rein mikroökonomisch bestimmt. Das kurzfristige Angebot hängt demgegenüber ganz von der aktuellen Nachfragesituation ab.

- Die gesamtwirtschaftliche Nachfrage wird in diesem Kapitel bestimmt vom privaten Konsum und den Investitionen.

- Der Konsum hängt ab vom laufenden Einkommen, das wiederum mit dem gesamtwirtschaftlichen Angebot identisch ist.

- Das Gleichgewicht auf dem Gütermarkt wird allein von den Determinanten der Konsumfunktion und dem Investitionsvolumen bestimmt. Von diesen exogenen Größen hängt es ab, ob in einer Volkswirtschaft eine deflationäre oder inflationäre Lücke vorherrscht, oder ob es zu Vollbeschäftigung kommt.

- Die zentrale Erkenntnis von Keynes besteht darin, dass ein Unterbeschäftigungsgleichgewicht eine Beharrungstendenz aufweist. Es ist dann eine staatliche Nachfragepolitik erforderlich, um das Ziel der Vollbeschäftigung wieder zu erreichen.

- Bei einer Rationierung des Arbeitsmarktes durch eine deflationäre Lücke ist eine Reallohnsenkung nicht hilfreich, um die Beschäftigung zu erhöhen. Die Kaufkrafttheorie der Löhne zeigt, dass es unter bestimmten Voraussetzungen sogar möglich ist, die Arbeitslosigkeit durch höhere Reallöhne zu senken.

- Die in diesem Kapitel diskutierten Zusammenhänge können Sie mit dem Modell „Makro Kapitel 16" nachspielen. Sie finden das Modell auf der CD-ROM.

Der Häretiker: Dr. Heiner Flassbeck

Heiner Flassbeck gilt manchmal als der „letzte Keynesianier" unter den deutschen Ökonomen. In einer Zeit, in der die Neoklassik die wirtschaftswissenschaftliche Szene beherrscht, hält er einsam (manchmal vom Verfasser dieses Buchs unterstützt) die Fahne des Keynesianismus hoch. Er leitet die Makroökonomische Abteilung der UNCTAD in Genf. Davor war er für kurze Zeit Staatssekretär im Bundesfinanzministerium (Oktober 1998 bis April 1999). Durch den abrupten Rücktritt Oskar Lafontaines vom Amt des Finanzministers musste auch Flassbeck das Feld räumen. Zuvor war er lange Jahre Abteilungsleiter beim Deutschen Institut für Wirtschaftsforschung. Das wissenschaftliche Interesse von Flassbeck gilt der Makroökonomie, insbesondere der Geld- und Währungspolitik. Flassbeck studierte an der Universität Saarbrücken und promovierte an der FU Berlin. *(www.flassbeck.de/Deutsch/Home-Deutsch.html)*

16.1 Überblick

In *Kapitel 5* haben wir für den Biermarkt recht intuitiv eine Angebots- und eine Nachfragekurve herleiten können. Damit ließ sich gut zeigen, wie es durch den Preismechanismus zu einer wechselseitigen Abstimmung der Pläne von Anbietern und Nachfragern kommt. Wir wollen nun in diesem Kapitel eine Angebots- und eine Nachfragekurve für die gesamte Volkswirtschaft bestimmen.

Leider ist das nicht ganz so einfach. Der Hauptunterschied besteht darin, dass wir es bei der Mikroökonomie mit einem Markt für ein einzelnes Gut zu tun haben, bei dem das Einkommen der Nachfrager festliegt. Die Marktprozesse haben also keine Rückwirkungen auf das Einkommen. In der Sprache der Ökonomie handelt es sich dabei um eine *exogene Größe*. In der Makroökonomie sehen wir uns nun mit dem Problem konfrontiert, dass die Einkommen der Verbraucher im Marktprozess selbst bestimmt werden. Das Einkommen ist also eine *endogene Größe*. Wir müssen die gesamtwirtschaftliche Nachfrage und das gesamtwirtschaftliche Angebot in anderer Weise herleiten als wir das in der Mikroökonomie getan haben. Im Unterschied zur Mikroökonomie müssen wir bei der gesamtwirtschaftlichen Betrachtungsweise außerdem immer auch den *Arbeitsmarkt* mit im

Blick haben. Wir werden also stets prüfen, was ein bestimmtes Gleichgewicht am Gütermarkt für das *Ziel der Vollbeschäftigung* bedeutet.

Dabei gehen wir von einem sehr einfachen Modell aus, das eine reine Mengenbetrachtung vornimmt. Konkret wird dabei die gesamtwirtschaftliche Nachfrage vor allem vom Einkommen und das gesamtwirtschaftliche Angebot vor allem von der Nachfrage bestimmt. Die Zinsen, das Preisniveau oder die Inflationsrate bleiben als Determinanten von Angebot und Nachfrage unberücksichtigt. Trotz seiner vereinfachenden Annahmen kann das Modell zentrale Einsichten in die Makroökonomie sehr gut vermitteln. Komplexere Modelle werden wir in den *Kapiteln 17 bis 22* kennen lernen.

Aufbauend auf *Kapitel 9* wird zunächst das „gesamtwirtschaftliche Angebot bei Vollbeschäftigung" und das „kurzfristige Angebot" hergeleitet. Anschließend wird dann in Abschnitt *16.3* ein sehr einfacher Ansatz für die Erklärung der gesamtwirtschaftlichen Nachfrage vorgestellt. In Abschnitt *16.4* werden wir die Mechanismen untersuchen, mit denen ein Gleichgewicht zwischen Angebot und Nachfrage herbeigeführt wird.

16.2 Die gesamtwirtschaftlichen Angebotspläne

Für das gesamtwirtschaftliche Angebot gibt es in der Makroökonomie zwei divergierende Erklärungsansätze:

- Man kann sich zum einen fragen, wie hoch das Angebot bei den gegebenen technischen Möglichkeiten und bei Vollbeschäftigung am Arbeitsmarkt ausfallen wird. Man bezeichnet das so hergeleitete Angebot als *Vollbeschäftigungsangebot* oder auch als *Produktionspotenzial*.
- Alternativ kann man davon ausgehen, dass sich die Unternehmen bei ihren Angebotsentscheidungen vor allem an der aktuellen Nachfragesituation ausrichten. Man kann das so hergeleitete Angebot als *kurzfristiges Angebot* bezeichnen.

16.2.1 Das gesamtwirtschaftliche Angebot bei Vollbeschäftigung

Wenn man wissen will, wie hoch das gesamtwirtschaftliche Angebot bei Vollbeschäftigung ausfällt, findet man eine gute Ausgangsbasis in dem Modell für den *Arbeitsmarkt*, das wir in *Kapitel 9* dargestellt haben. Hier können wir uns auf dessen zentrale Aussagen beschränken: Mit einem steigenden Reallohn

- nimmt das *Arbeitsangebot* durch die Arbeitnehmer zu,
- geht die *Arbeitsnachfrage* durch die Unternehmen zurück.

Grafisch können wir damit in *Schaubild 16.1* (obere Hälfte) eine Angebots- und Nachfragekurve in Abhängigkeit vom Reallohn abbilden.

16.2 Die gesamtwirtschaftlichen Angebotspläne

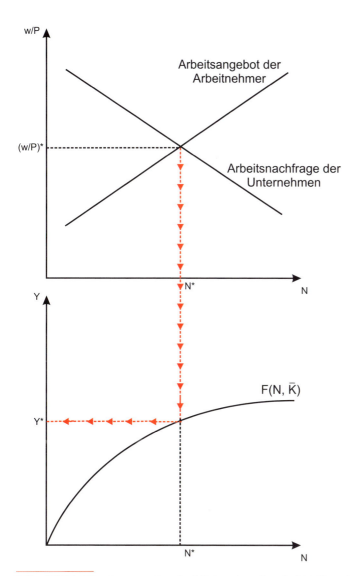

Schaubild 16.1: Gesamtwirtschaftliches Angebot bei Vollbeschäftigung

Ein Gleichgewicht auf dem Arbeitsmarkt ergibt sich bei einem Gleichgewichtsreallohn $(w/P)_0$ und einer Beschäftigungsmenge N_0. Entscheidend ist, dass im Gleichgewicht *Vollbeschäftigung* herrscht. Zum gleichgewichtigen Reallohn findet jeder, der arbeiten will, auch eine Anstellung.

In einem zweiten Schritt können wir jetzt ermitteln, wie hoch das zur Beschäftigungsmenge N_0 passende gesamtwirtschaftliche Angebot ist. Dazu brauchen wir eine *gesamtwirtschaftliche Produktionsfunktion*. Wie die in *Kapitel 7* dargestellte einzelwirtschaftliche Produktionsfunktion gibt sie an, welchen Output man mit einem variablen und einem fixen Inputfaktor erzielt. Bei dieser Betrachtung wird die gesamte *Beschäftigung* als variabler Faktor betrachtet. Die in der Volkswirtschaft vorhandenen Maschinen, Bauten und die Infrastruktur werden als *Kapitalstock* bezeichnet und für die hier – eher kurzfristig angelegte – Betrachtung als konstant angenommen. Dann lautet die gesamtwirtschaftliche Produktionsfunktion also:

(16.1) $\quad Y = F(N, \overline{K})$

Wir nehmen außerdem wieder an, dass für den Arbeitseinsatz *das Gesetz des abnehmenden Grenzertrags* gilt. Es besagt bekanntlich, dass mit jeder *zusätzlich* eingesetzten Arbeitsstunde der damit *zusätzlich* erbrachte Output zurückgeht. Wir erhalten dann eine Produktionsfunktion, wie sie in der unteren Hälfte von *Schaubild 16.1* abgebildet ist.

Wenn wir nun diese Darstellung der Produktionsfunktion mit der Abbildung für den Arbeitsmarkt verknüpfen, können wir das gesamtwirtschaftliche Angebot bei Vollbeschäftigung recht einfach grafisch bestimmen. Dabei ist so vorzugehen, dass zunächst auf dem Arbeitsmarkt die gleichgewichtige Beschäftigungsmenge ermittelt wird. Der so hergeleitete Wert (N_0) muss nur noch in die Produktionsfunktion eingesetzt werden und wir können dann ablesen, wie hoch das gesamtwirtschaftliche Angebot bei Vollbeschäftigung (Y_V) ist.

Wie die ausführliche Herleitung in *Kapitel 9* verdeutlicht, sind es drei Faktoren, von denen das Angebot bei Vollbeschäftigung bestimmt wird:

- die *Produktionstechnologie*, die sowohl die Arbeitsnachfrage der Unternehmen als auch die gesamtwirtschaftliche Produktionsfunktion bestimmt,
- die Präferenzen der Erwerbsfähigen für Freizeit- und Güterkonsum, die den Verlauf des Arbeitsangebots bestimmen,
- der als konstant unterstellte Kapitalstock.

Ein sehr wichtiges Ergebnis dieser Herleitung besteht darin, dass in der makroökonomischen Theorie das Angebot bei Vollbeschäftigung also allein *mikroökonomisch* determiniert wird. Es bleibt daher völlig unbeeinflusst von zentralen *makroökonomischen* Größen wie z.B. dem Zinssatz, dem Preisniveau oder der Nachfragesituation.

16.2.2 Das kurzfristige Angebot

In der Realität ist es nicht sehr plausibel, dass die Angebotspläne der Unternehmen in dieser Weise gebildet werden. Man kann vielmehr häufig feststellen, dass sich die Unternehmen bei ihrer Produktionsplanung sehr stark von der aktuellen Absatzsituation leiten lassen. Ihre Erwartungen über die zukünftige Nachfrage werden also vor allem von der momentanen Situation geprägt. Man spricht hierbei auch *von extrapolativen Erwartungen*. Dieses Konzept wird durch *Abbildung 16.2* gestützt. Sie zeigt die Ergebnisse des „ifo-Tests", einem wichtigen Frühindikator für die Wirtschaftsentwicklung in Deutschland, der monatlich vom ifo-Institut in München erhoben wird.

16.2 Die gesamtwirtschaftlichen Angebotspläne

Schaubild 16.2: **Beurteilung der Geschäftslage und Geschäftserwartungen der Unternehmen im ifo-Test**
Quelle: www.ifo.de

Man kann daran erkennen, dass die Beurteilung der Geschäftslage meist relativ eng mit den Geschäftserwartungen der Unternehmen verbunden ist. Der starke Einfluss der aktuellen Entwicklung auf die Erwartungen wurde bereits von Keynes (1936, S. 148) sehr deutlich herausgestrichen:

> „Es wäre dumm, wenn wir uns bei unserer Erwartungsbildung sehr stark von Dingen leiten ließen, die sehr unsicher sind. Es ist deshalb vernünftig, sich im Wesentlichen an Fakten zu orientieren, über die wir uns einigermaßen sicher fühlen, selbst wenn sie weniger relevant sind als andere Fakten, über die wir nur ungenau und unzureichend informiert sind. Deshalb haben die Fakten über die aktuelle Situation einen überproportional hohen Einfluss auf unsere langfristige Erwartungsbildung. Wir gehen also üblicherweise so vor, dass wir die aktuelle Situation einfach in die Zukunft projizieren und sie nur in dem Maße anpassen, in dem wir mehr oder weniger gute Gründe haben, eine Änderung zu erwarten." (eigene Übersetzung, P.B.)

In einer vereinfachten Form kann man also für das kurzfristige Angebot unterstellen, dass es genauso hoch ist wie die von den Unternehmen erwartete Nachfrage. Dabei wollen wir außerdem annehmen, dass diese Erwartungen zutreffend sind. Das kurzfristige Angebot der Unternehmen ist dann identisch mit der Nachfrage.

Grafisch kann man diesen Sachverhalt in einem Diagramm abbilden, das die Nachfrage auf der y-Achse und das Angebot auf der x-Achse abbildet (*Schaubild 16.3*).

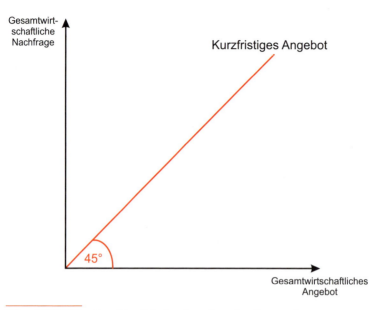

Schaubild 16.3: **Das kurzfristige Angebot der Unternehmen**

Wenn das kurzfristige Angebot mit der Nachfrage übereinstimmen soll, kann man es einfach als 45°-Linie darstellen. Diese Gerade ist der Ort aller identischen Kombinationen von Angebot und Nachfrage.

16.2.3 Kurzfristiges Angebot und Vollbeschäftigungsangebot

In welchem Verhältnis stehen nun das Vollbeschäftigungsangebot und das kurzfristige Angebot? Da das *Vollbeschäftigungsangebot* unter der Annahme der Ausnutzung aller Produktionsfaktoren hergeleitet wurde, kann man es als eine Obergrenze für das kurzfristige Angebot betrachten. In dem hier verwendeten Diagramm ist das Vollbeschäftigungsangebot eine *Vertikale*, da es – wie erwähnt – völlig unabhängig von der Nachfragesituation ist. Damit kann man das kurzfristige Angebot mit dem Vollbeschäftigungsangebot kombinieren. Man erhält so eine mit der 45°-Linie identische Gerade, die beim Vollbeschäftigungsoutput nach oben abknickt (*Schaubild 16.4*).

Für das kurzfristige Angebot ist eine solch starre Obergrenze jedoch wenig realistisch. Bei einer sehr guten Nachfragesituation verfügen die Unternehmen stets über die Möglichkeit, auch mehr anzubieten, insbesondere durch Überstunden und zusätzliche Maschinenlaufzeiten. Wir werden also im Folgenden für das kurzfristige Angebot annehmen, dass es sich der Nachfrage auch über Y^V hinaus anpassen kann. Allerdings resultiert daraus dann eine konjunkturelle Überhitzung, die mit inflationären Spannungen verbunden ist (*Kapitel 21*).

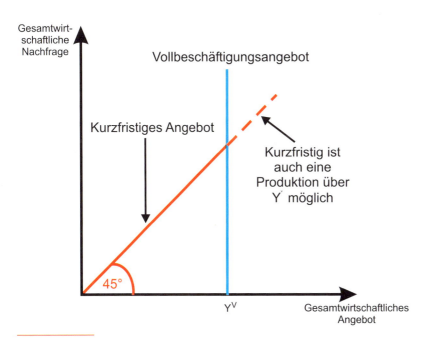

Schaubild 16.4: **Das kurzfristige Angebot und das Vollbeschäftigungsangebot der Unternehmen**

16.3 Die gesamtwirtschaftlichen Nachfragepläne

Damit können wir uns nun der Nachfrageseite der Volkswirtschaft zuwenden und die Frage nach den Bestimmungsgrößen der gesamtwirtschaftlichen Nachfragepläne. In Kapitel 15 haben wir bereits gesehen, dass sich die gesamtwirtschaftliche Nachfrage (Y^n) aus folgenden Komponenten zusammensetzt:

(16.2)   private Konsumausgaben

+ staatliche Konsumausgaben

+ Investitionen

+ Vorratsveränderungen

+ Exporte

− Importe

= Y^n

Um die Darstellung möglichst einfach zu halten, verwenden wir zunächst ein Modell ohne Staat und Ausland. Auch die Vorräte lassen wir unberücksichtigt. Die gesamtwirtschaftliche Nachfrage reduziert sich damit auf:

(16.3)   private Konsumausgaben

+ Investitionen

= Y^n

Nun müssen wir herausfinden, wovon der Konsum und die Investitionen bestimmt werden. Wichtig ist dabei, dass es jetzt und in allen folgenden Kapiteln um *geplante* Größen geht. Wir betreiben also eine *Ex-ante-Analyse,* während wir in der VGR eine Ex-post-Betrachtung angestellt haben.

Wenn wir nun wissen wollen, wovon die geplanten *Konsumausgaben* in einer Volkswirtschaft abhängen, können wir uns ganz gut mit der Intuition oder unserem mikroökonomischen Modell aus *Kapitel 6* behelfen. Es liegt nahe, dass das laufende Einkommen (Y) der Haushalte eine entscheidende Determinante ihres Konsums darstellt. Aus der VGR wissen wir auch, dass die in einer Volkswirtschaft erzielten Einkommen im Prinzip identisch sind mit dem gesamtwirtschaftlichen Angebot (Y^a). Es besteht also ein funktionaler Zusammenhang zwischen dem laufenden Einkommen und dem Konsum in einer Periode.

(16.4) $C_t = f(Y_t)$

Konkret kann man diesen Zusammenhang in der Form einer *Konsumfunktion* wie folgt abbilden:

(16.5) $C_t = a + b Y_t$

Die Größe b bezeichnet man als marginale Konsumquote. Sie liegt in der Regel unter 1. Außerdem kann man davon ausgehen, dass es auch eine vom laufenden Einkommen unabhängige („*autonome*") Komponente des Konsums gibt. Diese bezeichnen wir als a. In *Schaubild 16.5* können wir damit die Konsumausgaben in Abhängigkeit vom gesamtwirtschaftlichen Angebot abbilden. Wir nehmen dazu für a einen Wert von 2 an und für b einen Wert von 0,5.

16.3 Die gesamtwirtschaftlichen Nachfragepläne

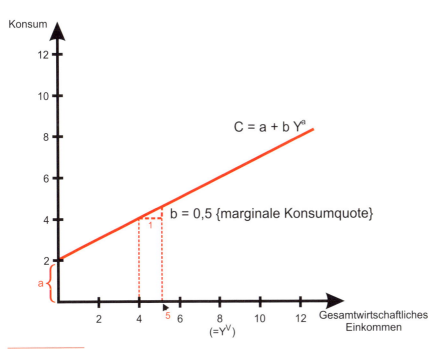

Schaubild 16.5: **Die Konsumfunktion**

Diese einfache Darstellung hat den Vorteil, dass sie der Realität einigermaßen entspricht. Man kann solche Zusammenhänge mit ökonometrischen Schätzverfahren überprüfen. Bezogen auf das verfügbare Einkommen der privaten Haushalte lautet die Konsumfunktion wie folgt:

(16.6) $\quad C = 17{,}52 + 0{,}85\,Y$

Das *Schaubild 16.6* zeigt diese aus den volkswirtschaftlichen Daten zu Einkommen und Konsum gewonnene Schätzung der Konsumfunktion.

Die hier unterstellte Abhängigkeit des Konsums vom *laufenden* Einkommen bezeichnet man als „*absolute Einkommenshypothese*". Eine konkurrierende Hypothese ist die „*permanente Einkommenshypothese*", die von Milton Friedman entwickelt wurde. Sie geht davon aus, dass der aktuelle Konsum vom Barwert aller erwarteten zukünftigen Einkommensströme eines Wirtschaftssubjekts abhängt. Damit kann erklärt werden, dass jüngere Erwerbstätige in der Regel einen bestimmten Betrag für ihre Alterssicherung sparen und deshalb also weniger konsumieren, um den im Alter zu erwartenden Einkommensrückgang ausgleichen zu können. Für die hier im Vordergrund stehende kurzfristig ausgerichtete Analyse ist die permanente Einkommenshypothese jedoch wenig hilfreich.

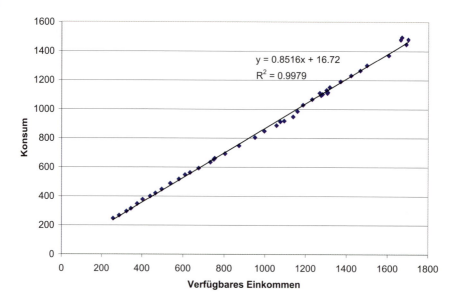

Schaubild 16.6: **Die empirische Konsumfunktion**

Ein Spiegelbild der privaten Konsumpläne ist das *Sparverhalten* der Haushalte. Dieses ergibt sich aus dem einfachen Zusammenhang (siehe *Kapitel 15*), dass die Ersparnis von Herrn Maier die Differenz zwischen seinem Einkommen und seinem Konsum darstellt:

(16.7) $\quad S = Y - C$

Setzt man die hier hergeleitete Konsumfunktion in diese Gleichung ein, erhält man die spiegelbildliche Sparfunktion:

(16.8) $\quad S = -a + (1-b)Y$

Nachdem wir nun die Konsumnachfrage kennen, müssen wir noch die *Investitionsnachfrage* ermitteln, um dann über eine erste einfache Beschreibung der gesamtwirtschaftlichen Nachfrage zu verfügen. Wir werden in *Kapitel 18* sehen, wie man eine *Investitionsfunktion* formal herleiten kann. Für einen ersten Einblick in das Wechselspiel von gesamtwirtschaftlichem Angebot und gesamtwirtschaftlicher Nachfrage reicht es aber aus, wenn wir hier unterstellen, dass die Investitionen einen konstanten Wert aufweisen:

(16.9) $\quad I = \bar{I}$

Zusammen mit der Konsumfunktion verfügen wir jetzt über eine gesamtwirtschaftliche Nachfragefunktion. Wenn wir auch die Zeitdimension weglassen, erhalten wir:

(16.10) $Y^n = a + bY + I$

Für konkrete Werte von a = 2, b = 0,5 und I = 1 lässt sich diese Funktion in *Schaubild 16.7* grafisch wie folgt abbilden:

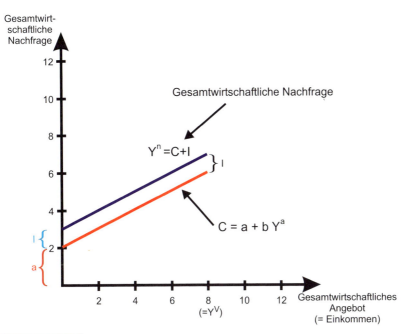

Schaubild 16.7: **Die gesamtwirtschaftliche Nachfrage in Abhängigkeit vom Einkommen**

16.4 Wir leiten das gesamtwirtschaftliche Gleichgewicht her

Wie schon erwähnt, geht es in der Makroökonomie wie auch in der Mikroökonomie vor allem darum, ob und wie die unabhängig voneinander gebildeten Pläne der Nachfrager und Anbieter ins Gleichgewicht gebracht werden können. Unter einem *Gleichgewicht* versteht man dabei immer eine Situation, in der die Pläne von Anbietern und Nachfragern so zusammenpassen, dass weder ein Angebots- noch ein Nachfrageüberschuss bestehen.

16.4.1 Grafische und formale Herleitung eines gesamtwirtschaftlichen Gleichgewichts

Für die im vorhergehenden Abschnitt bestimmte gesamtwirtschaftliche Nachfragefunktion können wir den Gleichgewichtswert nun sehr einfach *grafisch* wie auch *formal* herleiten. Für die grafische Darstellung müssen wir dazu in das *Schaubild 16.7* nur noch das gesamtwirtschaftliche Angebot als 45°-Linie einfügen (*Schaubild 16.8*).

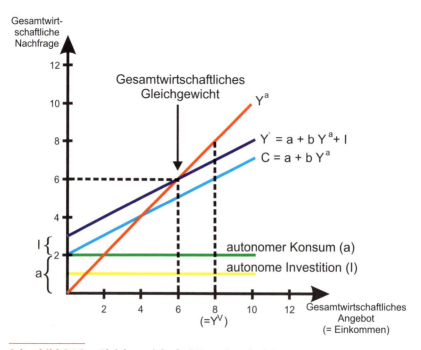

Schaubild 16.8: **Gleichgewicht bei Unterbeschäftigung**

Das Gleichgewicht liegt dann im Schnittpunkt der beiden Geraden, d.h. bei einem Volkseinkommen von 6. Damit das Ganze etwas plastischer wird, nehmen wir an, dass es sich dabei stets um Millionen Euro handelt. Wie das Schaubild verdeutlicht, haben wir für das Vollbeschäftigungseinkommen einen willkürlich gegriffenen Wert von 8 Millionen € unterstellt. Wir registrieren daher, dass wir es bei der gegebenen Datenkonstellation mit einer Situation zu tun haben, in der das Gleichgewicht von Nachfrage und kurzfristigem Angebot unter dem Vollbeschäftigungs-Niveau liegt. Es besteht also eine negative Output-Lücke, die mit Arbeitslosigkeit einhergeht. Die genauen Auswirkungen auf den Arbeitsmarkt werden in *Abschnitt 16.5* dargestellt. Eine zentrale Aussage dieses einfachen Modells besteht nun darin, das ein solches „Gleichgewicht bei Unterbeschäftigung" eine Beharrungstendenz aufweist, d.h. allein über Marktprozesse kommt es nicht dazu, dass die Output-Lücke geschlossen wird. Dieser Optimalpunkt auf der *Ziellinie*, die durch die x-Achse von *Schaubild 16.8* abgebildet wird, kann nur durch eine staatlich organisierte

16.4 Wir leiten das gesamtwirtschaftliche Gleichgewicht her

expansive Nachfragepolitik erreicht werden. In den *Kapitel 17 und 18* wird dies ausführlich beschrieben.

Das grafisch ermittelte Ergebnis kann nun auch formal hergeleitet werden. Unsere sehr einfache Modellwirtschaft wird durch folgende Gleichungen beschrieben:

(16.11) $Y^n = a + bY + I$ (*gesamtwirtschaftliche Nachfrage*)

(16.12) $Y \equiv Y^a = Y^n$ (*kurzfristiges gesamtwirtschaftliches Angebot*)

Bei diesem Gleichungssystem ist ein wichtiges Grundprinzip ökonomischer Modelle zu erkennen. Wir wollen damit zwei Größen errechnen, das gesamtwirtschaftliche Angebot und die gesamtwirtschaftliche Nachfrage. Durch das Modell zu bestimmende Größen bezeichnet man als *endogene Größen*. Diese unterscheiden sich von den *exogenen Größen*, deren Werte für die Berechnung gleichsam von außen vorgegeben werden. Dazu gehören hier die autonomen Konsumausgaben, die Investitionen, die Konsumneigung und der Vollbeschäftigungs-Output.

Mit den zwei unabhängigen Gleichungen (*16.11*) und (*16.12*) können wir nun exakt die zwei endogenen Größen des Systems bestimmen. Für den Gleichgewichtswert (Y_0) von Angebot und Nachfrage gilt:

(16.13) $Y^0 = Y^a = Y^n$

Wir gehen dazu so vor, dass wir zunächst die Gleichung (*16.12*) in die Gleichung (*16.11*) einsetzen und diese dann nach Y^n auflösen. Der Gleichgewichtswert lautet dann:

(16.14) $Y^0 = \left(\dfrac{1}{1-b}\right)(a + I)$

Für die konkreten Werte von a = 2, b = 0,5 und I = 1 erhalten wir dann:

(16.15) $Y^0 = 6$

16.4.2 Alternative Lösungen

Da wir die Werte für a, b und I völlig willkürlich gewählt haben, können wir uns zunächst einmal fragen, unter welchen Bedingungen das Vollbeschäftigungsniveau von $Y^V = 8$ erreicht wird. Dazu setzen wir $Y_0 = 8$ und erhalten dann:

(16.16) $8 = \left(\dfrac{1}{1-b}\right)(a + I)$

Unterstellen wir einmal die bereits verwendete Konsumfunktion mit a = 2 und b = 0,5, dann wäre zum Erreichen der Vollbeschäftigung ein Investitionsniveau von 2 erforderlich (*Schaubild 16.9*).

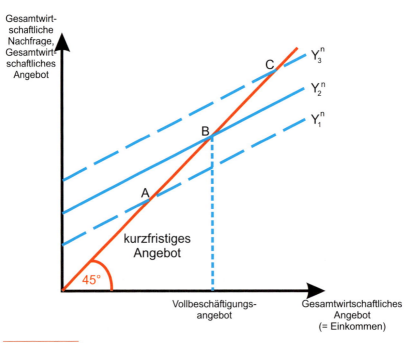

Schaubild 16.9: Drei Konstellationen für ein Gleichgewicht

Schließlich können wir die Parameter auf der Nachfrageseite auch so bestimmen, dass wir eine *Überhitzung* der Wirtschaft erhalten. Dazu müssen wir nur die Investitionen um eine weitere Einheit, d.h. von 2 auf 3 Millionen Euro erhöhen. Wie *Schaubild 16.9* verdeutlicht, liegt Y^0 dann mit 10 Millionen Euro über dem Vollbeschäftigungsniveau von 8 Millionen.

Diese Zahlenbeispiele, die Sie auch selbst mit der Datei „Makro Modell 15" nachspielen können, verdeutlichen ein wichtiges Grundprinzip der makroökonomischen Gleichgewichtsanalyse. Da die Determinanten des Vollbeschäftigungsoutputs, wie in *16.2.1* gezeigt, vollständig unabhängig von den Bestimmungsgründen der gesamtwirtschaftlichen Nachfrage sind, hängt es weitgehend vom Konsum und den Investitionen (und in komplexeren Modellen auch vom Export; siehe dazu *Kapitel 22*) ab, in welcher der drei denkbaren Situationen sich eine Volkswirtschaft befindet:

- In einem *Unterbeschäftigungsgleichgewicht* (man spricht dabei auch von einer „*deflationären Lücke*") ist die Nachfrage zu gering, um die vorhandenen Kapazitäten und insbesondere das vorhandene Arbeitsangebot voll auszulasten.

- In einem *Überhitzungsgleichgewicht („inflationäre Lücke")* ist genau das Gegenteil der Fall. Es werden von den Konsumenten, Investoren oder dem Ausland mehr Güter nachgefragt als von den inländischen Produzenten ohne inflationäre Spannungen angeboten werden können.

- Nur im Vollbeschäftigungsgleichgewicht passt alles zusammen, aber dies erfordert eine ganz spezielle Parameterkonstellation auf der Nachfrageseite.

16.4 Wir leiten das gesamtwirtschaftliche Gleichgewicht her

Der starke Einfluss der gesamtwirtschaftlichen Nachfrage auf den Zustand einer Volkswirtschaft bietet damit auch eine erste Erklärung dafür, dass wir über längere Zeiten hinweg bestimmte Schwankungsmuster des Wirtschaftsprozesses erkennen können. Leider ist unser Modell hierfür zu einfach, so dass wir nur eine recht grobe Schilderung des konjunkturellen Auf und Ab geben können. Eine zentrale Rolle kann man dabei den Investitionen zurechnen. Wir haben schon gesehen, dass Veränderungen des Investitionsvolumens einen überproportionalen Einfluss auf das Gleichgewichtseinkommen ausüben. Dieser Multiplikator-Effekt wird aus den Gleichungen (*16.14*) und (*16.16*) deutlich. Leitet man sie nach den Investitionen ab, erhält man:

(16.17) $$\frac{dY}{dI} = \frac{1}{1-b}$$

Für b = 0,5 gilt also, dass eine Erhöhung der Investitionen um eine Einheit zu einer Zunahme des Einkommens um zwei Einheiten führt. Dieser Multiplikator-Effekt lässt sich damit erklären, dass die Unternehmen bei der Produktion von zusätzlichen Investitionen auch zusätzliche Einkommen schaffen, die wiederum teilweise zu zusätzlichem Konsum verwendet werden. Bei der Herstellung dieser Güter entstehen wiederum Einkommen, die zum Konsum verwendet werden usw. Diese Effekte werden in *Tabelle 16.1* dargestellt.

	Zusätzlicher Konsum	zusätzliches Einkommen
Primär-Impuls		1
1. Runde	0,5	0,5
2. Runde	0,25	0,25
3. Runde	0,125	0,125
4. Runde	0,0625	0,0625
5. Runde	0,03125	0,03125
...	...	...
Summe für n→∞	1	2

Tabelle 16.1: **Multiplikator-Effekt einer Ausweitung der Investitionen um eine Million €**

Wie kommt es nun zu zyklischen Schwankungen der Investitionen? In einer Situation mit einer guten wirtschaftlichen Entwicklung werden die Unternehmen auch die Zukunft positiv einschätzen und hohe Investitionen vornehmen. Dies erhöht das Einkommen und bestätigt die vorgenommene Investitionsentscheidung. Die Investitionen erhöhen aber nun gleichzeitig den Kapitalstock und damit den Vollbeschäftigungsoutput. Dabei besteht die Gefahr, dass ein Investitionsboom allmählich zu Überkapazitäten führt und sich so eine deflationäre Lücke aufbaut. Als Folge nimmt die Investitionsneigung drastisch ab und es ergeben sich daraus negative Effekte auf die Nachfrage. Auch hier kommt es irgendwann wieder zu einer Korrektur, da bei zu geringen Investitionen der Kapitalstock schrumpft und somit auch der Vollbeschäftigungsoutput. Die ausgeprägte Volatilität der Investitionen wird durch *Schaubild 16.10* verdeutlicht.

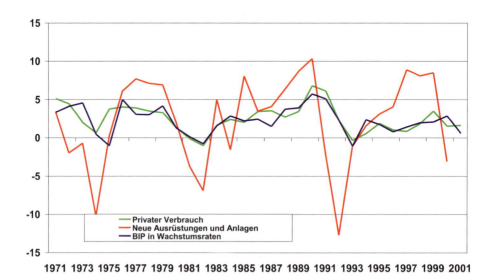

Schaubild 16.10: Investitionen sind besonders volatil
Quelle: Statistisches Bundesamt

Die Fragestellung, ob eine Wirtschaft von sich aus zu einem Vollbeschäftigungsgleichgewicht tendiert, ist von zentraler Bedeutung für die Makroökonomie. Im 18. und 19. Jahrhundert gingen die meisten Ökonomen davon aus, dass die Nachfrage immer ausreichend groß sei, um das gesamte vorhandene Angebot auch abzusetzen. Am deutlichsten wurde dies durch den französischen Ökonomen Jean Baptiste Say (1826-96) zum Ausdruck gebracht, der der Auffassung war, dass sich das Angebot immer auch seine Nachfrage schaffe. Es könne also nie zu einer Output-Lücke kommen. Man spricht in diesem Zusammenhang deshalb auch von „*Say's Law*". Eine Kurzbiographie von Say finden Sie am Ende dieses Kapitels.

Nach den weltweiten Erfahrungen mit der *Großen Depression* in den Jahren 1929-33 war es offensichtlich, dass ein solcher Automatismus nicht unter allen Umständen gewährleistet ist. John Maynard Keynes war der erste Ökonom, der hierfür eine umfassende Theorie entwickelte. Vieles, was wir im Folgenden diskutieren, geht auf seine Arbeiten zurück.

Wir werden anschließend darstellen, dass man sowohl die Position von Say als auch die von Keynes rechtfertigen kann. Allerdings kann man schon jetzt festhalten, dass sich die heutige Realität nur schwer mit den Vorstellungen von Say vereinbaren lässt.

16.4.3 Die Welt von Keynes: Wie es zu einem Gleichgewicht bei Unterbeschäftigung kommen kann

Um die Problematik eines Gleichgewichts bei Unterbeschäftigung näher zu erläutern, sehen wir uns diese Situation jetzt etwas genauer an. Das Gleichgewicht von kurzfristigem Angebot und gesamtwirtschaftlicher Nachfrage beläuft sich auf 6 Millionen Euro und liegt damit unter dem Vollbeschäftigungsangebot von 8 Millionen Euro. Damit stellt sich die Frage, wieso es den Unternehmen nicht – im Sinne von Say – möglich ist, die Nachfrage durch ein höheres Angebot auf 8 Millionen Euro zu steigern.

Nehmen wir einmal an, der Unternehmerverband glaube an Say. Er weist seine Mitglieder an, die Vollbeschäftigungsmenge zu produzieren. Dadurch erhalten die Haushalte jetzt auch ein Einkommen in der Höhe von 8 Millionen Euro. Wie hoch ist dann die gesamtwirtschaftliche Nachfrage? Aus der Gleichung *(16.11)* können wir ablesen, dass eine Menge von 7 Millionen Euro nachgefragt wird, also nicht genug, um das Angebot der Unternehmen absetzen zu können. Es besteht jetzt also auch ein Ungleichgewicht auf dem Gütermarkt. Woran liegt das?

Sehen wir uns dazu die Konsumfunktion an. Bei einem Einkommen von 8 Millionen Euro möchten die Haushalte nur 6 Millionen Euro konsumieren. Was machen sie mit dem Rest von 2 Millionen Euro? Sie möchten ihn sparen. Die geplanten Ersparnisse der Haushalte sind damit größer als die geplanten Investitionen der Unternehmen, von denen wir annahmen, dass sie sich auf 1 Million Euro belaufen. Das Ungleichgewicht auf dem Gütermarkt macht sich also auch als Ungleichgewicht in der finanziellen Sphäre bemerkbar. Die Sparpläne sind im Vergleich zu den Investitionsplänen zu hoch. Es gilt also

(16.18) $\quad S_{ex\ ante} > I_{ex\ ante}$

Der Versuch der Unternehmen, die Nachfrage über den Punkt A hinaus zu stimulieren, würde somit scheitern. Sie würden auf *einem ungeplanten Lagerbestand* von 1 Million Euro sitzen bleiben und damit in der nächsten Periode ihr Angebot deutlich reduzieren. Ein Gleichgewicht von kurzfristigem Angebot und gesamtwirtschaftlicher Nachfrage ist daher durch

(16.19) $\quad S_{ex\ ante} = I_{ex\ ante}$

charakterisiert. So beläuft sich bei unserem Unterbeschäftigungs-Gleichgewicht mit Y = 6, die Ersparnis auf $Y - a - bY = 6 - 2 - 3 = 1$ und entspricht damit genau den geplanten Investitionen in Höhe von einer Million Euro.

Der im Punkt A bestehende Nachfragemangel kann damit also auch als das Problem einer zu hohen *Sparneigung* der Haushalte diagnostiziert werden. Wiederum war es Keynes (1973, S. 210), der als erster erkannt hat, dass das Sparen, obwohl es vom volkswirtschaftlichen Laien (und oft ebenso laienhaften Finanzpolitikern) immer als Tugend angesehen wird, gesamtwirtschaftlich sehr nachteilige Folgen haben kann:

„Eine individuelle Sparentscheidung bedeutet beispielsweise, dass man heute darauf verzichtet, in ein Restaurant zu gehen. Aber es ergibt sich daraus keine Notwendigkeit in einer Woche oder einem Jahr essen zu gehen oder ein Paar Stiefel zu kaufen oder irgendetwas anderes zu einem bestimmten Zeitpunkt zu tun. Also beeinträchtigt das Sparen das Geschäft derjenigen, die das Essen für heute vorbereiten, ohne dass es das Geschäft derjenigen belebt, die Konsumgüter in der Zukunft anbieten. Es bedeutet also nicht, dass die gegenwärtige Konsumnachfrage durch eine zukünftige Konsumnachfrage substituiert wird. Es stellt insgesamt eine Verminderung dieser Nachfrage dar." (eigene Übersetzung, P.B.)

In einer Situation mit starren Preisen und Zinsen kann es also dazu kommen, dass sich in der Volkswirtschaft ein Gleichgewichtszustand herausbildet, bei dem die geplante gesamtwirtschaftliche Nachfrage dem *kurzfristigen* geplanten gesamtwirtschaftlichen Angebot entspricht, wobei der Gleichgewichtswert des BIP geringer ist als das *langfristige* gesamtwirtschaftliche Angebot. Wichtig ist dabei, dass es in dieser einfachen Modellwelt keinen Selbstheilungs-Mechanismus gibt, durch den die Output-Lücke wieder geschlossen werden könnte. Wir werden in *Kapitel 17* zeigen, dass die Fiskalpolitik in einer solchen Situation sehr wirksam sein kann.

16.4.4 Die Welt von Say: Nur die Unternehmerhaushalte sparen

Wie konnte Say das alles übersehen? Die Antwort ist einfach. Er lebte ein ganzes Jahrhundert vor Keynes. Im 19. Jahrhundert war der größte Teil der Bevölkerung so arm, dass er überhaupt nicht daran denken konnte, größere Ersparnisse zu bilden. Dies blieb allein den wohlhabenden Unternehmerhaushalten vorbehalten. Deren Ersparnis war nun im Wesentlichen für Investitionen im eigenen oder in befreundeten Unternehmen bestimmt. Das für ein Gleichgewicht bei Unterbeschäftigung entscheidende Auseinanderfallen von Spar- und Investitionsplänen war unter den Verhältnissen des 19. Jahrhunderts also nicht sehr wahrscheinlich.

Wenn die Unternehmer also einen Output von 8 Millionen planten, konnten sie relativ sicher sein, dass die Investitionspläne zu den Sparplänen passten. So sah es auch Adam Smith in seinem „Wohlstand der Nationen":

„Die Ersparnis in einem Jahr wird regelmäßig, wie die jährlichen Konsumausgaben, beinahe in der gleichen Zeit verbraucht, allerdings von anderen Personen. So wird der Teil des Einkommens, den ein Wohlhabender im Jahr hindurch ausgibt, in den meisten Fällen von Gästen und Dienstpersonal verbraucht, die für ihren Konsum nicht die geringste Gegenleistung bieten. Der Teil aber, den er jährlich spart, und **unmittelbar** *(meine Hervorhebung; P.B.) als Kapital investiert, um einen Gewinn zu erzielen, wird zwar auf die gleiche Art und auch beinahe in der gleichen Zeit verbraucht, doch von ganz anderen Leuten, nämlich von Arbeitern, Fabrikanten und Handwerkern (…)"* (Smith 1776, S. 279).

16.4 Wir leiten das gesamtwirtschaftliche Gleichgewicht her

Grafisch lässt sich Says Welt wie folgt darstellen (*Schaubild 16.11*). Die Konsumfunktion ist identisch mit unserem obigen Beispiel. Da die Investitionen nun aber ganz von den Sparplänen bestimmt werden, wird in *Schaubild 16.11* die gesamtwirtschaftliche Nachfrage vom gesamtwirtschaftlichen Angebot determiniert. Jetzt wird durch die 45°-Linie also die Nachfrage dargestellt. Da sich die Investitionen als Differenz zwischen dieser Geraden und der Konsumfunktion ergeben, sehen wir, dass sie mit dem Einkommen zunehmen. Das Gleichgewicht wird bei Say stets durch den Schnittpunkt dieser 45°-Linie mit dem Vollbeschäftigungsoutput, d.h. einer Vertikalen durch Y^V, bestimmt.

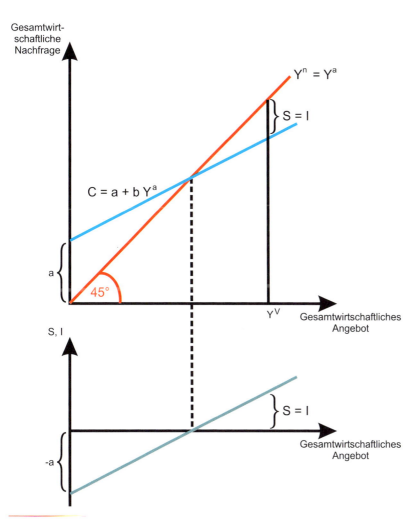

Schaubild 16.11: **Die Welt von Say – das Angebot bestimmt die Nachfrage**

16.5 Was eine negative Output-Lücke für den Arbeitsmarkt bedeutet

Wir haben gesehen, dass es bei einer zu geringen Nachfrage nach Konsum- oder Investitionsgütern zu einem Gleichgewicht am Gütermarkt kommen kann, bei dem weniger produziert wird, als es für das Ziel der Vollbeschäftigung erforderlich wäre. Da wir den Arbeitsmarkt bisher nur unter der Annahme diskutierten, dass alles, was von den Unternehmen angeboten wird, auch abgesetzt werden kann, wollen wir jetzt die Auswirkungen einer negativen Output-Lücke auf den Arbeitsmarkt näher untersuchen.

Wir haben in *Kapitel 9* die Nachfrage der Unternehmen nach Arbeitskräften unter der Annahme abgeleitet, dass es keine Beschränkungen auf dem Gütermarkt gibt. In der Situation mit einer negativen Output-Lücke wissen die Unternehmen, dass sie mit ihrem Angebot an die starre Schranke der gesamtwirtschaftlichen Nachfrage stoßen. Sie werden deshalb auf keinen Fall mehr Arbeitskräfte einstellen, als sie zu der Produktion von Y^n benötigen. Diese Beschäftigungsmenge stellt also eine *Obergrenze* für ihre Nachfrage nach Arbeit dar. Die Beschäftigung wird dann ganz von der Nachfrageseite bestimmt. Die auf dem Gütermarkt bestehende Beschränkung des Güterangebots führt also auch zu einer *Rationierung* auf dem Arbeitsmarkt. Grafisch lässt sich dies durch ein Vier-Quadranten-Schema abbilden (*Schaubild 16.12*).

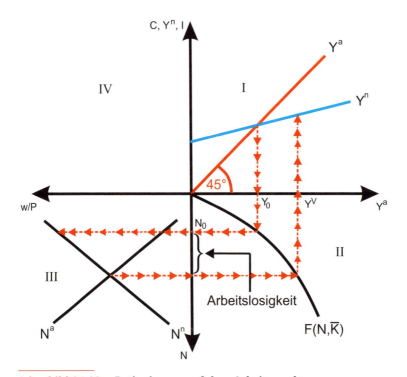

Schaubild 16.12: **Rationierung auf dem Arbeitsmarkt**

16.5 Was eine negative Output-Lücke für den Arbeitsmarkt bedeutet

In Feld I wird der Gütermarkt für die Situation einer deflatorischen Lücke dargestellt. Bei der vorgegebenen gesamtwirtschaftlichen Nachfrage Y^n ergibt sich ein Gleichgewichtseinkommen Y_0, das unter Y_V liegt. In Feld II ist die gesamtwirtschaftliche Produktionsfunktion $Y = F(N, \bar{K})$ abgebildet. Über das in Feld I ermittelte Gleichgewichtseinkommen Y_0 erhält man nun die dafür erforderliche Beschäftigungsmenge N_0. Diese kann man nun in Quadrant III auf den Arbeitsmarkt übertragen und erhält über die Kurve der Arbeitsnachfrage die maximale Beschäftigung (N_0), die von den Unternehmen in der Situation einer deflatorischen Lücke nachgefragt wird. Von dieser Beschäftigungsmenge an knickt die Nachfrage nach Beschäftigung ab.

Zum besseren Verständnis stellen wir den Quadranten III noch einmal separat dar (*Schaubild 16.13*). Wir erkennen, dass es jetzt zwei unterschiedliche Kurven der Arbeitsnachfrage gibt.

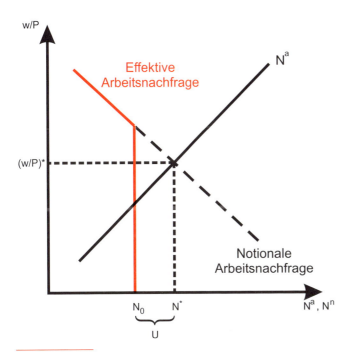

Schaubild 16.13: **Der Arbeitsmarkt bei Rationierung (isolierte Betrachtung)**

- Die *notionale* Nachfragekurve beschreibt die Arbeitsnachfrage der Unternehmen in einer Situation *ohne* eine Rationierung durch den Gütermarkt.
- Die *effektive* Nachfragekurve zeigt die Arbeitsnachfrage für eine Konstellation mit einer *Rationierung* durch eine negative Output-Lücke.

Wenn wir einmal annehmen, dass der Reallohn auf dem Gleichgewichtsniveau ohne eine deflatorische Lücke bei $(w/P)^*$ liegt, besteht bei den Arbeitnehmern ein geplantes Angebot an Arbeit von N^*. Aufgrund der deflatorischen Lücke fragen die Unternehmen aber nur die Beschäftigung in Höhe von N_0 nach. Es kommt somit zu Arbeitslosigkeit (U) in Höhe von

(16.20) $U = N^* - N_0$

Damit können wir die Arbeitslosigkeit jetzt rein *makroökonomisch* erklären. Der Reallohn ist bei einer deflatorischen Lücke nicht mehr in der Lage, für ein Gleichgewicht der Pläne von Arbeitsanbietern und -nachfragern zu sorgen. Die auf diese Weise entstandene Arbeitslosigkeit bezeichnet man deshalb auch als *konjunkturelle* oder als *keynesianische Arbeitslosigkeit*. Das Gegenstück hierzu ist die *klassische Arbeitslosigkeit*, die man auch als Mindestlohn-Arbeitslosigkeit bezeichnet. Wie wir in *Kapitel 9* gesehen haben, ist sie dadurch definiert, dass sie wegen eines zu hohen Lohnniveaus auch dann auftritt, wenn auf dem Gütermarkt keine deflatorische Lücke besteht (*Schaubild 16.14*).

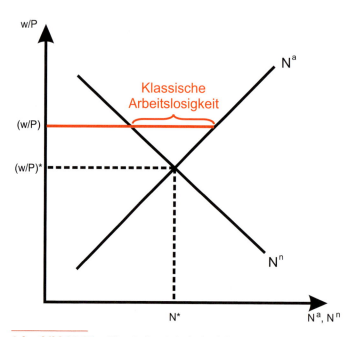

Schaubild 16.14: Klassische Arbeitslosigkeit

Während es theoretisch nicht schwer fällt, zwischen einer keynesianischen und einer klassischen Arbeitslosigkeit zu unterscheiden, stellt sich in der praktischen Wirtschaftspolitik oft das Problem, dass beide Ursachenkomplexe gleichzeitig auftreten. So war in Deutschland das reale Wirtschaftswachstum in den letzten Jahren mit weniger als 1 % recht niedrig, womit sich eine negative Output-Lücke in Höhe von 2,5 % entwickelt hat. Auf der anderen Seite gibt es in Deutschland durch die Tarifverträge auch wenig Flexibilität für die Reallöhne nach unten. Somit ist es also schwierig exakt festzustellen, wie hoch bei den über 4 Millionen Arbeitslosen in Deutschland der Anteil an „keynesianischer" bzw. „klassischer" Arbeitslosigkeit ist.

16.6 Zur Vertiefung: Die Kaufkrafttheorie der Löhne

Kennzeichnend für die keynesianische Arbeitslosigkeit ist die Tatsache, dass es im Rahmen dieses einfachen Modells keinen eingebauten Stabilisierungsmechanismus gibt, mittels dem man wieder zur Vollbeschäftigung gelangen könnte. Bei all seiner Schlichtheit bietet dieses Modell also eine wichtige theoretische Rechtfertigung für eine staatliche Steuerung der gesamtwirtschaftlichen Nachfrage, vor allem mit den Instrumenten der Fiskal- und Geldpolitik. Wir werden uns damit im Folgenden noch ausführlich auseinandersetzen.

Immer wieder hört man in einer Situation der Arbeitslosigkeit auch das Argument, mit höheren Löhnen sorge man für mehr Konsum-Nachfrage. Damit verschwinde die Output-Lücke und die Arbeitslosigkeit werde abgebaut. Es ist nahe liegend, dass solche Vorschläge vor allem von den *Gewerkschaftsvertretern* kommen. Von den *Arbeitgebern* wird stattdessen genau das Gegenteil vorgeschlagen: Bei einer zu hohen Arbeitslosigkeit sei es selbstverständlich, dass die Löhne gesenkt werden müssen.

Mit unserem kleinen Modell können wir etwas Licht in diese Auseinandersetzung bringen. Wir nehmen wiederum an, dass wir uns in einer deflatorischen Lücke befinden. Wenn wir jetzt den Reallohn der Arbeitnehmer von (w/P)* auf (w/P)^K, K steht für Kaufkrafttheorie, erhöhen, hat dies zunächst keinen Einfluss auf die Nachfrage-Beschränkung am Arbeitsmarkt (*Schaubild 16.15*). Was sich jedoch ändert, ist die Einkommensverteilung zwischen den Arbeitnehmer- und den Unternehmer-Haushalten.

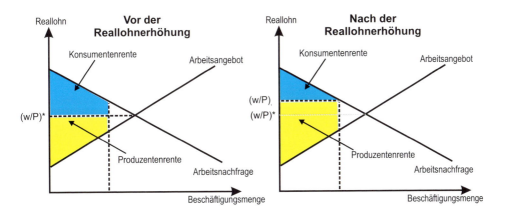

Schaubild 16.15: Auswirkungen einer Erhöhung des Reallohns auf die Einkommen der Unternehmer-Haushalte und der Arbeitnehmer-Haushalte

Das Einkommen der *Arbeitnehmer-Haushalte* ergibt sich aus der Beschäftigungsmenge, die mit dem Reallohn multipliziert wird. Das Einkommen der *Unternehmer-Haushalte* entspricht dem *Gewinn* der Unternehmen. Dieser beläuft sich auf die Fläche zwischen der Nachfragekurve (die den realen Ertrag pro zusätzlicher Einheit an Beschäftigung angibt) und einer horizontal durch den Reallohn verlaufenden Geraden, die die realen Kosten für eine Beschäftigungseinheit abbildet.

Wenn nun der Reallohn von (w/P)* auf (w/P)^K erhöht wird, steigt das Einkommen der Arbeitnehmer-Haushalte um den Betrag

(16.21) $\quad N_0\left[\left(\frac{w}{P}\right)^K - \left(\frac{w}{P}\right)^*\right]$

Um genau diesen Betrag sinkt das Einkommen der Unternehmer-Haushalte.

Die Anhänger der Kaufkrafttheorie des Lohnes argumentieren nun, dass die marginale Konsumneigung (b_A) der Arbeitnehmer-Haushalte höher ist als die der Unternehmer-Haushalte (b_U).

Wir können also die Konsumnachfrage aufteilen in die der Unternehmer und die der Arbeitnehmer:

(16.22) $\quad C = a_A + a_U + b_A Y_A + b_U Y_U$

Da

(16.23) $\quad Y_U = Y - Y_A$

folgt:

(16.24) $\quad C = a_A + a_U + (b_A - b_U) Y_A + b_U Y$

Für einen Anstieg des Arbeitnehmer-Einkommens, der identisch ist mit einem Rückgang des Unternehmer-Einkommens, gilt dann:

(16.25) $\quad \dfrac{dC}{dY_A} = b_A - b_U > 0$

Eine *Erhöhung* des Reallohns hat demnach einen positiven Effekt auf den gesamten Konsum und damit die gesamtwirtschaftliche Nachfrage, wenn die marginale Konsumneigung der Arbeitnehmer-Haushalte höher ist als die der Unternehmer-Haushalte. Unter dieser Bedingung führt eine Reallohn-Erhöhung dazu, dass die gesamtwirtschaftliche Nachfrage-Kurve steiler verläuft und das Gleichgewichtseinkommen steigt, womit auch die Mengen-Beschränkung am Arbeitsmarkt nach rechts verschoben wird. Die Arbeitslosigkeit geht also zurück (*Schaubild 16.16*).

Genau das Gegenteil würde bei einer *Verminderung* der Reallöhne eintreten. Es fände eine Umverteilung zugunsten der Unternehmer statt. Bei einer geringeren Konsumneigung der Unternehmer-Haushalte würde so der Nachfragemangel noch verstärkt werden.

16.6 Zur Vertiefung: Die Kaufkrafttheorie der Löhne

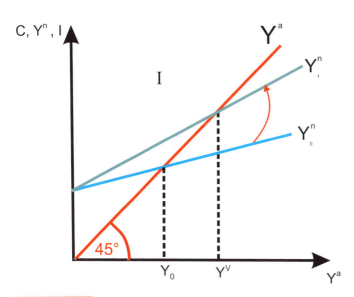

Schaubild 16.16: **Eine Erhöhung des Reallohns kann eine negative Output-Lücke schließen**

Wie bei vielen wirksamen Therapien in der Medizin, ist auch bei der Ökonomie zu beachten, dass es eine Reihe von Risiken und Nebenwirkungen geben kann. Bei der Kaufkrafttheorie des Lohnes ist hier vor allem an folgende Probleme zu denken:

- Grundsätzlich ist es schwierig, zwischen einer keynesianischen und einer klassischen Arbeitslosigkeit genau zu unterscheiden. Ist die Diagnose einer keynesianischen Arbeitslosigkeit falsch, wird das Beschäftigungsproblem durch eine Reallohnerhöhung noch zusätzlich verschärft.
- Unklar sind auch die Effekte einer aggressiven Lohnpolitik auf die Investitionen. Wenn es dadurch zu einer sinkenden Investitionsneigung der Unternehmen kommt, so dass $\bar{I}$ zurückgeht, kann die gesamtwirtschaftliche Nachfrage insgesamt vermindert werden. Umgekehrt könnte eine zurückhaltende Lohnpolitik sich positiv auf die Investitionsneigung auswirken.
- Problematisch ist auch, dass eine solche nachfragebedingte Lohnerhöhung nur schwer reversibel ist. Sollte die deflatorische Lücke wieder zurückgehen, z.B. wegen einer größeren Investitionsfreude der Unternehmen ($\bar{I}$), müssten die Löhne sinken, was jedoch nur schwer durchzusetzen ist. Es besteht also das Risiko, dass sich eine keynesianische Arbeitslosigkeit in eine klassische Arbeitslosigkeit verwandelt.

Der Optimist

Der französische Nationalökonom Jean Baptiste Say wurde in Lyon am 15. November 1767 geboren und ist am 15. November 1832 in Paris gestorben. Say war zunächst Journalist und von 1794-99 Chefredakteur einer Zeitschrift für Philosophie, Literatur und Politik. Unter Napoleon I war er für kurze Zeit im Staatsdienst tätig. 1806-13 war er Inhaber einer Baumwollspinnerei und wurde enorm reich damit. 1812 verkaufte er das Unternehmen und lebte von da an als Spekulant.

1767 – 1832

Say gilt als Begründer der klassischen Nationalökonomie in Frankreich und machte besonders die Lehren von A. Smith, die er verfeinerte und weiter entwickelte, allgemein bekannt. Say ist heute vor allem als „Vater der „Angebotstheorie" bekannt. So hat er sich in seiner „Traité d'Économie Politique" (1807) mit den Folgen einer falschen Steuerpolitik befasst. Wer zu hoch belastet werde, könne weniger Geld ausgeben. Sinke die Nachfrage, sinke auch die Produktion – und das lasse die Steuereinnahmen der Regierung schrumpfen. Umgekehrt heißt das: Senkt der Staat den Steuersatz, steigen Produktionsvolumen und Steuereinnahmen.

Das nach ihm benannte „Say's Law" besagt, dass sich das Angebot stets seine Nachfrage schaffe. Eine nachfragebedingte Arbeitslosigkeit könne es – abgesehen von sehr kurzfristigen Störungen – deshalb nicht geben. Näheres dazu in den Kapiteln 16 und 18 dieses Buches.

Zitat:

„It is better to stick to the facts and their consequences than to syllogisms"

Ausbildung und Beruf

1785-1787 Lehre in England

1787-1794 Tätigkeit bei einer Versicherung in Paris

1819-1831 Professor am Conservatoire National des Arts et Metiers, Paris

1831-1832 Professor am Collège de France, Paris

Werke

1803 Traité d'économie politique, Vol. I. Paris, Chez Rapilly, 1826.

1805 A Treatise on Political Economy, or the production, distribution and consumption of wealth, (englische Übersetzung)

16.6 Zur Vertiefung: Die Kaufkrafttheorie der Löhne

SCHLAGWÖRTER

absolute Einkommenshypothese (S. 293), deflatorische Lücke (S. 305), effektive Arbeitsnachfrage (S. 305), endogene Größe (S. 285), exogene Größe (S. 285), extrapolative Erwartungen (S. 288), inflatorische Lücke (S. 298), Kaufkrafttheorie der Löhne (S. 307), Konsumfunktion (S. 292), kurzfristiges Angebot (S. 286), marginale Konsumneigung (S. 308), notionale Arbeitsnachfrage (S. 305), permanente Einkommenshypothese (S. 293), Rationierung (S. 304), Say's Law (S. 300), Sparfunktion (S. 294), Vollbeschäftigungsangebot (S. 286)

AUFGABEN

1. In A-Land beträgt die Konsumfunktion:

   $C(Y) = 5 + 0{,}75\,Y$

   Die Investitionen liegen bei I = 4.

   a) Wie hoch ist das Gleichgewichtseinkommen?

   b) Nehmen Sie an, dass die Unternehmen sich bei der Produktionsplanung am Vollbeschäftigungsoutput von $Y_V = 40$ orientieren!

   Was ergibt sich durch diese spezielle Angebotsentscheidung für die Volkswirtschaft?

   Zeigen sie daran insbesondere, wie sich „Sparen" aus makroökonomischer Sicht nachteilig auswirken kann!

2. Stellen Sie grafisch den Unterschied zwischen klassischer und keynsianischer Arbeitslosigkeit dar. Welche Therapien sind bei diesen beiden divergierenden Diagnosen angemessen?

3. In B-Land sparen die Haushalte 20 % ihres Einkommens. Wie wirkt es sich auf das Gleichgewichtseinkommen aus, wenn die Investitionen aufgrund eines allgemein steigenden Optimismus der Unternehmer um 1 Mio. € zunehmen?

4. In C-Land ist die Arbeitslosigkeit seit einiger Zeit sehr hoch. Die größte Gewerkschaft des Landes fordert deshalb starke Lohnerhöhungen, da nur so die notwendige Ausweitung der gesamtwirtschaftlichen Nachfrage erreicht werden kann. Unter welchen Voraussetzungen ist das die richtige Therapie und welche Risiken und Nebenwirkungen sind dabei zu beachten?

Kapitel 17

Die Stabilisierungsaufgabe des Staates

Die Selbstheilungskräfte des Marktes können unzureichend sein	315
Wie man mit Staatsausgaben für Vollbeschäftigung sorgen kann	316
Auch mit Steuersenkungen kann man die Wirtschaft beleben	318
Antizyklische Fiskalpolitik und ihre Probleme	320
Die automatischen Stabilisatoren	325
Der Vertrag von Maastricht und der Stabilitäts- und Wachstumspakt	328

Kapitel 17
Die Stabilisierungsaufgabe des Staates

LERNZIELE

- Die Fiskalpolitik kann mit Staatsausgaben und Änderungen der Steuern zu einer Stabilisierung der gesamtwirtschaftlichen Entwicklung beitragen.

- Veränderungen von Staatsausgaben haben einen größeren (Multiplikator-) Effekt als betragsgleiche Veränderungen der Steuern. Dies liegt daran, dass die Privaten ein Teil der ihnen gewährten Steuervergünstigungen sparen.

- Das Problem der antizyklischen Fiskalpolitik besteht darin, dass sie in Rezessions-Phasen leichter realisiert werden kann als in Boom-Perioden. Dies hat in Deutschland (wie in den anderen Ländern) dazu geführt, dass die Staatsverschuldung in der zweiten Hälfte des letzten Jahrhunderts deutlich angestiegen ist.

- Das strukturelle Defizit ist eine wichtige Messgröße für die Fiskalpolitik. Es zeigt, inwieweit die Regierung fiskalpolitisch aktiv in den Wirtschaftsprozess eingreift.

Der Chef der Wirtschaftsweisen: Professor Dr. Wolfgang Wiegard

Wolfgang Wiegard ist seit 1999 Professor für Volkswirtschaftslehre an der Universität Regensburg. Zuvor lehrte er in Tübingen und wiederum in Regensburg. Wiegard, der als „neoklassischer Sozialdemokrat" gilt, ist Vorsitzender des Sachverständigenrats zur Begutachtung der gesamtwirtschaftlichen Entwicklung („fünf Weise") und leitet damit eines der wichtigsten wirtschaftspolitischen Beratungsgremien in Deutschland. Im Mittelpunkt seines Forschungsinteresses stehen Fragen der Finanzwissenschaft. Wolfgang Wiegard wurde am 17. Februar 1946 geboren. Er studierte an der Universität Heidelberg, wo er auch promovierte und habilitierte.

(www-cgi.uni-regensburg.de/Fakultaeten/WiWi/Wiegard/start/de/lehrstuhl/wiegard.htm)

17.1 Die Selbstheilungskräfte des Marktes können unzureichend sein

Mit unserem einfachen makroökonomischen Modell haben wir einen zentralen Schwachpunkt einer Marktwirtschaft identifiziert. Wir haben gesehen, dass es zu Arbeitslosigkeit kommt, wenn die gesamtwirtschaftliche Nachfrage geringer ist als das Vollbeschäftigungs-Angebot. Da insbesondere die Investitionen im Zeitablauf stark schwanken, ist es nicht überraschend, dass man in allen Ländern immer wieder Situationen mit einem Unterbeschäftigungs-Gleichgewicht beobachten kann.

Ein weiteres wichtiges Ergebnis des makroökonomischen Modells lautet, dass die so entstandene *keynesianische Arbeitslosigkeit* nicht einfach durch eine Verminderung des Reallohns aus der Welt geschafft werden kann. Anders als bei einer *klassischen* Arbeitslosigkeit sind die Selbstheilungskräfte des Marktes also nicht in der Lage, die Arbeitslosigkeit zu dezimieren.

Dies führt auf die Stabilisierungsfunktion des Staates zurück, die wir bereits in *Kapitel 10* angesprochen haben. Da eine hohe Arbeitslosigkeit mit politischen, sozialen und fiskalischen Kosten verbunden ist, muss sich der Staat fragen, ob und wie er auf eine solche Störung reagieren soll. Natürlich gilt diese Stabilisierungsaufgabe auch für den entgegengesetzten Störfall einer *positiven Output-Lücke*, die, wie gezeigt, zu Inflation führt und auf diese Weise soziale Kosten hervorruft. In den Vereinigten Staaten hat sich in den sechziger Jahren vor allem *James Tobin* für eine solche antizyklische Fiskalpolitik eingesetzt. Sie finden eine Kurzbiographie des heute wegen der „*Tobin Tax*" wieder sehr populär gewordenen Nobelpreisträgers am Ende des 18. Kapitels.

Da wir uns noch in einer Modellwelt ohne Zinsen befinden, wird hier für die *Fiskalpolitik* dargestellt, wie der Staat und die Fiskalpolitik dazu beitragen kann, dass Output-Lücken möglichst gering bleiben, um so inflatorische wie deflatorische Prozesse zu verhindern. In Deutschland besteht hierzu durch das Stabilitäts- und Wachstumsgesetz ein klarer gesetzlicher Auftrag. In § 1 des Gesetzes heißt es:

„*Bund und Länder haben bei ihren wirtschafts- und finanzpolitischen Maßnahmen die Erfordernisse des gesamtwirtschaftlichen Gleichgewichts zu beachten.*"

Für diese Aufgabe verfügt der Staat über zwei wichtige Handlungsparameter:

- die Staatsausgaben und
- die Steuersätze.

17.2 Wie man mit Staatsausgaben für Vollbeschäftigung sorgen kann

Um gegenüber dem bisher verwendeten Modell möglichst wenig zu ändern, führen wir den Staat jetzt nur in der Weise ein, dass er – wie die Konsumenten oder Investoren – Ausgaben tätigt. Wir sehen also zunächst von Steuern ab. Es liegt nahe, dass der Staat seine Ausgaben dann über Kredite finanzieren muss.

Die gesamtwirtschaftliche Nachfrage wird dann um die Staatsausgaben (G) ergänzt:

(17.1) $\quad Y^n = a + bY + I + G$

Als Ausgangssituation nehmen wir wieder die in *Kapitel 16* beschriebene, negative Output-Lücke in Punkt A mit einem Gleichgewichts-Output von 6 Millionen Euro, der unter dem Vollbeschäftigungs-Output von 8 Millionen Euro liegt (*Schaubild 17.1*). Wie hoch müssen nun die Staatsausgaben sein, wenn man den Vollbeschäftigungsoutput von 8 Millionen Euro erreichen will? Die Lösung kann wiederum grafisch und formal durchgeführt werden.

17.2 Wie man mit Staatsausgaben für Vollbeschäftigung sorgen kann

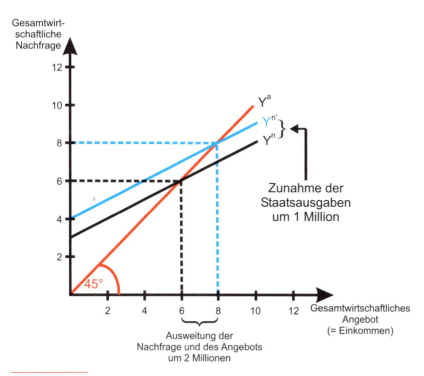

Schaubild 17.1: **Expansive Fiskalpolitik durch höhere Staatsausgaben**

Bei der *grafischen* Darstellung muss die gesamtwirtschaftliche Nachfrage so weit nach oben verschoben werden, bis sie die 45°-Linie in Y^v schneidet. Aus der Gleichung sehen wir, dass sich die Staatsausgaben als Lageparameter auf den y-Achsenabschnitt der gesamtwirtschaftlichen Nachfrage auswirken. Durch Staatsausgaben wird diese Kurve also nach oben verlagert. Aus dem *Schaubild 17.2* können wir ersehen, dass es genügt, die Staatsausgaben in Höhe von 1 Million Euro vorzunehmen, um den Output um 2 zwei Millionen Euro auszuweiten.

Hierbei macht sich wiederum das bereits in *Kapitel 16* angesprochene Prinzip des *Multiplikators* bemerkbar. Die Staatsausgaben haben ebenfalls einen Multiplikator von 2. Dies liegt – wie bei einer Ausweitung der Investitionen – daran, dass es bei der Bewegung des Angebots von 6 auf 8 Millionen Euro auch zu einem um 2 Millionen Euro höheren Einkommen der Haushalte gekommen ist. Bei einer Konsumneigung von 0,5 ergibt sich dabei ein um eine Million Euro höherer Konsum.

Für die formale Lösung errechnen wir zunächst das Gleichgewichtseinkommen Y_0 für eine Modellwelt mit Staatsausgaben. Dazu kombinieren wir die Gleichung (17.1) wieder mit der Gleichung für das kurzfristige Angebot ($Y^a = Y^n$) und lösen das Ganze nach Y_0 auf. Wir erhalten dann:

$$(17.2) \quad Y_0 = \frac{1}{1-b}(a + I + G).$$

Für a = 2, b = 0,5 und I = 1 benötigen wir dann also Staatsausgaben in Höhe von einer Million Euro, um das Vollbeschäftigungseinkommen von 8 Millionen Euro zu realisieren. Wenn wir herausfinden wollen, wie eine Erhöhung der Staatsausgaben auf den Gleichgewichtswert wirkt, müssen wir diese Gleichung nach G ableiten und erhalten dann:

(17.3) $\quad \dfrac{\delta Y_0}{\delta G} = \dfrac{1}{1-b}$

Bei b = 0,5 beträgt der Multiplikator 2, was wir auch schon bei der grafischen Analyse erkannt haben.

Wie kann der Staat seine Ausgaben *finanzieren*? Beim Vollbeschäftigungseinkommen von 8 Millionen Euro geben die Privaten 2 Millionen Euro für den autonomen Konsum und 4 Millionen Euro für den einkommensabhängigen Konsum aus. Sie wollen also 2 Millionen Euro sparen. Die Unternehmen führen Investitionen in Höhe von 1 Million durch, die sie durch Kredite bei den Privaten finanzieren. Damit ist noch 1 Million Euro an privater Ersparnis verfügbar, die für den Kauf von Staatsanleihen verwendet werden kann.

Das Zahlenbeispiel verdeutlicht auch, dass es für den stimulierenden Effekt der Staatsausgaben im Prinzip ohne Bedeutung ist, welche Güter damit gekauft werden. Keynes *(1973, S. 129)* hat das im zehnten Kapitel seiner General Theory etwas überspitzt wie folgt formuliert:

„Wenn sich das Finanzministerium entscheiden würde, alte Flaschen mit Banknoten zu füllen, diese in ausreichender Tiefe in nicht mehr benutzten Kohleminen vergraben ließe, das Ganze mit Müll auffüllte und dann ein privates Unternehmen beauftragte, die Banknoten wieder auszugraben, bräuchte es keine Arbeitslosigkeit mehr zu geben. Durch die damit ausgelösten Effekte wäre das Realeinkommen der Menschen und auch ihr Vermögen um einiges höher als es derzeit ist. Es wäre natürlich sehr viel sinnvoller, Häuser und ähnliches zu bauen. Aber wenn es dabei politische oder praktische Hindernisse gäbe, wäre die oben genannte Lösung besser als nichts." (eigene Übersetzung; P.B.)

17.3   Auch mit Steuersenkungen kann man die Wirtschaft beleben

Wenn wir jetzt in unser Modell auch Steuern einführen, müssen wir uns überlegen, ob wir eine direkte Steuer (z.B. Einkommensteuer) oder eine indirekte Steuer (z.B. Mehrwertsteuer) untersuchen möchten (siehe dazu auch *Kapitel 11*). Wir entscheiden uns für die Einkommensteuer, da ihre makroökonomischen Wirkungen relativ einfach zu beschreiben sind. Wir nehmen dabei zunächst an, dass es sich bei der Steuer um einen festen Betrag (T) handelt, der nicht von der Höhe des Volkseinkommens bestimmt wird. In einer Welt mit Steuer müssen die Haushalte bei ihrer Konsumentscheidung nicht mehr von ihrem Brutto-Einkommen (Y), sondern von ihrem Netto-Einkommen (Y_N) ausgehen:

(17.4) $\quad Y_N = Y - T$

17.3 Auch mit Steuersenkungen kann man die Wirtschaft beleben

Die Konsumfunktion lautet dann also C = C(Y_N) oder konkret:

(17.5) $\quad C = a + b(Y - T)$

Auf der Nachfrageseite haben wir bereits den Konsum des Staates angesprochen (G). Auch hier wird unterstellt, dass diese Größe nicht vom Volkseinkommen abhängt. Außerdem sind nun in den Investitionen (I) auch die Investitionen des Staates enthalten.

Die gesamtwirtschaftliche Nachfrage lautet dann:

(17.6) $\quad Y^n = a + b(Y - T) + G + I$

Für das Gleichgewicht gilt:

(17.7) $\quad Y^0 = Y^a = Y^n$

Das Gleichgewicht liegt dann bei

(17.8) $\quad Y_0 = \frac{1}{1-b}(a - bT + I + G)$

Auch bei diesem finanzpolitischen Instrument ist es wichtig, dass man seinen Einfluss auf die gesamtwirtschaftliche Nachfrage bestimmt. Dazu kann man wieder die Gleichung (*17.8*) nach T ableiten. Man erhält dann:

(17.9) $\quad \dfrac{\delta Y_0}{\delta T} = \left[\dfrac{-b}{(1-b)}\right]$

Da sich b zwischen 0 und 1 bewegt ist der Multiplikator von Steueränderungen also immer geringer als der von veränderten Staatsausgaben ausgehende Impuls. Dies liegt daran, dass zusätzliche Staatsausgaben stets zu 100 % nachfragewirksam sind, während die Haushalte bei einer Steuersenkung stets einen Teil des so verfügbar gemachten Einkommens sparen. Der Multiplikator von Steueränderungen ist daher umso geringer, je höher die Sparquote ist.

Nehmen wir wiederum an, dass die autonomen Investitionen bei 1 Million Euro und der autonome Konsum bei 2 Millionen Euro liegen, b sei wieder 0,5. Die Steuern und die Staatsausgaben sollen ebenfalls eine Euro betragen. Über die Gleichung (*17.8*) erhalten wir dann einen Gleichgewichts-Output von:

(17.10) $\quad 7 = \dfrac{1}{1-0,5}(2 - 0,5 \cdot 1 + 1 + 1)$

Bei einem Vollbeschäftigungs-Output von 8 Millionen Euro besteht also wiederum eine deflatorische Lücke (*Schaubild 17.2*).

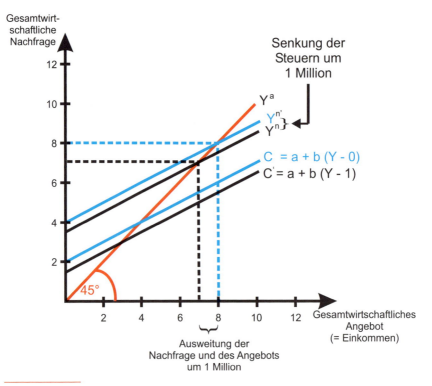

Schaubild 17.2: Expansive Fiskalpolitik durch Steuersenkung

Die Gleichung (*17.9*) zeigt uns, dass die Arbeitslosigkeit beseitigt werden kann, wenn der Staat die Steuern um 1 Million Euro senkt. Der Multiplikator der Steuersenkung ist also genau 1. Dies kann man für b = 0,5 aus Gleichung (*17.9*) leicht nachvollziehen.

Bei Staatsausgaben von 1 Million Euro fehlen dem Staat dann jedoch seine Einnahmen. Wie schon im obigen Beispiel kann das Defizit des Staates durch die Ersparnisse der Haushalte finanziert werden. Diese belaufen sich wiederum auf 2 Millionen Euro, wovon nur 1 Million Euro zur Finanzierung der Investitionen benötigt wird.

17.4 Antizyklische Fiskalpolitik und ihre Probleme

Mit seiner Steuer- und Ausgabenpolitik verfügt der Staat also über sehr wirksame Instrumente zur Stabilisierung des Konjunkturverlaufs. Er ist damit in der Lage, ausgleichend

17.4 Antizyklische Fiskalpolitik und ihre Probleme

zu wirken, wenn die Wirtschaft von positiven oder negativen Nachfrageschocks betroffen wird. Nehmen wir dazu an, dass die Investitionen starke Schwankungen aufweisen: In jedem geraden Jahr liegen sie bei 0,5 Millionen Euro, in jedem ungeraden bei 1,5 Millionen Euro. Die Wirtschaft würde sich dann stets in einer deflatorischen oder einer inflatorischen Lücke befinden (*Schaubild 17.3A*). Wie oben gezeigt, kann der Staat dem entgegenwirken, wenn er in einem ungeraden Jahr 1 Million Euro Steuern fordert und in einem geraden Jahr den Privaten eine negative Steuer (d.h. Transfers) von 1 Million Euro zukommen lässt (*Schaubild 17.3B*). Alternativ könnte er in den ungeraden Jahren die Ausgaben auf 0,5 Millionen Euro senken und sie in den gerade Jahren auf 1,5 Millionen Euro erhöhen (*Schaubild 17.3C*). Mit diesen beiden Strategien wäre es möglich, die Wirtschaft stets in einem Gleichgewicht bei Vollbeschäftigung und ohne inflationäre Spannungen zu halten.

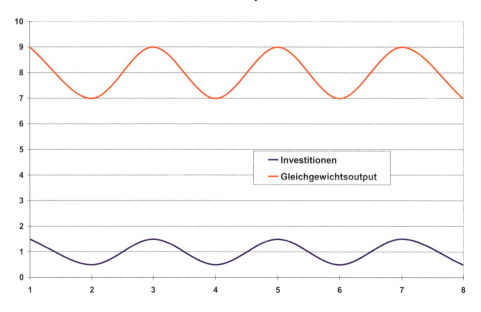

Schaubild 17.3: Antizyklische Fiskalpolitik (Schematisch)

Kapitel 17 – Die Stabilisierungsaufgabe des Staates

B: Antizyklische Steuerpolitik

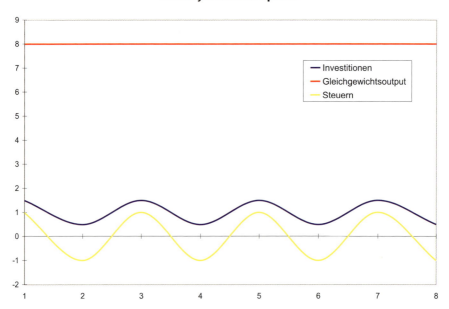

C: Antizyklische Ausgabenpolitik

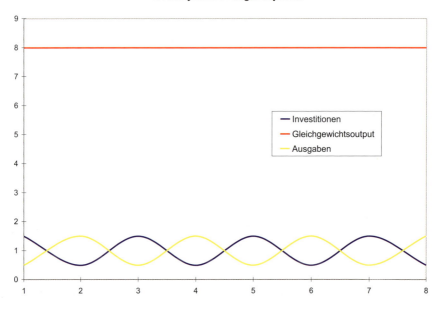

17.4 Antizyklische Fiskalpolitik und ihre Probleme

In den sechziger Jahren träumten viele Ökonomen von einer solchen *Verstetigung* der Wirtschaftsentwicklung durch die Fiskalpolitik. Dieses Denken hat seinen deutlichsten Ausdruck in dem in *Kapitel 14* angesprochenen Stabilitäts- und Wachstumsgesetz gefunden. *Schaubild 17.4* zeigt, dass in der Nachkriegszeit eine staatliche Ausgabenpolitik betrieben wurde, die ganz eindeutig vom Bestreben geprägt war, eine Verstetigung der gesamtwirtschaftlichen Entwicklung zu erreichen.

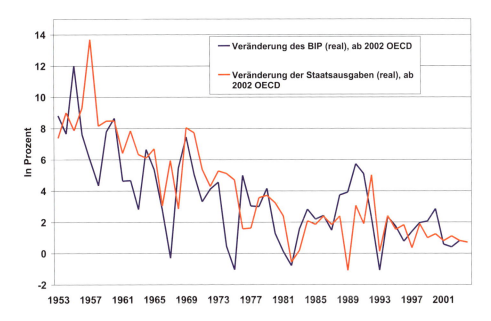

Schaubild 17.4: Antizyklische Fiskalpolitik in der Praxis
Quelle: Daten entnommen aus: Deutsche Bundesbank: 50 Jahre Deutsche Mark, Monetäre Statistiken 1948-1997 auf CD-ROM.

Dies änderte sich jedoch Anfang der achtziger Jahre. Von nun an entwickelten sich die Staatsausgaben mehr oder weniger parallel zur Wirtschaftsentwicklung. Anstelle einer *antizyklischen* wurde eine *prozyklische* Fiskalpolitik verfolgt. Die Ursache hierfür ist darin zu sehen, dass sich in den siebziger Jahren eine zunehmende Staatsverschuldung aufgebaut hatte, die nicht in gleichem Maße fortgeführt werden konnte, ohne die Solidität der öffentlichen Haushalte zu gefährden.

Hierin zeigt sich das grundsätzliche Problem einer antizyklischen Fiskalpolitik. Sie lässt sich in Rezessionsphasen relativ leicht umsetzen. Niemand hat etwas dagegen, wenn ein neues Schwimmbad gebaut wird oder die Steuern gesenkt werden. Im Boom ist es dann jedoch politisch meist sehr schwierig, die dann erforderlichen restriktiven Maßnahmen durchzusetzen. Es müssen dann Beschäftigte im öffentlichen Dienst entlassen, dringend benötigte Baumaßnahmen verschoben oder Steuern erhöht werden. Im Ganzen kann es zu einem kontinuierlichen Anstieg der Staatsverschuldung kommen, die früher oder später untragbar wird.

Genau dies kann man in Deutschland beobachten. Noch bis Anfang der siebziger Jahre war unsere Staatsverschuldung relativ gering. Mit den Rezessionen von 1974/75 und 1980/81 stieg sie deutlich an. Mit der deutschen Vereinigung erhielt sie einen weiteren Schub und liegt seit längerem in einer Größenordnung von rund 60 % des Bruttoinlandsprodukts (*Schaubild 17.5*).

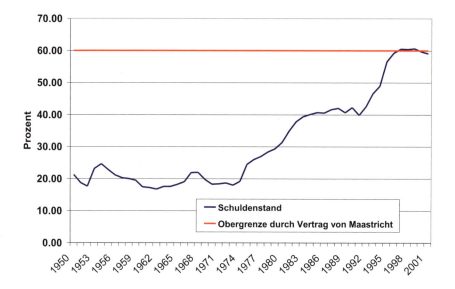

Schaubild 17.5: **Staatsverschuldung in % des Bruttoinlandsprodukts (1950-2001)**

Ein großes Problem für die antizyklische Fiskalpolitik besteht schließlich auch darin, dass es im Voraus oft sehr schwierig ist, eine konjunkturelle Abschwächung zu prognostizieren. Dies wird durch *Tabelle 17.1* verdeutlicht. Sie zeigt die *Prognosen* für das reale Bruttoinlandsprodukt in Deutschland, die in der Gemeinschaftsprognose der sechs führenden Wirtschaftsforschungsinstitute (*Kapitel 1*) im Frühjahr (FP) und im Herbst (HP) erstellt wurde und vergleicht sie mit den tatsächlichen Werten. Daran sieht man, dass die enorme konjunkturelle Abkühlung der deutschen Wirtschaft in den Jahren 2001 bis 2003 überhaupt nicht antizipiert wurde. So erwartete man beispielsweise bei der Frühjahrsprognose 2000 für das Jahr 2001 eine Zuwachsrate von 2,8 %. Am Ende kamen nur 0,6 % heraus.

	2000	2001	2002	2003
FP 2000	2,8	2,8		
HP 2000	2,7	2,6		
FP 2001	3,0	2,1	2,2	
HP 2001	3,0	0,7	1,3	
FP 2002	3,0	0,6	0,6	2,0
HP 2002	2,9	0,6	0,4	1,4
FP 2003	2,9	0,6	0,2	0,5

Tabelle 17.1: Frühjahrsprognose (FP) und Herbstprognose (HP) für das reale Bruttoinlandsprodukt und tatsächliche Werte

17.5 Die automatischen Stabilisatoren

Ein wichtiger, stabilisierender Einfluss geht neben der aktiven Steuerung von Staatsausgaben und Steuern auch von den so genannten automatischen Stabilisatoren aus. Um diese zu verstehen, müssen wir unser Modell nun so umformen, dass die Steuern abhängig vom Einkommen gezahlt werden, wobei t den Steuersatz bezeichnet. Es gilt also:

(17.11) $\quad T = tY$

Das verfügbare Einkommen beläuft sich dann auf:

(17.12) $\quad Y_N = Y - tY$

Der Konsum beträgt also:

(17.13) $\quad C = a + b(Y - tY)$

Die gesamtwirtschaftliche Nachfrage lautet dann:

(17.14) $\quad Y^n = a + b(Y - tY) + I + G$

Im Gleichgewicht mit $Y^n = Y^a$ gilt dann:

(17.15) $\quad Y_0 = \frac{1}{1 - b + bt}(a + I + G)$

Für einen Steuersatz von 0,25 und Staatsausgaben in Höhe von 2 Millionen € ergibt sich dann ein Gleichgewicht von

(17.16) $8 = \dfrac{1}{1 - 0{,}5 + 0{,}5 \cdot 0{,}25}(2 + 1 + 2)$

Die Wirtschaft würde sich also im Zustand der Vollbeschäftigung befinden. Mit Steuereinnahmen und Staatsausgaben in Höhe von jeweils 2 Millionen Euro wäre der Staatshaushalt im Gleichgewicht.

Was geschieht nun im Fall eines Nachfrageschocks, z.B. wenn die Investitionen auf Null zurückgehen? Aus Gleichung *(17.15)* können wir errechnen, dass das Gleichgewichtseinkommen auf 6,4 Millionen Euro sinkt. Die Steuereinnahmen betragen dann nur noch 0,25 mal 6,4 Millionen Euro, d.h. 1,6 Millionen Euro. Bei unveränderten Ausgaben ergibt sich jetzt ein Defizit von 0,4 Millionen Euro. Umgekehrt würde bei einem Anstieg der Investitionen auf 2 Millionen Euro das Gleichgewichtseinkommen auf 9,6 Millionen Euro ansteigen, die Steuereinnahmen beliefen sich dann auf 2,4 Millionen Euro. Jetzt käme es also zu einem Überschuss im Staatshaushalt von 0,4 Millionen Euro.

Wie das *Schaubild 17.6* verdeutlicht, kann es also durch konjunkturelle Schocks zu Schwankungen der Neuverschuldung des Staates kommen, ohne dass dazu durch politische Entscheidungen die Staatsausgaben oder Steuersätze verändert werden müssen.

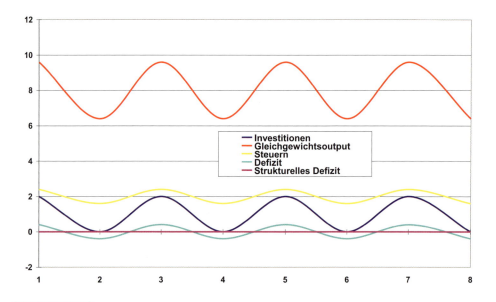

Schaubild 17.6:   Automatische Stabilisatoren (schematisch)

17.5 Die automatischen Stabilisatoren

Da in diesem Fall die Verschuldung antizyklisch variiert wird, spricht man von „automatischen Stabilisatoren". In der Realität zählen hierzu nicht nur die Steuereinnahmen, sondern auch die Staatsausgaben. Vor allem die Ausgaben für die Arbeitslosigkeit schwanken konjunkturell sehr stark. Es würde also gelten G = G(Y). Aus Gründen der Vereinfachung haben wir diese Effekte nicht in der Gleichung (*17.11*) berücksichtigt.

Für die Analyse der Finanzpolitik ist es wichtig, die Effekte von Politikänderungen und automatischen Stabilisatoren auseinanderzuhalten. Man verwendet dazu das Messkonzept des *„strukturellen Defizits"* (BS^S). Dieses ermittelt den Budgetsaldo immer unter der Annahme der Vollbeschäftigung:

(17.17) $\quad BS^S = G - tY^V$

während der (unbereinigte) Budgetsaldo von den tatsächlichen Einnahmen ausgeht:

(17.18) $\quad BS = G - tY$

Der Vorteil des strukturellen Defizits besteht dabei darin, dass es nur von Politik-Änderungen (t bzw. G) beeinflusst wird. Man kann daran also ablesen, in welchem Umfang eine Regierung *aktiv* auf die Wirtschaftslage Einfluss nimmt. In *Schaubild 17.6* erkennen wir an der rosafarbenen Linie, dass das strukturelle Defizit trotz konjunktureller Schwankungen unverändert bleibt.

Die konkreten Werte für das tatsächliche und strukturelle Defizit in Deutschland werden in *Schaubild 17.7* dargestellt. Wie man erkennt, verzeichneten die öffentlichen Haushalte über den gesamten Betrachtungszeitraum Defizite. Die Ausgaben überstiegen also stets die Einnahmen. Eine Ausnahme bildet das Jahr 2000, in dem der Staat durch die Versteigerung der UMTS-Mobilfunklizenzen einmalige Einnahmen in Höhe von 102 Mrd. DM/51 Mrd. Euro zu verzeichnen hatte. Das Schaubild zeigt, dass es vor allem durch die deutsche Einheit in den Jahren 1990 bis 1992 zu einer massiven Ausweitung des strukturellen Defizits gekommen ist. Dieses Ungleichgewicht konnte im Laufe der Neunziger nur ganz allmählich reduziert werden. Sehr nah am Ziel eines strukturell ausgeglichenen Haushalts war Deutschland im Jahr 1999. Vor allem infolge einer fehlerhaften Steuerreform im Jahr 2000 brachen dem Staat die Einnahmen weg, so dass die Konsolidierungserfolge schnell wieder verloren waren. In den Jahren 2002 und 2003 konnte die deutsche Fiskalpolitik die 3%-Defizitgrenze des Vertrags von Maastricht (siehe *17.6*) nicht mehr einhalten.

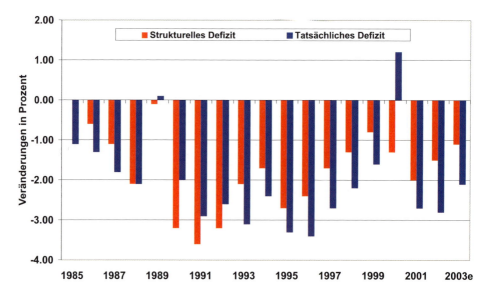

Schaubild 17.7: Tatsächliches und strukturelles Defizit in Deutschland
Quelle: OECD, Economic Outlook, December 2002

17.6 Der Vertrag von Maastricht und der Stabilitäts- und Wachstumspakt

Der Vertrag von Maastricht wurde im Jahr 1992 unterzeichnet. Er bildete die rechtliche Grundlage für die Schaffung einer Europäischen Währungsunion. Unter dem Eindruck der Anfang der neunziger Jahre teilweise sehr hohen Staatsverschuldung zahlreicher europäischer Länder, hatten sich die Regierungen damals darauf verständigt, dass für die Mitgliedsländer relativ strikte Obergrenzen für die Neuverschuldung und den Schuldenstand gelten sollen. Diese fanden durch den Vertrag von Maastricht Eingang in den EG-Vertrag.

In Artikel 104 des EG-Vertrages verpflichten sich die Staaten, *„übermäßige Defizite"* zu vermeiden. Dafür wurde ein Referenzwert für die Neuverschuldung in Höhe von 3 % des Bruttoinlandsprodukts und für den Schuldenstand eine Höhe von 60 % des Bruttoinlandsprodukts festgelegt. Beide Referenzwerte wurden als Durchschnittswerte des Jahres 1990 bestimmt. Sie sind also nicht Ausdruck einer wissenschaftlich fundierten Analyse über die Tragfähigkeit der öffentlichen Verschuldung.

Mit dem *Stabilitäts- und Wachstumspakt* wurden im Jahr 1997 noch engere Grenzen für die Staatsverschuldung gezogen. Er verpflichtet alle Mitgliedsstaaten auf das „mittelfristige Ziel eines nahezu ausgeglichenen Haushalts". Die Länder sind dabei verpflichtet, jedes Jahr ein *Stabilitätsprogramm* vorzulegen, in dem sie verdeutlichen müssen, wie sie dieses Ziel erreichen wollen. Das zweite wichtige Element des Pakts sind Sanktionen für den Fall eines übermäßigen Defizits. Diese waren bereits im Vertrag von Maastricht vorgesehen, sie wurden im Stabilitäts- und Wachstumspakt aber erheblich verschärft. Die Sanktionen sehen vor, dass ein Land, das die Budgetgrenzen überschreitet, zunächst verwarnt wird („blauer Brief"). Kommt es daraufhin zu keiner Korrektur, kann das Land verpflichtet werden, unverzinsliche Einlagen bei der EZB zu halten. Diese können bei einer anhaltenden Verletzung auch in eine Geldbuße umgewandelt werden. Ausführlicher informiert darüber die *Box 17.1*.

BOX 17.1 DAS BUNDESFINANZMINISTERIUM ZUM STABILITÄTS- UND WACHSTUMSPAKT

1. Was ist der Stabilitäts- und Wachstumspakt?

Der Stabilitäts- und Wachstumspakt ist ein zentrales Instrument zur Sicherung der ökonomischen Basis für das Funktionieren der Wirtschafts- und Währungsunion (WWU).[1] Mit Hilfe des Paktes werden die EU-Mitgliedsstaaten zu einer stabilitätsorientierten Finanzpolitik angehalten, um im Zusammenspiel mit der auf Preisstabilität ausgerichteten Geldpolitik der Europäischen Zentralbank (EZB) die Voraussetzungen für ein starkes, nachhaltiges und der Schaffung von Arbeitsplätzen förderliches Wachstum zu gewährleisten. Insbesondere Deutschland als traditionell stabilitätsorientiertes Land hat die Initiative für den Pakt ergriffen und sich maßgeblich für ihn eingesetzt. Aber auch andere kleinere Mitgliedstaaten haben den Pakt nachdrücklich befürwortet. Alle Mitgliedstaaten haben ihm zugestimmt.

2. Was hat der Stabilitäts- und Wachstumspakt mit den *Konvergenzkriterien* zu tun?

Eine notwendige Voraussetzung für die Teilnahme an der Währungsunion war die Erfüllung der Konvergenzkriterien durch die Mitgliedstaaten. Im EG-Vertrag wurden vier Kriterien festgelegt:

- Erreichung einer Inflationsrate, die um nicht mehr als 1,5%-Punkte über dem Ergebnis derjenigen – höchsten drei – Mitgliedstaaten mit der niedrigsten Inflation liegt;

- Eine auf Dauer tragbare Finanzlage der öffentlichen Hand, ersichtlich aus einer öffentlichen Haushaltslage ohne übermäßiges Defizit im Sinne des Artikels 104, Abs. 6 EG-Vertrag: 3% für das Verhältnis des gesamtstaatlichen Defizits zum Bruttoinlandsprodukt (BIP) und 60% für das Verhältnis der öffentlichen Gesamtverschuldung zum BIP;

- Einhaltung der normalen Bandbreiten des Wechselkursmechanismus des Europäischen Währungssystems seit mindestens zwei Jahren ohne Abwertung gegenüber der Währung eines anderen Mitgliedstaates;

- Durchschnittliche langfristige Zinssätze, die um nicht mehr als 2%-Punkte über dem Ergebnis derjenigen – höchstens drei – Mitgliedstaaten mit der niedrigsten Inflation liegen.

Da durch die Währungsunion die Geldpolitik für alle Teilnehmer an der Wirtschafts- und Währungsunion vereinheitlicht wurde, die Finanz- und Haushaltspolitik aber weiterhin in nationaler Verantwortung liegt, entsteht zwangsläufig ein Spannungsfeld zwischen supranationaler Geld- und Währungspolitik einerseits und nationaler Wirtschafts- und Finanzpolitik andererseits. Um mögliche Spannungen und daraus folgende realwirtschaftliche Verwerfungen (z.B. Auswirkungen auf die Handelsströme und die Wettbewerbsfähigkeit) zu vermeiden, bedarf es klarer „fiskalischer Spielregeln". Der EG-Vertrag verlangt deshalb eine „Dauerhaftigkeit" der erreichten Konvergenzleistungen.

Jedoch wurden die Regelungen in Art. 104 EGV als präzisierungsbedürftig angesehen, um die Dauerhaftigkeit der Konvergenz auch effizient durchzusetzen. Deshalb wurde der Stabilitäts- und Wachstumspakt vereinbart. Innerhalb des Stabilitäts- und Wachstumspaktes bleiben die Kriterien für die finanzwirtschaftliche Stabilität weiterhin gültig. In Bezug auf eine drohende oder tatsächliche Verletzung insbesondere des 3%-Kriteriums sieht der Pakt ein Frühwarnsystem (Early Warning) bzw. ein Sanktionssystem (innerhalb des Defizitverfahrens) vor. Der Stabilitäts- und Wachstumspakt geht damit qualitativ über die Einhaltung der festgelegten fiskalischen Referenzwerte für den Eintritt in die Währungsunion hinaus.

3. Was ist ein übermäßiges Defizit? Wie misst man es?

Im Sinne des Stabilitäts- und Wachstumspakts bzw. der Maastricht-Kriterien bedeutet ein übermäßiges (gesamtstaatliches) Defizit[2] einen Finanzierungssaldo von mehr als -3% des Bruttoinlandsprodukts.

Spielt die konjunkturelle Lage eine Rolle bei der Bewertung?

Für die Frage, ob ein übermäßiges Defizit vorliegt oder nicht, werden konjunkturelle Faktoren ausgeblendet. Nur das nominale Defizit ist hierbei relevant. Einzige Ausnahme ist das Bestehen einer tief greifenden Rezession, welche definiert ist als Rückgang des realen Bruttoinlandsprodukts um mindestens 2% (innerhalb eines Jahres). Für die Bewertung der Haushaltslage allgemein und insbesondere die Abgabe von Empfehlungen durch den ECOFIN-Rat werden alle wirtschaftlichen Rahmenbedingungen herangezogen.

4. Was passiert, wenn eine Überschreitung der 3%-Defizitobergrenze droht? Was ist eine Frühwarnung und was ein Blauer Brief?

Auf der Grundlage von Angaben der teilnehmenden Mitgliedstaaten (halbjährlich im März und September) sowie Bewertungen durch die Kommission und den Wirtschafts- und Finanzausschuss verfolgt der ECOFIN-Rat die Umsetzung der Stabilitätsprogramme, insbesondere um zu ermitteln, ob die Haushaltslage von dem im Stabilitätsprogramm vorgesehenen mittelfristigen Haushaltsziel oder vom entsprechenden Anpassungspfad erheblich abweicht oder abzuweichen droht.

Stellt der Rat ein erhebliches Abweichen fest, so richtet er als „frühzeitige Warnung" vor dem Entstehen eines übermäßigen Defizits gemäß Art. 104 Abs. 4 EG eine Empfehlung an den betreffenden Mitgliedstaat, die notwendigen Anpassungsmaßnahmen zu ergreifen. Die Entscheidung erfolgt im ECOFIN-Rat mit qualifizierter Mehrheit.

Der in Art. 6 Abs. 2 der Verordnung 1466/97 genannte Begriff der „frühzeitigen Warnung" und der Begriff „Blauer Brief" werden in der öffentlichen Debatte oftmals synonym verwendet. Dabei existiert die Bezeichnung „Blauer Brief" nur in Deutschland, vermutlich weil er an die Schreiben „Versetzung gefährdet" aus der Schule erinnern soll. Eine Frühwarnung gegenüber Deutschland wurde bisher nicht ausgesprochen.

5. Was ist das Defizitverfahren? Wer leitet es ein?

Das Initiativrecht zur Einleitung des Defizitverfahrens liegt bei der EU-Kommission. Notwendig sind belastbare Hinweise auf ein tatsächliches Erreichen bzw. Überschreiten der 3%-Defizitgrenze. Auf der Grundlage eines Berichts der Kommission nach Art. 104 Abs. 3 sowie einer Stellungnahme und Empfehlung an den Rat nach Art. 104 Abs. 5 entscheidet der ECOFIN-Rat, ob ein „übermäßiges Defizit" im Sinne des Artikels 104 EG-Vertrag besteht. Ein Defizitverfahren läuft folgendermaßen ab:

1. Schritt: Die Kommission erstellt einen Bericht, in dem sie die Hintergründe für die Einleitung des Defizitverfahrens erläutert (Art. 104 Abs. 3). Der Bericht wird im Wirtschafts- und Finanzausschuss (WFA) beraten. Zugleich gibt der WFA eine Stellungnahme ab. Diese Stellungnahme wird an den Rat der Wirtschafts- und Finanzminister weitergeleitet.

2. Schritt: Der ECOFIN-Rat entscheidet mit qualifizierter Mehrheit über das Bestehen eines übermäßigen Defizits (Art. 104 Abs. 6). Gleichzeitig mit einer positiven Beschlussfassung richtet der Rat Empfehlungen an das betreffende Mitgliedsland (Art. 104 Abs.7) und setzt ihm eine Frist von höchstens 4 Monaten für das Ergreifen wirksamer Maßnahmen (Art. 3 Abs. 4 der VO 1467/97). Diese Frist kann ggf. verkürzt werden. Ferner wird eine Frist für die Korrektur des übermäßigen Defizits gesetzt. Diese Korrektur sollte in dem Jahr erreicht werden, das auf die Feststellung des übermäßigen Defizits folgt.

3. Schritt: Das Land hat nun innerhalb der gesetzten Frist Zeit, wirksame Maßnahmen zu ergreifen. Wird den Empfehlungen durch den Mitgliedstaat nicht gefolgt, so stellt der Rat dies fest und veröffentlicht ggf. seine Empfehlungen (Art. 104 Abs. 8).

4. Schritt: Innerhalb eines Monats nach der Feststellung kann der Rat den Mitgliedstaat mit der Maßgabe in Verzug setzen, innerhalb einer weiteren Frist von 2 Monaten Maßnahmen zur Sanierung des erforderlichen Defizitabbaus zu treffen (Art. 104 Abs. 9).

5. Schritt: Falls das betreffende Land diesem Beschluss nicht Folge trägt, so kann der Rat wahlweise oder kumulativ folgende Maßnahmen ergreifen: Von dem Mitgliedsland wird verlangt, vor der Emission von Schuldverschreibungen und sonstigen Wertpapieren vom Rat näher zu bezeichnende zusätzliche Angaben zu veröffentlichen, die Europäische Investitionsbank wird ersucht, ihre Darlehenspolitik gegenüber dem Land zu überprüfen, von dem Mitgliedstaat wird eine unverzinsliche Einlage bis zur Korrektur des übermäßigen Defizits verlangt, es werden Geldbußen in angemessener Höhe verhängt.

> Quelle: Bundesministerium der Finanzen, Frequently Asked Questions (FAQs) zum Stabilitäts- und Wachstumspakt, *www.bundesfinanzministerium.de/Europa-und-internationale-Beziehungen/Europa-und-internationale-Beziehungen-.373.16334/.htm*
>
> 1. Der Stabilitäts- und Wachstumspakt besteht aus drei Rechtsgrundlagen: Der Entschließung des Europäischen Rates vom 17. Juni 1997 über den Stabilitäts- und Wachstumspakt aus Anlass der Annahme des Vertrages von Amsterdam. Der Verordnung Nr. 1466/97 über den Ausbau der haushaltspolitischen Überwachung und der Überwachung und Koordinierung der Wirtschaftspolitiken. Der Verordnung Nr. 1467/97 über die Beschleunigung und Klärung des Verfahrens bei einem übermäßigen Defizit vom 07. Juli 1997. Durch die Verordnung Nr. 1466/97 werden auf Grundlage des Artikels 99 EG-Vertrag die Vorgaben und das Verfahren der multilateralen Überwachung der Finanzpolitik der Mitgliedsstaaten präzisiert und das so genannte „Frühwarnsystem" geregelt, um erhebliche Abweichungen vom mittelfristigen Haushaltsziel zu vermeiden. Die Verordnung 1467/97 erläutert ferner das Verfahren bei einem „übermäßigen Defizit", gestützt auf Artikel 104 EG-Vertrag.
> 2. Grundlage für die Berechnung sind die Zahlen der Volkswirtschaftlichen Gesamtrechnungen (VGR). Das gesamtstaatliche Defizit setzt sich zusammen aus den Finanzierungssalden der Haushalte von Bund, Ländern und Gemeinden sowie der Sozialversicherungen.

Der Stabilitäts- und Wachstumspakt wurde konzipiert, um zu verhindern, dass es wegen übermäßiger Defizite in einzelnen Ländern zu inflationären Spannungen kommt. Dahinter stand die Vorstellung, dass hohe Staatsausgaben zu einem inflationären Gleichgewicht führen können. Dies ist zweifellos möglich. Man muss dazu nur einmal in *Kapitel 17.2* die Staatsausgaben von 1 Million auf 2 Millionen Euro erhöhen und schon hat man ein Outputniveau von 10 Millionen Euro, das über dem Vollbeschäftigungsgleichgewicht liegt. Wenn Sie noch genauer wissen wollen, wie das auf die Inflationsrate wirkt, müssen Sie sich noch bis zum *Kapitel 21* gedulden.

Aus heutiger Sicht besteht das Problem des Paktes darin, dass es in den Ländern, die wie Deutschland und Frankreich nicht in der Lage sind die Defizit-Grenze einzuhalten, keinerlei inflationäre Tendenzen gibt – eher das Gegenteil. Die schlechte Haushaltslage ist dabei nicht durch eine exzessive Ausgabenpolitik bedingt, sondern durch ein sehr schwaches Wachstum, das zu unzureichenden Einnahmen führt. Im Fall Deutschland kann man das daran erkennen, dass das strukturelle Defizit die 3 %-Marke bisher noch nicht überschritten hat. Zwingt man nun diese Länder, ihre Haushalte trotz schlechter Konjunktur zu konsolidieren, dann bleibt ihnen nichts anderes übrig, als eine prozyklische Politik zu betreiben. So kann man am Beispiel Deutschlands sehen, dass für 2003 das strukturelle Defizit zurückgeführt wird, obwohl sich die konjunkturelle Situation ausgesprochen ungünstig darstellte.[1]

---

1 Siehe dazu ausführlicher Bofinger (2002)

17.6 Der Vertrag von Maastricht und der Stabilitäts- und Wachstumspakt

SCHLAGWÖRTER

automatische Stabilisatoren (S. 326), antizyklische Fiskalpolitik (S. 320), Multiplikator (S. 317), prozyklische Fiskalpolitik (S. 323), Staatsausgaben (S. 316), Stabilitäts- und Wachstumspakt (S. 328), Stabilitätsprogramm (S. 329), Steuern (S. 316), strukturelles Defizit (S. 328), übermäßiges Defizit (S. 329), Vertrag von Maastricht (S. 328)

AUFGABEN

1. In A-Land beträgt die Konsumfunktion:

$C(Y) = 5 + 0{,}75\,Y$

Die Investitionen liegen bei I = 4, das Vollbeschäftigungseinkommen betrage $Y^V = 40$.

a) Wie hoch müssen die Staatsausgaben sein, damit es zur Vollbeschäftigung kommt?

b) Wie hoch müssten staatliche Transfers an die Bürger von A-Land sein, um dasselbe Ziel zu erreichen?

c) Woran liegt es, dass die staatlichen Aufwendungen bei b) höher ausfallen als bei a)?

2. Die Volkswirtschaft von B-Land wird durch folgendes Gleichungssystem beschrieben:

(1) $C(Y) = 200 + 0{,}8\,Y^N$ (Konsumfunktion)

(2) $Y_N = Y - T$ (Verfügbares Einkommen)

(3) $T = 0{,}25\,Y$ (Steuern)

(4) $Y = C(Y_N) + \bar{I} + \bar{G}$ (gesamtwirtschaftliche Nachfrage)

Die autonomen Staatsausgaben betragen G = 150; Die autonomen Investitionen betragen I = 50.

a) Berechnen Sie das gleichgewichtige Einkommen!

b) Unterstellen Sie ein Unterbeschäftigungsgleichgewicht! Im Rahmen des Einkommen-Ausgaben-Modells führen sowohl Erhöhungen von $\bar{G}$ als auch von $\bar{I}$ zu Erhöhungen des Einkommens. Leiten Sie den Investitions- und Staatsmultiplikator formal her!

c) Erläutern Sie unter Verwendung einer geometrischen Reihe den Multiplikatorprozess!

d) Unterstellen Sie, dass das gleichgewichtige Einkommen bei $Y_0 = 1000 < Y^V = 1020$ liegt!

e) Skizzieren Sie die in d) beschriebene deflatorische Lücke in einem 4-Quadranten-Schema bestehend aus Arbeitsmarkt, gesamtwirtschaftlicher Produktionsfunktion und Gütermarkt! Benennen Sie den Entstehungsgrund einer deflatorischen Lücke im Rahmen des Einkommen–Ausgaben-Modells!

f) Berechnen Sie die Outputlücke, unterstellen Sie hierbei, dass das Gleichgewichtseinkommen Y_0 bei 1.000 € liegt. Um wieviel muss die Staatsnachfrage G steigen, damit wieder das Vollbeschäftigungseinkommen von Y^V = 1.020 € erreicht wird?

g) Welche Effekte gehen von einer Erhöhung der Staatsausgaben um acht Geldeinheiten auf den staatlichen Budgetsaldo aus? Berechnen Sie ebenfalls den konjunkturbereinigten Budgetsaldo! Zeigen Sie, dass es hierbei teilweise zu Selbstfinanzierungseffekten kommen kann! Bestimmen Sie ebenfalls die Höhe des Budgetsaldos sowohl vor als auch nach der Erhöhung der Staatsausgaben!

3. Diskutieren Sie die Vor- und Nachteile des Stabilitäts- und Wachstumspaktes für die Mitgliedsländer der Europäischen Union. Vergleichen Sie den Stabilitäts- und Wachstumspakt mit der Intention des Stabilitäts- und Wachstumsgesetzes.

Kapitel 18

Wie der Wirtschaftsprozess durch die Notenbank stabilisiert werden kann

Überblick	**337**
Das Zinsniveau ist eine wichtige Determinante der gesamtwirtschaftlichen Nachfrage	**338**
Die Notenbank kann die gesamtwirtschaftliche Nachfrage mit ihrer Zinspolitik steuern	**347**
Die Praxis der Geldpolitik ist sehr viel komplexer als unser Modell	**350**
Ergänzend: Der Zinsmechanismus in der Welt der klassischen Ökonomen	**352**

Kapitel 18
Wie der Wirtschaftsprozess durch die Notenbank stabilisiert werden kann

LERNZIELE

- Die Geldpolitik ist das zweite große Aktionsfeld der Makroökonomie. Die Notenbank kann das Zinsniveau steuern und übt damit einen starken Einfluss auf die Ertragslage und das Investitionsverhalten der Unternehmen aus.

- Dieser Einfluss der Zinspolitik resultiert zum einen daraus, dass die Investitionsnachfrage einen negativen Zusammenhang zum Zinsniveau aufweist. Außerdem kommt es aufgrund des „leverage-Effekts" dazu, dass sich Änderungen der kurzfristigen Zinsen unmittelbar auf die Eigenkapitalrendite der Unternehmen auswirken.

- Damit lässt sich in diesem Kapitel eine vom Zinssatz abhängige gesamtwirtschaftliche Nachfragekurve herleiten. Diese bildet den Handlungsspielraum der Notenbank ab.

- Die Notenbank kann mit ihren Instrumenten das Zinsniveau bestimmen. Die Zinspolitik wird grafisch als eine horizontale Zinslinie abgebildet. Die optimale Zinspolitik sorgt dafür, dass die Output-Lücke gleich Null ist.

- In der Realität ist das Geschäft der Geldpolitik erheblich schwieriger als in diesem sehr vereinfachten Modellrahmen. Insbesondere muss die Notenbank auch die Auswirkungen auf die Inflationsrate berücksichtigen (*Kapitel 21*).

- Sie können die in diesem Kapitel beschrieben Zusammenhänge auch mit dem Modell „Makro Kapitel 18" nachvollziehen, dass Sie in der CD-ROM finden.

Der Chefvolkswirt der EZB: Professor Dr. Dr. h.c. mult Otmar Issing

Otmar Issing ist seit 1998 Chef-Ökonom der Europäischen Zentralbank. Davor war er in der gleichen Position im Direktorium der Deutschen Bundesbank tätig (1990-1998). Issing wurde 1936 in Würzburg geboren. Er hat dort auch studiert, promoviert und habilitiert. Nach einem Ruf an die Universität Nürnberg im Jahr 1967 kehrte er 1973 als Professor nach Würzburg zurück, wo er bis 1990 lehrte. Professor Issing war auch Mitglied des Sachverständigenrats (1988-1990). Sein wissenschaftlicher Schwerpunkt liegt auf dem Gebiet der Geld- und Währungspolitik. Seine Lehrbücher zur Geldtheorie und Geldpolitik erfreuen sich einer großen Beliebtheit. Issing ist ein prononcierter Vertreter einer monetaristisch ausgerichteten Geldpolitik *(www.ecb.int/about/cvissing.htm)*

18.1 Überblick

Um uns im nicht ganz übersichtlichen Terrain der Makroökonomie zurechtzufinden, haben wir in den drei vorangegangenen Kapiteln eine einfache Landkarte entwickelt. Mit Ausnahme des Reallohns bildete sie nur *Mengengrößen* (Beschäftigung, Volkseinkommen, Investitionen, Staatsausgaben, gesamtwirtschaftliches Angebot und gesamtwirtschaftliche Nachfrage) ab. Trotz dieser starken Vereinfachung konnten wir damit bereits wichtige volkswirtschaftliche Zusammenhänge verdeutlichen. So ließ sich zeigen, dass es in einer Marktwirtschaft zu Arbeitslosigkeit oder inflationären Spannungen kommen kann, wenn sich die Unternehmen bei ihren Angebotsentscheidungen ausschließlich an der aktuellen Nachfragesituation ausrichten. Da die Selbstheilungskräfte des Marktes hier überfordert sind, braucht man eine staatliche Nachfragepolitik, um eine deflatorische oder inflatorische Lücke zu schließen.

In diesem Kapitel werden wir mit dem Zins eine wichtige Steuerungsgröße für makroökonomische Prozesse kennen lernen. Wir werden dabei wie folgt vorgehen:

- In *18.2* beschreiben wir zunächst zwei zentrale Wirkungskanäle, über die sich Zinsänderungen auf die gesamtwirtschaftliche Nachfrage auswirken. Auf diese Weise können wir dann eine vom Zinssatz abhängige gesamtwirtschaftliche Nachfragekurve herleiten.
- In *18.3* wird dann die Notenbank als Akteur in das makroökonomische Geschehen eingeführt. Mit ihrer Zinspolitik kann sie die gesamtwirtschaftliche Nachfrage steuern und so – ähnlich wie die Fiskalpolitik – zu einer Stabilisierung des Wirtschaftsprozesses beitragen.

Zur Vereinfachung gehen wir in diesem Kapitel einfach davon aus, dass der Zins von der Notenbank gesteuert werden kann. *Wie* dies konkret geschieht und um welchen Zinssatz es sich dabei handelt, werden wir dann im nächsten Kapitel erfahren.

18.2 Das Zinsniveau ist eine wichtige Determinante der gesamtwirtschaftlichen Nachfrage

Wenn wir uns die Entwicklung des realen BIP in Deutschland ansehen, können wir erkennen, dass jede Rezession von einem deutlichen Anstieg des Zinsniveaus ausgelöst wurde (*siehe Schaubild 14.6*). Dieser starke Einfluss der Zinsen auf die wirtschaftliche Aktivität kann mit zwei unterschiedlichen Theorieansätzen erklärt werden:

- der traditionellen Theorie der Investitionsnachfrage und
- der neueren Theorie des Bilanzkanals („Balance sheet channel").

18.2.1 Die traditionelle Theorie der Investitionsnachfrage

In der Investitionsplanung spielt der Zinssatz eine zentrale Rolle. Nehmen wir an, ein Wirt plant eine Ausweitung seines Bierkellers, die ihn 500.000 € kostet. Er erwartet, dass er dadurch in den nächsten zehn Jahren zusätzliche Einzahlungen in Höhe von 120.000 € pro Jahr tätigen kann, seine zusätzlichen Auszahlungen belaufen sich auf 30.000 €. Das Projekt bringt ihm also einen Einzahlungsüberschuss von 90.000 €. Soll er die Investition durchführen? Aus der betriebswirtschaftlichen Finanzierungsrechnung wissen wir, dass man dazu den Kapitalwert ermitteln muss. Dazu subtrahiert man die Anfangsauszahlung von der Summe der Barwerte, wie in Gleichung (*18.1*) dargestellt. Dieses Verfahren erlaubt es, die in verschiedenen Perioden anfallenden Zahlungen vergleichbar zu machen, indem sie auf die Gegenwart abgezinst („abdiskontiert") weden. Wenn der Wirt für seine Investition einen Kredit aufnehmen muss, der zu 8 % verzinst wird, kann er den Kapitalwert seiner Investition wie folgt errechnen[1]:

$$(18.1) \quad Kapitalwert = -500000 + 90000\frac{1}{1{,}08} + 90000\frac{1}{1{,}08^2}$$
$$+ 90000\frac{1}{1{,}08^3} + \ldots + \ldots + 90000\frac{1}{1{,}08^{10}} \approx 104000$$

---

[1] Allgemein wird der Kapitalwert einer Zahlungsreihe mit einer Anschaffungsauszahlung (a_0) und laufenden Einzahlungsüberschüssen (e_t-a_t) wie folgt berechnet:

$$K = -a_0 + \sum_{t=1}^{n} (e_t - a_t)\left(\frac{1}{1+i}\right)^t$$

Der zur Abzinsung verwendete Diskontierungsfaktor wird hierbei auch i bezeichnet.

Der Kapitalwert ist also positiv, d.h. es lohnt sich für den Wirt, den Bierkeller zu erweitern. Auch bei einem Zinssatz von 10 % ist der Kapitalwert mit 53.000 € noch im grünen Bereich, bei 12 % ist dieser mit 8.000 € schon nicht mehr berauschend und bei 14 % mit einem negativen Kapitalwert von 31.000 € lässt der Wirt am besten alles beim Alten.

Es gibt natürlich in einer Volkswirtschaft stets viele Unternehmen, die vor einer Investitionsentscheidung stehen. Sie werden – hoffentlich – nach demselben Verfahren ermitteln, ob ein geplantes Projekt rentabel ist oder nicht. Man könnte nun für alle diese Vorhaben den Zinssatz ermitteln, bei dem der Barwert gerade noch der Anfangsauszahlung entspricht. Den so ermittelten Wert bezeichnet man in der Betriebswirtschaftslehre als „*internen Zinsfuß*", in der Volkswirtschaft spricht man von der „*Grenzleistungsfähigkeit des Kapitals*". Bei unserem Wirt ist das übrigens ein Zinssatz von genau 12,4 %. In einem zweiten Schritt könnte man dann alle Investitionsprojekte nach ihrem internen Zinsfuss sortieren und sie dann wie in *Schaubild 18.1* darstellen.

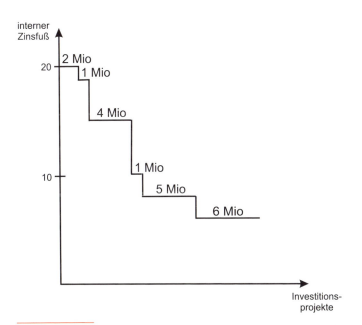

Schaubild 18.1: **Investitionsprojekte in Abhängigkeit vom internen Zinsfuß**

Es unterstellt, dass es in der Volkswirtschaft bei einem Zinssatz von 20 % rentable Projekte in Höhe von 2 Millionen Euro gibt, bei 19 % sind es 3 Millionen Euro, bei 15 % kommt man auf 7 Millionen Euro; Projekte mit einem Volumen von 8 Millionen Euro lohnen sich bei 10 %, bei 8 % sind es 13 Millionen Euro und bei 6 % kommt man auf 19 Millionen Euro. Wenn man davon ausgeht, dass alle Projekte kreditfinanziert werden, hängt die tatsächliche Investitionsaktivität allein vom Kreditzins ab.

Das in einer Volkswirtschaft vorherrschende Zinsniveau hat also einen wichtigen Einfluss auf die Investitionstätigkeit. Die Volkswirtschaftslehre bildet den hier beispielhaft be-

schriebenen Zusammenhang mit der Investitionsfunktion ab, bei der die Investitionstätigkeit einen negativen Zusammenhang zum Kreditzinssatz aufweist. Vereinfacht kann man dies mit folgender Gleichung beschreiben:

(18.2) $I = d - n \cdot i$

Ähnlich wie die Nachfragefunktion (*Kapitel 5*) unterstellt die Investitionsfunktion, dass es bei einem Zinssatz von Null „eine Sättigungsmenge" gibt, d.h. ein maximal durchführbares Investitionsvolumen in Höhe von d. Mit einem steigenden Zinssatz geht dann die Investitionsmenge kontinuierlich zurück.

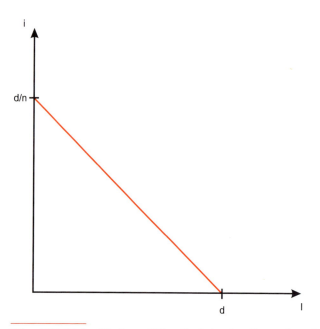

Schaubild 18.2: **Die Investitionsfunktion in allgemeiner Form**

Trotz seiner Popularität leidet der gesamte Ansatz unter einem gravierenden Problem. Es ist für Investoren keinesfalls zwingend, bei temporär höheren Zinsen auf ein an sich rentables Investitionsprojekt zu verzichten. So lange sich ihnen die Möglichkeit einer kurzfristigen Finanzierung bietet, sind sie grundsätzlich in der Lage eine zeitweilige Hochzinsphase einfach zu „untertunneln". So wäre es für unseren Wirt rentabel, die ersten drei Jahre einen Zinssatz von 15 % zu zahlen, wenn er in den folgenden Jahren nur noch mit Zinsen von 8 % rechnen muss; der Kapitalwert beliefe sich dabei auf 14.000 €. Zudem ist die Unsicherheit der meisten Investitionsprojekte sehr hoch. Unser Wirt wird sich also ohnehin nur für die Erweiterung begeistern, wenn sie ihm eine Mindestrendite von etwa 10 % bringt. Diese Probleme werden deutlich, wenn man den Versuch unternimmt, eine Investitionsfunktion für Deutschland grafisch abzubilden (*Schaubild 18.3*). Die Investitionen werden dabei als Abweichung des Investitionsvolumens von seinem Trend dargestellt. Als

Zinssatz wird der reale Kapitalmarktzins genommen (siehe dazu *Kapitel 21*). Man sieht an diesem „Scatter-Diagramm", dass der Zusammenhang zwischen diesen beiden Größen nicht besonders gut ist.

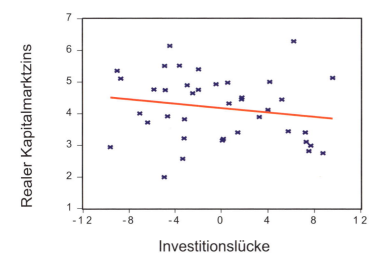

Schaubild 18.3: **Eine empirische Investitionsfunktion (1956-1994)***
* **Die Investitionen wurden spezifiziert als Bruttoausrüstungsinvestitionen.**
Quelle: Deutsche Bundesbank: 50 Jahre Deutsche Mark, Monetäre Statistiken 1948-1997 auf CD-ROM.

18.2.2 Der Einfluss der Zinsen auf die Unternehmensbilanzen

Aufgrund dieses Defizits des traditionellen Ansatzes wurde in den letzten Jahren mit dem „Bilanzkanal" („balance sheet channel") ein zweiter zinspolitischer Transmissionskanal entwickelt. Die Grundlage hierfür bietet der aus der betriebswirtschaftlichen Literatur vertraute „*Leverage-Effekt*". Er besagt, dass es einem Unternehmen möglich ist, immer dann seine Eigenkapitalrendite durch die Aufnahme von Fremdkapital zu verbessern, wenn die Fremdkapitalrendite geringer ist als die Rendite des Gesamtkapitals.[2] Entscheidend ist hierfür der allgemeine Zusammenhang zwischen Gesamt-, Fremd- und Eigenkapitalrendite:

$$(18.3) \quad r_{GK} = r_{EK}\frac{EK}{GK} + r_{FK}\frac{FK}{GK}$$

---

[2] Für die makroökonomische Diskussion mag es offen bleiben, ob eine solche Verbesserung tatsächlich zu erreichen ist. In der betriebswirtschaftlichen Literatur wird diese Fragestellung im Rahmen des „*Modigliani-Miller-Theorems*" analysiert.

Die Gesamtkapitalrendite (r_{GK}) ist demnach also ein gewogenes arithmetisches Mittel aus der Eigenkapitalrendite (r_{EK}) und der Fremdkapitalrendite (r_{FK}), wobei diese jeweils mit dem Anteil des Eigen- bzw. des Fremdkapitals am Gesamtkapital gewichtet werden.

Man kann obige Gleichung nun nach der Eigenkapitalrendite auflösen und erhält:

$$(18.4) \quad r_{EK} = r_{GK}\frac{GK}{EK} - r_{FK}\frac{FK}{EK}$$

Da sich das Gesamtkapital aus dem Eigen- und dem Fremdkapital zusammensetzt, kann man den Term r_{GK}(GK/EK) auch darstellen als:

$$(18.5) \quad r_{GK}\frac{GK}{EK} = r_{GK}\frac{EK}{EK} + r_{GK}\frac{FK}{EK}$$

Setzt man dies in Gleichung (18.4) ein, erhält man:

$$(18.6) \quad r_{EK} = r_{GK} + (r_{GK} - r_{FK})\frac{FK}{EK}$$

Der „leverage-Effekt" zeigt sich also daran, dass man bei $r_{GK} > r_{FK}$ die Möglichkeit hat, die Eigenkapitalrendite durch eine Ausweitung der Fremdfinanzierung, d.h. FK/EK steigt, „hochzuhebeln".

BOX 18.1: EIN BEISPIEL FÜR DEN „LEVERAGE-EFFEKT"

Ein Wirt hat ein Lokal, das er mit eigenen Mitteln finanziert hat. Der Wert des Lokals betrage 1 Million Euro. Der jährliche Gewinn liegt bei 100.000 €. Die Gesamtkapitalrendite liegt also bei 10 %. Da kein Fremdkapital eingesetzt wird, ist das Gesamtkapital mit dem Eigenkapital identisch. Die Eigenkapitalrendite liegt also ebenfalls bei 10 %.

Nehmen wir an, dass der Wirt Fremdkapital zu 7 % erhalten kann. Es besteht für ihn dann die Möglichkeit, ein zusätzliches Lokal für 1 Million Euro zu kaufen, von dem wir annehmen, das es dieselbe Gesamtkapitalrendite erzielt.

Für das jetzt aus zwei Lokalen bestehende „Unternehmen" beträgt die Gesamtkapitalrendite ebenfalls 10 % (d.h. 200.000 € Gewinn auf 2 Millionen Euro Kapital). Die Fremdkapitalrendite beläuft sich auf 7 % (d.h. 70.000 € auf 1 Million Euro). Um die Eigenkapitalrendite zu errechnen, muss man jetzt die Fremdkapitalzinsen vom Gewinn abziehen. Es verbleiben dann noch 130.000 €. Bezogen auf das unveränderte Eigenkapital von 1 Million Euro ergibt sich nun eine Eigenkapitalrendite von 13 %. Dieses „Hochhebeln" der Eigenkapitalrendite bezeichnet man als „Leverage Effekt".

Unterstellen wir nun einmal vereinfachend, dass die Notenbank „den" Kreditzins perfekt steuern kann. Gehen wir weiterhin davon aus, dass sie, um eine überhitzte Konjunktur zu dämpfen, diesen Zins von 7 % auf 11 % erhöht. Für unseren Wirt kehrt sich jetzt der „Leverage Effekt" in sein Gegenteil um. Für das Fremdkapital muss er nun 110.000 € bezahlen. Von seinem Gewinn verbleiben ihm also nur noch 90.000 €, womit seine Eigenkapitalrendite von 13 % auf 9 % sinkt.

Aktiva		Passiva	
Sachvermögen	2.045	Eigenmittel	732
Forderungsvermögen, davon		Fremdmittel, davon	
Kassenmittel	*168*	*kurzfristige Verbindlichkeiten*	*1.989*
kurzfristige Forderungen	*1.266*	*langfristige Verbindlichkeiten*	*706*
langfristige Forderungen	*99*	*Rückstellungen*	*816*
Wertpapiere	126	Rechnungsabgrenzungsposten	13
Beteiligungen	544		
Rechnungsabgrenzungsposten	17		
Aktiva insgesamt	**4.265**	**Passiva insgesamt**	**4.265**

Tabelle 18.1: Bilanz der Unternehmen in Deutschland im Jahr 2000 (in Mio. DM)
Quelle: Deutsche Bundesbank

Für die Geldpolitik ist dieser Zusammenhang nun deshalb interessant, weil die Fremdkapitalrendite ja nichts anderes als die Kreditzinsen darstellt, von denen wir wissen, dass sie von der Notenbank einigermaßen gut gesteuert werden können. Eine Hochzinspolitik hat in diesem Modellrahmen also den entscheidenden Effekt, dass r_{FK} nach oben getrieben wird, wodurch die Eigenkapitalrendite vermindert wird. Bei sehr hohen Zinsen kann es auch dazu kommen, dass an sich profitable Unternehmen eine negative Eigenkapitalrendite ausweisen; sie machen also Verluste. Es ist nahe liegend, dass eine Notenbank über den Bilanzkanal vor allem dann starke Effekte auf die Unternehmen ausüben kann, wenn:

- diese einen hohen Verschuldungsgrad (FK/EK) aufweisen; *Tabelle 18.1* zeigt, dass die Eigenkapitalquote der deutschen Unternehmen mit 17 % sehr gering ist, und
- die Verschuldung vor allem kurzfristig ist, so dass sich eine restriktive Zinspolitik auf einen sehr hohen Teil des Fremdkapitals auswirkt.

Die Auswirkungen des Bilanzkanals auf die Unternehmenspolitik sind sehr viel direkter und umfassender als die der traditionellen Theorie der Investitionsnachfrage. Wenn ein Unternehmen Verluste ausweisen muss (oder einen stark sinkenden Jahresüberschuss), wird es ihm sehr viel schwerer fallen, überhaupt neue Kredite von den Banken zu bekommen, die sich bei ihrer Kreditvergabe sehr stark an solchen Bilanzkennzahlen ausrichten. Ein „Untertunneln" ist dann von vornherein nicht mehr möglich.

Formal kann man aber den Einfluss des Bilanzkanals in gleicher Weise abbilden wie die traditionelle Theorie der Investitionsnachfrage. Es kommt wiederum dazu, dass die Investitionstätigkeit abnimmt, wenn die Zinsen steigen. Der Einfluss der Zinsen auf das Investitionsverhalten wird dadurch jedoch verstärkt. Man spricht deshalb auch vom „*financial accelerator*". Eine Hochzinspolitik wirkt dabei nicht nur auf neue Investitionsprojekte, sondern auch auf die gesamte Unternehmenspolitik. In einer Situation mit Verlusten ist das Management bestrebt, seine Kosten zu reduzieren. Dies führt zu Entlassungen, zur Stornierung von Aufträgen und zu einem geringeren Unternehmenskonsum (z.B. Spesen

für Geschäftsessen). Da damit die Einnahmen anderer Unternehmen vermindert werden, sinkt so auch die Gesamtkapitalrendite in der Volkswirtschaft. Die Hochzinspolitik erfasst somit das wirtschaftliche Geschehen auf breiter Front.

18.2.3 Wir können jetzt die gesamtwirtschaftliche Nachfrage in Abhängigkeit vom Zinssatz bestimmen

Wir können nun unsere gesamtwirtschaftliche Nachfragefunktion um die zinsabhängigen Investitionen ergänzen. Zur Vereinfachung halten wir uns wieder an die *Modellwelt ohne den Staat*, die wir in *Kapitel 16* dargestellt haben. Dazu setzen wir anstelle eines konstanten Investitionsvolumens von I eine zinsabhängige Investitionsfunktion mit den konkreten Werten:

(18.7) $\quad I = 10 - 2i$

Das von uns bisher unterstellte Investitionsvolumen in Höhe von 1 Million Euro entspricht dann einem Zinssatz von 4,5 %. Wir können die gesamtwirtschaftliche Nachfrage im Y^a-Y^n-Diagramm auch für andere Zinsniveaus abbilden. Für einen Zinssatz von beispielsweise 4 % beträgt das Investitionsvolumen 2 Millionen Euro. Dementsprechend verschiebt sich die Nachfragekurve nach oben. Wir erkennen dabei, dass sich auch das Gleichgewichtseinkommen erhöht. Es steigt entsprechend dem Multiplikator um 2 Millionen Euro auf 8 Millionen Euro und entspricht dann gerade dem Vollbeschäftigungsoutput. Bei einem Zinssatz von 3,5 % besteht bereits eine inflatorische Lücke mit einem Investitionsvolumen von 3 Millionen Euro und einem Gleichgewichtseinkommen von 10 Millionen Euro.

Wir erkennen also, dass die gesamtwirtschaftliche Nachfrage steigt, wenn das Zinsniveau abnimmt. Diesen Zusammenhang können wir nun ebenfalls grafisch abbilden (*Schaubild 18.4*). Wir müssen dazu nur die bereits ermittelten Werte für den Zins und die gesamtwirtschaftliche Nachfrage in ein Diagramm übertragen, das auf der y-Achse den Zins und auf der x-Achse die gesamtwirtschaftliche Nachfrage abbildet. Für ein Zinsniveau von 4,5 % erhalten wir einen Gleichgewichtsoutput von 6 Millionen Euro. Wir können dies als Punkt A im i/Y-Diagramm abbilden. Punkt B entspricht der Kombination von 4 % Zins und einem Output von 8 Millionen Euro. Punkt C ergibt sich bei 3,5 % Zinsen und einem Output von 10 Millionen Euro. Wenn wir diese Punkte verbinden, erhalten wir die vom Zins abhängige gesamtwirtschaftliche Nachfrage.

Da wir uns hier weiterhin in der Welt von Keynes befinden, wissen wir, dass sich das gesamtwirtschaftliche Angebot stets an die so bestimmte Nachfrage anpasst und dass damit jeder Wert für die gesamtwirtschaftliche Nachfrage auch einem Wert für das Gleichgewichtseinkommen entspricht. In vielen Lehrbüchern wird diese Kurve auch als „*IS-Kurve*", (I = S-Kurve) bezeichnet. Man will damit zum Ausdruck bringen, dass alle Punkte auf der Kurve ein Gleichgewicht auf dem Gütermarkt darstellen. Von *Kapitel 16.4.2* wissen wir, dass eine solche Situation auch dadurch gekennzeichnet ist, dass die Investitionspläne (I) den Sparplänen (S) entsprechen.

Formal kann man das Gleichgewichtseinkommen wie folgt herleiten (zur Vereinfachung sehen wir hierbei vom Staat ab). Die gesamtwirtschaftliche Nachfrage lautet:

(18.8) $\quad Y^n = a + bY + (d - ni)$

Das kurzfristige gesamtwirtschaftliche Angebot ist wie bisher:

(18.9) $\quad Y^a = Y^n$

Für den Gleichgewichtsoutput $Y_0 = Y^a = Y^n$ erhalten wir dann:

(18.10) $\quad Y_0 = \dfrac{1}{(1-b)}[a + (d - ni)]$

Die im i/Y-Diagramm abgebildete, vom Zinssatz abhängige gesamtwirtschaftliche Nachfrage, die im Gleichgewicht dem Angebot entspricht, erhalten wir, wenn wir diese Gleichung nach i auflösen:

(18.11) $\quad i = \dfrac{1}{n}(a + d) - \left[\dfrac{(1-b)}{n}\right] Y$

Die negative Steigung ist umso ausgeprägter,

- je höher die Sparquote ist, denn diese steht im Zähler der Steigung. Mit steigendem n wird jedoch der Bruch kleiner, zumal n im Nenner steht.

- je höher der Einfluss von Zinsänderungen auf die Investitionen (n) ausfällt.

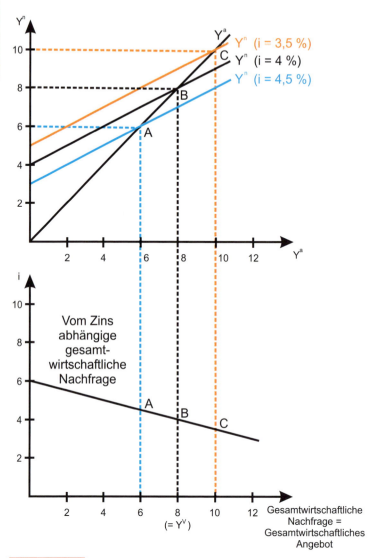

Schaubild 18.4: **Die gesamtwirtschaftliche Nachfrage wird vom Zinsniveau bestimmt**

18.3 Die Notenbank kann die gesamtwirtschaftliche Nachfrage mit ihrer Zinspolitik steuern

Da die gesamtwirtschaftliche Nachfrage vom Zinsniveau bestimmt wird, kommt der Geldpolitik eine entscheidende Rolle in der Makroökonomie zu. Wie wir im nächsten Kapitel sehen werden, kann die Notenbank mit ihren Instrumenten die Kreditzinsen der Banken recht gut beeinflussen und somit also das Niveau der zinsabhängigen Investitionen und das der Gesamtnachfrage insgesamt steuern. Grafisch kann man die Zinspolitik der Notenbank als eine horizontale Linie in das i/Y-Diagramm einzeichnen (*Schaubild 18.5*).

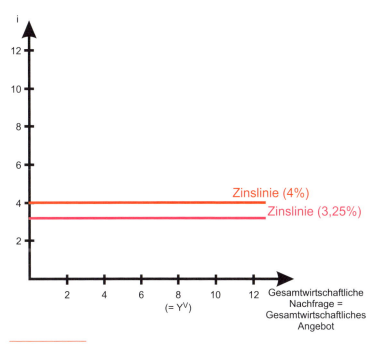

Schaubild 18.5: **Die Zinslinie der Notenbank**

Die Zinsniveaus, die die EZB seit Beginn ihrer Tätigkeit angesteuert hat, werden in *Schaubild 18.6* abgebildet.

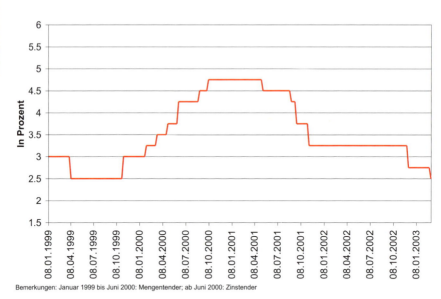

Bemerkungen: Januar 1999 bis Juni 2000: Mengentender; ab Juni 2000: Zinstender

Schaubild 18.6: **Die Leitzinsen der EZB seit 1999 (Zinssatz für das Hauptrefinanzierungsinstrument)**
Quelle: Zeitreihendatenbank der EZB

Welche Aufgaben ergeben sich daraus für die Notenbank? Da unser Modell von den makroökonomischen Zielen bisher nur das Ziel der Vollbeschäftigung, d.h. eines Outputs in Höhe des Produktionspotenzials, und damit implizit das eines stetigen Wachstums enthält, besteht die Aufgabe der Geldpolitik darin, den Output mit ihrer Zinspolitik möglichst nahe am Produktionspotenzial zu halten.

Unter den gegebenen Voraussetzungen besteht die optimale Politik dann darin, dass die Notenbank einen Zinssatz von 4 % ansteuert. Wie wir bereits gesehen haben, ergibt sich dann ein Investitionsvolumen von 2 Millionen Euro und es wird der Vollbeschäftigungs-Output erreicht (*Schaubild 18.7*)

18.3 Die Notenbank kann die gesamtwirtschaftliche Nachfrage steuern

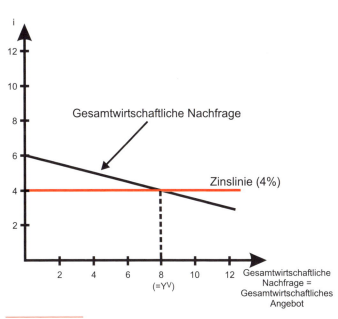

Schaubild 18.7: **Die optimale Zinspolitik**

Ganz ähnlich wie die Fiskalpolitik ist also auch die Geldpolitik in der Lage, mit ihrem Handlungsparameter-Zins die gesamtwirtschaftliche Entwicklung zu steuern und sie damit bei auftretenden Schocks zu stabilisieren. Wir können uns das für *Schocks* beim privaten Verbrauch näher ansehen. Beginnen wir mit einer *negativen* Störung, bei der z.B. der autonome Konsum von 2 Millionen Euro auf 1 Million Euro zurückgeht (*Schaubild 18.8*).

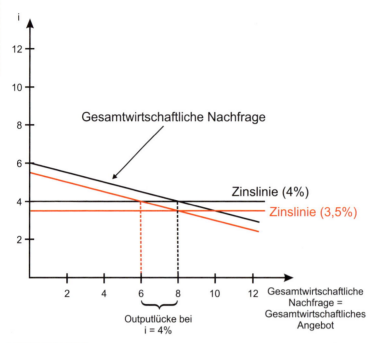

Schaubild 18.8: **Die optimale Zinspolitik bei einem Nachfrageschock**

Bei einem unveränderten Zinssatz von 4 % würde sich ein Gleichgewichtseinkommen von 6 Millionen Euro einstellen. Aufgrund der deflationären Lücke käme es zu Arbeitslosigkeit, das Ziel der Vollbeschäftigung würde verletzt. Die Notenbank kann nun darauf reagieren, indem sie den Zinssatz auf 3,5 % reduziert. Die zinsabhängigen Investitionen steigen um 1 Million Euro und kompensieren so den Nachfrageschock.

Bei einem *positiven* Nachfrageschock, z.B. einem Anstieg des autonomen Konsums von 2 auf 3 Millionen Euro, käme es bei einem konstanten Zinssatz von 4 % zu einer *inflationären Lücke*. Das Gleichgewichtseinkommen ist jetzt mit 10 Millionen Euro um 2 Millionen Euro zu hoch. In diesem Fall besteht die optimale Politik darin, dass die Notenbank das Zinsniveau auf 4,5 % anhebt. Aus Gründen der Übersichtlichkeit haben wir diesen Schock nicht in dem *Schaubild 18.8* dargestellt.

18.4 Die Praxis der Geldpolitik ist sehr viel komplexer als unser Modell

Wir können mit diesem einfachen Modell erste grundlegende Wirkungszusammenhänge gut beschreiben, es sollte dabei aber nicht der Eindruck entstehen, dass sich das Geschäft der Geldpolitik darauf beschränkt, auf einer Nachfragekurve die Zins-Output-Kombination zu wählen, die mit Vollbeschäftigung einhergeht. Es ist vor allem zu berücksichtigen, dass für die

Notenbank das Ziel der Geldwertstabilität mindestens ebenso wichtig ist, wie das der Vollbeschäftigung. Wir werden dafür ein etwas komplexeres Modell in *Kapitel 21* diskutieren.

Schon jetzt sei darauf hingewiesen, dass sich in der Praxis der Geldpolitik eine Reihe schwieriger Probleme stellen, die vor allem daraus resultieren, dass die Volkswirtschaft noch immer nicht sehr gut über den *Transmissionsprozess* der Geldpolitik informiert ist, d.h. also über den Mechanismus, der für das Durchwirken zinspolitischer Impulse auf den Output, das Preisniveau und die Beschäftigung verantwortlich ist:[3]

- Es ist nicht sicher, ob es neben dem in der zinsabhängigen Nachfragekurve beschriebenen Zusammenhang nicht auch noch andere theoretische Wirkungszusammenhänge für die Geldpolitik gibt. So wird in den letzten Jahren z.B. auch ein Wirkungskanal der Zinspolitik über die Aktienmärkte diskutiert. Man bezeichnet dies als *Modellunsicherheit*.

- Es stellt sich für die Notenbank die Schwierigkeit, dass sie die genaue Lage der zinsabhängigen Nachfragekurve ebenso wenig kennt wie ihre Steigung, d.h. dass sie den genauen Effekt von Zinsänderungen auf die Nachfrage nicht ermitteln kann. Man spricht hier von *Diagnoseunsicherheit*. Diese bezieht sich auch auf die *Wirkungsverzögerungen* (time-lags) der Geldpolitik. In unserem einfachen Modell haben wir angenommen, dass die Zinspolitik unmittelbar auf die Nachfrage wirkt, d.h. ohne jede Zeitverzögerung. Intensive Studien, die der Nobelpreisträger Milton Friedman für die Vereinigten Staaten in den fünfziger und sechziger Jahren angestellt hat, kamen zu dem Ergebnis, dass man es in der Geldpolitik mit langen und variablen Wirkungsverzögerungen zu tun hat; eine Kurzbiographie von Milton Friedman finden Sie am Ende des 19. Kapitels. Der Befund eines sehr variablen Transmissionsprozesses hat sich auch für Euroland bestätigt. Die Europäische Zentralbank ist bei neueren Untersuchungen zu dem Ergebnis gekommen, dass die Wirkungsverzögerung zinspolitischer Maßnahmen auf das reale Wirtschaftswachstum rund ein halbes Jahr beträgt; bei der Preisentwicklung zeigen sich die Effekte erst nach sechs Quartalen. Dabei ist die Unsicherheit der Schätzergebnisse ausgesprochen hoch.

Viele Ökonomen raten daher ganz von einer aktivistischen Geldpolitik ab. Hierzu zählen vor allem jene Geldtheoretiker, die sich als *Monetaristen* bezeichnen und die anstelle einer Zinssteuerung eine Steuerung der Geldmenge empfehlen. Dieses von Friedman entwickelte Konzept war Anfang der siebziger Jahre weltweit stark in Mode gekommen. Es hat sich jedoch in keinem Land wirklich bewährt. Deshalb verfolgen heute alle Notenbanken eine Politik der Zinssteuerung wie wir sie hier in sehr vereinfachter Form beschrieben haben. *Schaubild 18.6* zeigt, dass es für Notenbanken keine Alternative zu einer aktiven Steuerung des Zinses gibt. Würde sich eine Notenbank für eine Politik des konstanten Zinssatzes entscheiden, hätte dies bei Nachfrage-Schocks destabilisierende Effekte. In unserem Zahlenbeispiel würde der Output bei einem konstanten Zinsniveau von 4% zwischen 6 und 10 Millionen Euro schwanken.

---

[3] Eine ausführliche Diskussion des geldpolitischen Transmissionsprozesses findet man in Bofinger (2001).

18.5 Ergänzend: Der Zinsmechanismus in der Welt der klassischen Ökonomen

Das Kontrastprogramm zu der hier dargestellten Zinstheorie ist die Modellwelt der klassischen Ökonomen. Sie abstrahiert völlig von der Notenbank und geht davon aus, dass der Zinssatz auf dem Kapitalmarkt bestimmt wird. Dabei unterstellt sie, dass die Unternehmen grundsätzlich den Vollbeschäftigungsoutput produzieren. Das *Angebot* auf dem Kapitalmarkt ist dann die geplante Ersparnis der Haushalte beim Vollbeschäftigungseinkommen. Dabei wird unterstellt, dass die Ersparnis und damit auch der Konsum zinsabhängig sind. Die *Nachfrage* am Kapitalmarkt ergibt sich aus den geplanten Investitionen der Unternehmen, die jetzt ebenfalls als zinsabhängig angesehen werden. Durch den Zinssatz am Kapitalmarkt kann es dann stets zu einem Ausgleich von geplanten Investitionen und geplanter Ersparnis beim Vollbeschäftigungsoutput kommen (*Schaubild 18.9*).

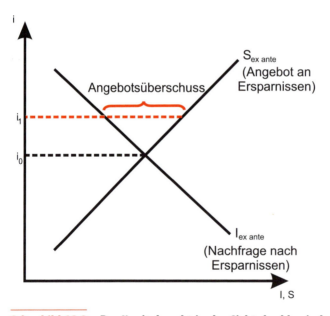

Schaubild 18.9: Der Kapitalmarkt in der Sicht der klassischen Ökonomen

Keynes hält dieser Argumentation entgegen, dass es durch vermehrte „Sparpläne" allein noch zu keinem zusätzlichen Angebot auf dem Kapitalmarkt kommen muss. Man kann sich leicht für den Extremfall vorstellen, dass alle geplanten Ersparnisse in Bargeld oder unverzinslichen Sichtguthaben gehalten werden. In der Situation einer solchen „*Liquiditätsfalle*" (Keynes) ist der Effekt einer zusätzlichen Ersparnis auf den Kapitalmarkt und das Zinsniveau gleich Null (Keynes 1936, S. 167, S. 175, S. 177). Für Keynes hängt der Zins am Kapitalmarkt deshalb allein davon ab, ob die Wirtschaftssubjekte ihre Ersparnisse eher längerfristig oder eher kurzfristig (d.h. in der Form von Geld) anlegen:

„Der Zinssatz ist nicht der ‚Preis', der die Nachfrage nach Investitionen mit der Bereitschaft zum Konsumverzicht ins Gleichgewicht bringt. Er ist der ‚Preis', der die Nachfrage nach Zahlungsmitteln mit der verfügbaren Menge an Zahlungsmitteln in Einklang bringt." (Keynes 1936, S. 167)

BOX 18.2 DIE EUROPÄISCHE ZENTRALBANK

Während die Fiskalpolitik weitgehend in den Händen der Bundesregierung und der Landesregierungen liegt, wird die Geldpolitik ausschließlich auf europäischer Ebene betrieben. Dies liegt daran, dass Deutschland sich Anfang 1999 an der Europäischen Währungsunion beteiligt hat (mit damals 10 und heute 11 anderen Mitgliedsländern der Europäischen Union). Ein solches Arrangement ist dadurch gekennzeichnet, dass die teilnehmenden Staaten:

- über eine gemeinsame Währung verfügen und
- alle geldpolitischen Befugnisse auf eine supranationale Institution übertragen werden.

Damit gibt es innerhalb der Währungsunion einheitliche Zinssätze (sofern die Schuldner über eine vergleichbare Bonität verfügen).

Für den institutionellen Rahmen der Europäischen Währungsunion ist das *Europäische System der Zentralbanken* (ESZB) zuständig. Es setzt sich zusammen aus:

- der Europäischen Zentralbank (EZB), die in Frankfurt am Main ansässig ist, und
- den nationalen Zentralbanken (NZBen) aller 15 EU-Mitgliedsstaaten.

Für die Geldpolitik zuständig ist jedoch das enger abgegrenzte „*Eurosystem*", in dem neben der EZB nur die Notenbanken vertreten sind, die sich aktiv an der Währungsunion beteiligen und den Euro als ihre Währung verwenden. Dänemark, Großbritannien und Schweden sind also zwar Mitglieder des ESZB, sie nehmen jedoch nicht am Eurosystem teil. Wenn man also häufig salopp von der „Europäischen Zentralbank" spricht, meint man in der Regel das Eurosystem.

Für die geldpolitischen Entscheidungen des Eurosystems ist der *EZB-Rat* zuständig. Er besteht aus den sechs Mitgliedern des Direktoriums der EZB und den zwölf Notenbank-Präsidenten der an der Währungsunion teilnehmenden EU-Notenbanken. Dieses Gremium beschließt also insbesondere über:

- die allgemeine geldpolitische Strategie,
- die dazu einzusetzenden Instrumente,
- die Höhe der Leitzinsen (20.6) und
- gegebenenfalls über Interventionen am Devisenmarkt.

Zur Kommunikation mit der Öffentlichkeit wird insbesondere ein monatliches Bulletin erstellt sowie eine monatliche Pressekonferenz abgehalten.

Das in Frankfurt am Main residierende *Direktorium* besteht aus dem Präsidenten, dem Vizepräsidenten und vier weiteren Mitgliedern, die alle aus dem Kreis von in Währungs- oder Bankfragen anerkannten und erfahrenen Persönlichkeiten ausgewählt wurden. Sie werden einvernehmlich durch die Regierungen der Mitgliedstaaten auf der Ebene der Staats- und Regierungschefs auf Empfehlung des EU-Rats, der hierzu das Europäische Parlament und den EZB-Rat anhört, ernannt. Dieses Gremium hat die Aufgabe, die Geldpolitik gemäß den Leitlinien und Entscheidungen des EZB-Rats auszuführen. Deutschland ist dort durch Professor Dr. Otmar Issing vertreten. Er ist als Chef-Volkswirt der EZB vor allem für die Zinspolitik und allgemein für die geldpolitische Strategie der EZB zuständig. Vor seiner Tätigkeit bei der EZB war Professor Issing Chef-Volkswirt der Deutschen Bundesbank. Er lehrte auch lange Zeit an der Universität Würzburg.

Neben diesen beiden Organen existiert auch noch der Erweiterte Rat. Dieser setzt sich aus dem Präsidenten und dem Vizepräsidenten der EZB sowie den Präsidenten der NZBen aller 15 Mitgliedstaaten zusammen. Er wirkt nur bei Entscheidungen mit, die keine geldpolitische Relevanz haben, z.B. der Gewinnverteilung der EZB oder der Festlegung der Beschäftigungsbedingungen für das Personal der EZB.

Entscheidend für die stabilitätsorientierte Ausrichtung der Europäischen Geldpolitik ist die *politische Unabhängigkeit* des Eurosystems. D.h. für die geldpolitischen Entscheidungen dürfen weder die EZB (oder eine nationale Notenbank) noch ihre Repräsentanten Weisungen von dritter Seite einholen oder entgegennehmen. Die Organe und Einrichtungen der Gemeinschaft sowie die Regierungen der Mitgliedstaaten dürfen nicht versuchen, die Mitglieder der Beschlussorgane der EZB oder der NZBen bei der Wahrnehmung ihrer Aufgaben zu beeinflussen. Ein wichtiges Element der Unabhängigkeit sind die langen Amtszeiten der Zentralbankpräsidenten sowie der Mitglieder des Direktoriums, konkret:

- eine mindestens fünfjährige Amtszeit für die Präsidenten der NZB; eine Wiederwahl ist zulässig;

- eine Amtszeit von mindestens acht Jahren für die Mitglieder des Direktoriums; eine Wiederwahl ist nicht zulässig (es ist darauf hinzuweisen, dass für die Mitglieder des ersten Direktoriums (mit Ausnahme des Präsidenten) ein System gestaffelter Ernennungen verwendet wurde, um die Kontinuität zu gewährleisten); eine Amtsenthebung ist nur möglich, wenn die Voraussetzungen für die Ausübung des Amtes nicht mehr erfüllt werden oder eine schwere Verfehlung vorliegt.

Das Kapital der EZB beträgt 5 Milliarden €. Es ist ganz im Besitz der nationalen Notenbanken. Die Kapitalanteile wurden nach einem Schlüssel festgelegt, dem der Anteil jeweiligen EU-Mitgliedstaats am BIP und an der Bevölkerung der Gemeinschaft zugrunde liegt.

Der Makroökonom

In den sechziger Jahren war James Tobin einer der bekanntesten Vertreter der keynesianischen Wirtschaftspolitik. Tobin wurde am 5. März 1918 im amerikanischen Bundesstaat Illinois geboren und starb im März 2002.

Tobin geriet während seines Studiums früh in den Bann des keynesianischen Denkens. Nach dem Krieg, wo er es bis zum stellvertretenden Schiffskommandanten brachte, entwickelte er zusammen mit Harry Markowitz die moderne Portfolio-Theorie. Neben seinen Arbeiten zum Geldangebot ist heute vor allem „Tobin's q" bekannt. Dabei handelt es sich um einen Konjunkturindikator, der den Marktwert der Unternehmen ins Verhältnis zu ihrem Wiederbeschaffungswert setzt.

Seine große öffentliche Bekanntheit verdankt Tobin neben dem Nobelpreis, den er im Jahr 1981 erhielt, einem zunächst wenig beachteten Vorschlag zur Einführung einer Steuer auf internationale Kapitalverkehrstransaktionen. Dieser aus dem Jahr 1972 stammende Vorschlag hat in den neunziger Jahren eine zunehmende internationale Beachtung gefunden und die „Tobin Tax" ist gleichsam zum Symbol der Globalisierungsgegner geworden.

Zitat:

„I studied economics and made it my career for two reasons. The subject was and is intellectually fascinating and challenging, particularly to someone with taste and talent for theoretical reasoning and quantitative analysis. At the same time it offered the hope, as it still does, that improved understanding could better the lot of mankind."

Ausbildung und Beruf

1939 Abschluss des Studiums in Harvard

1947 Promotion in Harvard

1947-1950 Junior Fellow in Harvard

1950-1988 Professor an der Yale University

Werke

1978 Grundsätze der Geld- und Staatsschuldenpolitik, Baden-Baden

1981 Vermögensakkumulation und wirtschaftliche Aktivität, München

1991 International Currency Regimes, Capital Mobility, and Macroeconomic Policy, Cowles Foundation Discussion Paper No. 993, New Haven, Yale University

SCHLAGWÖRTER

Barwert (S. 338), Kapitalwert (S. 338), Bilanzkanal (S. 338), Diagnoseunsicherheit (S. 351), financial accelerator (S. 343), Grenzleistungsfähigkeit des Kapitals (S. 339), interner Zinsfuß (S. 339), Investitionsfunktion (S. 340), Leverage-Effekt (S. 341), Liquiditätsfalle (S. 352), Modellunsicherheit (S. 351), Monetarismus (S. 351), Transmissionsmechanismus (S. 351), Wirkungsverzögerungen (S. 351)

AUFGABEN

1. 1. In A-Land beträgt die Konsumfunktion:

$$C(Y) = 5 + 0{,}75Y$$

Die Investitionsfunktion lautet:

$$I(i) = 15 - 2i$$

a) Wie hoch muss die Notenbank den Zins fixieren, wenn das Vollbeschäftigungseinkommen von 32 erreicht werden soll?

b) Die Sparneigung der Haushalte nimmt zu, da sie durch den Rückgang der Aktienkurse sehr viel Vermögen verloren haben! Geben Sie ein selbst gewähltes Zahlenbeispiel an, wie die Geldpolitik darauf reagieren sollte?

2. Die Hyperfinance-AG hat eine Bilanzsumme von 1 Million Euro und eine Gesamtkapitalrendite von 8 %. Die Fremdkapitalquote beträgt 90 % und der Fremdkapitalzins liegt bei 5 %.

a) Wie hoch ist die Eigenkapitalrendite?

b) Die Notenbank erhöht den kurzfristigen Zins auf 10 %. Das Unternehmen hat sich ausschließlich mit sehr kurzfristigen Krediten finanziert. Wie hoch ist nun die Eigenkapitalrendite?

3. Ein Investor hat die Möglichkeit, in ein Projekt mit einem Volumen von I = 265.000 € zu investieren! In den beiden Folgejahren erwartet er Rückflüsse von jeweils 140.000 €.

a) Unterstellen Sie, dass der aktuelle und der für die nächste Periode erwartet Zinssatz bei 5 % liegt. Wird der Investor das Investitionsprojekt durchführen? Sein Planungshorizont beschränke sich auf diese beiden Jahre.

b) Unterstellen Sie, dass die Notenbank durch eine expansive Geldpolitik den Zinssatz für die nächsten beiden Jahre auf 3 % absenkt. Wird der Investor das Investitionsprojekt durchführen?

c) Berechnen sie die Grenzleistungsfähigkeit für dieses Projekt. Ab welchem Zinssatz wird der Investor die Investition durchführen?

Kapitel 19

Das makroökonomische Zusammenspiel zwischen Geld- und Fiskalpolitik

Extreme Verläufe der gesamtwirtschaftlichen Nachfrage-Kurve	360
Institutionelle und polit-ökonomische Faktoren	362
Fallstudie: Makroökonomische Politik in den Vereinigten Staaten	365

Kapitel 19

Das makroökonomische Zusammenspiel zwischen Geld- und Fiskalpolitik

LERNZIELE

- Grundsätzlich sind die Geldpolitik und die Fiskalpolitik in gleicher Weise zur makroökonomischen Stabilisierung geeignet.

- Die Fiskalpolitik ist vor allem dann gefordert, wenn die Nachfrageschwäche so stark ist, dass die Zinsen an die Untergrenze von Null gelangen („Nominalzins-Falle") oder wenn die Investitionsneigung nicht mehr auf Zinsänderungen reagiert („Investitionsfalle").

- In der Europäischen Währungsunion ist es zweckmäßig, dass die EZB auf europaweite Nachfrageschocks reagiert und die nationalen Fiskalpolitiken bei Störungen eingreifen, die sich auf einzelne Staaten beschränken.

- Die Geldpolitik hat gegenüber der Fiskalpolitik den Vorteil, dass sie sehr schnell eingesetzt werden kann und auch jederzeit reversibel ist. Die Fiskalpolitik kann durch Steuersenkungen sehr direkt auf die gesamtwirtschaftliche Nachfrage einwirken, während die Geldpolitik durch lange und variable Wirkungsverzögerungen gekennzeichnet ist.

- Am Ende des Kapitels finden Sie eine Fallstudie zur makroökonomischen Politik in den Vereinigten Staaten.

- Die in diesem Kapitel diskutierten Zusammenhänge können Sie mit dem Modell „Makro *Kapitel 19*" (CD-ROM) nachspielen.

Der Doppel-Präsident:
Prof. Dr. Klaus F. Zimmermann

Klaus Zimmermann leitet das Deutsche Institut für Wirtschaftsforschung, Berlin (seit Januar 2000). Gleichzeitig ist er Wissenschaftlicher Direktor und Geschäftsführer des Forschungszentrums zur Zukunft der Arbeit in Bonn. Dort hat er auch eine Lehrstuhl für Wirtschaftliche Staatswissenschaften. Im Mittelpunkt der Forschungstätigkeit von Klaus Zimmermann stehen Fragen des Arbeitsmarktes, der Industrieökonomik, der Bevölkerungsökonomik, der Migrationsforschung und der Ökonometrie. Klaus Zimmermann gehört zu den wichtigsten Stimmen in der wirtschaftspolitischen Diskussion in Deutschland. Er wurde am 2. Dezember 1952 geboren. Er studierte in Mannheim, dort erlangte er auch die Dissertation und die Habilitation.

(www.diw.de/programme/jsp/MA.jsp?uid=kzimmermann&language=de)

In den *Kapiteln 17 und 18* haben wir gesehen, dass die Geld- und die Fiskalpolitik bei Nachfrageschocks gleichermaßen in der Lage sind, den Wirtschaftsprozess zu stabilisieren. Damit stellt sich die Frage nach der konkreten wirtschaftspolitischen Rollenverteilung („assignment"). Wann soll die Notenbank aktiv werden und wann ist es besser, dass die Regierung steuer- oder ausgabenpolitisch in den Konjunkturverlauf eingreift? Ganz allgemein kann man dies mit einem Modell durchspielen, das nun sowohl den Staat als auch zinsabhängige Investitionen enthält. Dieses Modell ist auf der CD-ROM unter „Makromodell *Kapitel 19*" zu finden. In der Ausgangssituation eines Gleichgewichts bei Unterbeschäftigung ist es dann sowohl mit einer expansiven Fiskalpolitik als auch mit einer Zinssenkung durch die Notenbank möglich, Vollbeschäftigung zu erreichen. Wenn wir also eine genauere Rollenverteilung vornehmen möchten, müssen wir weitere Faktoren berücksichtigen. Diese sind:

- die Intensität eines Nachfrageschocks und

- die institutionellen und polit-ökonomischen Gegebenheiten einer Volkswirtschaft.

Außerdem werden Sie in diesem Kapitel unter *Abschnitt 19.3* eine kleine Fallstudie zur makroökonomischen Politik in den Vereinigten Staaten von 1995 bis 2002 finden. Hierbei zeigt sich eine geradezu lehrbuchhafte Reaktion der Geld- und Fiskalpolitik auf den in den Jahren 2001 und 2002 eingetretenen negativen Nachfrageschock.

19.1 Extreme Verläufe der gesamtwirtschaftlichen Nachfrage-Kurve

Eine gute Ausgangsbasis für diese Diskussion kann man dadurch erhalten, dass man sich einmal hypothetisch extreme Verläufe der gesamtwirtschaftlichen Nachfragekurve ansieht.

19.1.1 Investitionsfalle

Die Situation einer Investitionsfalle ist immer dann gegeben, wenn die gesamtwirtschaftliche Nachfrage-Kurve vertikal verläuft. Dies bedeutet, dass die Investoren so stark verunsichert sind, dass sie überhaupt nicht mehr auf Zinsänderungen reagieren. Die zinsabhängigen Investitionen sind also gleich Null. Wir sehen das in *Schaubild 19.1*.

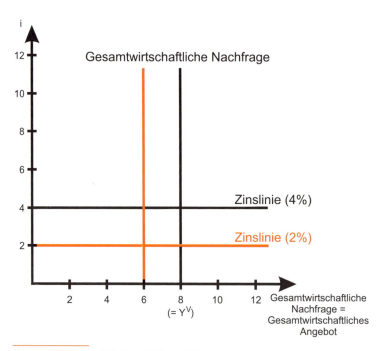

Schaubild 19.1: Die Investitionsfalle

Die vertikal verlaufende Nachfrage-Kurve hat sich durch einen negativen Schock nach links verschoben. Beim Schnittpunkt mit der Zinslinie besteht kein Vollbeschäftigungsgleichgewicht. Doch eine Zinssenkung würde nichts helfen. Das Einkommen bliebe unverändert. Bei einer solchen Störung liegt die Aufgabe der Konjunktur-Stimulierung allein bei der Fiskalpolitik. Sie kann durch eine Erhöhung der Staatsausgaben (oder eine

Steuersenkung) – in unserem Beispiel um 2 Millionen € – dazu beitragen, dass sich die gesamtwirtschaftliche Nachfragekurve wieder in die Ausgangsposition verschiebt und somit Vollbeschäftigung erreicht wird.

19.1.2 Nominalzins-Falle

Auch bei einem sehr starken Nachfrageschock kann es dazu kommen, dass die Geldpolitik nicht mehr zur Stabilisierung beitragen kann. Nehmen wir an, dass sich die gesamtwirtschaftliche Nachfrage so weit nach unten verschiebt, dass sie die x-Achse links von Y^V schneidet (*Schaubild 19.2*).

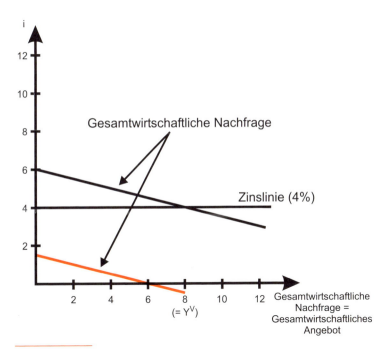

Schaubild 19.2: Die Nominalzins-Falle

Wenn die Vollbeschäftigung durch die Geldpolitik erreicht werden sollte, wäre dies nur mit einem negativen Zinsniveau möglich. Da Schuldner dann eine Zinszahlung von den Gläubigern erhalten müssten, ist eine solche Konstellation in der Praxis nicht realisierbar. Die Notenbank kann daher in unserem Beispiel ein maximales Output-Niveau von 6 Millionen € erreichen, das aber immer noch unter dem Vollbeschäftigungsniveau liegt. Wiederum muss die Fiskalpolitik eingreifen und mit niedrigeren Steuern und/oder höheren Ausgaben dafür sorgen, dass die Arbeitslosigkeit beseitigt wird.

Eine diesen beiden Extremfällen durchaus entsprechende Situation kann man seit einiger Zeit in *Japan* beobachten (*Schaubild 19.3*).

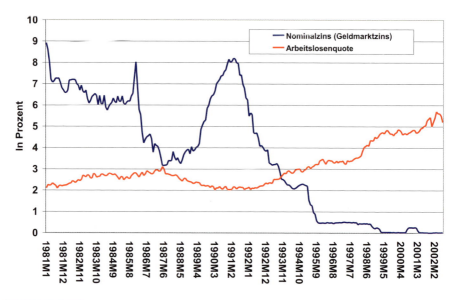

Schaubild 19.3: Nominalzins und Arbeitslosigkeit in Japan
Quelle: International Monetary Fund, International Financial Statistics

Hier ist es der Bank von Japan trotz Zinsen von kaum mehr als 0 % bisher nicht gelungen, die Investitionsnachfrage zu beleben. Allerdings konnte die japanische Regierung dies auch mit einer sehr expansiven Fiskalpolitik nicht bewältigen. Offensichtlich spielen hier gravierende Strukturprobleme im Finanzsektor und eine große Unsicherheit über die Wechselkursentwicklung eine wichtige Rolle.

19.2 Institutionelle und polit-ökonomische Faktoren

19.2.1 Europäische Währungsunion: Rollenverteilung für die nationale Fiskalpolitik und europäische Geldpolitik

Deutschland hat heute – wie die anderen elf Mitgliedsländer der Europäischen Währungsunion – keine Möglichkeit mehr, auf *nationale* konjunkturelle Schocks geldpolitisch zu reagieren. Das Zinsniveau wird von der Europäischen Zentralbank einheitlich für den gesamten Euroraum bestimmt: Dabei muss die Geldpolitik immer den wirtschaftspolitischen Erfordernissen des gesamten Euroraums Rechnung tragen. Für Schocks, die auf Deutschland beschränkt sind, verbleiben somit allein die Instrumente der Fiskalpolitik.

Hier sind jedoch die schon erwähnten Restriktionen durch den Stabilitäts- und Wachstumspakt (*Kapitel 17*) zu berücksichtigen. In der Regel darf das Budgetdefizit eines Landes nicht höher als 3% ausfallen. Allein um dann das Wirken der automatischen Stabilisatoren in Rezessionen zu ermöglichen, muss in wirtschaftlichen Normal-Jahren ein fast ausgeglichenes Budget erreicht werden. Für *expansive* fiskalpolitische Maßnahmen besteht somit ein eingeschränkter Handlungsspielraum. Demgegenüber ist es im Fall einer konjunkturellen Überhitzung auch im nationalen Alleingang relativ gut möglich, eine *restriktive* Politik zu fahren. Der institutionelle Rahmen der EWU ist also vor allem für eine eigenständige Politik der Nachfrage-Belebung recht eng geschneidert. Dies ist vor allem für ein großes Land wie Deutschland problematisch, während es bei der engen wirtschaftlichen Verzahnung innerhalb des Euroraums für ein kleineres Land nicht sehr wahrscheinlich ist, dass es isoliert in eine schwere Rezession geraten kann.

Bei *europaweiten* Schocks sprechen die engen Spielräume der Fiskalpolitik eindeutig dafür, dass die EZB mit ihrer Geldpolitik eine Führungsrolle übernimmt. Dies gilt umso mehr, als die Europäische Union über keine eigenständigen fiskalpolitischen Instrumente verfügt. Bisher hat sich gezeigt, dass die EZB mit ihrer Zinspolitik durchaus in der Lage und auch bereit ist, eine solche stabilisierende Funktion bei europaweiten Schocks wahrzunehmen. So hat sie im April 1999 die Zinsen gesenkt, um die schwache Konjunktur des Euroraums zu beleben. Mit der deutlichen konjunkturellen Belebung im Jahr 2000 hat sie dann die zinspolitischen Zügel angezogen, um sie vor allem nach dem 11. September 2001 wieder spürbar zu lockern (*Schaubild 19.4*).

Schaubild 19.4: **Die Zinspolitik der EZB und die Entwicklung der gesamtwirtschaftlichen Nachfrage in Euroland**
Quelle: Zeitreihendatenbank der Europäischen Zentralbank (www.ecb.int)

19.2.2 Zur Effizienz von Geld- und Fiskalpolitik

Neben den spezifischen institutionellen Gegebenheiten einer Währungsunion gibt es auch eine Reihe weiterer Aspekte, die für die Anwendbarkeit und Effizienz geld- und fiskalpolitischer Maßnahmen von Bedeutung sind:

- Der Zeitbedarf der Entscheidungsprozesse,
- die mit wirtschaftspolitischen Maßnahmen verbundenen Wirkungsverzögerungen und
- die Reversibilität von expansiven Maßnahmen.

Zeitbedarf der Entscheidungsprozesse: In diesem Punkt ist die Geldpolitik der Fiskalpolitik eindeutig überlegen. Während fiskalpolitische Maßnahmen in der Regel einen zeitraubenden Abstimmungsprozess erfordern (Bundesregierung, Bundestag, Bundesrat), gibt es in der Geldpolitik meist nur ein Entscheidungsgremium, das seine Entscheidungen unmittelbar politisch umsetzen kann. Durch das *Stabilitäts- und Wachstumsgesetz* von 1967 wurden zwar institutionelle Mechanismen geschaffen, die den „decision lag" in der Fiskalpolitik erheblich reduzieren, in der Praxis sind diese Maßnahmen jedoch nie angewendet worden. Dieser Vorteil der Geldpolitik gegenüber der Fiskalpolitik gilt natürlich in besonderem Maße auf der Europäischen Ebene. Die Europäische Zentralbank kann mit einfacher Mehrheit Zinsänderungen beschließen, die unmittelbar wirksam werden. Für die europäischen Finanzminister wäre es demgegenüber sehr viel schwieriger, sich z.B. auf ein gemeinsames fiskalpolitisches Ausgabenprogramm zu verständigen und dies dann auch im eigenen Lande politisch durchzusetzen.

Wirkungsverzögerungen: Wie schon erwähnt, sind sich die Wissenschaftler einig, dass geldpolitische Maßnahmen indirekt wirken und daher durch „lange und variable Wirkungsverzögerungen" gekennzeichnet sind. Dies liegt daran, dass eine Zinssenkung zunächst über die Investitionen wirken muss. Bei einer allgemein unsicheren Wirtschaftslage – mit einer zumindest recht steilen zinsabhängigen gesamtwirtschaftlichen Nachfragekurve – kann es dabei durchaus dauern, bis die Unternehmen dies zum Anlass für zusätzliche Investitionen nehmen. Die Fiskalpolitik hat demgegenüber direkte Nachfrageeffekte. Dies gilt vor allem für eine Senkung der *Einkommensteuer,* die über ein höheres verfügbares Einkommen unmittelbar auf den privaten Konsum wirkt. Ausgabenprogramme, z.B. im Straßenbau, wirken demgegenüber nicht ganz so unmittelbar, da dafür in der Regel erst entsprechende Planungen und Genehmigungen erforderlich sind.

Reversibilität: Wenn man von einem zyklischen Konjunkturmuster ausgeht, müssen die konjunkturpolitischen Maßnahmen in gleichem Maße expansiv und restriktiv eingesetzt werden. Hier liegt wiederum ein entscheidender Vorteil der Geldpolitik, insbesondere dann, wenn die geldpolitischen Entscheidungsträger – wie im Fall der EZB – politisch unabhängig sind (siehe dazu *Box 18.2*). Bei der Fiskalpolitik besteht demgegenüber das Problem, dass es politisch relativ einfach ist, in der Rezession zusätzliche Staatsausgaben oder Steuersenkungen zu beschließen. Im Boom fällt es aber den politischen Entscheidungsträgern oftmals schwer, das Gegenteil zu tun. Oft wird bei staatlichen Ausgabenprogrammen auch nicht hinreichend berücksichtigt, welche Folgekosten damit verbunden sind. Wie die Erfahrung der siebziger Jahre in Deutschland und vielen anderen europäischen Ländern gezeigt hat, läuft eine antizyklische Fiskalpolitik also immer Gefahr, über die Zeit hinweg zu steigenden Staatsausgaben und einer wachsenden Staatsverschuldung zu führen.

19.3 Fallstudie: Makroökonomische Politik in den Vereinigten Staaten

Mit den bisher dargestellten Modellen sind wir nun in der Lage, eine erste Fallstudie durchzuführen. Ihr Gegenstand ist die amerikanische Wirtschaftspolitik von den neunziger Jahren bis heute. Ganz allgemein verlief die Wirtschaftsentwicklung dort sehr viel dynamischer als in Europa – insbesondere als in Deutschland.

Eine wichtige Erklärung hierfür ist der enorme Boom, der sich in den neunziger Jahren an den US-Aktienmärkten entwickelte (*Schaubild 2.4*). Die amerikanischen privaten Haushalte fühlten sich durch diese Kursgewinne Jahr für Jahr deutlich reicher. Aus diesem Grund sahen sie keine Veranlassung mehr dafür, aus ihrem laufenden Einkommen noch Ersparnisse vorzunehmen. Dies hatte zur Folge, dass die Sparquote der amerikanischen Haushalte (d.h. die Relation ihrer Ersparnisse zum Bruttoinlandsprodukt) von rund 8 % zu Beginn der neunziger Jahre auf nur noch 2,3 % im Jahr 2001 zurückging (*Tabelle 19.1*). Zum Vergleich: Die Sparquote der deutschen Haushalte liegt bei etwa 10 %. Wie wir in *Gleichung 16.3* gesehen haben, stellt die Ersparnis das Gegenstück zum Konsum dar. Die Konsumausgaben der US-Verbraucher nahmen im Höhepunkt des Booms real um rund 5 % pro Jahr zu. Die Situation war also durch einen *positiven Nachfrageschock* gekennzeichnet.

Dieser wurde noch dadurch verstärkt, dass die blendende Wirtschaftslage auch die Unternehmen zu großen Investitionen verlockte. In den Jahren 1997 bis 1999 lagen die Zuwachsraten real bei über 10 % pro Jahr, womit man es mit einer typischen *Überinvestition* zu tun hatte. Im Ergebnis wuchs die US-Wirtschaft in diesen drei Jahren um mehr 4 % pro Jahr. Dass die Inflation dabei nicht über einen Wert von 3,4 % im Jahr 2000 hinausging, ist zum einen auf eine starke Aufwertung des Dollars zurückzuführen (*Kapitel 22*) und zum anderen darauf, dass sehr viele ausländische Arbeitskräfte ins Land gelassen wurden, so dass es zu keinem Druck auf die Lohnkosten kam (*Kapitel 21*).

Diese herrliche Situation wurde jedoch massiv gestört, als der Aufwärtstrend am Aktienmarkt im Lauf des Jahres 2000 gestoppt wurde und sich in sein Gegenteil verkehrte. Jetzt erkannten die Haushalte, dass ihr Reichtum – zumindest teilweise – auf unrealisierten Buchgewinnen beruhte und anstelle einer gleichsam automatischen Zunahme ihres Vermögens traten jetzt größere Kursverluste. Somit fing die Sparquote wieder an zu steigen und liegt jetzt bei etwa 4,5 %. Dieser *negative Nachfrageschock* dämpfte den Konsum, der in den Jahren 2001 bis 2003 nur noch mit Raten von 2 bis 3 % anstieg. Sehr viel gravierender waren die Auswirkungen dieses negativen Nachfrageschocks auf die Investitionen. Da im Höhepunkt des Booms viel zu viel investiert worden war, brachen die Investitionen in den Jahren 2001 und 2002 massiv ein; sie gingen real mit Jahresraten von mehr als 5 % zurück.

Bei dieser negativen Entwicklung im privaten Sektor hätte man eine schwere Rezession für die amerikanische Wirtschaft erwarten können. Die Zuwachsraten des realen Bruttoinlandsprodukts waren zwar nicht berauschend – 3,8 % im Jahr 2000, 0,3 % im Jahr 2001 und 2,4 % im Jahr 2002 – aber negative Raten konnten vermieden werden.

Hierin zeigen sich die stabilisierenden Wirkungen einer sehr *keynesianisch* ausgerichteten Wirtschaftspolitik. Sehr früh reagierte Notenbankpräsident Alan Greenspan (oft auch als „Maestro" bezeichnet) auf die sich abzeichnende Abkühlung. Er senkte die von der Notenbank gesteuerten kurzfristigen *Zinsen* („federal funds rate") von 6,5 % im Jahr 2000 auf einen historischen Tiefstwert von nur noch 1,25 % im November 2002. Diese geldpolitische Lockerung wurde begleitet von einer ebenfalls stark expansiv angelegten *Fiskalpolitik*. Der Staat, der seine Ausgaben in den neunziger Jahren nur wenig ausgeweitet hatte, entfaltete in den Jahren 2001 und 2002 eine sehr kräftige Nachfrage und senkte zugleich die Steuern. Der strukturelle Budgetsaldo, der im Jahr 2000 noch einen Überschuss von 0,9 % aufgewiesen hatte, lag im Jahr 2002 bereits bei einem Defizit von 2,7 %. Beide Bereiche der Wirtschaftspolitik haben sich also gemeinsam einer Stabilisierung der Konjunktur verschrieben.

Der Preis dieser massiven makroökonomischen Stabilisierung war eine massive Verschlechterung der amerikanischen Leistungsbilanz, deren Defizit bei rund 5 % des Bruttoinlandsprodukts liegt. Die US-Wirtschaft lebt also massiv über ihre Verhältnisse, wozu sie pro Tag mehr als eine Milliarde $ an zusätzlichem Kredit durch das Ausland benötigt.

	1995	1996	1997	1998	1999	2000	2001	2002
reales BIP	2,7	3,6	4,4	4,3	4,1	3,8	0,3	2,5
privater Konsum (real)	3	3,2	3,6	4,8	4,9	4,3	2,5	3,1
Ausrüstungsinvestitionen (real)	9,8	10	12,2	12,5	8,1	7,8	-5,2	-5,8
Staatskonsum (real)	0	0,5	1,8	1,4	2,9	2,8	3,7	4,2
Sparquote der privaten Haushalte	5,6	4,8	4,2	4,7	2,6	2,8	2,3	3,7
Struktureller Budgetsaldo	-2,9	-2,1	-1,1	-0,1	0,2	0,9	-0,3	-2,7
Leistungsbilanzsaldo in Mrd US-$	105,8	117,8	128,4	203,8	292,9	410,3	393,4	509,8
Kurzfristige Zinsen	6	5,4	5,7	5,5	5,4	6,5	3,7	1,8

Tabelle 19.1: Wichtige Eckdaten der makroökonomischen Entwicklung in den Vereinigten Staaten (1995-2002) (Veränderungen gegenüber dem Vorjahr in %)
Quelle: OECD, Economic Outlook 2002.

Der Monetarist

Milton Friedman wurde am 31.7.1912 in New York geboren. Er ist einer der einflussreichsten Ökonomen des letzten Jahrhunderts.

© Corbis-Bettmann, New York

Seine wissenschaftlichen Arbeiten setzen sich vor allem mit Fragen der Geld- und Währungstheorie auseinander. Seine Studien zur Geldpolitik führten ihn zu dem Ergebnis, dass eine aktivistische Zinssteuerung, wie sie in den Kapiteln 18 und 21 dieses Buches dargestellt wird, destabilisierend wirke. Stattdessen solle sich die Geldpolitik darauf beschränken, die Geldmenge mittelfristig auf einem stabilen – aus der Quantitätstheorie abgeleiteten – Pfad zu halten. Die Erfahrungen mit einer solchen „monetaristischen" Politik waren jedoch enttäuschend. Viele Notenbanken, die in den siebziger Jahren damit experimentiert hatten, gingen bald wieder zur Zinssteuerung über. In der Strategie der Europäischen Zentralbank findet sich mit einem „Referenzwert" für die Geldmenge noch ein Rest des Monetarismus, der sich jedoch überhaupt nicht bewährt hat.

Einen größeren Bestand hat demgegenüber Friedmans Konzeption für die Währungspolitik. Schon 1953 hatte er dem damaligen Festkurssystem von Bretton Woods die Alternative der flexiblen Wechselkurse gegenübergestellt. Im Jahr 1973 wurde diese Realität und sie bestimmt bis heute die Beziehungen zwischen den großen Währungen der Welt (Dollar, Euro, Yen, Pfund Sterling).

Darüber hinaus ist Friedman ein wortgewaltiger Kritiker des modernen Wohlfahrtsstaats, der auf die Selbstheilungskräfte des Marktes baut. Seine Ideen fanden in der Wirtschaftspolitik des amerikanischen Präsidenten Ronald Reagan und der britischen Premierministerin Margaret Thatcher ihren Niederschlag. 1976 erhielt Friedman den Nobelpreis für Wirtschaftswissenschaften.

Zitat:

„My views on government spending can be summarized by the following parable: If you spend your own money on yourself, you are very concerned about how much is spent and how it is spent. If you spend your own money on someone else, you are still very much concerned about how much is spent, but somewhat less concerned about how it is spent. If you spend someone else's money on yourself, you are not too concerned about how much is spent, but you are very concerned about how it is spent. However, if you spend someone else's money on someone else, you are not very concerned about how much is spent, or how it is spent."

(Zitat anläßlich seines 90. Geburtstags)

Ausbildung und Beruf

1928-1933 Studium der Mathematik und Wirtschaftswissenschaften, u.a. an der New Yorker Columbia-Universität und an der University of Chicago

1934-1935 Research Assistant, Columbia University

1937 Arbeit am National Bureau of Economic Research

1946-1976 Professor an der University of Chicago

Werke

1953 Essays in Positive Economics, Chicago, University of Chicago Press

1959 A Program for Monetary Stability, New York, Fordham Press

1962 Capitalism and Freedom, Chicago, University of Chicago Press

1963 (mit Anna Schwartz): A Monetary History of the United States, Princeton, Princeton University Press

1969 The Optimum Quantity of Money and Other Essays, Chicago, Aldine Publishing Co.

SCHLAGWÖRTER

Assignment (S. 359), Investitionsfalle (S. 360), makroökonomische Rollenverteilung (S. 359), Nominalzins-Falle (S. 361), Stabilitäts- und Wachstumsgesetz (S. 364), Stabilitäts- und Wachstumspakt (S. 363)

AUFGABEN

1. A-Land befindet sich in der Situation eines Vollbeschäftigungsgleichgewichts. Der autonome Konsum beträgt 5 Millionen, die Konsumquote liegt bei 0,5, die Staatsausgaben belaufen sich auf eine Million. Das Vollbeschäftigungseinkommen beträgt 14. Die Investitionsfunktion lautet:

   $I = 4 - 1,5\, i$

   a) Durch einen Kurseinbruch am Aktienmarkt geht der autonome Konsum auf 1 Million Euro zurück. Beschreiben Sie eine sinnvolle Politikreaktion, um das Vollbeschäftigungsgleichgewicht wieder zu erreichen.

   b) Durch den Kurseinbruch gehe der autonome Konsum auf nur 2 Millionen Euro zurück. Die Fiskalpolitik stehe jedoch unter der Verpflichtung eines Konsolidierungspaktes, wonach sie nicht mehr als 2 Millionen Euro an Staatsausgaben vornehmen darf. Welche Politikmöglichkeiten gibt es, wenn die Notenbank bestrebt ist, die Zinsen so wenig wie möglich zu variieren?

2. Laden Sie sich von der Internet-Seite der EZB (*www.ecb.int*) unter „Statistics" und „Euro area statistics – download" Daten für die vierteljährliche saisonbereinigte Entwicklung des realen Bruttoinlandsprodukts in Euroland herunter (*Tabelle 5.2* des Monatsberichts der EZB) sowie für die von der EZB kontrollierten kurzfristigen Zinsen (Monatgeld, *Tabelle 3.1* des Monatsberichts). Beurteilen Sie anhand dieser Daten, inwieweit die EZB mit ihrer Zinspolitik auf die Nachfrageentwicklung im Euroraum insgesamt reagiert hat.

Kapitel 20

Wie die Zinsen in einer Volkswirtschaft durch die Notenbank gesteuert werden

Einleitung	**373**
Die Geldnachfrage	**373**
Das Kreditangebot einer einzelnen Bank	**375**
Der Bedarf des Bankensystems an Zentralbankgeld	**378**
Die Kontrolle über die Geldbasis ist eine entscheidende Voraussetzung für eine effiziente Geldpolitik	**381**
Wie die Notenbank die Kredite an die Geschäftsbanken steuert	**384**
Wie die Notenbank die Zinsen am Geldmarkt steuert und damit die Zinsen für Bankkredite beeinflussen kann	**386**

Kapitel 20

Wie die Zinsen in einer Volkswirtschaft durch die Notenbank gesteuert werden

LERNZIELE

- Die Notenbank kann die Kreditzinsen der Banken kontrollieren, da die Banken für ihr Kreditgeschäft Zentralbankgeld (Bargeld und Guthaben bei der Notenbank) benötigen. Das Notenemissionsmonopol sichert der Geldpolitik die Kontrolle über diesen zentralen Inputfaktor für Finanzgeschäfte.

- Das Kreditangebot der Banken ist im Prinzip identisch mit einem Angebot an Geld an die Nichtbanken. Dementsprechend ist deren Kreditnachfrage identisch mit einer Geldnachfrage.

- Der Geldschöpfungsmultiplikator ermittelt den Zentralbankgeld-Bedarf des gesamten Bankensystems.

- Da Zentralbankgeld den Input für das Kreditgeschäft der Banken darstellt, kann die EZB die Kreditzinsen beeinflussen, indem sie den Preis für diesen Input-Faktor variiert. Das wichtigste Instrument hierfür ist das Hauptrefinanzierungsgeschäft der EZB, mit dem die Banken Zentralbankgeld für eine Woche zur Verfügung gestellt bekommen.

- Da sich eine Bank Zentralbankgeld auch über den Geldmarkt von anderen Banken leihen kann, muss die EZB zusätzlich die Konditionen an diesem Markt kontrollieren. Mit der Spitzenrefinanzierungsfazilität setzt sie hierfür eine Obergrenze, mit der Einlagenfazilität eine Untergrenze.

> **Der Vereinspräsident: Prof. Dr. Martin Hellwig**
>
> Martin Hellwig ist seit 1996 Professor an der Universität Mannheim. Davor lehrte er an den Universitäten Harvard, Basel, Bonn und Princeton. Hellwig ist Vorsitzender der Monopolkommission und Präsident des Vereins für Socialpolitik. Der „Verein" ist die wichtigste Organisation der deutschsprachigen Wirtschaftswissenschaftler. Martin Hellwig hat sich vor allem mit Fragen der Geld- und Unternehmenstheorie befasst. Er wurde am 5. April 1949 geboren. Er studierte an der Universität Heidelberg und promovierte am Massachusetts Institut of Technology (MIT), Cambrige, Mass.
>
> *(www.uni-mannheim.de/i3v/index.html?00000700/00084691.htm)*

20.1 Einleitung

Zur Vereinfachung haben wir bisher unterstellt, dass die Notenbank den für Investitionsentscheidungen und den Bilanzkanal relevanten Zinssatz perfekt kontrollieren kann. Es ist offensichtlich, dass es sich dabei um einen Zins handeln muss, der von den Banken für Kredite an Unternehmen gefordert wird. Wie kann nun die Europäische Zentralbank auf diesen Zins Einfluss nehmen?

Dieser nicht so ganz einfache Zusammenhang wird in der Volkswirtschaftslehre unter dem Begriff des "Geldangebotsprozesses" diskutiert. Wir werden sehen, dass es sich dabei um zwei interdependente Kreisläufe handelt:

- Der erste Kreislauf beschreibt die Interaktion zwischen einer *Bank* und ihren *Kunden*. Diese benötigen häufig mehr „Geld" als sie selbst verfügbar haben und fragen deshalb bei der Bank einen Kredit nach.
- Der zweite Kreislauf bildet das Zusammenspiel zwischen der *Notenbank* und den *Banken* ab. Wie ihre Kunden so können auch die Banken einen Liquiditätsbedarf aufweisen, den sie nicht selbst decken können. Deshalb sind sie darauf angewiesen, sich bei der Europäischen Zentralbank oder bei anderen Banken zu verschulden.

20.2 Die Geldnachfrage

Ausgangspunkt für die gesamte Steuerung des Wirtschaftsprozesses durch die Notenbank ist die Tatsache, dass Unternehmen und Haushalte für ihre Transaktionen „Geld" benötigen. Wenn sich unser Unternehmer, Herr Müller, ein Auto kaufen will, braucht er dazu Bargeld oder ein Guthaben auf seinem Girokonto; letzteres bezeichnet man als Sichtguthaben, da jederzeit, also „auf Sicht" darüber verfügt werden kann. Wie schon in *Kapitel 14.2.3* beschrieben, würde es Herrn Müller schwer fallen, das Auto durch Naturaltausch zu erwerben. Wenn er z.B. eine Bäckerei betreibt, müsste er im Gegenzug über mehrere Jahre hinweg Brötchen und Kuchen an das Autohaus liefern. Dies wäre für beide Vertragsseiten wohl keine sehr effiziente Lösung.

Der Bedarf an Geld, der mit der Durchführung wirtschaftlicher Transaktionen verbunden ist, wird in der Volkswirtschaftslehre in der *Theorie der Geldnachfrage* beschrieben. Die einfachste Variante basiert auf der so genannten *Quantitätstheorie*. Sie beschreibt zunächst eine Tautologie. Die nominelle Geldmenge (M) mal der Umlaufgeschwindigkeit (v) ist gleich dem Preisniveau (P) mal dem realen Volkseinkommen (Y).

(20.1) $\quad M v \equiv P Y$

Die Umlaufgeschwindigkeit kann nicht unabhängig ermittelt werden. Es ist nicht möglich, für jeden einzelnen Geldschein zu bestimmen, wie oft er im Laufe eines Jahres für Zahlungen verwendet wurde. Deshalb wird v einfach aus den statistisch verfügbaren Werten von M, P und Y errechnet, so dass eine so formulierte Quantitätsgleichung grundsätzlich gilt. Zu einer Quantitätstheorie wird die Theorie der Geldnachfrage, wenn man die Annahme einer konstanten Umlaufgeschwindigkeit einführt ($\bar{v}$). Die Annahme lässt sich damit begründen, dass es in jeder Volkswirtschaft eine bestimmte Technologie des Zahlungsverkehrs und des Finanzsystems gibt. Diese ist maßgeblich dafür, wie viele Zahlungsmittel zur Abwicklung eines bestimmten realen Volkseinkommens erforderlich sind.

So kann man aus der Quantitätsgleichung eine sehr einfache *Geldnachfragefunktion* ableiten:

(20.2) $\quad M = \left(\dfrac{1}{\bar{v}}\right) \cdot P \cdot Y$

In der Regel formuliert man die Geldnachfrage als eine reale Geldnachfrage, d.h. man dividiert obige Gleichung durch P. In der so genannten *„Cambridge-Form"* wird außerdem anstelle von $(1/\bar{v})$ der Kehrwert verwendet und dafür das Symbol $\bar{k}$ verwendet. Man erhält dann:

(20.3) $\quad \left(\dfrac{M}{P}\right)^n = \bar{k} \cdot Y$

Die zentrale Aussage dieser Geldnachfragetheorie lautet, dass die reale Geldnachfrage vom realen Transaktionsvolumen beziehungsweise vom realen Sozialprodukt bestimmt wird. In der Praxis zeigt sich, dass die Geldnachfrage auch vom Zinssatz abhängt, aber für unsere Zwecke ist das weiter ohne Bedeutung.

BOX 20.1: DIE QUANTITÄTSTHEORIE ALS INFLATIONSTHEORIE

Die Quantitätsgleichung bietet ebenfalls eine sehr einfache Erklärung für Inflationsprozesse. Nimmt man die Grundgleichung (*20.2*) und löst diese nach dem Preisniveau auf, so erhält man:

(20.4) $\quad P = \dfrac{M \cdot \bar{v}}{Y}$

Bei einem konstanten realen Einkommen und einer konstanten Umlaufsgeschwindigkeit führt eine Zunahme der Geldmenge somit zu einem proportionalen Anstieg des Preisniveaus. Diese Theorie eignet sich besonders gut zur Erklärung von Hochinflations-Phasen. Der Ausgangspunkt ist dabei in der Regel eine stark steigende Staatsverschuldung, die weitgehend über die Notenpresse gedeckt wird. Da sich bei steigender Geldmenge nichts an den vorhandenen Gütern ändert, ist das einzige Ventil die Inflation. Zu einem sich verstärkenden Prozess kann es dabei dann kommen, wenn die Wirtschaftssubjekte die Geldentwertung erkennen und sich deshalb bemühen, ihre Kassenbestände möglichst gering zu halten, indem sie ihr Geld so schnell wie möglich ausgeben. Damit steigt auch noch die Umlaufsgeschwindigkeit und der Inflationsprozess wird noch rasanter. Dies trägt wiederum zu einer höheren Umlaufsgeschwindigkeit bei und das Rad dreht sich immer schneller. Die deutsche Hyperinflation der Jahre 1920 bis 1923 ist hierfür ein imposantes Beispiel (*siehe auch 14.2.3*).

20.3 Das Kreditangebot einer einzelnen Bank

Kommen wir wieder auf Herrn Müller zurück. Wenn er sich ein Auto für 20.000 € kaufen will, benötigt er also entweder Bargeld oder ein Sichtguthaben. Diese beiden Teilaggregate von „Geld" werden in der Volkswirtschaftslehre in der *Geldmenge M1* zusammengefasst. Am einfachsten ist es, wenn Herr Müller bereits über einen entsprechenden Geldbestand verfügt. Für uns ist es jedoch interessanter, den Fall zu untersuchen, in dem sich Herr Müller das Geld erst beschaffen muss. Wie kann er diese Geldnachfrage befriedigen? Die Antwort ist einfach: Er muss einen Kredit bei seiner Bank aufnehmen. Wird ihm dieser bewilligt, stellt ihm die Bank den gewünschten Betrag von 20.000 € auf seinem Girokonto zur Verfügung.

Wir erkennen daran ein wichtiges Grundprinzip: *Die Nachfrage nach Geld ist in den meisten Fällen mit einer Nachfrage nach Kredit identisch.*[1] Wenn Herr Müller einen Kredit nachfragt, fragt er eigentlich den ihm auf diese Weise zur Verfügung gestellten Geld-

---

1 Herr Müller könnte sich das erforderliche Geld z.B. auch dadurch beschaffen, dass er ein Terminguthaben bei seiner Bank auflöst oder dass er einen Auslandsscheck auf sein Konto einreicht.

betrag nach. Gleiches gilt für die Angebotsseite. Wenn die Bank Herrn Müller einen Kredit anbietet, bietet sie ihm zugleich einen Geldbestand an. *Das Angebot an Geld ist damit in der Regel also auch mit dem Angebot an Kredit identisch.*

Mit dieser zentralen Einsicht können wir nun einen weiteren Schritt zum Verständnis des Geld- und Kreditschöpfungsprozesses tun: Wir fragen uns jetzt, von welchen Größen das Geldangebot (≡ Kreditangebot) einer Bank bestimmt wird. Dazu muss man sich einmal näher ansehen, was Herr Müller mit seinem Kredit tun kann. Es gibt hierfür grundsätzlich drei Möglichkeiten:

a. Er kann sich den Betrag in bar auszahlen lassen und damit sein Auto auch bar bezahlen.

b. Er kann damit eine Überweisung auf das Konto des Autohauses vornehmen. Dieses hat sein Konto bei einer anderen Bank.

c. Wie b), aber das Autohaus hat sein Konto bei der Bank von Herrn Müller.

Im *ersten Fall* benötigt die Bank also 20.000 € *Bargeld*, die sie Herrn Müller zur Verfügung stellen muss. Dieses kann sie selbst nicht schaffen, da wir in Euroland – wie überall in der Welt – ein *Notenemissionsmonopol* der EZB haben (*20.5*). Für die Bank besteht also ein *Liquiditätsproblem* in Bezug auf Bargeld (*Box 20.2*). Um an Bargeld zu kommen, benötigt sie daher ein Guthaben bei der Bundesbank, die für die EZB alle Transaktionen mit Banken in Deutschland durchführt. Solche Guthaben (die man auch als *Zentralbankgeld*, *Geldbasis* oder *Reserven* der Banken bezeichnet) erhält die Bank nun ihrerseits, indem sie einen Kredit bei der EZB aufnimmt.

BOX 20.2 LIQUIDITÄTSPROBLEME AUF DREI EBENEN

Ganz allgemein liegt für ein Wirtschaftssubjekt immer dann ein Liquiditätsproblem vor, wenn es Aktiva bereitstellen muss, die es selbst nicht schaffen kann. Für Unternehmen, Privatpersonen und öffentliche Haushalte besteht daher ein Liquiditätsproblem bereits in Bezug auf *Bargeld* und *Sichteinlagen*. Für eine Bank ist das Liquiditätsproblem darin zu sehen, dass sie selbst keine Banknoten und auch keine Guthaben bei der Notenbank schaffen kann. Sie hat also ein Liquiditätsproblem in Bezug auf *Zentralbankgeld*. Für eine Notenbank ist die Bereitstellung von Zentralbankgeld kein Problem, sie kann aber mit dem Liquiditätsproblem konfrontiert werden, dass die Anleger in eine fremde Währung, z.B. den Dollar, flüchten („*Kapitalflucht*"). Fremde Währungen kann sie jedoch nicht selbst produzieren. Dies kann zu einem gefährlichen Kursverfall der eigenen Währung führen. In einer solchen *Währungskrise* gibt es dann möglicherweise noch Hilfe durch den *Internationalen Währungsfonds*, der über verschiedene, teilweise sehr umfangreiche Kreditfazilitäten für Länder mit makroökonomischen Problemen verfügt

Der *zweite Fall* ist aus der Sicht der Bank ganz ähnlich wie der erste. Wenn eine Überweisung von einer Bank A auf eine Bank B stattfindet, muss zwischen den beiden Banken eine Zahlung erfolgen. Die Bank B ist dabei jedoch nicht bereit, ein Guthaben der Bank A

20.3 Das Kreditangebot einer einzelnen Bank

als Zahlung zu akzeptieren. Vielmehr fordert sie dafür eine Überweisung von 20.000 € auf ihr Guthaben bei der Notenbank. Wiederum kommt es also dazu, dass für die kreditgewährende Bank ein Liquiditätsproblem in Bezug auf das Zentralbankgeld auftritt. Aufgrund des Kredits sinkt ihr Guthaben bei der Zentralbank. Bei der heutigen Struktur der Kreditwirtschaft in Deutschland sind selbst die Marktanteile der großen Banken recht begrenzt. Für eine einzelne Bank ist die Wahrscheinlichkeit also relativ groß, dass ein Kredit in voller Höhe zu einer Verminderung ihres Guthabens bei der Bundesbank führt.

Im *dritten Fall* ist das Liquiditätsproblem immer noch präsent, aber nur noch in stark abgemilderter Form. Wenn Herr Müller den Kaufbetrag auf ein Konto bei der Bank A überweist, erhöht sich das Guthaben des Autohauses bei der Bank A um 20.000 €. Zusätzliche Guthaben bei sich selbst kann die Bank im Prinzip unbegrenzt schaffen. Es besteht hierbei kein Liquiditätsproblem. Allerdings sind alle Banken in Euroland durch die *Mindestreservebestimmungen* gezwungen, für ihre Sichtguthaben (sowie für alle Einlagen mit einer Befristung von bis zu zwei Jahren) ein unverzinsliches Guthaben bei der EZB in Höhe von 2 % des Einlagenbetrags zu halten. In Höhe der Mindestreserve von 400 € besteht also auch im dritten Fall ein Liquiditätsproblem.

Eine Kreditvergabe (K) geht für eine Bank also in der Regel mit einem zusätzlichen Bedarf an Zentralbankgeld (B) einher. Dies ergibt sich aus der Wahrscheinlichkeit für

- einen Bargeldabzug (p_B),
- eine Überweisung an eine andere Bank ($p_Ü$),
- eine Überweisung auf ein eigenes Konto multipliziert mit dem Reservesatz ($p_E \cdot r$).

Es gilt also:

(20.5) $\quad B = K(p_B + p_U + p_E \cdot r)$

oder vereinfacht

(20.6) $\quad B = \beta K$.

Da sich eine Bank solche Guthaben wieder ihrerseits auf dem Kreditweg

- bei der Notenbank
- oder aber bei anderen Banken am *Geldmarkt* (siehe *Kapitel 20.7*)

beschaffen muss, ist es nahe liegend, dass die Zinsen, die die EZB für solche Kredite fordert, eine wichtige Bestimmungsgröße der Zinsen darstellen, die die Banken von ihren Kunden verlangen. Wir werden dies in *Abschnitt 20.6* noch ausführlicher darstellen.

Im Ganzen haben wir es bei der Determinierung der Kreditzinsen durch die Notenbank also mit einem zweistufigen Prozess zu tun, den wir noch einmal kurz zusammenfassen:

1. Stufe: Kreditnachfrage bzw. Geldnachfrage von Herrn Müller und Kreditangebot bzw. Geldangebot der Bank A.

2. Stufe: Nachfrage nach Zentralbankgeld bzw. Kreditnachfrage der Bank A und Angebot an Zentralbankgeld bzw. Kreditangebot der EZB. Alternativ kann sich die Bank A über den Geldmarkt auch bei einer anderen Bank verschulden.

20.4 Der Bedarf des Bankensystems an Zentralbankgeld

Wir haben jetzt gesehen, dass für eine *einzelne* Bank jede Kreditvergabe mit einem nahezu identischen Bedarf an Zentralbankgeld einhergeht. Für die Geldpolitik ist es nun von Interesse, den Bedarf des Bankensystems insgesamt zu kennen. Dieser ist deutlich geringer als der einer einzelnen Bank, da es im Fall b) zwar zu einer Verminderung der Notenbankguthaben der Bank A kommt, gleichzeitig erhöhen sich aber die Guthaben der Bank B. Für das Bankensystem insgesamt bleiben die Zentralbankbestände unverändert. Es kommt hierbei lediglich zu höheren Mindestreserven der Bank B, während die Mindestreserven der Bank A zurückgehen. Der Gesamtbedarf des Bankensystems an Zentralbankgeld wird mit Hilfe des so genannten Geldschöpfungs-Multiplikators (oder auch Kreditschöpfungs-Multiplikators) ermittelt.

Hierzu ist es hilfreich, wenn man sich einmal eine (sehr vereinfachte) *konsolidierte Bilanz* des gesamten Bankensystems (einschließlich der Notenbank) ansieht. Dabei werden zunächst die Bilanzen aller Banken, einschließlich die der Notenbank, aggregiert. Durch die *Konsolidierung* entfallen alle Beziehungen zwischen den einzelnen Banken wie auch zwischen den Banken und der Notenbank. In der konsolidierten Bilanz werden also nur noch Forderungen und Verbindlichkeiten der Banken insgesamt gegenüber „Nicht-Banken" dargestellt.

Zur Vereinfachung abstrahieren wir im Folgenden von allen Beziehungen zum Ausland, ebenso unterstellen wir, dass es neben den Sichteinlagen keine weiteren Anlagemöglichkeiten bei den Banken gibt.

Auf der *Passivseite* unserer konsolidierten Bilanz (*Tabelle 20.1*) steht dann nur die Geldmenge M1, die sich zusammensetzt aus den Bargeldbeständen, die durch die Notenbank emittiert werden, und den Sichteinlagen, die die Wirtschaftssubjekte bei den Banken halten. Auf der *Aktivseite* steht das gesamte Volumen der Bankkredite an die „Nicht-Banken". Man sieht bei dieser vereinfachten Darstellung deutlich die Korrespondenz von Geld und Kredit.

Aktiva	Passiva
Kredite an Nichtbanken	Bargeld
	Sichteinlagen
Sonstige Aktiva	Sonstige Passiva

Tabelle 20.1: Konsolidierte Bilanz des Bankensystems (vereinfacht)

20.4 Der Bedarf des Bankensystems an Zentralbankgeld

Zum Verständnis des Geldangebotsprozesses müssen wir noch eine zweite wichtige Bilanz betrachten: die Bilanz der Notenbank (*Tabelle 20.2*). Auch diese vereinfachen wir erheblich, indem wir wiederum vor allem von Auslandsbeziehungen absehen.

Aktiva	Passiva
Kredite an Geschäftsbanken	Bargeld
	Reserven der Geschäftsbanken
Sonstige Aktiva	Sonstige Passiva

Tabelle 20.2: **Bilanz der Zentralbank (vereinfacht)**

Auf der *Aktivseite* findet man dann die Kredite der Notenbank an die Geschäftsbanken. Auf der Passivseite stehen die Bargeldbestände, die vor allem von den „Nicht-Banken" gehalten werden, und die Notenbank-Guthaben der Geschäftsbanken. Die Summe aus beiden Aggregaten bezeichnet man als Zentralbankgeld oder oft auch als *Geldbasis*. Diese Größe kann man nun als wichtigsten Input-Faktor für die Kreditvergabe der Geschäftsbanken betrachten, da wir in *Abschnitt 20.3* gesehen haben, dass dabei stets ein Bedarf an Bargeld oder an Guthaben bei der Notenbank besteht.

Der „Output" des Prozesses sind stets Zahlungsmittel im Sinne der Geldmenge M1. Es liegt daher nahe, den Zusammenhang zwischen der Input- und der Output-Größe formal zu beschreiben. Dies geschieht mit Hilfe des *„Geldschöpfungs-Multiplikators"*, einer Darstellung, die allein auf Definitionsgleichungen basiert:

Die Geldbasis (B) ist definiert als die Summe aus Bargeld (C) und den Reserven der Geschäftsbanken (R):

(20.7) $\quad B = C + R$

Die Geldmenge (M) setzt sich zusammen aus dem Bargeld und den Sichteinlagen (D):

(20.8) $\quad M = C + D$

Man definiert nun einen Bargeldhaltungs-Koeffizienten (c), der die Relation der Bargeldbestände zu den Depositen beschreibt:

(20.9) $\quad c = \dfrac{C}{D}$

Außerdem sei der Reservesatz für die Mindestreserve gleich r. Es gilt also

(20.10) $\quad r = \dfrac{R}{D}$

Damit lässt sich die Geldbasis-Gleichung wie folgt umformulieren:

(20.11) $B = cD + rD$

Für die Geldmengengleichung ergibt sich so:

(20.12) $M = cD + D$

Setzt man beide Gleichungen zueinander ins Verhältnis, erhält man

(20.13) $m = \left(\dfrac{1+c}{c+r}\right)$.

Dieses Verhältnis wird als „*Geldschöpfungsmultiplikator*" bezeichnet.

Wir sehen daran, dass es in einer Volkswirtschaft ein festes Verhältnis gibt zwischen

- der Kreditvergabe des gesamten Bankensystems, die mit einer Ausweitung der Geldmenge identisch ist, und

- einem Bedarf des Bankensystems an *Geldbasis*, der nur von der Zentralbank in Form von Krediten an die Banken befriedigt werden kann.

Dieser Bedarf wird determiniert durch den Reservesatz, den die EZB im Rahmen ihrer Mindestreserve-Bestimmungen festlegt, sowie durch die Bargeldhaltung der Nicht-Banken, die durch die Zahlungstechnologie sowie durch die Bedeutung anonymer Transaktionen (Schwarzarbeit, Drogenhandel) bestimmt wird.

Für Euroland kann man einen Multiplikator nur für die breiter abgegrenzte Geldmenge M3 errechnen. Dazu müssen wir uns zunächst deren Definition ansehen. Die Europäische Zentralbank definiert die *Geldmenge M2* wie folgt:

(20.14) Geldmenge M1

+ Einlagen mit einer vereinbarten Kündigungsfrist von bis zu drei Monaten

+ Einlagen mit einer vereinbarten Laufzeit bis zu zwei Jahren

= Geldmenge M2

Die *Geldmenge M3* ist noch breiter abgegrenzt:

(20.15) Geldmenge M2

+ Repogeschäfte[2]

+ Geldmarktfondsanteile und Geldmarktpapiere

+ Schuldverschreibungen mit einer Laufzeit bis zu zwei Jahren

= Geldmenge M3

In Euroland beträgt der Reservesatz derzeit 2 % für alle in der Geldmenge M3 enthaltenen Aktiva. Die Bargeldhaltung in Bezug auf die in M3 enthaltenen Einlagen beträgt 5,5 %. Daraus errechnet sich ein Multiplikator von:

(20.16) $m = \dfrac{1{,}055}{0{,}075} = 14{,}067$

20.5 Die Kontrolle über die Geldbasis ist eine entscheidende Voraussetzung für eine effiziente Geldpolitik

Wir haben jetzt gesehen, dass die Banken für ihre Kreditvergabe grundsätzlich auf die Bereitstellung von Zentralbankgeld durch die EZB angewiesen sind. Aus diesem Grund stellt die Kontrolle über die Geldbasis den wichtigsten Hebel für die gesamtwirtschaftliche Steuerung durch die Geldpolitik dar. Dazu wird der Notenbank in allen modernen Geldverfassungen ein *Monopol* über die Emission von Banknoten verliehen. Für die EZB ist hierfür Artikel 106 des EG-Vertrags maßgeblich:

„Die EZB hat das ausschließliche Recht, die Ausgabe von Banknoten innerhalb der Gemeinschaft zu genehmigen. Die EZB und die nationalen Zentralbanken sind zur Ausgabe von Banknoten berechtigt. Die von der EZB und den nationalen Zentralbanken ausgegebenen Banknoten sind die einzigen Banknoten, die in der Gemeinschaft als gesetzliches Zahlungsmittel gelten."

---

2 Repogeschäfte sind ein Substitut für Termineinlagen. Bei der Termineinlage z.B. über einen Monat überlässt der Kunde einen bestimmten Geldbetrag der Bank und erhält ihn nach einem Monat wieder zurück (zuzüglich Zinsen). Bei einem Repogeschäft verkauft die Bank an den Kunden ein Wertpapier. Er muss ihr dafür ebenfalls einen Geldbetrag überlassen. Kennzeichnend für ein Repogeschäft ist nun die Tatsache, dass Bank und Kunde beim Kauf gleichzeitig den Rückkauf zu einem festen Kurs vereinbaren. Wird der Rückkauf nach einem Monat vereinbart und ist der Rückzahlungsbetrag um den Termingeldzins höher, dann ist das Repogeschäft ein perfektes Substitut für ein Termingeschäft. Aus der Sicht der Bank besteht der Vorteil des Repogeschäfts darin, dass es nicht in der Bilanz aufgeführt werden muss.

Wir haben bereits erwähnt, dass eine Geschäftsbank nur dann von der Notenbank Banknoten erhält, wenn sie über ein entsprechendes Notenbank-Guthaben verfügt. Deshalb sehen wir uns jetzt näher an, wie sich eine Geschäftsbank ein solches Notenbank-Guthaben verschaffen kann. In der Regel geht das genauso wie bei der Kreditvergabe der Bank A an Herrn Müller. Die Notenbank erklärt sich bereit, einen Kredit, der dann auch als *Refinanzierungskredit* bezeichnet wird, an eine Geschäftsbank zu vergeben und räumt ihr dafür ein entsprechendes Guthaben ein. In den meisten Fällen entsteht die Geldbasis also durch Kredite der Notenbank an die Geschäftsbanken.

Die wichtigsten *geldpolitischen Instrumente der EZB*, das *Hauptrefinanzierungsinstrument* und die *Spitzenrefinanzierungsfazilität*, sind daher nichts als Kredite der Notenbank an die Geschäftsbanken.

Die makroökonomische Kontrolle durch eine Notenbank beruht also auf folgenden Zusammenhängen:

- Wenn die Banken zusätzliche Kredite vergeben möchten, benötigen sie eine zusätzliche Geldbasis.
- Die Notenbank ist der einzige Anbieter -von Geldbasis.
- Sie stellt die Geldbasis durch Refinanzierungskredite an die Geschäftsbanken bereit.
- Durch die Konditionen, zu denen sie Refinanzierungskredite vergibt, kann sie indirekt die Kreditvergabe der Banken an die Nichtbanken steuern.

Es ist offensichtlich, dass die geldpolitische Steuerung erschwert wird, wenn die Notenbank die Ausweitung der Geldbasis nicht mehr voll unter ihrer Kontrolle hat. Dazu ist es hilfreich, eine etwas ausführlichere Notenbankbilanz anzusehen, die um Notenbankkredite an den Staat und die Währungsreserven erweitert ist (*Tabelle 20.3*).

Aktiva	Passiva
Währungsreserven	Bargeld
Kredite an den Staat	Reserven der Geschäftsbanken
Kredite an Geschäftsbanken	
Sonstige Aktiva	Sonstige Passiva

Tabelle 20.3: **Bilanz der Zentralbank (etwas weniger vereinfacht)**

20.5 Die Kontrolle über die Geldbasis als Voraussetzung für eine effiziente Geldpolitik

Man kann diese Bilanz in Gleichungsform darstellen und erhält dann:

(20.17) Währungsreserven

+ Kredite $_{Staat}$

+ Kredite $_{Geschäftsbanken}$

+ sonstige Aktiva

− sonstige Passiva

= B

Diese Gleichung lässt sich umschreiben für die ersten Differenzen:

(20.18) ΔWährungsreserven

+ ΔKredite $_{Staat}$

+ ΔKredite $_{Geschäftsbanken}$

+ Δsonstige Aktiva

− Δsonstige Passiva

= ΔB

Man sieht dabei, dass Zentralbankgeld geschaffen werden kann durch Kredite an den Staat, Kredite an die Geschäftsbanken oder durch einen Ankauf von Devisen von den Geschäftsbanken, wodurch die Währungsreserven der Notenbank steigen. Problematisch für die Geldpolitik ist dabei vor allem, wenn sich der Staat direkt von der Notenbank finanzieren lassen kann. Nehmen wir an, die Bundesregierung benötigt eine Million €. Könnte sie diesen Betrag als direkten Notenbankkredit erhalten, würde sie über Notenbank-Guthaben in dieser Höhe verfügen. Sobald sie damit Zahlungen an Geschäftsbanken vornimmt, steigen deren Notenbank-Guthaben und die Geldbasis erhöht sich. Da alle großen Inflationen über diesen Weg entstanden sind, schreibt Artikel 101 des EG-Vertrags ein klares Verbot einer direkten Staats-Finanzierung durch die EZB vor:

„*Überziehungs- oder andere Kreditfazilitäten bei der EZB oder den Zentralbanken der Mitgliedstaaten (...) für Organe oder Einrichtungen der Gemeinschaft, Zentralregierungen, regionale oder lokale Gebietskörperschaften (...) sind (...) verboten (...).*"

Eine zweite offene Flanke bei der Bereitstellung von Geldbasis ist die *Außenwirtschaft*. Geschäftsbanken können in einer offenen Volkswirtschaft auch dadurch in den Besitz von

Geldbasis kommen, indem sie der Notenbank kurzfristige Forderungen gegenüber einer ausländischen Bank („Devisen") verkaufen und sich den Gegenwert auf ihrem Konto bei der Notenbank gutschreiben lassen. Es ist offensichtlich, dass dieser Einflusskanal nur dann problematisch ist, wenn eine Notenbank gezwungen ist, in größerem Umfang Devisen anzukaufen. Dies war vor allem in den sechziger und frühen siebziger Jahren ein Problem. In dieser Zeit wiesen die meisten Notenbanken im Rahmen des Festkurs-Abkommens von Bretton Woods einen festen Wechselkurs zum US-Dollar auf (14.2.4), den sie häufig durch massive Dollar-Ankäufe verteidigen mussten. Eine zielgerechte Kontrolle der Geldbasis war so nicht mehr möglich, wodurch es vor allem in den Jahren 1974/75 weltweit zu hohen Inflationsraten kam.

Für viele Ökonomen besteht daher das aus geldpolitischer Sicht ideale Währungsregime in einem System *flexibler Wechselkurse*, bei dem die Notenbank überhaupt nicht in das freie Spiel des Devisenmarkts eingreift. Da sie dann weder Devisen ankaufen noch verkaufen würde, ergäben sich so keine außenwirtschaftlichen Störeffekte für die Geldbasis. Wir werden die Probleme dieses Systems in *Kapitel 22* noch ausführlicher diskutieren.

20.6 Wie die Notenbank die Kredite an die Geschäftsbanken steuert

Für die geldpolitische Steuerung kommt daher den Refinanzierungskrediten, die die Banken von der Notenbank erhalten, eine zentrale Bedeutung zu. Die EZB stellt den Geschäftsbanken in Euroland den größten Teil der Geldbasis in der Form des so genannten *Hauptrefinanzierungsinstruments* zur Verfügung.[3] Dabei handelt es sich im Grunde um einen Refinanzierungskredit mit einer Laufzeit von einer Woche. Die Banken müssen der EZB dafür einen entsprechenden Bestand an Wertpapieren als Sicherheit überlassen. Dieses Geschäft wird einmal wöchentlich angeboten und dabei in zwei unterschiedlichen Formen durchgeführt:

- Beim *Mengentender* legt die EZB den Refinanzierungszinssatz von vornherein fest. Die Banken nennen der EZB die von ihnen gewünschte Menge an Refinanzierungskrediten. Nachdem die EZB alle Gebote kennt, legt sie die von ihr bereitgestellte Menge fest. Liegt das Angebot der EZB niedriger als die von den Banken insgesamt nachgefragte Kreditmenge, findet eine Zuteilung („Repartierung") statt. Der Zuteilungssatz ergibt sich aus der Relation der insgesamt von den Banken nachgefragten Menge zu der von der EZB tatsächlich bereitgestellten Menge.

---

3 Eine ausführliche Darstellung der geldpolitischen Instrumente der EZB findet sich in der Broschüre „Die Geldpolitik der EZB", die von der EZB kostenlos versandt wird.

- Beim *Zinstender* gibt die EZB den Banken nur einen Mindestbietungssatz bekannt. Sie müssen der EZB daher ein Gebot über die von ihnen nachgefragte Menge und den Zinssatz, den sie zu zahlen bereit sind, angeben. Die EZB addiert nun alle Gebote auf und erhält auf diese Weise eine Nachfragekurve nach 1-wöchigen Refinanzierungskrediten. Jetzt kann sie sich für einen Punkt auf dieser Kurve entscheiden. Da die EZB eine Politik der Zinssteuerung verfolgt, muss sie in der Regel den Banken die zu dem von ihr angestrebten Refinanzierungszinssatz passende Geldbasis bereitstellen.

In der Praxis ist daher der Unterschied zwischen diesen beiden Varianten des Hauptrefinanzierungsinstruments nicht sehr groß. Die EZB hat in den ersten 18 Monaten ihrer Geldpolitik fast ausschließlich den Mengentender gewählt. Aufgrund einer im Zeitablauf immer stärker werdenden Diskrepanz zwischen der Summe der individuellen Gebote und dem tatsächlichen Bedarf der Banken an Geldbasis hat sie sich dann für das Instrument des Zinstenders entschieden. Wie *Schaubild 20.1* verdeutlicht, wird den Banken in der Regel durch einen Mindestbietungssatz ziemlich klar signalisiert, welchen Zinssatz die EZB anstrebt. *Der gewichtete Durchschnittssatz*, der den Durchschnitt der Gebote widerspiegelt, liegt meistens nur wenig über dem Mindestbietungssatz. Dies gilt noch verstärkt für den *marginalen Zuteilungssatz*, d.h. den Satz, der mindestens geboten werden musste, um bei der Zuteilung noch berücksichtigt zu werden.

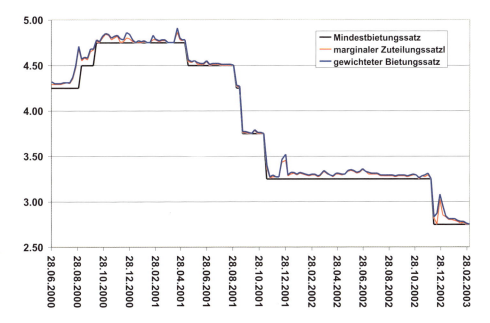

Schaubild 20.1: Mindestbietungssatz, marginaler Zuteilungssatz und gewichteter Durchschnittssatz im Hauptrefinanzierungsgeschäft der EZB
Quelle: Zeitreihendatenbank der EZB

Da die EZB an einer sehr direkten Kontrolle der kurzfristigen Zinssätze interessiert ist, benötigt sie neben dem Hauptrefinanzierungsinstrument noch eine Reihe weiterer Instrumente. Dies ergibt sich daraus, dass die Repos nur einmal wöchentlich durchgeführt werden und überdies eine Laufzeit von zwei Wochen aufweisen. Aufgrund unvorhersehbarer, kurzfristiger Schwankungen in der Bargeldnachfrage und bei den Bankeinlagen kann es aber immer wieder vorkommen, dass die Banken zwischen den Zuteilungsterminen einen sehr kurzfristigen, zusätzlichen Bedarf an Zentralbankgeld haben. Ohne weitere Kreditfazilitäten würden die kurzfristigen Zinsen so unerwünschte Ausschläge nach oben aufweisen, was sich nicht mit dem von der EZB verfolgten Konzept einer Zinssteuerung vereinbaren ließe.

Um dies zu vermeiden, bietet die EZB den Banken vor allem das Instrument der *Spitzenrefinanzierungsfazilität* an. Es handelt sich dabei um eine Art Girokredit mit einer Laufzeit von einem Tag, den die Banken jederzeit in Anspruch nehmen und auch wieder zurückzahlen können. Der Zinssatz hierfür liegt in der Regel um einen Prozentpunkt über dem Satz für das Hauptrefinanzierungsinstrument, so dass die Banken hierauf nur bei einem echten Liquiditätsengpass zurückgreifen werden. Anders als die Wertpapierpensionsgeschäfte bestehen für diese Fazilität keinerlei quantitative Begrenzungen.

Neben diesen beiden für die Geldpolitik zentralen Kreditfazilitäten verfügt die EZB auch noch über eine Reihe sehr kurzfristiger Instrumente, die es ihr erlauben, den Banken auch zwischen den wöchentlichen Zuteilungsterminen der Hauptrefinanzierungsgeschäfte Liquidität bereitzustellen.

20.7 Wie die Notenbank die Zinsen am Geldmarkt steuert und damit die Zinsen für Bankkredite beeinflussen kann

Durch ihre direkte Kontrolle über die Zinsen für Refinanzierungskredite verfügt eine Notenbank über einen sehr kraftvollen Hebel. Er ist die entscheidende Voraussetzung dafür, dass es der Geldpolitik überhaupt möglich ist, eine gesamtwirtschaftliche Verantwortung für das Ziel der Geldwertstabilität zu übernehmen.

Wir haben gezeigt, dass die Notenbank die Zinsen für Refinanzierungskredite der einzelnen Banken perfekt steuern kann. Während nun das *Bankensystem insgesamt* einen zusätzlichen Bedarf an Geldbasis nur über Kredite bei der Notenbank befriedigen kann, besteht für eine *einzelne* Bank auch noch die Möglichkeit, sich Zentralbankguthaben bei anderen Banken zu leihen. Solche Transaktionen finden auf dem „*Geldmarkt*" statt. Dabei handelt es sich um einen Markt, auf dem Zentralbankguthaben zwischen Banken gehandelt werden. Konkret:

- Bank A erhält von Bank B für einen Monat ein Zentralbankguthaben zur Verfügung gestellt.

- In Höhe dieses Betrags hat Bank B dann eine Forderung gegenüber Bank A.

Die Laufzeit solcher Geschäfte bewegt sich meistens zwischen einem Tag (Tagesgeld) und drei Monaten.

Wie schon erwähnt, muss eine Bank bei jeder Kreditvergabe damit rechnen, dass sie für den gesamten Kreditbetrag eine zusätzliche Geldbasis benötigt, die sie entweder von der Notenbank oder einer anderen Bank leihen muss. Für jeden Kredit an einen Kunden entstehen somit Zinskosten in Höhe der Zinssätze für Notenbank-Kredite oder für Kredite am Geldmarkt. Wie die Notenbank die Zinsen für Refinanzierungskredite festlegt, haben wir bereits dargestellt.

Wichtig ist nun, dass die Notenbank auch die Zinsen am Geldmarkt kontrollieren kann. Es muss also ein enger Verbund zwischen den Notenbankzinsen i_R und den Zinsen am Geldmarkt i_G bestehen.

Dies lässt sich am einfachsten anhand des Instruments der *Spitzenrefinanzierungsfazilität* verdeutlichen, auf die die Banken in Phasen mit einer *knappen* Liquiditätsversorgung zugreifen können. Es handelt sich dabei also um eine Art Überziehungs-Kredit für die Banken. Zum Zinssatz dieser Fazilität kann jede Bank für einen Tag unbegrenzt Liquidität erhalten. Damit kann der Satz für einen Geldmarktkredit gleicher Laufzeit (*Tagesgeld*) nicht über den Spitzenrefinanzierungssatz hinausgehen. Wenn man sich bei der Notenbank z.B. zu 4 % verschulden kann, wird man nicht bei einer anderen Bank einen Geldmarkt-Kredit zu 4,2 % aufnehmen. Der Zinssatz für die Spitzenrefinanzierungsfaziliät stellt also die *Obergrenze* des Geldmarktsatzes für Tagesgeld dar.

Bei einer sehr *reichlichen* Liquiditätslage könnte der Geldmarktsatz nun allerdings deutlich unter den Hauptrefinanzierungssatz absinken. Für diesen Fall hat die EZB in ihrem Instrumentarium die so genannte *Einlagefazilität*, die ebenfalls eine Frist von einem Tag aufweist. Sie bietet den Banken eine verzinsliche Anlagemöglichkeit für überschüssige Liquidität. Damit kann der Satz für Tagesgeld nie unter den von der EZB fixierten Zinssatz dieser Fazilität sinken, da keine Bank Mittel am Geldmarkt zu einem niedrigeren Satz anlegen würde. Der Zinssatz für die Einlagefazilität stellt also die *Untergrenze* des Geldmarktsatzes für Tagesgeld dar.

Mit diesen beiden Fazilitäten kann die EZB also sehr genau die Entwicklung der Zinsen am Geldmarkt kontrollieren (*Schaubild 20.2*). Zusammen mit den Zinsen, die sie für Refinanzierungskredite fordert, kann sie damit indirekt auch die Kreditzinsen der Banken steuern. Diese werden in der Regel nach dem Prinzip einer Zuschlagskalkulation auf die Zinsen für die benötigte Geldbasis ermittelt.

Etwas konkreter können wir den Kreditzins (i) aus der Gewinnmaximierung einer Geschäftsbank ableiten. Die Erträge aus dem Kreditgeschäft ergeben sich aus dem Kreditvolumen (K) mal dem Kreditzins (i). Die Kosten resultieren aus der Wahrscheinlichkeit eines Verlustes an Zentralbankgeld (β) mal dem Refinanzierungszins der Notenbank (i_R) multipliziert mit dem Kreditvolumen (K). Die Refinanzierung ist auch über den Geldmarkt möglich, wir unterstellen jedoch eine Gleichheit von Geldmarktzins und Refinanzierungszins, so dass wir diese Unterscheidung vernachlässigen können. Außerdem unterstellen wir, dass es proportionale, andere Kosten der Bank für eine Kreditvergabe (τ) gibt.

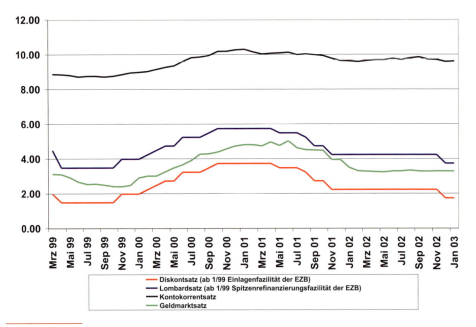

Schaubild 20.2: **Einlagensatz, Spitzenrefinanzierungssatz und Zinssatz für Kontokorrentkredite**
Quelle: Zeitreihendatenbank der Deutschen Bundesbank

Der Gewinn einer individuellen Bank aus dem Kreditgeschäft beträgt also:

(20.19) $\quad G = i \cdot K - i_R \cdot \beta \cdot K - \tau \cdot K$

Leitet man diese Gleichung nach K ab, um das Gewinnmaximum zu bestimmen, erhält man:

(20.20) $\quad \dfrac{dG}{dK} = i - i_R \beta - \tau = 0$

Der Kreditzins beträgt im Optimum also

(20.21) $\quad i = i_R \cdot \beta + \tau$

Da für eine einzelne Bank β relativ nahe bei Eins liegt, erhält man so eine einfache Aufschlagskalkulation, die dafür sorgt, dass der Kreditzins der Banken sehr direkt durch die Notenbankzinsen gesteuert wird. *Schaubild 20.2* zeigt, dass dieser Zusammenhang über längere Fristen hin recht stabil ist. Allerdings ist in der letzten Zeit ein deutlicher Anstieg der „Zinsmarge", d.h. des Abstands zwischen den Bankenzinsen und den Geldmarktsätzen zu beobachten.

SCHLAGWÖRTER

Bargeldhaltungskoeffizient (S. 379), Einlagenfazilität (S. 387), EZB-Rat (S. 353), Geldangebot (S. 376), Geldbasis (S. 376), Geldmarkt (S. 377), Geldnachfrage (S. 373), Geldschöpfungs-Multiplikator (S. 378), Hauptrefinanzierungsinstrument (S. 382), Liquiditätsproblem (S. 376), Mengentender (S. 384), Mindestreserve (S. 377), Notenemissionsmonopol (S. 376), Quantitätstheorie (S. 374), Spitzenrefinanzierungsfazilität (S. 382), Tagesgeld (S. 387), Zentralbankgeld (S. 376), Zinstender (S. 385)

AUFGABEN

1. Geldschöpfungsprozess

a) In A-Land gibt es nur eine einzige Bank, die A-Bank. Sie möchte einem Großkunden einen Kredit über eine Million A-Taler vergeben. Der Reservesatz in A-Land liegt bei 12%. Der Bargeldhaltungskoeffizient bezogen auf die Einlagen bei 10%. Wie hoch ist die zusätzliche Nachfrage der A-Bank nach Zentralbankgeld?

b) Nun gibt es neben der A-Bank noch sehr viele andere Banken in A-Land. Wie hoch ist dann der zu erwartende zusätzliche Zentralbankgeldbedarf der A-Bank?

c) Im Fall b. führt die Notenbank einen wöchentlichen Mengentender durch. Die Bank C hat dabei eine Menge von 12 Millionen A-Talern geboten. Die Summe der Gebote aller Banken liegt bei 300 Millionen Talern. Die Notenbank will insgesamt 100 Millionen zusätzliches Zentralbankgeld zur Verfügung stellen. Welche Menge wird die C-Bank erhalten?

d) Die D-Bank braucht dringend zusätzliches Zentralbankgeld. Die A-Bank bietet ihr am Geldmarkt Tagesgeld zu 5% an. Wie hoch muss der Zinssatz der Spitzenrefinanzierungsfazilität liegen, damit das Geschäft mit der A-Bank für die D-Bank noch attraktiv ist?

2. Vor der Euro-Einführung hatten in Deutschland viele Menschen die Befürchtung, dass es dadurch zu hohen Inflationsraten kommen würde. Eine Hauptursache hierfür wurde in hohen Staatsdefiziten vor allem der südeuropäischen Länder gesehen.

a) Zeigen Sie anhand eines einfachen Modells, wie es durch hohe Staatsausgaben zur Inflation kommen kann.

b) Zeigen Sie auch, wieso diese Inflationsursache für die Länder des Euroraums ausgeschlossen werden kann.

3. In vielen Lehrbüchern wird davon ausgegangen, dass eine Bank einen unerwarteten Zufluss von Zentralbankgeld zum Anlass für eine Kreditgewährung an einen Kunden nimmt. Welche anderen Möglichkeiten stehen ihr in einer solchen Situation zur Verfügung?

4. Im Prinzip könnte die EZB Zentralbankgeld auch über eine reine Versteigerung an die Banken abgeben. Sie müsste dazu beim Zinstender auf einen Mindestbietungssatz verzichten und vorab die Menge an Zentralbankgeld bestimmen, die sie auf diese Weise zuteilen möchte. Was könnte der Grund dafür sein, dass die EZB bisher auf ein solches Vorgehen verzichtet hat?

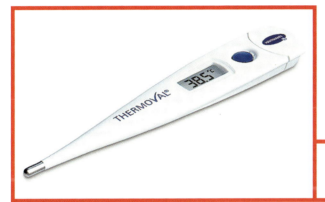

Kapitel 21

Wie es zu Inflation kommt und was die Notenbank dagegen tun kann

Überblick	393
Der Realzins wird nun zur entscheidenden Größe für die Notenbank und die Investitionsnachfrage	394
Die Phillips-Kurve	398
Wie die Notenbank die Inflationsrate steuern kann	403
Die Rolle der Geldpolitik	405
Angebotsschocks machen der Notenbank das Leben schwer	408

Kapitel 21
Wie es zu Inflation kommt und was die Notenbank dagegen tun kann

LERNZIELE

- Wenn man Inflation erklären will, muss man das Grundmodell erweitern, indem man zwischen dem Nominalzins und dem Realzins differenziert. Die Investitionsnachfrage und damit auch die gesamtwirtschaftliche Nachfrage wird dann vom Realzins bestimmt.

- Die Notenbank kann den Realzins steuern, indem sie vom Nominalzins die erwartete Inflationsrate subtrahiert.

- Die Inflationsrate wird durch die Phillips-Kurve bestimmt. Deren Grundannahme besteht darin, dass die Lage am Arbeitsmarkt eine wesentliche Rolle für die Lohnverhandlungen spielt. Während die „ursprüngliche Phillips-Kurve" diesen Zusammenhang für die Nominallöhne entwickelt hat, zeigt die „um Erwartungen modifizierte Phillips-Kurve", dass er sich auf die Reallöhne beziehen muss.

- Verbindet man die Phillips-Kurve mit einer vom Realzins abhängigen, gesamtwirtschaftlichen Nachfrage, kann man zeigen, wie die Notenbank die Inflationsrate steuert.

- Bei Nachfrageschocks führt eine am Ziel der Geldwertstabilität orientierte Zinspolitik automatisch dazu, dass auch Output-Lücken vermieden werden.

- Bei Angebotsschocks steht die Notenbank vor einem „trade-off" zwischen dem Ziel der Geldwertstabilität und dem Ziel der Output-Stabilisierung. In der Regel versuchen die Notenbanken hier eine Kompromiss-Lösung anzusteuern.

- Die in diesem Kapitel dargestellten Zusammenhänge können Sie mit Modell „*Makro Kapitel 21*" simulieren.

> **Der deutsche Vertreter des Monetarismus:
> Professor Dr. Manfred J.M. Neumann**
>
>
>
> Manfred J.M. Neumann lehrt an der Universität Bonn. Als Schüler von Karl Brunner hat er in den siebziger Jahren wesentlich dazu beigetragen, dass der Monetarismus in Deutschland etabliert wurde. Neumann war auch Vorsitzender des Wissenschaftlichen Beirats beim Bundeswirtschaftsministerium. Neben der Geldtheorie befasst sich Neumann mit Fragen der Wirtschaftstheorie und nimmt häufig zu aktuellen Problemen der Wirtschaftspolitik in den Medien Stellung. In den Jahren vor der Einführung des Euro hatte der Verfasser dieses Buchs, der sich stark für den Euro einsetzte, viele lebhafte Diskussionen mit dem Euro-Skeptiker Neumann.

21.1 Überblick

Wir haben in den *Kapiteln 16 und 18* zwei wichtige Modelle für die Diskussion gesamtwirtschaftlicher Fragen kennen gelernt.

- Die Landkarte, mit der wir in *Kapitel 16* gearbeitet haben, war extrem einfach aufgebaut. Sie bildete nur *Mengengrößen* ab, wie z.B. die gesamtwirtschaftliche Nachfrage, den privaten Verbrauch oder das Einkommen. Diese simple Karte war aber immerhin ausreichend, um eine erste Orientierung im Gebiet der Makroökonomie zu ermöglichen. So konnten wir damit auf die Problematik deflationärer oder inflationärer Lücken eingehen und es ließ sich zeigen, wie Arbeitslosigkeit entsteht. Zusätzlich konnten wir die makroökonomische Rolle der Fiskalpolitik beleuchten.

- In *Kapitel 18* haben wir dann die Darstellung verfeinert, indem wir neben Mengengrößen auch den *Zins* mit ins Spiel brachten. Mit dieser Abbildung konnten wir beschreiben, wie unternehmerische Investitionsentscheidungen getroffen werden und wie der Wirtschaftsprozess durch die Zinspolitik einer Notenbank gesteuert werden kann.

Wenn wir uns an den in *Kapitel 14* beschriebenen Zielkatalog erinnern, kommt in diesen beiden Landkarten eine wichtige Zielgröße nicht vor: die Inflationsrate. Um nun auch die Preisentwicklung theoretisch beschreiben zu können, müssen wir das in *Kapitel 18* verwendete Modell anpassen und erweitern. Wir werden dazu in *Abschnitt 21.2* den Unterschied zwischen dem Nominal- und dem *Realzins* verdeutlichen und in *Abschnitt 21.3* werden wir mit der *Phillips-Kurve* eine Theorie darstellen, die den Zusammenhang zwischen der Output-Lücke und der Inflationsrate beschreibt. In *Abschnitt 21.4* können wir dann zeigen, wie die Notenbank beide Ziele gleichzeitig steuern kann. Abschließend werden wir in *Abschnitt 21.5* mit den *Angebotsschocks* eine weitere makroökonomische Störquelle kennen lernen, die in den letzten Jahrzehnten immer wieder zu Inflation und Arbeitslosigkeit geführt hat.

21.2 Der Realzins wird nun zur entscheidenden Größe für die Notenbank und die Investitionsnachfrage

In *Kapitel 18* haben wir die Investitionsplanung eines Wirts dargestellt, der davon ausgeht, dass er bei einer Anfangsinvestition von 500.000 € jährliche Einzahlungsüberschüsse von 90.000 € erzielt. Der interne Zinsfuß, d.h. der Zinssatz, bei dem der Wirt gerade indifferent zwischen der Durchführung und der Unterlassung seiner Investition war, belief sich auf 12,4 %. Dabei haben wir stillschweigend unterstellt, dass es während der Laufzeit der Investition keine Preissteigerungen gibt.

Nehmen wir jetzt einmal an, dass für die 10-jährige Laufzeit mit einer jährlichen Inflationsrate von 2 % zu rechnen ist und dass deshalb auch die Einzahlungsüberschüsse entsprechend zunehmen. Wie *Tabelle 21.1* verdeutlicht, erhält der Wirt dann schon im ersten Jahr einen Zufluss von 91.800 € (= 90.000 €*1,02). Im zweiten Jahr sind es bereits 93.636 € usw. Wenn er sich jetzt wieder fragt, bei welchem Zins er gerade seine Anschaffungsauszahlung hereinbekommt, ergibt sich ein interner Zins von 14,7 %.

Jahr	Einzahlungsüberschuss	abdiskontierter Überschuss mit i= 14,66
Anfangsauszahlung		-500.000,00
1	91.800,00	80.060,63
2	93.636,00	71.218,94
3	95.508,72	63.353,70
4	97.418,89	56.357,08
5	99.367,27	50.133,15
6	101.354,62	44.596,57
7	103.381,71	39.671,44
8	105.449,34	35.290,23
9	107.558,33	31.392,86
10	109.709,50	27.925,92
Barwert		**0**

Tabelle 21.1: **Barwert-Berechnung bei Inflation**

21.2 Der Realzins als entscheidende Größe für Notenbank und Investitionsnachfrage

In einer Welt mit Inflation muss man also zwischen dem Realzins und dem Nominalzins unterscheiden. In unserem Beispiel ist der Zins von 14,6 % der *Nominalzins* (i), bei dem der Investor gerade indifferent ist. Der Zins von 12,4 % ist der *Realzins* (r), d.h. der Zins, der entscheidungsrelevant ist, wenn es keine Inflation gibt oder wenn man die Inflation bei den zukünftigen Zahlungen herausrechnet. Das Verhältnis von Realzins zu Nominalzins ergibt sich aus:

(21.1) $\quad \dfrac{1+i}{1+\pi} = 1+r$

Wenn man das ausmultipliziert, erhält man:

(21.2) $\quad 1+i = 1+r+r\pi+\pi$

In unserem Beispiel ergibt sich der Nominalzins aus dem Realzins von 12,4 % und 2 % Inflationsrate aus:

(21.3) $\quad 1+i = 1+0{,}124 + 0{,}124 \cdot 0{,}02 + 0{,}02 = 1{,}14648$

Für relativ kleine Werte von r und π kann man diese Gleichung vereinfachen zu:

(21.4) $\quad i = r+\pi$

Der Nominalzins lässt sich also vereinfacht darstellen als Summe aus Realzins und Inflationsrate. Man bezeichnet diesen Zusammenhang auch als *Fisher-Gleichung* – nach dem bekannten amerikanischen Ökonomen Irving Fisher (1867-1947); eine Kurzbiographie finden Sie am Ende dieses Kapitels.

Genaugenommen handelt es sich bei der Inflationsrate in dieser Gleichung um eine Erwartungsgröße, da die Preisentwicklung für den Entscheidungszeitraum eines Investitionsprojekts nicht im Vorhinein bekannt ist. Die Gleichung würde dann lauten:

(21.5) $\quad i = r+\pi^e$

mit π^e als der erwarteten Inflationsrate. Zur Vereinfachung wird häufig unterstellt, dass die erwartete Inflationsrate mit der tatsächlichen Inflationsrate identisch ist.

Wir könnten in unserem Beispiel nun auch eine Entwicklung mit einer Inflationsrate von 3 % oder 30 % rechnen. Entsprechend würde der Nominalzins, bei dem der Investor indifferent ist, d.h. der *nominale* interne Zinsfuß, nach oben gehen. Der *reale* interne Zinsfuß bleibt dabei aber stets unverändert bei 12,4 %.

Wir können deshalb die in *Kapitel 18* beschriebene Investitionsfunktion auch in Abhängigkeit vom Realzins abbilden. Es besteht dabei zwischen dem Investitionsvolumen und dem Realzins ein negativer Zusammenhang. In allgemeiner Form lautet die Investitionsfunktion dann:

(21.6) $\quad I = e - nr$

Nehmen wir die konkrete Investitionsfunktion aus *Kapitel 18* mit

(21.7) $\quad I = 10 - 2i$

so können wir diese in eine Investitionsfunktion in Abhängigkeit vom Realzins transformieren, wenn wir für i die vereinfachte Fisher-Gleichung einsetzen. Für eine (erwartete) Inflationsrate von 2% erhalten wir dann also:

(21.8) $\quad I = 10 - 2(r + 2)$

oder

(21.9) $\quad I = 6 - 2r$

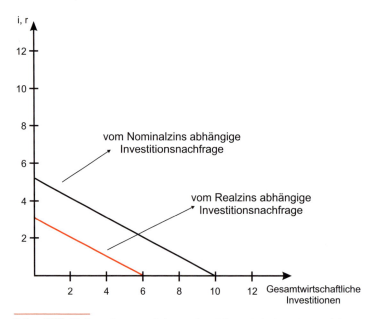

Schaubild 21.1: Die Investitionen in Abhängigkeit vom Realzins

Das *Schaubild 21.1* verdeutlicht, dass das Investitionsvolumen von 10, das bei einem Nominalzins von Null erreicht wird, einem Realzins von -2% entspricht. Dies ist genau dann der Fall, wenn die Investoren mit einer Inflationsrate von 2% rechnen.

21.2 Der Realzins als entscheidende Größe für Notenbank und Investitionsnachfrage

In einem zweiten Schritt können wir dann auch die gesamtwirtschaftliche Nachfrage – analog zu *Schaubild 18.4* – in Abhängigkeit vom Realzins bestimmen (*Schaubild 21.2*). Wiederum bleibt der Verlauf der Kurve unverändert; nach Maßgabe der erwarteten Inflationsrate liegt sie unterhalb der für den Nominalzins abgeleiteten Nachfragekurve.

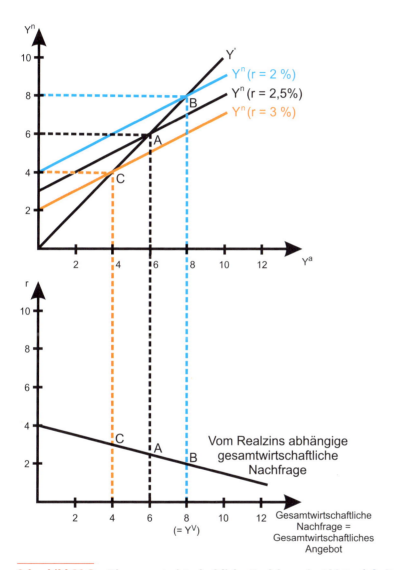

Schaubild 21.2: Die gesamtwirtschaftliche Nachfrage in Abhängigkeit vom Realzins

Formal kann man das Gleichgewichtseinkommen – völlig analog zu *18.2.3* – herleiten. Die gesamtwirtschaftliche Nachfrage lautet:

(21.10) $Y^n = a + bY + (e - nr)$

Das kurzfristige gesamtwirtschaftliche Angebot ist wie bisher

(21.11) $Y^a = Y^n$

Für den Gleichgewichtsoutput $Y_0 = Y^a = Y^n$ erhalten wir dann

(21.12) $Y_0 = \left(\dfrac{1}{1-b}\right)[a + (e - nr)]$

Die im r/Y-Diagramm abgebildete, vom Zinssatz abhängige gesamtwirtschaftliche Nachfrage, die im Gleichgewicht dem Angebot entspricht, erhalten wir, wenn wir diese Gleichung nach r auflösen:

(21.13) $r = \dfrac{1}{n}(a + e) - \left(\dfrac{1-b}{n}\right)Y$

Die Kurve weist also ebenfalls eine negative Steigung auf.

21.3 Die Phillips-Kurve

Der zweite Theoriebaustein, den man benötigt, um die Inflationsentwicklung theoretisch erfassen zu können, ist die Phillips-Kurve. Sie wurde im Jahr 1958 von dem britischen Ökonom Alban Phillips (1914-1975) „entdeckt".

21.3.1 Ursprüngliche Phillips-Kurve und modifizierte Phillips-Kurve

Phillips stellte fest, dass es von 1948 bis 1957 und von 1861 bis 1913 in Großbritannien einen recht stabilen negativen Zusammenhang zwischen der Entwicklung der Nominallöhne und der Arbeitslosenrate gab (*Schaubild 21.3*).

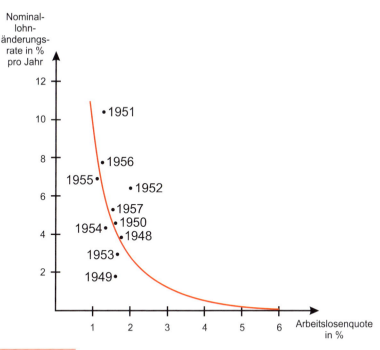

Schaubild 21.3: Empirische, ursprüngliche Phillips-Kurve (Vereinigtes Königreich 1948-1957)
Quelle: Phillips (1958, S. 297)

Intuitiv kann man das gut nachvollziehen: Bei hoher Arbeitslosigkeit sind die Gewerkschaften in einer schlechten Verhandlungsposition, die Löhne steigen nur wenig. Bei einer guten Konjunktur- und Beschäftigungslage fällt es den Gewerkschaften relativ leicht, in den Unternehmen stärkere Einkommensverbesserungen durchzusetzen. Allgemein lautet der von Phillips entdeckte Zusammenhang:

(21.14) $\quad \hat{w} = f(U)$

Die prozentuale Veränderung des Nominallohns ($\hat{w}$) wird also durch die Arbeitslosenrate (U) bestimmt. Man spricht hierbei auch von der *„ursprünglichen Phillips-Kurve"*.

Wie kommt man jetzt von der Lohnentwicklung zur Inflationsrate? Wie in *Kapitel 7* dargestellt, spielen Löhne und Produktivität eine wichtige Rolle in der Preiskalkulation der Unternehmen. Vereinfacht kann man also annehmen, dass die Unternehmen ihre Preise an die Lohnentwicklung anpassen, dabei aber einen Abschlag für den Produktivitätsfortschritt (λ) vornehmen. Dies wird auch als Aufschlagskalkulation oder „mark-up-pricing" bezeichnet. Man erhält so die folgende Gleichung:

(21.15) $\quad \pi = \hat{w} - \lambda$

Wenn also beispielsweise die Löhne um 5% steigen und der Produktivitätsanstieg 2% beträgt, erhöhen die Unternehmen ihre Preise um 3%. Mit Gleichung *(21.15)* kann man also den Nominallohnanstieg in Gleichung *(21.14)* durch die Inflationsrate ersetzen und erhält so die so genannte „*modifizierte Phillips-Kurve*":

(21.16) $\pi = f(U) - \lambda$

Grafisch lassen sich die modifizierten Phillips-Kurven wie folgt abbilden (*Schaubild 21.4*):

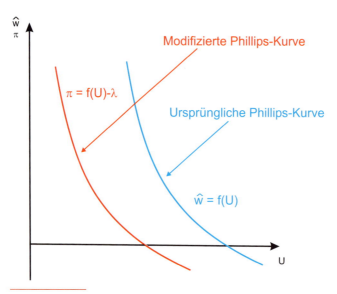

Schaubild 21.4:   Die ursprüngliche und die modifizierte Phillips-Kurve

Vor allem von Politikern wurde dieser Zusammenhang oft missverstanden. Sie gingen in den siebziger Jahren häufig davon aus, dass man die modifizierte Phillips-Kurve auch in umgekehrter Kausalität verwenden könne: mit einer hohen Inflationsrate sei also eine niedrige Arbeitslosenrate zu erreichen. Doch solche Umkehrschlüssen führen schnell in die Irre. So kommt es zwar häufig zu einer Krebserkrankung, wenn Menschen rauchen, aber ein Mensch, der an Krebs erkrankt, muss deshalb kein Raucher werden.

Für Deutschland zeigt sich in der Phase 1986-2003 eine negative Phillips-Kurve (*Schaubild 21.5*), allerdings ist dabei der statische Zusammenhang zwischen der Arbeitslosigkeit und der Inflationsrate sehr gering.

21.3 Die Phillips-Kurve

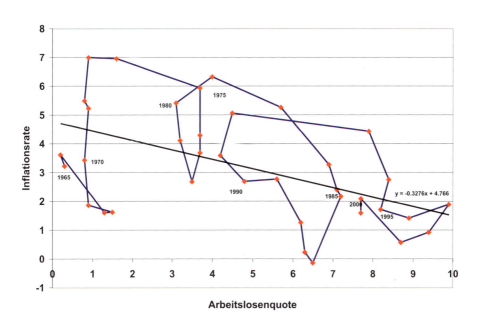

Schaubild 21.5: Modifizierte Phillips-Kurve für Deutschland
Quelle: OECD, Economic Outlook, December 2002

21.3.2 Die Inflationserwartungen sind eine wichtige Determinante der zukünftigen Preisentwicklung („um Erwartungen erweiterte Phillips-Kurve")

Bei dieser populärwissenschaftlichen Interpretation der Phillips-Kurve stellte sich aber auch das zusätzliche Problem, dass der von Phillips untersuchte Zusammenhang zwischen *Nominal*löhnen und Beschäftigung nicht ganz zutreffend ist. Wenn man sich fragt, welche Faktoren bei Tarifverhandlungen von Bedeutung sind, dann spielt die Arbeitsmarktlage sicher eine zentrale Rolle. Nicht minder bedeutsam ist aber die von Arbeitnehmern wie Arbeitgebern *erwartete Inflationsentwicklung*. Diese Größe ist in der ursprünglichen Phillips-Gleichung völlig unberücksichtigt. Streng genommen gilt der von Phillips entdeckte Zusammenhang also nur für Phasen, in denen die Inflationserwartungen gleich Null sind. Man spricht dann auch davon, dass bei den Arbeitnehmern *Geldillusion* vorherrscht, d.h. sie glauben, ein Euro heute sei genauso viel wert wie ein Euro morgen. Zur Verteidigung von Phillips muss gesagt werden, dass er seine Theorie für die fünfziger Jahre entwickelt hatte, in denen das Preisniveau vergleichsweise stabil geblieben ist.

Für eine realitätsnahe Beschreibung der Nominallohn-Entwicklung muss man deshalb die ursprüngliche Phillips-Gleichung *(21.14)* um die erwartete Inflationsrate erweitern. Man erhält dann:

(21.17) $\quad \hat{w} = f(U) + \pi^e$

Ersetzt man jetzt wieder die Lohnentwicklung durch Gleichung *(21.15)*, erhält man die *„um Erwartungen erweiterte Phillips-Kurve"* („expectations augmented Phillips curve"):

(21.18) $\quad \pi = f(U) + \pi^e - \lambda$

Man erkennt daran sehr deutlich, dass die Inflationsrate maßgeblich bestimmt wird von:

- der Arbeitsmarktsituation,
- der Produktivitätsentwicklung,
- den Inflationserwartungen, die von den Tarifpartnern bei ihren Tarifabschlüssen für diese Periode gebildet wurden.

Letzteres zeigt, warum es für eine Notenbank so wichtig ist, dass die Menschen eine möglichst stabile Preisentwicklung erwarten: Über die Tarifverträge erhält man so fast automatisch eine niedrige Inflationsrate. Aus diesem Grund verkünden heute viele Notenbanken Zielwerte für die Inflation und versuchen durch eine intensive Kommunikation mit der Öffentlichkeit darauf hinzuwirken, dass die Inflationserwartungen sich daran orientieren. Man bezeichnet eine solche Strategie als *„inflation targeting"*. Wenn sich die von den Privaten erwartete Inflationsrate mit der Zielrate der Notenbank deckt, spricht man davon, dass die Geldpolitik *„glaubwürdig"* ist.

Wie wir in *Kapitel 16* gesehen haben, besteht ein enger Zusammenhang zwischen der Arbeitslosigkeit und der Output-Lücke, d.h. der Differenz zwischen dem tatsächlichen Output und dem Output bei Vollbeschäftigung. Deshalb wird die Phillips-Kurve häufig auch in der Form verwendet, dass man die Arbeitslosigkeit durch die Output-Lücke ersetzt. Wenn wir zur Vereinfachung außerdem annehmen, dass

- der Produktivitätsfortschritt λ gleich Null ist, was der kurzfristig angelegten und damit statischen Perspektive des hier verwendeten Modells entspricht, und
- dass die Notenbank „glaubwürdig" ist, so dass die Wirtschaftssubjekte eine Inflationsrate erwarten, die dem Inflationsziel (π_0) entspricht, so dass $\pi^e = \pi_0$,

erhalten wir die folgende Form einer Phillipskurve:

(21.19) $\quad \pi = \pi_0 + \alpha \left(\dfrac{Y - Y^V}{Y^V} \right) \quad$ mit $\alpha > 0$

Grafisch führt das zu einer mit dem Output ansteigenden Phillipskurve (*Schaubild 21.6*). Die Inflationsrate entspricht dabei genau dem Zielwert der Notenbank, wenn das Vollbeschäftigungseinkommen Y^V erreicht wird.

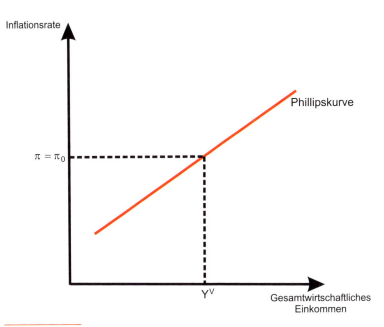

Schaubild 21.6: Die Phillips-Kurve im π-Y-Diagramm:

21.4 Wie die Notenbank die Inflationsrate steuern kann

Mit der zuletzt hergeleiteten Phillips-Kurve und der in *Schaubild 21.6* dargestellten, vom Realzins abhängigen gesamtwirtschaftlichen Nachfrage können wir jetzt ein einfaches Modell zur Erklärung der Inflation entwickeln. Wir müssen dazu eigentlich nur die beiden *Schaubilder 21.1* und *21.6* übereinanderlegen und erhalten so *Schaubild 21.7*.

Dabei unterstellen wir für die Phillips-Kurve, dass α gleich 0,4 ist und dass die Output-Lücke als Differenz zwischen dem tatsächlichen und dem Vollbeschäftigungs-Output bestimmt wird. Es gilt also

(21.20) $\pi = 2 + 0{,}4(Y - Y^V)$

Der Vollbeschäftigungs-Output von 8 Millionen wird bei einem Realzins von 2 % erreicht. Die Output-Lücke ist also Null. Setzt man diesen Wert in die Phillips-Kurve ein, erhält man eine Inflationsrate von 2 %, die gerade der Zielinflationsrate entspricht. Wir sehen an dieser Abbildung auch, dass eine Inflationsrate von Null bei einem Realzins von 5 % erreicht wird, was jedoch mit einer Output-Lücke von 5 Millionen einhergehen würde.

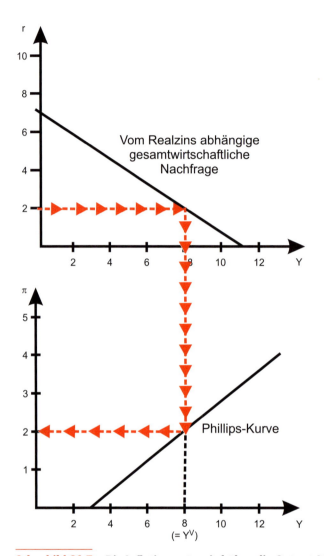

Schaubild 21.7: **Die Inflationsrate wird über die Output-Lücke gesteuert**

Es ist offensichtlich, dass in dieser Konstellation die optimale Geldpolitik in einem Realzins von 2 % besteht. Die Output-Lücke ist dann gleich Null und die Inflationsrate entspricht dem Inflationsziel der Notenbank. Wenn sich die Notenbank an einer Verlustfunktion des in *Kapitel 14.2.5* beschriebenen Typs „orientiert",

$$(21.21) \quad \pi = \alpha(\pi - \pi^*)^2 + \beta\left[\frac{(Y - Y^P)}{Y^P}\right]^2$$

erreicht sie den minimalen sozialen Verlust von Null. Für den am Geldmarkt anzusteuernden *Nominal*zins muss die Notenbank jetzt noch – gemäß Gleichung (*21.5*) – den optimalen Realzins von 2 % und die von den Privaten erwartete Inflationsrate von 2 % addieren. Es ergibt sich daraus ein Nominalzins von 4 %.

21.5 Die Rolle der Geldpolitik

Da wir nun auch die Inflationsrate mit im Blick haben, können wir uns fragen, wie sich die Notenbank in einem solchen Modellrahmen bei auftretenden *Schocks* verhalten soll. Ein guter Ausgangspunkt hierfür ist die Tatsache, dass heute fast alle Notenbanken ihr Hauptziel darin sehen, den Geldwert stabil zu halten. Für die EZB ist das ausdrücklich im EG-Vertrag festgehalten. Dort heißt es in Artikel 105:

„Das vorrangige Ziel (…) ist es, die Preisstabilität zu gewährleisten. Soweit dies ohne Beeinträchtigung des Zieles der Preisstabilität möglich ist, unterstützt das ESZB die allgemeine Wirtschaftspolitik in der Gemeinschaft (…)".

Die EZB interpretiert diesen Auftrag so, dass sie *„mittelfristig"* einen Anstieg der Inflationsrate von *„nahe bei 2 %"* anstreben soll. Ein Blick auf die deutschen Inflationsraten nach 1949 (*Schaubild 14.5*) zeigt, dass sich die EZB damit ein sehr ambitioniertes Ziel gesetzt hat. Sie hat dieses seit 1999 allerdings auch nicht ganz exakt einhalten können (*Schaubild 21.8*). Eine Erklärung dafür, dass die EZB für das Ziel der Geldwertstabilität nicht konsequenterweise eine Inflationsrate von Null erreichen will, gibt die *Box 21.1*.

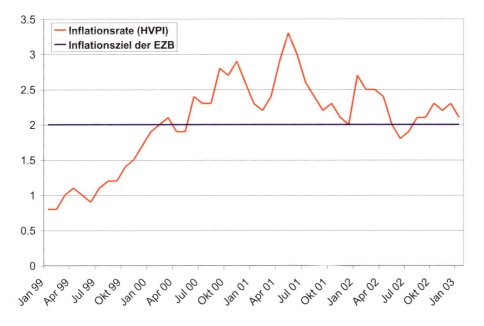

Schaubild 21.8: Inflationsziel der EZB und Inflationsrate im Euroraum seit Januar 1998 (Harmonisierter Verbraucherpreis-Index)

BOX 21.1: WARUM NOTENBANKEN NICHT EINE INFLATIONSRATE VON NULL ANSTREBEN

Es hat sich in vielen Ländern gezeigt, dass die statistisch erfasste Inflationsrate den tatsächlichen Preisauftrieb aus einer Reihe von Gründen *über*zeichnet:

Es ist für die Statistiker in der Regel schwierig, *Qualitätsverbesserungen* angemessen zu berücksichtigen. Um wie viel Prozent ist ein PC des Jahres 2002 leistungsfähiger als ein PC des Jahres 1998?

Durch die *Einführung völlig neuer Produkte* (z.B. das Handy in den neunziger Jahren), die zunächst exorbitante Preise und dann mit der Massenproduktion einen starken Preisverfall aufwiesen, wird der Preisauftrieb tendenziell unterzeichnet, da diese in der Anfangsphase überhaupt nicht im Preisindex enthalten sind.

Da der Preisindex für die Lebenshaltung als ein *Laspeyres-Index* (siehe *Box 14.1*) mit einem über viele Jahre *konstanten Wägungsschema* arbeitet, kann er Änderungen der Verbrauchsstruktur, die sich nicht zuletzt durch Änderungen der relativen Preise ergeben, nicht zeitnah berücksichtigen.

Viele Konsumenten kaufen Güter zu reduzierten Preisen („*Sonderangebote*"). Die Mitarbeiter des Statistischen Bundesamtes registrieren jedoch grundsätzlich nur die regulären Preise.

Es ist sehr schwierig, die auf diese Weise entstehenden Verzerrungen bei der Preismessung exakt zu bestimmen. Es besteht jedoch ein gewisses Einvernehmen, dass es sich dabei insgesamt um einen Betrag von etwa 0,5 bis 2 Prozentpunkten handelt, um die der Preisindex die tatsächliche Teuerung *über*zeichnet.

Die Entscheidungsprozesse der Notenbank werden deutlich, wenn wir unsere Modellwelt mit zwei alternativen makroökonomischen Schocks konfrontieren. Neben einem Nachfrageschock, den wir in den vorangegangenen Kapiteln immer wieder diskutiert haben, können wir in diesen erweiterten Modellrahmen auch einen *Angebotsschock* diskutieren. Dabei handelt es sich um Störungen, die von einem massiven Anstieg der Ölpreise oder einer überzogenen Lohnpolitik ausgehen können.

Beginnen wir mit dem uns schon recht vertrauten *negativen Nachfrageschock*, der z.B. durch einen Kurseinbruch auf den Aktienmärkten ausgelöst werden kann. Wie bisher wird dadurch die gesamtwirtschaftliche Nachfrage nach links verschoben (*Schaubild 21.9*).

21.5 Die Rolle der Geldpolitik

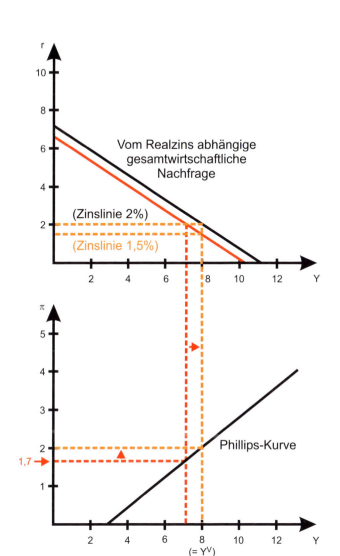

Schaubild 21.9: Optimale Reaktion der Geldpolitik auf einen negativen Nachfrage-Schock

Wiederum gehen wir davon aus, dass der autonome Konsum um eine Million Euro zurückgeht. Bei einem zunächst unveränderten Realzins stellt sich eine Outputlücke in Höhe von 0,8 Millionen Euro ein, das Gleichgewichtseinkommen beläuft sich nur noch auf 7,2 Millionen Euro. Die schlechte Konjunktur- und Beschäftigungslage führt nun zu einem Rückgang der Inflationsrate. Im Phillips-Kurven-Diagramm können wir sehen, dass diese von 2 % auf 1,7 % zurückgeht und damit unter dem Zielwert der Notenbank liegt. Wenn die Notenbank in einer solchen Situation untätig bleibt, verletzt sie gleich mehrere *makroökonomische Ziele*:

- es besteht eine negative Output-Lücke, d.h. es ist kein „*stetiges Wirtschaftswachstum*" gegeben,
- der Arbeitsmarkt ist im Ungleichgewicht; wie wir an *Schaubild 16.12* erkennen können, führt eine negative Output-Lücke zur Rationierung am Arbeitsmarkt und damit zu *Arbeitslosigkeit*.
- die Wirtschaft befindet sich de facto in einer *Deflation*, da die Preisentwicklung unterhalb der Zielrate von 2 % liegt.

In unserem Modell kann die Notenbank die Situation unmittelbar verbessern, wenn sie den Realzins von 2 % auf 1,5 % senkt. Dadurch steigen die zinsabhängigen Investitionen um 0,4 Millionen Euro, womit sich wieder ein Vollbeschäftigungs-Output ergibt. Über diese Stabilisierung des Outputs wird gleichzeitig die Inflationsrate wieder auf ihren Zielwert (π_0) angehoben.

Für einen *Nachfrage-Schock* können wir also festhalten, dass die Notenbank nicht vor der Frage steht, welches der makroökonomischen Ziele ihr wichtiger ist. Es besteht also kein Zielkonflikt („trade-off") zwischen Vollbeschäftigung und Preisstabilität. Wenn sich die EZB ganz am Ziel der Preisstabilität orientiert, verfolgt sie daher bei einem Nachfrageschock auch die optimale Politik zur Stabilisierung des Outputs. Wir werden gleich sehen, dass dies bei einem Angebotsschock nicht mehr ganz so einfach ist.

21.6 Angebotsschocks machen der Notenbank das Leben schwer

Mit den *Angebotsschocks* gibt es eine zweite Kategorie von volkswirtschaftlichen Störungen, von denen sehr unangenehme Auswirkungen auf die makroökonomischen Endziele ausgehen können. Von einem Angebotsschock spricht man in der Regel dann, wenn es in einer Volkswirtschaft zu

- einer massiven Verteuerung der zentralen Inputfaktoren Öl und Erdgas kommt oder
- wenn in Tarifverträgen – im Vergleich zur Produktivitätsentwicklung – überhöhte Lohnabschlüsse vereinbart werden.

Schaubild 21.10 zeigt für die Ölkrisen der letzten Jahrzehnte, wie stark sich die Ölpreise in kurzer Zeit verteuern können.

21.6 Angebotsschocks machen der Notenbank das Leben schwer

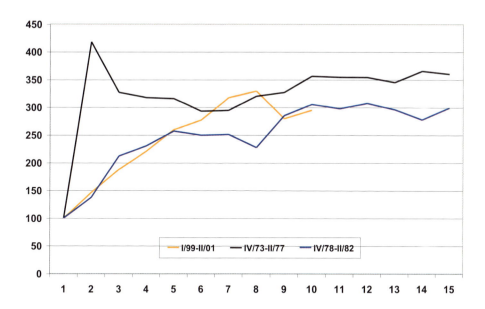

Schaubild 21.10: DM-Ölpreis in drei Ölkrisen (Anfangsperiode = 100)

Mit der Phillips-Kurve können wir die Auswirkungen solcher Schocks recht gut beschreiben. Wir müssen dazu lediglich in der Gleichung *(21.19)* noch berücksichtigen, dass die Inflation – neben den bereits genannten Argumenten – auch noch von derartigen Störungen beeinflusst werden kann. Formal muss man dazu die Phillips-Kurve um einen Störterm ε ergänzen. Sie lautet dann:

$$(21.22) \quad \pi = \pi_0 + \alpha \left(\frac{Y - Y^V}{Y^V} \right) + \varepsilon$$

Nehmen wir an, der Schock habe einen Wert von 1. Die Phillips-Kurve verschiebt sich dann nach oben. Bei einem unveränderten Realzins besteht weiterhin Vollbeschäftigung. Die Inflationsrate steigt aber von 2 % auf 3 % (*Schaubild 21.11*):

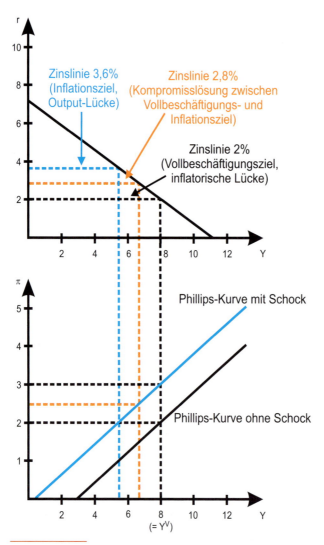

Schaubild 21.11: Reaktion der Geldpolitik auf einen positiven Angebotsschock

Wie soll nun die Notenbank auf eine solche Störung reagieren? Eine denkbare Reaktion könnte darin bestehen, den *Real*zins konstant zu halten. In der Wirtschaft herrscht dann zwar weiterhin Vollbeschäftigung, aber die Notenbank sieht sich mit dem Problem konfrontiert, dass ihr Inflationsziel verletzt ist. Wichtig ist hierbei, dass die Politik eines konstanten *Real*zinses nach dem Schock eine Erhöhung des *Nominal*zinses erfordert. In der Ausgangssituation belief sich der Realzins auf 2 %, die Inflationsrate betrug 2 %, somit ergab sich ein Nominalzins von 4 %. Wenn der Realzins nach dem Schock weiterhin bei 2 % liegen soll, muss der Nominalzins bei einer Inflationsrate von 3 % auf 5 % angehoben werden.

21.6 Angebotsschocks machen der Notenbank das Leben schwer

Bei einer Politik konstanter Realzinsen besteht für die Notenbank das Risiko, dass die Privaten ihre Inflationserwartungen in der nächsten Periode nach oben anpassen, so dass $\pi^e > \pi_0$. Wenn dann der Schock nicht verschwunden ist, würde sich die Phillips-Kurve noch weiter nach oben verlagern, so dass die Gefahr einer „Lohn-Preis-Spirale" besteht.

Wenn ihr diese Strategie zu riskant ist, bietet sich der Geldpolitik die Möglichkeit, die Realzinsen soweit zu erhöhen, dass die *Inflationsrate* auf ihrem Zielwert von 2 % bleibt. Dies wird mit einem Realzins von 3,6 % erreicht, der jedoch zu einem Rückgang des Outputs von 8 Millionen Euro auf 5,5 Millionen Euro führt. Mit dieser Politik wird also das Ziel der Geldwertstabilität erreicht, die Ziele der Vollbeschäftigung und des stetigen Wachstums werden jedoch verletzt.

Anders als bei den Nachfrage-Schocks werden die geldpolitischen Entscheidungsträger bei einem Angebotsschock vor einen schwierigen Konflikt gestellt. Ist es besser das Ziel der Geldwertstabilität oder das der Vollbeschäftigung einzuhalten? Wie diese Entscheidung ausfällt, hängt vor allem davon ab,

- wie eine Notenbank die Ziele Geldwertstabilität und Beschäftigung (bzw. Vermeiden einer Output-Lücke) in ihrer Zielfunktion (siehe *Kapitel 14.2.5*) gewichtet und

- wie sie die Reaktion der *Tarifpartner* einschätzt; kommt es bei einer einmaligen Verletzung des Stabilitätsziels dazu, dass die Notenbank ihre „Glaubwürdigkeit" verliert, d.h. dass die Inflationserwartungen in der Zukunft über dem Zielwert der Notenbank liegen?

In der Vergangenheit hat sich häufig gezeigt, dass Notenbanken bei solchen Störungen eine *Kompromiss-Lösung* anstreben. Sie versuchen also, bei beiden Zielen eine gewisse Abweichung vom Zielwert zu akzeptieren, um so eine starke Verletzung des Stabilitätsziels wie des Beschäftigungsziels zu vermeiden. In unserem Beispiel würde dies mit einem Realzins von 2,8 % erreicht. Die Inflationsrate würde dann bei 2,5 % liegen, die Outputlücke wäre mit 1,25 Millionen Euro nur noch halb so groß wie im Fall einer konstanten Inflationsrate.

Aus der Tatsache, dass die EZB bei dem Ölpreisschock der Jahre 2000/2001 eine Überschreitung ihres Inflationsziels zugelassen hat (*Schaubild 21.8*), kann man schließen, dass der EZB-Rat eine Präferenz für eine solche Kompromiss-Lösung hatte. Dies wurde von Anfang an dadurch deutlich gemacht, dass sie ihr Inflationsziel nur „*mittelfristig*" erreichen will, womit sie sich einen Spielraum für ein temporäres Überschießen in Situationen mit Angebotsschocks geschaffen hat. Ein solches Vorgehen entspricht einer 2-dimensionalen Zielfunktion, wie wir sie in *Kapitel 14* dargestellt haben (*Schaubild 21.12*). Die Notenbank versucht dabei eine Lösung zu erreichen, die den niedrigsten Zielring trifft.

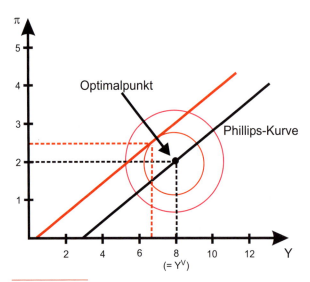

Schaubild 21.12: **Die Kompromiss-Lösung bei einem Angebotsschock**

Das Vielseitige

Irving Fisher war der erste amerikanische Ökonom, der zu Weltruhm gelangte. Er wurde am 27. Februar 1867 in Saugerties, New York, geboren und starb am 29. April 1947 in New York City. Fisher war ungemein produktiv und vielseitig, dabei aber auch ziemlich schrullig. Er verdiente ein Vermögen mit einem Indexkarten-System und verlor es im Crash von 1929, wobei auch seine Reputation beschädigt wurde, da er kurz zuvor eine solche Entwicklung ausgeschlossen hatte. Fisher setzte sich auch für vegetarische Ernährung und die Prohibition ein sowie für eine internationale Organisation zur Schaffung des Friedens.

Kennzeichnend für sein Werk ist eine starke mathematische Ausrichtung, die wesentlich zur Formalisierung in der Wirtschaftswissenschaft beigetragen hat. Aus der Vielzahl seiner Ideen, die auch heute noch Verwendung finden, seien genannt: Die Erfindung der Indifferenzkurven, die Unterscheidung zwischen Strom- und Bestandsgrößen, die Formalisierung der Quantitätstheorie, die Unterscheidung zwischen Nominal- und Realzinsen, die Theorie der Deflation durch steigende Schulden, das Modell der intertemporalen Wahlentscheidung und wichtige Beiträge zur Indextheorie.

Wirtschaftspolitisch hat sich Fisher für eine 100%-Mindestreserve ausgesprochen und Anfang der dreißiger Jahre für eine „Reflation" der amerikanischen Wirtschaft.

Zitat:

„Stock prices have reached what looks like a permanently high plateau."

Am 16. Oktober 1929, 13 Tage vor dem großen Crash an der Wall Street.

Ausbildung und Beruf

1884-1891 Studium der Mathematik und Soziologie in Yale

1891-1897 Lehrtätigkeit in Yale, dazwischen ein Wanderjahr (1984/85) in Europa

1898-1935 Full Professor in Yale

Werke

1906 The Nature of Capital and Income, New York, Macmillan

1907 The Rate of Interest, New York, Macmillan

1911 The Purchasing Power of Money, New York, Mac Millan

1930 The Theory of Interest, New York, Macmillan

1932 Booms and Depressions, New York, Adelphi

SCHLAGWÖRTER

Angebotsschock (S. 393), Fisher-Gleichung (S. 395), Glaubwürdigkeit der Notenbank (S. 411), Phillips-Kurve (S. 398), Realzins (S. 393), um-Erwartungen-erweiterte-Phillips-Kurve (S. 398), modifizierte Phillips-Kurve (S. 398), ursprüngliche Phillips-Kurve (S. 398)

AUFGABEN

1. Aufgabe

In der Öffentlichkeit wird oft ein Widerspruch zwischen dem Ziel der Geldwertstabilität und dem Ziel der Beschäftigung gesehen.

a) Beschreiben Sie grafisch anhand eines einfachen Modells eine Störung, bei der die Notenbank in der Lage ist, sowohl die Inflationsrate auf ihrem Zielwert zu halten als auch nachteilige Beschäftigungseffekte zu vermeiden. Erklären Sie dabei kurz die Verläufe der verwendeten Kurven.

b) Bei welcher Störung besteht ein Zielkonflikt? Stellen sie diesen grafisch dar und diskutieren Sie die Handlungsmöglichkeiten der Notenbank. Wovon hängt es ab, für welche Option sich eine Notenbank entscheidet?

2. Aufgabe

Viele Notenbanken sind bestrebt, in der Öffentlichkeit als „glaubwürdig" angesehen zu werden. Zeigen Sie grafisch die Situation einer glaubwürdigen und einer unglaubwürdigen Notenbank und verdeutlichen Sie so die Vorteile von Glaubwürdigkeit.

3. Aufgabe

Die EZB hat Preisstabilität wie folgt definiert:

„Preisstabilität wird definiert als Anstieg des Harmonisierten Verbraucherpreisindex (HVPI) für das Euro-Währungsgebiet von unter 2 % gegenüber dem Vorjahr". In Einklang mit dieser Definition „muss Preisstabilität mittelfristig beibehalten werden". Die Formulierung „*unter 2%*" gibt unzweideutig die Obergrenze für die am HVPI gemessene Inflationsrate an, die mit Preisstabilität vereinbar ist. Gleichzeitig macht die Verwendung des Wortes „Anstieg" in der Definition klar, dass Deflation, d.h. anhaltende Rückgänge des HVPI-Index, nicht als mit Preisstabilität vereinbar angesehen würden.

Begründen Sie die wichtigsten Elemente dieser Definition theoretisch und empirisch.

Kapitel 22

Wirtschaftspolitik in der offenen Volkswirtschaft

Einleitung	**417**
Der internationale Nachfrageverbund	**418**
Der internationale Preisverbund	**424**
Der internationale Zinsverbund	**429**
Makroökonomische Politik in der offenen Volkswirtschaft	**432**

Kapitel 22
Wirtschaftspolitik in der offenen Volkswirtschaft

LERNZIELE

- In einer offenen Volkswirtschaft ist die makroökonomische Entwicklung eng mit der des Auslands verknüpft. Dies gilt insbesondere für kleinere Volkswirtschaften, die in der Regel sehr intensive Außenhandelsbeziehungen mit dem Rest der Welt betreiben.

- Die inländische Konjunkturentwicklung wird durch den internationalen Konjunkturverbund sehr stark von der Nachfragesituation im Ausland bestimmt. Die Exporte haben dabei einen ähnlich starken makroökonomischen Effekt wie die inländischen Investitionen.

- Durch den internationalen Preiszusammenhang kommt es zu einer Verknüpfung zwischen der inländischen Preisentwicklung und der Inflationsrate im Ausland. Bei festen Wechselkursen kann ein Land sich mit hoher Inflation an ein Land mit Geldwertstabilität anhängen und so eine niedrige Inflationsrate importieren. Bei flexiblen Kursen sollte – der Theorie nach – die Wechselkursentwicklung die Unterschiede in den Inflationsraten ausgleichen. In der Realität ist dies jedoch nicht zu beobachten.

- Der internationale Zinszusammenhang führt im Prinzip dazu, dass die Zinsdifferenzen zwischen zwei Ländern der erwarteten Veränderung des Wechselkurses zwischen ihren Währungen entsprechen. Bei festen Wechselkursen ist dieser Zusammenhang oft sehr stark ausgeprägt. Bei flexiblen Wechselkursen sind die Schwankungen am Devisenmarkt um ein Vielfaches höher als die Zinsdifferenzen.

- Währungspolitisch gibt es zwei zentrale Optionen. Ein Land kann sich dafür entscheiden, seinen Wechselkurs am Devisenmarkt frei schwanken zu lassen. Dies eröffnet zinspolitische Autonomie, es besteht jedoch das Risiko, dass es durch erratische Wechselkursbewegungen zu erheblichen Problemen bei der Wettbewerbsfähigkeit kommt. Bei festen Kursen fehlt die zinspolitische Autonomie, dafür sind die Störungen durch den Wechselkurs geringer. Beide Alternativen sind jedoch nicht problemlos. Deshalb verfolgen heute zahlreiche Notenbanken die Zwischenlösung des „managed floating".

- Die in diesem Kapitel dargestellten Zusammenhänge auf der Nachfrageseite können Sie mit dem Modell „Makro *Kapitel 22*" nachspielen. Allerdings handelt es sich dabei um eine extrem vereinfachte Beschreibung der Interdependenzen in einer offenen Volkswirtschaft.

Ein Volkswirt für das ganze Volk: Dr. Horst Köhler

Horst Köhler stand vom 1. Mai 2000 bis zu Beginn 2004 an der Spitze des Internationalen Währungsfonds und war damit – neben Otmar Issing – knapp 3 Jahre der deutsche Ökonom mit der größten internationalen wirtschaftspolitischen Verantwortung. Vor seiner Tätigkeit in Washington hat Köhler die European Bank for Reconstruction and Development, London (1998-2000) und den Deutschen Sparkassen- und Giroverband (1993-1998) geleitet. Von 1990 bis 1993 war er Staatssekretär im Bundesfinanzministerium. Horst Köhler wurde am 22. Februar 1943 geboren. Er studierte an der Universität Tübingen, wo er auch promovierte. *(www.imf.org/external/np/omd/bios/hk.htm)*

22.1 Einleitung

Das Schlagwort „*Globalisierung*" macht einen wichtigen Sachverhalt deutlich: Es gibt heute immer weniger Märkte, die nur noch auf ein einzelnes Land begrenzt sind. Die internationale Verflechtung ist bei den Geld- und Kapitalmärkten besonders ausgeprägt, da dort die Transaktionskosten sehr gering sind. Mit einem einzigen Telefonruf kann ein Devisenhändler 50 Millionen Dollar von Frankfurt nach New York transferieren. Aber auch für die Güter- und Dienstleistungsmärkte spielen die Landesgrenzen heute kaum noch eine Rolle. Zölle und andere Handelshemmnisse wurden in den letzten Jahrzehnten drastisch reduziert, mit dem Internet kann man vom Schreibtisch aus weltweit „shoppen" gehen. Am stärksten segmentiert sind noch die Arbeitsmärkte, da es in den meisten Ländern Beschränkungen für die Zuwanderung von Arbeitnehmern gibt. Sprachliche und kulturelle Unterschiede stellen zusätzliche Barrieren für die Mobilität dar. Allerdings weist eines der elegantesten Theoreme der Außenhandelstheorie – das Modell von *Heckscher und Ohlin*[1] – nach, dass es für die Arbeitsmärkte letztlich egal ist, ob Menschen über die Grenzen hinweg wandern oder aber Produkte, in denen die Arbeitskraft von Menschen steckt. Die heute in Deutschland zu beobachtenden Beschäftigungsprobleme für Geringqualifizierte haben also auch damit zu tun, dass wir sehr viele Güter importieren, die in Niedrig-Lohnländern von Menschen mit relativ geringer Ausbildung erstellt wurden.

Mit dem Außenhandelsmodell von Ricardo haben wir in *Kapitel 3* bereits die wichtigste theoretische Grundlage für das Verständnis der außenwirtschaftlichen Verflechtungen ken-

---
1 Siehe dazu ausführlich Rose und Sauernheimer (1999).

nen gelernt. Wir haben gesehen, dass Arbeitsteilung grundsätzlich immer möglich und für alle Beteiligten vorteilhaft ist, wenn *komparative Kostenunterschiede* bei der Güterproduktion bestehen. Es wurde dabei auch deutlich, dass absolute Kostenunterschiede, d.h. Divergenzen in den Produktivitätsniveaus von Ländern kein Hindernis für den Güteraustausch darstellen, sofern sich dies in entsprechenden Lohnunterschieden niederschlägt. Neben diesem von David Ricardo entwickelten Basis-Theorem und dem Modell von Heckscher und Ohlin gibt es noch eine Reihe anderer wichtiger Modelle für den Außenhandel, die in *der realen Außenwirtschaftstheorie* diskutiert werden. Kennzeichnend für diesen Teilbereich der Volkswirtschaftslehre ist eine rein *mikroökonomische* Ausrichtung.

Nun gibt es auch in der *Makroökonomie* vielfältige Wechselwirkungen zwischen der nationalen Wirtschaftspolitik und den Entwicklungen im Rest der Welt. Um den Einstieg in die Welt der Makroökonomie nicht unnötig zu komplizieren, haben wir bisher vom Ausland ganz abgesehen. Für große Wirtschaftsräume wie die Vereinigten Staaten und Euroland bietet diese eingeschränkte Modellwelt einer *„geschlossenen Volkswirtschaft"* durchaus noch eine ganz gute Abbildung der Realität. Doch selbst für Länder wie Deutschland und natürlich erst recht für noch sehr viele kleinere *„offene Volkswirtschaften"* kommt man nicht umhin, sich mit den Wirkungskanälen zu befassen, die die wirtschaftlichen Prozesse über die Landesgrenzen hinaus übertragen. Dabei geht es vor allem um drei zentrale Zusammenhänge:

- *Internationaler Nachfrageverbund*: In einer offenen Volkswirtschaft hängt die gesamtwirtschaftliche Nachfrage auch von den Exporten ab. Diese werden wiederum davon bestimmt, wie sich die Wirtschaftslage im Ausland entwickelt. Gleichzeitig wird ein Teil des inländischen Einkommens für ausländische Güter ausgegeben (Importe) und steht so nicht mehr für die Nachfrage im Inland zur Verfügung.
- *Internationaler Preisverbund*: Bei freiem Warenverkehr werden die Güter in dem Land gekauft, wo sie am billigsten sind. Damit sind die Anbieter im Inland gezwungen, sich an den Preisen ihrer ausländischen Konkurrenten zu orientieren. In einer offenen Volkswirtschaft wird die Inflationsrate somit wesentlich von der Veränderung des Geldwerts im Ausland bestimmt.
- *Internationaler Zinsverbund:* Bei freiem Kapitalverkehr sind die Anleger bestrebt, ihr Geld dort anzulegen, wo die Erträge am höchsten sind. Für die Notenbank eines kleinen Landes kann das bedeuten, dass sie nicht mehr in der Lage ist, eine eigenständige Zinspolitik zu verfolgen.

Leider sind die makroökonomischen Zusammenhänge in offenen Volkswirtschaften recht komplex. Wir müssen uns in dieser Einführung also auf recht elementare Zusammenhänge konzentrieren.

22.2 Der internationale Nachfrageverbund

In einer offenen Volkswirtschaft wird die gesamtwirtschaftliche Nachfrage nicht mehr allein von den inländischen Nachfragekomponenten bestimmt. Zum Konsum, den Staatsausgaben und den Investitionen treten jetzt auch die *Exporte*, d.h. die inländischen Güter, die von Ausländern nachgefragt werden. Gleichzeitig entfallen nun Teile des im Inland

22.2 Der internationale Nachfrageverbund

erzielten Einkommens auf Güter, die im Ausland produziert werden und stehen damit – als *Importe* – für die Inlandsnachfrage nicht mehr zur Verfügung. In einer offenen Volkswirtschaft wirkt sich also die Entwicklung der Weltkonjunktur positiv oder negativ auf die gesamtwirtschaftliche Nachfrage und damit auch auf Inflation und Beschäftigung aus. Dies gilt auch noch für eine relativ große, aber stark exportorientierte Volkswirtschaft wie Deutschland. *Schaubild 22.1* zeigt, dass das reale Bruttoinlandsprodukt in Deutschland recht parallel zur Entwicklung in den wichtigsten Industrieländern (man spricht dabei oft von den *OECD*-Ländern, das sind die in der Organisation for Economic Development and *Cooperation* zusammengeschlossenen Länder) bewegt. Eine wichtige Ausnahme sind die Jahre von 1990 bis 1993, in denen die deutsche Konjunktur überdurchschnittliche Ausschläge zeigte. Diese Sonderentwicklung ist mit der deutschen Vereinigung des Jahres 1990 zu erklären, die zunächst zu einem großen Nachfrageschub führte, dem dann ein entsprechend großer Einbruch folgte.

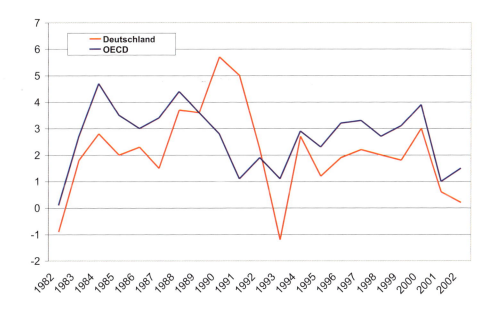

Schaubild 22.1: **Der Einfluss der Weltkonjunktur auf die deutsche Wirtschaftsentwicklung**
Quelle: OECD, Economic Outlook, December 2002

Um dieses Buch nicht mit Gleichungen zu überfrachten, verbannen wir diese in die *Box 22.1* und beschränken uns hier auf eine intuitive Herleitung der Zusammenhänge. Mit dem Modell „Makro *Kapitel 22*" können Sie diese dann leicht anhand der Zahlenbeispiele überprüfen.

Die *Importe* werden in einfachen makroökonomischen Modellen im Prinzip ähnlich behandelt wie Steuern: Sie vermindern die im Inland wirksame Nachfrage. Es wird dabei unterstellt, dass es eine stabile Relation zwischen dem inländischen Einkommen und den Importen gibt, die durch die *marginale Importneigung* (m) beschrieben wird.

(22.1) $\quad M = m \cdot Y$

In den einfachen Modellen für offene Volkswirtschaften werden *Exporte* von ihren Wirkungen auf die gesamtwirtschaftliche Nachfrage genauso behandelt wie der autonome Konsum, die Staatsausgaben oder die autonomen Investitionen. Man unterstellt also zur Vereinfachung, dass die Exporte unabhängig von der wirtschaftlichen Entwicklung des Inlands sind. Man kann jedoch zusätzlich davon ausgehen, dass die Exporte vom Volkseinkommen des Auslands bestimmt werden. Da die Exporte des Inlandes nichts anderes als die Importe des Auslandes darstellen, kann man sie ebenfalls in einem festen Verhältnis zum Einkommen des Auslandes darstellen.

(22.2) $\quad X = m^F \cdot Y^F$

Während die Exporte also einen stimulierenden Effekt auf die gesamtwirtschaftliche Nachfrage ausüben, bedeuten Importe einen Entzug von inländischer Kaufkraft, in dieser Hinsicht wirken sie also ähnlich wie Steuern.

Schaubild 22.2, das aus dem Modell E abgeleitet wurde, zeigt, dass man bei Exporten von 2 Millionen Euro und einer marginalen Importneigung von 0,25 % wiederum einen Realzins von 2 % benötigt, um Vollbeschäftigung zu erreichen. Wir haben die Zahlenwerte so gewählt, dass die stimulierenden Effekte, die vom Export auf die gesamtwirtschaftliche Nachfrage ausgehen, gerade durch die Entzugseffekte ausgeglichen werden, die sich durch die Importe ergeben.

22.2 Der internationale Nachfrageverbund

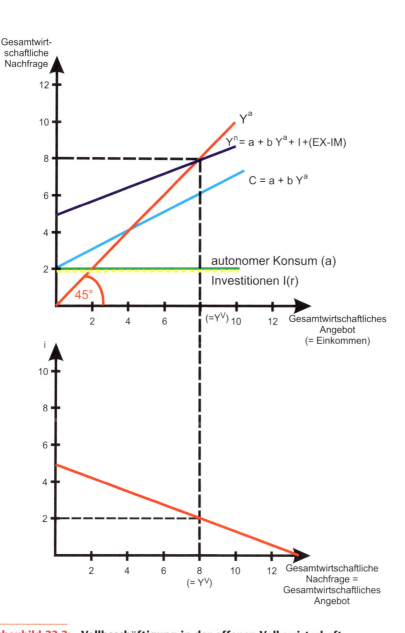

Schaubild 22.2: **Vollbeschäftigung in der offenen Volkswirtschaft**

An *Schaubild 22.3* können wir ablesen, wie sich ein Einbruch der Weltkonjunktur auf die inländische Wirtschaft auswirkt. Bei einer Halbierung des ausländischen Einkommens gehen die Exporte des Inlandes von 2 Millionen auf 1 Million Euro zurück. Die gesamtwirtschaftliche Nachfrage verschiebt sich – ähnlich wie bei einem inländischen Nachfrageschock – nach links. Das Gleichgewichtseinkommen beträgt jetzt nur noch 6 2/3 Millionen Euro und liegt damit unter dem Vollbeschäftigungsniveau. Für eine offene Volkswirtschaft wirken sich

Schwankungen der Weltkonjunktur also positiv oder negativ auf das Gleichgewichtseinkommen aus und stellen daher eine eigenständige Ursache für Inflation oder Arbeitslosigkeit dar, die gegebenenfalls durch eine antizyklische Geld- oder Fiskalpolitik des Inlandes kompensiert werden müssen. In dem hier dargestellten Beispiel wäre eine Senkung des Realzinses um einen halben Prozentpunkt auf 1,5 % erforderlich, um über eine Ausweitung der zinsabhängigen Investitionen wieder das Vollbeschäftigungseinkommen zu erreichen. Allerdings haben wir dabei zur Vereinfachung unterstellt, dass die Zinspolitik in gleicher Weise agieren kann wie in der geschlossenen Volkswirtschaft, was jedoch nicht immer der Fall ist.

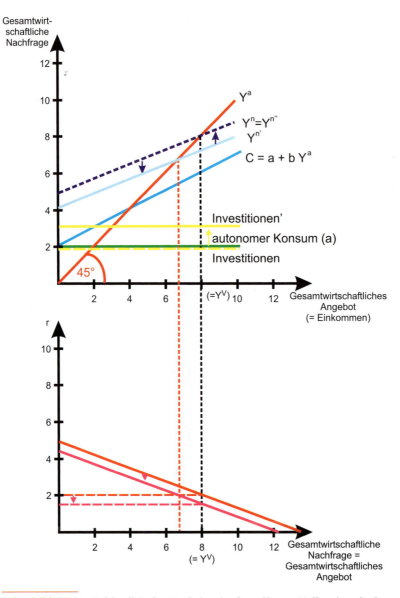

Schaubild 22.3: Geldpolitische Reaktion in der offenen Volkswirtschaft

BOX 22.1 GLEICHUNGSSYSTEM FÜR DIE OFFENE VOLKSWIRTSCHAFT

In der offenen Volkswirtschaft lautet die Gesamtwirtschaftliche Nachfrage:

(22.3) $\quad Y^n = a + bY + G + I - nr + X - M$

Es werden also von der im vorhergehenden Kapitel verwendeten Grundgleichung die Exporte addiert und die Importe abgezogen. Für den Import wird angenommen, dass sie über die marginale Importneigung (m) in einem festen Verhältnis zum inländischen Einkommen stehen:

(22.4) $\quad M = mY$

Für die Exporte, die aus der Sicht des Auslands dessen Importe darstellen, gilt entsprechend:

(22.5) $\quad X = m^F Y^F$

sie stehen also in einem proportionalen Verhältnis zum ausländischen Einkommen (Y^F).

Die gesamtwirtschaftliche Nachfrage lautet dann:

(22.6) $\quad Y^n = a + bY + G + I - nr + m^F Y^F - mY$

Im Gleichgewicht, d.h. für $Y^n = Y^a = Y_0$

ergibt sich dann:

(22.7) $\quad Y^0 = \dfrac{1}{(1 - b + m)}[a + G + I - nr + m^F Y^F]$

Der Multiplikator wird nun also auch von der marginalen Importquote bestimmt, die gegenläufig zur Konsumneigung wirkt. Das ausländische Einkommen (Y^F) stellt eine zusätzliche autonome Nachfragekomponente dar, die nach Maßgabe des Multiplikators zu Schwankungen des inländischen Gleichgewichtseinkommens führt.

22.3 Der internationale Preisverbund (Kaufkraftparitätentheorie)

22.3.1 Gesetz der Preisunterschiedslosigkeit

Ein weiteres wichtiges Bindeglied zwischen der inländischen und ausländischen Wirtschaftsentwicklung ist der internationale Preiszusammenhang. Er beruht auf dem grundlegenden Prinzip der *„Arbitrage"*. Darunter versteht man, dass Wirtschaftssubjekte („Arbitrageure") bei regionalen Preisdifferenzen für ein identisches handelbares Gut einen starken Anreiz haben, dieses am billigeren Ort anzukaufen, wodurch der Preis steigt, und es am teureren Ort wieder zu verkaufen, wodurch der Preis sinkt. Arbitrage führt also im Prinzip dazu, dass handelbare Güter – unter Berücksichtigung der Transportkosten – überall zu einem einheitlichen Preis angeboten werden. Man spricht dann auch vom *„law of one price"* (Gesetz der Preisunterschiedslosigkeit). Im internationalen Rahmen setzt der Arbitrage-Mechanismus voraus, dass ein freier Warenaustausch überhaupt möglich ist. Zölle oder nicht-tarifäre Handelshemmnisse (z.B. Importquoten) können also dazu führen, dass es zu Abweichungen vom „law of one price" kommt.

22.3 Der internationale Preisverbund (Kaufkraftparitätentheorie)

BOX 22.2: DER BIG MAC-INDEX

Ein beliebter – wissenschaftlich aber wenig sinnvoller – Test für das Gesetz der Preisunterschiedslosigkeit ist der Big Mac-Index.[1] Er vergleicht die Preise eines Big Mac in unterschiedlichen Ländern, wobei die Preise in nationaler Währung durch die Umrechnung zum aktuellen Dollar-Kurs vergleichbar gemacht werden. Das *Schaubild 22.4* zeigt, dass es für den Big Mac eine Preisspanne von 1,18 $ (Argentinien) bis 5,51 $ (Island) gibt. Diese Abweichungen vom „law of one price" sind aber nicht überraschend, da der Big Mac ein nicht-handelbares Gut ist. Ein hungriger Isländer kann sich also nicht einfach seinen Big Mac aus Buenos Aires kommen lassen. Deshalb wird der Preis eines Big Mac überwiegend von den lokalen Löhnen und Mieten bestimmt, die in „emerging markets" sehr viel niedriger sind als in Industrieländern. Im Fall Argentiniens machen sich die extrem schlechte Wirtschaftslage des Landes und die massive Abwertung seiner Währung gegenüber dem Dollar bemerkbar.

Schaubild 22.4: Big Mac-Index

1. Siehe dazu *www.economist.com/markets/bigmac/displaystory.cfm?story_id=305167*

22.3.2 Die Kaufkraftparitätentheorie beschreibt den Zusammenhang zwischen der inländischen und ausländischen Inflationsrate

Dieser auf den Preisen von einzelnen Gütern beruhende Zusammenhang wird nun häufig auch auf die Preisniveaus ganzer Volkswirtschaften übertragen. Man spricht dann von der „Kaufkraftparitätentheorie". Formal lautet diese wie folgt:

(22.8) $\quad P = S \cdot P^F$

Das inländische Preisniveau entspricht dem ausländischen Preisniveau (P^F) multipliziert mit dem Wechselkurs (S). Wie in den meisten volkswirtschaftlichen Darstellungen wird von uns der Wechselkurs in der so genannten *Preisnotiz* angegeben, d.h. er beschreibt, wie viele Einheiten der heimischen Währung man benötigt, um eine Einheit der fremden Währung zu kaufen. Konkret lautet das für den Euro:

(22.9) $\quad S^P = X\left(\dfrac{€}{\$}\right)$

Beim Kurs des Euro gegenüber dem Dollar, wie wir ihn aus den Medien kennen, handelt es sich um den Kehrwert der Preisnotiz, die man als *Mengennotiz* bezeichnet. Diese gibt an, wie viele Einheiten der Fremdwährung man für eine Einheit der heimischen Währung erhält:

(22.10) $\quad S^M = \dfrac{1}{X}\left(\dfrac{\$}{€}\right)$

Wenn wir uns hier der Preisnotiz anschließen, dann allein deshalb, weil Sie diese in allen weiterführenden Lehrbüchern finden werden. Die Preisnotiz hat für den Studenten den Nachteil, dass sie wenig intuitiv ist: S *steigt*, wenn sich die heimische Währung *abwertet* und umgekehrt. Bei der Mengennotiz führt demgegenüber eine *Abwertung* dazu, dass S *sinkt*.

Die Gleichung (*22.8*) lässt sich auch in Veränderungsraten darstellen. Dazu müssen wir den Wechselkurs in seinem natürlichen Logarithmus ausdrücken:

(22.11) $\quad \ln S = s$

Diese Darstellung hat den großen Vorteil, dass wir die prozentualen Veränderungen des Wechselkurses einfach in der Form der ersten Differenz seines Logarithmus darstellen können.[2] Man erhält dann für die prozentuale Veränderung des Wechselkurses:

(22.12) $\quad \Delta s = \pi - \pi^F$

---

[2] Dies lässt sich an einem einfachen Beispiel erläutern: Nehmen wir an in t_0 sei der Wechselkurs 100 und in t_1 105. Der natürliche Logarithmus von 100 ist 4,60 und von 105 beträgt er 4,65. Die Differenz ist also 0,05, was einem Wert von 5 % entspricht.

22.3 Der internationale Preisverbund (Kaufkraftparitätentheorie)

Die Veränderung des Wechselkurses entspricht damit also der Differenz zwischen der inländischen und der ausländischen Inflationsrate (π^F). Dabei ist offen, welche Kausalität zwischen der rechten und der linken Seite der Gleichung besteht. Dies hängt insbesondere davon ab, welche Wechselkurspolitik in einem Land betrieben wird.

- Eine Notenbank kann sich dafür entscheiden, ihren Wechselkurs gegenüber der Währung eines anderen Landes stabil zuhalten (*feste Wechselkurse*). In der Regel handelt es sich dabei um die Währung eines sehr großen Landes (US-Dollar) oder eines ganzen Währungsraums (Euro).
- Eine Notenbank kann den Wechselkurs ihrer Währung völlig dem freien Spiel von Angebot und Nachfrage am Devisenmarkt überlassen (*flexible Wechselkurse*).
- Neben diesen beiden Ecklösungen gibt es in der Realität zahlreiche Zwischenformen der Wechselkurspolitik, die u.a. mit dem Begriff des „*Managed floating*" umschrieben werden.

Bei *festen Kursen* ist Δs gleich Null. Ein kleines Land, das sich an eine der großen Weltwährungen bindet, kann auf diese Weise die niedrige Inflationsrate des Ankerlandes (Vereinigte Staaten oder Euroland) importieren. Man spricht hierbei auch vom „*direkten internationalen Preiszusammenhang*". Die nationale Inflationsrate wird also vom Wechselkurs bestimmt. Bei *flexiblen Kursen* sollte die Kausalität genau umgekehrt sein. Ein Land entscheidet sich autonom für die nationale Inflationsrate. Der flexible Wechselkurs sollte dann ganz automatisch für einen Ausgleich zwischen den unterschiedlichen nationalen Geldentwertungsraten sorgen. Leider hat die Erfahrung der letzten 30 Jahre gezeigt, dass flexible Wechselkurse auf kurze und mittlere Sicht überhaupt nicht von den Unterschieden in den Inflationsraten bestimmt werden. Die Kaufkraftparitätentheorie gilt also nur auf sehr lange Frist, wobei dann oft nicht mehr geklärt werden kann, ob tatsächlich die Wechselkurse von den Inflationsraten bestimmt wurden oder ob es umgekehrt durch starke Wechselkursausschläge zu entsprechenden Veränderungen in den nationalen Preisniveaus gekommen ist.

Nebenbei bemerkt stellt sich für die Volkswirtschaftslehre das allgemein Problem, dass flexible Wechselkurse grundsätzlich keinen systematischen Zusammenhang zu fundamentalen makroökonomischen Größen aufweisen. Hierzu zählen neben den Unterschieden in den Inflationsraten z.B. die Leistungsbilanzsalden, die Zinsdifferenzen und die Unterschiede in den Wachstumsraten des realen Bruttoinlandsprodukts.

22.3.3 Kaufkraftparitätentheorie und internationale Wettbewerbsfähigkeit

Die starken Abweichungen der Wechselkurse von der Kaufkraftparitätentheorie führen uns unmittelbar zu einem wichtigen Indikator für die *internationale Wettbewerbsfähigkeit* eines Landes, dem „*realen Wechselkurs*" (Q):

$$(22.13) \quad Q = \frac{SP^F}{P}$$

Diese Größe wird errechnet, indem man das ausländische Preisniveau mit dem Wechselkurs multipliziert und dann durch das heimische Preisniveau dividiert. In der Regel verwendet man den realen Wechselkurs in Veränderungsraten, wobei wir wiederum mit dem natürlichen Logarithmus arbeiten, d.h. lnQ = q. Wir erhalten dann:

(22.14) $\Delta q = \Delta s + \pi^F - \pi$

Es ist offensichtlich, dass man bei einer strengen Gültigkeit der Kaufkraftparitätentheorie (Gleichung (22.8) bzw. (22.12)) in der Gleichung (22.13) immer einen Wert von Eins und in der Gleichung (22.14) immer einen Wert von Null erhalten müsste. In der Realität ist dies jedoch häufig nicht der Fall, da es nicht nur bei flexiblen, sondern auch bei festen Wechselkursen immer wieder zu teilweise gravierenden Abweichungen von der Kaufkraftparitätentheorie kommt.

Einen Anstieg von Q bzw. einen Wert von $\Delta q > 0$ bezeichnet man als *reale Abwertung*. Sie zeigt die Verbesserung der Wettbewerbsfähigkeit eines Landes an: Wenn z.B. bei festem Wechselkurs und konstanten inländischen Preisen die Preise im Ausland steigen, wird es für die inländischen Unternehmer einfacher, ihre Produkte international abzusetzen. Natürlich kann dieser Effekt auch dann eintreten, wenn die Preise im Inland und Ausland konstant bleiben, jedoch S steigt. Die reale Abwertung wird dann durch eine *nominale* Abwertung der inländischen Währung herbeigeführt. Auch auf diese Weise werden die inländischen Güter auf dem Weltmarkt ebenfalls relativ billiger als die Produkte der ausländischen Konkurrenz. Für den Fall einer realen *Aufwertung* gelten die hier beschriebenen Zusammenhänge mit entgegengesetztem Vorzeichen.

Wir können diesen Zusammenhang an einem einfachen Beispiel verdeutlichen: Ein Mercedes der E-Klasse kostet in Deutschland 40.000 €. Der Wechselkurs zum Dollar sei 1,05 $ für einen Euro. Daraus ergebe sich dann in den Vereinigten Staaten ein Preis von 42.000 $. Bei diesen Preisen sei es für Daimler-Chrysler in beiden Ländern möglich, einen guten Absatz zu erzielen. Nun finde eine *Abwertung* des Euro auf 0,80 $ für einen Euro statt. Damit sinkt jetzt der Preis in den USA auf 32.000 $. Für Daimler-Chrysler bedeutet dies eine klare Verbesserung seiner Wettbewerbsfähigkeit. Das Unternehmen kann nun in den USA entweder den alten Dollar-Preis beibehalten, womit es pro Fahrzeug einen zusätzlichen Gewinn von 10.000 € erzielt. Oder es entscheidet sich dafür, den Absatzpreis in den Vereinigten Staaten zu reduzieren, um seinen Gewinn über einen höheren Absatz zu verbessern. Im Fall einer *Aufwertung* des Euro geschieht das Gegenteil. Der Dollar-Preis steigt und die Absatzmöglichkeiten für das Unternehmen verschlechtern sich.

In der Praxis versuchen viele Unternehmen, die Auswirkungen von Wechselkursschwankungen auf die Preise und die Marktanteile in den einzelnen nationalen Märkten zu verhindern. Man bezeichnet diese Strategie als *„pricing-to-market"* (Krugman 1989). In diesem Fall führt eine nominelle Aufwertung (Abwertung) dazu, dass sich die Gewinnmargen der Unternehmen verschlechtern (verbessern). Eine solche Preisdifferenzierung ist allerdings nur möglich, wenn die Transportkosten entsprechend hoch sind und außerdem durch unterschiedliche nationale Anforderungen (z.B. an die Beleuchtung eines Kfz) eine Güterarbitrage zusätzlich verteuert wird.

Schaubild 22.5 zeigt, dass es in den letzten 30 Jahren zu erheblichen Schwankungen der realen Wechselkurse bei den drei großen Währungsräumen gekommen ist. Wie in *statistischen* Darstellungen (nicht jedoch in volkswirtschaftlichen Lehrbüchern!!) allgemein üblich, wird in diesem Schaubild die Mengennotiz des realen Wechselkurses abgebildet.

Schaubild 22.5: Veränderungen der realen Wechselkurse
Quelle: IMF, International Financial Statistics

22.4 Der internationale Zinsverbund (Zinsparitätentheorie)

Ein dritter wichtiger Transmissionskanal zwischen der inländischen Wirtschaft und dem Rest der Welt ergibt sich daraus, dass es heute kaum noch Beschränkungen für die internationalen Finanzströme gibt. Die Anleger können also kurzfristiges und langfristiges Kapital frei von einem Land in das andere transferieren und sie sind dabei bestrebt, einen möglichst hohen Ertrag zu erzielen. Für das Entscheidungskalkül solcher Investoren beschreibt die Zinsparitätentheorie eine einfache Gleichgewichtsbedingung. Sie gibt an, unter welchen Bedingungen ein Investor, der einen Betrag von z.B. einer Million Euro für ein Jahr anlegen möchte, genau indifferent ist, zwischen einer Anlage in Euro und einer Anlage in Dollar. Dazu müssen vor allem zwei Größen berücksichtigt werden: [3]

---

[3] Es wird unterstellt, dass die Euro- und die Dollar-Anlage absolut sicher sind, so dass ein Bonitätsrisiko vernachlässigt werden kann.

- die der Zinssatz für eine einjährige Euro-Anlage und eine entsprechende Dollar-Anlage,

- die für die nächsten zwölf Monate erwartete Veränderung des Euro-Dollar-Wechselkurses.

Bei einem Zinsvorsprung des Euro von z.B. einem Prozentpunkt gegenüber dem Dollar müsste ein Anleger also eine Aufwertung des Dollar von 1% pro Jahr erwarten, um zwischen einer Anlage in Euro und Dollar indifferent zu sein. Nach der Logik der Zinsparitätentheorie müsste bei einer höheren Aufwertungserwartung der Marktteilnehmer für den Dollar, z.B. 3%, so lange Kapital aus dem Euroraum in die USA fließen, bis es bei höheren Euro-Zinsen und gesunkenen Dollar-Zinsen zu einer Zinsdifferenz von 3% kommt. Denkbar wäre auch, dass die Zinsen unverändert bleiben, dass der Kapitalabfluss aus Euroland aber *unmittelbar* zu einer Aufwertung des Dollar um zwei Prozent kommt, so dass dann *für ein Jahr* nur noch eine Aufwertung um ein Prozent erwartet wird. In allgemeiner Form lautet die Gleichgewichtsbedingung der Zinsparitätentheorie wie folgt:

$$(22.15) \quad \frac{S^e - S}{S} = i - i^F$$

Die für die inländische Währung erwartete Wechselkursänderung (S^e ist der für einen bestimmten Zeitpunkt in der Zukunft erwartete Wechselkurs) entspricht im Gleichgewicht also genau der Differenz zwischen dem Inlandszins und dem Auslandszins (i^F). Wie schon erwähnt gilt diese Bedingung nur, wenn keine Kapitalverkehrsbeschränkungen zwischen dem Inland und dem Ausland bestehen.

In logarithmischer Schreibweise können wir dies etwas einfacher darstellen, wobei wir lnS durch s ersetzen:

$$(22.16) \quad \Delta s^e = i - i^F$$

Wiederum kann man hieran einen wichtigen Unterschied zwischen festen und flexiblen Wechselkursen erkennen. Gehen die Investoren davon aus, dass der Wechselkurs unverändert bleiben wird, ist $\Delta s^e = 0$ und die inländischen Zinsen müssen mit denen des Auslands identisch sein. Bei flexiblen Wechselkursen kann Δs^e größer oder kleiner Null sein, so dass es zu Unterschieden zwischen dem inländischen und dem ausländischen Zinsniveau kommen kann.

Auf den ersten Blick könnte man den internationalen Zinszusammenhang auch als eine *Arbitrage-Beziehung* interpretieren, da es auf diese Weise zu einem Ausgleich der Renditen unterschiedlicher Währungen kommt. Allerdings muss man dabei berücksichtigen, dass die erwartete Wechselkursänderung bei festen und vor allem auch bei flexiblen Wechselkursen eine oft (sehr) unsichere Größe ist.

22.4 Der internationale Zinsverbund (Zinsparitätentheorie)

So weiß bei dem System *flexibler Kurse*, wie es z.B. zwischen dem Dollar und dem -Euro besteht, niemand genau, ob der Dollar-Kurs des Euro in einem Jahr bei 1,20 Dollar je Euro oder aber bei 0,70 $ je Euro liegen wird. Aufgrund dieser hohen Unsicherheit ist der Zinsverbund vor allem zwischen den großen Weltwährungen (Dollar, Euro, Yen) häufig nicht sehr stark ausgeprägt. *Schaubild 22.6* bildet die monatlichen Änderungen des Euro-Dollar-Kurses und die monatliche Zinsdifferenz zwischen beiden Währungsräumen ab; dabei wurde der Zinssatz, der üblicherweise auf Jahresrate angegeben wird auf Monatsrate umgerechnet. Bei der hohen Volatiliät des Wechselkurses ist ein Zinsvorsprung des Euro von z.B. zwei oder drei Prozentpunkten pro Jahr, das entspricht dann noch rund 0,2 % auf Monatsbasis, für sich genommen noch kein Grund dafür, dass ein risikoscheuer amerikanischer Investor einen größeren Betrag in dieser Währung anlegt, selbst wenn sein Erwartungswert für Δs^e gleich Null ist.

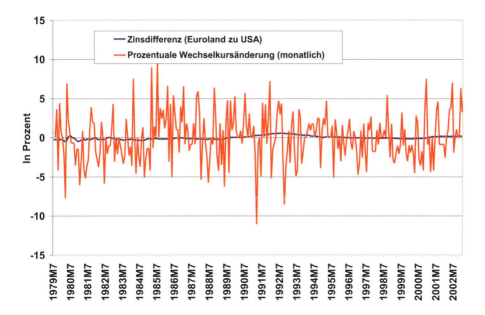

Schaubild 22.6: **Zinsdifferenz und Wechselkursentwicklung am Beispiel des Euro-Dollar-Kurses**

Der Zinszusammenhang kann demgegenüber recht eng ausfallen, wenn es um die Beziehung zwischen einer kleineren Währung zu einer großen Währung geht (z.B. der Dänischen Krone zum Euro) *und* wenn dabei von der Notenbank ein *fester Wechselkurs* zur großen Währung angestrebt wird. *Schaubild 22.7* verdeutlicht, wie stark dieser Zusammenhang im Verhältnis zwischen der Dänenkrone und dem Euro ist. Die Erfahrung zeigt, dass hier Zinsdifferenzen von zwei oder drei Prozentpunkten große, internationale Kapitalbewegungen auslösen können.

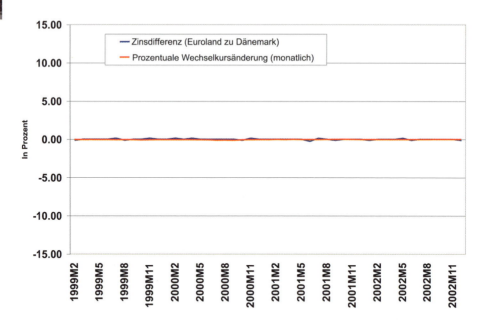

Schaubild 22.7: Zinsdifferenz und Wechselkursentwicklung am Beispiel des Euro-Dänenkrone-Kurses

22.5 Makroökonomische Politik in der offenen Volkswirtschaft

Es ist offensichtlich, dass die Makropolitik in der offenen Volkswirtschaft sehr viel komplexer ist als wir dies in den *Kapiteln 14 bis 21* für das Modell der geschlossenen Volkswirtschaft dargestellt haben. In vielen Lehrbüchern zur Makroökonomie werden diese Zusammenhänge anhand des Modells von *Mundell und Fleming* beschrieben. Demzufolge werden die Handlungsspielräume der nationalen Makropolitik wesentlich davon bestimmt, für welches Wechselkursregime (feste oder flexible Kurse) sich ein Land entschieden hat. Dies ist insoweit einleuchtend, als der über die Zinsparitätentheorie ausgehende Verbund der Zinsen bei festen Kursen sehr eng ist, während bei flexiblen Kursen keine entsprechende Beschränkung des geldpolitischen Handlungsspielraums besteht. Wir werden dies im Folgenden noch genauer diskutieren. Schwer nachzuvollziehen ist die zweite Aussage des Mundell/Fleming-Modells, wonach die Fiskalpolitik zwar bei festen Kursen auch in der offenen Volkswirtschaft eingesetzt werden kann, bei flexiblen Kursen jedoch jegliche Wirksamkeit verliert. Wir können in dieser Einführung hierauf nicht weiter eingehen. Es lässt sich jedoch zeigen, dass diese intuitiv wenig überzeugende Aussage nur im Rahmen der spezifischen Modellannahmen von Mundell und Fleming zutrifft.[4]

---

[4] Wenn Sie sich dafür interessieren, finden Sie bei Bofinger et al. (2002) ein umfassendes Modell, das auf den Beweisannahmen dieses Buches aufbaut.

22.5.1 Feste Wechselkurse

Ein gutes Beispiel für eine Geldpolitik mit festem Wechselkurs ist Dänemark. Die Dänen konnten sich 1992 zwar nicht dazu durchringen, an der Europäischen Währungsunion teilzunehmen, gleichzeitig sind sie jedoch seit jeher bestrebt, einen festen Kurs ihrer Währung zu Deutschland und seit 1999 zum Euro zu halten. Aufgrund der Zinsparitätentheorie ist zu erwarten, dass die Dänische Notenbank in ihrer Zinspolitik damit weitgehend an den geldpolitischen Kurs der EZB gebunden ist. Dies wird durch *Schaubild 22.7* eindeutig bestätigt.

Diese mangelnde zinspolitische Autonomie ist das entscheidende Defizit eines Systems fester Wechselkurse. Das Beispiel Dänemarks zeigt allerdings, dass ein Land auch ohne eine eigenständige Zinspolitik gute makroökonomische Ergebnisse erzielen kann. Dies setzt voraus, dass die Notenbank im *„Ankerwährungsland"* (in diesem Fall: die EZB) eine Zinspolitik betreibt, die auch für die wirtschaftspolitische Situation in Dänemark angemessen ist. Dies ist vor allem dann der Fall, wenn Dänemark in gleicher Weise von Angebots- und Nachfrageschocks betroffen wird wie Euroland, und wenn die Kaufkraftparitätentheorie dafür sorgt, dass die dänische Inflationsrate weitgehend dem Preisauftrieb in Euroland entspricht. Feste Wechselkurse sind also vor allem für Länder mit sehr ähnlichen wirtschaftlichen Strukturen zu empfehlen.

Auf jeden Fall müssen Länder, die an einem Festkurssystem beteiligt sind, über eine hinreichend flexible Fiskalpolitik verfügen, da diese – wie in *Kapitel 19* gezeigt – dann der einzige Akteur ist, der bei einem nur im Inland auftretenden Nachfrageschock noch zu einer Konjunkturstabilisierung in der Lage ist.

Der wesentliche Vorteil eines Systems fester Wechselkurse besteht darin, dass es für den Außenhandel stabile Wettbewerbsverhältnisse sichert. Wie wir in *Abschnitt 22.2.3* gesehen haben, ist der Wechselkurs eine entscheidende Determinante der internationalen Wettbewerbsfähigkeit eines Landes. Problematisch sind bei flexiblen Kursen vor allem abrupte Aufwertungen der Landeswährungen, da sie für die heimischen Unternehmen entweder einen massiven Absatzrückgang oder (bei einem „pricing-to-market") empfindliche Gewinneinbußen bedeuten.

22.5.2 Flexible Wechselkurse

Flexible Wechselkurse findet man heute insbesondere im Verhältnis zwischen den Währungen der großen Währungsräume (US-Dollar, Euro, Yen). Zusammen mit der wirtschaftlichen Größe und damit dem relativ geringen Anteil des Außenhandels am Bruttoinlandsprodukt können die dafür verantwortlichen Notenbanken – Federal Reserve System, EZB, Bank von Japan – eine weitgehend autonome Zinspolitik verfolgen. Allerdings zeigt das Beispiel Japans, dass auch solche großen Länder nicht völlig immun gegenüber außenwirtschaftlichen Störungen sind. So hat sich der japanische Yen in der ersten Hälfte der neunziger Jahre gegenüber dem US-Dollar im Wert nahezu verdoppelt, ohne dass es auch nur annähernd vergleichbare Inflationsunterschiede gegeben hätte. Es kam also zu einer massiven Abweichung von der Kaufkraftparitätentheorie, was zu einer massiven Verschlechterung der internationalen Wettbewerbsfähigkeit Japans führte (*Schaubild 22.5*).

Auch in zahlreichen kleineren Volkswirtschaften wird die Strategie flexibler Wechselkurse verfolgt. Beispiele hierfür sind Großbritannien, Neuseeland, Polen und die Schweiz. Gegenüber einem System fester Kurse haben diese Länder den Vorteil, dass sie von der starren Restriktion eines vorgegebenen ausländischen Zinsniveaus befreit sind. In allen der vier genannten Länder wird die Geldpolitik im konzeptionellen Rahmen eines „*inflation targeting*" betrieben.[5] Damit kann die Notenbank mit ihrer Zinspolitik also gezielt auf nationale Angebots- und Nachfrageschocks reagieren.

Allerdings ist auch eine solche Politikstrategie nicht ohne Probleme. Diese ergeben sich daraus, dass es – wie schon erwähnt – bei flexiblen Wechselkursen immer wieder zu Auf- oder Abwertungen einer Währung kommt, die in keiner Weise den vorgegebenen Unterschieden in den Inflationsraten entsprechen (Isard 1995). Dies ist für kleinere Volkswirtschaften mit einem oft sehr hohen Anteil des Außenhandels am Bruttoinlandsprodukt noch sehr viel problematischer als für große. Vor allem im Fall einer massiven realen Aufwertung kann es dann zu erheblichen Schwierigkeiten für die Exportwirtschaft eines Landes kommen.

Aufgrund der mit flexiblen Wechselkursen häufig einhergehenden Wechselkursinstabilität gibt es heute zahlreiche Länder, die zwar offiziell die Strategie der flexiblen Kurse verfolgen, jedoch gleichzeitig durch teilweise massive Interventionen versuchen, die Kursausschläge zu glätten oder sogar ein Kursniveau anzusteuern, das für die heimische Exportwirtschaft besonders vorteilhaft ist. Man spricht hierbei auch von der „*fear of floating*" (Calvo und Reinhart 2000). Ein besonders prägnantes Beispiel für eine solche Politik des „managed floating" bietet Korea, das nach der Asienkrise von 1997 mit massiven -Dollar-Ankäufen dafür gesorgt hat, dass das im Jahr 1997 erreichte, sehr niedrige Kursniveau der Landeswährung (Won) gegenüber dem US-Dollar auch weiterhin Bestand hatte.

22.5.3 Fallstudie: Schweiz versus Österreich

Für den Vergleich zwischen festen und flexiblen Kursen bietet es sich an, die Wirtschaftsentwicklung der Schweiz und Österreichs zu betrachten. Obwohl diese beiden Länder von ihrem Einkommensniveau, ihrer Lage und ihrer Wirtschaftsstruktur viele Gemeinsamkeiten aufweisen, haben sie seit langem völlig entgegengesetzte Wechselkursstrategien verfolgt. Die Schweiz hat sich nach dem Zusammenbruch des Festkurssystems von Bretton Woods im Jahr 1973 für eine relativ konsequent eingehaltene Politik flexibler Kurse entschieden. Österreich hat demgegenüber für die so genannte „*Hartwährungspolitik*" optiert, die in einem fast absolut festen Wechselkurs gegenüber der D-Mark bestand. *Schaubild 22.8* zeigt die divergierende Kursentwicklung der beiden Währungen gegenüber der D-Mark und danach dem Euro in der Phase seit Anfang 1984. Während der Kurs des Schilling absolut stabil gehalten werden konnte, kam es beim Franken/DM-Kurs bis 1993 zu einer deutlichen Aufwertung der D-Mark, die dann aber wieder völlig verloren ging.

---

5 Siehe dazu Bofinger (2001).

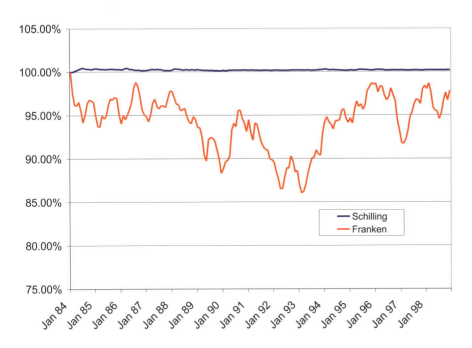

Schaubild 22.8: D-Mark-Kurs des Österreichischen Schilling und des Schweizer Franken von 1984 bis 1998
Quelle: Zeitreihendatenbank der Deutschen Bundesbank

Man kann nun versuchen, die Vorteilhaftigkeit der alternativen Strategien dadurch zu ermitteln, dass man das reale Wachstum und die Inflationsrate in den beiden Ländern vergleicht. *Tabelle 21.1* zeigt, dass die jährliche Wachstumsrate des Bruttoinlandsprodukts in Österreich in der Zeit von 1984 bis 1998 mit 2,3 % um rund einen Ω Prozentpunkt pro Jahr höher lag als in der Schweiz. Außerdem zeigt die höhere Standardabweichung in der Schweiz, dass dort die Wirtschaftsentwicklung instabiler verlief als in Österreich. Bei der Inflationsrate konnte dagegen die Schweiz mit 2,4 % einen leichten Vorsprung vor Österreich erreichen. Wiederum war aber die Instabilität in der Schweiz höher als in Österreich.

	Österreich	**Schweiz**
Wachstum des realen BIP	2,3	1,6
Standardabweichung	1,2	1,6
Inflationsrate	2,6	2,4
Standardabweichung	1,3	1,8

Tabelle 22.5: Vergleich der Wirtschaftsentwicklung von Österreich und der Schweiz 1984-1998
Quelle: OECD, Economic Outlook

Für die zwischen Ökonomen seit Jahrzehnten äußerst kontrovers diskutierte Frage „feste versus flexible Kurse" ist dieser simple Vergleich sicherlich noch nicht das letzte Wort. Er zeigt aber, dass offensichtlich die Vorteile eines stabilen Wechselkurses die Nachteile einer fehlenden zinspolitischen Autonomie sehr wohl aufwiegen können.

SCHLAGWÖRTER

Internationaler Zinsverbund (S. 418), internationaler Nachfrageverbund (S. 418), internationaler Preisverbund (S. 418), Arbitrage (S. 424), Kaufkraftparitätentheorie (S. 426), Gesetz der Preisunterschiedslosigkeit (S. 424). Mengennotiz (S. 426), Preisnotiz (S. 426), internationale Wettbewerbsfähigkeit (S. 427), realer Wechselkurs (S. 427), Managed floating (S. 427), pricing-to-market(S. 428), Mundell-Fleming-Modell (S. 432)

AUFGABEN

1. Aufgabe

Die Niederlande sind bis zum Eintritt in die Währungsunion sehr gut mit dem festen Wechselkurs des Gulden gegenüber der D-Mark gefahren.

a) Erklären Sie, wieso diese Strategie sinnvoller gewesen ist als eine Politik flexibler Wechselkurse.

b) Hat sich die Situation der Niederlande durch den Eintritt in die Europäische Währungsunion verbessert?

2. Aufgabe

Füllen Sie den folgenden Lückentext aus:

Die Notenbank von A-Land hat seit fünf Jahren einen festen Wechselkurs ihrer Währung zum US-Dollar. In der Preisnotiz beläuft sich der Kurs auf 4 A-Taler für einen Dollar. In der Mengennotiz lautet der Kurs .... . In der Zeit davor war der Wechselkurs zum Dollar flexibel. Dies hatte den Vorteil, dass die Notenbank von A-Land .... . Allerdings war es dabei immer wieder zu einer realen Aufwertung des A-Talers gekommen, weil der Wechselkurs sich stärker aufgewertet hatte als dies .... entsprochen hätte. Die Unternehmen in A-Land hatten darauf wie üblich mit der Strategie des .... reagiert, um ..... Als Ergebnis dieser Strategie kam es bei den Unternehmen in A-Land – ähnlich wie es in den neunziger Jahren in .... zu beobachten war – zu .... . Seit dem Übergang zu einem festen Kurs gegenüber dem US-Dollar ist die Notenbank in A-Land jedoch auch nicht sehr glücklich. Dies liegt daran, dass die Wirtschaftsstruktur von A-Land und die Wirtschaftsstruktur der USA.... . Problematisch ist dabei auch, dass die Fiskalpolitik in A-Land. wegen hoher Zinsausgaben ..... Damit gibt es bei Nachfrageschocks, die nur A-Land betreffen, keinen Spielraum für .... . Der Rat der Wirtschaftsweisen von A-Land empfiehlt der Notenbank daher zur währungspolitischen Strategie des .... überzugehen. Diese hat den Vorteil, dass zu starke .... verhindert werden können, ohne dass dabei die .... verloren geht.

Kapitel 23

Wirtschaftswachstum und Wohlstand

Überblick	**439**
Die wichtigsten Determinanten des Wirtschaftswachstums:	
Arbeitsvolumen und Arbeitsproduktivität	**442**
Die Determinanten der Arbeitsproduktivität	**443**

Kapitel 23

Wirtschaftswachstum und Wohlstand

LERNZIELE

- In den vorhergehenden Kapiteln wurde der Wirtschaftsprozess aus einer sehr kurzfristigen Perspektive betrachtet. Diese ermöglichte es, die Problematik konjunktureller Schwankungen recht gut herauszuarbeiten.

- Für den Wohlstand eines Landes ist es jedoch nicht nur wichtig, wie hoch die Inflation und die Arbeitslosigkeit sind, es kommt dabei vor allem auch darauf an, wie hoch das Wirtschaftswachstum über die Zeit hinweg ausfällt.

- Empirisch zeigt sich eine sehr unterschiedliche Wachstumsdynamik in der Welt. In den letzten zwanzig Jahren konnten die Länder in Ostasien beeindruckende Wachstumserfolge erzielen, während vor allem in Schwarzafrika viele Nationen nicht von der Stelle gekommen sind.

- Die Volkswirtschaftslehre untersucht diese Prozesse in der so genannten Wachstumstheorie. Da es sich hierbei um sehr komplexe Zusammenhänge handelt, werden wir uns in dieser Einführung auf sehr elementare Mechanismen beschränken.

- Der Ausgangspunkt für eine Analyse des Wachstums ist der einfache Zusammenhang, dass Wirtschaftswachstum sich aus dem Zusammenwirken von Arbeitsvolumen und Arbeitsproduktivität ergibt. Wenn man Wachstum als Wachstum pro Kopf betrachtet, kann man sich ganz auf die Determinanten der Arbeitsproduktivität konzentrieren.

- Eine wichtige Ursache für Veränderungen der Arbeitsproduktivität sind Investitionen, durch die der Kapitalstock eines Landes erhöht wird. Sie erlauben es, dass pro Arbeitsstunde ein höherer Output produziert werden kann. Allerdings stellt sich dabei das Problem, dass es bei einer abnehmenden Grenzproduktivität des eingesetzten Kapitals über die Zeit hinweg zu einer Angleichung der Wachstumsraten weltweit kommen müsste. Eine solche Entwicklung ist jedoch empirisch nicht zu beobachten.

- Diese Beobachtung führte zur „neuen Wachstumstheorie". Sie betont die Rolle des technischen Fortschritts und des Humankapitals, d.h. der Qualität der eingesetzten Arbeitskräfte. Durch diese Faktoren kann es dazu kommen, dass das Gesetz des abnehmenden Grenzertrags einer zusätzlichen Kapitalbildung dauerhaft außer Kraft gesetzt wird.

- Schließlich spielt auch das Sozialkapital eine wichtige Rolle. Es umfasst die formellen und informellen Spielregeln einer Gesellschaft. Die Erfahrung mit der Wirtschaftstransformation in Osteuropa und den Ländern der früheren Sowjetunion haben gezeigt, dass es lange Zeit dauern kann, bis sich die Menschen an die Spielregeln der Marktwirtschaft gewöhnen.

23.1 Überblick

In den vorhergehenden Kapiteln haben wir den Wirtschaftsprozess ausschließlich aus einer *kurzfristigen* Perspektive betrachtet und uns dabei vor allem dafür interessiert, wie es durch eine staatliche Stabilisierungspolitik möglich ist, Inflation und Arbeitslosigkeit zu vermeiden. Wir haben jedoch bereits beim Stabilitäts- und Wachstumsgesetz (*Kapitel 14*) gesehen, dass es neben diesen Zielen auch darauf ankommt, dass eine Wirtschaft mittel- und längerfristig ein „angemessenes Wachstum" des realen Bruttoinlandsprodukts aufweist.

Die wichtigste Rechtfertigung für Wirtschaftswachstum ist darin zu sehen, dass man so am einfachsten die Lage der Menschen mit geringem Einkommen verbessern kann. In einer stagnierenden Wirtschaft wäre das nur möglich, wenn man von den Wohlhabenderen zusätzliche Steuern fordert, die – wie in *Kapitel 11* gezeigt – stets mit negativen Wohlfahrtseffekten für die Gesellschaft insgesamt verbunden sind. Ohnehin ist ein marktwirtschaftliches System ohne Wirtschaftswachstum nur schwer vorstellbar. Solange es Unternehmer gibt, die hohe Einkommen erzielen wollen, werden sie bestrebt sein, produktiver zu arbeiten und zugleich neue – und damit in der Regel auch bessere – Produkte und Dienstleistungen anzubieten, die ihnen zumindest temporär eine monopolähnliche Stellung verleihen und es ihnen damit ermöglichen, hohe Produzentenrenten abzuschöpfen (*Kapitel 8*).

Die Dynamik von Wachstumsprozessen wird von den meisten Menschen unterschätzt. Als einfache Faustregel kann man sich folgende Formel merken:

Verdopplung einer Größe über einen Zeitraum von x-Jahren

= 70 / jährliche Wachstumsrate

Somit kommt es also schon bei einer jährlichen Wachstumsrate des Bruttoinlandsprodukts von 2% dazu, dass sich der Wohlstand in nur 35 Jahren verdoppelt. Man kann diese Formel auch umgekehrt verwenden. Sie gibt dann an, wie hoch die Wachstumsrate sein muss, wenn man eine Größe in einem vorgegebenen Zeitraum verdoppeln möchte.

Wenn heute also häufig ein Wirtschaftswachstum von rund 2% als „*angemessen*" betrachtet wird, heißt das also, dass wir damit in 35 Jahren über doppelt so viele Güter und Dienstleistungen verfügen wollen wie heute. Ob wir damit auch doppelt so glücklich sein werden, sei einmal dahingestellt.

Tabelle 23.1 zeigt, dass das Wirtschaftswachstum in der Welt sehr unterschiedlich ausfällt. In den Jahren von 1980 bis 2000 liegt China mit durchschnittlich mehr als 10% deutlich an der Spitze. Die Schlusslichter sind Tadjikistan, Moldavien, die Demokratische Republik Kongo und Sierra Leone. In diesen Ländern ist es über zwei Jahrzehnte hinweg zu einem Rückgang des Wohlstands gekommen. In einigen Staaten wie Libyen, dem Irak und Liberia dürfte die Entwicklung sogar noch schlechter gewesen sein, sie haben jedoch keine Daten für die Zeit von 1990 bis 2000 zur Verfügung gestellt, so dass sie in der Tabelle nicht aufgeführt werden können.

Land	Wachstumsrate 1980-2000	Pro-Kopf-Einkommen in Tausend US-$ (2000)	Rang des Pro-Kopf-Einkommens (2000)
China	10,2	3.920	124
Hongkong	5,4	25.590	17
Botswana	7,5	7.170	84
Süd-Korea	7,3	17.300	46
Singapur	7,2	24.910	21
Malaysia	6,1	8.330	77
Indien	5,9	2.340	153
Thailand	5,8	6.320	92
Irland	5,2	25.520	18
Vereinigte Staaten	*3,5*	*34.100*	*3*
Deutschland	*1,9*	*24.920*	*20*
Rumänien	-0,1	6.360	90
Lettland	-0,1	7.070	85
Haiti	-0,4	1.470	172
Demokratische Republik Kongo	-1,8		
Moldawien	-3,5	2.230	154
Tadjikistan	-4,2	1.090	183

Tabelle 23.1: Durchschnittliche jährliche Wachstumsrate des realen Bruttoinlandsprodukts von 1980 bis 2000 und Pro-Kopf-Einkommen im Jahr 2000 in Tausend US-Dollar
Quelle: World Bank, World Development Report (2002)

Insgesamt lässt diese Rangliste erkennen, dass es in den letzten Jahrzehnten vor allem in Asien gelungen ist, in großem Umfang Wachstumskräfte zu entfesseln. Von den europäischen Ländern ist nur Irland in der „Top Ten" des Wirtschaftswachstums vertreten. Die Vereinigten Staaten waren ebenfalls recht dynamisch, aber deutlich weniger als die asiatischen Schwellenländer. Deutschland konnte immerhin noch eine Rate von 1,9 % erzielen. Demgegenüber gab und gibt es in den Ländern Afrikas wie auch – transformationsbedingt (*Kapitel 4*) – in der ehemaligen Sowjetunion erhebliche wirtschaftliche Probleme. Auch hier fehlen für eine Reihe von Ländern Daten. In der jüngeren Vergangenheit ist es jedoch Ländern wie Rumänien und Lettland gelungen, im Transformationsprozess so weit voranzukommen, dass sie mittlerweile auch positive Wachstumsraten verzeichnen können.

BOX 23.1 DAS BRUTTOINLANDSPRODUKT ALS WOHLSTANDSMAßSTAB

Bei einem internationalen Vergleich des Bruttoinlandsprodukts pro Kopf muss man einige Probleme bei der Verwendung dieser Größe als Wohlstandsmaßstab berücksichtigen:

- Wie in *Kapitel 15* deutlich wurde, werden im Bruttoinlandsprodukt nur Transaktionen berücksichtigt, die über den *Markt* abgewickelt werden. Wenn Sie also z.B. in ihrem Garten Tomaten pflanzen und diese dann konsumieren, werden sie nicht im Bruttoinlandsprodukt aufgeführt. Auch die Arbeit von Hausfrauen bleibt unberücksichtigt. Wenn also ein Manager seine Haushälterin heiratet und sie dann umsonst für ihn arbeitet, sinkt das Bruttoinlandsprodukt. Je ärmer Länder sind, desto weniger Dienstleistungen werden über den Markt bezogen und desto mehr Agrarprodukte werden selbst erstellt. Insoweit ist ihr Wohlstand höher als es durch die BIP-Daten zum Ausdruck kommt.

- In ähnliche Richtung geht eine weitere Verzerrung. Sie beruht darauf, dass im BIP auch Leistungen als Konsum betrachtet werden, die eigentlich eine *Vorleistung* darstellen. Dies gilt insbesondere für die Mobilitätskosten einer hoch entwickelten Volkswirtschaft. Wenn die Menschen in Großstädten lange Strecken mit dem PKW zurücklegen, um zur Arbeit zu kommen, werden das Benzin und der Kauf des Fahrzeugs zu 100 % als Konsum gewertet, obwohl sie überwiegend als ein Input zu betrachten sind.

- In diesem Zusammenhang ist zu erwähnen, dass auch die *Arbeitszeit*, die zu Erstellung des BIP notwendig ist, nicht berücksichtigt wird. So liegt das Bruttoinlandsprodukt pro Kopf mit 34.100 $ in den USA deutlich über dem deutschen Niveau von 24.920 $. Die tarifliche Arbeitszeit ist dort aber mit 1.904 Stunden pro Jahr um 20 % höher als bei uns, womit der Abstand im BIP von 37 % deutlich relativiert wird.

- Das reale Bruttoinlandsprodukt kann nur die Transaktionen erfassen, die in irgendeiner Weise dem Staat gemeldet werden. Bei der *Schwarzarbeit* ist dies naturgemäß nicht der Fall. In einem Land mit sehr viel Schwarzarbeit ist das Wohlstandsniveau also deutlich höher als dies in der Statistik ausgewiesen wird.

- Schließlich wird der *Umweltverbrauch* im BIP nur sehr unzureichend berücksichtigt. Wie in *Kapitel 13* dargestellt, liegt dies ebenfalls daran, dass es dafür in der Regel keine Preise und keinen Markt gibt. Dieser Faktor ist vor allem bei den beeindruckenden Wachstumsraten der Länder in Ostasien in Rechnung zu stellen, die sehr häufig mit einer enormen Umweltbelastung erkauft wurden.

23.2 Die wichtigsten Determinanten des Wirtschaftswachstums: Arbeitsvolumen und Arbeitsproduktivität

Wie kann man nun erklären, dass es China in den letzten 20 Jahren gelungen ist, seinen Wohlstand um den Faktor Sechs zu erhöhen, während es in einigen afrikanischen Ländern über zwei Jahrzehnte nur nach unten ging? Dieser interessanten Fragestellung widmet sich in der Volkswirtschaftslehre die so genannte *Wachstumstheorie*. Im Rahmen unserer Einführung werden wir auf die sehr komplexen Ansätze dieser Theorie nur in groben Zügen eingehen und uns auf grundlegende Zusammenhänge beschränken müssen.

Einen guten Ausgangspunkt finden wir wieder einmal bei Adam Smith,[1] der sich in seinem Hauptwerk ja explizit mit der Frage „der Natur und der Ursachen des Wohlstands der Nationen" auseinandergesetzt hat. Etwas frei übersetzt[2] schreibt er dazu:

„Das Bruttoinlandsprodukt, das aus dem Land und der Arbeit einer jeden Nation erwirtschaftet wird, kann in seinem Wert nur gesteigert werden, wenn man entweder die Zahl der Erwerbstätigen erhöht oder aber die Produktivität der bisher Beschäftigten."

Diese Darstellung deckt sich sehr gut mit dem Modell des Arbeitsmarktes, das wir in *Kapitel 9* dargestellt haben und mit der Herleitung des gesamtwirtschaftlichen Angebots in *Kapitel 16*. Für die kurzfristige Betrachtungsweise haben wir dabei jedoch unterstellt, dass es zu keinen Änderungen in der Produktionsfunktion und beim Kapitalstock (Maschinen, Gebäude, Infrastruktur) kommt. Mit diesen beiden Aspekten wollen wir uns nun ausführlicher auseinandersetzen.

Die sehr vereinfachte Sichtweise von Adam Smith kann man mit folgender Gleichung abbilden:

ZF reales BIP = ZF Erwerbstätige x ZF Arbeitsproduktivität

Der Zuwachsfaktor (ZF) des realen Bruttoinlandsprodukts gibt an, mit welchem Faktor das Bruttoinlandsprodukt von heute multipliziert werden muss, um das Bruttoinlandsprodukt von morgen zu erhalten. Bei einer Wachstumsrate von z.B. 2% beträgt der Zuwachsfaktor dann 1,02. Die Gleichung zeigt uns, dass ein solcher Zuwachsfaktor nun entweder durch eine entsprechende Ausweitung der Erwerbstätigenzahl oder eine höhere Arbeitsproduktivität oder eine Kombination aus beiden Größen erreicht werden kann.

1　Eine Kurzbiographie von Adam Smith finde Sie am Ende dieses Kapitels.
2　Im Original (Drittes Kapitel des zweiten Buchs) lautet das wie folgt: „The annual produce of the land and labour of any nation can be increased in its value by no other means but by increasing either the number of its productive labourers, or the productive powers of those labourers who had before been employed." Der vollständige Original-Text ist im Internet unter *www.socsci.mcmaster.ca/~econ/ugcm/3ll3/smith/wealth* verfügbar.

Da es für den Wohlstand eines Landes vor allem auf den Wohlstand *pro Kopf* ankommt, kann man die Gleichung auch wie folgt umformen:

ZF reales BIP je Erwerbstätigen = ZF Arbeitsproduktivität

Es wird damit deutlich, dass es für das Wirtschaftswachstum in erster Linie auf die Entwicklung der Arbeitsproduktivität ankommt. Diese Größe kann man mit der aus *Kapitel 16* bereits bekannten gesamtwirtschaftlichen Produktionsfunktion etwas näher verdeutlichen. Danach hängt das reale BIP davon ab, welche Produktionsfaktoren in einer Volkswirtschaft vorhanden sind und mit welcher Produktionstechnologie dort produziert wird. Für eine umfassendere Betrachtung ist es sinnvoll, nun auch weitere Input-Faktoren zu berücksichtigen:

- die natürlichen Ressourcen, d.h. die Qualität des Bodens, die klimatischen Bedingungen, die geografischen Verhältnisse, wie z.B. der Zugang zum Meer;
- das Humankapital, d.h. die Ausbildung der Arbeitskräfte;
- das Sozialkapital, d.h. die Qualität der Institutionen eines Landes, des zwischenmenschlichen Zusammenlebens allgemein und die Leistungsbereitschaft („Fleiß").

Wir erhalten dann folgende Produktionsfunktion:

(23.1)   *Y = f (Arbeit, Kapital, natürliche Ressourcen, Humankapital, Sozialkapital)*

Die Arbeitsproduktivität stellt dabei das Verhältnis der insgesamt hergestellten Güter und Dienstleistungen zu dem eingesetzten Arbeitsvolumen dar:

(23.2)   *Arbeitsproduktivität = Y/ Arbeit*

23.3 Die Determinanten der Arbeitsproduktivität

Von welchen Faktoren wird nun die Arbeitsproduktivität bestimmt? Zur Vereinfachung soll im Folgenden von den natürlichen Ressourcen abstrahiert werden, obwohl diese für die wirtschaftliche Situation eines Landes durchaus von Bedeutung sind.[3] Wir konzentrieren uns auf die Determinanten, die leichter zu verändern sind als das Wetter, d.h.

- den Kapitalstock,
- den technischen Fortschritt,
- das Humankapital und
- das Sozialkapital.

---

3 Siehe dazu ausführlich Landes (1999, S. 19ff).

23.3.1 Der Kapitalstock und das Investitionsklima

Die gesamtwirtschaftliche Produktionsfunktion verdeutlicht, dass das reale BIP, das im Zähler der Arbeitsproduktivität steht, neben der eingesetzten Arbeitsmenge auch vom verfügbaren Kapitalstock und den natürlichen Ressourcen abhängt. Bei konstanten natürlichen Ressourcen kann der Output dadurch vermehrt werden, dass in einer Volkswirtschaft mehr *Kapital*, d.h. also z.B. mehr Maschinen, verfügbar sind. So kann man in einem Entwicklungsland den Wohlstand dadurch erhöhen, dass man neben Menschen zusätzlich Maschinen in der Landwirtschaft einsetzt. In den Industrieländern ist es in den letzten Jahrzehnten durch den Einsatz von Computern, die viele menschliche Tätigkeiten übernommen haben, zu einer enormen Steigerung der Arbeitsproduktivität im Bereich des Dienstleistungssektors gekommen.

Wenn der Wohlstand allein auf dem Einsatz von mehr Maschinen beruhen würde, müsste es allerdings mit der Zeit dazu kommen, dass die Wachstums*raten* im Lauf der Zeit immer mehr zurückgehen und irgendwann sogar gegen Null tendieren würden. Dies kann man recht einfach am Beispiel der Landwirtschaft verdeutlichen. Die allererste Maschine, die von einem Bauern eingesetzt wird, bringt ihm einen großen Produktivitätsschub, bei der zweiten ist der Anstieg des Outputs immer noch sehr hoch, aber schon etwas geringer. Die zehnte Maschine hilft ihm möglicherweise überhaupt nicht mehr weiter. Es gilt hier also das Gesetz vom *abnehmenden Grenzertrag*, das wir in *Kapitel 7* bereits kennen gelernt haben.[4] Wenn das Wirtschaftswachstum also allein auf einem Mehreinsatz von Maschinen beruhen würde, müsste es weltweit zu einer Angleichung des Wohlstands kommen:

- ■ die ärmeren Ländern würden bei einer noch relativ hohen Grenzproduktivität ein überdurchschnittliches Wachstum erzielen,
- ■ in den reicheren Ländern würde die Wachstumsdynamik bei nur noch geringer Grenzproduktivität sehr schwach ausfallen.

Die Erfahrung der letzten Jahrzehnte zeigt, dass eine solche *Konvergenz* nicht uneingeschränkt zu beobachten ist. So konnten die Vereinigten Staaten als eines der höchst entwickelten Länder der Welt in den achtziger und neunziger Jahren mit durchschnittlich 3,5 % eine Wachstumsrate erzielen, die über dem Durchschnittswert von 3,2 % für die Länder mit niedrigen Einkommen liegt. Und viele der armen Länder sind auch Schlusslichter beim Wachstum. Allerdings zeigt die besonders dynamische Entwicklung in den asiatischen Ländern, dass eine hohe Kapitalbildung in den Anfangsjahren des Entwicklungsprozesses auch mit sehr hohen Veränderungsraten des realen BIP einhergehen kann. In dieser Ländergruppe liegt der Anteil der Kapitalbildung am Bruttoinlandsprodukt mit rund 30 % weitaus höher als im Durchschnitt der Entwicklungsländer (23 %). Dies erklärt dann auch wieso die Konvergenz nur bedingt zu beobachten ist, da in den armen Ländern Afrikas auch nur sehr wenig investiert wurde.

---

4 Für die Landwirtschaft wurde dieses Gesetz von Johann Heinrich von Thünen (1813-1880) am Beispiel des Einsatzes von Dünger und Arbeit entdeckt.

Für ein Entwicklungsland ist es daher sehr wichtig, dass es über ein gutes *Investitionsklima* verfügt, womit es zu einer hohen Spar- und Investitionsneigung der inländischen Wirtschaftssubjekte kommt. Wir erkennen hierbei einen wichtigen Unterschied zwischen der kurzfristig angelegten Betrachtung in den *Kapiteln 14 bis 22* und diesem Kapitel. In der kurzfristigen Analyse ist ein Anstieg der Sparneigung als nachteilig anzusehen, da er mit einem Ausfall an Nachfrage verbunden ist (*Kapitel 16*). In der längerfristigen Betrachtungsweise, wie sie der Wachstumstheorie zugrunde liegt, wird die Ersparnis als positiv eingestuft, da sie über zusätzliche Investitionen zu mehr Wachstum führt. Dabei wird jedoch stets unterstellt, dass die zusätzlichen Ersparnis-Pläne in vollem Umfang zu einem entsprechenden Anstieg der Investitionen führen. Wie in *Kapitel 16.4.3* verdeutlicht, ist das vor allem dann gewährleistet, wenn die Ersparnis von den Unternehmer-Haushalten durchgeführt wird. Die Investitionen werden dann also aus einbehaltenen Gewinnen finanziert. Das deutsche Wirtschaftswunder (siehe *Kapitel 14.2.1*) ist hierfür ein gutes Beispiel. Die Ersparnis der Privaten Haushalte in Form von *Geldvermögen* (*Kapitel 15.3*) war in den fünfziger Jahren sehr gering, stattdessen wurde mit vollen Händen konsumiert („Fresswelle", „Autowelle"). Dabei kam es zu hohen Unternehmensgewinnen, so dass die Kapitalbildung überwiegend aus einbehaltenen Gewinnen der Unternehmen finanziert werden konnte.

Entwicklungsländer mit einem guten Investitionsklima können zudem mit einem Zufluss von ausländischem Kapital in der Form von *Direktinvestitionen* rechnen. In den letzten Jahrzehnten konnten hiervon wiederum die asiatischen Schwellenländer in besonders hohem Maße profitieren.

23.3.2 Technischer Fortschritt und das Humankapital

Während man also die Wachstumsraten vieler Entwicklungsländer recht gut mit der Entwicklung ihres Kapitalstocks erklären kann, stellt sich bei Ländern mit einem hohem Wohlstandsniveau das bereits erwähnte Problem, dass bei ihnen mittelfristig nur noch eine sehr geringe wirtschaftliche Dynamik zu beobachten sein dürfte. Wie kann man nun erklären, dass es beispielsweise in den Vereinigten Staaten möglich gewesen ist, das Gesetz vom abnehmenden Grenzertrag außer Kraft zu setzen? Hierfür verweist die *neue Wachstumstheorie* auf zwei wichtige Faktoren: den *technischen Fortschritt* und die Bedeutung des *Humankapitals*.

Technischer Fortschritt wirkt sich in der Produktionsfunktion dadurch aus, dass es bei unveränderten Einsatzmengen von Arbeit und Kapital zu einem höheren Output kommt. Dies ist darauf zurückzuführen, dass bei der Kapitalbildung über die Zeit hinweg nicht immer mehr von den gleichen Maschinen gekauft wird. Es werden vielmehr in der Regel ständig bessere oder völlig neue Produkte eingesetzt, die über eine bessere Technologie verfügen als ihre Vorgänger. Durch kontinuierliche Produktinnovationen, die wie oben erwähnt, eine wichtige Voraussetzung für hohe Unternehmensgewinne darstellen, kann es also dazu kommen, dass das Wachstum, das von einer zusätzlichen Maschine ausgeht, über die Zeit hinweg konstant bleibt. Eine solche Entwicklung setzt voraus, dass sowohl auf der Ebene der Unternehmen als auch der Volkswirtschaft insgesamt hohe Anstrengungen im Bereich von Forschung und Entwicklung unternommen werden.

Das Konzept des *Humankapitals* bietet eine wichtige Erweiterung des einfachen Modells der gesamtwirtschaftlichen Produktionsfunktion. So wie wir diese bisher verwendet haben, unterstellt sie, dass es sich bei dem Produktionsfaktor Arbeit um eine homogene Größe handelt: Jede Arbeitsstunde, die von einem Erwerbstätigen in der Volkswirtschaft erbracht wird, führt also stets zu einem identischen Produktionsergebnis. Für die ökonomischen Zusammenhänge, die wir bisher beschrieben haben, war dieses einfache Modell durchaus zweckmäßig. Bei der Erklärung von Wirtschaftswachstum stößt es jedoch an seine Grenzen. Um das Phänomen nicht abnehmender Grenzerträge im Wachstumsprozess in den Griff zu bekommen, hat man daher neben dem Produktionsfaktor Arbeit auch noch den des Humankapitals entwickelt. Während die Arbeitskraft so etwas wie die Hardware darstellt, handelt es sich beim Humankapital gleichsam um die Software, über die ein Mensch verfügt.

Bei der Analyse längerfristiger Wachstumsprozesse ist es offensichtlich, dass Länder mit steigendem Wohlstand nicht nur über eine bessere Ausstattung mit Maschinen oder Infrastruktur verfügen, sondern zugleich auch eine deutliche Verbesserung des allgemeinen Bildungsstandes erfahren. Die deutschen Erwerbstätigen des Jahres 2003 sind von ihrer Qualifikation kaum noch vergleichbar mit ihren Urgroßeltern. *Schaubild 23.1* zeigt die durchschnittliche Zahl der Ausbildungsjahre der Erwerbstätigen in den Jahren 1970 und 1998. Dabei wird deutlich, dass das Humankapital in allen Ländern deutlich gestiegen ist, wobei Deutschland jetzt eine eindeutige Spitzenstellung einnimmt: Dieser Befund bietet dann auch eine zumindest teilweise Rechtfertigung der hohen Lohnstückkosten der deutschen Wirtschaft (*Tabelle 3.7*).

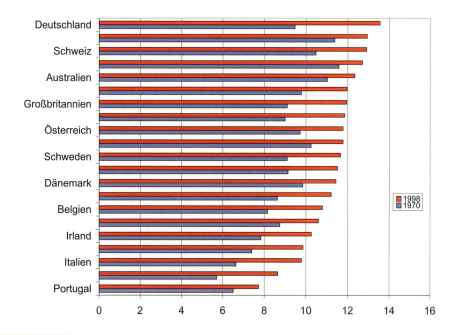

Schaubild 23.1: Das Humankapital in den OECD-Ländern (Durchschnittliche Zahl der Ausbildungsjahre der arbeitenden Bevölkerung)
Quelle: OECD (2003; S. 62)

Das Ausbleiben sinkender Grenzerträge des Kapitaleinsatzes kann man also auch wesentlich damit erklären, dass der zunehmende Kapitalstock von immer qualifizierteren Arbeitskräften genutzt wird. Zugleich kommt es in einer Volkswirtschaft mit einem steigenden Humankapital dazu, dass die Landwirtschaft und die Industrie immer mehr in den Hintergrund treten und von Dienstleistungen verdrängt werden, die einen vergleichsweise geringen Kapitaleinsatz voraussetzen. *Schaubild 15.1* verdeutlicht, wie stark dieser Strukturwandel in Deutschland von 1950 bis heute ausgefallen ist. Und natürlich hat ein hoher Humankapitalbestand auch den Effekt, dass in einem Land mehr Produkt- und Prozessinnovationen stattfinden, so dass damit auch mehr technischer Fortschritt möglich ist. Die wichtige Rolle des Humankapitals für das Wirtschaftswachstum wird durch Schätzungen der OECD verdeutlicht:

„Die Veränderungen im Humankapital stellten im Wachstumsprozess der letzten Jahrzehnte für alle OECD-Länder eine Schlüsselgröße dar. Dies gilt vor allem für Deutschland und die Niederlande (bei beiden insbesondere in den achtziger Jahren) sowie für Griechenland und Spanien, wo der Anstieg des Humankapitals zu einer Beschleunigung des Wachstums um mehr als einen halben Prozentpunkt gegenüber der vorhergehenden Dekade beigetragen hat. Für die OECD-Länder insgesamt lässt sich feststellen, dass ein Jahr an zusätzlicher Vollzeit-Ausbildung, was einem Anstieg des Humankapitals um 10 % entspricht, zu einem Anstieg des Pro-Kopf-Outputs um 6 % führt." (OECD 2001, S. 32)

Der Unterschied zwischen der Wachstumsrate des Pro-Kopf-Einkommens und dem Beitrag des Humankapitals geht auf die anderen positiven und negativen Determinanten des Wirtschaftswachstums zurück.

Für den Staat stellt sich die Aufgabe, durch die Bereitstellung des öffentlichen Gutes „Ausbildung" für eine hohe Qualifikation seiner Erwerbstätigen zu sorgen. Man spricht dabei auch von Investitionen in das *Humankapital*. Dazu zählt auch die staatlich finanzierte *Grundlagenforschung* an Universitäten und öffentlich finanzierten Forschungseinrichtungen. Auch hier geht man davon aus, dass solche Investitionen den Charakter eines öffentlichen Gutes aufweisen, da sie in der Regel nur äußerst unsichere Ertragsaussichten aufweisen.

Daneben findet Forschung und Entwicklung auch in den Unternehmen selbst statt. Im Vordergrund steht hier eine anwendungsorientierte Forschung, die den Unternehmen einen entsprechenden Deckungsbeitrag verspricht. Durch ein Patentrecht wird zudem dafür gesorgt, dass der Innovator über eine hinreichend lange Zeit Monopolgewinne erzielen kann, die ihm einen Ausgleich für intensive Forschungsaktivitäten bieten.

23.3.3 Das Sozialkapital: Institutionen und die „Spiegelregeln der Marktwirtschaft"

Erst relativ spät wurde von der Ökonomie entdeckt, dass es nicht nur die Menschen und deren Ausbildung, die Maschinen und die natürlichen Ressourcen sind, von denen der Wohlstand einer Volkswirtschaft abhängt. Eine wichtige Rolle spielt dabei auch der insti-

tutionelle Rahmen, durch den die geschriebenen und ungeschriebenen Spielregeln des Wirtschaftsprozesses definiert werden. Es war vor allem der Nobelpreisträger Douglas C. North, der die Bedeutung der „Institutionen" für den Wohlstand einer Volkswirtschaft herausarbeitete. Dazu zählen zum einen die *„formellen Institutionen"*, die als Verfassungen, Gesetze und Verordnungen schriftlich fixiert wurden. Es gehören dazu aber auch die *„informellen Institutionen"*, die sich in den ungeschriebenen Verhaltensnormen und Konventionen einer Gesellschaft niederschlagen. Eine große Bedeutung kommt dabei auch den Mechanismen zu, mit denen die Durchsetzung dieser Regeln gewährleistet wird. Es ist die wichtige Erkenntnis von North, dass die so definierten Institutionen für die gesamten Anreizreizstrukturen einer Gesellschaft entscheidend sind.

Der positive oder negative Einfluss von Institutionen auf das Wirtschaftswachstum lässt sich naturgemäß relativ schwer quantifizieren. Ein interessantes Beispiel hierfür bietet der Prozess der Wirtschaftstransformation in Osteuropa und den Ländern der ehemaligen Sowjetunion. Wie in Schaubild 4.3 gezeigt, kam es dabei zu einem für die meisten Ökonomen unerwartet tiefen Einbruch der Wirtschaftstätigkeit. Im Rückblick kann man diese Entwicklung zumindest teilweise mit erheblichen Defiziten im institutionellen Rahmen zurückführen. Dabei fehlte es nicht so sehr an den formellen Regeln. Diese wurden in der Regel relativ problemlos von anderen Ländern kopiert. Das Hauptproblem waren die informellen Institutionen. Da die Menschen in diesen Ländern seit Jahrzehnten über keinerlei Kontakt mit einer Marktwirtschaft verfügten, fehlte es ihnen an der Kenntnis der Spielregeln eines solchen Systems. So gab es z.B. keine Richter und Rechtsanwälte, die in der Lage gewesen wären, die neuen Gesetze und Bestimmungen in der Rechtspraxis auch sinnvoll anzuwenden. Schwer umzusetzen war auch die einfache Regel, dass man eine Rechnung zu begleichen hat, wenn sie fällig ist. Im alten sozialistischen System zahlten die Unternehmen keine Steuern und sie erhielten die Vorprodukte einfach zugeteilt. So kam es dann in den neunziger Jahren in allen Nachfolgestaaten der Sowjetunion zu einem großen Schuldenberg: Die Unternehmen saßen auf vielen unbezahlten Rechnungen, der Staat erzielte kaum Steuereinnahmen und die Rentner und Arbeiter mussten oft monatelang auf Renten und Löhne warten. Viele Transaktionen wurden daher nur noch in Form des Tauschhandels abgewickelt und die Banken weigerten sich Kredite zu vergeben. Dass es in dieser Phase nur wenig wirtschaftliches Wachstum gab, ist nicht überraschend.

Ausdruck eines unvorteilhaften institutionellen Rahmens ist auch die in vielen Entwicklungs- und Schwellenländern weit verbreitete *Korruption*. Dieses Krankheitsbild schreckt vor allem ausländische Investoren ab und nimmt damit einem zurückgebliebenen Land die Möglichkeit, Wachstum durch ausländische Direktinvestitionen zu schaffen. Dabei hat man es mit einem Teufelskreis zu tun, da die Korruption in armen Ländern besonders ausgeprägt ist: Der Staat kann seinen Beamten und Angestellten nur sehr geringe Löhne bezahlen, so dass sie oft auf Bestechungsgelder angewiesen sind.

Zu den „Spielregeln" einer Gesellschaft zählen schließlich auch deren ethische Normen, die zu einem wesentlichen Teil von den Religionen bestimmt werden. Für den Soziologen Max Weber (1864-1920) waren die ethischen Normen der Protestanten sehr viel förderlicher für das Wirtschaftswachstum als die der Katholiken. In seinem Buch „Die Protestantische Ethik und der Geist des Kapitalismus" versucht er darzulegen, dass sich die asketischere Geisteshaltung der Protestanten vorteilhaft auf die wirtschaftliche Entwicklung (nicht jedoch auf die Lebensqualität!) auswirke. Er charakterisiert das höchste Gut dieser *Protestantischen Ethik* wie folgt:

> „Der Erwerb von Geld und immer mehr Geld, unter strengster Vermeidung alles unbefangenen Genießens, so gänzlich aller eudämonistischen oder gar hedonistischen Gesichtspunkte entkleidet, so rein als Selbstzweck gedacht, dass es als etwas gegenüber dem „Glück" oder dem „Nutzen" des Einzelnen Individuums jedenfalls gänzlich Transzendentes und schlechthin Irrationales erscheint. Der Mensch ist auf das Erwerben als Zweck seines Lebens, nicht mehr das Erwerben auf den Menschen als Mittel zum Zweck der Befriedigung seiner materiellen Lebensbedürfnisse bezogen. Diese für das unbefangene Empfinden schlechthin sinnlose Umkehrung des, wie wir sagen würden, „natürlichen" Sachverhalts ist nun ganz offenbar ebenso unbedingt ein Leitmotiv des Kapitalismus, wie sie dem von seinem Hauche nicht berührten Menschen fremd ist." (Weber 1920, S. 35).

Als besonders charakteristisch für den Geist der Protestantischen Ethik hält Max Weber die in der *Box 23.2* dargestellten Ratschläge von Benjamin Franklin. Wir wissen nicht, ob Sie damit reich und/oder glücklich werden, aber vielleicht können Sie uns in zehn oder zwanzig Jahren eine kurze Nachricht geben, inwieweit diese Tipps auch heute noch hilfreich sind.

BOX 23.2: DIE RATSCHLÄGE VON BENJAMIN FRANKLIN (1706-1790) FÜR EINEN JUNGEN KAUFMANN UND FÜR MENSCHEN, DIE REICH WERDEN MÖCHTEN[1]

„Bedenke, dass die Zeit Geld ist; wer täglich zehn Schillinge durch seine Arbeit erwerben könnte und den halben Tag spazieren geht, oder auf seinem Zimmer faulenzt, der darf, auch wenn er nur sechs Pence für sein Vergnügen ausgibt, nicht dies allein berechnen, er hat neben dem noch fünf Schillinge ausgegeben oder vielmehr weggeworfen.

Bedenke, dass Kredit Geld ist. Lässt jemand sein Geld, nachdem es zahlbar ist, bei mir stehen, so schenkt er mir die Interessen, oder so viel als ich während dieser Zeit damit anfangen kann. Dies beläuft sich auf eine beträchtliche Summe, wenn ein Mann guten und großen Kredit hat und guten Gebrauch davon macht.

Bedenke, dass Geld von einer zeugungskräftigen und fruchtbaren Natur ist. Geld kann Geld erzeugen und die Sprösslinge können noch mehr erzeugen und so fort. Fünf Schillinge umgeschlagen sind sechs, wieder umgetrieben sieben Schilling drei Pence und so fort bis es hundert Pfund Sterling sind. Je mehr davon vorhanden ist, desto mehr erzeugt das Geld beim Umschlag, so dass der Nutzen schneller und immer schneller steigt. Wer ein Mutterschwein tötet, vernichtet dessen ganze Nachkommenschaft bis ins tausendste Glied. Wer ein Fünfschillingsstück umbringt, mordet (!) alles, was damit hätte produziert werden können: ganze Kolonnen von Pfunden Sterling. Bedenke, dass – nach dem Sprichwort – ein guter Zahler der Herr von jedermanns Beutel ist. Wer dafür bekannt ist, pünktlich zur versprochenen Zeit zu zahlen, der kann zu jeder Zeit alles Geld entlehnen, was seine Freunde gerade nicht brauchen.

Dies ist bisweilen von großem Nutzen. Neben Fleiß und Mäßigkeit trägt nichts so sehr dazu bei, einen jungen Mann in der Welt vorwärts zu bringen, als Pünktlichkeit und Gerechtigkeit bei allen seinen Geschäften. Deshalb behalte niemals erborgtes Geld eine Stunde länger als du versprachst, damit nicht der Ärger darüber deines Freundes Börse dir auf immer verschließe.

Die unbedeutendsten Handlungen, die den Kredit eines Mannes beeinflussen, müssen von ihm beachtet werden. Der Schlag deines Hammers, den dein Gläubiger um 5 Uhr morgens oder um 8 Uhr abends vernimmt, stellt ihn auf sechs Monate zufrieden; sieht er dich aber am Billardtisch oder hört er deine Stimme im Wirtshause, wenn du bei der Arbeit sein solltest, so lässt er dich am nächsten Morgen um die Zahlung mahnen, und fordert sein Geld, bevor du es zur Verfügung hast. Außerdem zeigt dies, dass du ein Gedächtnis für deine Schulden hast, es lässt dich als einen ebenso sorgfältigen wie ehrlichen Mann erscheinen und das vermehrt deinen Kredit.

Hüte dich, dass du alles, was du besitzest, für dein Eigentum hältst und demgemäß lebst. In diese Täuschung geraten viele Leute, die Kredit haben. Um dies zu verhüten, halte eine genaue Rechnung über deine Ausgaben und dein Einkommen. Machst du dir die Mühe, einmal auf die Einzelheiten zu achten, so hat das folgende gute Wirkung: Du entdeckst, was für wunderbare kleine Ausgaben zu großen Summen anschwellen und du wirst bemerken, was hätte gespart werden können und was in Zukunft gespart werden kann. . . .

Für 6 £ jährlich kannst du den Gebrauch von 100 £ haben, vorausgesetzt, dass du ein Mann von bekannter Klugheit und Ehrlichkeit bist. War täglich einen Groschen nutzlos ausgibt, gibt an 6 £ jährlich nutzlos aus, und das ist der Preis für den Gebrauch von 100 £. Wer täglich einen Teil seiner Zeit zum Werte eines Groschen verschwendet (und das mögen nur ein paar Minuten sein), verliert, einen Tag in den andern gerechnet, das Vorrecht 100 £ jährlich zu gebrauchen. Wer nutzlos Zeit im Wert von 5 Schillingen vergeudet, verliert 5 Schilling und könnte ebenso gut 5 Schillinge ins Meer werfen. Wer 5 Schillinge verliert, verliert nicht nur die Summe, sondern alles, was damit bei Verwendung im Gewerbe hätte verdient werden können, – was, wenn ein junger Mann ein höheres Alter erreicht, zu einer ganz bedeutenden Summe aufläuft."

---
1. „Advice to a young tradesman" 1748 und „Necessary hints to those that would be rich" 1736; zitiert nach Max Weber (1920), S. 31 ff.

Die große Bedeutung der „Kultur im Sinne innerer Wertvorstellungen und Verhaltensnormen" für das Wirtschaftswachstum wird auch von dem Wirtschaftshistoriker David Landes (1999, S. 517) betont:

„Wenn wir aus der Geschichte der wirtschaftlichen Entwicklung etwas lernen, dann dies: Kultur macht den entscheidenden Unterschied. (Hier hat Max Weber Recht.) Man denke an den Unternehmensgeist expatriierter Minderheiten – der Chinesen in Ost- und Südasien, der Inder in Ostafrika, der Libanesen in Westafrika, der Juden und Kalvinisten überall in Europa und so weiter."

Recht aufschlussreich ist das *Schaubild 23.2*, das einen gewissen Eindruck vom Sozialkapital in verschiedenen Ländern gibt. Die Zahlen basieren auf Umfragen, in denen die

Menschen gefragt wurden: „Kann man den meisten Menschen vertrauen?" Es zeigt sich dabei, dass das Vertrauen in den skandinavischen Ländern sehr stark ausgeprägt ist, während die Menschen in südlicheren Ländern ihren Mitbürgern eher skeptisch eingestellt sind. Es soll an dieser Stelle offen gelassen werden, ob dies auch etwas mit der Religionszugehörigkeit zu tun hat.

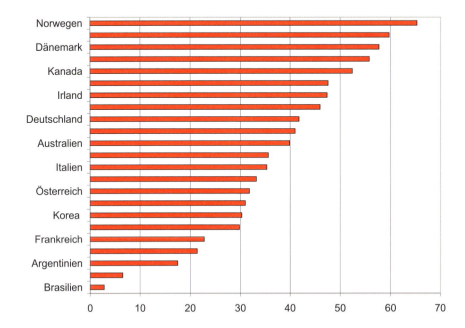

Schaubild 23.2: „Kann man den meisten Menschen vertrauen?"
Quelle: OECD (2001)

Der Moralist

Der schottische Nationalökonom und Philosoph Adam Smith wurde am 5. 6. 1723 in Kirkcaldy geboren und starb am 17. 7. 1790 in Edinburgh. Auch heute sind viele Erkenntnisse dieses Begründers der klassischen Nationalökonomie noch aktuell.

Smith begann seine wissenschaftliche Laufbahn als Moralphilosoph und schrieb 1759 sein erstes Hauptwerk „Theorie der ethischen Gefühle". Zur Nationalökonomie kam er wohl u.a. durch eine Reise nach Frankreich im Jahr 1765, die ihm Kontakte mit Quesnay und der Physiokratie ermöglichten. Sein zentrales ökonomisches Werk ist der „Wohlstand der Nationen", das 1776 publiziert wurde und einen überwältigenden Erfolg hatte. Smith entwickelte darin ein umfassendes System der liberalen Wirtschaftslehre, das die theoretische Grundlage für den beginnenden Prozess der Industrialisierung bildete.

1723 – 1790

Für Smith ist die Quelle des nationalen Reichtums nicht der Geldvorrat (Merkantilismus) oder die landwirtschaftliche Produktion (Physiokratie), sondern die geleistete Arbeit des Volkes. Deren Produktivität werde durch Arbeitsteilung gesteigert, die wiederum von der Größe des Marktes abhänge. Smith war deshalb ein Anhänger des Freihandels. Eine Voraussetzung der Arbeitsteilung seien funktionsfähige Märkte, die möglichst wenig durch Staatseingriffe gestört werden sollten. Die treibende Kraft aller wirtschaftlichen Vorgänge sei der Eigennutz, der im Marktprozess zu gesamtwirtschaftlichen positiven Resultaten umgelenkt wird. Für Smith lässt sich die Marktwirtschaft also auch moralisch rechtfertigen.

Zitat:

„Niemand hat je erlebt, dass ein Hund mit einem anderen einen Knochen redlich und mit Bedacht gegen einen anderen ausgetauscht hätte."

(In: Wohlstand der Nationen, S. 16)

Ausbildung und Beruf

1730-1737 Lateinschule in Kirkcaldy

1737- 1740 Studium an der Universität Glasgow (Latein, Griechisch, Mathematik und Moralphilosophie)

1746 „Bachelor of Arts"

1750 Professor für Logik in Glasgow

1752 Professor für Moralphilosophie in Glasgow

Werke

1759 Theorie der ethischen Gefühle, (deutsch: Hamburg 1977)

1776 Der Wohlstand der Nationen (deutsch: München 1988)

23.3 Die Determinanten der Arbeitsproduktivität

SCHLAGWÖRTER

Humankapital (S. 443), Institutionen (S. 443), Kultur (S. 450), neue Wachstumstheorie (S. 445), protestantische Ethik (S. 448), Sozialkapital (S. 450), technischer Fortschritt (S. 445)

AUFGABEN

1. In Deutschland ist das Wirtschaftswachstum in den letzten Jahrzehnten immer mehr zurückgegangen. Der Kapitalbestand hat sich in dieser Zeit aber durchweg erhöht. Worauf könnte das schwache Wachstum in Deutschland zurückgeführt werden?

2. In A-Land ist die Arbeitszeit je Beschäftigtem um 3% gestiegen. Die Zahl der Beschäftigten hat aber um 4% abgenommen. Gleichzeitig hat die Arbeitsproduktivität um 5% zugenommen. Wie hoch ist das Wirtschaftswachstum ausgefallen?

3. In B-Land ist das Wirtschaftswachstum in den letzten zehn Jahren höher gewesen als in C-Land. Jetzt stehen Forscher vor dem überraschenden Ergebnis, dass sich die Bewohner von C-Land trotzdem sehr viel besser fühlen als vor zehn Jahren, während dies bei den Menschen in B-Land nicht der Fall ist. Wie kann man diesen Befund erklären?

Glossarium

Absolute Einkommenshypothese: Theorie des Konsumverhaltens, die davon ausgeht, dass der Konsum vom Einkommen der laufenden Periode bestimmt wird. Gegensatz: *permanente Einkommenshypothese*.

Absolute Kostenvorteile: Bei der Produktion eines Gutes besitzt ein Anbieter/Produzent eine höhere Produktivität als ein anderer. Siehe auch: *komparative Kostenvorteile*.

Äquivalenzprinzip: Prinzip, wonach die Bürger für staatliche Leistungen in dem Maße belastet werden, in dem sie diese in Anspruch nehmen. In der Regel findet jedoch das Prinzip der Leistungsfähigkeit Anwendung. Das Ä. spielt bei der Reform der sozialen Sicherungssysteme eine wichtige Rolle.

Agent: Akteur, der im Auftrag eines anderen („*Prinzipal*") für diesen tätig wird.

Allokationsfunktion: Eine der drei Hauptaufgaben eines Staates in der Marktwirtschaft. Sie besteht u.a. in der *Umweltpolitik*, der *Wettbewerbspolitik* und der Sozialen Sicherung.

Angebot: Funktionale Beziehung zwischen der angebotenen Menge eines Gutes und dem dafür zu erzielenden Preis. Grafische Darstellung in der Form einer *Angebotskurve*.

Angebotene Menge: die von einem Anbieter zu einem vorgegebenen Preis bereitgestellte Menge.

Angebotskurve: siehe *Angebot*.

Angebotsschock: Makroökonomische Störung, die vor allem durch eine massive Veränderung von Rohstoffpreisen oder Löhnen ausgelöst wird, mit unmittelbaren Auswirkungen auf die Inflationsrate.

Antizyklische Fiskalpolitik: Versuch des Staates, Schwankungen in der gesamtwirtschaftlichen Nachfrage durch Veränderung der Staatsausgaben oder der Steuersätze auszugleichen. Gegensatz: *prozyklische* Fiskalpolitik.

Arbeitgeberverbände: Zusammenschluss von Arbeitgebern, insbesondere um als *Tarifvertragspartei* mit den Gewerkschaften *Flächentarifverträge* auszuhandeln.

Arbeitsangebot: Funktionale Beziehung der von den Arbeitnehmern angebotenen Menge an Beschäftigung und dem dafür erzielbaren Reallohn.

Arbeitslosenquote: Relation zwischen der Zahl der als arbeitslos Gemeldeten und der Zahl der zivilen Erwerbspersonen.

Arbeitslosenversicherung: Zwangsweise Versicherung für alle abhängig Beschäftigten, die im Fall der Arbeitslosigkeit für eine befristete Zeit einen bestimmten Prozentsatz der Nettolohns ersetzt.

Arbeitsnachfrage: Funktionale Beziehung zwischen der von den Arbeitgebern nachgefragten Menge an Beschäftigung und dem dafür zu zahlenden Reallohn.

Arbeitsproduktivität: Relation zwischen dem Output eines Arbeitnehmers und der dafür eingesetzten Arbeitszeit.

Arbitrage: Ausgleich von räumlichen Unterschieden in den Preisen identischer Güter. Siehe auch: *Gesetz der Preisunterschiedslosigkeit*.

Armut: Menschen werden als „arm" eingestuft, wenn sie über ein Einkommen verfügen, das weniger als 50% des Durchschnittseinkommens beträgt.

Assignment: Rollenzuweisung in der Makroökonomie bei unterschiedlichen Zielen und Akteuren.

Asymmetrische Information: Abweichung von der Standard-Annahme der vollständigen Information. Bei zwei Vertragspartnern verfügt einer der beiden über einen besseren Informationsstand als der andere.

Außenwirtschaftliches Gleichgewicht: Nie genau definiertes Ziel im Rahmen des *Stabilitäts- und Wachstumsgesetzes*, heute ohne wirtschaftspolitische Bedeutung.

Automatische Stabilisatoren: Makroökonomische Mechanismen, insbesondere durch Steuersystem und Arbeitslosenversicherung, die dafür sorgen, dass sich Nachfrageschocks nur abgeschwächt auf das Gleichgewichtseinkommen auswirken.

Barwert: Summe der auf einen Zeitpunkt abgezinsten Werte einer in die Zukunft reichenden Zahlungsreihe.

Behavioural Economics: Neue Forschungsrichtung, bei der sich Ökonomen und Psychologen gemeinsam um die Erklärung der Determinanten menschlichen Urteilens und Entscheidens bemühen.

Beitragsbemessungsgrenze: Höchster Betrag, für den eine Beitragszahlung in den Sozialversicherungen erforderlich ist.

Bilanzkanal: Mechanismus, über den die Zinspolitik einer Notenbank auf den Unternehmenssektor übertragen wird. Siehe auch: *leverage-Effekt*.

Bruttoinlandsprodukt (BIP): Wertmaßstab für die gesamte wirtschaftliche Leistung einer Volkswirtschaft in einem bestimmten Zeitraum.

Budgetrestriktion: Vorgegebenes Einkommen, das die Konsummöglichkeiten eines Haushalts beschränkt.

Ceteris paribus: Methodische Annahme der „Konstanz aller übrigen Faktoren", die in der Mikroökonomie vor allem bei der Herleitung der Nachfrage- und Angebotskurven eine wichtige Rolle spielt.

Coase-Theorem: Theoretischer Ansatz, mit dem gezeigt werden soll, dass es auch ohne staatliche Eingriffe zu einer *Internalisierung externer Effekte* kommen kann.

Cournot'scher Punkt: Gewinn-optimale Kombination von Preis und Menge für einen *Monopolisten*.

Deflation: Allgemeiner Verfall der Preise für Waren und Dienstleistungen. Gegenteil von *Inflation* (Geldentwertung). In einer Phase der Deflation steigt der Geldwert, da für eine Geldeinheit mehr Güter gekauft werden können. Weil der Verfall von Güter- und Sachvermögenspreisen zu einer Überschuldung von Unternehmen, Bauherren und Banken führen kann, besteht bei einer Deflation die Gefahr einer tiefen Wirtschaftskrise. Siehe: *Große Depression*.

Deflatorische Lücke: Situation, in der das am Gütermarkt bestehende Gleichgewicht zu gering ist, um das *Vollbeschäftigungseinkommen* zu realisieren.

Devisenbilanz: Aufzeichnung aller Kapitalverkehrstransaktionen, bei denen die Notenbank beteiligt ist. Siehe auch: *Zahlungsbilanz*.

Diagnoseunsicherheit: Schwierigkeit der Notenbank, die aktuelle gesamtwirtschaftliche Situation angemessen zu diagnostizieren.

Distributionsfunktion: Eine der drei zentralen Aufgaben des Staates in der Marktwirtschaft. Sie besteht darin, die sich am Markt ergebende Einkommensverteilung so zu verändern, dass auch Leistungsschwächere ein erträglicher Lebensstandard ermöglicht wird.

Durchschnittskosten: Relation aus den gesamten Kosten und der damit produzierten Stückzahl eines Gutes (auch: Stückkosten).

Eckrente: Fiktive Rente, die ein Versicherter nach 40 Arbeitsjahren erhalten würde, wenn er stets das Durchschnittseinkommen verdient hätte.

Effektive Arbeitsnachfrage: Die von den Unternehmen entfaltete Nachfrage nach Arbeit, wenn gleichzeitig eine *Rationierung* am Gütermarkt besteht. Siehe auch: *notionale Arbeitsnachfrage*

Eigentumsrechte: Rechtliche Definition und Durchsetzung der Rechte z.B. an Gütern oder Grund und Boden, die nur durch den Staat gewährleistet werden kann.

Einkommenseffekt: Die Veränderung des Preises eines Gutes wirkt für den Konsumenten teilweise wie eine Veränderung seines Einkommens. Am Arbeitsmarkt besteht der Einkommenseffekt einer Lohnerhöhung darin, dass der Arbeitnehmer weniger Arbeit nachfragt. Siehe auch: *Substitutionseffekt*.

Einkommensteuer: Steuer, die auf das laufende Einkommen eines Akteurs erhoben wird.

Einlagenfazilität: Möglichkeit für die Banken, kurzfristig nicht benötigte *Zentralbankguthaben* verzinslich bei der *Europäischen Zentralbank* anzulegen.

Endogene Größe: Größe, deren Wert im Rahmen eines *Modells* mathematisch errechnet wird. Siehe auch: *exogene Größe*.

Entstehungsrechnung: Methode zur Berechnung des Bruttoinlandsprodukts, die von der Angebotsseite der Volkswirtschaft ausgeht.

Ersparnis: Differenz zwischen dem laufenden Einkommen und dem Konsum eines Wirtschaftssubjekts. Die E. erhöht dann des *Geldvermögen*. Teilweise versteht man unter E. auch die Veränderung des *Reinvermögens* eines Wirtschaftssubjekts.

Ertragsgebirge: Graphische dreidimensionale Abbildung einer *Nutzenfunktion*.

Europäische Währungsunion: Seit 1999 bestehender Zusammenschluss von 12 Mitgliedsländern der Europäischen Union zu einem gemeinsamen Währungsraum mit einer einheitlichen Währung, dem Euro.

Europäische Zentralbank: Institution, die für die Geld- und Währungspolitik in den Mitgliedsländern der *Europäischen Währungsunion* zuständig ist. Sitz der EZB ist Frankfurt am Main.

Europäischer Agrarmarkt: Im EG-Vertrag festgelegtes Regelwerk zum Schutz und zur Einkommenssicherung der Bauern in der Europäischen Union.

Exogene Größe: Größe, deren Wert für ein *Modell* von außen vorgegeben wird. Siehe auch: *endogene Größe*.

Extrapolative Erwartungen: Form der Erwartungsbildung, bei der angenommen wird, dass der Wert einer Größe in der Zukunft identisch ist mit dem aktuellen Wert.

EZB-Rat: Oberstes Entscheidungsgremium der *Europäischen Zentralbank*, das insbesondere die Zinspolitik in Euroland festlegt.

Feste Wechselkurse: Währungssystem, bei dem die Notenbank den Wechselkurs der Landeswährung gegenüber der Währung eines größeren Landes stabil hält. Gegensatz: *flexible Wechselkurse*

Financial accelerator: Verstärkung der Zinseffekte der Geldpolitik über den *Bilanzkanal*.

Fisher-Gleichung: Von Irving Fisher (siehe Kurzbiographie in Kapitel 21) entwickelter Zusammenhang, der den Nominalzins beschreibt als Summe aus der erwarteten Inflationsrate und dem *Realzins*.

Fixe Durchschnittskosten: Relation der Fixkosten zu der gesamten Stückzahl eines damit produzierten Gutes.

Fixe Kosten: Kosten, die zumindest kurzfristig nicht von der Ausbringungsmenge eines Gutes abhängig sind. Bei einer längerfristigen Betrachtung gibt es nur *variable Kosten*.

Flexible Wechselkurse: Währungssystem, bei dem die Wechselkurse durch das freie Spiel von Anfrage und Nachfrage am Devisenmarkt bestimmt werden. Gegensatz: *feste Wechselkurse*.

Formelle Institutionen: alle durch Gesetze und Verfassungen festgelegten Institutionen eines Landes. Siehe auch: *informelle Institutionen* .

Geld: In einer Gesellschaft allgemein anerkanntes Tausch- und Zahlungsmittel. Die traditionelle, an den Geldfunktionen ansetzende Definition wählt die *Tauschmittelfunktion* als begriffsbestimmendes Merkmal. Dieser Definition entspricht die *Geldmenge* M1. Weiter gefaßte Geldmengenabgrenzungen wie M 2 und M 3 erfassen neben den perfekten Zahlungsmitteln auch solche Aktiva, die zwar nicht unmittelbar zu Zahlungszwecken geeignet, aber kurzfristig verfügbar und somit relativ leicht in Zahlungsmittel eingetauscht werden können.

Geldangebot: Mechanismus, der den Zusammenhang zwischen den von der Notenbank gesteuerten Größen (Geldmarktzinsen und der Geldbasis) und der von den Geschäftsbanken bereitgestellten Menge an Krediten sowie den dafür zu zahlenden Zinsen beschreibt. Das G. entspricht in einfachen Modellen dem Kreditangebot.

Geldbasis: Summe aus Bargeld und den Notenbankguthaben der Geschäftsbanken (auch: Zentralbankgeldmenge.

Geldfunktionen: Aufgaben des Geldes in einer Volkswirtschaft (Transaktions- und *Zahlungsmittelfunktion*, *Wertspeicherfunktion*, Funktion der *Rechnungseinheit*).

Geldmarkt: Markt, an dem Banken und die Notenbank kurzfristige (ein Tag bis 12 Monate) Notenbankguthaben (*Zentralbankgeld*) handeln.

Geldmenge: Summe aus Bargeld und bestimmter Guthaben der Nichtbanken bei den Geschäftsbanken. Die Geldmenge M1 setzt sich zusammen aus dem Bargeld und den Sichteinlagen der Nichtbanken. Die Geldmenge M3, die bei der Geldpolitik der EZB im Vordergrund steht, umfaßt Bargeld, Sichteinlagen, Termineinlagen mit einer Befristung bis zu zwei Jahren, Spareinlagen mit dreimonatiger Kündigungsfrist, Anteile an Geldmarktfonds, Repoverbindlichkeiten, Geldmarktpapiere und Bankschuldverschreibungen mit einer Laufzeit bis zu zwei Jahren.

Geldnachfrage: Erklärt aus welchen Gründen Akteure bereit sind, ihr Vermögen in unverzinslichen oder niedrig verzinslichen Geldbeständen zu halten.

Geldschöpfungs-Mulitplikator: Beschreibt den Zusammenhang zwischen der Geldmenge in einer Volkswirtschaft und der dazu erforderlichen Menge an Geldbasis.

Geldüberhang: Durch Preisfixierungen und exzessive Staatsfinanzierung bei der Notenbank entstehender Überhang der Geldbestände über das Niveau der Geldmenge, das zur Finanzierung der Transaktionen bei den gegebenen Preisen benötigt würde.

Geldvermögen: Differenz zwischen den Geldforderungen und den Geldschulden eines Wirtschaftssubjekts. Die Bundesbank definiert diese Größe als „Netto-Geldvermögen".

Gemeinschaftliche Steuern: Steuern, die dem Bund und den Ländern gemeinsam zustehen.

Generationenvertrag: Ungeschriebener Vertrag im Rahmen des *Umlagesystems* einer *Rentenversicherung*. Er besteht darin, dass die in der Gegenwart aktive Generation die zu diesem Zeitpunkt vorhandenen Rentner über ihre Beitragszahlungen finanziert, wofür sie dann selbst in der Zukunft durch die dann Aktiven unterstützt wird.

Gesetz der Preisunterschiedslosigkeit: Für einheitliche Güter ergeben sich durch die *Arbitrage* identische Preise. Unterschiede sind nur noch für Transportkosten oder Zölle möglich.

Gesetz der steigenden Grenzkosten: In der Mikroökonomie häufig verwendete Annahme, wonach sich für jede zusätzliche produzierte Einheit eines Gutes steigende zusätzliche Kosten ergeben

Gesetz des abnehmenden Grenznutzens: siehe *Gossen'sches Gesetz*.

Gesetz gegen Wettbewerbsbeschränkungen: Regelwerk, das *Kartelle* und *Monopole* in Deutschland verhindern soll.

Gewerkschaften: Zusammenschluss von Arbeitnehmern zur Verbesserung ihrer Marktmacht auf dem Arbeitsmarkt.

Gleichgewicht: Situation, in der die unabhängig voneinander gebildeten Pläne von Anbietern und Nachfrager zueinander passen („ex ante Kompatibilität") .

Gossen'sches Gesetz, Erstes: Der zusätzliche Nutzen, den ein Akteur aus einem Gut erzielt, nimmt mit jeder zusätzlicher Einheit des Gutes ab (auch: Gesetz vom abnehmenden Grenznutzen).

Grenzerlös: Mit einer zusätzlich verkauften Einheit eines Gutes erzielbarer Umsatz

Grenzleistungsfähigkeit des Kapitals: Mit einer zusätzlichen Einheit von Kapital erzielbarer Ertrag.

Grenzkosten: Kosten, die mit der Ausbringung einer zusätzlichen Einheit eines Produktes verbunden sind.

Grenzrate der Substitution: Bei einem gegebenen Nutzenniveau erforderliche zusätzliche Menge eines Gutes A, wenn der Konsument auf eine Einheit des Gutes B verzichten soll.

Grenzrate der technischen Substitution: Bei einer gegebenen Outputmenge erforderliche zusätzliche Einsatzmenge eines Inputfaktors A, wenn der Einsatz des Inputfaktors B um eine Einheit reduziert wird.

Große Depression: Zeit von 1929 bis 1933, die weltweit durch einen enormen Nachfrageeinbruch, hohe Arbeitslosigkeit und stark sinkende Preise (*Deflation*) gekennzeichnet war.

Hauptrefinanzierungsinstrument: Wichtigster Kreditmechanismus, über den die Geschäftsbanken von der Europäischen Zentralbank Zentralbankgeld erhalten. Die Laufzeit beträgt eine Woche.

Heckscher-Ohlin-Modell: Kompliziertes Modell der Außenhandelstheorie, dass die Außenhandelsströme für eine Welt mit zwei Produktionsfaktoren (Arbeit und Kapital) bei unterschiedlichen Faktorausstattungen der Länder jedoch bei identischen Produktionsfunktionen erklärt.

Heuristik: Einfache Regel, die dazu dient, die Komplexität einer Entscheidungssituation zu reduzieren.

Höchstpreis: Aus sozialpolitischer Absicht vom Staat festgelegte Preis-Obergrenze für ein bestimmtes Gut.

Humankapital: Ausbildung und Leistungsbereitschaft der Arbeitnehmer eines Landes. Stellt eine wichtige Determinante des Wirtschaftswachstums dar.

Hyperinflation: Situation mit sehr hohen Inflationsraten. Üblicherweise wird eine H. diagnostiziert, wen die monatliche Inflationsrate über 50 % liegt..

Indifferenzkurve: Abbildung einer *Nutzenfunktion* in der Form der Höhenlinien eines *Nutzengebirges*.

Indirekte Steuer: Steuer auf ein Gut oder eine Dienstleistung, die sich entweder als Mengensteuer oder als Wertsteuer festgelegt wird.

Inflation: Über mehrere Perioden anhaltender Anstieg des Preisniveaus. Kennzeichnend für eine Inflation sind Preissteigerungen in fast allen Güterkategorien und ein daraus folgender, allgemeiner Kaufkraftverlust des Geldes. Preisveränderungen bei lediglich einzelnen Gütern bedeuten dagegen keine Inflation. Zur Messung der Inflation werden ausgewählte Preisindizes herangezogen. Unter ihnen ist der Preisindex für die Lebenshaltungskosten der bekannteste.

Inflatorische Lücke: Situation, in die Gleichgewichtsmenge am Gütermarkt über dem *Vollbeschäftigungsoutput* liegt.

Informelle Institutionen: Kulturelle Normen, die das Verhalten der Menschen bestimmen. Siehe auch: formelle Institutionen.

Insider-outsider Problem: Situation, die dadurch gekennzeichnet ist, dass eine Teilgruppe von einer Maßnahme profitiert, während sich der Rest dadurch verschlechtert.

Institutionen: Summe der geschriebenen und ungeschriebenen Regeln, die das Verhalten der Menschen in einem Land bestimmen. Siehe auch *formelle* und *informelle Institutionen*.

Internalisierung: Maßnahme, die dazu beiträgt, dass die sich die privaten Erträge oder Kosten an die sozialen Erträge bzw. Kosten angleichen.

Internationale Wettbewerbsfähigkeit: Schwer definierbares, aber sehr wichtiges Konzept. Die Wettbewerbsfähigkeit eines Landes wird vor allem vom Wechselkurs und dem Preisniveau bestimmt. Für letzteres sind vor die Lohnkosten von großer Bedeutung.

Internationaler Nachfragezusammenhang: In einer kleineren offenen Volkswirtschaft wird die gesamtwirtschaftliche Nachfrage stark durch die Exporte und damit durch die konjunkturelle Entwicklung im Rest der Welt bestimmt (auch: internationaler Konjunkturzusammenhang).

Internationaler Preiszusammenhang: auf dem *Gesetz der Preisunterschiedslosigkeit* basierender Zusammenhang zwischen den Preisniveaus von Volkswirtschaften, der bei festen Wechselkursen stark ausgeprägt sein kann (siehe auch: *Kaufkraftparitätentheorie*).

Internationaler Währungsfonds (IWF): Die Entstehung des 1945 gegründeten Internationalen Währungsfonds geht auf die ein Jahr zuvor in Bretton Woods abgehaltene Währungs- und Finanzkonferenz der Vereinten Nationen zurück. Damit verbunden war die Errichtung einer neuen, auf festen Wechselkursen beruhenden Weltwährungsordnung. Diese brach um Jahr 1973 zusammen. Seither fungiert der IWF vor allem als Beratungsinstitution für Länder mit gravierenden makroökonomischen Problemen. Er kann dafür auch sehr umfangreiche Kredite zur Verfügung stellen.

Internationaler Zinszusammenhang: Gleichgewichtsbedingung für den internationalen Kapitalverkehr, wonach die Zinsdifferenz zwischen zwei Währungen durch die erwartete Wechselkursveränderung ausgeglichen wird.

Interner Zinsfuß: Zinssatz, bei dem der *Barwert* einer Zahlungsreihe gleich Null ist.

Intra-industrieller Handel: Handel zwischen Industrieländern (mit vergleichbarer Faktorausstattung und Technologie), der vor allem durch die Spezialisierung auf bestimmte Produktvarianten und historisch gewachsene Standortvorteile bestimmt ist.

Investitionsfalle: Situation, in der die Investitionsnachfrage nicht mehr auf Zinsänderungen reagiert.

Investitionsfunktion: Funktionaler Zusammenhang zwischen dem Investitionsvolumen und dem Zinssatz für Kredite bei Banken.

Isokosten-Linie: geographischer Art aller Kombinationen von zwei Inputfaktoren, die mit gleichen Kosten verbunden sind.

Jahresrate: Hochrechnen einer monatlichen oder vierteljährlichen Veränderung auf den Zeitraum eines gesamten Jahres.

Kapitalbilanz: Teilbilanz der *Zahlungsbilanz*, in der alle grenzüberschreitenden Finanztransaktionen aufgeführt sind.

Kapitaldeckung: System der Alterssicherung, das darauf basiert, dass die Aktiven sich einen Kapitalstock ansparen, den sie im Alter für ihre Versorgung verwenden. Gegensatz: *Umlagesystem*.

Kardinaler Nutzenbegriff: Messung des Nutzens in absoluten Größen, in der Mikroökonomie gilt ein *ordinaler Nutzenbegriff*.

Kartell: Zusammenschluss von Anbietern mit dem Ziel, sich über einen höheren Preis eine höhere *Produzentenrente* anzueignen.

Käufermarkt: für Marktwirtschaften typische Konstellation, in der der Verkäufer den Käufer umwirbt. Gegensatz: *Verkäufermarkt*.

Kaufkraftparitätentheorie: Zusammenhang zwischen dem inländischen und dem ausländischen Preisniveau, wobei letzteres mit dem Wechselkurs multipliziert wird.

Kaufkrafttheorie der Löhne: Geht davon aus, dass Lohnerhöhungen die Beschäftigung erhöhen, weil über den höheren Konsum die gesamtwirtschaftliche Nachfrage steigt.

Keynesianische Arbeitslosigkeit: Arbeitslosigkeit, dir durch einen Mangel an gesamtwirtschaftlicher Nachfrage hervorgerufen wird. Bezeichnung geht auf John Maynard Keynes (siehe Kurzbiograhie in Kapitel 2) zurück. Gegenstück: *Klassische Arbeitslosigkeit*.

Klassische Arbeitslosigkeit: Arbeitslosigkeit die durch überhöhte Löhne hervorgerufen wird. Gegenstück*: Keynesianische Arbeitslosigkeit.*

Koalitionsfreiheit: Im Grundgesetz (Art. 9 Abs. 3) verankertes Grundrecht, Vereinigungen von Arbeitgebern oder Arbeitnehmern zu bilden. Ein wesentlicher Bestandteil der K. ist das Recht Tarifverträge abzuschließen und Arbeitskämpfe zu führen.

Kollusion: Verbotene Absprachen von Unternehmen im Rahmen eines *Kartells*.

Komplementäre Güter: Güter, deren Konsum nur Nutzen stiftet, wenn sie gemeinsam konsumiert werden.

Komparative Kostenvorteile: Wichtiges Konzept in der Außenhandelstheorie. Komparative Vorteile bezeichnen die mit der Erstellung eines Gutes verbundenen Opportunitätskosten, d.h. den Verzicht auf Einheiten eines Gutes B, wenn eine zusätzliche Einheit eines Gutes A hergestellt werden soll.

Konjunktur: Zyklische Auf- und Abwärtsbewegungen der Wirtschaftstätigkeit um das langfristige Trendwachstum herum. Als Bezugsgröße für die Konjunkturanalyse dient das reale *Bruttoinlandsprodukt* (BIP). Einen vollständigen Bewegungsablauf von Aufschwung über Abschwung bis zum nächsten Aufschwung nennt man einen Konjunkturzyklus.

Konkurrenzparadoxon: Die individuelle (oder: einzelwirtschaftliche) Rationalität deckt sich nicht der kollektiven (oder: gesamtwirtschaftlichen) Rationalität.

Konstitutierende Prinzipien: Vom deutschen Ökonomen Walter Eucken als konstitutiv für eine Marktwirtschaft angesehene Prinzipien.

Konsumentenrente: Vorteil, den ein Konsument aus dem Kauf eines Gutes erzielt, da der von ihm gezahlte Preis unter seiner Wertschätzung des Gutes liegt.

Konsumentensouveränität: Grundprinzip der Marktwirtschaft, wonach das Güterangebot durch die Präferenzen der Verbraucher gesteuert wird.

Konsumfunktion: Funktionaler Zusammenhang zwischen dem Konsum eines Haushalts und seinem Einkommen. Gegensatz: *Sparfunktion*.

Kostenfunktion: Funktionaler Zusammenhang zwischen den Kosten für die Erstellung eines Gutes und der produzierten Stückzahl.

Kurs-Gewinn-Verhältnis: Relation zwischen dem Aktienkurs und den Gewinnen eines Unternehmens. Entspricht dem Kehrwert der Gewinnrendite und ist eine wichtige Orientierungsgröße für die Bewertung von Aktien.

Kurzfristige Angebotsfunktion: Bereich der kurzfristigen Grenzkostenkurve, der über den kurzfristigen variablen Kosten liegt .

Langfristige Angebotsfunktion: Entspricht der langfristigen Grenzkostenkurve.

Laspeyres-Index: Index, der auf einem festen Wägungsschema für ein bestimmtes Basisjahr basiert.

Leistungsbilanz: Teilbereich der *Zahlungsbilanz*, in dem die grenzüberschreitenden Leistungstransaktionen eines Landes aufgezeichnet werden.

Leistungstransaktionen: Transaktionen, die das *Geldvermögen* eines Wirtschaftssubjekts verändern.

Leverage-Effekt: Wenn die Fremdkapitalrendite unter der Gesamtkapitalrendite liegt, kann die Eigenkapitalrendite durch die Aufnahme zusätzlichen Fremdkapitals „hochgehebelt" werden.

Liquiditätsfalle: Situation, in der es der Notenbank nicht möglich ist, die Zinsen durch die Erhöhung der Geldmenge weiter zu senken.

Liquiditätsproblem: Unfähigkeit eines Akteurs, Verpflichtungen in einem Medium zu erfüllen, das er selbst nicht schaffen kann.

Lobbies: Interessengruppen, die durch unterschiedliche Formen der Einflussnahme politische Entscheidungsprozesse zu ihren Gunsten zu beeinflussen versuchen.

Logarithmische Darstellung: Grafische Abbildungsform, die dazu führt, dass Größen, die mit konstanter konstanten Wachstumsrate zunehmen, in linearer Form dargestellt werden.

Luxus-Güter: Güter, deren nachgefragte Menge steigt, wenn ihr Preis zunimmt. (auch Veblen-Güter).

Magisches Viereck: Zielkatalog des *Stabilitäts- und Wachstumsgesetzes* (Stetiges und angemessenes Wirtschaftswachstum, hoher Beschäftigungsstand, stabiles Preisniveau, außenwirtschaftliches Gleichgewicht).

Makroökonomie: Bereich der Volkswirtschaftslehre, in dem der Wirtschaftsprozess in aggregierter Form analysiert wird.

Makroökonomische Rollenverteilung: Zuordnung bestimmter makroökonomischer Ziele auf einzelne Akteure der Wirtschaftspolitik.

Managed floating: Währungspolitische Zwischenlösung zwischen absolut festen und frei-flexiblen Wechselkursen, bei der die Notenbank den Wechselkurs auf einem Zielpfad steuert.

Marginale Konsumneigung: Beschriebt die Veränderung des Konsums bei einer Zunahme des Einkommens.

Markt: Transaktions- und Informationskosten sparendes Arrangement, das zu einem *Gleichgewicht* der Pläne von Anbietern und Nachfragern führt.

Marktbeherrschende Stellung: Im Gesetz gegen Wettbewerbsbeschränkungen festgelegte Höhe des Marktanteils, von dem ab Unternehmenszusammenschlüsse untersagt werden.

Markträumender Preis: Preis, der sich bei einem *Gleichgewicht* auf einem *Markt* einstellt und bei dem die angebotene Menge vollständig von den Nachfragern abgenommen wird.

Mehrwertsteuer: Form einer indirekten Steuer, bei der die Anbieter die von ihnen für Inputs gezahlte Mehrwertsteuer als Vorsteuer von der Mehrwertsteuer auf die von ihnen verkauften Produkte abgezogen werden kann.

Mengennotiz: Form eines Preises, bei der angegeben wird, wie viele Einheiten eines Gutes man für eine Einheit der Währung erhält (z.B. 0,4 kg Kartoffeln für einen Euro). Bei Währungen wird diese Darstellung für den Euro verwendet (z.B. 1,15 Dollar für einen Euro). Gegensatz: *Preisnotiz*.

Mengentender: Variante des *Hauptrefinanzierungsgeschäfts* der EZB, bei der Banken den Zins bereits kennen und deshalb nur noch die Menge nennen müssen, die sie von der EZB beziehen möchten. Liegen die Gebote über der von der EZB angebotenen Menge, muss eine *Repartierung* vorgenommen werden.

Mindestlohn-Arbeitslosigkeit: siehe *klassische Arbeitslosigkeit*.

Mindestpreis: Form der Sozialpolitik, bei der einem Anbieter ein bestimmtes Mindesteinkommen gewährt werden soll, indem der Staat einen Mindestpreis für seine Produkte vorgibt. Da es dabei häufig zu einem Angebotsüberschuss kommt, muss der Staat bereit sein, diesen aufzukaufen. Das Instrument des M. findet heute in der Agrarpolitik der Europäischen Union Anwendung.

Mindestreserve: Geldpolitisches Instrument, das die Banken verpflichtet, Guthaben bei Notenbank zu halten, deren Umfang bestimmt vom Mindestreservesatz (derzeit 2%) und dem Volumen bestimmter Einlagen.

Minimalkosten-Kombination: Optimale Kombination von Inputfaktoren zur Erstellung eines vorgegebenen Output-Niveaus.

Misery Index: Summe der Werte der makroökonomischen Zielgrößen Arbeitslosigkeit und Inflation.

Modell: Stark vereinfachte Abbildung der Realität in graphischer, mathematischer oder verbaler Form.

Modellunsicherheit: Schwierigkeit der Notenbank, ein angemessenes Modell für die Analyse makroökonomischer Prozesse zu finden.

Modifizierte Phillips-Kurve: Abbildung des Zusammenhangs zwischen Arbeitslosigkeit und Inflationsrate.

Monetarismus: In den siebziger Jahren populär gewordene Theorierichtung der Volkswirtschaftslehre, die in einer konstanten Zuwachsrate der Geldmenge die wichtigste Voraussetzung für die Erreichung der gesamtwirtschaftlichen Ziele sieht.

Monopol: Marktform, bei der es nur einen Anbieter gibt.

Monopson: Marktform, bei der es nur einen Nachfrager gibt.

Multiplikator: In der Makroökonomie anzutreffender Mechanismus, bei dem die Veränderung einer Größe zu einer meist deutlich größeren Veränderung einer anderen Größe führt.

Mundell-Fleming-Modell: In der Makroökonomie sehr populäres Modell zur Beschreibung der geld- und fiskalpolitischen Optionen in einer offenen Volkswirtschaft bei festen und flexiblen Kursen.

Nachfrage: Funktionale Beziehung zwischen der *nachgefragten Menge* eines Gutes und dessen Preis.

Nachfragekurve: Graphische Abbildung der *Nachfrage*.

Nachgefragte Menge: Menge, die von den Konsumenten bei einem vorgegebenen Marktpreis nachgefragt wird.

Natürliche Ressourcen: Durch die Natur vorgegebene Bedingungen des Wirtschaftens (Bodenschätze, Klima, Oberfläche und Zugang zu Meeren), die für den Wohlstand eines Landes von großer Bedeutung sind.

Negative externe Effekte: Die sozialen Kosten eines Gutes sind höher als die privaten Kosten.

Neue Institutionenökonomie: In den achtziger Jahren entstandene Forschungsrichtung, die sich vor allem mit den Anreizproblemen langfristiger Verträge bemüht.

Neue Wachstumstheorie: Theorieansatz, der die Rolle des Humankapitals für das Wirtschaftswachstum betont.

Nicht-Ausschließbarkeit: Eigenschaft eines Gutes, bei der nicht-zahlende Konsumenten nicht vom Konsum ausgeschlossen werden können.

Nicht-rivalisierender Konsum: Der Konsum eines Gutes durch zusätzliche Konsumenten führt zu keinen zusätzlichen Kosten.

Nominalzins-Falle: Untergrenze für die Zinspolitik einer Notenbank, die darin besteht, dass der Zins nicht negativ sein kann.

Notenemissionsmonopol: Beschränkung des Rechts zur Ausgabe von Bargeld auf eine staatliche Zentralbank.

Notionale Arbeitsnachfrage: Nachfrage der Unternehmen nach Beschäftigung in einer Situation ohne Rationierung am Arbeitsmarkt. Siehe: *effektive Arbeitsnachfrage*.

Nutzenfunktion: Funktionaler Zusammenhang zwischen dem Nutzen eines Konsumenten und den von ihm konsumierten Gütern.

Nutzengebirge: Graphische dreidimensionale Abbildung einer *Nutzenfunktion*.

Öffentliches Gut: Gut, das einen Preis von Null hat, da nicht-zahlende Konsumenten nicht ausgeschlossen werden können. Siehe: *externe Effekte*.

Oligopol: Marktform, bei der das Angebot von einer geringen Zahl an Unternehmen bereitgestellt wird.

Opportunismus: Verhalten eines Vertragspartners, der Lücken eines langfristigen Vertragswerks zu seinen Gunsten ausnutzt. Siehe: *Neue Institutionenökonomie*.

Opportunitätskosten: Kostenbegriff der Volkswirtschaftslehre, der sich auf die Kosten der nächstbesten Alternative bezieht.

Orderbuch: Aufzeichnung aller Kauf- und Verkaufsaufträge für eine bestimmte Aktie.

Ordinaler Nutzenbegriff: In der Volkswirtschaftslehre verwendetes Nutzenkonzept, bei dem nur die Rangfolge der Alternativen bestimmt wird.

Output-Lücke: Differenz zwischen dem *Produktionspotenzial* und dem Gleichgewichts-Output.

Pareto-Kriterium: Optimalitätskonzept der Mikroökonomie. Eine Situation ist P.-optimal, wenn alle Tauschmöglichkeiten soweit ausgenutzt worden sind, dass eine Verbesserung eines Akteurs nur noch zu Lasten eines anderen erreicht werden kann.

Peak: Spitzenwert des realen Bruttoinlandsprodukts im Verlauf eines Konjunkturzyklus. Gegensatz: *Trough*.

Permanente Einkommenshypothese: Der Konsum eines Wirtschaftssubjekts wird nicht vom Einkommen der laufenden Periode, sondern von seinen Erwartungen über sein Lebenszeit-Einkommen bestimmt. Gegensatz: *absolute Einkommenshypothese*.

Phillips-Kurve: Abbildung des Zusammenhangs zwischen der Arbeitslosigkeit und der Nominallohnentwicklung oder der Inflationsrate.

Pigou-Steuer: Nach dem Ökonomen Arthur Pigou (siehe Kurz-Biographie in Kapitel 13) benannte Steuer, die dazu führt, dass ein Produzent, die sozialen Kosten der Produktion eines Gutes berücksichtigt. Siehe auch : *Internalisierung*.

Planwirtschaft: Ende der achtziger weltweit gescheitertes System der Organisation einer arbeitsteiligen Wirtschaft, bei dem weitgehend auf den Marktmechanismus verzichtet wurde.

Politische Ökonomie: Teilbereich der Volkswirtschaftslehre, der davon ausgeht, dass sich politische Entscheidungsträger nicht am Gemeinwohl, sondern an ihrem persönlichen Nutzen orientieren.

Polypol: Marktform, bei ein Gut von vielen Anbietern bereitgestellt wird. Das P. ist durch vollkommenen Wettbewerb gekennzeichnet.

Positive externe Effekte: Bei der Bereitstellung eines Gutes entstehen über die privaten Erträge auch noch Erträge für die Gesellschaft.

Präferenzverhüllung: Verhalten von Konsumenten, die darauf spekulieren, dass ein Gut mit positiven externen Effekten (*„öffentliches Gut"*) von einem anderen Konsumenten erworben wird.

Preis-Absatz-Funktion: Nachfragefunktion, der sich ein *Monopolist* gegenüber sieht. Der für ihn dabei optimale Punkt ist der *„Cournot'sche Punkt"*.

Preisdifferenzierung: Ein identisches Gut wird zu unterschiedlichen Preisen angeboten, um den Konsumenten einen Teil ihrer *Konsumentenrente* abzunehmen.

Preisdiskriminierung: Siehe *Preisdifferenzierung*.

Preiselastizität der Nachfrage: Konzept, dass die prozentuale Veränderung der nachgefragten Menge in Relation zur prozentualen Veränderung des Preises angibt.

Preisindex für die Lebenshaltung: Maß für die durchschnittliche Preisentwicklung der von privaten Haushalten nachgefragten Güter und Dienste. Der Verbraucherpreisindex ist ein *Laspeyres-Index* und wird zur Messung der Inflation verwendet. Bei seiner Ermittlung geht man von der Verbraucherpreisstatistik und einem typischen Ausgabeverhalten (Warenkorb) aus. Das Statistische Amt der Europäischen Gemeinschaft (Eurostat) errechnet für die EWU einen harmonisierten Verbraucherpreisindex (HVPI), der der EZB als Maßstab für die Geldwertentwicklung in Euroland dient.

Preisniveau: Allgemeiner Ausdruck für den Durchschnittsstand aller Preise für Waren und Dienstleistungen einer Volkswirtschaft zu einem bestimmten Zeitpunkt. Seine Veränderung wird mit Hilfe von Preisindizes gemessen.

Preisnotiz: allgemein übliche Form eines Preises, bei der angegeben wird, wie viele Geldeinheiten man für eine Einheit eines Gutes bezahlen muss. In Lehrbüchern wird diese Darstellung für Währungen verwendet, d.h. es wird angegeben, wie viele Einheiten der heimischen Währung man für eine Einheit der Fremdwährung zu zahlen hat (z.B. 0,89 Euro für einen Dollar). Gegensatz: *Mengennotiz*.

Pricing-to-market: Verhalten international agierenden Unternehmen, das davon bestimmt, wird, dass die Preise auf den nationalen Märkten konstant gehalten werden, auch wenn stärkere Wechselkurs-Schwankungen auftreten.

Principal-Agent-Problem: Wenn ein *Prinzipal* seine Transaktionen durch einen *Agenten* ausführen läßt, läuft er aufgrund der *asymmetrischen Informationsverteilung* Gefahr, dass seine Interessen vom Agenten nur unvollständig wahrgenommen werden.

Prinzipal: Akteur, der einen *Agenten* beauftragt, wirtschaftliche Transaktionen für ihn durchzuführen.

Produktdifferenzierung: Modifizierung der Eigenschaften eines an sich homogenen Produktes, wodurch es den Anbietern möglich wird, *Preisdifferenzierung* zu betreiben.

Produktionsfunktion: Funktionaler Zusammenhangs zwischen der Output-Menge eines Gutes und den dafür benötigten Inputs.

Produktions-Isoquanten: zweidimensionale Abbildung einer Produktionsfunktion als Höhenlinie eines *Ertragsgebirges*.

Produktionspotenzial: Bei Vollbeschäftigung aller Produktionsfaktoren erzielbarer Output. Das P. wird häufig aus den längerfristigen Trendwerten der realen *Bruttoinlandsprodukts* ermittelt. Auch: *Vollbeschäftigungseinkommen*.

Produzentenrente: Differenz zwischen dem Marktpreis den ein Prozent erhält und den Grenzkosten, die für die Erstellung eines Gutes erforderlich sind.

Prohibitivpreis: Preis, der so hoch ist, dass kein Konsument mehr bereit ist, ein Gut nachzufragen.

Property rights: Siehe *Eigentumsrechte*

Protestantische Ethik: Durch die protestantische Religion geprägtes Wertesystem, dass sich nach Max Weber besonders vorteilhaft auf das Wirtschaftswachstum auswirkt.

Prozyklische Fiskalpolitik: Wirtschaftspolitik, die in Rezessionen die Steuern erhöht bzw. die Staatsausgaben senkt und im Boom Steuern senkt bzw. Staatsausgaben ausweitet. Gegenteil: *Antizyklische Fiskalpolitik*.

Quantitätstheorie: Erklärung des Preisniveaus mit der Geldmenge, die von einer konstanten Umlaufsgeschwindigkeit des Geldes (=Bruttoinlandsprodukt/Geldmenge) und einem konstanten gesamtwirtschaftlichen Angebot ausgeht.

Rationalitätenfalle: Siehe *Konkurrenzparadoxon*.

Rationierung: Situation des Ungleichgewichts auf einem Markt, die dadurch gekennzeichnet ist, dass für die angebotene oder die nachfragte Menge eine von außen vorgegebene Obergrenze besteht.

Realer Wechselkurs: Messkonzept für die *internationale Wettbewerbsfähigkeit* eines Landes, das das heimische Preisniveau mit dem Preisniveau des Auslands und dem Wechselkurs vergleicht.

Realzins: Um die erwartete Inflationsrate bereinigter (Nomimal-)Zins.

Rechnungseinheit: Funktion des *Geldes*, die darin besteht, dass die Preise aller Güter in Einheiten der Landeswährung ausgedrückt werden.

Reinvermögen: Summe aus *Geldvermögen* und Sachvermögen.

Rentenversicherung: In der Regel vom Staat organisiertes Versicherungssystem, durch das nicht mehr-erwerbsfähigen Menschen ein Einkommen erhalten. Siehe auch: *Generationenvertrag*.

Rent-Seeking: Verhalten von *Lobbies*, das darin besteht, durch Zahlungen an Politiker Entscheidungen zu ihren Gunsten zu erwirken.

Repartierung: Zuteilungsverfahren, das erforderlich, wenn bei einem bestimmten Preis die nachgefragte Menge über den angebotenen Menge liegt. Bei der R. erhalten die Nachfrager nur einen Prozentsatz der von ihnen nachgefragten Menge. Dieser wird errechnet aus der Relation der gesamten nachgefragten Menge zur angebotenen Menge.

Repräsentativer Akteur: Modellfigur in der Volkswirtschaftslehre. Es wird dabei davon ausgegangen, dass der R. über Eigenschaften verfügt, die für die Akteure in der Volkswirtschaft insgesamt typisch sind.

Rezession: Phase, in der das reale *Bruttoinlandsprodukt* über zwei und mehr Perioden zurückgegangen ist.

Sachvermögen: Summe aller Kapitalgüter einer Volkswirtschaft.

Saisonbereinigung: Statistisches Verfahren, durch das die Entwicklung einer Zeitreihe von jahreszeitlichen Einflüssen bereinigt wird.

Sättigungsmenge: Menge eines Gutes, die bei einem Preis von Null nachgefragt wird („Freibier").

Say's Gesetz: Gesetz, wonach sich das gesamtwirtschaftliche Angebot immer eine ausreichende Nachfrage verschafft.

Skalenerträge: Zusammenhang zwischen der Ausweitung der Input-Faktoren und der Ausweitung des Outputs. Konstante Skalenerträge liegen vor, wenn z.B. eine Verdopplung aller Inputs zu einer Verdopplung des Outputs führt.

Solidarprinzip: Organisationsprinzip der Gesetzlichen Krankenkassen, wonach die wirtschaftlich stärkeren Mitglieder einen Beitrag für die Versorgung der wirtschaftlich schwächeren leisten.

Soziale Marktwirtschaft: In der Vergangenheit sehr erfolgreiches Grundprinzip der Wirtschaftsordnung in Deutschland, bei dem die Produktionsprozesse durch den Markt gesteuert werden, der Staat jedoch durch die Distributions- und Allokationspolitik eine umfassende soziale Absicherung gewährleistet.

Sozialkapital: In einer Volkswirtschaft vorhandene formelle und informelle Institutionen, die sich vorteilhaft auf das Wirtschaftswachstum auswirken.

Sozialpolitik: Maßnahmen im Rahmen der *Allokationsfunktion* und *Distributionsfunktion* des Staates.

Sparfunktion: Funktionale Beziehung zwischen der Ersparnis und dem Einkommen eines Haushalts. Die S. stellt das Gegenstück zur *Konsumfunktion* dar.

Sparparadoxon: Form eines *Konkurrenzparadoxons*, bei dem das Bestreben eines jeden Einzelnen, durch geringere Ausgaben sein Geldvermögen zu erhöhen, in der Gesamtheit nicht gelingt, weil verminderte Ausgaben eines Akteurs die Einnahmen eines anderen reduzieren.

Spekulation: Kauf eines Objekts mit dem einzigen Ziel, es nach einiger Zeit mit Gewinn weiter zu verkaufen.

Spekulative Blase: Sehr starker Anstieg der Preise insbesondere von Aktien oder Immobilien durch *Spekulation*, der nicht mehr mit fundamentalen Faktoren begründet werden kann.

Spezialisierung: Grundprinzip der Arbeitsteilung zwischen Menschen, Regionen oder Ländern, das zu starken Produktivitätsgewinnen führt.

Spitzenrefinanzierungsfazilität: Kurzfristige Kreditlinie der EZB, die nach dem Prinzip eines Girokontos funktioniert. Die Banken können sich so für einen Tag zu einem festen Zinssatz Zentralbankgeld beschaffen. Da der Zins für die S. über dem Satz für das *Hauptrefinanzierungsinstrument* liegt, wird die S. nur selten in Anspruch genommen.

Staatsquote: Relation der Staatsausgaben zum Bruttoinlandsprodukt.

Stabilisierungsfunktion: Eine der drei Hauptaufgaben des Staates in einer Marktwirtschaft. Die S. besteht darin, dass der Staat durch eine *antizyklische Fiskalpolitik* eine Glättung der gesamtwirtschaftlichen Nachfrageschwankungen herbeiführt.

Stabilitäts- und Wachstumsgesetz: Gesetz aus dem Jahr 1967, das die makroökonomischen Ziele definiert. Es verpflichtet Bund und Länder zu einer *antizyklischen Fiskalpolitik*.

Stabilitäts- und Wachstumspakt: Vereinbarung zwischen den Regierungen der EU-Länder aus dem Jahr 1997. Der Pakt gibt eine Obergrenze für die Neuverschuldung der nationalen öffentlichen Haushalte in Höhe von 3 % vor und definiert Sanktionen für den Fall der Übertretung.

Stabilitätsprogramm: Bestandteil des *Stabilitäts- und Wachstumspakts*. Jedes EU-Land ist verpflichtet, ein S. vorzulegen, in dem ein mittelfristiger Pfad für die Erreichung eines ausgeglichenen Haushalts dargestellt wird.

Strukturelles Defizit: Um konjunkturelle Schwankungen bereinigtes Haushaltsdefizit. Diese Größe ist ein wichtiger Indikator für die konjunkturpolitische Ausrichtung der Fiskalpolitik.

Substitutionseffekt: Wenn der Preis eines Gutes steigt, nimmt in der Regel die davon nachgefragte Menge ab, dafür steigt die nachgefragte Menge eines *substitutiven Gutes*.

Substitutive Güter: Güter, die zumindest teilweise vergleichbare Produkteigenschaften aufweisen.

System von Bretton Woods: Internationales Festkurssystem, das in den Jahren von 1946 bis 1973 die internationalen Währungsbeziehungen auf der Basis des US-Dollar regulierte. Die für dieses System zuständige Institution war der *Internationale Währungsfonds*, der auch heute noch eine wichtige Rolle in der makroökonomischen Politik vieler Länder wahrnimmt.

Tagesgeld: Geld, das für einen Tag angelegt wird.

Tarifvertrag: Vereinbarung zwischen Gewerkschaften und Arbeitgeberverbänden, in der die Entlohnung und andere wichtige Elemente von Arbeitsverträgen geregelt wird.

Tarifvertragsparteien: Personen bzw. Personengruppen, die Tarifverträge abschließen, in denen Löhne, Gehälter und die Arbeitsbedingungen der Arbeitnehmer festgelegt werden.

Zu den Tarifvertragsparteien zählen die *Gewerkschaften* und *Arbeitgeberverbände*, aber auch einzelne Arbeitgeber.

Transformationskurve: Abbildung aller effizienten Output-Kombinationen, die mit einem gegebenen Bestand an Input-Faktoren hergestellt werden können.

Transmissionsprozess: Beschreibt den komplexen und indirekten Zusammenhang zwischen den geldpolitischen Instrumenten einer Notenbank und ihren makroökonomischen Endzielen, insbesondere dem Preisniveau.

Trittbrettfahrer-Verhalten: Bei Vorliegen positiver *externer Effekte* kann man als Trittbrettfahrer darauf hoffen, dass das *öffentliche Gut* von einem anderen Konsumenten erworben wird oder von einem Anbieter kostenlos bereitgestellt wird.

Trough: Tiefpunkt eines Konjunkturzyklus.

Übermäßiges Defizit: Artikel 104 des EG-Vertrag definiert ein übermäßiges Defizit, wobei ein Referenzwert von 3% des Bruttoinlandsprodukts herangezogen wird.

Um-Erwartungen-erweiterte Phillips-Kurve: Funktionaler Zusammenhang, der die Inflationsrate mit der Arbeitslosigkeit und den Inflationserwartungen der Marktteilnehmer erklärt.

Umlagesystem: Konstitutiv für die Gesetzlichen Rentenversicherung. Beim U. werden die Beiträge der jeweils aktiven Generation zur Finanzierung der laufenden Rentenzahlungen verwendet. Siehe auch: *Generationenvertrag*. Gegensatz: *Kapitaldeckung*.

Unsichtbare Hand: Von Adam Smith (siehe Kurz-Biographie in Kapitel 23) entwickelter Begriff, der die ebenso effizienten wie unbemerkten Steuerungsfunktionen eines Marktmechanismus beschreibt.

Unvollständige Verträge: Im Rahmen der *Neuen Institutionenökonomik* entwickelter Begriff, der die Tatsache beschreibt, dass sich beim Abschluss von längerfristigen Verträgen nicht alle später auftretenden Eventualitäten berücksichtigen lassen.

Variable Durchschnittskosten: Relation der variablen Kosten zur Stückzahl des produzierten Gutes.

Variable Kosten: Kosten, die von der Ausbringungsmenge abhängig sind. Bei einer längerfristigen Betrachtungsweise gibt es nur variable und keine fixen Kosten.

Veblen-Güter: Bei diesen Gütern führt ein Preisanstieg dazu, dass die nachgefragte Menge steigt.

Verkäufermarkt: Bei diesem vor allem in Planwirtschaften oder beim Vorliegen von *Höchstpreisen* eintretenden Zustand erlangen die Verkäufer eine Machtposition über die Käufer, da in der Regel ein Nachfrage-Überschuss besteht. Gegensatz: *Käufermarkt*.

Versicherung: Institutioneller Mechanismus zur Risikotransformation, der auf dem Prinzip der Diversifikation von Risiken beruht.

Versicherungspflichtgrenze: Betrag in der Gesetzlichen Krankenversicherung, bis zu dem abhängig Beschäftigte verpflichtet sind, sich an diesem System zu beteiligen.

Versunkene Kosten: Aufwendungen, die in der Vergangenheit gemacht wurden, werden in der Volkswirtschaftslehre als nicht entscheidungsrelevant angesehen.

Verteilungsrechnung: Berechnungsform der Volkswirtschaftlichen Gesamtrechnung, die dazu dient, die Aufteilung des Volkseinkommens auf Arbeitnehmereinkommen und auf die Ei8nkommen auf Unternehmertätigkeit und Vermögen zu ermitteln.

Vertrag von Maastricht: Vereinbarung zwischen den EU-Mitgliedsstaaten aus dem Jahr 1992, in dem die rechtlichen Grundlagen für die *Europäische Währungsunion* festgelegt worden waren. Die Vereinbarungen des Vertrags sind in den EG-Vertrag eingearbeitet worden.

Vertragsspezifische Investitionen: Durch derartige Investitionen kann ein der beiden Partner eines langfristigen Vertrages in eine strategisch ungünstige Position kommen, die ihn dem *Opportunismus* des anderen Partners aussetzt. Siehe: *Neue Institutionenökonomie* .

Verwendungsrechnung: Eine der drei Berechnungsformen der Volkswirtschaftlichen Gesamtrechnung, die das *Bruttoinlandsprodukt* über die Komponenten der gesamtwirtschaftlichen Nachfrage ermittelt.

Vollbeschäftigungsangebot: siehe *Produktionspotenzial*.

Währungsreform: Übergang auf eine neue Währung, der in der Regel mit einer deutlichen Reduktion der Geldbestände verbunden ist, um einen bestehenden *Geldüberhang* anzubauen.

Wirtschaftswunder: Besonders dynamische Phase der west-deutschen Wirtschaftsentwicklung nach der *Währungsreform* des Jahres 1948.

Wert: Subjektive Größe, die sich aus dem Nutzen ergibt, den die Konsumenten einem Gut entgegenbringen. Für die Produzenten resultiert der Wert eines Gutes vor allem aus den Grenzkosten, die mit seiner Herstellung verbunden sind.

Wertspeicherfunktion: Eine der drei Hauptfunktionen des Geldes. Die W. ermöglicht es Menschen, ihre Ersparnisse über die Zeit hinweg zu transferieren.

Wettbewerbspolitik: Teilbereich der Allokationspolitik. Ziel der W. ist, es *Kartelle* und eine *marktbeherrschende Stellung* einzelner Unternehmen zu verhindern.

Windhundverfahren: Zuteilungsverfahren, das immer dann zur Anwendung kommt, wenn der Marktmechanismus teilweise oder ganz außer Kraft gesetzt ist. Beim W. werden die Güter nach der Reihenfolge des Eintreffens der Nachfrager zugeteilt.

Wirkungsverzögerungen: Vor allem in der Geldpolitik diskutiertes Problem, wonach zwischen den zinspolitischen Entscheidungen einer Notenbank und deren Effekte auf den Output und das Preisniveau mehrere Quartale vergehen.

Wohlfahrt: In der Volkswirtschaftslehre wird dieser Ausdruck häufig verwendet, um den Nutzen abzubilden, der sich für die Gesellschaft insgesamt oder für einzelne Gruppen aus bestimmten Maßnahmen ergibt.

Wohlmeinender Diktator: Modellfigur in der Volkswirtschaftslehre, bei der unterstellt wird, dass sich Politiker bei ihren Entscheidungen ausschließlich an der Sozialen Wohlfahrt orientieren.

Zahlungsbilanz: Aufzeichnung aller grenzüberschreitenden Transaktionen eines Landes. Bei der Z. handelt es sich trotz ihres Namens nicht um eine Bestands-, sondern um eine Stromrechnung.

Zahlungsmittelfunktion: Eine der drei Hauptfunktionen des *Geldes* in einer Marktwirtschaft. Die Z. erlaubt es den Menschen, Güter zu erwerben, ohne dafür selbst Güter anbieten zu müssen.

Zentralbankgeldmenge: siehe *Geldbasis*

Zinstender: Übliche Form des *Hauptrefinanzierungsgeschäfts* der *Europäischen Zentralbank*. Beim Z. gibt die Notenbank den Banken einen Mindestbietungssatz an, den sie für die Bereitstellung von Zentralbankgeld fordert. Die Zuteilung erfolgt dann nach den dafür abgegebenen Geboten.

Literatur

Bofinger, Peter (2001), Monetary Policy, Oxford, Oxford University Press.

Bofinger, Peter (2002), „The Stability and Growth Pact Neglects the Policy Mix between Fiscal and Monetary Policy", in: Intereconomics, Vol. 38/Nr. 1, January/February 2003, S. 4-7.

Bofinger, Peter, Mayer, Eric und Wollmershäuser, Timo (2002), The BMW model: a new Framework for Teaching Monetary Macroeconomics in Closed and Open Economies- Würzburg Economic Paper No. 34, Internet: *www.wifak.uni-wuerzburg.de/vwl1/wep-download/abstract34.htm*.

Boulding, Kenneth (1973), Ökonomie als eine Moralwissenschaft, in: Seminar: Politische Ökonomie, Hrsg.: Harald Vogt, Frankfurt 1973, Suhrkamp, S. 103-125.

Calvo, Guillermo und Carmen Reinhart (2000), Fear of Floating, Internet: *www.bsos.umd.edu/econ/ciecrp11.pdf*.

Erhard, Ludwig und Alfred Müller-Armack (1972), Soziale Marktwirtschaft – Ordnung der Zukunft, Manifest '72, Berlin.

Eucken, Walter (1952), Grundsätze der Wirtschaftspolitik (6. Auflage 1990), Tübingen.

Fitzenberger, Bernd und Wolfgang Franz (2000), Der Flächentarifvertrag: Eine kritische Würdigung aus ökonomischer Sicht, erschienen in: Ökonomische Analyse von Verträgen, Schriftenreihe des wirtschaftswissenschaftlichen Seminars Ottobeuren.

Friedman, Milton (1953), Essays in Positive Economics, Chicago, University of Chicago Press.

Garber, Peter (2001), Famous First Bubbles. The Fundamentals of Early Manias, MIT Press.

Gros und Steinherr (2004), Economic Transition in Central and Eastern Europe, Cambridge, Cambridge University Press.

Hayek, Friedrich A. (1946), Die Verwertung des Wissens in der Gesellschaft, abgedruckt in: F.A. Hayek: Individualismus und wirtschaftliche Ordnung, 1976.

Hirschman, Albert (1976), Abwanderung oder Widerspruch, Tübingen 1974.

Leibenstein, Harvey (1966), Allocative Efficiency vs. „X-efficiency", American Economic Review 56(3), June, S. 392-415.

Keynes, John Maynard (1973), Keynes, J. M. (1936), The General Theory of Employment, *Interest and Money*, The Collected Writings of John Maynard Keynes, Vol. VII, Reprint 1973, London and Basingstoke: Macmillan.

Klein, Naomi (2001), No Logo, München, Riemann Verlag.

Krugman, Paul (1989), Pricing to Market When the Exchange Rate Changes, in: Arndt, S.W., and Richardson, J.D. (eds.), Real Financial Linkages among Open Economies, Cambridge (Mass.): MIT Press: 49 70.

Mankiw, Gregory, Makroökonomik, 4. Auflage, Stuttgart.

Marx, Karl (1972), Das Kapital, Kritik der politischen Ökonomie, Dietz Verlag Berlin, 1972; Band 23.

Milgrom, Paul und John Roberts (1992), Economics, Organization, and Management, Prentice Hall.

OECD (2001), The Well-Being of Nations, The Role of Human and Social Capital, Paris. Internet: *http://oecdpublications.gfi-nb.com/cgi-bin/oecdbookshop.storefront*.

OECD (2003), The Sources of Economic Growth in OECD Countries, Paris. Internet: *http://oecdpublications.gfi-nb.com/cgi-bin/oecdbookshop.storefront*.

Ricardo, David (1817), The Principles of Political Economy and Taxation, Internet: *http://www.socsci.mcmaster.ca/~econ/ugcm/3ll3/ricardo/prin/*.

Richter, Rudolf und Eric Furubotn (1999), Neue Institutionenökonomik. Eine Einführung und kritische Würdigung, 2. Auflage, Tübingen: Mohr-Siebeck, 1999.

Rose, Klaus und Karlhans Sauernheimer (1999), Theorie der Außenwirtschaft, 13. Auflage, München, Vahlen.

Shiller, Robert (2000), Irrationaler Überschwang, Frankfurt, Campus Verlag.

Smith, Adam, (1974), Der Wohlstand der Nationen, übersetzt von Horst Recktenwald, München dtv, Internet: *www.socsci.mcmaster.ca/~econ/ugcm/3ll3/smith/wealth*.

Stützel, Wolfgang (1958), Volkswirtschaftliche Saldenmechanik, 2. Auflage, Tübingen 1978.

Stützel, Wolfgang (1975), Artikel „Wert und Preis", in: Handwörterbuch der Betriebswirtschaft, 4. Aufl., Stuttgart 1975, Sp. 4404-4425.

Thaler, Richard (1993), The Winner's Curse: Paradoxes and Anomalies of Economic Life, Princeton University Press paperback, 1993.

Thaler, Richard A. (2000), From Homo Economicus to Homo Sapiens, Journal of Economic Perspectives, Volume 14, S. 133–141.

Thorstein Bunde Veblen: Die Theorie der feinen Leute Fischer Taschenbuch Verlag, Frankfurt am Main 1986.

Weber, Max, (1920), Die Protestantische Ethik und der Geist des Kapitalismus, abgedruckt in Gesammelte Aufsätze zur Religionssoziologie, Tübingen. Internet: *http://www.pscw.uva.nl/sociosite/TOPICS/weber.html*.

Wünsche, Horst (2001), Was ist eigentlich Soziale Marktwirtschaft, Orientierungen, März 2001.

Stichwortverzeichnis

A

Abgabepreis-Untergrenze 122
Abwertung 426, 428
    nominale 428
    reale 428
Aggregation 257
Aktienkurs 31-37
Aktienmarkt 31-38
Allokationsfunktion 177
Angebot 36
angebotene Menge 89
Angebotskurve 34, 83, 126
    kurzfristige 127
Angebotsschock 393, 406-412
Angebotsseite 210
Angebotsüberschuss 86, 192
Anreize zum Nichtstun 198
Äquivalenzprinzip 188
Arbeitgeberverbände 168
Arbeitsangebot 160, 286
Arbeitslosenquote 235
Arbeitslosenversicherung 212
Arbeitslosigkeit 408
    friktionelle 236
    keynesianische 165, 306, 315
    klassische 164, 315
    konjunkturelle 306
    makroökonomische Erklärung 153
    mikroökonomische Erklärung 153
    saisonale 236
Arbeitsmarkt 22, 151-170, 285, 286
Arbeitsnachfrage 154-156, 286
Arbeitsproduktivität 49, 442
Arbeitsteilung 46-64
    zwischen Industrieländern 49
Arbeitsvertrag 70
Arbitrage 424, 430
Armut 185
asymmetrische Information 167
Aufwertung 428
    nominelle 428
    reale 428
Auktion 33
Ausschlussprinzip 217
Außenwirtschaftliches Gleichgewicht 241
Automatische Stabilisatoren 212, 325-328

B

Bank für Internationalen Zahlungsausgleich (BIZ), 26
Bankensystem 386
Bargeld 376
Behavioural Economics 97
Beitragsbemessungsgrenze 203
Bestandsgrößen 271
Besteuerung
    progressive 198
    proportionale 198
Big Mac-Index 425
Bilanz, konsolidierte 378
Bilanzkanal 341-343
Bretton-Woods-System 241
Brutto-Anlageinvestitionen 261
Bruttoinlandsprodukt 232, 257, 259
    reales 233
Bruttoinlandsprodukt. 257
Bruttonationaleinkommen 262
Bruttowertschöpfung 259
Budgetgerade 96, 99
Budgetrestriktion 100

C

Cambridge-Form der Geldnachfrage 374
ceteris paribus-Klausel 112
Coase-Theorem 226
Cournot'scher Punkt 132, 142

D

Deckungsbeitrag 121
Defizit
    öffentliches 326-328
    strukturelles 327
Deflation 408
deflationäre Lücke 298
Derivate 272
Devisenbilanz 271
Devisenhandelsgesch≥ft 273
Diagnoseunsicherheit 351
Dienstleistungsbilanz 271
direkter internationaler Preiszusammenhang 427
Direktinvestitionen 272, 445
Distributionsfunktion 176

E

Ecklösung 101, 107
Eckrente 207
Effekt
    negativer externer 205, 219
    positiver externer 219
Eigentumsrechte 76, 175
Einkommen 84
    Erwerbs- und Vermögenseinkommen 272
Einkommenseffekt 96, 110
Einkommenshypothese
    absolute 293
    permanente 293
Einlagenfazilität 387
Elastizität der Nachfrage 140-142
Emissionsauflage 224
endogene Größe 285, 297
Entfremdung 50
Entstehungsrechnung 258
Entwicklungsländer 193
Ersparnis 267
Ertragsgebirge 117
Erwerbseinkommen 207
Europäische Kommission 148
Europäische Zentralbank 26, 353-354
Europäisches System der Zentralbanken *siehe* Europäische Zentralbank
Exit 75
exogene Größe 285, 297
Export 261, 418, 420
extrapolative Erwartungen 288
EZB-Rat *siehe* Europäische Zentralbank

F

fear of floating 434
financial accelerator 343
Finanzierungsseite 264
Finanzmarkt 22
Finanztransaktion 271, 273
Firmentarifvertrag 168
First come, first served 189
Fisher-Gleichung 395
Fiskalpolitik 247, 314-332, 366
    antizyklische 323
    prozyklische 323
Flächentarifvertrag 168
flexibler Wechselkurs 384

G

Geld- und Währungspolitik 247
Geldangebot 376
Geldbasis 376, 379, 380
Geldfunktionen 237-238
Geldillusion 401
Geldmarkt 377, 386
Geldmenge
    M1 375
    M2 380
    M3 381
Geldnachfrage 374
geldpolitische Instrumente 382-388
Geldschöpfungsmultiplikator 379-380
Geldüberhang 240
Geldvermögen 261-271, 445
Geldvermögensrechnung 257
Gemeinschaftsdiagnose 25
Generationenvertrag 206
Gesamtkosten 120
gesamtwirtschaftliche Finanzierungsrechnung 256, 261-271
gesamtwirtschaftliche Nachfrage 231
gesamtwirtschaftliche Produktionsfunktion 287
gesamtwirtschaftliches Angebot 231
gesellschaftliche Verlustfunktion 243
Gesetz der großen Zahl 204
Gesetz des abnehmenden Grenzertrags 154
Gesetz vom abnehmenden Grenznutzen 101
Gewerkschaften 165-169
Gini-Koeffizient 187
Gleichgewicht 37, 80, 295
Gleichgewichtspreis 36, 133
Globalisierung 47, 417
Grenzertrag 83, 96, 288, 444
Grenzkosten 91
grenzkostenlose Mehrnutzbarkeit 217
Grenzleid 157
Grenzleistungsfähigkeit des Kapitals 339
Grenznutzen 81, 101
Grenzproduktivität 155
Grenzrate der Substitution 104
Grenzrate der technischen Substitution 120
Große Depression 177, 234, 236, 300
Gründerzeit 233
Grundfreibetrag 198
Grundlagenforschung 447
Gut
    komplementäres 85, 99

öffentliches 217
substitutives 85, 99

H

Handel 37, 58-60
Handelsbilanz 271
Handelsgewinn 37
Hartwährungspolitik 434
Hauptrefinanzierungsinstrument 382, 384
Haushaltstheorie 53, 96-113
Heuristik 146
Hierarchie 68-74
    institutioneller Rahmen 70
homo oeconomicus 97
Humankapital 207, 261, 445-447
Hyperinflation 239

I

Immobilienmarkt 22
Import 262, 419, 420
Indifferenzkurve 103
inflation targeting 402, 434
inflationäre Lücke 298, 350
Inflationslücke 244
Inflationsrate 237-241, 411
Informationsverarbeitung
    Kosten 70
Informationsverteilung
    asymmetrische 71
Input 67
Inputfaktor 87
Insider 167
Insider-Outsider-Problem 166, 191
Institution
    formelle 448
    informelle 448
Interdependenz 163
Internalisierung 221
internationale Wettbewerbsfähigkeit 427
Internationaler Nachfrageverbund 418
Internationaler Preisverbund 418
Internationaler Währungsfonds 26, 376
Internationaler Zinsverbund 418
interner Zinsfuß 339
Intervention 273
Intra-industrieller Handel 49
Investition
    vertragsspezifische 72
Investitionsfunktion 294

Investitionsklima 445
Investitionsnachfrage 294, 394-396
IS-Kurve 344
Isokostenlinie 116, 118
Isoquanten 118

J

Jahresrate 257, 277

K

Kapital 444
Kapitalbilanz 271
Kapitaldeckung 209
Kapitalflucht 376
Kapitalstock 288
Kapitalverkehrsbilanz 272
Kartell 132-137
Kassenärztliche Vereinigung 210
Käufer-Markt 190
Kaufkrafttheorie der Löhne 307-309
Kaufvertrag
    kurzfristiger 70
    längerfristiger 72
Koalitionsfreiheit 168
Kollusion 135
komparative Kostenunterschiede 418
Konkurrenz
    vollständige 133
Konkurrenzparadoxon 27
konsolidierte Bilanz 378
konstituierendes Prinzip 175
Konsumausgaben 292
    des Staates 261
    private 261
Konsumentenrente 90, 134, 198
Konsumenten-Souveränität 80, 86
Konsummöglichkeiten 67
Konsumplan
    optimaler 96
Konvergenz 444
Korruption 448
Kosten
    Durchschnittskosten 121
    fixe 121
    Grenzkosten 222
    komperative 49
    soziale 222
    Transaktionskosten 70, 226
    variable 83, 121

Kostenvorteile 54
    absolute 54-58
    komparative 54-58
Krankenkassen
    gesetzliche 211
Kredit 272
    Angebot 375-378
    Nachfrage 375-378
Kurs-Gewinn-Verhältnis 39

L

Ladenschlussgesetz 27
Laspeyres-Index 406
law of one price 424
Leistungsbilanz 269, 271
Leistungstransaktion 267-272
letzte inländische Verwendung 261
leverage-Effekt 341
Limit-Orders 34
Liquiditätsfalle 352
Liquiditätsproblem 376
Lobby 174
Logarithmische Darstellung 279
Lohnpolitik 247
Lohn-Preis-Spirale 411
Lorenzkurve 187, 263

M

magisches Viereck 232
Makroökonomie 26, 177, 418
makroökonomische Zielfunktion 244
Managed floating 427
marginale Importneigung 420
marginaler Zuteilungssatz 385
Market-Orders 34
Markt 20-27, 68
    Gleichgewicht 37, 85
    institutioneller Rahmen 70
    Schwachstellen 24
marktbeherrschende Stellung 147
markträumender Preis 36
Mehrwertsteuer 194
Mengennotiz 426
Mengentender 384
Mikroökonomie 26
Mindestlohnarbeitslosigkeit 164
Mindestreservebestimmungen 377
Minimalkosten-Kombination 119
Misery-Index 243

Modell 51
Modellunsicherheit 351
Modigliani-Miller-Theorems 341
Monetarismus 351
Monopol 81, 132, 381
Monopsonist 167
moral hazard 205
Multiplikator 317
Mundell-Fleming-Modell 432

N

Nachfrage 36, 81-84, 111
Nachfragefunktion 82, 111-112
Nachfragekurve 34-36, 81-84
    effektive 305
    notionale 305
Nachfrageschock 365, 406-407
Nachfrageüberschuss 85-87
nachgefragte Menge 89
negativer value-added 262
Nettonationaleinkommen 262
Neue Institutionenökonomie 73, 167
Neue Wachstumstheorie 445
Neuer Markt 40
Nicht-Ausschließbarkeit 217
nicht-rivalisierender Konsum 217
Nominalzins 395, 410
Nominalzins-Falle 361
Notenbank 373
Notenbank-Verfassung 175
Notenemissionsmonopol 376
Nutzenbegriff
    kardinaler 104
    ordinaler 104
Nutzenfunktion 96, 102, 106
Nutzengebirge 102

O

OECD 26
OECD-Länder 419
öffentliches Gut 177
ökonomisches Prinzip 119
Oligopol 81, 135
opportunistisches Verhalten 72
Opportunitätskosten 53, 55, 102
Orderbuch 34
Organisation for International Co-Operation
    and Development *siehe* OECD

Output-Lücke 244
    positive 315
Outsider 167

P

Pareto-Kriterium 173
Phillips-Kurve 398-403
    modifizierte 400
    um Erwartungen erweiterte 402
    ursprüngliche 399
Pigou-Steuer 223
Planwirtschaft 66, 73, 75, 190
Politikberatung 25
Politische Ökonomie 174
Polypol 81
Preis 83
    als Signalinstrument 74
    Höchstpreis 188, 191
    Mindestpreis 188, 191
    relativer 238
Preisabsatz-Funktion 141-143
    doppelt geknickte 146
    Preisdiskriminierung 143-146
Preiskontrolle 239
Preismechanismus 67, 68
Preisnehmer 133
Preisnotiz 426
pricing-to-market 428
Principal-Agent-Problem 71
Produktdifferenzierung 143-146
Produktionsauflage 224
Produktionsfunktion 52, 116, 117
Produktionsisoquanten 116
Produktionsmöglichkeitenkurve 52
Produktionspotenzial 244, 286
Produktionstechnik 88, 288
Produktionswert 258
Produzentenrente 91, 134, 198
Progressionszone 198
Prohibitivpreis 82, 138
Proportionalzone 198
Protestantische Ethik 449
Prozessauflage 224

Q

Quantitätstheorie 374

R

Rationalitätenfalle 27
Rationierung 190, 304
Realzins 393, 395, 410
Recheneinheit 238
Rechtsordnung 175
Refinanzierungskredit 382
Reinvermögen 265, 266
    Veränderung des 269
Rentenversicherung 204-209
Repartierung 384
repräsentativer Agent 112, 126
Reputation 72
Reserven 376
Residuum 258
Rezession 234
Risikentransformation 204
Risikodiversifikation 204

S

Sachverständigenrat 25
Sättigungsmenge 82, 138
Saisonbereinigung 257, 275
Say's Law 300
Schwarzarbeit 441
Sichteinlage 376
Skalenerträge 49
Solidarprinzip 188, 210
Soziale Marktwirtschaft 178, 183
sozialer Friede 168
Sozialkapital 447
Sozialpolitik 177
Sparfunktion 294
Sparneigung 301
Spar-Pardoxon 27
Sparverhalten 294
Spekulation 39
spekulative Blase 40
Spitzenrefinanzierungsfazilität 382-387
staatliche Auflagen 224
Staatsquote 176
Stabilisierungsfunktion 177, 231
Stabilitäts- und Wachstumsgesetz 231, 316
Stabilitäts- und Wachstumspakt 329-332
Stabilitätsprogramm 329
Steuern
    direkte 193
    indirekte 193

Steuersatz
  Durchschnittssteuersatz 198
  Grenzsteuersatz 198
Stromgrößen 271
Strukturwandel 169, 260
Subsidiaritätsprinzip 206
Substitutionseffekt 96, 110
Substitutives Gut 99

T

Tagesgeld 387
Tarifpartner 411
Tauschmittel 237
Technischer Fortschritt 445
Theorie der Geldnachfrage 374
Transaktionskosten 71
Transformationskurve 52-57
Transformationsprozess 75
Transmissionsprozess der Geldpolitik 351
Trittbrettfahrer-Verhalten 220
Türsteher-Verfahren 190

U

Überalterung 208
Überhitzung, konjunkturelle 298
Überinvestition 365
übermäßiges Defizit 328
Umlagesystem 206
Umweltpolitik 177, 216-226
Umweltverbrauch 441
Umweltverschmutzungs-Zertifikate 223
Ungleichgewicht 189
Unterbeschäftigungsgleichgewicht 298
Unternehmen 68-70
  monopsonistische 167

V

Veblen-Güter 82
Verbrauchskoeffizient 52
Verhüllung der Präferenzen 219
Verkäufer-Markt 190
Verlustfunktion 244
Vermögensübertragung, einmalige 272
Versicherung 203
Versicherungspflichtgrenze 210
Verteilungsrechnung 258
Vertrag
  langfristiger 72
  unvollständiger 72
  von Maastricht 328
Verwendungsrechnung 258
voice 75
Volkseinkommen 263
Volkswirtschaft
  geschlossene 268, 418
  offene 268, 418
Volkswirtschaftliche Gesamtrechnung 257-264
Vollbeschäftigung 286, 287
Vollbeschäftigungsangebot 286, 290
Vorleistungen 259, 441
Vorratsveränderung 261

W

Wachstumsrate 444
Wachstumstheorie 233, 442-447
Währungskrise 376
Währungsreform 239-240
Wechselkurs
  fester 427, 431
  flexibler 242, 427
  realer 427
Weltbank 26
Wert 37, 81
Wertspeicher 237
Wettbewerbsmarkt 81, 126
Wettbewerbspolitik 176-177
Windhund-Verfahren 189
WinWin-Situation 58
Wirkungsverzögerungen 351
Wirtschaftsforschungsinstitute 25
Wirtschaftswachstum 232-235, 408, 438-451
Wirtschaftswunder 233, 237
wohlmeinender Diktator 174

Z

Zahlungsbilanz 256, 271-274
Zahlungsmittel 265
Zentralbankgeld 376
Zentralverwaltungswirtschaft 47, 73-76
Ziellinie 246
Zins 393
  interner 339
  nominaler 395, 404
  realer 395
Zinstender 385
Zuteilungsverfahren 67, 81, 189

... aktuelles Fachwissen rund um die Uhr – zum Probelesen, Downloaden oder auch auf Papier.

www.InformIT.de

InformIT.de, Partner von **Pearson Studium**, ist unsere Antwort auf alle Fragen der IT-Branche.

In Zusammenarbeit mit den Top-Autoren von Pearson Studium, absoluten Spezialisten ihres Fachgebiets, bieten wir Ihnen ständig hochinteressante, brandaktuelle Informationen und kompetente Lösungen zu nahezu allen IT-Themen.

wenn Sie mehr wissen wollen ...   **www.InformIT.de**

Mikroökonomie

Robert S. Pindyck, Daniel L. Rubinfeld

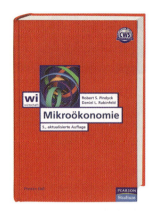

Zum Buch:
Dieses etablierte Standardwerk vermittelt Ihnen die Grundlagen und neueste Aspekte der Mikroökonomie in leicht verständlicher und klarer Sprache. Zahlreiche Beispiele helfen Ihnen, die theoretischen Konzepte zu erkennen, die hinter praktischen Anwendungen liegen. Darüber hinaus sorgen Fallstudien dafür, diese Konzepte besser zu verstehen. Dieses Buch betont die Relevanz der Mikroökonomie für Entscheidungen im Management und in der Politik und deckt alle Bereiche der modernen Mikrökonomie ab: von der konventionellen Angebots-, Nachfrage- und Markttheorie über Versicherungs-, Spiel- und Oligopoltheorie, moral hazard und bis hin zur Theorie der Marktunvollkommenheit.

Aus dem Inhalt:
– Grundlagen von Angebot und Nachfrage
– Konsumentenverhalten
– Entscheidungen bei Unsicherheit
– Analyse von Wettbewerbsmärkten
– Marktmacht: Monopol und Monopson
– Märkte mit asymmetrischer Information
– Externalitäten und öffentliche Güter
– Monopolistische Konkurrenz und Oligopol
– Spieltheorie und kompetitive Strategie
– Allgemeines Gleichgewicht und ökonomische Effizienz

Über die Autoren:
Robert S. Pindyck gehört zu den angesehendsten Mikroökonomen der Welt und lehrt an der renommierten *Sloan School of Management* des *Massachusetts Institute of Technology* in Cambridge, *MA. Daniel L. Rubinfeld* ist Professor für Wirtschaft und Recht an der *University of Californica* in Berkeley.

ISBN: 3-8273-7025-0
€ 49,95 [D], sFr 77,50
1008 Seiten

wi   VWL

Pearson-Studium-Produkte erhalten Sie im Buchhandel und Fachhandel
Pearson Education Deutschland GmbH • Martin-Kollar-Str. 10–12 • D-81829 München
Tel. (089) 46 00 3 - 222 • Fax (089) 46 00 3 - 100 • www.pearson-studium.de

Makroökonomie

Olivier Blanchard / Gerhard Illing

Zum Buch:

Das Buch führt in die Grundmethoden der Makroökonomie ein und zeigt dabei, wie sie auf konkrete wirtschaftspolitische Fragestellungen angewendet werden können. Die amerikanische Originalausgabe von Olivier Blanchard ist eines der international meistverkauften Lehrbücher der Makroökonomie. Die deutsche Adaption durch Gerhard Illing geht weit über eine reine Übersetzung hinaus. Sie aktualisiert und erweitert die Inhalte und betont die europäische und deutsche Sichtweise. Zahlreiche aktuelle Beispiele zeigen plastisch, wie die theoretischen Ansätze dazu beitragen, wirtschaftspolitische Entwicklungen zu analysieren – angefangen von den Auswirkungen der einheitlichen Geldpolitik im Europäischen Währungsraum über die hohe Arbeitslosigkeit in Europa, die Implikationen sinkender Aktienkurse in den Vereinigten Staaten bis hin zu den Konsequenzen der Deflation in Japan.

Aus dem Inhalt:

– Das BIP pro Kopf – Ein zuverlässiges Maß für Lebensqualität?
– Bruttoinlandsprodukt versus Bruttonationaleinkommen: Das Beispiel Kuwait und Irland.
– Die deutsche Wiedervereinigung und das Tauziehen zwischen Geld- und Fiskalpolitik.
– Rentenversicherungsreform und Kapitalakkumulation.
– Die Neue Ökonomie und das Produktivitätswachstum.
– Technischer Fortschritt, Arbeitslosigkeit und der Aufschwung in den USA Ende der 90er Jahre.
– Welche Rolle spielen Erwartungen? Aktienkursschwankungen und Konsum.
– Depression, Deflation und Arbeitslosigkeit.
– Die geldpolitische Praxis der Europäischen Zentralbank.
– Der Europäische Stabilitäts- und Wachstumspakt.

Über die Autoren:

Olivier Blanchard zählt zu den weltweit renommiertesten Makroökonomen. Neben seiner Lehrtätigkeit in *Harvard* und am *Massachussets Institute of Technology* (MIT) war er für mehrere Regierungen und Internationale Organisationen tätig, u.a. für den IWF, die OECD und die EU-Kommission. Er ist Leiter des *Department of Economics* am *MIT*.

Gerhard Illing ist Inhaber des Lehrstuhls für Makroökonomie am *Institut für Volkswirtschaftslehre der LMU München* und Forschungsdirektor am *ifo Institut*. Er ist Herausgeber der *CESifo Economic Studies* und Mitglied des theoretischen Ausschusses sowie des Ausschusses für Industrieökonomie im Verein für Socialpolitik.

ISBN: 3-8273-7051-8
€ 39,95 [D], sFr 62,50
876 Seiten

Pearson-Studium-Produkte erhalten Sie im Buchhandel und Fachhandel
Pearson Education Deutschland GmbH • Martin-Kollar-Str. 10 – 12 • D-81829 München
Tel. (089) 46 00 3 - 222 • Fax (089) 46 00 3 - 100 • www.pearson-studium.de